判例

憲法訴訟法

[제5판]

金 顯 哲

전남대학교출판부

CASES AND MATERIALS : CONSTITUTIONAL LITIGATION

FIFTH EDTION

HYUN-CHUL KIM Ph.D. in Law

PROPESSOR OF LAW

LAW SCHOOL

CHONNAM NATIONAL UNIVERSITY

CHONNAM

NATIONAL UNIVERSITY

PRESS

제5판 머리말

1988년 9월에 출범한 헌법재판소는 2018년 8월말 결정선고를 끝으로 30년의 세월 동안 5기의 재판부를 마치고 진통 끝에 2018년 10월에 제6기 재판부가 출범했다. 그 30년 동안 헌법재판소는 총 34,942건의 사건을 접수하여 34,132건을 처리하였다. 1년 평균 1,138건, 매달 평균 95건을 처리한 셈이다. 그 중 법령에 대한 위헌결정이 637건, 헌법불합치 246건, 한정위헌 70건, 한정합헌 28건 등 총 981건의 위헌성 확인결정을 선고했고, 인용결정은 헌법소원 662건, 권한쟁의 17건, 탄핵과 정당해산 각 1건 등 총 681건이 선고되었다(헌법재판소 홈페이지 심판사건누계표 참조).

이 개정판(제5판)의 출간은 기본적으로 2016년 12월 제4판 출간 이후 2018년 8월까지의 결정례를 반영하기 위한 것이다. 그 사이의 주요 결정으로는 무엇보다도 박근혜 대통령에 대한 탄핵심판(헌재 2017.3.10. 2016헌나1)일 것이다. 이 결정으로 인해 우리는 헌법이 규정하고 있는 헌법재판의 모든 유형의 심판에서 위헌성 확인결정 내지는 인용결정을 갖게 되었다. 그리고 이 개정판에서는 교재의 분량을 많이 줄였는데, 주로 역사적 자료로서의 의미만을 갖는 부분이 그 대상이었다. 또한 인용한 사례를 가능하면 같은 취지의 최신판례로 바꾸었다.

어려운 여건임에도 흔쾌히 제5판의 출간을 맡아준 전남대학교출판문화원 관계자들께 감사드린다. 아무쪼록 이 책이 헌법소송법을 공부하는 학생들에게, 그리고 실무가들 및 연구자들에게 조금이나마 도움이 된다면 더 바랄 것이 없다는 저자의 초심은 아직도 유효하다. 독자 여러분의 아낌없는 질정(叱正)을 고대한다는 마음도 여전히 같다.

2019년 1월

저자 씀

제4판 머리말

「판례 헌법소송법」 제3판을 출간한지 2년 4개월이 지났다. 그 기간 동안 헌법재판소 판례 중 가장 두드러진 것은 아무래도 통합진보당 해산심판(헌재 2014. 12. 19. 2013헌다1, 인용)일 것이다. 이로써 노무현 대통령 탄핵심판(헌재 2004. 5. 14. 2004헌나1, 기각)을 포함하여 헌법과 헌법재판소법에 열거된 헌법재판소 관할 심판사건이 모두 헌법재판소에 접수되어 결정선고가 이루어졌다.

그 밖의 주요 결정으로는 간통죄를 규정한 형법 제241조에 대하여 합헌을 선고한 종전 결정을 변경하여 헌법에 위반된다고 선언한 헌재 2015. 2. 26. 2009헌바17등 결정, 그리고 진정에 대한 국가인권위원회의 각하 및 기각결정은 항고소송의 대상이 되는 행정처분에 해당하므로 그에 대한 다툼은 우선 행정심판이나 행정소송에 의하여야 한다고 보아, 종전의 결정을 변경한 헌재 2015. 3. 26. 2013헌마214등 결정을 들 수 있을 것이다.

또한 저자가 재직하고 있는 전남대학교 법학전문대학원에서 행정법을 담당하고 있는 이철환 교수와 함께 공동으로 저술한 「로스쿨 공법실무」 책에서 각종 헌법소송심판청구의 서식례를 실었기 때문에 이번 제4판부터는 이 부분을 빼기로 하였다. (위 「로스쿨 공법실무」는 변호사시험에서 행정법과 헌법 등 공법영역의 기록형 문제와 사례형 문제를 대비하는 수험서이다.)

주지하다시피 1987년헌법에 의하여 1988년 9월 1일 설립된 헌법재판소는 2016년 8월 31일까지 28년 동안 위헌법률심판, 규범통제형 헌법소원심판, 그리고 권리구제형 헌법소원심판에서 법령에 대하여 위헌결정 563건, 헌법불합치결정 181건, 한정위헌결정 70건, 한정합헌결정 28건 등 모두 842건의 위헌성 확인결정을 내렸다(연평균 30건, 헌법재판소 홈페이지 사건통계자료 참조).

그 밖에 권한쟁의심판, 탄핵심판, 정당해산심판에서도 의미있는 결정들이 많이 있었다. 그 사이에 각종 헌법소송의 적법요건에 대한 결정도 무수히 쌓였다. 저자는 이들 결정 모두에 대하여 동의하는 것은 아니지만, 이 책은 헌법재판소의 판례를 주요 기반으로 하는 만큼, 헌법재판소 재판관 등 관계자 여러분께 경하의 말씀과 함께 가일층의 분투를 당부 드리는 바이다.

2016. 12. 9. 국회에서 박근혜 대통령에 대한 탄핵소추안이 가결되어 당일 헌법재판소에 접수되었다. 생각 같아서는 동 사건의 결과를 이 개정판에 담고 싶었지만 동 사건이 언제 종결될지, 아니면 결정선고 전에 다른 사유로 심판이 필요없게 될지 몰라 이대로 제4판의 출간을 진행하기로 하였다. 이번에도 출간을 맡아 준 전남대학교출판부 관계자들께 머리 숙여 감사드린다.

2016년　12월

저자 씀

제3판 머리말

「판례 헌법소송법」 제2판을 출간한지 1년 8개월이 지났다. 그동안 헌법재판소의 판례도 많이 선고되었다. 그 중에는 종전에 한정위헌청구의 적법성을 부인하였던 입장을 변경하여 그 적법성을 원칙적으로 인정한 판례도 있고, 관습법이나 유신헌법하의 긴급조치가 위헌법률심판이나 규범통제형 헌법소원심판의 대상이 된다는 등 새로운 입장을 밝힌 판례도 있다. 지난번 제2판처럼 이번 제3판에서도 헌법재판소의 판례를 보완하는 점에 중점을 두었다.

또한 헌법재판소가 2002년 4월 25일 선고한 99헌바27등 사건 이후에는 주문에서 한정합헌결정을 더 이상 선고하지 않고 있기 때문에 한정합헌결정 부분에 대한 설명을 대폭 줄였다. 그리고 제2판에서도 남아 있던 오·탈자를 바로잡았고, 그 밖에 부자연스럽거나 오해가 있는 표현을 삭제하거나 수정한 부분도 있다. 부록의 서식례도 수정·보완하였다. 헌법재판소 판례는 2014년 6월말까지의 결정례를 반영하였다.

어려운 여건임에도 이번에도 흔쾌히 제3판의 출간을 맡아준 전남대학교출판부 관계자들께 다시 한 번 감사드린다. 아내와 두 딸의 성원과 격려는 이번에도 지난(至難)한 개정작업을 완수하는데 큰 힘이 되었다. 아무쪼록 이 책이 헌법소송법을 공부하는 학생들에게, 그리고 실무가들에게 조금이나마 도움이 된다면 더 바랄 것이 없다. 독자 여러분의 아낌없는 질정(叱正)을 이번에도 고대한다.

2014년 8월

저자 씀

제2판 머리말

「판례 헌법소송법」 초판을 출간한지 1년 10개월이 지났다. 그동안 가장 큰 변화라면 헌법재판소 제4기가 그 임기를 마친 점을 들 수 있다. 정확한 구분이라고 할 수 있는지는 의문이지만, 헌법재판관 임기 6년을 기준으로 볼 때 1988. 9. 15. ~ 1994. 9. 14. 제1기 헌법재판소, 1994. 9. 15. ~ 2000. 9. 14. 제2기 헌법재판소, 2000. 9. 15. ~ 2006. 9. 14. 제3기 헌법재판소에 이어, 2006. 9. 15. ~ 2012. 9. 14. 제4기 헌법재판소가 그 소임을 다하고 지금은 제5기 헌법재판소가 출범하였다.

제2판에서는 초판에서 저자가 독자들에게 약속했듯이, 그동안 헌법재판소에서 선고한 판례를 보완하는 것을 우선적인 목표로 삼았다. 아울러 서술내용도 바꾼 부분이 있다. 대표적으로 권리구제형 헌법소원의 대상요건을 입법작용, 행정작용, 사법작용이라는 형식적인 구분에서 법령소원, 처분소원, 재판소원이라는 실질적인 구분으로 바꾼 점이다. 부록으로 첨부한 서식례도 변호사시험 기록형 문제를 고려하여 많이 손질하였다. 헌법재판소 판례는 제4기 헌법재판소가 마지막으로 선고한 2012년 8월말까지의 결정례를 반영하였다.

제2판의 출간에도 많은 분들의 도움을 받았다. 헌법재판소 관계자 여러분의 도움은 이번에도 큰 힘이 되었다. 충남대학교 법학전문대학원의 정주백 교수는 초판의 부족한 점을 많이 지적해 주었다. 저자가 재직하고 있는 전남대학교 법과대학·법학전문대학원 학생들이 마지막 교정작업을 도와주었고, 출판부의 윤화정 씨는 이번에도 혼신을 다해 출간작업을 맡아주었다. 초판의 출간을 성원하고 기뻐해 주었던 아내와 두 딸은 제2판의 출간에도 큰 버팀목이 되어 주었다.

책을 출간하고 정기적으로 보완하여 다시 선보이는 작업이 얼마나 힘든 과정인지 이번에 절감하였다. 그렇지만 이 책이 학생들과 실무가들에게 헌법소송법과 헌법소송에 관한 판례를 이해하는데 조금이라도 도움이 된다면 저자는 기꺼이 이 힘든 수고를 계속할 것이다. 독자들의 질정(叱正)을 고대한다. 혹시 이 책을 읽다가 틀린 부분을 발견하거나 수정·보완할 내용이 있으면 이메일(hckim77@jnu.ac.kr)로 의견을 주시기 바란다. 책은 독자들과 소통하면서 함께 만들어 가는 것이라고 믿기 때문이다.

2012년 11월

저자 씀

머리말

1987년 현행 헌법에 따라 헌법재판소법이 제정되고 헌법재판소가 업무를 개시한 1988년 9월 이래 22년이 지났다. 2008년 창립 20주년 기념행사를 마친 헌법재판소도 이제 성년으로 불리우기에 부족함이 없는 나이에 이른 것이다. 그동안 헌법재판소가 판례를 통하여 쌓은 "헌법소송"은 헌법의 실체법뿐만 아니라 헌법소송법의 영역에서도 괄목할 만한 양(量)이 되었다.

이 책은 법학전문대학원 또는 법과대학의 헌법소송법 과목의 교재용으로 내는 것이다. 기존에 이미 사계(斯界)의 권위자들이 "헌법소송법(론)" 또는 "헌법재판론" 등의 제목으로 출판한 책들이 있음에도 불구하고 저자가 이 책을 내는 것은 헌법재판소의 판례를 통해 형성되는 헌법소송법의 살아 있는 모습을 보여주기 위함이다.

따라서 이 책에서는 헌법소송 또는 헌법재판의 깊은 이론을 소개한다기보다는 그러한 이론들이 우리 헌법재판소에 어떻게 수용되고 있고, 우리 나름대로 어떻게 전개되고 있는지를 보여주는 데 초점을 맞추었다. 물론 해당 부분에서 기존의 저서들과 관련 논문 등을 인용하고는 있지만, 헌법재판소의 판례를 이 책의 1차 자료로 사용하는 것을 기본 방향으로 삼았다. 그 밖에 헌법재판실무제요를 비롯한 헌법재판소의 발간물도 많은 도움이 되었다.

저자는 앞으로도 헌법재판소의 판례가 선고되는 대로 계속 이를 추적하여 이 책을 보완할 예정이다. 부디 이 책이 헌법재판소를 이해하는 데 있어서, 그리고 헌법소송법을 공부하는 데 있어서 조금이나마 도움이 된다면 저자의 소박한 소망이 이루어지는 것이라고 생각한다.

이 책의 출간은 은사(恩師)이신 허영 교수님의 학문적 지도와 전·현직 헌법재판관님들의 배려, 그리고 헌법재판소 사무처 실무자분들의 도움이 있었기에 가능했다. 그분들께 무한한 존경과 감사의 말씀을 전한다. 또한 이 책의 출간 작업을 맡아준 전남대학교출판부의 박방배 과장님과 윤화정 씨를 비롯한 관계자 분들의 노고에 감사를 드린다.

이 책의 집필기간 중 저자의 전남대학교 법학전문대학원 연구조교였던 김이루사 법학석사, 이욱·정선호 법학사의 도움에 감사드리고, 끝으로 이 책의 출간을 위해 인내하고 격려를 아끼지 않은 아내와 두 딸에게 사랑과 고마움을 전한다.

2011년 1월

저자 씀

目次

제1장 序 章

1. 헌법의 규범력과 헌법재판

오늘날 헌법은 국민의 기본권을 보장하고 삼권을 분립하여 국가권력을 제한하는 목적을 수행하고 있는데, 헌법이 현실적으로 이와 같은 목적을 수행하고 있는가 하는 것이 중요한 과제로 등장한다. 이 같은 목적수행과 관련하여 '헌법의 규범력'(normative Kraft der Verfassung)이 인정되고 있는바,[1] 이를 '헌법의 효력'이라고도 한다. 이것은 법효력론과 마찬가지로 사람을 구속하는 힘으로서의 규범의 '타당성'(validity, Gültigkeit)과 규범이 사실로서 행하여지고 있다는 의미의 '실효성'(efficacy, Wirksamkeit)으로 나누어 생각할 수 있다.[2] 현행 헌법이

---

1) 우리 헌법재판소도 '헌법의 규범력'이라는 용어를 사용하고 있다. 일찍이 제1기 헌법재판소의 김양균 재판관은 "헌법재판제도의 본질은 국가의 최고규범인 **헌법의 규범력**을 최종적으로 관철시키기 위한 것"이라고 하여(헌재 1994.8.31. 92헌마126, 판례집 6-2, 176, 231, 재판관 김양균의 반대의견) 처음으로 헌법의 규범력이라는 표현을 사용하였고, 제3기 헌법재판소의 노무현 대통령 탄핵사건에서 헌법재판소는 "공직자가 직무수행에 있어서 헌법에 위반한 경우 그에 대한 법적 책임을 추궁함으로써 **헌법의 규범력**을 확보하고자 하는 것이 바로 탄핵심판절차의 목적과 기능"이라고 하여(헌재 2004.5.14. 2004헌나1, 판례집 16-1, 609, 632) 법정의견에서 헌법의 규범력이라는 표현을 사용하였다. 한편 제4기 헌법재판소에서도 "법률이 헌법에 위반되는 경우 **헌법의 규범력**을 보장하기 위하여 원칙적으로 그 법률에 대하여 위헌결정을 하여야" 한다고 판시하였다(헌재 2008.11.13. 2006헌바112, 판례집 20-2하, 1, 75; 헌재 2010.6.24. 2008헌바128, 공보 165, 1129, 1136). 그 밖에 권한쟁의심판과 관련하여 "헌법이 정한 권능질서의 **규범적 효력**을 보호하기 위한 제도"라고 언급한 헌재 2011.8.30. 2011헌라1 결정(판례집 23-2상, 249, 261) 및 가처분제도와 관련하여 "헌법재판은 사안의 성질에 따라서 종국결정에 이르기까지 상당한 시간이 필요한 경우가 많으므로, 잠정적인 권리보호수단을 두지 않는다면 종국결정이 선고되더라도 그 실효성을 기대할 수 없게 되어 심판청구 당사자나 헌법질서에 회복하기 어려운 불이익을 야기할 수 있다. 이러한 상황은 결국 **헌법의 규범력**을 약화시켜 헌정질서에 위해를 초래하게 하므로, 그러한 위험성을 사전에 예방하기 위하여 잠정적인 긴급조치로서 가처분의 필요성이 인정된다."라고 판시한 헌재 2014. 2. 27. 2014헌마7 결정(판례집 26-1상, 310, 318) 참조.

2) 김철수, 비교헌법론(상), 박영사, 1980, 48면; 이종상, "헌법의 규범성", 경남법학 창간호, 경남대학교 법학연구소, 1986, 12면; 변창실, "헌법의 규범력", 법정논총 23집, 중앙대학교 법과대학, 1967.2, 65면 참조.

규범성을 갖는다는 것은 하나의 역사적·구체적 질서가 규범성을 갖는다는 것이다. 헌법이 어느 정도 현실적 효력을 획득하는데 성공하는가는 헌법의 규범력의 문제, 즉 역사적 생활의 현실에서 결정하여 규제하는 작용을 할 수 있는 헌법의 능력의 문제이다.[3)]

이 규범력은 한편으로는 헌법내용의 실현가능성에 달려 있다. 헌법의 생명력과 작용력은 헌법이 그 시대의 자발적인 세력과 생동하는 시대적 경향에 결합될 수 있다는 점, 이러한 세력들을 활동하게 하고 서로 정서(整序)시킨다는 점, 그리고 헌법은 대상에 의해 결정되는 구체적 생활관계의 전체질서라는 점에 기초한다. 다른 한편, 헌법의 규범력은 헌법생활에 참여하는 자가 헌법의 내용을 실현하고자 하는 그때 그때의 현재적 의지에 달려 있다. 헌법은 모든 법질서와 마찬가지로 인간의 활동에 의하여 실행되는 것을 필요로 하기 때문에, 그 규범력은 그 내용을 구속력 있는 것으로 보려는 용의(用意)와 그리고 저항에 부딪쳐서도 그 내용을 실현하고자 하는 결의(決意)에 달려 있다.[4)]

한편, 헌법재판(Verfassungsgerichtsbarkeit)이란 헌법분쟁 또는 헌법침해의 문제를 헌법규범을 기준으로 유권적으로 결정함으로써 헌법질서를 유지·수호하는 국가작용[5)]이라고 일컬어진다. 헌법재판은 헌법의 규범력과 실효성을 보장하고, 헌법에서 보장하고 있는 기본권을 실현하며, 국가작용의 합헌성을 보장하여 모든 국가작용이 헌법질서 속에서 행해지도록 함으로써 헌법을 보호하고 실현한다. 헌법재판은 입헌주의(constitutionalism)[6)]와 자유민주주의(liberal democracy)[7)]의 핵심적 징표 중의 하나로 평가된다.[8)]

이러한 헌법재판은 적어도 이념적으로는 '헌법의 최고규범성'(supremacy of the constitutional law)을 전제로 해서 '헌법'과 '일반법률'의 효력상의 차이를 인

3) Konrad Hesse, *Grundzüge des Verfassungsrechts der Bundesrepublik Deutschland* (1995), 통일 독일헌법원론 제20판 (계희열 번역), 박영사, 2001, 3·24면.

4) K. Hesse, 전게번역서(2001), 24-25면.

5) 헌법재판실무제요, 헌법재판소, 2008, 1면.

6) 입헌주의란 헌법에 의하여 권력을 제한하는 통치원리를 말한다. 입헌주의의 핵심적 의미는 헌법을 통한 '권력제한'에 있다. 양건, 헌법강의, 법문사, 2009, 28면.

7) 자유민주주의는 자유주의와 민주주의가 결합된 정치원리이다. 독일연방헌법재판소 판례(BVerfGE 2, 1 [12]; 12, 45 [51])에 의하면, 자유민주주의는 "모든 폭력적 지배와 자의적 지배를 배제하고, 그때 그때의 다수의 의사와 자유 및 평등에 의거한 국민의 자기결정을 토대로 하는 법치국가적 통치질서"라고 한다. 권영성, 헌법학원론, 법문사, 2010, 136면.

8) 정종섭, 헌법소송법, 박영사, 2010, 4면.

정하고, 헌법이 가지는 정치생활주도적·권력통제적·자유보장적·사회통합적 기능 등을 성문의 헌법전으로 명백히 규정하거나 인정하는 경우에 그 제도적 의의가 뚜렷해지기 마련이다.[9)]

이와 같이 규범통제를 비롯한 헌법재판은 헌법의 최고규범성과 통치권의 헌법기속성을 담보하기 위해서 헌법제정권자인 국민이 헌법에 의해 직접 부여한 "헌법적 정당성"을 갖는 권력통제적인 권한이다.[10)]

2. 위헌법률심판제도의 본질

규범통제, 즉 위헌법률심판이란 법률의 위헌여부를 심사해서 위헌인 법률의 효력을 상실시키는 헌법재판을 말한다.[11)] 위헌법률심판제도는 헌법재판의 가장 핵심적인 제도로 평가받고 있다.[12)]

이하에서는 헌법의 규범력이 실제 헌법재판, 그 중에서도 위헌법률심판제도에서 어떻게 나타나고 있는지를 미국 연방대법원의 Marbury 사건(가), 독일 연방헌법재판소의 자갈채취 사건(나), 그리고 한국 헌법재판소의 특허소송단심제 사건(다) 등 주요 국가 헌법재판기관의 대표적인 판례 1개씩을 살펴봄으로써 위헌법률심판제도의 본질적인 의미를 고찰해 보기로 한다.

가. 미국 : Marbury v. Madison 사건 [1 Cranch (5 U.S.) 137 (1803)][13)]

(1) 사건의 개요와 쟁점

(가) 사건의 개요

1800년 11월에 실시된 총선거에서 독립 이래 정권을 장악해 왔던 연방파(Federalists)[14)]는 연방 대통령선거 및 연방 상·하원선거에서도 공화파(Republi-

---

9) 허영, 헌법이론과 헌법, 박영사, 2013, 999면.

10) 허영, 헌법소송법론, 박영사, 2014, 7면.

11) 허영, 전게서(2014), 195면.

12) 허영, 전게서(2013), 1014면.

13) 이 사건에 대한 자세한 설명은 영문자료는 G. Gunther / K. Sullivan, *Constitutional Law,* 13th ed, The Foundation Press, 1997, pp. 2-20 및 Erwin Chemerinsky, *Constitutional Law,* Aspen Law & Business, 2006, pp. 41-47; 한글자료는 한병채, "미국 위헌심사의 정치적 배

can)[15]에게 패배하였다.[16] 그러나 선거후에도 다음해 3월 3일까지는 대통령 및 의회의 임기가 지속되므로,[17] 연방파는 그 동안에 사법부를 자파(自派)의 사람들로 임명하려고 하였다. 그리하여 당시 국무장관직에 있던 John Marshall[18]도 이러한 정책의 일환으로 연방파의 Adams 대통령에 의하여 1801년 2월에 46세의 나이로 연방대법원장(1801~1835 재직)에 임명되어 겸직하였다. 그리고 곧이어 '연방법원 조직에 관한 법률'(the Circuit Court Act)이 연방파가 지배하고 있던 의회에서 제정되었는데, 이 법에 의해서 대통령에게 광범위한 법관임명권이 부여되었다. 그리하여 Adams 대통령은 위 법 통과 후 14일 남짓한 짧은 재직기간 중에 다수의 판사를 임명하였다.

이 사건의 원고인 William Marbury도 워싱턴 D.C.의 치안판사(治安判事, justice of the peace)로 임명된 42명 중의 한 사람이었다. 3월 2일 대통령에 의해서 지명되고 3일 밤 자정까지 상원의 동의를 얻어 임명장까지 작성해서 대통령의 서명을 받고 Marshall 국무장관이 미합중국 직인을 날인까지 했으나 그 중 25명에게만 임명장을 교부하고,[19] 나머지 사람들에게는 임명장을 교부하기

경과 헌법재판의 동향", 헌법논총 제1집, 헌법재판소, 1990, 20-23면 및 김운용, "미국의 위헌심사제도", 미국헌법연구 제8호, 미국헌법연구소, 1997; 165-174면, 그리고 이명웅, "Marbury v. Madison 판결의 비교법적 쟁점", 헌법논총 제16집, 헌법재판소, 2005, 353-390면 참조.

14) 또는 연방당(Federalist Party). 1대 대통령 George Washington(1789~1797)과 2대 대통령 John Adams(1797~1801)는 모두 연방주의자였다. 1800년의 선거에서 패배한 후 해제되었다. Robert A. Dahl, *How Democratic Is the American Constitution?* (2001), 미국헌법과 민주주의 (박상훈·박수형 번역), 제2판, 후마니타스, 2007, 104면.

15) 1796년부터 민주공화파(Democratic Republican)라는 명칭을 사용했으며, 1800년 선거 후 민주공화당이라는 명칭의 정당으로 발전했다. 이후 1832년 Andrew Jackson이 대통령 후보로 선출되면서 민주당(Democratic Party)이라는 평이하고 간단한 이름으로 변경되었으며, 이후 이 당명은 계속해서 유지되고 있다. R. Dahl, 전게번역서(2007), 105면. 현재의 공화당(Republican Party)은 1854년에 창당되었는데, 당시 북부 도시 유권자들이 지지기반이었으며, 6년 뒤인 1860년 Abraham Lincoln(1861~1865)이 공화당의 첫 대통령으로 백악관에 입성했다. 'DAUM 백과사전' 참조.

16) 3대 대통령 Thomas Jefferson(1801~1809)과 4대 대통령 James Madison(1809~1817)은 공화주의자이다. 제퍼슨은 당시의 선거 결과를 "1800년의 혁명"이라고 명명했으며, 이후의 역사학자들도 그렇게 불렀다. R. Dahl, 전게번역서(2007), 104면.

17) 1801년 3월 4일 0시부터 새 행정부 임기가 시작된다.

18) Marshall의 생애와 경력, 그리고 그의 정치관, 헌법관 등에 대하여는 이명웅, 전게논문(2005), 391-397면 참조.

19) 이들 판사들은 심야에 임명되었다 하여 "mid-night judges"라고 불리운다.

전에 4일이 되어 공화파 Jefferson 대통령의 임기가 시작되었던 것이다. 새 대통령 Jefferson은 신임 국무장관 Madison에게 위 미교부된 나머지에 대하여 임명장의 교부를 모두 보류하라고 지시했다. 임명장 없이는 직무를 수행할 수 없었기 때문에 임명장을 받지 못한 사람 중 Marbury 등 4인은 국무장관 Madison을 상대로 임명장 교부를 강제하는 이른바 '직무집행명령영장'(職務執行命令令狀, writ of mandamus.[20] 이하 "집행영장"으로 약칭한다)의 발급을 구하는 소송을 제기하였다. 이 소송은 1789년에 제정된 법원조직법(the Judiciary Act) 제13조에 의거하여 연방대법원에 직접(제1심으로) 제기되었다.[21]

(나) 쟁점

이 사건의 쟁점은 다음의 3가지이다. 첫째, 원고는 그가 주장하는 임명장을 구할 권리가 있는가? 둘째, 그에게 권리가 있고 그 권리가 침해되었다면 법률은 그에게 구제를 허용하는가? 셋째, 법률이 그에게 구제를 허용하고 있다면 그 구제는 연방대법원으로부터의 집행영장의 발부가 될 것인가?[22]

이 점과 관련하여 왜 관할권 문제가 처음부터 판시되지 않고,[23] Marbury가 임명장에 대한 법적 권리를 가지며 법원은 그 구제기관이라는 점이 서두에서 자세히 판시되었는지에 대한 의문이 제기될 수 있다.[24]

(2) 판결의 요지

(가) 원고의 법적 권리 문제

우선 원고는 임명장을 받을 법적 권리를 가지고 있는가가 문제되었다. 이에 대하여 연방대법원은 Marshall이 작성한 판결문에서 "Marbury에 대한 임명행위는 상원의 동의, 임명장에 대한 대통령의 서명, 국무장관에 의한 미합중국 직인의 날인이 이미 완료되었으므로 완전한 것이다. 또한 그 관직을 창설한 법률이 그 관리에게 5년간 집행부로부터의 독립을 보장하였으므로 그 임명은 취소될 수

---

20) mandamus는 라틴어로, "we command" 라는 뜻을 가지고 있다.

21) 5 U.S. 137, 139.

22) Id. at 153.

23) 우리 민사소송법(제2조)의 순서에 의하면 "관할"은 가장 먼저 판단해야 할 소송요건에 해당한다.

24) 이명웅, 전게논문(2005), 359면.

없고 법률에 의하여 보호되는 법적 권리가 부여되었다. 그러므로 임명장을 교부하지 않고 보류하는 것은 당 법원의 의견으로는 법에 의하여 보장되는 기득의 법적 권리(vested legal right)의 침해라고 생각되는 행위이다."[25]라고 밝혔다.

다음, 원고가 그 권리침해에 대하여 법적으로 구제수단을 가질 것인가 여부에 대하여는 "이 영장은 정부의 직원에 대하여 그 직무에 속하는 특정한 것을 명하는 것이다. 이는 그 성질상 당연한 것이며 … 그것은 단지 법적으로 기속된 행위의 수행을 강제하기 위한 것이다. 본건은 … 법적으로 승인된 권리의 구제를 위하여 국가의 법률에 호소할 권리가 있다."[26]고 하여 원고가 소구(訴求)하는 집행영장의 법적 근거를 인정하고 있다.

(나) 연방대법원의 집행영장 발부권한

Marshall은 연방대법원이 이와 같은 집행영장을 발부할 권한을 보유하고 있는가에 관하여 논하면서 예상되었던 판결의 결과를 역전시켰다. 집행영장 발부권한의 근거가 되었던 법원조직법 제13조는 특정 사항에 있어 집행영장의 발부에 관한 초심관할권(original jurisdiction)을 연방대법원에 부여하는 조항이었다. 그런데 미국연방헌법은 원칙적으로 연방대법원에 상소심의 관할권(appellate jurisdiction)을 부여하고, 다만 예외로서 대사(大使) 기타 외교사절 및 영사(領事)에 관한 모든 사건과 주(州)가 당사자인 사건에만 연방대법원에 초심의 재판관할권을 부여하고 있다(제3조 제2항).

Marshall은 집행영장을 발부하기 위하여는 그것이 상소관할권의 행사이든가 또는 그 행사에 필요하다는 것이 표시되지 않으면 안 된다고 하였다. 그런데 이 사건의 경우 명백히 초심관할권에 속하는 사항이므로 동법의 규정은 헌법에 의해서 시인되지 않는 것으로 보인다고 하였다. 즉, 원고들이 의존하고 있는 법원조직법 제13조가 연방대법원의 초심관할권을 인정한 것은 헌법위반이며, 따라서 원고측의 논지는 근거를 상실한다는 것이다. 이 부분에서 Marshall은 미국연방헌법 제3조 제2항에서 규정한 바, 연방대법원의 초심관할권을 "열거규정"으로 보았다. 만일 이 조항을 예시규정으로 해석했다면 위헌문제는 발생하지 않았을 것이다.[27]

---

25) 5 U.S. at 163.

26) Id. at 167.

(3) 이 판결의 의미

(가) 사법심사 : 정치적 돌파구?

이 소송은 그 당시 지극히 의심스러운 것이었다. 연방대법원이 집행영장을 발부한다고 하더라도 행정부가 이를 무시할 것이 분명하였고,[28] 따라서 연방대법원의 권위는 실추할 것으로 보였다. 그렇다고 청구를 기각한다면 이 역시 공화파의 교만한 승세에 굴복하는 것이 되었다. 즉, Marshall은 딜레마에 봉착한 것이다. 그런데 Marshall은 이 사건에서 연방대법원의 권위를 고양시킬 기회를 발견하였다. 여기서 Marshall이 생각해 낸 것이 사법심사(Judicial Review)였다.

주지하다시피 Marshall의 Marbury v. Madison 사건 판결은 어디까지나 정치적 동기에서 내려진 것이다. 그러나 그는 이러한 '정치성'을 거의 완벽하리만큼 정연한 법적 논리로 순화시키고 있다. 그는 사법심사에 관한 어떠한 판례도, Coke 판사의 주장[29]도, 그리고 심지어는 Federalist Papers[30]에 실린 Hamilton의 논설[31]도 전혀 인용하지 않고, 다만 헌법과 일반법률과의 위계관계(位階關係)와 사법권의 본질과 임무에 비추어 사법적 위헌심사권을 주장하고 있다.[32]

---

27) 이 점을 지적하는 견해로 이명웅, 전게논문(2005), 382면 참조.

28) E. Chemerinsky, 전게서(2006), p. 46.

29) Bonham이라는 의사가 의사회의 허가없이 개업하였다는 이유로 의사회가 감금하자 이에 대해 불법감금의 소를 제기한 사건(Dr. Bonham's Case) 판결에서 코크卿(Sir Edward Coke)은 "보통법(Common Law)과 이성(理性)에 반하는 의회제정법은 무효"라고 선언했다. 그러나 영국에서는 1688년의 명예혁명 이후 '의회주권(Sovereignty of Parliament)'이 확립됨에 따라 이러한 위헌법률심사권은 부인되었다.

30) 1787. 5. 25. 필라델피아에서 열린 헌법제정회의(Constitutional Convention)가 같은 해 9. 17. 당시 회의에 참석한 42명 중 39명의 서명으로 제정된 후, 각 주의 비준을 기다리는 동안 비교적 큰 주인 버지니아와 뉴욕 주에서는 다른 주에 비해 새 헌법의 비준에 대한 반대가 심했다. 이에 뉴욕 주에서는 위 헌법제정회의에 참석했던 3명의 federalist - Alexander Hamilton (워싱턴 행정부에서 재무장관 역임), James Madison, John Jay (1789년에 초대 연방대법원장이 됨) - 가 1787년 10월부터 1788년 8월까지 〈Independence Journal〉을 비롯한 뉴욕 시의 신문에 새 헌법의 의미와 필요성을 설명하는 글(논문) 총 85편을 실었는데, 이것의 모음집을 『The Federalist』 혹은 『The Federalist Papers』라고 부른다. 해밀턴이 51편, 매디슨이 26편, 제이가 5편, 그리고 해밀턴과 매디슨이 공동으로 3편을 썼다고 한다. Hamilton/Madison/Jay, *The Federalist Papers*, New American Library, 1961, 페더랄리스트 페이퍼 (김동영 번역), 한울아카데미, 2005, 5-6면; Terry L. Jordan, *The U.S. Constitution And Fascinating Facts About It*, Oak Hill Publishing Company, 2005, p. 30 참조.

31) 원고측 변호사가 해밀턴의 Federalist Papers 중 No. 78, 79을 언급하였다.

32) "헌법이 헌법에 위반되는 어떠한 의회제정법도 통제한다는 명제는 분명하다. 그렇지 않으면 의회가 통상적인 법령에 의해서 헌법을 변경시킬지 모르기 때문이다. … 헌법에 위반되

결국 이 사건에서 Jefferson 일파가 정치적으로 승리한 것처럼 보이나(재판결과 환영), 실제로는 소수파인 연방주의자들이 사법부를 통하여 입법부에 대한 우월적 지위를 획득하고자 하는 정치적 의미를 가지고 있었다.

(나) 헌법위반, 그래서 무효(효력상실)?

Marshall은 이 판결에서 "헌법에 반하는 법률은 무효이다."[33]라고 했지만, 문제된 "법원조직법 제13조는 무효이다."라고 직접 판시하지는 않았다. 이러한 판시여부는 현실에 있어서는 매우 큰 차이를 초래하는데, 동 판결에도 불구하고 법원조직법 제13조는 '계속 유효하다'고 여전히 주장될 수도 있다. 다만 계속 적용될 경우 연방법원에서는 같은 내용을 판시하는 무익한 소송이 될 뿐인 것이다. 그러한 소송 결과에 대한 비난은 법집행당국이 지게 될 것이다.

결국 연방대법원이 어느 법률은 헌법에 위반되므로 무효라고 말할 수는 있겠지만 그렇다고 해서 동 법률이 폐지되는 효과를 갖는 것이라고 볼 수 없다. 법원조직법 제13조 자체가 폐지된다고 하기에는 사법심사권 또는 위헌무효선언권 및 위헌결정의 효력에 관한 법원의 권한이 너무 약한 헌법적 근거를 가지고 있는 것이다. 그러므로 규범충돌 문제에 대한 동 판결의 결론은, 그 논리적인 수사(修辭)에도 불구하고 사실상 기본적으로 '당해사건에 대한 법률적용 배제'에 그칠 수밖에 없고, 또한 사법심사권의 인정과 법원조직법(제13조)이 헌법에 위반된다는 Marshall의 판시는 결국 동 판결에서 방론(dicta)에 불과한 것이라는 견해가 있다.[34]

(4) 평가

당시 이 판결은 적지 않은 비판을 받았다. 우선 Jefferson 행정부는 (재판과정에서) 첫째, 사법적 위헌심사가 근본적으로 헌법상의 원칙인 권력분립에 위배되며, 둘째, 그것은 정당하게 선출된 국민대표를 통하여 표현되는 국민의 주권적

는 의회제정법은 법이 아니다. … 이와 같은 이론은 본질적으로 성문헌법에 내재된 것이고, 결과적으로 본 법원에 의하여 우리 사회의 근본원칙 중 하나로 간주되어야 한다." 5 U.S. at 178.

33) "(that) an act of the legislature repugnant to the constitution is void." Id. at 178.

34) Morris Cohen, *The Faith of a Liberal* (1938), pp.178-180; Lockhart 외 5인, *The American Constitution: Cases-Comments-Questions*, 8th ed. (West 1996), pp.8-9; 이명웅, 전게논문 (2005), 373면 참조.

의사의 거부를 뜻하는 것으로 귀족주의적이며 반민주적이라고 비판하였다.[35)]

그 밖의 논란으로는 성문헌법상 하등의 명문규정이 없음에도 불구하고 법원의 재판에 의해서만 그처럼 중요한 권한을 스스로 장악한다는 것이 과연 합헌적이며 합리적인가 하는 점, 그리고 법원의 사법적 위헌심사가 결국 사법부에 의한 입법 또는 정책수립을 뜻하는 것이 아닌가 하는 점이었다. 이는 "위헌법률심사는 국민의 대표기관인 의회의 행위를 번복하는 것이므로 헌법에 성문의 근거가 없이 헌법의 우위성이나 사법권의 기능만으로 이를 인정하는 것은 곤란하다."는 입장을 반영하는 것이다.[36)]

이러한 반대와 논란에도 불구하고 Marbury v. Madison 사건에 의해 확립된 미국의 사법적 위헌심사제도는 미국 헌법질서에 있어서 가장 특징적인 제도로 인식되어 왔다. 그러나 위헌법률심사권이 자의적으로 행사된 것은 아니고, 정치세력의 반응과 사회적 결과에 대한 예민한 정치적 감각을 통해 적절하게 행사되었다. 실제로 Marshall 대법관이 재임한 30여년 동안에 법률의 위헌을 선언한 것은 Marbury v. Madison 사건뿐이며, 그 후 54년이 지난 1857년에야 두 번째의 위헌판결[37)]을 내렸다. 또한 초창기 미국연방대법원이 무효선언했던 법률의 대부분은 비사법적(非司法的) 업무를 법원으로 하여금 관장하도록 하는 내용으로서 사법부의 조직과 관할권에 관한 것들이었다. 따라서 타부(他府)의 조직과 권한, 국민의 기본적 권리, 사회·경제분야의 정책을 내용으로 한 법률들에 대하여 위헌판결을 한 예는 극히 드물었다. 더욱이 역대 대통령과 국회가 법원의 사법심사권을 존중하였다는 사실 역시 법원의 위헌심사권이 실질적인 권한으로 확립되는데 좋은 환경이 되었다.

이 판결에서 연방대법원은 연방헌법 제3조 제2항이 규정한 연방대법원의 초심관할권을 "열거규정"으로 해석하였다. 그리고 연방헌법의 최고규범성을 근거로 심판대상 법률조항이 이 나라의 최고규범인 연방헌법에 위반된다는 이유로

---

35) 독일이 1919년의 바이마르 헌법에서 법률의 위헌심사제도를 배척한 가장 핵심적인 논거가 바로 "민주적 정당성" 이론이었고, 오늘날에도 이러한 논리에 입각해서 헌법재판제도의 도입을 포기한 나라도 있다(예컨대 스웨덴). 허영, 전게서(2014), 7면.

36) 이명웅, 전게논문(2005), 376면.

37) Dred Scott v. Sanford, 19 Howard 393 (1857). 이 사건에서 연방대법원(원장: Taney)은 흑인은 미합중국 시민이 아니므로 법원에 소송을 제기할 수 없다고 판결하였다. 아울러, 당시 노예문제를 둘러싼 남부주와 북부주 사이의 대립의 결과 제정된 이른바 '미주리 타협안'(Missouri Compromise)은 연방의회의 권한을 유월하는 위헌적 법률이라고 판결했다.

그 적용을 배제하였다. 그렇지만 원고의 권리는 결과적으로 구제되지 못하였다. 이는 미국 연방대법원에서 연원(淵源)한 위헌법률심판제도가 '당사자의 권리구제'보다는 '헌법의 규범력 확보'에 그 근거를 두고 있었다는 것을 보여준다고 하겠다.

나. 독일 : 자갈채취 사건 [BVerfGE 58, 300][38)]

(1) 사건의 개요와 쟁점

(가) 사건의 개요

당해사건의 원고는 뮌스터란트(Münsterland) 북부에서 자갈채취업을 운영하고 있었다. 자갈채취시설이 위치하고 있는 토지는 그의 재산이다. 원고는 1936년 이래로 지하수 영역까지 굴착하여 모래와 자갈을 채취하고 있었다. 1965. 2. 원고는 자갈채취를 계속할 수 있도록 자신에게 수자원관리법에 따른 허가를 내달라고 신청하였다. 1973. 10. 관할행정청은 자갈채취 장소와 상수도시설의 우물시설 간의 거리가 부분적으로는 120m밖에 되지 않기 때문에 자갈채취로 인한 웅덩이의 오염이 우물에까지 이를 수 있고, 또 공용음용수 공급을 위협할 수 있다는 이유로 이 신청을 거부하였다. 원고의 이의제기는 성공하지 못했다. 원고는 허가처분발급이행의 소를 제기하지 않고 보상금(Entschädigung) 지급신청을 하였는데 이 신청도 거부되었다.

이에 대해서 원고는 노르트라인-베스트팔렌 주(州)를 상대로, 금액산정은 법원의 재량에 맡겨져 있는, 보상금지급의 소를 제기하였다. 원고는 자갈채취에 대한 허가거부는 자신이 설치해서 운영하는 영업과 토지소유권에 대한 수용침해(Enteignung)라고 주장하였다. 주(州)법원은 원고승소 판결을 선고하였다. 이에 대하여 제기된 피고의 항소는 기각되었고, 피고가 상고를 제기하자 연방최고법원(BGH)은 재판을 정지하고 연방헌법재판소에 위헌제청을 하였다.[39)]

(나) 쟁점 및 결론

이 사건은 연방최고법원의 재판정지 및 위헌법률심판 제청결정에 따른 사건

---

38) BVerfGE 58, 300. 이 부분 판례의 번역은 독일연방헌법재판소 판례번역집, 헌법재판소, 2002, 3. "자갈채취" 결정(최갑선연구관 번역부분), 43면 이하를 바탕으로 보완·정리하였음.

39) BVerfGE 58, 300 [309].

으로서 1976. 10. 16. 개정·공포된(BGBl. I S. 3017) 수자원관리법 제1조a 제3항 제1호, 제2조 제1항, 제3조 제1항 제6호, 제6조 및 제17조가, 지하수채굴에 대한 수자원관리법상의 허가나 인가 거부를 보상없이(ohne Entschädigung) 허용하고 있는 한, 기본법 제14조 제3항 제2문과 불합치하는지 여부가 쟁점이었다.[40)]

결론적으로 위 심판대상조항들은 재판관 전원일치의 의견으로 모두 기본법과 합치한다는 판결이 선고되었지만, 이 판결은 결론보다는 그 판시를 통하여 소위 '분리이론'을 확립하였다는데 그 의미가 있다.

(2) 판결의 요지

(가) 이 판결에서 연방헌법재판소는, "당사자가 소구할 수 있는 보상청구권(Entschädigungsanspruch)의 내용과 범위를 결정하는 것은 법률이다. 일반법원은 피수용자에게 법률상의 규정들에 부합하는 보상이 지급되었는지 여부를 판단한다. 일반법원의 권한은 이 점에 국한된다. 일반법원은 입법자가 청구권의 근거를 규정하지 않은 경우 수용보상을 인정할 수 없다. 따라서 규범통제의 관점에서 볼 때 중요한 것은 기본법 제14조[41)] 제3항 제2문에 부합하는 수용법률이 소송의 기초를 이루고 있는지 여부이다. 이 규정은 보상의 종류와 범위를 규정한 법률을 근거로 한 수용만을 허용한다. 이러한 요청들을 충족시키지 못하는 법률은 위헌이다."라고 판시하였다. 즉, 연방헌법재판소는 기본법 제14조 제3항을 '불가분조항'으로 해석한 것이다.

또한 연방헌법재판소는, "사회적 구속성을 넘어서면 보상청구권을 발생시킨다는, 제청결정에 인용된 항소법원의 견해는 기본법과 합치하지 않는다."라고 하여 종전 민사법원의 **'경계이론'**을 명백히 거부하고, "내용을 정하는 규정은 그것이 위헌인 경우에도 기본법 제14조 제1항 제2문에서 의미하는 규정으로서의 법적 성격을 계속 유지하고, 기본법 제14조 제3항의 요청하에 있는 수용규정으로 변하지 않는다. 법률규정이 위헌인 동시에 합헌이 될 수는 없다. 따라서 행정청이 그러한 규정을 적용하는 것은 보상의무를 지는 행정수용이 될 수 없고, 언제나 법적 수단을 통해 다툴 수 있는 단순한 법률집행이 된다. 무효인 규범의 수범자에게 어떤 결과제거청구권(Folgenbeseitigungsanspruch)[42)]이 인정되는지 여부는

---

40) BVerfGE 58, 300 [327f.].

41) 기본법 제14조의 규정 내용은 이 책 33면 참조.

기본법 제14조 제3항 제4문에 따른 (보상청구) 절차에서는 판단되지 않는다."고 하여[43], 소위 '**분리이론**'을 제시하였다.

(나) 그리하여 연방헌법재판소는 "수용침해의 당사자인 시민에게는 기본법 제19조 제4항 제1문[44]과 행정소송법 제40조에 의해 행정법원에 제소할 수 있는 가능성이 열려 있다. 행정법원은 … 그 침해가 기본법 제14조 제3항 제1문의 헌법적 요건들과 비례의 원칙을 충족시키는지 여부를 심사해야 한다는 점을 제외할 때, 특히 그 처분이 합헌적 근거에서 취해진 것인지 여부를 조사해야 한다. 침해의 근거가 되는 법률이 지급할 보상의 종류와 범위에 관한 규정을 두고 있는지 여부를 확인하는 것도 여기에 포함된다. 이 요청을 충족시키지 못하는 법률은 위헌이므로, 행정법원은 그러한 법률을 적용해서는 안 된다. 행정법원은 오히려 기본법 제100조 제1항에 따라 연방헌법재판소에 그 규범의 효력에 대한 심판을 제청하여야 한다. 그 규범이 위헌으로 선언되면, 그에 입각한 행정행위는 기본법 제14조 제1항 제1문으로부터 나오는 당사자의 기본권(재산권)을 침해하는 것이므로 취소되어야 한다."고 하였다.[45] 다시 말하면, 위헌적인 공용수용의 효과는 '보상'이 아니라 '침해행위의 취소'라는 것이다(가치보장보다 **존속보장**의 우위).

나아가 연방헌법재판소는 기본법 제14조 제3항 제4문에 따른 보상청구 절차에서 일반(민사)법원이 갖는 재판권한과 관련하여, "시민이 자신에게 취해진 처분을 '수용'으로 본다면, 그는 법률에 청구권의 근거가 있을 때에만 보상을 청구할 수 있다(보상청구권의 근거가 없다면, 그는 행정법원에 그 침해행위의 취소를 청구하여야 한다). 그가 침해행위의 취소청구를 포기하고 법률이 자신에게 인정하지도 않은

42) 위법한 고권작용(공법작용)으로 인해 자기의 권리가 침해되고 또한 그 위법침해로 인해 야기된 사실상태가 계속되는 경우에 관계자는 행정주체에 대하여 불이익한 결과의 제거를 통해 계속적인 법익침해의 해소를 구할 수 있는 권리를 가지는바(예컨대 수용처분의 취소 후에도 계속 공공용지로 사용하고 있는 경우에 당해 토지의 반환청구), 이러한 권리를 결과제거청구권이라고 부른다. 말하자면 위법침해가 동시에 위법한 사실상태를 야기한 경우, 적법한 사실상태의 회복을 구할 수 있는 청구권이 바로 결과제거청구권이다. 홍정선, 행정법원론(상), 박영사, 2010, 753면.

43) BVerfGE 58, 300 [319f.].

44) 기본법 제19조 ④공권력에 의하여 그 권리를 침해당한 자에게는 권리구제절차가 열려 있다. (이하 생략) 이하 독일기본법의 한글번역은 K. Hesse, 전게번역서(2001)의 부록으로 첨부된「독일연방공화국 기본법」번역본을 따랐음.

45) BVerfGE 58, 300 [322f.].

보상을 요구할 수는 없다. 법률에 근거가 없다면 민사법원도 보상을 인정할 수 없기 때문이다.[46] 따라서 당사자는 법률상 보상규정의 결여로 인하여 위법한 '수용'으로부터 자신을 방어할 것인지, 아니면 직접 보상을 청구할 것인지 여부를 선택할 수 없다. 그가 침해행위의 취소를 청구하지 않는다면, 그의 보상청구소송은 기각된다. 기본법이 자신에게 부여한, 합헌적 상태 회복청구권을 행사할 수 있는 가능성을 활용하지 않은 자는 자기 스스로에 의해 초래된 법적 손실을 이유로 공공기관에 대해 금전보상을 청구할 수 없다."고 판시하였다(선택적 소송의 금지).[47]

(다) 연방헌법재판소는 이 사건 심판대상규정들이 기본법 제14조 제3항 제2문의 입법수용(전단)도 행정수용(후단)도 아닌 제14조 제1항 제2문에서 의미하는 '내용규정'임을 확인한 후에, '비례의 원칙'과 '평등원칙'을 심사기준으로 동 규정들의 기본권 합치여부를 판단한 끝에 합헌의 결론에 이르고 있다.

(3) 분리이론

(가) 독일기본법의 재산권조항

1949년에 제정된 독일기본법의 재산권조항인 제14조(재산권, 상속권 및 공용수용)는 다음과 같다.

> **[제1항]** 재산권과 상속권은 보장된다. 그 내용과 한계는 법률로 정한다.
>
> **[제2항]** 재산권은 의무를 수반한다. 동시에 그 행사는 공공복리에 기여하여야 한다.
>
> **[제3항]** 공용수용(Enteignung)은 공공복리를 위해서만 허용된다. 공용수용은 보상의 종류와 범위를 정한 법률에 의하여 또는 법률에 근거하여서만 행하여진다. 보상은 공공의 이익과 관계자의 이익을 공정하게 형량하여 정해져야 한다. 보상액 때문에 분쟁이 생길 경우에는 정규법원에 제소할 길이 열려 있다.

---

46) 즉 "受忍하라, 그리고 補償받으라"(Dulde und liquidiere!)는 명제는 공식적으로 부인되었다. 정하중, "헌법상의 재산권보장체계에 있어서 경계이론과 분리이론", 서강법학연구 제5권, 서강대학교 법학연구소, 2003.5, 70면.

47) BVerfGE 58, 300 [324].

독일기본법은 바이마르헌법상의 수용과 보상의 느슨한 관계를 헌법적으로 개선하고 보상을 불공정하게 정하는 법률의 입법을 불식시키기 위하여 '불가분조항'(부대조항, Junktim-Klausel)의 원칙, 즉 "수용은 보상과 결합되어야 하며 따라서 보상을 미해결인 채로 두거나 다른 법률로 규정할 수는 없다."는 원칙을 명시적으로 채택하였다(제14조 제3항).48)

(나) 불가분조항과 민사법원의 판례와 입법실무49)

1) 독일의 민사법원은 전통적으로 침해된 법익의 종류에 따라 재산권에 대한 침해의 경우에는 기본법 제14조 제3항의 "수용보상(Enteignungsentschädigung)청구권"으로, 생명·신체·자유 등 비물질적 법익에 대한 침해의 경우에는 중세이래 관습법적 효력을 갖고 있는 "희생보상(Aufopferungsentschädigung)청구권"으로 한계를 설정하였다. 그리고 민사법원은 수용근거법에 보상규정이 없는 관계로 침해행위가 위법하게 된 경우에도 제14조 제3항을 유추적용하여 소위 '수용유사적 침해'50) 라는 명칭하에 보상을 하였다(경계이론). 따라서 이러한 입장에서는 불가분조항은 실무상 큰 의미가 없었다. 결국 민사법원은 실질적으로는 바이마르헌법 제153조 제2항51)을 직접적인 수용보상청구권의 근거로 본 제국법원의 판례를 그대로 답습하여 기본법의 변화된 헌법조문(불가분조항)의 내용과 의미를 무시하였다는 비판을 받았다. 즉, 기본법 제14조 제3항의 규범력이 도전을 받은 것이다.

---

48) 이명웅, "헌법 제23조의 구조", 헌법논총 제11집, 헌법재판소, 2000, 324면.

49) 이 부분은 정하중, "독일 Bonn기본법 14조상의 부대조항의 의미와 한국헌법 23조 3항의 해석", 사법행정, 1992.9, 35면 이하(上) 및 사법행정, 1992.10, 27면 이하(下)를 바탕으로 보완·정리하였음.

50) **收用類似侵害**(enteignungsgleicher Eingriff) 이론이란 재산권에 대한 위법적 침해라도 그것이 법률에 의하여 허용된다고 가정할 경우에, 그것의 내용 및 효과에 비추어 볼 때 공용수용을 의미하고 관련 개인에게 특별한 희생을 강요할 때에는 공용수용(Enteignung)과 같은 것으로 다루어야 한다는 이론을 말한다(따라서 수용유사침해와 본래적 의미의 공용수용과는 오로지 '침해의 위법성'이란 면에서만 구별되는 것으로 이해되었다). 예컨대 보상규정을 두지 않은 재산적 침해로서 그 실질적 내용에 있어서는 수용적 효과를 가져 오는 경우가 이에 해당한다. 독일에서는 1952. 6. 10. 선고된 BGHZ 6, 270 [290] 이래 확립된 판례이다.

51) 바이마르헌법 제153조 ②공용수용(Enteignung)은 공공복리를 위해서 그리고 법률의 근거하에서만 이루어진다. 공용수용은 제국법률이 달리 규정하고 있지 않는 한 상당한 보상을 통해서 이루어진다. 보상액에 관한 다툼이 있는 경우 제국법률이 달리 규정하지 않는 한 통상법원에 제소할 수 있다. 제국에 의한 주, 지방자치단체, 공공조합에 대한 공용수용은 보상을 통해서만 이루어질 수 있다.

2) 다른 한편, 불가분조항의 요건을 충족시키지 못한 법률은 위헌무효라는 연방헌법재판소의 판결[52]에 따라 입법자는 자신이 규율하려는 사실관계에 관하여 재산권의 사회적 제약과 공용수용의 경계영역에 있어 자신의 오판에 대한 위험부담을 피할 수 없게 되었다. 즉, 입법자가 공용수용을 의미하는 사실관계를 재산권의 사회적 제약이라고 오판하여 전혀 보상규정을 마련하지 않는다든지 또는 공용수용이라고 정확하게 판단하였지만 보상의 정도를 너무 낮게 책정한 경우 근거법률은 위헌판결을 피할 수 없게 된다. 반대로, 위헌판결의 위험을 피하기 위하여 사실상 재산권의 사회적 제약에 지나지 않는 제한에 대하여 보상규정을 마련한다면, 이는 헌법적 근거가 전혀 없는 자선적 급부를 개인에게 부여함을 의미하며 나아가 국가재정의 문란을 초래할 지도 모르는 일이다. 이와 같은 딜레마를 해결하기 위하여 입법실무는 각 개별법규에 "이 법률에 근거한 행정처분이 공용수용을 의미한다면 보상은 금전으로 지급한다."라는 소위 **구제적 보상규정**(salvatorische Entschädigungsregelung)이라고 불리우는 백지위임 형식의 입법형태를 취하기 시작하였다. 이는 보상에 관한 궁극적인 결정을 법관에게 위임하는 결과를 가져와 불가분조항의 의미와 취지에 반하는 것이다. 이러한 이유로 학계에서는 이를 비판하고 있있다.[53]

(다) "자갈채취" 판결과 분리이론

1) 이와 같이 재산권해석에 있어서 재산권의 "가치보장"에 최우선적인 가치를 두고 있던 독일민사법원의 판례는 재산권의 "존속보장"을 우선시킨 연방헌법재판소에 의하여 근본적인 수정을 받게 된다. 연방헌법재판소는 1960년대 중반부터 몇 개의 판례를 통하여[54] 재산권해석에 관하여 자신의 입장을 밝혀 나가기 시작하였으며, 특히 제1재판부 1981. 7. 15.자의 소위 "자갈채취 판결"을 통하여 자신의 견해(分離理論)를 궁극적으로 관철시켰다.

2) 종래 연방민사법원 및 연방행정법원이 채택한 '경계이론'에 비하여 연방헌법재판소가 "자갈채취" 판결을 통해 정립한 '분리이론'은 다음과 같이 요약할 수

52) BVerfGE 4, 219; 24, 367.

53) 예컨대 Weyreuther, *Über die Verfassungswidrigkeit der salvatorischer Entschädigungsregelung im Enteignungsrecht*, 1980, S. 7ff.; Papier, in : Maunz/Dürig/Herzog/Scholz, Art. 14GG., Rdn. S. 111ff.; Leisner, DVBL 1981, 974.

54) 예컨대 '小庭園(Kleingarten)' 판결(BVerfGE 52, 1) 등.

있다.[55)]

첫째, 기본법 제14조 제3항은 단지 (좁은 의미의) 공용수용에 대해서만 적용된다. 유사한 효력을 갖는 행위, 특히 수용유사침해 및 수용적 침해[56)]에 대한 유추해석에 의한 동 조항의 적용은 배제된다. 둘째, '하나의 행위'에 이중적 기능을 부여하는 것은 배제된다. 따라서 하나의 규율은 모든 적용사례에 있어서 "내용규정"이나 "공용수용" 중 어느 하나에 해당한다. 셋째, 공용수용과 기타 소유권침해 간의 구별은 더 이상 특별희생의 성격(특별희생설) 내지 소유권자에 대한 침해의 정도(침해중대성설)에 좌우되지 않는다. 또한 내용규정은 그것이 위법하거나 수인할 수 없다는 것을 이유로 공용수용이 되는 것은 아니며, 이 경우에도 그것은 내용규정으로서의 성격을 갖는다. 넷째, 손실보상 또는 매수청구권(Entschädigungs- und Übernahmeanspruch)이 규정되어 있다는 상황도 그것이 곧 공용수용을 긍정하는 징표라거나 또는 내용규정의 존재를 부정하는 징표를 구성하는 것이 아니다.

이러한 분리이론에 입각한 연방헌법재판소의 판단에 따라, 이제 더 이상 민사법원은 보상규정이 없는 경우 기본법 제14조 제3항을 유추 또는 근거로 하여서는 소위 수용유사침해와 수용적 침해라는 이름하에 개인에게 보상을 부여할 수 없게 되었다. 결과적으로 수용유사침해[57)] 또는 수용적 침해[58)]는 자갈채취판

---

55) Hans D. Jarass, *Verfassungsrechtlicher Enteignungsbegriff und Planungsrecht*, in: 『PLANUNG』 (C.H.Beck 2000) 신봉기 번역 : "수용개념의 이해", 토지공법연구총서 V, 한국토지공법학회, 2001.8, 650면.

56) **收用的侵害**(enteignender Eingriff) 이론이란 그 자체로서 합법적인 행정행위가 초래하는 예외적이고 예기치 못한 부수적 효과로 인한 재산권의 침해에 대하여는 법률의 근거가 없어도 보상을 해 주어야 한다는 이론을 말한다. 예컨대, 합법적인 도로공사로 인하여 고객이 상점에 접근할 수 있는 가능성이 봉쇄되는 경우에 상점주인이 입는 재산적 손해가 이에 해당한다.(BGHZ 57, 359 [366])

57) 1984. 1. 26. 판결, BGHZ 90, 17 [29ff.] : "모래채취(Sandabbau)" 사건. 원고는 자신의 모래언덕에 위치한 토지로부터 모래를 채취하고자 하였다. 행정청은 자연 및 풍치보호의 차원에서 모래언덕에 대한 모래채취를 금하는 가처분을 하였다. 그러자 원고는 수용보상을 요구하였다. 연방최고법원(BGH)은 수용유사침해가 존재하는 것으로 보았다. 강현호, "한국헌법 제23조와 독일기본법 제14조의 해석", 토지공법연구 제18집, 2003.6, 82면.

58) 1984. 3. 29. 판결, BGHZ 91, 20 [26ff.] : "정화시설(Kläranlage)로부터의 임미씨온" 사건. 원고는 지구상세계획상 일반주거지역에 있는 자신의 토지에 주택을 소유한 자인데, 인근에 시의 하수처리시설이 설치되어 있었다. 동 시설의 확장을 위한 허가가 나자 원고가 이의를 제기하였으나, 적정하게 운영되고 보수되는 하수처리시설은 악취가 나지 않는다는 이유로 기각되었다. 그러자 원고는 손실보상청구를 하였다. **연방최고법원**(BGH)은, 연방헌법재판

결 이후에도 존속은 되었으나[59] 기본법 제14조 제3항의 영역에서 추방되었고 아울러 그 법적 근거도 종래 독일에서 관습법적 효력[60]을 갖고 있던 희생보상의 기본원칙으로 바뀌었다.

(4) 평가

연방헌법재판소의 판례에 따라 재산권에 대한 제약을 종래처럼 "보상을 요하지 않는 재산권의 내용규정"(내재적 제약)과 "보상을 요하는 특별희생"(공용수용 또는 수용유사침해)의 양분법에 의하여 파악하는 것은 더 이상 통용될 수 없었다. 그러므로 이제는 "형식화되고 협의화된 공용수용"[61]과 "보상없이 수인해야 하는 재산권내용규정"[62] 그리고 "재산권내용규정이 헌법에 반하여 재산권을 침해하는 경우"[63]의 3가지 재산권침해유형이 성립하는 결과가 되었다.[64] 이와 같은 재산권보장체계에 대한 연방헌법재판소의 새로운 해석, 즉 재산권의 내용규정과 공용수용을 별개의 제도로서 명확하게 구별하는 것(분리이론), 공용수용의 형식화(협의화), 재산권의 가치보장보다 존속보장의 우위성 등은 학계의 많은 지지를 받았다.[65]

그러나 연방헌법재판소가 자갈채취판결에서 확립한 분리이론에 대하여는 일부 학자들의 비판도 있다. 즉, "보상을 요하는 재산권내용규정"이라는 법리는 연방헌법재판소의 판례가 고수한 분리이론을 보완해 주고 공익을 위한 재산권에 대한 제약을 달성하면서 그로 인한 특별한 부담을 전보해 줄 수 있는 탈출구를

소의 자갈채취 판결은 협의의 의미의 수용에만 해당되며, 수용적 침해에 대하여는 적합하지 않다고 판시하였다. 강현호, 전게논문(2003.6), 83면.

59) 독일에서 수용유사침해, 수용적 침해 보상이론은 사양길에 접어들기는커녕 여전히 규범력을 발휘하고 있는데, 이 이론이 연방헌법재판소의 판례에도 불구하고 좌절되지 아니하고 계속 생명력을 유지할 수 있었던 것은 그것이 현실적으로 유용한 문제해결을 가능케 했기 때문이다. 홍준형, 행정구제법, 한울아카데미, 2001, 279면.

60) 그러나 이와 같이 연방법원이 이끌어낸 관습적인 전통이란 실은 순수한 의미의 관습법이라기보다는 오히려 "판례법"이라고 보아도 무방할 것이다.

61) 기본법 제14조 제3항. 적법하므로 수용보상청구권이 발생한다.

62) 기본법 제14조 제1항 제2문, 제2항. 적법하며 사회적 기속의 범위내이므로 보상없이 수인해야 한다.

63) 기본법 제14조 제1항 제2문, 제2항. 이는 위법하므로 취소소송을 제기할 수 있다(수용보상 불가). 다만, 보충적으로 다른 법규정이나 법원칙에 의한 보상은 가능할 수 있다.

64) 홍준형, 전게서(2001), 284면 참조.

65) Battis, NVwZ 1982, 585; J. Ipsen, DVBL 1983, 1021; Rittstieg, NJW 1982, 582.

제공해 주는 기능을 수행했으나, 결국 보상없는 재산권내용규정에 의한 제약과 보상을 요하는 수용의 준별론(분리이론)을 다시금 완화하고 상대화하는 자가당착적인 결과를 초래했다는 것이다. 요컨대 "보상을 요하는 재산권내용규정"의 법리와 관련하여, 연방헌법재판소의 판례에 의해 종래 민사법원의 광의의 수용개념이 형식적으로는 포기되었지만 기본법 제14조 제1항 제2문에 의하여 실질적으로 부활한 것이나 다름없다는 것이다. 또한 연방헌법재판소가 수용개념을 엄격히 제한한 결과, 오히려 "다른 법적 근거"에 의한 손실보상청구권, 특히 수용유사적 침해나 수용적 침해에 대한 손실보상청구권이 성립할 수 있는 여지를 남기는 역설적인 결과를 초래했다는 지적이다.[66] 이와 관련하여 Maurer는 다음과 같이 지적하였다. "기본법 제14조 제3항의 법률유보는 명백히 수용보상에 대해서만 적용되는 것이지만, 그 밖의 법적 근거에 의하여 손실보상청구권이 성립하는 것을 막지는 않는다. 또한 다른 경우나 마찬가지로 여기서도 시민의 보호를 목적으로 해야 할 법률유보가 시민의 손실보상청구로부터 국가를 보호함으로써 시민에게 불리한 방향으로 적용된다면 이는 괴이한 결과일 것이다."[67]

그런데 이 사건에서 원고는 결과적으로 역시 패소하였다. 이는 독일의 경우도 위헌법률심판(규범통제) 제도가 당사자의 권리구제가 목적이 아니라 헌법의 규범력 확보라는 객관적 소송이라는 것을 보여준다고 하겠다.

다. 한국 : 특허소송단심제 사건 [헌재 1995. 9. 28. 92헌가11등]

(1) 사건의 개요와 심판의 대상

(가) 사건의 개요[68]

위헌제청신청인은 특허청에 「수압을 이용, 중력을 동력으로 바꾸는 장치」에 대하여 특허출원을 하였으나 거절사정을 받고 거절사정에 대한 항고심판(90항원

66) Maurer, *Allgemeines Verwaltungsrecht*, 12.Aufl., 1999, §26 Rn. 32·35·81·96. 홍준형, 전게서(2001), 290면; 그 밖에 Detterbeck, *Salvatorische Entschädigungsklauseln vor dem Hintergrund der Eigentumsdogmatik des Bundesverfassungsgerichts*, DöV 1994, S. 273.; Ossenbühl, *Staatshaftungsrecht*, 8.Aufl., 1991, 217ff.; Hermes, NVwZ 1990, 733f.

67) Maurer, 전게서(1999), §26 Rn. 96. 홍준형, 전게서(2001), 292면에서 재인용.

68) 이 사건은 4건이 병합 선고되었는데, 사건의 개요는 선행사건인 92헌가11 사건을 중심으로 정리하였음.

1930)을 청구하였으나 청구기각의 심결을 받자 대법원에 상고(92후25)를 하였지만 대법원은 신청인의 상고를 기각하였다. 한편, 신청인은 위 항고심판청구와는 별도로 서울고등법원에 특허청장을 상대로 위 거절사정처분의 취소를 구하는 행정소송(91구21505)을 제기함과 동시에 특허청의 항고심판심결에 대하여는 곧바로 대법원에 상고하도록 되어 있는 특허법(1995. 1. 5. 법률 제4892호로 개정되기 전의 것) 제186조 제1항에 대한 위헌제청신청(91부514)을 하였고, 대법원은 이를 받아들여 이 사건 위헌제청을 하였다.

(나) 심판의 대상

이 사건 심판의 대상은 특허법(1995. 1. 5. 법률 제4892호로 개정되기 전의 것)[69] 제186조 제1항이 헌법에 위반되는지의 여부이다.

특허법 제186조(상고대상 등) ①항고심판의 심결을 받은 자 또는 제170조 제1항의 규정에 의하여 준용되는 제51조 제1항의 규정에 의한 각하결정을 받은 자가 불복이 있는 때에는 그 심결이나 결정이 법령에 위반된 것을 이유로 하는 경우에 한하여 심결 또는 결정등본을 송달받은 날부터 30일 이내에 대법원에 상고할 수 있다.

(2) 쟁점 및 결론(주문)

(가) 쟁점

우리 헌법하에서 모든 행정처분은 법원에 의한 심사를 받을 수 있고, 행정처분이나 공법상의 법률관계에 관한 분쟁에 대하여는 행정소송법이 정하는 바에 따라 원칙적으로 전심절차로서의 행정심판을 거친 다음 고등법원을 1심으로 하는 행정소송을 제기할 수 있다.[70] 그러나 특허청의 거절사정, 보정각하결정, 심결 및 항고심결 등은 그것이 공권력적 행정처분의 한 태양임이 분명함에도 불구하고 그에 대하여 고등법원에의 제소가 허용되지 아니하고 특허법이 정하는 바에 따라 항고심판의 심결과 보정각하결정에 대하여만 그 심결이나 결정이 법령에 위반된 것을 이유로 하는 경우에 한하여 대법원에 상고할 수 있도록 하고 있

69) 병합사건에 의하여 "의장법(1995.1.5. 법률 제4894호로 개정되기 전의 것) 제75조 중 특허법 제186조 제1항을 준용하는 부분"도 심판의 대상이 되었다.

70) 1994. 7. 27. 법률 제4765호로 개정되어 1995. 3. 1.부터 시행된 법원조직법에 따라 행정소송도 3심제가 되었다.

다(특허법 제186조 제1항). 그러므로 일반행정소송에 있어서는 사실심인 고등법원의 재판과 법률심인 대법원의 재판을 거칠 수 있음에 반하여, 특허쟁송[71]에 있어서는 특허청의 심판과 항고심판에서 사실심이 모두 끝나고 그 다음에는 고등법원의 재판을 거침이 없이 곧바로 법률심인 대법원의 재판을 받게 되는 점에 중요한 특징이 있다. 이것이 우리 헌법상 과연 용인될 수 있는가 하는 점이 바로 이 사건의 쟁점이다.

(나) 주문

특허법(1995. 1. 5. 법률 제4892호로 개정되기 전의 것) 제186조 제1항은 헌법에 합치되지 아니한다. 다만, 위 법률조항은 특허법중개정법률(1995. 1. 5. 개정. 법률 제4892호)이 시행되는 1998. 3. 1.의 전일까지 이 사건 위헌여부심판제청의 각 당해사건을 포함한 모든 특허쟁송사건에 대하여 그대로 적용된다.[72]

(3) 결정이유의 요지

(가) 헌법위반

헌법재판소는 심판대상 법률조항이 ①재판청구권(헌법 제27조 제1항)의 본질적 내용을 침해하고, ②사법국가주의(헌법 제101조 제1항, 제107조 제3항)에 위반되며, ③평등원칙(헌법 제11조 제1항)에도 위배된다고 판시하였다. 이 중 ①과 ② 부분의 판시내용은 다음과 같다.

1) 헌법 제27조 제1항은 모든 국민은 헌법과 법률이 정한 자격과 절차에 의하여 임명되고, 물적 독립과 인적 독립이 보장된 법관에 의하여 합헌적인 법률이 정한 내용과 절차에 따라 재판을 받을 권리를 보장하고 있다. 한편, 재판이라 함은 구체적 사건에 관하여 사실의 확정과 그에 대한 법률의 해석·적용을 그 본질적인 내용으로 하는 일련의 과정이다. 따라서 "법관에 의한 재판을 받을 권리"를 보장한다고 함은 결국 법관이 사실을 확정하고 법률을 해석·적용하는 재판을 받을 권리를 보장한다는 뜻이고, 그와 같은 법관에 의한 사실확정과 법률의 해

71) 일반적으로 특허쟁송에는 ①특허침해소송, ②(특허관련)일반행정소송, ③특허소송이 포함되는데, ①은 일반 민·형사소송절차를, ②는 행정소송법에 의한 일반행정쟁송절차를 따르게 된다. 김원준, 특허법원론, 박영사, 2009, 666-667면. 따라서 여기에서 말하는 '특허쟁송'은 위 ③의 특허소송(특허심판)을 의미한다.

72) '의장법(1995.1.5. 법률 제4894호로 개정되기 전의 것) 제75조 중 특허법 제186조 제1항을 준용하는 부분'에 대하여도 같은 내용(헌법불합치 및 잠정적용)의 주문이 선고되었다.

석·적용의 기회에 접근하기 어렵도록 제약이나 장벽을 쌓아서는 아니 된다고 할 것이며, 만일 그러한 보장이 제대로 이루어지지 아니한다면 헌법상 보장된 재판을 받을 권리의 본질적 내용을 침해하는 것으로서 우리 헌법상 허용되지 아니한다(헌법 제37조 제2항).

그런데 특허법 제186조 제1항은 특허청의 항고심판절차에 의한 항고심결 또는 보정각하결정에 대하여 불복이 있는 경우에도 법관에 의한 사실확정 및 법률적용의 기회를 주지 아니하고 단지 그 심결이나 결정이 법령에 위반된 것을 이유로 하는 경우에 한하여 곧바로 법률심인 대법원에 상고할 수 있도록 하고 있는바, 특허청의 심판절차에 의한 심결이나 보정각하결정은 특허청의 행정공무원에 의한 것으로서 이를 헌법과 법률이 정한 법관에 의한 재판이라고 볼 수 없다. 그렇다면 결국 특허법 제186조 제1항은 법관에 의한 사실확정 및 법률적용의 기회를 박탈한 것으로서 헌법상 국민에게 보장된 "법관에 의한" 재판을 받을 권리의 본질적 내용을 침해하는 위헌규정이라 아니할 수 없다.

2) 헌법 제101조 제1항, 제2항은 "사법권은 법관으로 구성된 법원에 속한다. 법원은 최고법원인 대법원과 각급법원으로 조직된다."고 규정하고 있고, 헌법 제107조 제3항 전문은 "재판의 전심절차로서 행정심판을 할 수 있다."고 규정하고 있다. 이는 우리 헌법이 국가권력의 남용을 방지하고 국민의 자유와 권리를 확보하기 위한 기본원리로서 채택한 3권분립주의의 구체적 표현으로서, 일체의 법률적 쟁송을 심리 재판하는 작용인 사법작용은 헌법 그 자체에 의한 유보가 없는 한 오로지 대법원을 최고법원으로 하는(헌법 제101조 제2항) 법원만이 담당할 수 있고 또 행정심판은 어디까지나 법원에 의한 재판의 전심절차로서만 기능하여야 함을 의미한다.

그런데 특허청의 항고심판심결이나 결정은 그 판단주체로 보아 행정심판임이 분명하고 이러한 행정심판에 대하여는 법원에 의한 사실적 측면과 법률적 측면의 심사가 가능하여야만 비로소 특허사건에 대한 사법권 내지는 재판권이 법원에 속한다고 할 수 있을 것인바, 특허법 제186조 제1항이 이러한 행정심판에 대한 법원의 사실적 측면과 법률적 측면에 대한 심사를 배제하고 대법원으로 하여금 특허사건의 최종심 및 법률심으로서 단지 법률적 측면의 심사만을 할 수 있도록 하고 재판의 전심절차로서만 기능해야 할 특허청의 항고심판을 사실확정에 관한 한 사실상 최종심으로 기능하게 하고 있는 것은, 앞서 본 바와 같이 일체의 법률적 쟁송에 대한 재판기능을 대법원을 최고법원으로 하는 법원에 속하도록 규정하고 있는 헌법 제101조 제1항 및 제107조 제3항에 위반된다고 하지 아니할 수 없다.

(나) 헌법불합치결정 및 잠정적용명령

헌법재판소는, 헌법재판소법(이하 이 책에서 "법"이라고 약칭한다)[73] 제47조 제2항에 따르면, 어느 법률조항에 대하여 단순한 위헌결정이 선고되면 그 조항은 그때부터 효력을 상실하게 되고 더 이상 유효한 법률로서 존속할 수 없게 됨이 원칙이나 이 사건에 있어서는 심판대상 법률조항의 위헌성에도 불구하고 바로 위헌결정을 선고할 수 없는 아래와 같은 특별한 헌법적 사유가 있고 특별히 이 사건에서는 위헌인 법률조항이라도 잠정적으로 적용할 필요가 있다고 판시하였다.

1) 심판대상 법률조항에 기초한 현행 특허쟁송제도는 1946년 이래 지금까지 거의 반세기에 이르도록 지속적으로 시행되어 온 제도이고, 특허법 제186조 제1항은 상표법(제86조 제2항), 의장법(제75조) 및 실용신안법(제35조)에도 준용되고 있다. 따라서 위 심판대상 법률조항에 대한 헌법재판소의 위헌선언은 바로 위와 같이 장기간 유효하게 존속하여 온 산업재산권관계의 쟁송절차에 대한 전반적인 일대 변혁을 의미하는 것이므로 그로 인한 충격과 혼란이 매우 심각하고 또 광범위할 것으로 예상된다.

현행 특허쟁송제도에 위 심판대상 법률조항에서 보는 바와 같은 위헌적인 요소가 있다고 하더라도 그 위헌적인 요소를 제거한 합헌적인 특허쟁송제도의 방안은 여러가지가 있을 수 있고, 그 여러가지의 방안들 중에서 어느 것을 선택할 것인가 하는 것은 결국 입법자의 정책적인 결단에 맡겨진 문제라고 할 것이므로, 헌법재판소의 결정이 있기 전에 명백히 밝혀진 입법자의 의사가 있다면 그것이 또 다른 위헌성을 내포하고 있지 아니하는 한 존중되어야 할 것이다. 그런데 입법자는 스스로 심판대상 법률조항 및 이에 근거한 현행 특허쟁송제도에 관한 관련 법규정들을 헌법합치적으로 개정한 바 있다. 즉, 입법자는 1994. 7. 27. 법률 제4765호로 법원조직법을 개정하여 "특허법원"을 설치하고 특허법원으로 하여금 특허쟁송의 제1심 사건을 심판하게 하는 한편, 1995. 1. 5. 법률 제4892호

73) 다만, 헌법재판소 판례를 인용할 경우 등 필요한 때에는 '헌법재판소법'을 그대로 사용하였다.

로 특허법을 개정하여 현재 특허청 내에 설치되어 있는 심판소와 항고심판소를 통합하여 "특허심판원"을 설치함으로써 행정부 내에서의 2단계 심판을 1단계로 줄이고, 특허심판원의 심결 등에 대한 불복의 소는 "특허법원"의 전속관할로 하였으며, 상표법, 의장법, 실용신안법의 각 준용규정도 모두 개정하였다.

그러므로 당재판소는 특허쟁송제도에 관련된 위와 같은 강한 법적안정성의 요구와 이미 확인된 입법자의 합헌적인 의사를 존중하여, 입법자가 마련한 합헌적인 제도가 유효하게 시행될 수 있을 때까지는 비록 위헌성이 내포되어 있기는 하나 현행제도를 그대로 유지하는 것이 오히려 여러가지 충격과 혼란을 방지하고 과학기술자들의 권리를 두텁게 보호하는 효과적인 방안이 될 것이라고 판단되므로 심판대상 법률조항에 대하여 헌법불합치를 선언함에 그친다.

2) 헌법불합치선언의 목적은 1차적으로는 위헌결정의 경우 위헌적 법률 또는 법률조항이 바로 그 효력을 상실하게 되는 법률효과를 회피하고 이를 형식적으로 존속하게 하는 데 있다. (…) 그런데 입법자가 개정법률의 시행시기를 1998. 3. 1.로 정하고 헌법재판소가 입법자의 이러한 의사를 존중하여 위 시점까지 이 사건 심판대상 법률조항의 적용을 명하는 것은 현재의 일반법원의 조직과 인력으로서는 특허쟁송의 전문성에 상응하는 재판업무를 원활하게 수행하기 어렵다는 판단에 근거한 것임에 비추어, 만약 이 사건의 당해사건과 이 사건 결정이 선고되는 시점에 법원에 계속 중인 모든 특허쟁송사건에 대하여 심판대상 법률조항의 적용이 배제되고 행정소송법의 규정에 따른 절차가 진행되어야 한다면 현실적으로 재판을 담당할 준비를 갖추지 못한 일반법원에 대하여 재판의 담당을 강제하는 결과로 되어 버릴 가능성이 크다.

그러므로 당재판소는, 심판대상 법률조항이 헌법에 불합치함을 선언하면서도 합헌적인 개정법률이 시행될 때까지는 이를 잠정적으로 그대로 계속 적용할 것을 명함과 동시에, 헌법불합치선언이 당해사건 등에 미칠 효과로 인한 법률적 혼란과 충격을 막기 위하여, 이 사건 위헌여부심판제청의 당해사건을 포함한 모든 특허쟁송사건에 대하여 위 심판대상 법률조항의 적용을 명하는 것이다.

(4) 평가

이 사건 결정 당시 이미 법원조직법과 특허법 등이 위에서 본 바와 같이 개정되어 1998. 3. 1.부터 시행이 예정되었기 때문에, 심판대상 법률조항에 대한 헌법불합치결정 및 잠정적용명령은 결과적으로 합헌결정과 아무런 차이가 없게 되었다.

또한 이 사건의 이해관계인 상공부장관은 "심판대상 법률조항은 특허분야의 기술성·전문성으로 인하여 특허쟁송의 기술적 사실판단을 법관으로만 구성된 법원에 맡기는 것보다 기술전문가로 구성된 심판기관에 맡기는 것이 사실판단의 정확성과 절차의 신속성 및 소송경제적인 측면에서 합당하다는 입법정책판단에 기초한 것"이라고 주장했고, 특허청장은 "특허심판제도는 특허관계의 심판에는 고도의 전문적 기술적 판단이 요구된다는 점을 고려하여 제헌이후 줄곧 전문심판기관에 의한 2단계의 행정심판을 전제로 대법원을 최종심으로 하는 특별행정쟁송의 체제를 유지하여 왔는바, 이는 심판기관이 법원이 아닌 행정기관이므로 판단주체의 지위와 관련하여 심판의 공정성은 다소 저하될 수 있으나, 이 점은 심판절차를 준사법절차화하여 보완하는 대신, 사실인정에 관한 판단을 전문기술분야의 지식과 능력을 갖춘 행정부 내의 전문심판기관에 분담시킴으로써 소송제도가 추구하여야 할 적정성·신속성·경제성의 이상과 공정성의 이상을 비교형량하여 서로 조화롭게 실현하도록 하여, 특허 등의 산업재산권 분쟁에 관하여 국민의 재판을 받을 권리를 오히려 실질적으로 보장하고 있는 합헌적인 제도"라는 의견을 제출하였으며, 대한상공회의소도 "특허사건의 사실판단을 기술을 모르는 일반 법률가 출신의 법관에게 맡긴다면 적정한 판단을 기대하기 어렵고, 쟁송단계가 늘어남으로 인하여 분쟁해결이 지연되며, 그만큼 당사자의 비용이 증가할 것이므로 당사자의 권리구제나 국내 산업발전에 도움이 되지 않을 뿐만 아니라, 특허사건에 대한 쟁송제도가 갑자기 바뀜에 따라 산업계에 혼란과 부담을 초래하여 결과적으로 국내산업의 기술경쟁력을 약화시킬 위험이 있다."고 주장하였다.

그럼에도 불구하고 헌법재판소가 심판대상 법률조항에 대하여 위헌판단을 내린 것은 헌법 제27조의 재판청구권 규정에서 '법관에 의한 재판을 받을 권리를 보장한다'고 함은 "법관이 사실을 확정하고 법률을 해석·적용하는 재판을 받을 권리를 보장한다."는 뜻이라고 해석한 후, 특허청의 심판절차에 의한 심결이나 보정각하결정은 특허청의 행정공무원에 의한 것으로서 이를 헌법과 법률이 정한 법관에 의한 재판이라고 볼 수 없는바, 그렇다면 심판대상 법률조항은 법관에 의한 사실확정 및 법률적용의 기회를 박탈한 것으로서 헌법상 국민에게 보장된

"법관에 의한" 재판을 받을 권리의 본질적 내용을 침해하여 위헌이라고 보았기 때문이다.

요컨대, 이 사건에서도 헌법재판소에 의한 헌법규정의 해석에 따른 규범력의 확보가 판단의 핵심이었다는 것을 알 수 있다. 즉, 헌법 제107조 제1항, 법 제41조 제1항의 규정에 따른 위헌법률심판절차는 법원에 계속된 구체적 사건에서 적용될 법률이나 법률조항이 헌법에 위반되는지의 여부가 문제되는 객관소송이라고 할 것이다.

라. 결론

헌법재판소는 헌법 제111조 제1항에 규정된 바와 같이 위헌법률심판, 탄핵심판, 정당해산심판, 권한쟁의심판, 헌법소원심판 사건을 관장하고 있다. 그런데 규범통제는 헌법의 최고규범성만에 의해서 인정될 수는 없고 그에 대한 명시적인 별도의 근거규정을 필요로 한다.[74] 그리고 위헌법률심판에 대한 헌법의 근거와 독립된 헌법재판소제도는 헌법재판의 정당성을 강화하고 헌법의 규범력을 최대한 실현하게 하는 계기를 마련한다.[75]

우리 헌법재판소는 스스로를 "헌법의 수호와 국민의 기본권 보장을 사명으로 하는 국가기관"으로 정의하였다.[76] 그런데 앞에서 미국연방대법원과 독일연방헌법재판소, 그리고 한국헌법재판소의 대표적인 판례의 분석을 통하여 살펴본 바와 같이 위헌법률심판제도는 기본적으로 헌법의 규범력 확보를 위한 장치요, 헌법의 보호수단이라는 것을 알 수 있다. 다시 말하면 위헌법률심판제도는 원칙적으로 객관소송이라는 것이다. 그리고 이와 같은 위헌법률심판의 객관소송적 성격은 헌법재판소의 헌법해석을 그 전제로 한다.

나아가 헌법재판은 헌법을 보호하고 국민의 기본권을 보장하는 역할을 한다. 그런데 일반적인 법원의 민·형사재판과는 달리 헌법규범의 해석과 이로 인한 객관적인 헌법질서의 보장을 위한 기능이 헌법재판에서는 중요한 의미를 가진다. 특히 헌법재판은 일반법원에서의 재판과는 달리 헌법재판기관, 즉 헌법재판소의 직권에 의한 심리가 요구되는 정도가 크고 또한 바람직한 경우가 더 많다.

---

74) 허영, 전게서(2013), 118면.

75) 이명웅, 전게논문(2005), 381면.

76) 헌재 1996. 2. 29. 93헌마186, 판례집 8-1, 111, 116.

이와 같이 헌법재판은 단순히 제청신청인이나 헌법소원청구인의 주관적 권리구제만을 위한 제도가 아니고, 객관적 헌법질서를 수호·유지하기 위한 제도이기도 하다. 따라서 헌법재판소는 피청구인 또는 심판대상을 직권으로 확정하기도 하고,[77] 위헌제청되지 않은 법률조항이라 하더라도 체계적으로 밀접불가분의 관계에 있거나 동일한 심사척도가 적용되는 등의 경우에는 그 법률조항도 심판대상에 포함시켜 위헌제청된 법률조항과 함께 그 위헌여부를 판단하기도 하였다.[78] 이는 모두 헌법재판의 객관적 기능을 충실히 구현하고자 하는 취지에서 비롯된 것이다.[79]

3. 헌법재판의 유형과 우리나라 헌법재판제도의 특성

가. 헌법재판의 유형

헌법재판제도는 위헌법률심사를 비롯한 헌법재판기능이 일반법원이 아닌 별도의 다른 기관에 집중되어 있는지 여부에 따라 크게 집중형과 비집중형으로 나누인다.[80]

집중형 또는 "헌법재판소형"은 일반법원이 아닌 별도의 재판기관인 헌법재판소를 설치하고 위헌법률심사권을 비롯한 헌법재판권을 그 기관에 부여하는 헌법재판제도로서, 1920. 10. 1. 설립된 오스트리아 헌법재판소[81] 제도를 그 원형으로 한다. 집중형 헌법재판제도는 독일·스페인·이탈리아·포루투갈을 비롯한 유럽대륙에 널리 확산되었고, 동구 공산정권이 붕괴된 이후 러시아를 비롯한 동구권 국가들 거의 대부분이 이 제도를 채택하고 있다.

비집중형 또는 "최고법원형"은 한 나라의 모든 법원에 위헌법률심사권을 부

---

77) 헌재 1993. 5. 13. 91헌마190, 판례집 5-1, 312, 320; 헌재 1998. 3. 26. 93헌바12, 판례집 10-1, 226, 232.

78) 헌재 1999. 1. 28. 98헌가17, 판례집 11-1, 11, 14; 헌재 2000. 8. 31. 97헌가12, 판례집 12-2, 167, 172.

79) 헌재 2005. 2. 3. 2001헌가9등, 판례집 17-1, 1, 8.

80) 법원도서관, 헌법재판제도의 이해(요약), 2002, 1면.

81) 오스트리아 헌법재판소는 독일 연방헌법재판소의 권한에 비견될 만한 권한을 부여받았음에도 불구하고 비교적 소극적인 태도를 취하고 있다고 한다. K. Schlaich (정태호 번역), *Das Bundesverfassungsgericht,* 독일연방헌법재판소, 헌법재판소, 1999, 4면.

여하는 헌법재판제도로서, 1803년의 Marbury v. Madison 판결부터 시작된 미국의 위헌법률심사제도가 그 시초이다. 비집중형 헌법재판제도는 미국을 비롯하여 캐나다·호주·인도 등에서도 채택되었으며, 19세기 후반과 20세기 초반에 걸쳐 남미 여러 나라와 일본 등에서 도입하였다.[82)]

그 밖에 프랑스의 경우는 특수한 형태의 헌법재판기관인 헌법평의회(Conseil Constitutionnel)가 설치되어 있고,[83)] 한편 영국·네덜란드·룩셈부르크·스웨덴 등과 같이 의회우위의 원칙에 입각하여 위헌법률심사세도를 채택하지 않은 나라도 있다.[84)]

나. 우리나라 헌법재판제도의 특성

우리나라의 경우 1948년의 제헌헌법 때부터 제도상으로는 헌법재판이 있었으나 그 실적이 미비하다가 1987년 현행헌법이 시행된 이후 헌법재판소를 설치하여[85)] 본격적으로 가동되고 있다.[86)]

일반적으로 헌법재판의 기능적 특성으로는, 첫째, 법적인 영역과 정치적인 영역을 이어주는 교량 역할로서의 정치형성재판의 특성, 둘째, 그 결정의 실효성

82) 집중형 헌법재판제도와 비집중형 헌법재판제도의 비교 및 그 합일화 경향에 대한 자세한 설명은 Mauro Cappellatti (구병삭/강경근/김승환 공역), *Judicial Review in the Ccontemporary World,* 현대헌법재판론, 법문사, 1989, 67-91면 참조.

83) 프랑스혁명 시대 이후 "법관에 의한 통치(gouvernment des juges)"에 대한 공포가 뿌리깊게 박혀 있는 프랑스는 1958년 헌법평의회를 설립하였다. 헌법평의회는 법률의 합헌성을 예방적으로 (즉 법률의 시행전에) 심사하며 또 그 구성과 절차에 비추어 볼 때 오히려 입법질차 내의 최종적인 정치적 (통제)기관과 법원 사이에 있는 중간적 기구이다. 그러나 1971년 이후에는 헌법평의회가 규범통제분야에서 기본권과 인권을 매개로 보다 독립적인 역할을 수행하는 현상이 증가하고 있다. K. Schlaich, 전게번역서(1999), 4면. 한편, 프랑스는 2008년 7월의 헌법개정에서 제61-1조를 신설하여 사후적·구체적 규범통제 제도를 채택하였다. 그리하여 위 'Conseil Constitutionnel'을 '헌법재판소'로 번역하는 학자도 있다. 전학선, "프랑스 헌법재판제도의 개혁과 한국 헌법재판의 비교", 공법학연구 제10권 제1호, 한국비교공법학회, 2009.2, 267면 이하. 2008년 개정된 프랑스헌법에 대한 소개는 정재황·한동훈, "2008년 프랑스 헌법개정에 관한 연구", 현안분석 2008-42, 한국법제연구원, 2008.10. 참조.

84) 법원도서관, 전게서(2002), 2면. 주요 국가의 헌법재판제도에 관한 개괄적인 소개로는 허영, 전게서(2014), 25-37면 참조.

85) 따라서 우리나라의 현행 헌법재판제도는 "집중형"이라고 할 수 있다.

86) 우리나라 헌법재판제도의 역사에 관하여는 허영, 전게서(2014), 73-92면 및 정종섭, 전게서(2010), 60-79면 참조.

보장에 헌법기관 내지 국가권력의 성의 있고 자발적인 집행의지와 국민의 강한 헌법에의 의지(Wille zur Verfassung)가 필요하다는 특성, 셋째, 헌법적 가치질서에 대한 모든 사회구성원의 확고하고 폭넓은 공감대를 전제로 해서만 그 실효성을 나타낼 수 있다는 특성 등을 들고 있다.[87]

한편, 현행 법상 우리나라 헌법소송의 특수성으로는 변호사강제주의(법 제25조) 및 국선대리인제도(법 제70조)의 채택, 심판비용의 국고부담(법 제37조), 서면심리원칙(법 제30조), 포괄적인 자족적 절차규정 미비(법 제40조), 직권증거조사(법 제31·제32조), 결정의 효력(법 제75조) 및 관보게재(법 제36조), 심판기간(법 제38조) 등이 있다.[88]

법은 각종 심판절차에 일반적으로 적용되는 일반심판절차(제3장)와 개별심판절차에 적용되는 특별심판절차(제4장)로 나누어 규정하고 있다. 특별심판절차는 다시 위헌법률심판절차(제1절), 탄핵심판절차(제2절), 정당해산심판절차(제3절), 권한쟁의심판절차(제4절), 헌법소원심판절차(제5절)로 나누어진다. 이 책에서는 제2장에서 일반심판절차를 기술하고, 제3장 이하에서 각 특별심판절차를 기술하기로 한다.

87) 허영, 전게서(2013), 1000-1003면 참조.

88) 이시윤, 헌법재판개관, 헌법재판소, 1989, 53-59면.

제2장 一般審判節次

헌법재판소의 심판절차에 관하여는 법에 특별한 규정이 있는 경우를 제외하고는 헌법재판의 성질에 반하지 아니하는 한도에서 민사소송에 관한 법령을 준용한다. 이 경우 탄핵심판의 경우에는 형사소송에 관한 법령을 준용하고, 권한쟁의심판 및 헌법소원심판의 경우에는 행정소송법을 함께 준용한다(법 제40조 제1항). 제1항 후단의 경우에 형사소송에 관한 법령 또는 행정소송법이 민사소송에 관한 법령에 저촉될 때에는 민사소송에 관한 법령은 준용하지 아니한다(법 제40조 제2항).[1] 한편 헌법재판소는 헌법 제113조 제2항 및 법 제40조 제1항에 따라 2007. 12. 7. 헌법재판소규칙 제201호로 '헌법재판소 심판 규칙'을 제정했는데(이하 이 책에서 "심판규칙"이라고 약칭한다), 헌법재판소 심판절차의 보다 구체적·세부적 사항에 관하여는 심판규칙이 적용된다.[2] 이 장에서는 각종 심판절차의 통칙에 해당되는 일반심판절차를 기술한다.

1. 재판부 및 심판정족수

가. 재판부

법에 특별한 규정이 있는 경우가 아니면 심판은 재판관 전원으로 구성되는 재판부에서 관장하며, 재판부의 재판장은 헌법재판소장이 된다(법 제22조). 즉, 우리나라 헌법재판소는 두 개의 원(Senat)이 있는 독일연방헌법재판소와 달리 1개의

---

1) 헌법재판소는 2014. 2. 27. 선고한 2014헌마7 사건(청구인 통합진보당)에서 재판관 전원일치(별개의견 1인) 의견으로, 정당해산심판절차에 민사소송에 관한 법령을 준용할 수 있도록 규정한 헌법재판소법(2011.4.5. 법률 제10546호로 개정된 것) 제40조 제1항 전문 중 '정당해산심판의 절차'에 관한 부분이 헌법에 위반되지 않는다고 보아 심판청구를 기각하는 결정을 선고하였다.

2) 헌법재판실무제요, 헌법재판소, 2008, 18면.

전원재판부가 있는 One-Bench 시스템이다. 다만, 헌법소원심판의 경우에는 사전심사를 위하여 재판관 3인으로 구성되는 지정재판부를 둘 수 있는데(법 제72조 제1항), 현재 헌법재판소에는 3개의 지정재판부가 있다(지정재판부의 구성과 운영에 관한 규칙 제2조 참조).

나. 심판정족수

(1) 가중정족수

헌법재판소는 9인의 재판관으로 구성되는 전원재판부에서 재판관 7인 이상의 출석으로 사건을 심리하며(법 제23조 제1항), 재판부는 종국심리에 관여한 재판관의 과반수의 찬성으로 사건에 관한 결정을 하되 법률의 위헌결정, 탄핵의 결정, 정당해산의 결정 또는 헌법소원에 관한 인용결정, 그리고 종전에 헌법재판소가 판시한 헌법 또는 법률의 해석·적용에 관한 의견을 변경하는 경우에는 재판관 6인 이상의 찬성이 있어야 한다(헌법 제113조 제1항, 법 제23조 제2항). 이와 같은 경우에 다른 일반정족수보다 가중하여 재판관 6인 이상의 찬성을 요구하도록 규정한 것은, 헌법재판의 인용결정의 중요성으로 인해 사회에 미치는 파급효과와 법적안정성을 고려한 것이라고 할 것이다.[3]

한편 위에서 본 바와 같이 심판에 관한 결정에 있어서 법률의 위헌결정, 탄핵의 결정, 정당해산의 결정 또는 헌법소원에 관한 인용결정(헌법 제113조 제1항) 이외에는 심리에 관여한 재판관의 과반수의 찬성으로 사건에 관한 결정을 하도록 하였으므로 나머지 결정, 예컨대 권한쟁의심판은 인용여부에 관계없이 심리에 관여한 재판관 과반수의 찬성으로 결정하고, 그 밖에 위 위헌법률심판, 탄핵심판, 정당해산심판 및 헌법소원심판의 적법요건[4]에 관한 결정도 심리에 관여한 재판관 과반수의 찬성으로 결정한다.

그런데 종전에 각하결정에 대한 선례가 있는 경우에는 그 판시를 재판관 6인의 찬성으로 변경하지 않는 한 심리에 관여한 재판관의 과반수의 찬성이 있다고

3) 실무제요(2008), 19면. 이에 대하여 향후 (청구인용 결정이 국민에게 불리한) 탄핵결정이나 정당해산결정을 제외하고는 '단순 다수결'을 요구함이 타당하다는 견해로 남복현, "2008년 헌법판례의 회고와 분석", 공법논총 제5호, 2009.8, 64-65면 참조.

4) '적법요건'이란 본안판단을 받기 위한 선결요건을 의미한다.(헌재 2013.2.28. 2012헌아99, 판례집 25-1, 160, 165)

하더라도 각하결정을 해야 한다. 예컨대, 2003. 1. 30. 선고한 2002헌마516 사건에서는 재판관 5인이 적법하다는 의견을 제시하였으나 종전의 선례[5]에서 법률의 시행에 유예기간을 두고 있는 경우에도 유예기간과 관계없이 법시행일에 기본권의 침해를 받는 것으로 보았기 때문에, 위 선례에서 판시한 법률의 해석·적용에 관한 의견을 변경하는데 필요한 법 제23조 제2항 단서 제2호 소정의 심판정족수(재판관 6인)에는 미치지 못하였으므로 심판청구를 각하하였다.

(2) 외국의 입법례

외국의 입법례를 보면, 독일의 경우 과반수를 원칙으로 하되(가부동수인 경우에는 기본법 또는 기타 연방법에 위반하는 것으로 확인할 수 없다) 기본권의 실효(기본법 제18조), 정당의 위헌여부(기본법 제21조 제2항), 대통령 및 법관의 탄핵결정(기본법 제61조, 제98조 제2항, 제5항)에 있어서 피청구인에게 불리한 재판을 하기 위해서는 재판부소속 재판관 2/3의 가중 다수의 찬성을 필요로 한다(연방헌법재판소법 제15조 제3항). 한편 미국, 오스트리아, 스페인의 경우는 과반수로 규정하고 있다. 미국 연방대법원의 경우는 9인 중 6인 이상의 출석으로 사건을 심리하고(28 U.S.C. §1, Court Rule §4), 그 중 과반수의 찬성으로 결정한다.[6]

2. 헌법소송의 당사자 및 대리인

가. 당사자의 지위와 권리

(1) 당사자의 지위

헌법재판절차에 있어서 자기 이름으로 심판을 청구하는 자를 청구인이라 하고, 그 상대방인 당사자를 피청구인이라 한다.

헌법재판소가 관장하는 심판 중 위헌법률심판과 헌법소원심판은 직권·서면심리의 방식에 의하고 있고, 탄핵심판·정당해산심판 및 권한쟁의심판은 당사자 구두변론에 의한 심리구조로 되어 있다(법 제30조). 그러므로 헌법재판의 당사자도 전

---

5) 예컨대 헌재 1996. 3. 28. 98헌마198, 판례집 8-1, 241, 251·253.

6) 실무제요(2008), 19-20면.

자의 경우에는 청구인을 기본으로 하여 심판하게 되고(청구당사자 중심주의), 후자의 경우에는 대립된 당사자를 확정하고 필요적 구두변론에 의하여 심판하게 된다(당사자 대립주의).

(2) 당사자의 권리

헌법재판의 당사자는 심판절차에 관한 권리와 심판의 내용에 관하여 주장할 수 있는 권리를 가진다. 당사자는 심판절차에서 자기의 이익을 옹호하기 위하여 필요한 소송법상의 권리, 예컨대 청구서 또는 답변서를 제출하고 심판결정문을 송달받을 권리, 기일의 소환을 받을 권리, 기일지정의 신청권, 제척·기피신청권,[7] 변론권, 질문권 등을 갖는다(법 제24조, 제27조, 제28조, 제29조, 제30조, 제36조 제4항 참조).

또한 심판의 내용에 관하여, 예컨대 청구서 또는 답변서의 내용을 주장·정리하고 보완하며 추가로 자기 의견을 제출하는 등 자기 주장을 뒷받침할 수 있는 재판의 실체적 사항에 대하여 자료를 제출하고 의견을 진술할 권리, 심판청구의 취하·포기 등 심판청구 자체를 임의로 처분할 수 있는 권리(청구인의 경우)와 그 밖에 심판의 변론에 참여하고 그에 따른 증거조사에 직접 참여하는 권리를 갖는다(법 제26조, 제28조, 제31조 제1항, 제32조 참조).

(3) 임의적 당사자 변경신청의 적법여부

헌법소원심판절차에서 임의적 당사자변경을 인정할 것인지가 문제된다. 이 점에 관해서는 법에 명문의 규정이 없기 때문에 준용규정인 법 제40조에 의거하여 행정소송법과 민사소송법의 규정을 준용하여 판단할 수밖에 없다. 그런데 행

7) 헌재 2016. 11. 24. 2015헌마902 : "기피는 당사자의 신청에 의해 진행된다. 헌법재판절차에서 당사자는 자기 이름으로 심판을 청구하는 '청구인', 그 상대방인 '피청구인'이 있고, 헌법재판의 유형별로 청구인과 피청구인이 모두 있는 경우와 일방 당사자만 있는 경우, 경우에 따라서는 당사자가 존재하지 않는 경우도 있다. 헌법재판에서는 이해관계인의 절차 관여가 인정되나, 이해관계인은 자기 이름으로 결정을 구하거나 재판을 청구하는 것이 아니고, 또한 공권력의 행사 또는 불행사의 주체도 아니므로 기피신청을 할 수 있는 당사자의 범위에 포함되지 아니한다. 한편, 심판대상조항(헌법재판소법(2011.4.5. 법률 제10546호로 개정된 것) 제24조 제4항)은 당사자가 동일한 사건에 대하여 2명 이상의 재판관을 기피할 수 없도록 하고 있는데, 이를 어느 당사자가 먼저 1명의 재판관을 기피한 경우 상대 당사자가 다른 재판관 1명을 추가로 기피할 수 없다고 해석한다면 당사자대등주의에 반하므로, 여기서 '당사자'는 한쪽 당사자 측을 말하는 것으로 해석하여야 할 것이므로, 각 당사자 측에서 1명씩의 재판관만을 기피할 수 있다."

정소송법 제14조가 피고의 경정을 인정하고 있고, 민사소송법(2002. 1. 26. 법률 제6626호로 전부개정된 것) 제260조가 피고의 경정을, 같은 법 제68조, 제70조가 필수적 공동소송인, 예비적·선택적 공동소송인의 추가를 인정하는 외에는 피고의 추가적 변경을 인정하는 규정은 존재하지 아니하므로,[8] 원칙적으로 임의적 당사자변경은 인정되지 않는다. 또한 당사자변경을 자유로이 허용한다면 심판절차의 진행에 혼란을 초래하고 또 상대방의 방어권 행사에도 지장을 줄 우려가 있으므로 당사자의 동일성을 해치는 임의적 당사자변경은 헌법소원심판에서도 원칙적으로 허용되지 않는다고 보아야 할 것이다.[9]

(가) 청구인 변경신청의 경우

헌법재판소는, "청구인들은 1997. 11. 26.자 청구인변경신청서에서 '당사자표시 변경신청'이라는 제목을 붙여 청구인 표시를 청구인들이 소속되어 있는 '주식회사 ○○프로덕션'으로 변경하여 달라는 신청을 하고 있는데, 주식회사와 그 소속 직원 사이에는 법적인 동일성이 존재하지 아니하므로 위 신청은 단순히 당사자표시의 정정신청으로 볼 수는 없고(설사 당사자표시정정신청의 취지라 하더라도 이를 받아들일 수 없다), 임의적 당사자변경의 신청이라고 보아야 할 것이고, 따라서 이 사건 청구인변경신청은 허용되지 않는 것이어서 이를 받아들이지 아니한다."고 판시하였다.[10]

(나) 피청구인 추가·변경 신청의 경우

헌법재판소는 피청구인의 추가에 대한 사례에서, "청구인의 위 1999. 4. 24.자 청구취지 등 변경신청서는 피청구인으로 (공무원연금관리공단 이사장 이외에) 국방부장관과 국방부직할 제9125부대장을 추가하는 것을 내용으로 하고 있는데, 이와 같이 피청구인의 추가적 변경을 자유로이 허용한다면 심판절차의 진행에 혼란을 초래하고 또 상대방의 방어권 행사에도 지장을 줄 우려가 있기 때문에 당사자의 동일성을 해치는 임의적 당사자변경은 원칙적으로 허용되지 않는다."고 판시하였다.[11]

---

8) 이 점은 위 개정 전의 민사소송법도 마찬가지이다.

9) 헌재 2003. 12. 18. 2001헌마163, 판례집 15-2하, 562, 568.

10) 헌재 1998. 11. 26. 94헌마207, 판례집 10-2, 716, 724-725.

11) 헌재(제1지정재판부) 1999. 4. 27. 99헌마178, 공보·판례집 미수록. 同旨, 헌재 2003. 12. 18.

그런데 권한쟁의심판의 경우 피청구인의 변경(경정)을 허용한 사례가 있다. 즉, 청구인(서울특별시)은 처음에 정부의 지방교육재정교부금법 개정법률안 제출행위가 청구인의 권한을 침해하는 것이라고 주장하며 권한쟁의심판을 청구하였다가 위 개정법률안이 국회에서 통과되어 공포되자, 위 권한쟁의심판청구의 대상에는 피청구인 정부의 위 개정법률안 제출행위 뿐만 아니라 그로 인하여 개정된 위 개정법률들도 포함되어 있다고 하면서 '피청구인 정부'를 '피청구인 정부 및 국회'로 경정하여 달라는 신청을 하였고, 헌법재판소는 이를 허가하였다.[12]

(4) 권리구제형 헌법소원심판의 피청구인

권리구제형 헌법소원심판의 경우 법 제30조 제2항에서 그 심리방식으로 구두변론에 의하지 아니하고 서면심리에 의하며, 다만 재판부가 필요하다고 인정하는 경우에 변론을 열어 당사자·이해관계인 기타 참고인의 진술을 들을 수 있다고 규정하고 있고, 제71조에서 그 청구서의 기재사항의 하나로 "침해의 원인이 되는 공권력의 행사 또는 불행사" 등을 규정할 뿐, '피청구인'의 기재여부에 대하여는 명시하지 아니하고 있으며, 제74조 제1항에서 헌법소원의 심판에 이해관계가 있는 국가기관 또는 공공단체와 법무부장관은 헌법재판소에 그 심판에 관한 의견서를 제출할 수 있다고 규정하고 있고, 그 외 달리 대립적 소송절차 구조를 상정하였다고 볼 규정은 발견되지 아니한다.

다만, 법 제75조 제2항은 "… 인용결정서의 주문에서 침해된 기본권과 침해의 원인이 된 공권력의 행사 또는 불행사를 특정하여야 한다."고 규정하고 있고, 같은 조 제4항은 "헌법재판소가 공권력의 불행사에 대한 헌법소원을 인용하는 결정을 한 때에는 피청구인은 결정취지에 따라 새로운 처분을 하여야 한다."고 규정하고 있어서, 이를 근거로 피청구인의 기재를 적법요건으로 주장할 수 있으나, 이는 헌법재판소의 직권조사사항으로 보아도 무방하므로 이 규정을 근거로 피청구인 적격을 반드시 소송요건으로 보아야 한다는 해석이 도출되는 것은 아

2001헌마163, 판례집 15-2하, 562, 568.

12) 헌재 2005. 12. 22. 2004헌라3, 공보 111, 80, 81. [〈결과〉 : 피청구인 **정부**에 대한 심판청구는 각하("정부가 법률안을 제출하였다 하더라도 그것이 법률로 성립되기 위해서는 국회의 많은 절차를 거쳐야 하고, 법률안을 받아들일지 여부는 전적으로 헌법상 입법권을 독점하고 있는 의회의 권한이다. 따라서 정부가 법률안을 제출하는 행위는 입법을 위한 하나의 사전 준비행위에 불과하고, 권한쟁의심판의 독자적 대상이 되기 위한 법적 중요성을 지닌 행위로 볼 수 없다."), 피청구인 **국회**에 대한 심판청구는 기각되었다.]

니라고 할 것이다.

이와 관련하여 헌법재판소는 교수재임용추천거부 등에 대한 헌법소원 사건에서, 헌법소원심판절차에서 피청구인 기재의 흠결·적정 여부는 적법요건이 아니라고 판시한 바 있고,[13] 그 후 심판청구서에는 '건설교통부장관'이 피청구인으로 기재되어 있으나 문제된 포락토지(浦落土地)에 대하여 보상을 하여야 한다면 그 주체는 사업시행자인 한국토지공사이어야 할 것이므로 '한국토지공사'를 피청구인으로 본 사례가 있으며,[14] 청구인들은 심판청구서에 피청구인을 '경찰정장'으로 기재하였으나 문제가 된 심판대상행위를 행사한 주체는 영등포경찰서장이므로 직권으로 피청구인을 '영등포경찰서장'으로 확정한 사례가 있다.[15]

한편, 헌재 2005. 5. 26. 2001헌마728 {수갑 및 포승 시용(施用) 위헌확인} 사건에서는 검사조사실에 소환되어 피의자신문을 받을 때 계호교도관이 포승으로 청구인의 팔과 상반신을 묶고 양손에 수갑을 채운 상태에서 피의자조사를 받도록 한 계구사용행위의 피청구인으로 위 계호교도관이 소속된 **'성동구치소장'**으로 보았으나,[16] 헌재 2009. 10. 29. 2007헌마992 (변호인의 조력을 받을 권리 침해 위헌확인) 사건에서는 청구인이 피청구인을 법무부장관으로 기재하였는바, 헌법재판소는 결정문상 피청구인을 '법무부장관'으로 기재하면서도 이 사건의 피청구인은 위 접견불허행위의 실제 행위자인 **'교도관 김○호'**로 선해하여 판단하였다. 그러나 이 사건에서도 피청구인은 위 교도관 김○호가 소속된 '울산구치소장'이 되었어야 할 것이다.[17]

다만, 검찰수사관이 피의자신문에 참여한 변호인인 청구인에게 피의자 후방에 앉으라고 요구한 행위가 변호인인 청구인의 변호권을 취해하는지 여부에 대한 헌법소원(헌재 2017. 11. 30. 2016헌마503) 사건에서는 피청구인을 "부산지방검

---

13) 헌재 1993. 5. 13. 91헌마190, 판례집 5-1, 312, 320.

14) 헌재 1999. 11. 25. 98헌마456, 판례집 11-2, 634, 638.

15) 헌재 2001. 7. 19. 2000헌마546, 판례집 13-2, 103, 106-107. 同旨, 헌재 2002. 7. 18. 2000헌마327, 판례집 14-2, 54, 58.

16) 같은 날 선고한 헌재 2005. 5. 26. 2004헌마49 사건에서도 피청구인을 청구인이 서울지방검찰청 검사조사실에서 피의자신문을 받는 동안 수갑과 포승으로 계속 청구인의 신체를 결박해 둔 교도관이 소속된 **'서울구치소장'**으로 보았다.

17) 헌재 1992. 1. 28. 91헌마111 결정에서도 청구인이 국가안전기획부 면회실에서 그의 변호인과 접견할 때 참여하여 대화내용을 듣거나 기록한 것은 국가안전기획부 소속직원(수사관)이었으나 피청구인은 **'국가안전기획부장'**으로 보았다.

찰청 동부지청 수사관"이라고 기재하였다.

사례

⊙ 헌재 1992. 12. 24. 90헌마182 : 청구인들이 피청구인 대한민국과 동 여수지방해운항만청장에 의하여 헌법상 보장된 기본권을 침해당하였다고 주장하는 공권력의 행사는 1985년 '항만시설지정공고'에 따른 여수지방해운항만청장의 콘테이너부두 축조공사실시 및 그 관련행위를 지칭하는 것인바, 기록에 비추어 이와 같은 공권력의 행사는 대한민국에 의하기보다도 여수지방해운항만청에 의한 것이며, 나아가 법 제40조 제1항에 의하여 준용되는 행정소송법 제13조 제1항에서는 피고적격을 처분행정청으로 한정하고 있어 처분청인 여수지방해운항만청장과는 별도로 대한민국을 피청구인으로 삼을 것이 아니므로 피청구인을 대한민국으로 한 이 부분 청구는 부적법하다.

⊙ 헌재 2011. 5. 26. 2009헌마341 : 청구인은 청구인과 국선변호인 간의 2009. 6. 6.자 접견을 불허한 처분에 대해 헌법소원심판을 청구하면서 '법무부장관'과 '서울구치소장'을 모두 피청구인으로 삼고 있으나 그 처분은 서울구치소장이 한 것이므로, 이 사건 심판대상은 "피청구인 서울구치소장이 청구인과 국선변호인 간의 2009. 6. 6.자 접견을 불허한 처분이 헌법에 위반되는지 여부"로 봄이 상당하다.

또한, 예컨대 헌법소원심판 계속중에 개정된 정부조직법에 따라 원래 피청구인이었던 교육과학기술부장관의 권한을 교육부장관이 포괄적으로 승계한 경우 결정문에서 피청구인은 '교육부장관'으로 기재한다.[18]

나. 이해관계인 및 심판참가인

(1) 이해관계인

헌법재판절차에 있어서의 이해관계인은 자기 이름으로 판결(결정)을 구하거나, 재판을 청구하는 것이 아니므로 진정한 의미의 당사자라고는 할 수 없으나 재판에 참가하는 절차에 있어서는 의견서를 제출하는(法 제44조, 제74조) 등 당사자에 갈음하는 지위를 가지므로 종된 당사자라고 볼 수 있다.

18) 헌재 2013. 12. 26. 2012헌라3등, 공보 207, 82, 83. 그러므로 어떤 처분이 있은 후에 정부조직법의 개정이 있는 경우 헌법소원심판청구서에도 마찬가지로 개정후의 명칭을 쓴다.

(2) 심판참가인

(가) 제3자의 심판참가

헌법재판소의 심판절차에 관하여 법에 특별한 규정이 있는 경우를 제외하고는 민사소송에 관한 법령이 준용되므로(법 제40조 제1항 전문) 이해관계인은 보조참가[19] 등 소송참가를 할 수 있다(민사소송법 제71조, 제76조). 따라서 이해관계인은 새로운 사실의 주장과 증거의 제출 및 참고인신청 등과 같이, 재판내용에 따라 당사자가 아니면 할 수 없는 것을 제외하고는, 재판에 관하여 공격·방어·이의 등 기타의 절차적 소송행위를 할 수 있다.

또한 행정소송법 제16조(제3자의 소송참가) 제1항은 "법원은 소송의 결과에 따라 권리 또는 이익의 침해를 받을 제3자가 있는 경우[20]에는 당사자 또는 제3자의 신청 또는 직권에 의하여 결정으로써 그 제3자를 소송에 참가시킬 수 있다."[21]고 규정하고 있고, 제17조(행정청의 소송참가)[22] 제1항은 "법원은 다른 행정청을 소송

---

19) 헌재 2000. 12. 14. 2000헌마308 (방송법 부칙 제7조 제2항 위헌확인) 사건에서, (주)서초종합유선방송은 청구인(중계유선방송사업자인 '○○유선방송 주식회사'의 대표자이다)과 반대 이해관계에 있는 자로서 위 법률조항에 대한 합헌의견을 내며 보조참가신청을 하였고, 헌법재판소는 이를 "보조참가인의 의견"으로 기재하였다. 그 밖에 공동심판참가신청을 한 자들을 당해 헌법소원심판의 결과에 법률상 이해관계가 있다고 보아 보조참가인으로 인정한 사례도 있다.(헌재 2008.2.28. 2005헌마872등, 공보 137, 356, 361; 헌재 2008.5.29. 2005헌마1173, 공보 140, 782, 785)

20) 예컨대, "①수용된 토지소유자가 토지수용위원회를 피고로 하여 수용재결의 취소를 구한 경우의 사업시행자, ②제3자효 행정행위 : ⅰ)연탄공장의 설치허가 또는 주유소설치허가에 대하여 인근주민 또는 기존업자가 그 위법을 이유로 취소소송을 제기한 경우 수익적 처분의 상대방, ⅱ)특정 사업허가의 경원자(競願者) 중 면허를 받지 못한 자가 자신에 대한 거부처분의 취소소송을 제기한 경우 면허를 받은 자" 등이 소송참가 자격이 있는 제3자가 된다. 이철환, 행정구제법, 전남대학교출판부, 2016.8, 236면.

21) 참가결정에 따라 제3자는 참가인의 지위를 가지게 된다. 참가인에 대하여는 민사소송법 제67조의 규정이 준용되므로(행정소송법 제16조 제4항), 참가인은 피참가인과의 관계에서는 공동소송인에 준하는 지위에 서게 된다. 이때의 제3자는 당사자로서 독자적 청구권을 가지고 있는 것은 아니므로, 그 성질은 "공동소송적 보조참가인"(민사소송법 제78조)의 지위와 유사한 것으로 보는 것이 통설이다. 이철환, 전게서(2016.8), 238면.

22) 이러한 행정청의 소송참가제도는, 제3자의 권익보호를 주된 목적으로 하는 행정소송법 제16조의 소송참가제도와 달리 주로 소송의 적정한 해결을 위한 것으로 행정소송법 제26조의 직권심리제도와 그 취지가 같다. 여기에서 참가의 필요성은 관계되는 다른 행정청을 소송에 참가시킴으로써 소송자료 및 증거자료가 풍부하게 되어 그 결과 사건의 적정한 심리와 재판을 하기 위하여 필요한 경우를 말한다.(대법원 2002.9.24. 선고 99두1519 판결) 법원행정처, 법원실무제요(행정), 2016, 100면.

에 참가시킬 필요가 있다고 인정할 때에는 당사자 또는 당해 행정청의 신청 또는 직권에 의하여 결정으로써 그 행정청을 소송에 참가시킬 수 있다."[23]고 규정하고 있으므로, 행정소송법이 우선적으로 준용되는 권한쟁의심판 및 헌법소원심판의 경우(법 제40조 제1항 후문)에는 (피청구인이 아닌) 다른 행정청 또는 제3자의 심판참가도 가능하다.

사례

⊙ 헌재 2008. 10. 30. 2005헌마1005등 : 이 사건 청구인(주식회사 ○○플러스)의 헌법소원심판청구가 인용되는 경우 피청구인(공정거래위원회)은 그 인용결정에 기속되므로(법 제75조 제1항), 인용결정의 취지에 따라 신청인(○○네트웍스 주식회사)에 대하여 재조사를 하거나, 그 결과에 따라서는 '독점규제 및 공정거래에 관한 법률' 소정의 시정조치(제24조), 과징금(제24조의2), 심지어 형사고발(제71조 제1항, 제67조 제2호)도 할 수 있는바, 이와 같은 피청구인의 새로운 처분으로 인하여 신청인이 입게 되는 불이익은 단순히 사실상 또는 경제상의 것이 아니라 권리 또는 이익의 침해라고 할 것이다. 따라서 신청인은 '이 사건 헌법소원심판의 결과에 따라 권리 또는 이익의 침해를 받을 제3자'에 해당하므로 신청인의 피청구인을 위한 참가를 허가한다.

(나) 공동심판참가

현재 타인이 제기한 헌법소원심판에 제3자가 자기의 이익을 옹호하기 위하여 관여하는 경우, 법에는 공동심판참가나 보조참가 등에 관한 규정이 없으므로 민사소송법과 행정소송법 중 관련규정의 준용을 검토해야 한다. 그런데 행정소송법상 제3자의 소송참가(제16조)는 소송의 결과에 따라 권리 또는 이익의 침해를 받을 제3자가 관련 행정소송에 참가하는 것이다. 법령에 의하여 헌법상 보장된 기본권이 침해되었음을 이유로 헌법소원이 청구된 경우, 기존의 청구인과 법적 지위를 같이 하는 제3자의 입장에서는 헌법소원이 인용되면 기본권의 구제를 받게 되고, 설령 헌법소원이 각하·기각되더라도 그로 인하여 권리 또는 이익의 침

23) '다른 행정청'으로는 처분청에 대하여 감독권을 가지는 상급감독청 등 당해 처분에 관계 되는 행정청이 이에 해당한다. 민사소송법 제76조의 규정이 준용되므로(행정소송법 제17조 제3항), 참가행정청은 보조참가인의 지위에 서서 공격·방어·이의·상소 기타 소송행위를 할 수 있으나, 처분행정청의 소송행위와 저촉되는 행위는 할 수 없다. 이철환, 전게서(2016.8), 240면.

해를 받는 것은 아니다. 그러므로 현재 계속중인 헌법소원심판에 청구인과 법적 지위를 같이 하는 제3자가 자기의 이익을 옹호하기 위하여 관여하는 경우 행정소송법은 준용될 여지가 없고[24] 민사소송법만이 준용된다. 따라서 법령에 대한 헌법소원심판에서 그 목적이 청구인과 제3자에게 합일적으로 확정되어야 할 경우, 그 제3자는 공동청구인으로서 심판에 참가할 수 있다(법 제40조 제1항, 민사소송법 제83조 제1항). 다만 공동심판참가인은 별도의 헌법소원을 제기하는 대신에 계속중인 심판에 공동청구인으로서 참가하는 것이므로 그 참가신청은 헌법소원 청구기간 내에 이루어져야 한다.[25] 또한 (구)민사소송법 제76조(신법 제83조) 소정의 공동소송참가란 소송의 목적이 당사자의 일방과 제3자에 대하여 합일적으로만 확정될 경우에 그 제3자는 별소를 제기하는 대신에 계속 중의 소송에 공동소송인으로 참가하는 것으로서, 자기 자신도 피참가인인 당사자와 마찬가지로 당사자적격을 구비하지 않으면 안 된다.[26]

헌법재판소는 심판대상조항에 대하여 헌법소원을 청구할 당사자적격을 갖춘 사람들이 헌법소원 청구기간 내에 자신들을 청구인으로 추가하여 줄 것을 요청하는 내용의 '청구인추가신청서'를 제출한 사례에서, "청구인의 추가는 당사자표시정정의 범위를 넘을 뿐만 아니라 이를 허용할 법률적 근거가 없고, 오히려 법 제40조 제1항에 의하여 준용되는 민사소송법에 의하면 그러한 형태의 임의적 당사자변경은 허용되지 아니한다. 한편 이 사건 헌법소원이 인용되어 이 사건 심판대상조항이 위헌으로 결정되면, 그 결정은 모든 국가기관과 지방자치단체를 기속하기 때문에 청구인들뿐만 아니라 '추가청구인들'도 퇴직연금이 지급정지되지 않는 효력이 생긴다. 즉, 청구인들과 추가청구인들이 헌법소원심판청구를 공동으로 할 것은 강제되지 않지만, 위헌결정의 효력이 사실상 추가청구인들에게도 미치므로 합일확정의 필요가 있는 경우라 할 것이다. 그렇다면 추가청구인들이 이 사건 심판대상조항에 대하여 헌법소원심판을 청구할 당사자적격을 갖춘 사람들로서 헌법소원 청구기간 내에 '청구인추가신청서'를 제출한 점을 감안하

24) 헌재 1993. 9. 27. 89헌마248, 판례집 5-2, 284, 295 참조.

25) 헌재 1993. 9. 27. 89헌마248, 판례집 5-2, 284, 295-296; 헌재 2009. 4. 30. 2007헌마106, 공보 151, 966, 972. 한편, 공동심판참가를 하였으나 청구기간이 경과한 경우에 이를 보조참가인으로만 인정한 사례로 헌재 2010. 10. 28. 2008헌마408, 공보 169, 1897, 1901-1902 참조.

26) 헌재 1991. 9. 16. 89헌마163, 판례집 3, 505, 512. 同旨, 헌재 2008. 10. 30. 2006헌마1098, 공보 145, 1554, 1558.

여, 위 '청구인추가신청'을 법 제40조 제1항, 민사소송법 제83조에 의한 적법한 공동심판참가신청으로 보기로 한다."고 판시하였다.[27]

(다) 심판절차승계참가

민사소송법 제81조(승계인의 소송참가)는 소송이 법원에 계속되어 있는 동안에 제3자가 소송목적인 권리 또는 의무의 전부나 일부를 승계하였다고 주장하며 제79조(독립당사자참가)의 규정에 따라 소송에 참가할 수 있음을 규정하고 있다. 이에 따라 헌법재판소는 청구인(A화재보험주식회사)이 규범통제형 헌법소원을 제기한 후 B화재해상보험주식회사가 피보험자(안○삼)와 청구인 간의 자동차보험계약을 인수하고, 청구인의 지위를 승계하는 심판절차승계참가신청서를 제출한 데 대하여 이를 인정하였다.[28]

다. 대표자 및 대리인

(1) 정부가 당사자인 경우

각종 심판절차에 있어서 정부가 당사자(참가인을 포함한다. 이하 같다)인 때에는 법무부장관이 이를 대표한다(법 제25조 제1항). 여기에서 '대표한다'는 것은 법무부장관이 정부의 이름으로 소송행위를 하되, 그 행위의 효과는 정부에 귀속됨을 뜻한다.[29]

(2) 국가기관 또는 지방자치단체가 당사자인 경우

각종 심판절차에 있어서 당사자인 국가기관 또는 지방자치단체는 변호사 또는 변호사의 자격이 있는 소속직원을 대리인으로 선임하여 심판을 수행하게 할 수 있다(법 제25조 제2항).[30] 그러므로 헌법재판에서는 '국가를 당사자로 하는 소송에 관한

27) 헌재 2008. 2. 28. 2005헌마872등, 공보 137, 356, 361. 同旨, 헌재 2008. 10. 30. 2006헌마1098, 공보 145, 1554, 1558-1559; 헌재 2013. 12. 26. 2011헌마499, 공보 207, 137, 140.

28) 헌재 2003. 4. 24. 2001헌마386, 판례집 15-1, 443, 450. 다만, 위 승계참가인은 같은 날(2003.1.8) 청구인의 헌법소원심판청구 취하동의서를 첨부하여 헌법소원심판청구 취하서를 제출하여 동 사건은 2003. 4. 24. "이 사건 헌법소원심판절차는 청구인들의 심판청구 취하로 2003. 2. 11. 종료되었다."는 '심판절차종료선언'의 주문이 선고되었다.

29) 김하열, 헌법소송법, 박영사, 2016, 129면.

30) 여기에서 '심판을 수행'한다는 것에는 심판을 청구하는 것도 포함된다. 김하열, 전게서(2016),

법률' 제3조 소정의 "소송수행자지정"의 개념이 없다.

(3) 사인이 당사자인 경우 : 변호사강제주의

(가) 의의

각종 심판절차에 있어서 당사자인 사인(私人)은 변호사를 대리인으로 선임하지 아니하면 심판청구를 하거나 심판수행을 하지 못한다. 다만, 그가 변호사의 자격이 있는 때에는 그러하지 아니하다(법 제25조 제3항). 이를 '변호사강제주의'라고 하며, 주로 사인이 적극적 당사자(청구인)인 헌법소원심판에서 문제된다.[31)][32)]

변호사의 자격이 없는 사인인 청구인이 한 헌법소원심판청구나 주장 등 심판수행은 변호사인 대리인이 추인한 경우에 한하여 적법한 헌법소원심판청구와 심판수행으로서의 효력이 있고 헌법소원심판대상이 된다.[33)] 그러므로 대리인이 제출한 심판청구서에 청구인이 한 심판청구와 주장을 묵시적으로라도 추인하고 있다고 볼 내용이 없다면, 대리인의 심판청구서에 기재되어 있지 아니한 청구인의 그 전의 심판청구내용과 대리인의 심판청구 이후에 청구인이 제출한 추가된 별개의 심판청구와 주장은 당해사건의 헌법소원심판대상이 되지 않는다.[34)]

사례

⊙ 헌재 2011. 10. 25. 2011헌마85 : 청구인의 헌법소원심판청구 및 추가 헌법소원심판청구 후에 선정된 국선대리인은 자신이 제출한 2011. 5. 20.자 헌법소원심판청구

129면.

31) 탄핵심판이나 정당해산심판은 국가기관(국회·정부)이 적극적 당사자(청구인)가 되고, 탄핵심판의 대상인 공직자와 정당해산심판의 대상인 정당은 소극적 당사자(피청구인)의 지위에 있으므로 변호사강제주의가 적용되지 않는다고 할 것이다.

32) 한편, 탄핵심판절차에서의 피청구인은 단순한 사인의 지위에 있는 것이 아니라 공적 직무수행자의 지위에 있다고 보아야 하고, 정당해산심판절차의 피청구인인 정당 또한 단순한 사인의 지위에 있는 것이 아니라 국가기관에 준하는 지위에 있다고 보아야 하고, 아래에서 보는 변호사강제주의의 정당화근거는 이들 심판절차의 피청구인에게는 해당되지 아니하므로, 탄핵심판절차나 정당해산심판절차에서는 변호사강제주의가 적용되지 않는다는 견해로 김하열, 전게서(2016), 131면.

33) 헌재 1992. 6. 26. 89헌마132, 판례집 4, 387, 398.

34) 헌재 1995. 2. 23. 94헌마105, 판례집 7-1, 282, 286; 헌재 2010. 10. 28. 2009헌마438, 공보 169, 1956, 1958.

서에서 청원경찰법 제10조의6 제1호, 제5조 제2항만을 심판대상으로 기재하고 있으므로, 이 사건 당연퇴직처분은 심판대상에서 제외된다.

그러나 법 제25조 제3항의 취지는 헌법소원심판청구인의 헌법재판청구권을 제한하려는 데 그 목적이 있는 것이 아니므로, 변호사인 대리인에 의한 헌법소원심판청구가 있었다면 그 이후 심리과정에서 대리인이 사임하고 다른 대리인을 선임하지 않았더라도 청구인이 그 후 자기에게 유리한 진술을 할 기회를 스스로 포기한 것에 불과할 뿐, 헌법소원심판청구를 비롯하여 기왕의 대리인의 소송행위가 무효로 되는 것은 아니다.[35]

또한 대리인 변호사가 법에 따라 심판청구서를 제출했고 추가 제출한 청구이유서에서 사건의 핵심적인 쟁점사항에 대해서 상세히 주장하였고, 피청구인의 답변요지도 청구기각 의견 외에 별다른 주장이 없어 청구인의 주장과 소명 그 자체에 부족함이 없다면, 피청구인의 답변서 제출 전에 청구인의 대리인이 사임한 경우라도 구태여 다시 보정명령을 발해서 새로운 대리인을 선임하게 하고 그 대리인이 심판을 수행하게 할 필요는 없다.[36]

(나) 변호사강제주의 규정의 위헌여부

1) 법 제25조 제3항이 규정하고 있는 변호사강제주의에 대해서는 초창기부터 국민의 재판청구권을 지나치게 제약하여 위헌이라는 주장이 있었는바, 헌법재판소는 다음과 같은 요지로 그 합헌성을 인정하였다.[37]

「변호사강제주의는 본인이 스스로 심판청구를 하고 심판수행을 하는 본인소송주의에 비하여 다음과 같은 이점이 있다. 첫째, 재판의 본질을 이해하지 못하고 전문적인 법률지식이 부족하고 재판자료를 제대로 정리하여 제출할 능력이 없는 당사자를 보호해 주며 사법적 정의의 실현에 기여한다. 둘째, 변호사강제주의는 승소가망성이 없는 사건을 사전에 변호사를 통해 소거시키는 한편, 재판자료를 법률적으로 다듬고 정리하여 재판소에 제출함으로써 보다 효율적으로 국가

35) 헌재 1992. 4. 14. 91헌마156, 판례집 4, 216, 219.

36) 헌재 1996. 10. 4. 95헌마70, 판례집 8-2, 363, 366-367 : 불기소처분취소를 청구한 헌법소원사건.

37) 헌재 1990. 9. 3. 89헌마120등, 판례집 2, 288-297; 헌재 2001. 9. 27. 2001헌마152, 판례집 13-2, 447, 452-453.

의 헌법재판제도의 운영을 기할 수 있는 이점이 있다. 셋째, 당사자가 스스로 소송을 수행할 때 법률보다도 감정에 북받쳐 사안을 불투명하게 할 수 있으며 선별없는 무리한 자료의 제출로 재판자료를 산적하게 하여 심리의 부담을 가중시키고 또 경직하게 하는 폐해가 생길 수 있는데, 변호사강제주의는 이와 같은 문제점을 해소시키는 데 일조가 된다고 할 것이다. 넷째, 변호사강제주의는 재판관과 기본적으로 공통된 자격을 갖추고 있는 변호사를 심리에 관여시키는 것이므로, 이로써 재판관의 관료적인 편견과 부당한 권위의식 또는 자의(恣意)로부터 당사자가 보호될 수 있다.

이와 같이 볼 때 변호사강제주의의 제도적 이익은 본인소송주의를 채택함으로써 변호사 선임비용을 지출하지 않는 이익보다는 이익형량상 크다 할 것이다. 따라서 헌법재판에 있어서 변호사강제주의가 변호사라는 사회적 신분에 의한 재판청구권 행사의 차별이라 하더라도 그 차별에 합리성이 결여된 것이라고는 할 수 없을 것이고, 국민의 헌법재판을 받을 권리의 제한이라 하더라도 이는 공공복리를 위하여 필요한 제한이라고 봄이 상당할 것이다. 한편, 법 제70조에서는 헌법소원심판청구에서 변호사를 대리인으로 선임할 자력이 없는 당사자의 신청에 의하여 국고에서 그 보수를 지급하게 되는 국선대리인을 선정해 주도록 국선대리인제도를 두고 있으므로, 변호사강제주의에 따른 재판청구권행사의 제한을 두고 재판을 받을 권리의 본질적 내용의 침해라고는 볼 수 없을 것이다. 그러므로 법 제25조 제3항은 헌법 제11조 및 제27조의 규정에 위배된다고 할 수 없다.」

2) 이와 같은 합헌결정에도 불구하고 여전히 비판의 목소리가 있다. 예컨대, “헌법재판소의 이 판시내용은 매우 견강부회적인 논증이라고 할 것이다. 변호사강제주의의 정당성을 강조하는 그러한 이유가 왜 하필 헌법소송에서만 강조되어야 하는 것인지에 대한 합리적인 설명이 어렵기 때문이다. 더욱이 헌법재판소가 강조하는 국선대리인제도는 헌법소원심판에 관해서만 규정하고 있기 때문에 탄핵심판과 위헌정당해산심판에서는 대상조치(代償措置)가 마련되어 있지 않다. 헌법소송에서의 변호사강제주의는 국내 실정법은 말할 것도 없고 비교법적으로도 그 예를 쉽게 찾기 어렵다는 점을 유의해서 입법개선을 추진해야 한다.”는 견해가 그것이다.[38)]

---

38) 허영, 헌법소송법론, 박영사, 2014, 138면.

한편 헌법재판소는 2010. 3. 25. 선고한 2008헌마439 사건에서도 법 제25조 제3항에 대하여 합헌결정을 선고하였는데, 다만 이 결정에는 재판관 2인(조대현·송두환 재판관)의 다음과 같은 반대의견이 있었다.

"헌법소원심판은 공권력의 행사로부터 국민의 기본권이 침해된 경우에 이를 구제하는 최후적 절차인 동시에, 객관적 헌법질서를 수호하고 유지하기 위한 절차이다. 또한 일반소송과는 달리 원칙적으로 서면심리에 의하고 예외적으로 필요하다고 인정하는 경우에만 구두변론을 하고 있으며 직권심리주의를 취하고 있는바, 변호사강제주의라는 엄격한 제소요건을 유지하는 것은 헌법소원심판의 본질과 심리방법의 특수성에 비추어 적정하지 않다고 보이므로, 재판청구권을 제한하는 목적의 정당성이나 수단의 적합성이 의문스럽다. 또한 청구인의 능력과 사건의 특수성을 심리하여 예외적으로 변호사 선임명령을 하거나, 심리에 특별히 장애가 되지 않는다고 판단될 경우 변호사 자격유무에 구애받지 않고 대리인 자격을 인정받을 수 있도록 하는 방법이 가능하며, 지정재판부의 업무를 강화하거나 공탁금제도의 활성화 또는 변호사 수임료에 대한 보조금 지급 등의 다른 대체수단을 통해서도 헌법소원의 남용을 방지할 수 있고, 심판청구의 보정요구나 민사소송법상 석명준비명령 등을 통해 청구인을 보호할 수 있다. 현행 국선대리인제도의 경우 선임신청을 위한 요건이 비교적 엄격하여 일반국민의 권리보호에 효과적으로 기여하고 있다고 볼 수 없으므로, 국선대리인제도의 존재만을 이유로 변호사강제주의의 정당성을 인정하기 어렵다. 따라서 이 사건 법률조항(법 제25조 제3항)은 헌법소원심판의 본질에 부합하지 않고 재판청구권을 침해하므로 헌법에 위반된다."

라. 국선대리인제도

(1) 의의 및 신청절차

법 제70조에서는 국선대리인제도를 두어 헌법소원심판청구에서 변호사를 대리인으로 선임할 자력이 없는 경우에는 당사자의 신청에 의하여 국고에서 그 보수를 지급하는 국선대리인을 선정해 주도록 하고 있다. 따라서, 국선대리인의 선임을 원하는 자는 헌법소원사유를 명시한 국선대리인 선임신청서를 제출하여야 하며, '헌법재판소 국선대리인의 선임 및 보수에 관한 규칙'(이하 이 책에서 "국선규칙"이라고 약칭한다)에 의하면, 이때 변호사를 대리인으로 선임할 자력이 없음을 소명하는 자료를 첨부하여야 한다(국선규칙 제4조).

헌법재판소는 이 규정에 따라 종래 영세민증명서·생활보호대상자증명서·지방세미과세증명서 등 객관적인 무자력 소명서면을 제출받아 신청인의 무자력 여부를 판단하여 왔으나, 제2기 재판부 구성 이후에는 무자력 소명요건을 완화하여 대리인을 선임할 자력이 없다는 신청인의 진술이나 채무증명서, 경매통지서 등의 서면만으로도 무자력 소명이 되는 경우도 있도록 하였다.[39]

한편, 2012. 7. 4.자로 개정·시행된 국선규칙 제4조 제1항에서는 법 제70조 제1항에서 규정한 변호사를 대리인으로 선임할 자력이 없는 자의 기준을 다음과 같이 예시하고 있다.

1. 월평균수입이 230만원 미만인 자
2. 삭제 〈2006.5.29〉
3. 「국민기초생활보장법」에 의한 수급자
4. 「국가유공자 등 예우 및 지원에 관한 법률」에 의한 국가유공자와 그 유족 또는 가족
5. 위 각호에는 해당하지 아니하나, 청구인이 시각·정각·언어·성신 등 신체적·정신적 장애가 있는지 여부 또는 청구인이나 그 가족의 경제능력 등 제반사정에 비추어 보아 변호사를 대리인으로 선임하는 것을 기대하기 어려운 경우

(2) 국선대리인예정자명부

2014. 6. 2. 헌법재판소내규 제161호로 개정된 '국선대리인 선정 및 보수지급에 관한 내규'(이하 이 책에서 "국선내규"라고 약칭한다)에 의하면, 헌법재판소는 매년 연말까지 다음 연도의 국선대리인으로 예정한 변호사를 일괄 등재한 국선대리인예정자명부를 작성하는데, 명부에 등재할 변호사는 대한변호사협회의 추천을 받거나 헌법재판소 사무처장이 추천하는 변호사 중에서 사명감과 전문성을 고려하여 헌법재판소장이 정한다(국선내규 제2조).

39) 실무제요(2008), 312면.

(3) 국선대리인의 선정

국선대리인은 대한민국에 사무소를 둔 변호사 중에서 이를 선정하는데(국선규칙 제2조), 국선대리인의 선정은 국선내규 제2조의 명부에 등록된 변호사 중에서 순차로 균등하게 행함을 원칙으로 하나, 청구인의 거주지 등을 고려하여 명부 외의 변호사를 국선대리인으로 선정할 수 있다(국선내규 제3조 제1항). 국선대리인은 청구인마다 1인을 선정한다. 다만, 사건의 특수성에 비추어 필요하다고 인정할 때에는 1인의 청구인에게 수인의 국선대리인을 선정할 수 있다(국선규칙 제3조 제1항). 한편, 청구인 수인 간에 이해가 상반되지 아니한 때에는 그 수인의 청구인을 위하여 동일한 국선대리인을 선정할 수 있다(국선규칙 제3조 제2항).

(4) 선정의 취소 및 재선정

(가) 필요적 취소사유

헌법재판소는 다음 각호의 1에 해당하는 때에는 국선대리인의 선정을 취소하여야 한다(국선규칙 제6조 제1항).

1. 청구인에게 변호사가 선임된 때
2. 국선대리인이 변호사법에 규정한 자격을 상실한 때
3. 헌법재판소가 제7조의 규정에 의하여 국선대리인의 사임을 허가한 때

(나) 임의적 취소사유

헌법재판소는 국선대리인이 그 직무를 성실히 수행하지 아니하거나 기타 상당한 이유가 있는 때에는 선정을 취소할 수 있다(국선규칙 제6조 제2항).

헌법재판소는 청구인이 국선대리인의 무성의를 지적하면서 새로운 국선대리인을 선정해 달라고 요청한 사례에서, "국선대리인이 제출한 헌법소원심판청구서에 기재된 청구는 모두 청구인에게 불리한 것으로 보이지 아니하며, 국선대리인 선임 전후에 제출된 청구인의 다른 내용의 청구 및 주장들은 대부분이 이미 당재판소에서 판단된 청구인 제소의 헌법소원심판청구들과 중복된 내용인 것이거나 헌법소원청구기간이 오래 전에 도래된 것들이므로, 국선대리인이 이들을 새로운 추가 심판대상으로 청구하거나 추인하지 아니하였다 하여 그 직무를 성실히 수행하지 아니하였다고는 보여지지 아니하고, 따라서 국선대리인 선정을 취소하고 새로운 국선대리인을 선정할 만한 사유가 있었다고는 볼 수 없다."고

하였다.[40)]

또한 헌법재판소는 청구인이, 국선대리인이 자신(청구인)이 원하는 주장을 하지 않았다는 이유로 국선대리인 개임을 신청한 사례에서, "청구인이 이 사건 법률조항의 위헌사유로 주장한 사유는 청구인의 독단적인 견해라고 할 것이어서, 청구인의 국선대리인이 이를 추인하거나 주장하지 않았다고 하여 국선대리인을 개임할 필요가 생겼다고 볼 수 없다."고 하였다.[41)]

(다) 재선정 및 통지

헌법재판소가 국선규칙 제6조 제1항 제1호 이외의 사유로 국선대리인의 선정을 취소한 때에는 지체없이 다른 국선대리인을 선정하여야 한다(같은 조 제3항). 국선대리인의 선정을 취소하거나 개임한 때에는 지체없이 그 뜻을 당해 국선대리인과 청구인에게 서면으로 통지하여야 한다(같은 조 제4항).

(5) 국선대리인에 대한 보수지급

국선대리인의 보수는 매년 예산의 범위 내에서 재판관회의에서 정하는데, 동 보수는 사안의 난이, 국선대리인이 수행한 직무의 내용, 청구인의 수, 변론의 회수, 기록의 등사나 청구인 면담 등에 지출한 비용 기타 사항을 참작하여 예산의 범위 안에서 재판장이 증액할 수 있다(국선규칙 제9조).

3. 심판청구 및 심판절차

가. 심판의 청구

(1) 신청주의

헌법재판소의 심판절차는 신청권자의 심판청구에 의하여 개시된다. 헌법소송에 있어서도 여타 소송과 마찬가지로 신청주의원칙(Antragsprinzip)[42)]이 적

40) 헌재 1995. 2. 23. 94헌마105, 판례집 7-1, 282, 286.

41) 헌재 2009. 12. 29. 2008헌바64, 공보 159, 74, 76.

42) 독일의 연방헌법재판소법 제23조는 신청주의를 규정하고 있다. 동법 제23조(소송절차의 개시) ①소송절차를 개시하는 신청은 서면으로 연방헌법재판소에 제출하여야 한다. 신청

용된다. 따라서 심판절차의 개시에 관해서는 원칙적으로 처분권주의가 적용된다.[43] 우리 법도 신청주의를 채택하고 있는바,[44] 그 절차를 개시하고자 하는 신청인에게는 기본적인 주장책임이 존재한다.[45]

(2) 심판청구의 방식

헌법재판소에의 심판청구는 심판절차별로 정해진 청구서를 헌법재판소에 제출함으로써 한다. 다만, 위헌법률심판에서는 법원의 제청서, 탄핵심판에서는 국회의 소추의결서의 정본으로 청구서를 갈음한다(법 제26조 제1항). 청구서에는 필요한 증거서류 또는 참고자료를 첨부할 수 있다(동조 제2항).

한편 2009. 12. 29. 법률 제9839호로 개정된 법은 제5장[전자정보처리조직을 통한 심판절차의 수행]을 신설하여, 2010. 3. 1.부터는 '전자문서'를 정보통신망을 이용하여 전자정보처리조직을 통하여 제출 및 송달할 수 있게 하였다(제76조 내지 제78조 및 부칙 참조).

(3) 청구서의 송달

헌법재판소가 청구서를 접수한 때에는 지체없이 그 등본을 피청구기관 또는 피청구인에게 송달하여야 한다(법 제27조 제1항). 위헌법률심판의 제청이 있으면 법무부장관 및 당해 소송사건의 당사자에게 그 제청서의 등본을 송달한다(같은 조 제2항).

은 그 이유가 소명되어야 하고, 필요한 증거방법이 제시되어야 한다. ②재판장은 피청구인 및 기타 당사자에게 일정한 기간내의 의견진술의 최고와 함께 지체없이 신청서를 송달한다. ③재판장은 당사자에게 일정한 기간내에 재판소와 기타 당사자를 위하여 필요한 수의 문서사본을 제출할 것을 명할 수 있다. [이하 독일연방헌법재판소법의 한글번역은 K. Schlaich, (정태호 번역), *Das Bundesverfassungsgericht,* 독일연방헌법재판소, 헌법재판소, 1999의 부록으로 첨부된 「독일연방헌법재판소법」 번역본을 따랐음.]

43) 정태호, "헌법소원심판절차에 있어서의 청구취하의 효력의 제한에 관한 고찰", 공법연구 제24집 제2호, 한국공법학회, 1996.6, 307면.

44) 예컨대 제41조 제1항(위헌법률심판), 법 제68조 제1항·제2항(헌법소원심판), 제49조 제2항(탄핵심판), 제55조(정당해산심판), 제61조 제1항(권한쟁의심판)이 그것이다. 정종섭, 헌법소송법, 박영사, 2010, 121면.

45) 김현철, "헌법소송의 특수성에 관한 一考察", 헌법논총 제16집, 헌법재판소, 2005, 262-263면.

(4) 심판청구의 보정

재판장은 심판청구가 부적법하나 보정할 수 있다고 인정되는 경우에는 상당한 기간을 정하여 보정을 요구하여야 한다(법 제28조 제1항). 이에 따른 보정이 있는 경우에는 처음부터 적법한 심판청구가 있은 것으로 본다(동조 제3항).

(5) 답변서의 제출

청구서 또는 보정서면의 송달을 받은 피청구인은 헌법재판소에 답변서를 제출할 수 있으며, 답변서에는 심판청구의 취지와 이유에 대응하는 답변을 적는다(법 제29조).

나. 심판대상의 확정

(1) 헌법재판의 객관적 기능과 심판대상의 확정

헌법재판은 단순히 제청신청인이나 헌법소원 청구인의 주관적 권리구제만을 위한 제도가 아니고, 객관적 헌법질서를 수호·유지하기 위한 제도이기도 하다. 따라서 헌법재판소는 피청구인 또는 심판대상을 직권으로 확정하기도 하고,[46] 위헌제청되지 않은 법률조항이라 하더라도 체계적으로 밀접불가분의 관계에 있거나 동일한 심사척도가 적용되는 등의 경우에는 그 법률조항도 심판대상에 포함시켜 위헌제청된 법률조항과 함께 그 위헌여부를 판단하기도 하였다.[47] 이는 모두 헌법재판의 객관적 기능을 충실히 구현하고자 하는 취지에서 비롯된 것이다.[48] 즉, 헌법재판에 있어서 심판청구서의 청구취지는 심판대상을 확정하기 위한 전제로서의 의미만을 갖고 헌법재판소가 이에 전적으로 구속되는 것은 아니

46) 헌재 1993. 5. 13. 91헌마190, 판례집 5-1, 312, 320; 헌재 1998. 3. 26. 93헌바12, 판례집 10-1, 226, 232.

47) 헌재 1999. 1. 28. 98헌가17, 판례집 11-1, 11, 14; 헌재 2000. 8. 31. 97헌가12, 판례집 12-2, 167, 172.

48) 헌재 2005. 2. 3. 2001헌가9등 (호주제), 판례집 17-1, 1, 8. 이 사건에서는 당해사건에서 위헌법률심판 제청신청되었으나 각하되어 당해 소송법원이 제청하지 아니하였고, 또 '헌바' 사건으로도 심판청구되지 아니한 한 민법 제826조 제3항 본문에 대하여 이를 심판대상에 포함시킨 후 원래의 심판대상조항(민법 제778조, 제781조 제1항 본문 후단)과 함께 헌법불합치결정을 선고하였다.

므로, 청구인의 주장요지를 종합적으로 판단하여 심판대상을 확정하되[49] 다만 청구취지의 변경이 있는 경우 이를 적극 고려하여 심판대상을 확정하면 족하다.[50] 심판대상의 '확정'에는 심판대상의 "제한", "확장", 그리고 "변경"이 있다.

(2) 심판대상의 제한

(가) 일반례 : 심판의 대상 단계에서 제한함

실무상 제청법원이나 헌법소원심판청구인은 심판대상을 적절하게 제한하지 않고 당해 법률조항 전부 또는 심지어 법률 전부에 대하여 위헌제청이나 헌법소원심판청구를 하는 사례가 많다. 이 경우 헌법재판소가 '재판의 전제성'이 없는 부분[51]을 처리하는 실무는 결정의 이유 중에서 심판의 대상을 제한하고 그 제한된 대상에 대하여만 판단하는 경우가 일반적이다.[52]

(나) 주위적 청구와 예비적 청구가 전부와 일부의 관계인 경우

주위적 청구의 양적 일부분에 불과한 예비적 청구는 별도의 심판대상이 되지 않는다.

사례

⊙ 헌재 1996. 6. 26. 96헌마200 : 청구인은 주위적 청구로서 "공직선거 및 선거부정방지법 제16조 제3항은 헌법에 위반된다."는 심판을 구하고, 예비적 청구로서 "공직선거 및 선거부정방지법 제16조 제3항을 보궐선거의 경우에 적용하는 것으로 해석하는 한 헌법에 위반된다."는 심판을 청구하였다. 그러나 법률조문에 대한 위헌확인심판을

49) 헌재 2017. 12. 28. 2016헌마45 : "헌법재판소법 제68조 제1항에 의한 헌법소원의 경우 헌법재판소는 심판청구서에 기재된 피청구인이나 청구취지에 구애됨이 없이 청구인의 주장요지를 종합적으로 판단하고, 침해된 것으로 주장하는 기본권과 침해의 원인이 되는 공권력을 직권으로 조사하여 피청구인과 그 심판대상을 확정하여야 한다(헌재 2015.12.23. 2013헌마182)."

50) 헌재 1992. 6. 26. 91헌마134, 판례집 4, 457, 459; 헌재 1998. 5. 28. 96헌마151, 판례집 10-1, 695, 703; 헌재 2010. 9. 30. 2008헌마758, 공보 168, 1727, 1728; 헌재 2013. 11. 28. 2007헌마1189등, 공보 206, 1666, 1669.

51) 권리구제형 헌법소원의 경우는 '자기관련성'이 없는 부분.

52) 헌재 1997. 3. 27. 96헌바86, 판례집 9-1, 325, 328; 헌재 1998. 12. 23. 96헌가23, 판례집 10-2, 807, 810; 헌재 2001. 5. 31. 99헌바94, 공보 57, 560, 561; 헌재 2002. 1. 31. 2000헌바35, 공보 65, 140, 142; 헌재 2003. 1. 30. 2001헌바61등, 공보 77, 149, 151; 헌재 2004. 6. 24. 2002헌가27, 판례집 16-1, 706, 710-711; 헌재 2006. 2. 23. 2003헌바84, 공보 113, 300, 301 등 참조.

하는 경우는 동 법률조문의 한정위헌에 그칠 것인지의 여부까지 심판하게 되는 것이므로, 법률조항에 대한 위헌확인심판을 청구한 경우에는 그 법률조항에 대한 한정위헌확인 심판청구를 따로 예비적 청구로 할 필요가 없는 것이다. 그러므로 청구인의 예비적 청구는 주의를 환기하는 의미로 이해하고 독립적 청구로 보지 아니한다.[53]

(3) 심판대상의 확장

(가) 심판대상 확장의 유형

1) 동일한 심사척도가 적용되는 경우

예컨대, 제청법원이 단일 조문 전체를 위헌제청하고 그 조문 전체에 같은 심사척도가 적용될 심사대상인 경우에, 그 조문 전체에 대하여 심판대상을 확장할 수 있다.

사례

⊙ 헌재 1996. 11. 28. 96헌가13 : 법률조항 중 당해사건의 재판에서 적용되지 않는 내용이 들어 있는 경우에도 "제청법원이 단일 조문 전체를 위헌제청하고 그 조문 전체가 같은 심사척도가 적용될 위헌심사의 대상인 때"에는 그 조문 전체가 심판대상이 된다고 할 것이며, 관세법 제182조 제2항(… 그 '예비를 한 자'와 '미수범'은 …)과 같이 병렬적으로 적용대상이 규정되어 있는 경우라도 그 내용이 서로 밀접한 관련이 있어 같은 심사척도가 적용될 위헌심사 대상인 경우 그 내용을 분리하여 따로 판단하는 것은 적절하지 아니하다.[54]

⊙ 헌재 2014. 4. 24. 2012헌마287 : 청구인들은 공직선거법 제15조 제1항, 제2항에 대하여 심판을 청구하면서 국회의원 선거와 지방자치단체장의 선거에서 선거권을 행사할 수 없는 것이 청구인들의 기본권을 침해한다고 주장하나, 청구취지를 종합적으로 해석하면 19세 미만의 자에 대하여 각종 선거의 선거권을 제한하고 있는 것이 위헌이라는 취지이고, 대통령 선거나 지방의회의원 선거에 있어서도 선거권 제한에 있어서 동일한 심사척도가 적용될 것이므로 공직선거법 제15조 제1항, 제2항 전체를 심판대상조항으로 한다.

53) 同旨, 헌재 2002. 9. 19. 2001헌바56, 공보 73, 819, 821; 헌재 2004. 4. 29. 2003헌마484, 공보 92, 535, 536; 헌재 2009. 5. 28. 2006헌바24, 판례집 21-1하, 484, 490; 헌재 2010. 7. 29. 2009헌바192, 공보 166, 1429, 1430.

54) 同旨, 헌재 1995. 11. 30. 94헌가2, 판례집 7-2, 538, 543-544; 헌재 2001. 1. 18. 99헌바112, 판례집 13-1, 85, 95.

2) 체계적으로 밀접불가분한 경우

헌법재판소는 재판의 전제성이 있는 부분과 체계적으로 밀접한 관련이 있는 부분에 대하여도 심판대상을 확장하고 있다.

사례

⊙ 헌재 1994. 4. 28. 92헌가3 : 이 사건의 전제가 되는 제청법원에 계속되어 있는 민사소송절차에서의 소송물은 이 사건 분조합의 자산에 한정되지만, 법률의 위헌여부 심판에 있어서는 그 대상범위가 전제되는 당해사건에서의 소송물 자체에 직접 관련되는 부분에 국한할 것이 아니라 위헌법률심판이 제청된 당해 법률조항에 내포되어 있고 그 소송물 자체와 체계적으로 밀접불가분의 관계를 이루고 있는 부분까지 판단할 수 있으며, 보훈기금법 부칙 제5조는 이 사건 분조합의 '자산'과 '부채'를 일괄하여 대한민국에 귀속시키고 있으므로 법적 문제 해결을 위하여는 이를 일괄 판단함이 옳다.[55]

⊙ 헌재 2014. 1. 28. 2012헌바216 : 청구인은 구 지방자치법 제91조 제2항 본문만을 심판대상으로 하여 헌법소원심판을 청구하였으나, 위 조항의 단서는 본문에서 규정한 지방자치단체의 장의 지방의회 사무직원에 대한 임용권을 전제로 이에 대한 예외를 규정하고 있으므로, 본문과 단서를 하나의 심판대상으로 보아 판단하는 것이 타당하다. 따라서 이 사건의 심판대상은 구 지방자치법(2007. 5. 11. 법률 제8423호로 개정되고, 2012 12. 11. 법률 제11531호로 개정되기 전의 것) 제91조 제2항이 헌법에 위반되는지 여부이다.

3) 심판대상 조항의 적용의 전제가 되는 경우

헌법재판소는, 제청법원이 수산업법 제52조[56] 제2항 및 같은 법 제79조[57] 제2항의 위헌여부만을 제청한 데 대하여, 제52조 제2항의 내용을 확정하기 위

55) 同旨, 헌재 2001. 1. 18. 2000헌바29, 판례집 13-1, 111, 114; 헌재 2001. 11. 29. 99헌마494. 판례집 13-2, 714, 720; 헌재 2008. 1. 17. 2006헌마1075, 공보 136, 210, 212; 헌재 2010. 2. 25. 2008헌바83, 공보 161, 522, 523; 헌재 2012. 5. 31. 2010헌마88, 공보 188, 1097, 1098.

56) 수산업법(1990.8.1. 법률 제4252호) 제52조(어업조정에 관한 명령) ①어업단속·위생관리·유통질서 기타 어업조정을 위하여 다음 각호에 관하여 필요한 사항은 대통령령으로 정할 수 있다.
2. 어선의 척수·규모·설비와 어법에 관한 제한 또는 금지
4. 어구의 제작·판매·소지·선적 또는 그 사용에 관한 제한 또는 금지
②제1항의 규정에 의한 대통령령에는 필요한 벌칙을 둘 수 있다.

57) 동법 제79조(자원보호에 관한 명령) ①수산동식물의 번식·보호를 위하여 다음 각호에 관하여 필요한 사항은 대통령령으로 정한다.
2. 어구·어법 또는 어선의 제한 또는 금지
②제52조 제2항 내지 제4항의 규정은 제1항의 규정에 위반한 경우에 이를 준용한다.

해서는 같은 조 제1항의 규정이 전제로 되며 또한 같은 법 제79조 제2항의 내용을 확정하기 위해서는 마찬가지로 제1항이 전제가 된다는 이유로, 제청된 법률조항이 아닌 수산업법 제52조 제1항, 제79조 제1항의 관련부분에 대하여 심판대상을 확장하였다.[58)]

다만 헌재 2012. 8. 23. 2010헌바402 사건에서 헌법재판소(법정의견)는, "업무상동의낙태죄(형법 제270조 제1항)와 자기낙태죄(형법 제269조 제1항)는 대향범이고, 이 사건은 낙태하는 임부를 도와주는 조산사의 낙태를 처벌하는 것이 위헌인지 여부가 문제되는 사안이므로, 임부의 낙태를 처벌하는 것이 위헌이라고 판단되는 경우에는 동일한 목표를 실현하기 위해 임부의 동의를 받아 낙태시술을 한 조산사를 형사처벌하는 이 사건 법률조항[59)]도 당연히 위헌이 되는 관계에 있다고 봄이 상당하다. 그러므로 자기낙태죄 조항이 위헌이라고 판단되는 경우에는 이 사건 법률조항도 같은 사유로 바로 위헌이 되는 반면, 자기낙태죄 조항이 합헌이라고 판단되는 경우에는 더 나아가 이 사건 법률조항이 조산사의 업무상동의낙태를 2년 이하의 징역에 처하도록 규정하고 있는 것이 책임과 형벌 간의 비례원칙 및 평등원칙에 위배되는지 여부를 따로 살펴볼 필요가 있게 된다."고 하여 이 사건 법률조항의 판단에 앞서 위 자기낙태죄 조항의 위헌여부를 판단하였으면서도(합헌), 명시적으로 심판대상을 확장하지 않았고 결정주문에서도 이 사건 법률조항만을 표시하였다(4:4).[60)]

4) 위임조항과 수임조항이 서로 불가분의 관계를 이루면서 전체적으로 하나의 규율내용을 형성하고 있는 경우[61)]

사례

⊙ 헌재 2012. 8. 23. 2010헌마328 : 청구인은 공무원연금법(2009. 12. 31. 법률 제9905호로 개정된 것) 제23조 제3항에 대하여 이 사건 심판을 청구하고 있다. 그런데,

---

58) 헌재 1994. 6. 30. 93헌가15등, 판례집 6-1, 576, 584.

59) 조산사 등이 부녀의 촉탁 또는 승낙을 받아 낙태하게 한 때에는 2년 이하의 징역에 처하도록 규정한 형법(1995.12.29. 법률 제5057호로 개정된 것) 제270조 제1항 중 '조산사'에 관한 부분.

60) 재판관 4인의 반대의견은 "자기낙태죄 조항이 임부의 임신 초기의 낙태까지 전면적, 일률적으로 처벌하고 있다는 점에서 위헌이므로, 동일한 목표를 실현하기 위하여 임신 초기의 임부의 촉탁 또는 승낙을 받아 낙태시술을 한 조산사를 형사처벌하는 이 사건 법률조항도 위 범위 내에서 위헌이다."라는 취지의 일부위헌의견을 제시하였다.

61) 그러나 위헌법률심판(헌가) 사건이나 법 제68조 제2항에 따른 헌법소원(헌바) 사건 등 이른바 '규범통제' 사건에서는 시행령이나 시행규칙 등 수임조항은 심판대상이 될 수 없다.

위 규정은 군 복무기간을 공무원 재직기간으로 산입할 수 있음을 규정할 뿐 구체적으로 산입이 되는 군 복무기간의 유형과 범위에 관해서는 하위 법령에 위임하고 있으며, 공무원연금법 시행령(2010. 5. 31. 대통령령 제22175호로 개정되고, 2012. 3. 2. 대통령령 제23651호로 개정되기 전의 것) 제16조의2가 그 위임을 받아 비로소 이를 구체화하고 있다. 그런데 공무원연금법 제23조 제3항은 수권조항으로서 하위법령인 공무원 연금법 시행령 제16조의2와 서로 불가분의 관계를 이루면서 전체적으로 하나의 규율내용을 형성하고 있다 할 것이므로, 이 사건 심판대상을 공무원연금법 제23조 제3항 이외에 동법 시행령 제16조의2까지로 확장하여 함께 판단하기로 한다.

⊙ 헌재 2013. 6. 27. 2012헌마1015 : 청구인들은 '고등법원 부의 지방법원 소재지에서의 사무처리에 관한 규칙' 제4조 제1항 제1호 및 제2호에 대하여만 이 사건 심판을 청구하고 있다. 그런데 위 조항들은 수권조항인 법원조직법 제27조 제4항의 위임에 따라 고등법원 원외재판부 제도를 구체화하고 있는 것으로서 양자는 서로 불가분의 관계를 이루면서 전체적으로 하나의 규율 내용을 형성하고 있다 할 것이므로, 이 사건 심판대상을 '고등법원 부의 지방법원 소재지에서의 사무처리에 관한 규칙' 제4조 제1항 제1호, 제2호 외에 법원조직법 제27조 제4항까지 확장하여 함께 판단하기로 한다.

5) 형벌조항의 경우

사례

⊙ 헌재 2016. 9. 29. 2015헌바325 : 청구인은 의료인이 아닌 자의 의료에 관한 광고를 금지하는 의료법 제56조 제1항에 대하여 위헌확인을 구하고 있다. 그런데 당해사건은 형사재판이므로 재판에 직접 적용되는 처벌조항인 의료법 제89조도 위 금지조항과 함께 심판대상으로 삼는 것이 타당하다. 따라서 이 사건 심판대상은 의료법(2007. 4. 11. 법률 제8366호로 전부개정된 것) 제56조 제1항과 제89조 중 제56조 제1항에 관한 부분이 헌법에 위반되는지 여부이다.

(나) 개정법률 등 유사법률 조항에 대한 확장의 문제

1) 종래의 견해

종전에 헌법재판소는, 위헌제청은 개정전 법률조항에 대하여 이루어졌지만 개정법률 또는 다른 유사법률에 제청신청된 법률과 마찬가지의 위헌성이 있는 경우, 이에 대하여 심판대상을 확장할 수 있는가 하는 점에 대하여 부정적 입장을 취하고 있었다. 뿐만 아니라 헌법재판소는 당사자가 개정법에 대하여 청구취지 확장청구를 한 경우에도 이를 받아들이지 않았다.

사례

⊙ 헌재 2002. 10. 31. 99헌바76등 : 청구인은 헌법소원심판을 청구하면서 개정된 의료보험법 제32조 제1항도 청구취지에 포함시키고 있다. 그러나 위 개정된 조항의 위헌여부에 대하여는 재판의 전제성도 인정되지 아니할 뿐 아니라 청구인이 당해소송 법원에 위헌여부심판의 제청신청조차 한 바 없어, 위 조항에 대한 심판청구는 부적법하므로 심판대상에서 제외하기로 한다.

2) 견해의 변경

그런데 제4기 재판부 이후부터는 헌법재판소는 개정법에 대하여도 직권으로 심판대상을 확장하고 있다.[62)]

사례

⊙ 헌재 2008. 7. 31. 2004헌마1010등 : 2007. 4. 11. 국회는 위 의료법을 법률 제8366호로 전부 개정하였는바, 구 의료법 19조의2 제2항은 일부 문언의 변경에도 불구하고 그 실질적 내용에는 변함이 없이 개정 의료법 제20조 제2항으로 조문의 위치가 변경되어 현재에 이르고 있다. 따라서 현행 의료법 제20조 제2항은 그 위헌여부에 관하여 구 의료법 제19조의2 제2항과 결론을 같이할 것이 명백하다 할 것이므로 현행 의료법 제20조 제2항도 이 사건 심판대상에 포함시키기로 한다.[63)]

⊙ 헌재 2016. 11. 24. 2015헌가23 : 이 사건 심판대상은 구 '파견근로자보호 등에

62) 확장하지 않은 사례 - 헌재 2012. 2. 23. 2009헌마318 : "청구인들이 이 사건 헌법소원심판을 청구한 후 이 사건 고시조항이 2012. 1. 3. 공정거래위원회 고시 제2012-1호로 개정되었으므로, 과연 위 개정 전의 이 사건 고시조항에 대하여 위헌여부를 심판할 권리보호이익이 있는지가 문제된다. 그러나, 이 사건 고시조항의 위헌여부에 관하여 아직 그 해명이 이루어진 바 없었고, 개정된 조항에도 이 사건 고시조항과 유사한 내용이 규정되어 있어 동종의 기본권침해 문제가 제기될 수 있으며, 이 사건 고시조항의 위헌여부는 궁극적으로 개정된 조항의 재개정 여부에도 영향을 미칠 수 있다. 그렇다면 이 사건 고시조항의 위헌여부에 관한 헌법적 해명은 중대한 의미를 지니고 있다고 할 것이므로, 이 사건 고시조항에 대해서는 본안판단의 필요성이 있다 할 것이다." 제5기 재판부에서 확장하지 않은 사례 - 헌재 2016. 9. 29. 2014헌가9 : "다만, 국회는 2016. 5. 29. 법률 제14224호로 정신보건법을 '정신건강증진 및 정신질환자 복지서비스 지원에 관한 법률'로 전부개정하였고, 위 개정법률은 2017. 5. 30.부터 시행될 예정이다. 그러나 개정법률의 내용이나 개정법률에서 심판대상조항의 문제점을 해소하였는지 여부에 대하여는 나아가 판단하지 아니한다."

63) 헌법재판소는 위 구 의료법 조항에 대하여는 '적용중지' 헌법불합치결정을, 현행 의료법 조항에 대하여는 '잠정적용' 헌법불합치결정을 선고하였다.

관한 법률'(1998. 2. 20. 법률 제5512호로 제정되고 2014. 5. 20. 법률 제12632호로 개정되기 전의 것) 제42조 제1항 중 '공중도덕상 유해한 업무' 부분(다음부터 '구법조항'이라 한다)이 헌법에 위반되는지 여부이다. 한편 구법조항은 2014. 5. 20. 법률 제12632호로 개정되었는데, 그 내용은 벌금형의 상한을 높였을 뿐 공중도덕상 유해한 업무에 취업시킬 목적으로 근로자를 파견한 사람을 처벌한다는 내용은 그대로 유지되었다. 그렇다면 현행 '파견근로자보호 등에 관한 법률'(2014. 5. 20. 법률 제12632호로 개정된 것) 제42조 제1항 중 '공중도덕상 유해한 업무' 부분(다음부터 '현행법조항'이라 한다)은 그 위헌여부에 관하여 구법조항과 결론을 같이할 것이므로, 법질서의 정합성과 소송경제를 위하여 현행법조항의 위헌여부도 이 사건 심판대상에 추가한다.[64]

(다) 부수적 위헌선언

한편, 심판대상의 확장과는 별개로 부수적 위헌선언을 하는 경우가 있다. 즉, 헌법재판의 대상이 된 법률조항 중 일정한 법률조항이 위헌선언되는 경우 같은 법률의 그렇지 아니한 다른 법률조항들은 효력을 그대로 유지하는 것이 원칙이나, 합헌으로 남아 있는 어떤 법률조항이 위헌선언되는 법률조항과 밀접한 관계에 있어 그 조항만으로는 법적으로 독립된 의미를 가지지 못하는 경우에는 예외적으로 그 법률조항에 대하여 위헌선언을 할 수 있다.[65]

사례

⊙ 헌재 2002. 8. 29. 2001헌바82 : 이 사건 법률조항인 소득세법 제61조 제1항은 거주자 또는 그 배우자가 자산소득이 있는 경우에 자산합산대상 배우자의 자산소득을 주된 소득자의 종합소득에 합산하여 (…) 따라서 자산합산과세제도의 근간이 되는 소득세법 제61조 제1항이 위헌이라면, 그에 부수되는 같은 조 제2항 내지 제4항은 같은 조 제1항과 전체적·종합적으로 양자가 분리될 수 없는 밀접한 일체를 형성하고 있으므로 독자적인 규범적 존재로서의 의미를 잃게 된다. 그렇다면 소득세법 제61조 제2항 내지 제4항이 비록 심판대상이 아니지만 같은 조 제1항과 함께 위헌선언을 함으로써 법적 명확성을 기하는 것이 타당하므로 그에 대하여도 아울러 위헌선언을 한다.

---

64) 헌법재판소는 위 구법조항 및 현행법조항 모두 헌법에 위반된다는 결정을 선고하였다. 그 밖에 심판대상을 확장한 사례로 헌재 2016. 11. 24. 2015헌바62 결정(전원일치 위헌) 참조.

65) 헌재 1989. 11. 20. 89헌가102, 판례집 1, 329, 342; 헌재 1991. 11. 25. 91헌가6, 판례집 3, 569, 581; 헌재 1996. 12. 26. 94헌바1, 판례집 8-2, 808, 829; 헌재 2001. 7. 19. 2000헌마91 등, 판례집 13-2, 77, 100; 헌재 2002. 8. 29. 2001헌바82, 판례집 14-2, 170, 183.

(4) 심판대상의 변경

(가) 위헌법률심판의 경우

사례

⊙ 헌재 2004. 9. 23. 2002헌가26 : 제청법원은 구 증권거래법(1998. 1. 8. 법률 제5498호로 개정되기 전의 것, 이하 '법'이라고 한다) 제209조 제7호 중 '제54조의 규정에 의한 명령에 위반한 자' 부분의 위헌여부에 관하여 위헌여부심판의 제청을 하였다. 그러나 법 제54조는 증권회사만을 수범자로 규정하고 있으므로 법 제209조 제7호 중 '제54조의 규정에 의한 명령에 위반한 자'라는 부분은 증권회사만이 그 적용대상이 된다. 증권회사의 임직원 또는 그 공범으로서 법 제54조의 규정에 의한 명령에 위반한 경우는 위 조항에 대한 양벌규정인 법 제215조에 의하여 형사처벌을 받게 된다. 그렇다면, 비록 제청법원이 '법 제209조 제7호 중 법 제54조의 규정에 의한 명령에 위반한 자'라는 부분의 위헌여부에 관하여 제청을 하였더라도 당해사건에서 적용될 조항은 법 제215조임이 명백하므로, 이 사건의 심판대상은 법 제215조에서 위 조항이 준용하는 제209조 제7호 중 제54조에 관한 부분(즉, '법인의 대표자, 법인 또는 개인의 대리인·사용인 기타 종업원이 그 법인 또는 개인의 업무에 관하여 법 제209조 제7호 중 법 제54에 의한 명령을 위반한 때'라는 부분)의 위헌여부이다.

(나) 규범통제형 헌법소원의 경우

사례

⊙ 헌재 2012. 4. 24. 2010헌바164 : 청구인들이 당해사건의 법원에 위헌제청신청을 하고 법원이 기각결정을 내린 것은 학교급식법(2010. 3. 17. 법률 제10070호로 개정된 것) 제8조 제2항 및 제3항이다. 그러나 앞서 살펴본 바와 같이 청구인 ○○○는 중학교 재학 당시인 2003. 3. 3.부터 2006. 2. 16.까지 학교급식비를 납부하였고, 청구인들이 급식비를 납부할 당시 적용된 법률은 1996. 12. 30. 법률 제5236호로 개정되고, 2006. 7. 19. 법률 제7962호로 개정되기 전의 학교급식법(이하 '구 학교급식법'이라 한다) 중 급식관련 경비부담에 대해 규정한 제8조 제1항 및 제2항이므로, 직권으로 이 사건 심판대상을 구 학교급식법 제8조 제1항 및 제2항으로 변경하기로 한다.

⊙ 헌재 2016. 11. 24. 2014헌바451 : 당해사건에서 청구인에게 적용되는 조항은 형사소송법 제232조 제1항이 아니라 친고죄에 관한 형사소송법 규정들을 반의사불벌죄에 준용하는 형사소송법 제232조 제3항이고, 법원도 형사소송법 제232조 제

3항에 대하여 위헌법률심판제청신청을 기각하였다. 따라서 직권으로 심판대상을 변경한다. 심판대상은 형사소송법(1954. 9. 23. 법률 제341호로 제정된 것) 제232조 제3항 중 제232조 제1항을 준용하는 부분이 헌법에 위반되는지 여부이다.

(다) 권리구제형 헌법소원의 경우

사례

⊙ 헌재 2007. 6. 28. 선고한 2004헌마644등 : 청구인들은 구 '공직선거 및 선거부정방지법'(2005. 8. 4. 법률 제7681호로 개정되기 전의 것) 조항들에 대하여 이 사건 헌법소원을 제기하였으나, 위 법률은 그 동안에 2005. 8. 4. 법률 제7681호로 법명이 '공직선거법'으로 바뀌었고 그 내용에도 변화가 있었다. 그런데 개정 전의 제15조 제2항의 경우 개정 후에는 제15조 제2항 제1호로 조문의 위치가 조정된 것에 불과하고, 제37조 제1항의 경우에도 조문내용에 일부 추가가 있었지만 청구인들과 관련된 부분에서는 아무런 변화가 없으며, 제38조 제1항의 경우에도 부재자투표를 할 수 있는 국내거주자의 범위제한을 폐지하는 방향으로 개정이 이루어졌지만 국외거주자에 대하여는 부재자투표를 인정하지 않고 있다는 점에서는 개정 전후에 아무런 변화가 없다. 그렇다면 이 사건에서는 심판의 대상을 현행 공직선거법(2005. 8. 4. 법률 제7681호로 개정된 것) 해당 조항으로 함이 상당하다.

⊙ 헌재 2010. 12. 28. 선고한 2009헌마70 : 청구인은 이 사건 심판청구 당시 구 행형법 제51조 및 구 행형법 시행령 제153조 제1호의 위헌여부에 관한 판단을 구하였으나, 구 행형법은 2007. 12. 21. 법률 제8728호로 전부 개정되면서 법률명이 '형의 집행 및 수용자의 처우에 관한 법률'[66]로 바뀌었고, 같은 법 제121조에서 구 행형법 제51조와 거의 같은 내용을 규정하여 이 사건 심판청구 이전인 2008. 12. 22.

---

66) 동법 제2조(정의)의 규정에 의하면, 동법에서 사용하는 용어 중 '**수용자**'란 수형자·미결수용자·사형확정자, 그 밖에 법률과 적법한 절차에 따라 교도소·구치소 및 그 지소 등의 "교정시설"에 수용된 사람을 말하는데(제4호), 여기에서 '수형자'란 징역형·금고형 또는 구류형의 선고를 받아 그 형이 확정된 사람과 벌금 또는 과료를 완납하지 아니하여 노역장 유치명령을 받은 사람을 말하고(제1호), '미결수용자'란 형사피의자 또는 형사피고인으로서 체포되거나 구속영장의 집행을 받은 사람을 말하며(제2호), '사형확정자'란 사형의 선고를 받아 그 형이 확정된 사람을 말한다(제3호). 이에 반하여 같은 날인 2007. 12. 21. 법률 제8724호로 제정된 「인신보호법」 제2조(정의)에서는 "①이 법에서 '피수용자'란 자유로운 의사에 반하여 국가, 지방자치단체, 공법인 또는 개인, 민간단체 등이 운영하는 의료시설·복지시설·수용시설·보호시설(이하 '수용시설'이라 한다)에 수용·보호 또는 감금되어 있는 자를 말한다. 다만, 형사절차에 따라 체포·구속된 자, 수형자 및 「출입국관리법」에 따라 보호된 자는 제외한다. ②이 법에서 '**수용자**'란 수용시설의 장 또는 운영자를 말한다."고 규정하여, 같은 용어인 '수용자'를 다른 개념으로 사용하고 있다.

부터 이미 시행되고 있었다. 따라서, 이 사건 심판대상은 '형의 집행 및 수용자의 처우에 관한 법률' 제121조로 봄이 상당하다.[67]

다. 심리

(1) 구두변론과 서면심리

법 제30조 제1항은 "탄핵의 심판, 정당해산의 심판 및 권한쟁의심판은 구두변론에 의한다."고 규정하고, 제2항은 "위헌법률의 심판과 헌법소원에 관한 심판은 서면심리에 의한다. 다만, 재판부는 필요하다고 인정하는 경우에는 변론을 열어 당사자, 이해관계인, 그 밖의 참고인의 진술을 들을 수 있다."고 규정하고 있다.

구두변론주의 내지는 구술주의에 의할 경우 진술로 받는 선명한 인상과 즉각적인 반문에 의하여 진상파악·모순발견이 쉽고, 여기에 증거조사를 집중시켜 신속·적정한 재판을 할 수 있다. 또 당사자는 변론의 진행상황을 알 수 있다. 그러나 헌법재판소에 청구되는 사건의 대부분은 위헌법률심판과 헌법소원심판인바, 위헌법률심판은 그 성질상 서면심리로서 족하고, 헌법소원심판의 경우에는 구두변론의 필요성이 있는 사건도 없지는 않으나 모든 사건을 구두변론을 거치도록 한다면 재판부의 업무가 가중되는 불편함이 있으므로 현행법은 서면심리를 원칙으로 하고, 전문지식을 가진 참고인의 진술을 청취하기 위한 경우 등 필요할 때 구두변론을 열 수 있는 것으로 규정하였다.

(2) 의견서의 제출

법은 위헌법률심판과 헌법소원심판절차에서 이른바 의견서제출제도를 규정하고 있다. 즉, 위헌법률심판사건이 접수되거나 규범통제형 헌법소원이 재판부에 심판회부된 경우에 당해 소송사건의 당사자 및 법무부장관은 헌법재판소에 법률의 위헌여부에 대한 의견서를 제출할 수 있고(법 제44조, 제74조 제2항), 권리구제형 헌법소원의 경우에도 그 심판에 이해관계가 있는 국가기관 또는 공공단체와 법무부장관은 헌법재판소에 그 심판에 관한 의견서를 제출할 수 있다(법 제74조 제1항). 실무상으로는 이해관계기관에게도 위헌제청서등본, 심판회부통지서 등을 송부함과 동시

---

67) 同旨, 헌재 2010. 12. 28. 2008헌마571, 판례집 22-2하, 768, 772; 헌재 2011. 8. 30. 2008헌마477, 공보 179, 1311, 1312; 헌재 2012. 11. 29. 201헌마318, 공보 194, 1864, 1865.

에 의견서 제출의 기회를 부여하고 있다(심판규칙 제10조 참조).

(3) 증거조사, 자료제출요구 등

헌법소원심판을 포함한 헌법재판은 헌법을 보호하고 국민의 기본권을 보장하는 역할을 한다. 그런데 일반적인 법원의 민·형사재판과는 달리 헌법규범의 해석과 이로 인한 객관적인 헌법질서의 보장을 위한 기능이 헌법재판에서는 중요한 의미를 가진다. 특히 헌법재판은 일반법원에서의 재판과는 달리 헌법재판기관, 즉 헌법재판소의 직권에 의한 심리가 요구되는 정도가 크고 또한 바람직한 경우가 더 많다. 그러므로 당사자의 변론(주장)은 헌법재판소의 직권탐지를 보완하는 것에 그치며, 당사자가 주장하지 않은 사실도 직권으로 수집하여 재판의 기초로 삼아야 할 때가 많다.[68]

재판부는 사건의 심리를 위하여 필요하다고 인정하는 경우에는 직권 또는 당사자의 신청에 의하여 다음의 증거조사를 할 수 있다(법 제31조 제1항).

① 당사자 본인 또는 증인을 신문하는 일[69]

② 당사자 또는 관계인이 소지하는 문서·장부·물건 또는 그 밖의 증거자료의 제출을 요구하고 영치(領置)하는 일

③ 특별한 학식과 경험을 가진 자에게 감정을 명하는 일

④ 필요한 물건·사람·장소 또는 그 밖의 사물의 성상(性狀) 또는 상황을 검증하는 일

한편, 재판부는 결정으로 다른 국가기관 또는 공공단체의 기관에 심판에 필요한 사실을 조회하거나, 기록의 송부나 자료의 제출을 요구할 수 있다. 다만, 재판·소추 또는 범죄수사가 진행중인 사건의 기록에 대하여는 송부를 요구할 수 없다(법 제32조). 이와 관련하여, 헌법재판소는 법 제32조에 따라 기록의 송부나 자료

68) 실무제요(2008), 58-59면.

69) 그런데 헌재 2011. 5. 26. 2010헌마420 (기소유예처분취소) 사건에서 헌법재판소는, "이 사건과 같이 뇌물수수혐의 사건에서 뇌물을 공여하였다는 진술이 유일한 증거일 경우에 그 진술내용이 번복되었다면, 번복 전후의 진술 중 어느 것이 진실에 맞는 것인지를 증인신문절차에 의하여 가려낼 필요가 있는데, 헌법재판소에서 그러한 증인신문절차를 거쳐 유죄여부를 가리는 것은 헌법이 사법기능을 분배한 기준에 맞지 아니한다. 그러므로 이 사건 기소유예처분을 취소하여 권○순의 어느 진술이 진실에 맞는 것인지 더 조사한 후에 유죄인지 여부를 다시 가리게 함이 상당하다."고 하면서 동 기소유예처분을 취소하는 결정을 선고하였다.

의 제출을 요구하는 경우로서 국가기관 또는 공공단체의 기관이 원본을 제출하기 곤란한 사정이 있는 때에는 그 인증등본을 요구할 수 있다(심판규칙 제39조 제2항). 헌법재판소 심판에서의 증거에 관하여는 심판규칙 제6절(제25조 내지 제47조)에서 규정하고 있다.

(4) 심판의 장소 및 공개, 소수의견 공표제도

심판의 변론과 종국결정의 선고는 심판정에서 행한다. 다만, 헌법재판소장이 필요하다고 인정하는 경우에는 심판정 외의 장소에서 심판의 변론과 종국결정을 할 수 있다(법 제33조). 지정재판부의 결정이나 신청사건의 결정은 심판정에서 선고하는 방법에 의하지 아니하고 결정문(정본)을 송달하여 고지한다. 심판의 변론과 결정의 선고는 공개한다. 다만, 서면심리와 평의는 공개하지 아니한다. 또한 국가의 안전보장, 안녕질서 또는 선량한 풍속을 해할 염려가 있는 때에는 결정으로 변론을 공개하지 아니할 수 있다(법 제34조, 법원조직법 제57조 제1항 단서).

법 제34조 제1항에 의하면 헌법재판소 심판의 변론과 결정의 선고는 공개하여야 하지만, 평의는 공개하지 않도록 되어 있다. 헌법재판소는 이에 대하여 노무현 대통령 탄핵(헌재 2004. 5. 14. 2004헌나1) 사건에서, "헌법재판소 재판관들의 평의를 공개하지 않는다는 의미는 평의의 경과뿐만 아니라 재판관 개개인의 개별적 의견 및 그 의견의 수 등을 공개하지 않는다는 뜻이다. 그러므로 개별 재판관의 의견을 결정문에 표시하기 위해서는 이와 같은 평의의 비밀에 대해 예외를 인정하는 특별규정이 있어야만 가능하다. 그런데 법률의 위헌심판, 권한쟁의심판, 헌법소원심판에 대해서는 평의의 비밀에 관한 예외를 인정하는 특별규정이 법 제36조 제3항[72]에 있으나, '탄핵심판' (및 정당해산심판)에 관해서는 평의의 비밀에 대한 예외를 인정하는 법률규정이 없다. 따라서 이 탄핵심판사건에 관해서도 재판관 개개인의 개별적 의견 및 그 의견의 수 등을 결정문에 표시할 수는 없다."[73]고 하였다.[74] 그 후 국회는 2005. 7. 29. 법률 제7622호로 법 제36조 제3

---

[72] "법률의 위헌심판, 권한쟁의심판 및 헌법소원심판에 관여한 재판관은 결정서에 의견을 표시하여야 한다."

[73] 그러나 위의 다수의견에 대하여는, "법 제34조 제1항의 취지는 최종결론에 이르기까지 그 외형적인 진행과정과 교환된 의견 내용에 관하여는 공개하지 아니한다는 평의과정의 비공개를 규정한 것이지, 평의의 결과 확정된 각 관여재판관의 최종적 의견마저 공개하여서는 아니 된다는 취지라고 할 수는 없으며, 법 제36조 제3항은 탄핵심판과 정당해산심판에 있

항을 개정하여 "심판에 관여한 재판관은 결정서에 의견을 표시하여야 한다."로 규정하였다. 따라서 이제는 탄핵심판 및 정당해산심판의 결정에서도 소수의견을 공표하도록 바뀌었다.

라. 평의

(1) 평의에서의 평결방식

(가) 쟁점별 평결방식과 주문별 평결방식

독일의 경우는, 주문별 평결방식을 택한 탄핵심판 등과 같은 특별한 경우를 제외하고는, 적법요건과 본안사항에 대하여 각각 분리하여 별도로 평결하고 있다. 즉 적법요건에 대하여 평결한 후, 그에 대하여 부적법하다는 의견을 제시한 재판관도 본안사항에 대한 평결에도 다시 참여하는 방식이다. 이는 보다 적극적으로 기본권보장과 권리구제를 도모하고자 하는 취지에서이다.[75]

(나) 평결방식과 관련된 우리 헌법재판소 결정례

평결방식과 관련된 최초의 결정이라고 할 수 있는 헌재 1993. 5. 13. 90헌바22등 결정에서, 다수의견을 낸 5인의 재판관은 재판의 전제성 요건이 갖추어졌음을 전제로 하여 본안에 관한 판단을 하였으나(위헌의견), 나머지 4인의 재판관은 재판의 전제성 요건을 갖추지 못하여 부적법 각하하여야 한다고 한 후 본안판단에는 참여하지 아니하였다. 그 후 헌재 1994. 6. 30. 92헌가18 결정에서도 이와 마찬가지로 다수의견을 낸 6인의 재판관은 본안판단을 하였지만 나머지 3인의 재판관은 재판의 전제성 요건이 결여되었음을 이유로 각하하여야 한다고 한 후 본안판단에는 참여하지 아니하였다.

어 일률적으로 의견표시를 강제할 경우 의견표시를 하는 것이 부적절함에도 의견표시를 하여야만 하는 문제점이 있을 수 있기 때문에 이를 방지하고자 하는 고려에 그 바탕을 둔 법규정으로서, 탄핵심판에 있어 의견을 표시할지 여부는 관여한 재판관의 재량판단에 맡기는 의미로 해석해야 할 것이므로 다수의견과 다른 의견도 표시할 수 있다."는 반대의견이 있었다.

74) 이에 대하여 비판적인 평석으로 허영, "노무현 대통령에 대한 탄핵심판", 헌법판례연구[6], 박영사, 2004, 252·253면; 이승우, "대통령 노무현에 대한 탄핵심판결정의 평석", 헌법판례연구[6], 박영사, 2004, 291·292면 참조.

75) 실무제요(2008), 62면.

그런데 같은 날 선고된 92헌바23 결정에서는 다수의견(위헌의견)을 낸 5인의 재판관이 "헌법소원의 적법성의 유무에 관한 재판은 재판관 과반수의 찬성으로 족한 것이므로 이 사건에 있어서 재판관 5인이 재판의 전제성을 인정하였다면 이 사건 헌법소원은 일응 적법하다고 할 것이고, 이 사건 헌법소원이 적법한 이상 재판의 전제성을 부인하는 재판관 4인도 본안결정에 참여하는 것이 마땅하며 만일 본안에 대해 다수와 견해를 같이 하는 경우 그 참여는 큰 의미를 갖는 것"이라고 하였는 바, 이에 대하여 나머지 4인의 재판관은 위 2개의 선례를 인용하면서 "5인의 위헌의견은 헌법재판의 합의방법에 관하여 쟁점별 합의를 하여야 한다는 이론을 펴고 있으나 우리 재판소는 발족이래 오늘에 이르기까지 예외없이 주문합의제를 취해 왔으므로 유독 이 사건에서 주문합의제를 쟁점별 합의제로 변경하여야 한다는 이유를 이해할 수 없고, 새삼 판례를 변경하여야 할 다른 사정이 생겼다고 판단되지 아니한다"고 하였다.[76)]

위 헌법재판소 판례취지에 의하면 헌법재판사건의 적법요건사항과 본안사항을 통합하여 일괄적으로 평결하여 최종적 결정주문(예컨대 각하의견 2인 + 인용의견 6인 + 기각의견 1인)을 내는 방식은 "주문별 평의방식"으로, 그리고 적법요건과 본안사항을 분리하여 별도로 평결하여 최종적 결정주문(예컨대 적법의견 7인 + 각하의견 2인 / 인용의견 6인 + 기각의견 3인)을 내는 방식은 "쟁점별 평의방식"으로 정의되고 있다.

(2) 여러 의견이 대립되는 경우의 주문결정

(가) 의의

어떤 사안에서 전원재판부의 평의의 결과, 의견이 예컨대 전부위헌 2인, 헌법불합치 2인, 한정합헌 2인, 합헌 3인 등으로 나누어진 경우에 그 주문은 어떤 것이 되어야 하는지의 문제가 발생한다. 이와 같은 경우의 해결방법에 대하여 법은 직접적으로는 아무런 규정을 두고 있지 않다. 그러나 법 제40조 제1항은 "헌법재판소의 심판절차에 관하여는 이 법에 특별한 규정이 있는 경우를 제외하고는 민사소송에 관한 법령의 규정을 준용한다. 이 경우 탄핵심판의 경우에는 형사소송에 관한 법령을 준용하고, 권한쟁의심판 및 헌법소원심판의 경우에는 행정

76) 이와 같이 이 결정에서 소수의견이 유일하게 평결방식에 관한 용어를 사용하였다.

소송법을 함께 준용한다."고 규정하고 있으므로 법원조직법 제66조 소정의 '합의에 관한 규정'을 준용할 수 있을 것이다.

법원조직법 제66조 제2항[77]의 규정에 의하면 '수액'이나 '형량'에 관하여 3설 이상이 나누어지고 어느 견해도 그 자체로서는 과반수에 이르지 못한 경우에는, 신청인(민사의 경우에는 원고, 형사의 경우에는 검사)에게 가장 유리한 견해를 가진 수에 순차로, 그 다음으로 유리한 견해를 가신 수를 더하여 과반수에 이르게 된 때의 견해를 그 합의체의 견해로 하도록 하고 있다. 그러므로 위 예의 경우 신청인(위헌법률심판이나 헌법소원의 신청인)에게 가장 유리한 견해인 전부위헌의 견해를 가진 수(2인)에 순차로 유리한 견해의 수(헌법불합치 2인, 한정합헌 2인)를 더하여 '6인'에 이르게 된 때의 견해인 "한정합헌"의 견해에 따라 주문이 결정되어야 하는 결과가 된다.[78]

(나) 사례

1) 헌재 1989. 7. 14. 88헌가5등 (사회보호법 제5조 위헌제청) 사건은 심판의 대상 법조항이 구 사회보호법(1989. 3. 25. 법률 제4089호로 개정되기 전의 것) 제5조 제1항(소위 '필요적 보호감호'), 제2항(소위 '임의적 보호감호')이었다. 제1항에 대하여는 위헌정족수 6인을 확보하여 문제가 없었으나, 제2항에 대하여는 위헌의견 2인, 합헌의견 5인, 각하의견 2인의 비율로 나타났다. 따라서 제2항에 대한 결정주문은 "합헌"이었다.

2) 헌재 1992. 2. 25. 89헌가104 (군사기밀보호법 제6조등 위헌제청) 사건의 경우, 평의의 결과는 전부위헌의견 1인, 한정합헌의견 5인, 단순합헌의견 3인의 비율로 나타났다. 이에 헌법재판소는, "한정합헌의견(5)은 질적인 일부위헌의견이기 때문에 전부위헌의견(1)도 일부위헌의견의 범위 내에서는 한정합헌의 의견과 견해를 같이 한 것이라 할 것이므로, 이를 합산하면 법 제23조 제2항 제1호 소정의 위헌결정 정족수에 도달하였다고 할 것이며 그것이 주문의 의견이 되는 것"이라

77) 법원조직법 제66조(합의의 방법) ②합의에 관한 의견이 3설 이상 분립하여 각각 과반수에 달하지 못하는 때에는 다음의 의견에 의한다.
1. 수액에 있어서는 과반수에 달하기까지 최다액의 의견의 수에 순차 소액의 의견의 수를 더하여 그 중 최소액의 의견
2. 형사에 있어서는 과반수에 달하기까지 피고인에게 가장 불리한 의견의 수에 순차 유리한 의견의 수를 더하여 그 중 가장 유리한 의견

78) 실무제요(2008), 63면.

고 하였다.

3) 헌재 1997. 7. 16. 95헌가6등 (민법 제809조 제1항 위헌제청) 사건에서는 단순위헌의견 5인, 헌법불합치의견 2인, 합헌의견 2인의 비율로 나타났다. 이에 헌법재판소는 "단순위헌의견(5)이 다수의견이기는 하나 법 제23조 제2항 제1호에 규정된 '법률의 위헌결정'을 함에 필요한 심판정족수에 이르지 못하였으므로 헌법불합치의 결정을 선고하기로" 하였다.

4) 헌재 2002. 8. 29. 2000헌가5등 (상호신용금고법 제37조의3 제1항 등 위헌제청 등) 사건에서는, 이 사건 법률조항[79] 중 "과점주주"에 관한 부분에 대하여는 재판관 1인이 헌법불합치의견, 재판관 5인이 한정위헌의견, 재판관 3인이 합헌의견인데, 한정위헌의견은 질적인 일부위헌의견이기 때문에 위헌결정의 일종인 헌법불합치의견도 일부위헌의견의 범위 내에서는 한정위헌의견과 견해를 같이 한 것이라 할 것이므로, 이를 합산하면 헌법재판소법 제23조 제2항 제1호에 규정된 위헌결정의 정족수에 도달하여 한정위헌결정을 선고하고, 이 사건 법률조항 중 "임원"에 관한 부분에 대하여는 재판관 3인이 단순위헌의견, 재판관 1인이 헌법불합치의견, 재판관 5인이 한정위헌의견인바, 어느 쪽도 독자적으로는 위헌결정의 정족수에 이르지 못하였으나, 단순위헌의견과 헌법불합치의견도 일부위헌의견의 범위 내에서는 한정위헌의견과 견해를 같이 한 것이라 할 것이므로, 이를 합산하면 헌법재판소법 제23조 제2항 제1호에 규정된 위헌결정의 정족수에 도달하여 한정위헌결정을 선고하였다.

5) 헌재 2007. 3. 29. 2005헌바33 (공무원연금법 제64조 제1항 제1호 위헌소원) 사건에서는, 이 사건 법률조항에 대한 재판관 1인의 일부 단순위헌, 일부 헌법불합치 의견에 재판관 5인의 전부 헌법불합치 의견을 가산하면[80] 위헌정족수를 충족하게 된다는 이유로 이 사건 법률조항에 대하여 '전부 헌법불합치'결정을 선고하였다.

6) 헌재 2007. 5. 31. 2005헌마1139 (공직자 등의 병역사항 신고 및 공개에 관한 법률 제3조 등 위헌확인) 사건에서는 이 사건 법률조항[81]에 대하여는 재판관 1인의

---

79) 상호신용금고법(1995.1.5. 법률 제4867호로 개정된 것) 제37조의3 제1항과 제2항.

80) 나머지 재판관 3인은 합헌의견임.

81) '공직자등의 병역사항 신고 및 공개에 관한 법률'(2004.12.31. 법률 제7268호로 개정된 것)

단순위헌의견, 재판관 2인의 적용중지 헌법불합치의견, 재판관 5인의 계속적용 헌법불합치 의견, 재판관 1인의 일부위헌의견으로 나뉘어 어느 의견도 독자적으로는 법 제23조 제2항 제1호에 규정된 법률의 위헌결정을 함에 필요한 심판정족수에 이르지 못하였으나, 단순위헌의견과 적용중지 헌법불합치의견을 계속적용 헌법불합치의견에 합산하면 법률의 위헌결정을 함에 필요한 심판정족수에 이르게 되므로(법 제40조, 법원조직법 제66조 제2항 참조), 이에 계속적용을 명하는 헌법불합치 결정을 하였다.

7) 헌재 2009. 7. 30. 2008헌가1등 (군인연금법 제33조 제1항 제1호 위헌제청) 사건에서는 재판관 1인이 '일부 단순위헌, 일부 헌법불합치'의견이고, 재판관 5인이 '전부 헌법불합치'의견이며, 재판관 3인이 '합헌'의견이었는데, '전부 헌법불합치' 주문을 선고하였다.

8) 헌재 2009. 9. 24. 2008헌가25 (집회 및 시위에 관한 법률 제10조 등 위헌제청) 사건에서는 재판관 5인이 '단순위헌'의견이고, 재판관 2인은 '계속적용 헌법불합치'의견이며, 재판관 2인은 '합헌'의견이어서 주문은 '계속적용 헌법불합치' 결정이 선언되었다.[82]

제8조 제1항 본문 가운데 '4급이상의 공무원 본인의 질병명에 관한 부분'.

82) 이에 대하여 '단순위헌'의견에 가담한 조대현 재판관은, "이 사건 법률조항들('집회 및 시위에 관한 법률'(2007.5.11. 법률 제8424호로 전부 개정된 것) 제10조 중 '옥외집회' 부분 및 제23조 제1호 중 '제10조 본문의 옥외집회' 부분)에 대하여 헌법불합치결정을 하면서 계속 적용하도록 하는 것은, 헌법재판소가 이 사건 법률조항들에 위헌부분이 포함되어 있음을 선언하였고 그 위헌부분이 국회의 개선입법에 의하여 구분되면 소급적으로 효력을 상실하게 됨에도 불구하고, 그 위헌부분이 포함된 이 사건 법률조항들에 의하여 처벌받은 뒤 나중에 위헌부분에 의하여 처벌받았음이 밝혀지면 재심을 청구하여 구제받으라고 하는 것이다. 이는 위헌법률에 기한 형사처벌을 허용하는 것이고 구체적 규범통제의 필요에 따라 위헌법률의 규범력을 제거하도록 하는 위헌법률심판제도의 사명을 저버리는 것이어서 우리 헌법상 허용될 수 없는 것"이라고 하면서, "헌법재판소가 어느 법률조항에 대하여 헌법불합치결정을 하면서 그 법률조항을 계속 적용하도록 결정하려면 그 점에 대하여 특별한 평의와 합의절차를 거쳐야 한다고 할 것이다. 그런데 이 사건의 경우에는 단순위헌의견이 5인이고 헌법불합치의견이 2인이다. 5인의 단순위헌의견은 이 사건 법률조항들 전부가 소급적으로 실효되어야 한다는 의견이라고 할 수 있다. 단순위헌의견이 위헌결정의 정족수에 미달되어 헌법불합치의견과 합쳐서 헌법불합치의 결론에 이르렀다고 하여, 단순위헌의견이 '위헌이지만 계속 적용하여도 좋다'는 의견으로 바뀌는 것이 아니다. 헌법불합치의견을 표시한 재판관 2인이 헌법에 합치되지 아니하는 이 사건 법률조항들의 계속적용을 결정할 수는 없다고 보아야 한다. 이 사건 법률조항들은 개선입법이 이루어질 때까지 적용중지되어야 하고 계속적용하게 해서는 아니 된다."는 의견을 제시하였다.

(다) 기타

한편, 야당 국회의원인 청구인들에게 변경된 본회의 개의시간을 통보하지도 않고 비공개회의에서 여당 소속 국회의원들만 출석한 가운데 법률안을 통과시킨 국회의장의 법률안 가결처리행위가 청구인들의 법률안 심의·표결의 권한을 침해한 것인지 여부와 그로 인하여 위헌인지의 여부에 대한 권한쟁의심판청구에서, 위 위헌확인청구 부분에 대하여 인용의견·기각의견·각하의견이 각 재판관 3인씩으로 나누어졌는바, 인용의견이 권한쟁의심판에서의 인용결정정족수(관여재판관 과반수)에 이르지 못하여 기각 주문을 낸 사례가 있다.[83)]

4. 가처분

가. 개요

(1) 가처분의 필요성

가처분은 종국결정의 실효성을 확보하고 잠정적인 권리보호를 위해서 일정한 사전조치가 필요한 경우 헌법재판소가 하는 잠정적인 조치이다. 가처분은 회복할 수 없는 심각한 불이익의 발생을 예방하고 불가피한 공익목적을 달성하기 위해서 행해진다. 이와 같은 잠정적인 권리보호수단을 두지 않는다면, 종국결정이 선고되더라도 그 실효성이 없어 당사자나 헌법질서에 회복하기 어려운 불이익을 주는 경우가 있을 수 있다.[84)]

---

83) 헌재 1997. 7. 16. 96헌라2, 판례집 9-2, 154, 175. 또한 헌법재판소는, 피청구인(국회의장)의 법률안 가결선포행위가 국회의원인 청구인들의 법률안 심의·표결권을 침해한다는 확인결정(헌재 2009.10.29. 2009헌라8등) 이후, 위 권한침해 확인결정의 기속력에 따라 피청구인이 청구인들에게 위 법률안에 대하여 심의·표결권을 행사할 수 있는 조치를 취하여야 함에도 피청구인이 아무런 조치를 취하지 않고 있는 부작위가 청구인들의 위 법률안 심의·표결권을 침해하는 것이라며 제기한 권한쟁의 사건에서, 재판관 4인은 각하의견을, 1인은 기각의견을, 4인은 인용의견을 각 제시하였는바, 어느 의견도 독자적으로는 법 제23조 제2항이 정한 권한쟁의심판의 심판정족수를 충족하지 못한다는 이유로 기각결정을 선고하였다. (헌재 2010.11.25. 2009헌라12, 판례집 22-2하, 320 이하)

84) 헌재 2014. 2. 27. 2014헌마7, 공보 209, 490 495.

(2) 가처분의 허용여부

일반소송절차 규정의 하나로 가처분을 규정하고 있는 독일연방헌법재판소법(제32조)[85]과 달리 우리 법은 정당해산심판(법 제57조)과 권한쟁의심판(법 제65조)에 대해서만 가처분에 관한 규정을 두고 있다. 법 제42조 제1항 본문에서 법원이 법률의 위헌여부의 심판을 헌법재판소에 제청한 때에는 당해 소송사건의 재판은 헌법재판소의 위헌여부의 결정이 있을 때까지 정지된다고 규정하고, 법 제50조에서 탄핵소추의 의결을 받은 자는 헌법재판소의 심판이 있을 때까지 그 권한행사가 정지된다고 규정하고 있으나, 이들은 사전적인 보전조치로서의 가처분과는 구별된다.[86]

법 제57조(가처분)는 "헌법재판소는 정당해산심판의 청구를 받은 때에는 직권 또는 청구인의 신청에 의하여 종국결정의 선고시까지 피청구인의 활동을 정지하는 결정을 할 수 있다."고 규정하고, 법 제65조(가처분)는 "헌법재판소가 권한쟁의심판의 청구를 받았을 때에는 직권 또는 청구인의 신청에 의하여 종국결정의 선고시까지 심판대상이 된 피청구인의 처분의 효력을 정지하는 결정을 할 수 있다."고 규정하고 있다. 또 법 제40조에 의하면 헌법재판소의 심판절차에 관하여는 법에 특별한 규정이 있는 경우를 제외하고는 헌법재판의 성질에 반하지 아니하는 한도에서 민사소송에 관한 법령을 준용하고, 특히 권한쟁의심판 및 헌법소원심판의 경우에는 행정소송법을 함께 준용하되 행정소송법이 민사소송에 관한 법령에 저촉될 때에는 민사소송에 관한 법령은 준용하지 않도록 규정되어 있다.

여기서 위 두 심판절차에만 가처분이 허용되는지(열거설), 아니면 다른 심판절차에도 가처분이 허용되는지(예시설) 논란이 있다. 위헌임이 명백하거나 위헌의 가능성이 높은 법률에 대하여 본안결정 전에 가처분으로 미리 그 효력을 정지시킬 필요성을 인정할 수 있는 것처럼, 정당해산심판이나 권한쟁의심판 외에 헌법소원 등에 있어서도 가처분의 필요성은 얼마든지 인정할 수 있을 것이고, 달리 헌법소원 등에 있어서의 가처분을 금지할 정당한 이유를 찾아 볼 수 없다. 따라

---

85) 제32조(가처분) ①연방헌법재판소는 쟁송사건에 있어서 중대한 손실의 방지를 위하여, 급박한 폭력의 저지를 위하여 또는 공공복리를 위한 다른 중요한 이유에서 긴급한 필요가 있는 경우에는, 가처분으로써 사태를 잠정적으로 규율할 수 있다.

86) 실무제요(2008), 66면.

서 예시설이 타당하다고 하겠고, 법 제40조에 의하여 민사집행법상의 가처분 규정(제300조 이하)이나 행정소송법상의 집행정지 규정(제23조) 등은 그 성질에 반하지 않는 한 헌법소송에 있어서의 모든 가처분에 준용된다고 보아야 할 것이다.

헌법재판소도 2000. 12. 8.자 2000헌사471 (사법시험령 제4조 제3항 효력정지 가처분신청) 사건의 결정에서, "법은 정당해산심판과 권한쟁의심판에 관해서만 가처분에 관한 규정(제57조 및 제65조)을 두고 있을 뿐, 다른 헌법재판절차에 있어서도 가처분이 허용되는가에 관하여는 명문의 규정을 두고 있지 않다. 그러나 위 두 심판절차 이외에 같은 법 제68조 제1항 헌법소원심판절차에 있어서도 가처분의 필요성은 있을 수 있고, 달리 가처분을 허용하지 아니할 상당한 이유를 찾아볼 수 없으므로 위 헌법소원심판청구사건에서도 가처분이 허용된다."고 판시하였다.[87)]

사례

⊙ 헌재 2014. 2. 27. 2014헌마7 : 헌법재판은 사안의 성질에 따라서 종국결정에 이르기까지 상당한 시간이 필요한 경우가 많으므로, 잠정적인 권리보호수단을 두지 않는다면 종국결정이 선고되더라도 그 실효성을 기대할 수 없게 되어 심판청구 당사자나 헌법질서에 회복하기 어려운 불이익을 야기할 수 있다. 이러한 상황은 결국 헌법의 규범력을 약화시켜 헌정질서에 위해를 초래하게 하므로, 그러한 위험성을 사전에 예방하기 위하여 잠정적인 긴급조치로서 가처분의 필요성이 인정된다. 이에 헌법재판소법에서는 권한쟁의심판(제65조)과 함께 정당해산심판에서 별도의 가처분 규정을 두고 있으며(제57조, 가처분조항), 헌법재판소법 제40조 제1항에 따라 행정소송법과 민사소송법 등을 준용하여 헌법소원심판에서도 가처분을 인정해 오고 있다(헌재 2000. 12. 8. 2000헌사471 등 참조).

이와 같은 판례의 입장에 대하여는, 가처분과 같은 법적 제도는 궁극적으로 헌법과 법률에 근거하여 창설되어야 한다는 것이 헌법과 법률의 기본원리라는 전제하에, 헌법소원심판사건은 대립당사자의 구조와 구두변론의 원칙이 지켜지지 않으므로 이와 성질을 달리하는 (구)민사소송법의 가처분규정이 준용될 수 없는 것이고, 법령소원이나 법 제68조 제2항의 위헌소원에서와 같이 피청구인

87) 同旨, 헌재 2006. 2. 23. 2005헌사754, 판례집 18-1, 339 이하.

이 없어 가처분에 대한 이의와 취소가 허용되지 않는 가처분이라면 (구)민사소송법을 준용한 것은 '초법규적' 가처분이라는 이유로 비판적인 견해가 있다. 동 견해는, 입법론으로도 독일과는 달리 외부기관인 헌법재판소가 법 제68조 제2항의 위헌소원에서 법원의 재판을 정지하는 가처분을 인정한다면,[88] 사법권의 침해일 뿐만 아니라 재판절차를 불안정하게 하고 혼란에 빠뜨리게 될 것이라는 이유로 반대한다.[89]

(3) 신청방식

가처분의 신청 및 가처분신청의 취하는 서면으로 하여야 하는데, 다만 가처분신청의 취하는 변론기일 또는 심문기일에서 말로도 할 수 있다(심판규칙 제50조 제1항). 가처분신청서에는 신청의 취지와 이유를 기재하여야 하며, 주장을 소명하기 위한 증거나 자료를 첨부하여야 한다(심판규칙 제50조 제2항). 가처분의 신청이 있는 때에는 신청서의 등본을 피신청인에게 바로 송달하여야 하나, 본안사건이 헌법소원심판사건인 경우로서 그 심판청구가 명백히 부적법하거나 권리의 남용이라고 인정되는 경우에는 송달하지 아니할 수 있다(심판규칙 제50조 제3항).

나. 가처분신청의 적법요건

(1) 당사자능력 및 당사자적격

이미 계속중이거나 장래 계속될 본안소송의 청구인적격이 있는 자는 가처분

88) 실제로 법 제68조 제2항에 의한 헌법소원에서 당해 헌법소원의 심판이 있을 때까지 그 헌법소원의 전제가 된 민사소송절차의 일시정지를 구하는 가처분신청이 제기되었으나, 이를 이유 없다 하여 기각한 사례가 있다.(헌재 1993.12.20. 93헌사81, 판례집 5-2, 561 이하) 그런데 이 결정에는 "보전절차의 잠정적이고도 가정적인 성질을 감안한다면 헌법재판소법의 해석도 가처분신청을 폭넓게 받아들이는 쪽으로 적극적인 해석을 해야 할 뿐만 아니라, 법원이 위헌법률심판을 제청한 때에는 당해 소송사건의 재판은 헌법재판소의 위헌여부의 결정이 있을 때까지 정지되도록 한 헌법재판소법 제42조 제1항의 규정이나 헌법재판소의 심판절차는 민사소송법을 준용하도록 한 헌법재판소법 제40조의 규정, 그리고 동법 제68조 제2항의 헌법소원심판은 심판청구의 주체만 다를 뿐 그 실질은 동법 제41조의 위헌법률심판청구와 동일하게 규범통제심판으로 보고 그와 동일한 심판절차규정에 따라 처리하여 온 헌법재판소의 판례 등에 비추어 이 사건 가처분신청은 인용되어야 한다."는 취지의 재판관 1인의 반대의견이 있었다.

89) 강현중, "헌법소원심판에 가처분이 허용되는가", 법률신문, 2001.3.26.자, 14면.

신청을 할 수 있다. 가처분신청을 하려면 당사자능력이 있어야 함은 물론 본안인 헌법재판의 당사자적격이 있어야 한다. 다만, 국무총리서리 임명행위의 효력정지 및 직무집행정지 가처분사건(헌재 1998. 7. 14. 98헌사31)에서 보듯이 본안(헌재 1998. 7. 14. 98헌라1)의 피청구인(대통령)과 가처분의 피신청인(대통령 및 자연인 김종필)이 같지 아니할 수도 있다. 여기의 신청권자에는 본안재판의 심판참가인은 포함되지만 심판절차에서 의견진술권만을 가진 이해관계인은 포함되지 아니한다.

(2) 신청기간 : 본안심판과의 관계

가처분신청을 하기 위해서는 본안심판 사건이 헌법재판소의 관할에 속하여야 한다. 그리고 가처분신청은 본안심판이 헌법재판소에 계속중일 때 할 수 있음이 원칙이지만 본안심판이 계속되기 전이라 하더라도[90] 신청할 수 있다. 만일 본안심판 계속중에만 가처분신청을 할 수 있다고 한다면 가처분제도의 실효성을 감소시킬 우려가 있기 때문이다.[91] 본안심판이 종결된 후에 제기된 가처분신청은 부적법하며, 본안심판절차가 충분하게 진행되어 본안결정을 내릴 수 있는 정도에 이른 시점에서의 가처분신청은 본안심판의 결정과 함께 기각될 것이다.[92]

(3) 권리보호이익

① 본안에 관한 결정이 적시에 선고될 수 있는 경우에는 권리보호이익이 인정되지 않는다. 또 ② 본안심판사건이 법적으로 아직 성숙되지 아니하였거나, ③ 다른 방법으로 가처분신청의 목적을 달성할 수 있는 경우에도 마찬가지로 권리보호이익이 없다고 본다. ④ 본안심판청구가 부적법하거나 이유없음이 명백한 경우에는 가처분신청은 권리보호이익이 없어 부적법하게 된다.

---

90) 이 경우에는 본안심판의 청구기간을 경과하지 않아야 한다.

91) 다만 권한쟁의심판의 경우, 가처분신청은 권한쟁의심판의 청구와 동시에 할 수는 있지만, 동 심판청구 전에는 권한쟁의의 내용이 정해지지 않은 가처분은 성립할 수도 없고 무의미하기 때문에 가처분신청을 할 수 없다고 보아야 한다는 견해로 허영, 전게서(2014), 334면 참조.

92) 본안사건과 가처분신청이 같은 날 접수되었으나 본안결정의 선고와 함께 가처분신청을 기각한 사례로 헌재 2014. 12. 19. 2013헌다1 (통합진보당 해산) 및 헌재 2014. 12. 19.자 2013헌사907 결정 참조.

사례

⊙ 헌재(제2지정재판부) 2003. 8. 6. 2003헌사335 : 이 신청사건은 본안사건(2003헌마474 사법시험법시행령 [별표3] 등 위헌확인) 심판이 적법하게 계속됨을 전제로 하는 것이나 본안사건 심판청구가 부적법하여 각하되는 마당에,93) 이 사건도 적법하게 유지될 수 없으므로 이를 각하하기로 하여 관여 재판관 전원의 일치된 의견으로 주문과 같이 결정한다.94)

⊙ 헌재 2006. 2. 23. 2005헌사754 : 이 사건 법률95)은 교원소청심사특별위원회로 하여금 기간임용제 교원을 재임용하지 아니한 신청인(학교법인 ○○대학교)의 결정의 당부를 재심사할 수 있도록 하면서 위 특별위원회의 결정에 대한 제소를 금지하고 있다. 따라서 신청인으로서는 헌법소원 이외에 달리 다툴 수 있는 방법이 없다. 그리고 이 사건 본안심판청구가 부적법하거나 이유없음이 명백한 경우라고 볼 만한 다른 사정이 없으므로 가처분의 적법요건은 갖춘 것으로 인정된다.

(4) 기타

가처분절차에도 변호사 강제주의(법 제25조 제3항)가 적용된다. 또한 일사부재리원칙(법 제39조)이 적용되기 때문에 가처분신청이 각하되거나 기각된 후 아무런 사정변경이 없음에도 동일한 사유로 가처분신청을 하는 것은 허용되지 않는다.

다. 가처분심판의 절차

(1) 구두변론의 여부

가처분결정은 구두변론 없이도 할 수 있다. 탄핵심판, 정당해산심판 및 권한쟁의심판은 구두변론에 의하도록 규정하고 있는 법 제30조 제1항은 가처분의 신속성, 잠정성 등에 비추어 가처분절차에는 적용되지 않는다. 특별히 긴급을 요하는 경우에는 당사자나 기타 이해관계인의 의견진술 기회도 주지 않고 바로 결정

93) 위 2003헌마474 사건은 같은 날인 2003. 8. 6. 직접성 및 현재성 요건이 흠결되었다는 이유로 같은 지정재판부에서 각하결정되었다.

94) 同旨, 헌재(제3지정재판부) 2004. 2. 17. 2004헌사71; 헌재 2004. 4. 29. 2004헌사56; 헌재(제3지정재판부) 2004. 8. 3. 2004헌사378; 헌재(제3지정재판부) 2008. 2. 26. 2008헌사111; 헌재(제3지정재판부) 2008. 4. 29. 2008헌사212; 헌재(제3지정재판부) 2008. 9. 16. 2008헌사385, 각 공보·판례집 미수록.

95) '대학교원 기간임용제 탈락자 구제를 위한 특별법'(2005.7.13. 법률 제7583호로 제정된 것).

할 수 있다(독일 연방헌법재판소법 제32조 제2항[96] 참조).

(2) 증거조사 및 자료제출요구

재판부는 가처분심판의 심리를 위하여 필요하다고 인정하는 경우에는 직권 또는 당사자의 신청에 의하여 증거조사를 할 수 있다(법 제31조 제1항). 또한 재판부는 결정으로 다른 국가기관 또는 공공단체의 기관에 심판에 필요한 사실을 조회하거나, 기록의 송부나 자료의 제출을 요구할 수 있다(법 제32조).

(3) 심판정족수

재판부는 재판관 7인 이상의 출석으로 사건을 심리하고, 종국심리에 관여한 재판관 과반수의 찬성으로 결정을 한다(법 제23조 제1항, 제2항). 헌법소원심판사건에서 지정재판부가 가처분 결정을 할 수 있는지가 문제된다. 지정재판부는 헌법소원사건에서 3인의 재판관의 일치된 의견으로 각하결정만을 할 수 있을 뿐이므로(법 제72조 제3항) 기각결정 내지 인용결정은 할 수 없다고 보는 견해도 있으나, 지정재판부가 가처분신청을 이유 없다고 기각한 사례가 있다.[97]

라. 가처분 결정

(1) 인용요건

행정소송법 제23조 제2항[98]과 민사집행법 제300조 제2항[99]을 고려해 볼 때

---

96) 제32조(가처분) ②가처분은 변론을 거치지 아니하고 명할 수 있다. 특별히 긴급한 경우에는 연방헌법재판소는 본안에 관한 절차의 당사자, 참가할 권리가 있는 자 또는 의견진술의 권리가 있는 자에게 의견진술의 기회를 주지 않을 수 있다.

97) 헌재(제3지정재판부) 1997. 12. 16. 97헌사189, 공보·판례집 미수록; 헌재(제3지정재판부) 1997. 12. 23. 97헌사200, 공보·판례집 미수록.

98) 행정소송법 제23조(집행정지) ②취소소송이 제기된 경우에 처분등이나 그 집행 또는 절차의 속행으로 인하여 생길 회복하기 어려운 손해를 예방하기 위하여 긴급한 필요가 있다고 인정할 때에는 본안이 계속되고 있는 법원은 당사자의 신청 또는 직권에 의하여 처분등의 효력이나 그 집행 또는 절차의 속행의 전부 또는 일부의 정지(이하 "執行停止"라 한다)를 결정할 수 있다. 다만, 처분의 효력정지는 처분등의 집행 또는 절차의 속행을 정지함으로써 목적을 달성할 수 있는 경우에는 허용되지 아니한다.

99) 민사집행법 제300조(가처분의 목적) ①다툼의 대상에 관한 가처분은 현상이 바뀌면 당사자가 권리를 실행하지 못하거나 이를 실행하는 것이 매우 곤란할 염려가 있을 경우에 한다.

가처분의 인용요건, 즉 가처분 사유는 다음과 같다.[100)]

(가) 회복하기 어려운 손해의 예방[101)]

가처분을 하지 않으면 현저한(중대한) 손해가 발생할 우려가 있어야 한다.[102)] 여기서의 손해는 첫째, 공공복리(헌법질서에 대한 침훼는 물론이고 정치·경제·사회 등 제 분야에서의 공익)에 대한 손해와 둘째, 사적이거나 개인적인 이해관계상의 손해를 말하는데, 방지하려는 손해는 현저하거나 중대하여야 한다.[103)]

(나) 긴급성[104)]

가처분신청은 본안심판결정이 중대한 손실을 방지하기에 적절한 시간내에 내

---

②가처분은 다툼이 있는 권리관계에 대하여 임시의 지위를 정하기 위하여도 할 수 있다. 이 경우 가처분은 특히 계속하는 권리관계에 끼칠 현저한 손해를 피하거나 급박한 위험을 막기 위하여, 또는 그 밖의 필요한 이유가 있을 경우에 하여야 한다.

100) 헌법재판소는 2000. 12. 8.자 2000헌사471 결정에서, "법 제40조 제1항에 따라 준용되는 행정소송법 제23조 제2항의 집행정지규정과 (구)민사소송법 제714조의 가처분규정에 비추어 볼 때, 이와 같은 가처분결정은 (헌법소원심판에서) ①다투어지는 공권력 행사 또는 불행사의 현상을 그대로 유지시킴으로 인하여 생길 '회복하기 어려운 손해'를 예방할 필요가 있어야 하고, ②그 효력을 정지시켜야 할 긴급한 필요가 있어야 한다는 것 등이 그 요건이 된다 할 것이므로, ③본안심판이 부적법하거나 이유 없음이 명백하지 않는 한 위와 같은 가처분의 요건을 갖춘 것으로 인정되고, 이에 덧붙여 ④가처분을 인용한 뒤 종국결정에서 청구가 기각되었을 때 발생하게 될 불이익과 가처분을 기각한 뒤 청구가 인용되었을 때 발생하게 될 불이익에 대한 비교형량을 하여 후자의 불이익이 전자의 불이익보다 크다면 가처분을 인용할 수 있는 것"이라고 하였는데(번호는 필자가 붙였음. 同旨, 헌재 1999. 3. 25. 98헌사98, 판례집 11-1, 264, 270-271; 헌재 2006. 2. 23. 2005헌사754, 판례집 18-1상, 339, 345-346), 여기에서 ③은 앞에서 본 헌재 2006. 2. 23. 2005헌사754 결정과 같이 적법요건으로 보아야 할 것이다.

101) 대법원 2003. 10. 9.자 2003무23 결정 : "(행정소송법 제23조 제2항에서 말하는) '회복하기 어려운 손해'라 함은 특별한 사정이 없는 한 금전으로 보상할 수 없는 손해로서, 이는 금전보상이 불능인 경우 내지는 금전보상으로는 사회관념상 행정처분을 받은 당사자가 참고 견딜 수 없거나 또는 참고 견디기가 현저히 곤란한 경우의 유형, 무형의 손해를 일컫는다."

102) 즉, 헌법소원심판에서 문제된 '공권력 행사 또는 불행사'를 그대로 유지할 경우 발생할 회복하기 어려운 손해를 예방할 필요가 있어야 한다.(헌재 2018.4.26. 2018헌사242등, 공보 259, 785, 786)

103) 김하열, 전게서(2016), 173-174면. 이에 대하여, 여기서 중대한 불이익은 '침해행위(본안소송의 소송물)가 위헌으로 결정될 경우 신청인이나 공공복리에 발생하게 될 회복하기 어려운 현저한 손해 또는 회복이 가능하다고 해도 중대한 불이익을 피할 수 없는 경우'를 말한다는 견해로 허영, 전게서(2014), 188면.

104) 헌재 2018. 1. 25. 2016헌바208 : "(행정소송법 제23조 제2항에서 말하는) '긴급한 필요'라 함은 손해의 발생이 시간상 임박하여 손해를 방지하기 위해서 본안판결까지 기다릴 여유

려질 것을 기대할 수 없을 때에만 인용될 수 있다. 다시 말하면 가처분으로 규율하고자 하는 현상이 이미 발생하였거나 시간적으로 매우 근접해 있음을 요한다.

(다) 이익형량

가처분결정을 위해서는 가처분신청을 **인용**할 경우 후에 본안심판이 기각되었을 때 발생하게 될 불이익과, 가처분신청을 **기각**할 경우 후에 본안심판이 인용되었을 때 발생하게 될 불이익을 형량하여 그 불이익이 적은 쪽을 선택하여야 한다.[105]

(2) 가처분 결정의 내용 및 형식

(가) 가처분 결정의 내용

헌법재판소는 가처분신청의 목적을 달성함에 필요한 처분을 할 수 있다(법 제40조, 민사집행법 제305조). 정당해산심판에 관하여 법 제57조는 가처분으로 종국결정의 선고시까지 피청구인의 활동을 정지하는 결정을 할 수 있다고 규정하고 있고, 권한쟁의심판에 관하여 법 제65조는 가처분으로 종국결정의 선고시까지 심판대상이 된 피청구기관의 처분의 효력을 정지하는 결정을 할 수 있다고 규정하고 있다. 그러나, 이는 정당해산심판과 권한쟁의심판에 있어서 가처분을 인용할 경우의 주문을 예시적으로 규정한 것에 불과하고 그 밖에 다양한 유형의 주문도 얼마든지 가능하다.

(나) 가처분 결정의 형식

가처분신청이 부적법할 경우에는 각하결정한다.[106] 가처분신청이 적법하고 이유가 있을 때에는 인용결정하고, 적법하나 이유가 없을 때에는 기각결정한다. 가처분 결정에도 이유를 기재하여야 한다(법 제36조 제2항 제4호). 가처분의 본질은 본안재판시까지 잠정적으로 임시의 지위를 정하는 데에 있으므로, 가처분의 인용결정에는

가 없는 경우를 의미한다."

105) 독일 연방헌법재판소 판례상 인정되는 소위 이중가설이론(Doppelhypothese).

106) 다만, 민사소송법상 실무는 보전처분에는 원칙적으로 기판력이 없기 때문에(대법원 1966. 3.15. 선고 65다2329 판결; 대법원 1977.12.27. 선고 77다1698 판결 참조), 각하와 기각을 엄격히 구별하지 아니하고 가처분신청을 각하하는 대신에 기각하는 예가 대부분이다. 따라서 헌법재판소에서도 이 경우에 주문은 각하결정이 아니라 통상 (가처분신청이 이유 없다는 이유로) 기각결정을 한다.

원칙적으로 "본안재판 결정시까지"라는 문구가 들어가야 할 것이다. 이러한 경우 본안재판에 대한 결정이 있으면 가처분결정은 당연히 실효된다.

(3) 가처분 인용사례

① 헌재 1999. 3. 25. 98헌사98 [전원일치]

〈주문〉

"피신청인이 1998. 4. 16. 경기도고시 제1998-142호로 행한 성남도시계획시설(서현근린공원내 골프연습장·도시계획도로)에 대한 도시계획사업시행자지정 및 실시계획인가처분 중, 동 공원구역외의 도시계획도로(등급: 소로, 류별: 3, 번호: 200, 폭원: 6m, 기능: 골프연습장 진입도로, 연장: 21m, 면적: 149㎡, 기점 및 종점: 성남시 분당구 이매동 128의 11 일원)에 대한 도시계획사업시행자지정 및 실시계획인가처분과 그 선행절차로서 행한 도시계획입안의 효력은 헌법재판소 98헌라4 권한의심판 청구사건에 대한 종국결정의 선고[107] 시까지 이를 정지한다."[108]

② 헌재 2000. 12. 8. 2000헌사471 [전원일치]

〈주문〉

"사법시험령 제4조 제3항 본문[109]의 효력은 헌법재판소 2000헌마262 헌법소원심판 청구사건의 종국결정 선고[110] 시까지 이를 정지한다."[111]

---

107) 이 본안사건은 1999. 7. 22. (일부)인용결정이 선고되었는데(재판관 전원일치), 동 결정의 주문은 다음과 같다. : "1. 피청구인이 1998. 4. 16. 경기도고시 제1998-142호로 행한 성남도시계획시설(서현근린공원내 골프연습장·도시계획도로)에 대한 도시계획사업시행자지정 및 실시계획인가처분 중, 동 공원구역외의 도시계획도로(등급 : 소로, 류별 : 3, 번호 : 200, 폭원 : 6m, 기능 : 골프연습장 진입도로, 연장 : 21m, 면적 : 149㎡, 기점 및 종점 : 성남시 분당구 이매동 128의 11 일원)에 대한 도시계획사업시행자지정처분은 도시계획법 제23조 제5항에 의한 청구인의 **권한을 침해**한 것이다. 2. 피청구인의 위 처분은 **무효**임을 확인한다. 3. 청구인의 나머지 청구를 각하한다."

108) 이 결정은 헌법재판소가 최초로 가처분을 받아들인 사례이다.

109) 구 사법시험령 제4조(응시자격의 제한) ③제5조의 규정에 의한 제1차시험을 4회 응시한 자는 마지막으로 응시한 제1차시험의 시행일부터 4년이 경과한 날이 속하는 해의 말일까지는 제1차시험에 다시 응시할 수 없다. 본문의 규정에 의하여 응시가 제한되는 자로서 4년이 경과되어 다시 응시하는 경우에도 제1차시험 4회 응시후에는 또한 같다.

110) 이 본안사건은, "동 헌법소원이 제기된 뒤인 2001. 3. 28. 법률 제6436호로 사법시험법이, 같은 달 31. 대통령령 제17181호로 사법시험법시행령이 각 제정·시행되어 사법시험령이 폐지됨으로써, 이 사건 심판대상 조항이 규정하던 응시회수의 제한 역시 함께 폐지되었고 위 새 법령에는 그와 같은 제한이 규정되어 있지 않다."는 이유로 2001. 4. 26. 각하결정이

③ 헌재 2002. 4. 25. 2002헌사129 [6:3]

〈주문〉

"군행형법시행령(1999. 10. 30. 대통령령 제16587호로 전문개정된 것) 제43조 제2항 본문 중 전단[112] 부분의 효력은 헌법재판소 2002헌마193 헌법소원심판청구사건의 종국결정 선고[113] 시까지 이를 정지한다."[114]

④ 헌재 2006. 2. 23. 2005헌사754 [전원일치]

〈주문〉

"'대학교원 기간임용제 탈락자 구제를 위한 특별법'(2005. 7. 13. 법률 제7583호로 제정된 것) 제9조 제1항[115]의 효력은 헌법재판소 2005헌마1119 헌법소원심판사건의 종국결정 선고[116] 시까지 이를 정지한다."

⑤ 헌재 2014. 6. 5. 2014헌사592 [전원일치]

〈주문〉

"피신청인[117]은 변호인의 2014. 4. 25.자 신청인에 대한 변호인접견신청을 즉시 허가하여야 한다."[118][119]

선고되었다.

111) 이 결정은 헌법소원사건에서 최초로 가처분을 받아들인 사례이다.

112) 군행형법시행령 제43조(면회의 횟수) ②미결수용자의 면회횟수는 매주 2회로 하되, 참모총장은 미결수용자의 접견교통권을 보장하기 위하여 필요한 경우에는 그 횟수를 증가시킬 수 있다. 다만, 변호인과의 면회는 그 횟수를 제한하지 아니한다.

113) 이 본안사건은 2003. 11. 27. 인용결정이 선고되었는데(재판관 전원일치), 동 결정의 주문은 다음과 같다. : "군사법원법(1994.1.5. 법률 제4704호로 개정된 것) 제242조 제1항 중 제239조 부분, 군행형법시행령(1999.10.30. 대통령령 제16587호로 전문개정된 것) 제43조 제2항 본문 중 전단 부분은 헌법에 위반된다."

114) 헌법재판소는 위 헌재 2002. 4. 25. 2002헌사129 사건에서 위 군사법원법 조항에 대한 효력정지 가처분신청 부분은 이를 기각했는데, 위에서 보는 바와 같이 본안심판에서는 동 법률조항에 대하여도 위헌결정을 선고하였다.

115) 대학교원기간임용제탈락자구제를위한특별법 제9조(재임용 재심사 결정의 효력) ①재임용 탈락이 부당하였다는 위원회의 결정에 대하여 처분권자는 소송으로 다투지 못한다.

116) 이 본안사건은 2006. 4. 27. (일부)인용결정이 선고되었는데, 동 결정의 주문은 다음과 같다. : "1. '대학교원 기간임용제 탈락자 구제를 위한 특별법'(2005.7.13. 법률 제7583호로 제정된 것) 제9조 제1항은 헌법에 위반된다. 2. 같은 법 제2조 제2호, 제4조, 제5조에 대한 심판청구 부분은 이를 기각한다."

117) 인천공항출입국관리사무소장

118) 신청인은 수단 국적의 외국인으로서 2013. 11. 18. 카르툼 공항에서 출국하였고, 2013. 11. 20. 인천국제공항에 도착하여 입국수속을 하면서, 2013. 9.경 동족학살을 위한 북수단 정

⑥ 헌재 2018. 4. 26. 2018헌사242등 [전원일치]

〈주문〉

"변호사시험법(2017. 12. 12. 법률 제15154호로 개정된 것) 제11조 중 '명단을 공고' 가운데 성명 공개에 관한 부분의 효력은 헌법재판소 2018헌마77, 2018헌마283(병합) 헌법소원심판청구사건의 종국결정 선고 시까지 이를 정지한다."

⑦ 헌재 2018. 6. 28. 2018헌사213 [전원일치]

〈주문〉

"1. 초·중등교육법 시행령(2017. 12. 29. 대통령령 제28516호로 개정된 것) 제81조 제5항 중 '제91조의3에 따른 자율형 사립고등학교는 제외한다' 부분의 효력은 헌법재판소 2018헌마221 헌법소원심판청구사건의 종국결정 선고 시까지 이를 정지한다. 2. 나머지 신청은 모두 기각한다."

5. 종국결정

가. 심판기간과 종국결정의 선고

(1) 심판기간

헌법재판소는 심판사건을 접수한 날부터 180일 이내에 종국결정의 선고를 하여야 한다. 다만, 재판관의 궐위로 7명의 출석이 불가능한 경우에는 그 궐위된 기간은 심판기간에 산입하지 아니한다(법 제38조). 재판장의 보정명령이 있을 경우 그 보정기간은 위 심판기간에 산입하지 아니한다(법 제28조 제4항, 법 제72조 제5항).

부의 강제징집에 불응하여 생명에 위협을 받고 있다는 이유로 난민신청을 하였으나, 같은 날 난민인정심사불회부결정 및 입국불허결정을 받았다. 신청인은 피신청인을 상대로 인신보호청구의 소 및 난민인정심사불회부결정취소의 소를 제기하였고, 그 소송을 수행하기 위하여 변호인을 접견하고자 하였으나, 피신청인이 2014. 4. 25. 이 사건 소송대리인인 변호인의 접견신청을 거부하자, 같은 달 30. 변호인의 조력을 받을 권리가 침해되었다고 주장하며 거부행위의 취소를 구하는 헌법소원심판(2014헌마346)을 청구함과 동시에 이 사건 가처분신청을 하였다.

119) 위 본안사건은 2018. 5. 31. 인용결정이 선고되었다. [〈주문〉 : "피청구인이 2014. 4. 25. 청구인의 변호인의 접견신청을 거부한 행위는 난민인정심사불회부 결정을 받은 후 인천국제공항 송환대기실에 수용중인 청구인의 **변호인의 조력을 받을 권리**를 침해한 것이므로 헌법에 위반됨을 확인한다."]

그러나 법 제38조의 심판기간 규정의 법적 성격에 관하여는, 첫째 위 규정이 강행규정이라면 위반시 결정의 효력이나 제재 등에 관한 별도의 규정이 있어야 하는데 그에 관한 규정이 없고, 둘째 독일 연방헌법재판소법 등 세계적인 입법례는 심판기간의 제한규정이 없으며, 셋째 심판사건의 난이성·다양성·비정형성·복잡성 등을 고려할 때 많은 사건을 일률적으로 위 심판기간 내에 처리한다는 것은 사실상 곤란하며, 넷째 종국판결선고기간을 규정한 민사소송법 제199조에 대하여도 이를 훈시규정으로 보고 있으므로, 실무상 훈시규정으로 취급하고 있다.[120)]

사례

⊙ 헌재 2009. 7. 30. 2007헌마732 : 우리나라의 실정법상 법원 등 재판기관의 소송행위에 관한 기간, 즉 직무기간은 그 경과에 따른 특별한 법률효과를 부여하는 규정이 없는 한 훈시적 의의를 가질 뿐이라고 이해하는 것이 통설적 견해로서, 심판대상조항(헌법재판소법 제38조 본문)에 관하여도 심판사건의 다양성, 비정형성, 복잡성 및 난이성 등을 고려할 때 모든 사건을 일률적으로 180일 이내에 심판한다는 것은 무리이고, 심판기간을 경과한 심판의 효력이나 심판기간 경과에 대한 제재 등과 같이 그 심판기간을 관철시키기 위한 특별규정이 없다는 점에서, 심판대상조항이 훈시규정임을 전제로 한 소송실무가 정착되어 있다.[121)]

(2) 결정원본에 의한 선고

재판부가 심리를 마쳤을 때에는 종국결정을 한다(법 제36조 제1항). 종국결정은 재판장이 결정원본에 따라 주문을 읽어 선고하며, 필요한 때에는 이유를 간략히 설명할 수 있다(법 제40조 제1항, 민사소송법 제206조).

나. 헌법재판소 결정의 효력

헌법재판소의 결정은 헌법규범의 특성, 즉 개방성·불완전성·정치성·역사성 등으로 말미암아 재판의 형성적 성격이 상대적으로 강하게 나타난다. 그리고 객

120) 실무제요(2008), 92면.

121) 헌법재판소는 이어서 이 조항이 훈시규정으로 해석됨을 전제로 '신속한 재판을 받을 권리'를 침해하지 않는다고 판단하였다.

관적 법질서를 보호하는 헌법재판의 기능 때문에 다른 국가기관의 행위에는 인정되지 아니하는 특수한 효력으로서 모든 국가기관을 기속하는 기속력과 법규적 효력이 인정된다. 따라서 헌법재판소의 결정은 당해사건이나 소송당사자에 국한되지 아니하고 광범위하게 그리고 향후에도 존중되도록 하고 있다. 헌법재판소의 결정에는 여러 형태의 효력이 인정되고 있는데, 그 중 내용적인 측면의 효력으로는 확정력(Rechtskraft), 기속력(Bindungswirkung), 법규적 효력(Gesetzeskraft) 등이 있고, 이러한 효력(기속력)의 소급여부에 따라 소급효, 장래효 등으로 나누기도 한다.

(1) 확정력

헌법재판소 결정의 효력 가운데 확정력에 관한 명문의 규정은 없으나 법 제39조에서 "헌법재판소는 이미 심판을 거친 동일한 사건에 대하여는 다시 심판할 수 없다."는 일사부재리에 관한 규정을 두고 있고, 법 제40조 제1항에서는 헌법재판소의 심판절차에 대하여 민사소송에 관한 법령을 준용하도록 규정하고 있기 때문에 헌법재판소의 결정에 확정력을 인정하는 데는 별다른 이론이 없다. 이 확정력에는 소송법상으로 불가변력(자기구속력), 불가쟁력(형식적 확정력) 및 기판력(실질적 확정력)이 있다.

(가) 불가변력(不可變力) : 자기구속력

헌법재판소는 결정이 선고되면 동일한 소송에서 자신이 내린 결정을 더이상 취소하거나 변경할 수 없다. 이것을 불가변력이라고 한다. 다만, 결정에 잘못된 계산이나 기재, 그 밖에 이와 비슷한 잘못이 있음이 분명한 때에 법원은 직권으로 또는 당사자의 신청에 따라 경정결정(更正決定)을 할 수 있다(법 제40조, 민사소송법 제211조 제1항). 불가변력은 당해 재판에서 헌법재판소 자신이 내린 결정에 직접 구속된다는 점에서 후소와의 관계에서 문제되는 기판력과 구별된다.[122]

(나) 불가쟁력(不可爭力) : 형식적 확정력

헌법재판소의 결정에 대해서는 더이상 상급심이 존재하지 아니하기 때문에 선고 또는 결정고지함으로써 형식적 확정력이 발생한다.[123] 즉, 헌법재판소의

122) 실무제요(2008), 81-82면.

결정에 대하여는 원칙적으로 불복신청이 허용될 수 없다.124) 따라서 지정재판부의 각하결정에 대하여 전원재판부에 불복할 수도 없다.125) 다만, 후술하는 바와 같이 예외적으로 재심이 허용되는 경우에는 불가쟁력이 배제된다.

(다) 기판력 : 실질적 확정력

1) 의의

기판력이라 함은 재판에 형식적 확정력(불가쟁력)이 발생하면 당사자는 후행 심판절차에서 확정된 헌법재판소 결정과 어긋나는 주장을 하지 못하고, 헌법재판소도 확정된 헌법재판소 결정에 어긋나는 판단을 할 수 없다는 것을 말한다.126) 기판력은 확정된 재판내용에 대해 당해 소송보다는 후소에서 소송당사자 및 헌법재판소를 구속한다는 측면에서, 재판을 행한 헌법재판소 자신과의 관계에서 논의되는 불가변력이나 당해 소송에서 소송당사자의 관계를 논의하는 불가쟁력과 구별된다.127) 기판력은 심판유형이 같은 경우에만 미친다. 따라서 심판유형이 서로 다른 경유에는 기판력이 미치지 않는다.128)

사례

⊙ 헌재 1997. 6. 26. 96헌가8등 : 법무부장관 및 서울지방검찰청 검사장은, 이 사건은 헌법재판소가 1992. 4. 14. 결정을 선고한 90헌마82 사건과 동일한 사건이므로 일사부재리의 원칙(헌법재판소법 제39조) 에 따라 각하되어야 한다고 주장한다. 살피건대, 이 사건 심판대상 법률조항은 구법(국가보안법) 제19조 중 신·구법 제3조·

123) 헌재 1996. 1. 24. 96헌아1, 공보·판례집 미수록.

124) 헌재 1994. 12. 29. 92헌아1, 판례집 6-2, 538, 541.

125) 독일연방헌법재판소도 마찬가지이다. 김하열, 헌법소송법, 박영사, 2016, 242면.

126) 허완중, "헌법재판소 결정의 확정력", 헌법학연구 제14권 제4호, 한국헌법학회, 2008.12, 421면.

127) 실무제요(2008), 82면. 민사소송법(제216조)상의 기판력제도 일반에 대하여 판시한 헌재 2010. 11. 25. 2009헌바250 : "기판력은 법치국가적 요청에서 요구되는 법적안정성, 즉 사회질서의 유지와 같은 분쟁의 반복금지에 의한 소송경제를 도모하기 위하여 인정되는 것으로서, 전소의 확정판결에서 판단된 권리나 법률관계가 후소에서 다시 문제된 때, 즉 전소의 소송물이 후소에서도 소송물로 되어 있는 경우(소송물의 동일), 전소와 후소의 소송물이 같지는 않지만 전소의 소송물이 후소의 선결문제로 되어 있는 경우(선결관계), 또는 후소 청구가 전소 판결과 모순된 반대관계에 서는 경우(모순관계)에 기판력 있는 판단에 위배되는 당사자의 주장이나 항변이 허용되지 않고, 후소 법원도 기판력 있는 판단에 구속되어 이를 전제로 후소의 심판을 하여야 한다는 것이다."

128) 허완중, 전게논문(2008.12), 443면.

제5조·제8조·제9조의 죄에 관한 구속기간연장 부분이고, 위 90헌마82 사건의 심판대상 법률조항은 신법 제19조(구법 제19조와 같다) 전부로서 양자의 심판대상 법률조항이 일부 중복되기는 하나, 90헌마82 사건은 헌법재판소법 제68조 제1항에 의한 헌법소원심판청구사건이고 이 사건은 같은 법 제41조 제1항에 의한 위헌법률심판제청사건으로서 심판청구의 유형이 상이하므로, 위 두 사건이 동일한 사건이라고 할 수 없다. 따라서 이 사건 심판청구를 동일한 사건의 중복청구로 보아 헌법재판소법 제39조의 일사부재리에 위반된다는 위 주장은 받아들일 수 없다.

기판력은 소송절차의 반복과 모순된 재판을 방지함으로써 법적안정성 내지 법적 평온을 도모하려는 것이어서 법치주의원리에 기반을 두고 있다. 기판력은 이러한 헌법적 근거를 가지므로 이에 관한 명문규정이 없더라도 인정되는 것이라고 한다.[129]

기판력은 당사자 사이에서만 적용되는 절차법적 효력을 갖는데 비하여, **기속력**은 기판력의 인적 범위를 제3자로 확장하며 실체법적 효력을 갖는다.[130] 기판력은 모든 심판청구와 심판제청에 따른 결정에 부여된다. 기판력은 주문에만 인정된다(민사소송법 제216조 제1항, 법 제40조 제1항 참조). 주문이 단독으로 기판력의 범위를 확정할 수 없는 경우에, 결정이유는 주문의 해석에서 고려된다.[131]

2) 일사부재리(법 제39조)와 기판력

가) 법 제39조는 "헌법재판소는 이미 심판을 거친 동일한 사건에 대하여는 다시 심판할 수 없다."고 규정하여 헌법재판소 결정에 기판력을 명문으로 규정하고 있다. 따라서 동일한 법원이 동일한 법률 또는 법률조항에 대하여 사정변경이 없음에도 불구하고 다시 헌법재판소에 위헌제청하는 것은 허용되지 아니한다. 헌법재판소는 이미 여러 차례에 걸쳐 법 제39조가 헌법에 위반되지 않는다는 결정을 내린 바 있다.[132]

---

129) 김하열, 전게서(2016), 243면.

130) 기판력과 기속력의 관계에 대하여는 남복현, 헌법재판소 결정의 소송법적 효력, 한국학술정보(주), 2013, 38-39면 참조.

131) 남복현, 전게서(2013), 41면.

132) 헌재 2005. 12. 22. 2005헌마330, 공보·판례집 불게재; 헌재 2007. 6. 28. 2006헌마1482, 공보 129, 793; 헌재 2007. 11. 29. 2005헌바12, 공보 134, 1306, 1310; 헌재 2011. 10. 25. 2011헌마175, 공보 181, 1686, 1688-1689.

나) 헌법재판소는 당해사건은 다르지만 헌법재판소에서 이미 합헌결정을 선고받은 같은 당사자(청구인)가 같은 법률조항(구 지방세법 제112조 제2항)에 대하여 재차 같은 유형(법 제68조 제2항)의 헌법소원을 청구한 헌재 2001. 6. 28. 2000헌바48 사건에서, 재판관 5인의 다수의견은 종전의 예와 같이 다시 합헌결정을 하였다.[133)]

다) 한편 헌법재판소는, 피청구인(국회의장)의 법률안 가결선포행위가 국회의원인 청구인들의 법률안 심의·표결권[134)]을 침해한다는 확인결정(헌재 2009. 10. 29. 2009헌라8등 결정의 주문 제2항) 이후 위 권한침해 확인결정의 기속력에 따라 피청구인이 청구인들에게 위 법률안에 대하여 심의·표결권을 행사할 수 있는 조치를 취하여야 함에도 피청구인이 아무런 조치를 취하지 않고 있는 **부작위**가 청구인

---

133) 그러나 소수의견에서는 이와 같은 경우는 헌법재판소 결정이 갖는 기판력 내지는 법 제39조의 일사부재리에 따라 부적법하다고 하였다. 즉, 〈재판관 3인〉의 각하의견은, "청구인은 헌법재판소가 2000. 4. 27. 선고한 2000헌바21 사건에서 이 사건 법률조항에 대한 합헌결정을 받고도 다시 같은 조항에 대하여 법 제68조 제2항에 의한 같은 유형의 이 사건 헌법소원심판청구를 하였는바, 이 사건은 동일한 청구인이 동일한 유형의 심판청구를 가지고 헌법재판소가 이미 심판한 법률조항과 동일한 법률조항의 위헌여부의 심판을 청구하여 온 것이고 이른바 사정변경 또한 있다고 인정되지도 아니하여, 이 사건 헌법소원은 위 2000헌바21 사건과 동일한 사건이라 볼 것이므로 법 제39조의 일사부재리의 원칙 내지는 헌법재판소결정의 **기판력**에 따라 부적법 각하하여야 할 것"이라고 하였고, 〈재판관 1인〉의 각하의견은 "일반소송의 기판력이론이 갖는 효능을 담당하는 법 제39조의 일사부재리 규정의 해석에 있어서 '동일한 사건'의 범위가 문제되는데, 전후의 두 사건을 비교하여 당사자가 동일하고 심판대상인 법률이 동일하고 두 개 당해사건의 사실관계가 성질상 기본적으로 동일한 종류에 속하는 경우에는 전후 두 사건 사이의 동일성을 인정하는 것이 법률의 위헌여부를 심사하는 재판의 본질에 비추어 합당하다고 할 것인바, 이 사건과 2000헌바21 사건은 바로 이와 같은 경우에 해당하여 이 사건은 이미 심판을 거친 2000헌바21 사건과 동일한 사건이라고 할 것이므로, 이 사건 심판청구는 법 제39조에 위반된 부적법한 청구로서 각하하여야 할 것"이라고 하였다.

134) 헌재 2009. 10. 29. 2009헌라8등 : "국회의원의 법률안 심의·표결권은 의회민주주의의 원리, 입법권을 국회에 귀속시키고 있는 헌법 제40조, 국민에 의하여 선출되는 국회의원으로 국회를 구성한다고 규정하고 있는 헌법 제41조 제1항 및 국회의결에 관하여 규정한 헌법 제49조로부터 당연히 도출되는 헌법상의 권한이다. 그리고 이러한 국회의원의 법률안 심의·표결권은 헌법기관으로서의 국회의원 각자에게 모두 보장되는 것 또한 의문의 여지가 없다(헌재 1997.7.16. 96헌라2, 판례집 9-2, 154, 169-170 ; 헌재 2000.2.24. 99헌라1, 판례집 12-1, 115, 125-126 참조)." 이와는 달리, 국회의원의 발언권과 표결권은 국회의 관할과 구성을 규정한 헌법 제40조, 제41조 제1항이 아니라, 국회의원의 법적 지위를 규정한 헌법 제42조 내지 제46조, 특히 국회의원의 헌법적 지위에 관한 기본규정인 제46조 및 발언과 표결에 관한 면책특권을 규정한 제45조 등 일련의 헌법규정에 그 헌법적 근거를 두고 있다는 견해로 한수웅 집필부분, 주석 헌법재판소법, 헌법재판소 헌법재판연구원, 2015, 839면.

들의 위 법률안 심의·표결권을 침해하는 것이라며 제기한 권한쟁의 사건에서, 피청구인이 "청구인들의 주장은 2009헌라8등 사건의 주문 제4항[135]에 의하여 피청구인의 이 사건 각 법률안[136] 가결선포행위가 유효하다는 헌법재판소의 판단이 이미 존재함에도 불구하고 청구인들의 심의·표결권을 다시 행사할 수 있도록 하라는 것이고, 이는 동일한 사안에 대하여 다시 심판을 구하는 것에 다름 아니므로, 일사부재리를 규정하고 있는 법 제39조에 반하여 부적법하다."고 다툰데 대하여, "청구인들은 위 2009헌라8등 결정 이후에 발생한 피청구인의 부작위를 새로운 권한침해 행위로 구성하여 이 사건 심판청구를 하고 있는 것이므로 위 사건과 이 사건은 심판의 대상이 달라 일사부재리원칙이 적용될 여지가 없다."고 판시하였다.[137]

(2) 기속력

(가) 의의 및 법적 근거

기속력이란 국가기관과 지방자치단체 등이 일정한 헌법재판소 결정의 취지를 존중하고 이에 위반되는 행위를 해서는 안 된다는 것을 의미한다. 법 제47조 제1항은 위헌법률심판의 기속력에 대하여 "법률의 위헌결정은 법원 그 밖의 국가기관 및 지방자치단체를 기속한다."고 규정하고 있고, 제68조 제2항의 규범통제형 헌법소원에 대하여 법 제75조 제6항 역시 "제68조 제2항에 따른 헌법소원을 인용할 경우에는 제45조 및 제47조의 규정을 준용"하도록 규정하고 있으며, 또한 법 제75조 제1항은 헌법소원과 관련하여 "헌법소원의 인용결정은 모든 국가기관과 지방자치단체를 기속한다."고 규정하고, 법 제67조 제1항은 "헌법재판소의 권한쟁의심판의 결정은 모든 국가기관과 지방자치단체를 기속한다."고 규정함으로써 기속력에 대한 법적 근거를 명시하고 있다.[138] 즉, 법은

---

135) "4. 청구인들의 피청구인 국회의장에 대한 '신문 등의 자유와 기능보장에 관한 법률 전부개정 법률안', '방송법 일부개정 법률안', '인터넷멀티미디어 방송사업법 일부개정 법률안' 및 '금융지주회사법 일부개정 법률안'의 각 가결선포행위에 관한 무효확인 청구를 모두 기각한다."

136) 피청구인 국회의장이 2009. 7. 22. 15:35경 개의된 제283회 국회임시회 제2차 본회의에서 가결을 선포한 '신문 등의 자유와 기능보장에 관한 법률 전부개정 법률안' 및 '방송법 일부개정 법률안'을 말함.

137) 헌재 2010. 11. 25. 2009헌라12, 공보 170, 2038, 2043.

138) 한편, "(위헌결정의) 기속력이란 모든 국가기관은 헌법재판소가 한 위헌결정에 속박되어

법률의 위헌결정(제47조 제1항, 제75조 제6항)과 권한쟁의심판의 결정(제67조 제1항), 그리고 헌법소원의 인용결정(제75조 제1항)에 대하여 기속력을 인정하고 있다.

한편 독일의 연방헌법재판소법은 제31조(재판의 구속력) 제1항에서, "연방헌법재판소의 재판은 연방과 지방(支邦)의 헌법기관 및 모든 법원과 행정청을 기속한다."고 하여, 모든 심판절차에서[139] 인용결정뿐만 아니라 기각(합헌)결정에도 기속력이 있는 것으로 규정하고 있다. 기판력은 원칙적으로 당사자 사이에만 미치는 데 반하여 기속력은 모든 국가기관과 지방자치단체를 구속한다는 점에서, 헌법재판의 기속력은 일반법원의 재판에서는 통상적으로 볼 수 없는 헌법소송상의 특이한 효력이다.

헌법재판소 결정에 기속력을 부여하는 것은 헌법의 우위를 확보하기 위한 것이다. 헌법의 우위를 법적으로 관철하는 수단이 헌법재판이고 이를 담당하는 기관이 헌법재판소이므로, 헌법재판소가 내린 결정에 필요한 범위에서 구속력을 부여하지 않고는 헌법의 우위가 보장되지 않는다. 헌법질서의 수호자이자 표준적 헌법해석자로서의 헌법재판소가 그 기능과 과제를 제대로 수행하도록 하기 위해서 기속력이 인정되는 것이다.[140]

(나) 기속력의 내용

기속력은 기판력이 지닌 소송법적 효력(전소와 후소의 반복과 모순금지)을 넘어 일정한 실체법적 의무를 국가기관에게 부과한다.[141] 그리하여 기속력은 다른 국가기관으로 하여금 헌법재판소 결정의 취지를 존중하고 이를 실현시키는 방향으로 행동할 것을 요구한다.[142]

그 결정에 저촉되는 행동을 할 수 없다는 효력으로서, 헌법재판소법 제47조 제1항과 제75조 제1항의 규정뿐만 아니라, 헌법재판소에게 최종적인 헌법해석권을 부여하고 모든 국가기관에게 헌법준수의무를 부과한 헌법의 취지에 따라 인정되는 헌법적 차원의 효력"이라는 견해가 있다, 헌재 2010. 12. 28. 2008헌바89, 공보 171, 120, 128, 재판관 김종대의 별개의견. 同旨, 헌재 2006. 7. 27. 2005헌마821, 판례집 18-2, 305, 314, 재판관 조대현의 반대의견.

139) 그러나 탄핵심판이나 정당해산심판의 결정은 사인(私人)에 대한 결정이라는 성격상 기속력을 가질 수 없다.

140) BVerfGE 40, 88 (93). 김하열, 전게서(2016), 254면.

141) 최희수, "법률의 위헌결정의 효력에 관한 연구", 박사학위논문, 고려대학교대학원, 2001, 91면.

142) 김하열, 전게서(2016), 262면.

즉, 기속력에 따라 모든 국가기관은 헌법재판소의 구체적인 결정에 따라야 하며, 그들이 장래에 어떤 처분을 행할 때 헌법재판소의 결정을 존중하여야 한다(결정준수의무). 그러므로 헌법재판소가 위헌결정(변형위헌결정 포함)을 선고함으로써 이미 부분적으로 그 효력이 상실된 법률조항을 적용한 판결은 헌법재판소의 위헌결정의 기속력에 반하는 것이다.[143] 뿐만 아니라 기속력은 모든 국가기관이 헌법재판소의 결정에서 문제된 심판대상뿐만 아니라 동일한 사정하에서 동일한 이유에 근거한 동일내용의 공권력행사 또는 불행사를 금지한다(반복금지의무).[144]

1) 반복금지의무

헌법재판소는 2005. 11. 24. 선고한 2005헌마579등 (제2차 행정수도이전) 사건에서 청구인들이, '위헌결정의 기속력은 위헌으로 결정된 법률을 적용한 행정처분이나 법원의 판결은 물론 당해 법률과 중요한 부분에서 내용이 동일한 새 입법에도 효력이 미친다. 이 사건 법률은 법명만 변경하였을 뿐 헌법재판소가 위헌결정(헌재 2004. 10. 21. 2004헌마554등)을 한 신행정수도법과 실질적인 면에서 동일성을 유지하는 대체입법이므로 헌법재판소 결정의 기속력에 반하는 것'이라고 주장한 데 대하여, "앞서 살펴본 바와 같이 이 사건 법률에 의하여 수도가 이전되거나 서울의 수도로서의 기능이 해체되는 것이 아니므로 신행정수도법과 실질적으로 동일하다거나 그로 인하여 신행정수도사건 결정의 기판력 또는 기속력에 반하는 것으로 볼 수는 없다."고 판시하였다.

사례

⊙ 헌재 2010. 12. 28. 2008헌바89[145] : ①이 사건 기부금지 조항[146]은 직접적

143) 헌재 1997. 12. 24. 96헌마172등, 판례집 9-2, 842, 865.

144) 독일연방헌법재판소법 제95조 제1항은 "헌법소원이 인용된 경우에는 위반된 기본법의 조항과 당해 조항을 위반한 작위 또는 부작위를 재판에서 확인하여야 한다. 동시에 연방헌법재판소는 심판대상이 된 처분의 반복은 기본법을 위반한다는 취지를 선고할 수 있다."고 하여 헌법소원심판절차에서 인용결정이 선고된 경우의 반복금지를 명문으로 규정하고 있다.

145) 이 결정 전에 헌법재판소는 1999. 11. 25. 선고한 95헌마154 결정에서, '노동단체는 정치자금을 기부할 수 없다'고 규정한 구 정치자금에관한법률(1980.12.31. 법률 제3302호로 제정된 것) 제12조(기부의 제한) 제5호에 대하여 "민주주의에서 사회단체가 국민의 정치의사 형성과정에 있어서 가지는 의미와 기능의 관점에서 본다면, 노동단체는 다른 사회단체와 본질적으로 같은 것으로서 같게 취급되어야 하는데, 이 사건 법률조항이 다른 이익단체,

인 규율영역이 단체의 행위가 아닌 자연인의 행위라는 점에서 종전에 위헌결정된 법률조항과 문언적으로 구별되고, ②그 전제가 되는 법률조항을 살피더라도, 구 정치자금에관한법률 제12조 제1항은 노동단체 이외의 단체의 정치자금 기부까지도 포괄하는 것이라는 점에서 종전에 위헌결정된 법률조항과 전적으로 동일한 경우에 해당하지 않으며, ③종전에 위헌결정된 법률조항이 연혁적으로 노동단체의 정치활동을 금지하기 위한 여러 법률들의 규제조치의 일환을 이루고 있었던 것으로서, 다른 법률에 의한 노동단체의 정치활동 금지가 해제된 이후에도 여전히 남아서 다른 단체와 차별적으로 노동단체의 정치자금 기부를 금지하는 것이었던 반면, 이 사건 기부금지조항이 전제하고 있는 단체의 정치자금 기부금지 규정(구 정치자금에관한법률 제12조 제1항)에는 노동단체에 대한 차별적 규제의 의도가 전혀 존재하지 않는다는 점에서, 종전의 위헌결정된 법률조항과 실질적으로 동일하거나 본질적으로 유사한 것으로 보기 어렵다.[147]

⊙ 헌재 2013. 7. 25. 2012헌바409 : 청구인은 심판대상조항[148]이 2002헌마684등 결정에서 위헌으로 선언된 내용[149]을 포함하도록 개정됨으로써 위 결정의 기속력에 저촉되는 반복입법이라고 주장한다. 그런데 위헌결정의 기속력에 반하는 반복입법인지 여부는 단지 위헌결정된 법률조항의 내용이 일부라도 내포되어 있는지 여

특히 사용자의 이익을 내변하는 기업이나 사용자단체의 정치헌금을 허용하면서 유독 노동단체에게만 정치자금의 기부를 금지한 것은 노동단체로 하여금 정당에 영향력을 행사할 수 있는 정치활동의 영역을 다른 사회단체와 달리 차별대우하고 있다고 볼 수밖에 없다."는 이유로 위헌결정을 선고하였다.

146) 누구든지 단체와 관련된 자금으로 정치자금을 기부할 수 없도록 한 구 '정치자금에 관한 법률'(2004.3.12. 법률 제7191호로 개정되고, 2005.8.4. 법률 제7682호로 '정치자금법'으로 전부 개정되기 전의 것) 제12조 제2항.

147) 헌법재판소는 이어서 "따라서 이 사건 기부금지 조항이 위 95헌마154 결정에 의하여 위헌 선언된 법률조항의 반복입법에 해당한다고 볼 수 없고, 반복입법에 해당하지 않는다고 판단하는 이상 입법자인 국회에 대하여도 헌법재판소의 위헌결정의 기속력이 미치는지 여부 및 결정주문뿐만 아니라 결정이유에까지 기속력을 인정할지 여부 등에 대하여는 더 나아가 살펴볼 필요 없다."고 판시하고, 나아가 이 사건 기부금지 조항에 대하여 5(합헌):3(헌법불합치):1(위헌)의 의견으로 합헌결정을 선고하였다.

148) 국가공무원법(2010.3.22. 법률 제10148호로 개정된 것) 제69조(당연퇴직) 공무원이 제33조 각 호의 어느 하나에 해당할 때에는 당연히 퇴직한다. 다만, 같은 조 제5호는 형법 제129조부터 제132조까지 및 직무와 관련하여 형법 제355조 및 제356조에 규정된 죄를 범한 자로서 금고 이상의 형의 선고유예를 받은 경우만 해당한다.

149) 헌법재판소는 헌재 2003. 10. 30. 2002헌마684등 사건에서, 금고 이상의 형의 선고유예를 받은 경우에는 공무원직에서 당연히 퇴직하는 것으로 규정한 구 국가공무원법(2002.12.18. 법률 제6788호로 개정되기 전의 것) 제69조 중 제33조 제1항 제5호(금고 이상의 형의 선고유예를 받은 경우에 그 선고유예기간 중에 있는 자) 부분이 헌법 제25조의 공무담임권을 침해한다고 하여 위헌결정을 선고하였다.

부에 의하여 판단할 것이 아니라, 입법목적이나 입법동기, 입법당시의 시대적 배경 및 관련조항들의 체계 등을 종합하여 실질적 동일성이 있는지 여부에 따라 판단하여야[150] 한다(헌재 2010. 12. 28. 2008헌바89, 판례집 22-2, 659, 668 참조).[151] 심판대상조항은 선고유예의 대상이 되는 범죄를 직무관련성을 요건으로 하는 형법 제129조 제1항의 수뢰죄로 그 종류를 한정하고 있는 점, 심판대상조항으로 인하여 당연퇴직사유의 범위가 이전보다 다소 넓어지긴 하였지만 당연퇴직사유가 여전히 임용결격사유보다 한정적으로 규정되어 있다는 점 등을 고려할 때 심판대상조항이 위헌결정된 구 국가공무원법 조항에 대한 단순한 반복입법으로 볼 수 없으므로, 이 부분 주장에 대해서는 더 나아가 살피지 아니한다.

---

2) 결정준수의무

법 제75조 제1항은 "**헌법소원의 인용결정**은 모든 국가기관과 지방자치단체를 기속한다."고 규정하고 있다. 헌법재판소는 이와 관련하여, "이 규정이 헌법소원의 피청구인에 대하여 가지는 뜻은 헌법소원의 인용결정이 있으면 피청구인은 모름지기 그 인용결정의 취지에 맞도록 공권력을 행사하여야 한다는 데에 있다고 할 것이다. 법 제75조 제4항은 '헌법재판소가 공권력의 불행사에 대한 헌법소원을 인용하는 결정을 한 때에는 피청구인은 결정취지에 따라 새로운 처분을 하여야 한다'고 규정함으로써, 공권력의 불행사에 대한 헌법소원의 인용결정에 관하여는 이 뜻을 명백히 하고 있다. 따라서 검사의 불기소처분을 취소하는 헌법재판소의 결정이 있는 때에 그 결정에 따라 불기소한 사건을 재기수사하는 검사로서는 헌법재판소가 그 결정의 주문 및 이유에 설시한 취지에 맞도록 성실히 수사하여 결정을 하여야 할 것이다."라고 판시하였다.[152]

---

150) 이를 **실질적 동일성설**이라고 부르는 견해로 남복현, 전게서(2013), 373면.

151) 이에 대하여 김종대 재판관은 위 2008헌바89 결정의 별개의견에서, "반복입법에 해당하는지 여부의 판단은 위헌결정의 문언에 따라 객관적으로 판정할 수 있는 판정방법에 의하여야 할 것이고, 그 방법은 새로운 입법의 내용이 위헌결정 중 기속력이 인정되는 객관적 범위에 속하는지 여부, 즉 새로운 입법이 규율하는 영역과 내용이 종전의 위헌결정의 판시와 중첩되는지 여부에 의하여 결정하여야 할 것이다."라는 의견을 제시하였다(헌재 2010.12.28. 2008헌바89, 판례집 22-2하, 659, 677). 이를 **내용적 동일성설**이라고 부르는 견해로 남복현, 전게서(2013), 374면.

152) 헌재 1993. 11. 25. 93헌마113. 판례집 5-2, 551, 557-558 [헌법재판소의 불기소처분취소결정에 따라 수사를 재기(再起)하였다가 다시 불기소처분을 한 사안에 대하여 헌법소원인용결정의 기속력을 간과하였다 하여 그 불기소처분을 재차 취소한 사례]. 同旨, 헌재 2011. 3. 31. 2010헌마312, 판례집 23-1상, 449, 454-455 [헌법재판소의 기소유예처분 취소결정에 따라

[사례 1]

헌법재판소의 2007. 3. 29. 2005헌바33 헌법불합치결정[153]에 따라 국회는 2009. 12. 31. 법률 제9905호로 공무원연금법을 개정하면서 동법 제64조 제1항 제1호를 "재직 중의 사유로 금고 이상의 형을 받은 경우(직무와 관련이 없는 과실로 인한 경우 및 소속 상관의 정당한 직무상의 명령에 따르다가 과실로 인한 경우는 제외한다)"라고 하여 '고의범'을 퇴직급여의 감액사유에서 제외하지 아니하였다. 이에 대하여 헌법재판소는 2013. 8. 29. 선고한 2010헌바354 결정에서, "그러나 위 2005헌바33 사건의 헌법불합치결정의 이유를 살펴보면, 헌법재판소는 공무원의 직무와 관련이 없는 모든 범죄의 경우에 퇴직급여의 감액사유로 삼는 것이 퇴직공무원들의 재산권과 평등권을 침해한다는 것이 아니라, 공무원의 '신분이나 직무상 의무'와 관련이 없는 범죄의 경우에 퇴직급여의 감액사유로 삼는 것이 퇴직공무원들의 기본권을 침해한다고 판시하였음을 알 수 있다(헌재 2007. 3. 29. 2005헌바33, 판례집 19-1, 211, 221-224 참조). 공무원은 그 신분이나 직무상 법령준수의무, 성실의무, 명령복종의무, 비밀엄수의무, 청렴의무, 품위유지의무 등(국가공무원법 제56조 내지 제61조, 제63조, 지방공무원법 제48조 내지 제53조, 제55조)을 부담하고 있다. 공무원의 직무와 관련이 없는 범죄라 할지라도 **고의범**의 경우에는 공무원의 법령준수의무, 청렴의무, 품위유지의무 등을 위반하는 것으로 볼 수 있으므로 이를 퇴직급여의 감액사유에서 제외하지 아니하더라도 위 헌법불합치결정의 취지에 반한다고 볼 수 없다. 따라서 이 사건 감액조항은 위 2005헌바33 헌법불합치결정의 기속력에 저촉된다고 할 수 없다."라고 하였는바,[154] 헌법재판소는 이러한 법 개정이 위 2005헌바33 헌법불합치결정의 기속력(중 결정준수의무)에 저촉된다고 볼 수 없다고 판시한 것으로 볼 것이다.[155]

검사가 사건을 재기한 후 아무런 추가수사 없이 죄명을 (傍助로) 변경하여 다시 기소유예처분을 한 것이 헌법소원 인용결정의 기속력에 위배된다고 하여 재차 취소한 사례].

153) 〈주문〉 : "1. 공무원연금법 제64조 제1항 제1호(1995.12.29. 법률 제5117호로 개정된 이후의 것)는 헌법에 합치되지 아니한다. 2. 위 법률 조항은 2008년 12월 31일을 시한으로 입법자가 개정할 때까지 그 효력을 지속한다."

154) 同旨, 헌재 2013. 9. 26. 2010헌가89등, 공보 204, 1274, 1279; 헌재 2016. 6. 30. 2014헌바365, 공보 237, 1057, 1059.

155) 다만 헌법재판소는 이 결정에서 재판관 7:2의 의견으로, "2009. 12. 31. 개정된 이 사건 감액조항을 2009. 1. 1.까지 소급하여 적용하도록 규정한 공무원연금법(2009.12.31. 법률 제9905호) 부칙 제1조 단서, 제7조 제1항 단서 후단은 소급입법금지원칙에 위배하여 청구인들의 재산권을 침해하므로 헌법에 위반된다."고 판시하였다.

[사례 2]

헌법재판소의 2010. 6. 24. 2008헌바128 헌법불합치결정[156]에 따라 2011. 5. 19. 개정된 군인연금법 제23조 제1항은 상이연금의 지급대상에 '퇴직 후에 그 질병 또는 부상으로 인하여 폐질상태로 된 때'도 포함시켰다. 2013. 3. 22. 개정된 군인연금법 제23조 제1항은 "폐질상태"라는 용어를 "장애상태"로 바꾸고, "보수월액"이 아닌 "기준소득월액"을 기준으로 상이연금을 지급하도록 하는 등 일부 내용을 개정하였으나, 상이연금 수급요건은 그대로 유지하였다. 이로써 입법자는 종전 헌법불합치결정에 따라 퇴직 후 장애상태가 확정된 군인도 상이연금을 지급받을 수 있도록 입법개선을 하였으나, 개선입법의 소급적용을 위한 경과규정은 두지 않았다. 그 결과 퇴직 후 신법조항 시행일 전에 장애상태가 확정된 군인에 대하여는 여전히 상이연금수급권이 인정되지 않고 있었는데, 헌법재판소는 2016. 12. 29. 2015헌바208등 사건에서 위 개정법조항에 대하여 헌법불합치결정 및 잠정적용명령을 선고하였다.[157] 이는 위 개정법조항이 종전 헌법재판소의 헌법불합치결정에 따른 결정준수의무를 이행하지 않았다고 본 것이라 할 수 있다.

(다) 결정유형에 따른 기속력

1) 위헌결정

헌법재판소가 어떤 법률을 위헌으로 결정한 경우 그 위헌결정에 대하여 기속력이 부여된다. 위헌으로 결정된 법률은 별도의 절차없이 효력을 상실하기 때문에 모든 국가기관과 지방자치단체는 그 법률에 근거한 어떤 행위도 할 수 없다.

사례

⊙ 대법원 2002. 4. 12. 선고 2002다2294 (**배당이의**) 판결 : 체납한 택지초과소유부담금의 징수를 위해 지방자치단체가 부담금 미납자의 부동산에 대해 압류등기

156) 〈주문〉 : "1. 군인연금법(2000.12.30. 법률 제6327호로 개정된 것) 제23조 제1항은 헌법에 합치되지 아니한다. 2. 위 법률조항은 2011.6.30.을 시한으로 입법자가 개정할 때까지 계속 적용된다."

157) 〈주문〉 : "1. 군인연금법 부칙(2011.5.19. 법률 제10649호) 중 구 군인연금법(2011.5.19. 법률 제10649호로 개정되고, 2013.3.22. 법률 제11632호로 개정되기 전의 것) 제23조 제1항에 관한 부분 및 군인연금법 부칙(2013.3.22. 법률 제11632호) 제1조 중 군인연금법(2013.3.22. 법률 제11632호로 개정된 것) 제23조 제1항에 관한 부분은 헌법에 합치되지 아니한다. 2. 위 법률조항은 2018. 6. 30.을 시한으로 입법자가 개정할 때까지 계속 적용된다."

를 해 놓았다 하더라도 1999. 4. 헌법재판소의 위헌결정[158] 이후에는 공매처분 등 체납처분 절차를 진행하지 못할 뿐만 아니라, 다른 사람에 의해 개시된 임의경매절차에 참가해 배당을 받을 수도 없다.[159]

⊙ 대법원 2012. 2. 16. 선고 2010두10907[160] (**압류등처분무효확인**) 전원합의체 판결 : 위헌결정의 기속력과 헌법을 최고규범으로 하는 법질서의 체계적 요청에 비추어 국가기관 및 지방자치단체는 위헌으로 선언된 법률규정에 근거하여 새로운 행정처분을 할 수 없음은 물론이고, 위헌결정 전에 이미 형성된 법률관계에 기한 후속처분이라도 그것이 새로운 위헌적 법률관계를 생성·확대하는 경우라면 이를 허용할 수 없다고 봄이 타당하다. 따라서 조세부과의 근거가 되었던 법률규정[161]이 위헌으로 선언된 경우, 비록 그에 기한 과세처분(1997. 10. 22.)이 위헌결정(헌재 1998. 5. 28. 97헌가13)[162] 전에 이루어졌고 그 과세처분에 대한 제소기간이 이미 경과하여 조세채권이 확정되었으며, 그 조세채권의 집행을 위한 체납처분(2005. 10. 11.)의 근거규정 자체에 대하여는 따로 위헌결정이 내려진 바 없다고 하더라도, 위와 같은 위헌결정 이후에 조세채권의 집행을 위한 새로운 체납처분에 **착수**하거나 이를 **속행**하는 것은 더

158) 헌재 1999. 4. 29. 94헌바37등, 판례집 11-1, 289 이하. 이 사건에서 문제가 된 '택지소유 상한에 관한 법률'에서는 택지초과소유부담금의 부과에 관한 규정(동법 제19조 이하)뿐만 아니라 체납처분의 근거규정(제30조)도 두고 있었다. 따라서 위 위헌결정에 따라 부과처분의 근거규정뿐만 아니라 체납처분의 근거규정도 효력을 상실하였다.

159) 同旨, 대법원 2002. 8. 23. 선고 2001두2959 (**압류해제신청거부처분취소**) 판결 : "구 택지소유상한에관한법률(1998.9.19. 법률 제5571호로 폐지) 제30조는 '부담금의 납부의무자가 독촉장을 받고 지정된 기한까지 부담금 및 가산금 등을 완납하지 아니한 때에는 건설교통부장관은 국세체납처분의 예에 의하여 이를 징수할 수 있다'고 규정함으로써 국세징수법 제3장의 체납처분규정에 의하여 체납 택지초과소유부담금을 강제징수할 수 있었으나, 1999. 4. 29. 같은 법 전부에 대한 위헌결정으로 위 제30조 규정 역시 그 날로부터 효력을 상실하게 되었고, 나아가 위헌법률에 기한 행정처분의 집행이나 집행력을 유지하기 위한 행위는 **위헌결정의 기속력**에 위반되어 허용되지 않는다고 보아야 할 것인데, 그 규정 이외에는 체납부담금을 강제로 징수할 수 있는 다른 법률적 근거가 없으므로, 그 **위헌결정 이전**에 이미 부담금 부과처분과 압류처분 및 이에 기한 압류등기가 이루어지고 위의 각 처분이 확정되었다고 하여도, 위헌결정 이후에는 별도의 행정처분인 매각처분, 분배처분 등 후속 체납처분절차를 진행할 수 없는 것은 물론이고, 특별한 사정이 없는 한 기존의 압류등기나 교부청구만으로는 다른 사람에 의하여 개시된 경매절차에서 배당을 받을 수도 없다."

160) 제1심: 서울행정법원 2009. 10. 29. 선고 2009구합32529 판결 [원고승소], 항소심: 서울고등법원 2010. 5. 19. 선고 2009누37007 판결 [피고항소 기각]

161) 구 국세기본법(1998.12.28. 법률 제5579호로 개정되기 전의 것) 제39조 제1항 제2호 다목.

162) 〈주문〉 : "1. 국세기본법 제39조 제1항 제2호 '가목' 중 주주에 관한 부분은 '당해 법인의 발행주식 총액의 100분의 51 이상의 주식에 관한 권리를 실질적으로 행사하는 자' 이외의 과점주주에 대하여 제2차 납세의무를 부담하게 하는 범위내에서 헌법에 위반된다. 2. 국세기본법 제39조 제1항 제2호 '다목 과 라목' 중 주주에 관한 부분은 모두 헌법에 위반된다."

이상 허용되지 않고, 나아가 이러한 위헌결정의 효력에 위배하여 이루어진 체납처분은 그 사유만으로 하자가 중대하고 객관적으로 명백하여 당연무효라고 보아야 한다.[163]

---

2) 헌법불합치결정[164]

헌법불합치결정이 선고된 경우 개정입법시까지 심판의 대상인 법률조항은 법률문언의 변화없이 계속 존속하나, 헌법불합치결정은 법률의 위헌성을 확인한 결정이므로 당연히 기속력을 갖는다.[165] 따라서 헌법불합치결정된 조항에 대하여 다시 위헌제청을 하면 심판의 이익이 없어 부적법하게 된다.

예컨대, 헌법재판소는 2006. 2. 23. 선고한 2004헌마675등 사건에서 국가기관, 지방자치단체, 국·공립학교의 채용시험에 국가유공자와 그 가족이 응시하는 경우 만점의 10퍼센트를 가산하도록 규정하고 있는 '국가유공자 등 예우 및 지원에 관한 법률' 제31조 제1항·제2항, '독립유공자 예우에 관한 법률' 제16조 제3항 중 '국가유공자 등 예우 및 지원에 관한 법률' 제31조 제1항, 제2항 준용 부분, '5·18 민주유공자 예우에 관한 법률' 제22조 제1항·제2항에 대하여 헌법불합치결정을 선고하면서 2007. 6. 30.을 시한으로 입법자가 개정할 때까지 **잠정적용**을 명한 바 있는데, 그 후 헌법재판소는 2006. 6. 29. 선고한 2005헌가13 사건에서 "제청신청인은 공립중등학교 채용시험에 응시한 자이고, 공립학교의 채용시험에 적용되는 이 사건 국가유공자 가산점 규정은 위 2004헌마675등 결정의 심판대상과

---

163) 이에 대하여 대법관 3인의 반대의견은, "첫째, 일정한 행정목적을 위하여 독립된 행위가 단계적으로 이루어진 경우 선행처분에 있어서의 당연무효 또는 부존재인 하자가 있는 때를 제외하고 선행처분의 하자가 후속처분에 당연히 승계된다고 할 수 없고, 둘째, 압류처분 등 체납처분은 과세처분과는 별개의 행정처분으로서 과세처분 근거규정이 직접 적용되지 않고 체납처분 관련규정이 적용될 뿐이므로 과세처분 근거규정에 대한 위헌결정의 기속력은 체납처분과는 무관하고 이에 미치지 않는다고 보아야 하며, 셋째, 독일의 경우에는 위헌결정에 소급효가 있음을 원칙으로 하나 위헌결정 당시 이미 확정된 법률관계에 대하여는 소급효가 미치지 않는 것으로 보되 위헌결정이 선고된 법률조항에 따른 집행행위를 할 수 없다는 취지의 명문의 규정(연방헌법재판소법 제79조 제2항 제2문)을 두고 있으나, 이와 같은 명문의 규정이 없는 우리나라에서는 이러한 해석론은 그대로 받아들이기 어렵다는 법리에 비추어 보면, ①이 사건 과세처분에 당연무효사유가 없고, ②그 과세처분에 따른 후속 체납처분에 해당하는 이 사건 압류처분의 근거규정이 유효하게 존속하며, ③외국의 일부 입법례와 같이 위헌법률의 집행력을 배제하는 명문의 규정이 없는 이상, 이 사건 압류처분을 당연무효로 볼 수는 없다."고 하였다.

164) 헌법불합치결정, 한정위헌·한정합헌결정 등 소위 "변형위헌결정"에 대한 설명은 이 책 '제3장 5. 라.' 참조.

165) 헌재 1997. 12. 24. 96헌마172등, 판례집 9-2, 842, 864.

동일하다. 단순위헌결정뿐만 아니라 헌법불합치결정의 경우에도 개정입법시까지 심판의 대상인 법률조항은 법률문언의 변화없이 계속 존속하나 법률의 위헌성을 확인한 불합치결정은 당연히 기속력을 가지므로(헌재 1997. 12. 24. 96헌마172등, 판례집 9-2, 842, 864), 이미 헌법불합치결정이 선고된 이 사건 국가유공자 가산점 규정에 대한 심판청구는 심판의 이익이 없어 부적법하다."고 판시하였다.

그러나 헌법재판소가 헌법불합치 및 잠정적용을 명하는 결정을 선고한 법률조항을 그 개정시한 이전에 적용한 재판은 헌법재판소의 헌법불합치결정의 기속력에 반하는 재판이라고 할 수 없다.

사례

⊙ 헌재 2013. 9. 26. 2013헌마97[166] (재판취소) : 헌법재판소는 도시계획시설사업의 대상이 되는 기반시설의 한 종류를 정한 이 사건 체육시설조항에 대하여, 만약 헌법재판소가 이 사건 체육시설조항에 대해 위헌결정을 선고한다면 헌법재판소가 결정을 선고한 때부터 위 조항은 그 효력을 상실하게 되어 국민의 건강증진과 여가선용을 위해 도시계획시설사업에 꼭 포함되어야 할 체육시설까지 그 대상에서 제외되는 법적 공백과 혼란이 예상된다는 이유로, 헌법불합치결정을 하면서 "2012. 12. 31.을 시한으로 입법자가 개정할 때까지 계속 적용한다."고 명하였다(헌재 2011. 6. 30. 2008헌바166등, 판례집 23-1하, 288, 301, 310-311 참조). 이 사건 판결[167]은 이 사건 불합치결정의 계기를 부여한 당해사건[168]에 대한 상고심 판결로 헌법재판소가

166) 〈청구인의 주장요지〉 : "헌법불합치결정도 위헌결정과 마찬가지로 모든 국가기관에 대하여 기속력을 가진다. 그런데 이 사건 불합치결정에서 위헌으로 판단한 부분(골프장)과 합헌으로 판단한 부분(골프장 이외의 체육시설)이 양적으로 구분이 가능하고, 위 결정에서 계속적용을 명한 이유가 골프장을 제외한 공공필요성이 인정되는 체육시설의 설치 근거 법률까지 효력을 상실함으로써 사회적 혼란 등이 발생할 것을 방지하기 위함이므로, 계속적용의 효력은 합헌으로 판단한 부분에 한정되어야 한다. 또한 이 사건 판결은 이른바 위헌결정의 계기를 부여한 당해사건에 대한 판결로 구체적 규범통제의 실효성을 보장하기 위하여 적어도 당해사건에 한하여는 예외적으로 헌법불합치결정의 소급효를 인정하여야 한다. 위와 같은 이유로 법적 근거가 없는 수용권에 기한 이 사건 수용재결처분은 위헌·위법한 것으로 취소되어야 함에도, 이 사건 판결은 이 사건 체육시설조항이 계속적용됨을 전제로 이 사건 수용재결 처분이 위법하지 않다고 판단함으로써 청구인의 재산권 및 재판청구권 등의 기본권을 침해하였다. 따라서 이 사건 판결은 헌법재판소가 헌법불합치결정을 통해 사실상 위헌으로 판단한 법률조항들을 그대로 적용하여 판단한 것으로서 예외적으로 헌법소원의 대상이 되는 법원의 재판에 해당하므로 취소되어야 한다."

167) 대법원 2012. 11. 15. 선고 2011두16124 판결.

168) 대구지방법원 2010구합2465 토지수용재결처분취소.

정한 개정 시한인 2012. 12. 31. 이전인 2012. 11. 15.에 선고되었고, 이 사건 불합치 결정에 따라 이 사건 체육시설조항을 적용하여 재판한 것이므로 헌법재판소 결정의 기속력에 반하는 재판이라고 할 수 없다.[169)]

---

3) 한정위헌결정

헌법재판소가 (한정)위헌결정을 선고함으로써 이미 부분적으로 그 효력이 상실된 법률조항을 적용한 판결은 헌법재판소의 위헌결정의 기속력에 반하는 것이다.[170)] 그런데 대법원은 한정위헌결정의 기속력을 인정하지 않고 있으며, 합헌적 법률해석을 포함한 법률해석권한은 대법원을 최고법원으로 하는 법원에 전속된 권한이라고 판시하고 있다.[171)]

즉 대법원은, "헌법재판소의 결정이 주문에서 헌법소원의 대상인 법률이나 법률조항의 전부 또는 일부에 대하여 위헌결정을 선고함으로써 그 효력을 상실시켜 법률이나 법률조항의 전부 또는 일부가 폐지되는 것과 같은 결과를 가져오는 것이 아니라, 그에 대하여 특정의 해석기준을 제시하면서 그러한 해석에 한하여 위헌임을 선언하는 이른바 한정위헌결정의 경우에는 헌법재판소의 결정에도 불구하고 법률이나 법률조항은 그 문언이 전혀 달라지지 않은 채 효력을 상실하지 않고 존속하게 되므로, 이러한 한정위헌결정은 유효하게 존속하는 법률이나 법률조항의 의미·내용과 그 적용범위에 관한 해석기준을 제시하는 법률해석이라고 이해하지 않을 수 없다."고 한다.[172)]

생각건대, 물론 구체적 사건에서의 법률의 해석·적용권한은 사법권의 본질적 내용을 이루는 것임이 분명하다. 그러나 법률에 대한 위헌심사는 당연히 당해 법률 또는 법률조항에 대한 해석이 전제되는 것이고, 헌법재판소의 한정위헌의

---

169) 同旨, 헌재 2013. 9. 26. 2012헌마806 : "이 사건 판결들은 이 사건 불합치결정 당시 이 사건 불합치결정의 대상과 동일한 이 사건 체육시설조항의 위헌여부가 재판의 전제가 되어 법원에 그 위헌여부심판의 제청신청이 되어 있었던 사건에 대한 판결들이나, 모두 이 사건 불합치결정 이후 그리고 헌법재판소가 정한 개정시한인 2012. 12. 31. 이전에 선고되었고, 이 사건 불합치결정에 따라 이 사건 체육시설조항을 적용하여 재판한 것이므로 헌법재판소 결정의 기속력에 반하는 재판이라고 할 수 없다."

170) 헌재 1997. 12. 24. 96헌마172등, 판례집 9-2, 842, 865.

171) 대표적으로 대법원 1996. 4. 9. 선고 95누11405 판결; 대법원 2001. 4. 27. 선고 95재다14 판결; 대법원 2009. 2. 12. 선고 2004두10289 판결 참조.

172) 대법원 2001. 4. 27. 선고 95재다14 판결.

결정은 단순히 법률을 구체적인 사실관계에 적용함에 있어서 그 법률의 의미와 내용을 밝히는 것이 아니라, 법률에 대한 위헌성심사의 결과로서 법률조항이 특정의 적용영역에서 제외되는 부분은 위헌이라는 것을 뜻한다. 따라서 헌법재판소의 한정위헌결정은 결코 법률의 해석에 대한 헌법재판소의 단순한 견해가 아니라, 헌법에 정한 권한에 속하는 법률에 대한 위헌심사의 한 유형이라고 할 것이다.[173] 그러므로 헌법재판소의 한정위헌결정에도 불구하고 위헌으로 확인된 법률조항이 법률문언의 변화없이 계속 존속된다고 하는 관점[174]은 헌법재판소 결정의 기속력을 결정하는 기준이 될 수 없다. 요컨대 한정위헌결정은 기속력을 가지므로, 헌법재판소가 위헌이라고 해석하여 적용을 배제한 범위 내에서 법원 기타 국가기관과 지방자치단체를 기속한다(법 제47조 제1항).[175]

4) 합헌결정

법 제47조 제1항, 제75조 제6항의 규정에 따라 법원은 헌법재판소의 합헌결정이 있었던 법률조항에 대하여 다시 위헌제청을 할 수 있다. 이 경우 헌법재판소는, 합헌으로 선언된 법률은 사정변경이 없는 한 장래에도 그 합헌성 여부에 관한 다툼이 없이 유효한 것으로 인정되고 적용된다고 보아 (판례를 변경하거나 각하사유가 발생하는 등) 특별한 사정변경이 없는 한 다시 합헌결정을 선고한다.[176]

이에 대하여 학설 중에는 첫째, 합헌결정에 기속력을 인정하지 아니하면 이미 합헌결정이 이루어진 법률에 대해 반복적인 위헌제청신청이나 위헌제청 또는 헌법소원심판청구가 가능하게 되어 불필요하게 동일한 법적 문제를 반복하여 판단하게 되는 점, 둘째, 합헌결정의 기속력을 부인하면 헌법재판소가 결정이유에서는 명백히 합헌적 법률해석을 하였으나 주문에서는 단순히 합헌을 선언하는 하는 경우에 이러한 결정유형은 아무런 의미도 지닐 수 없게 된다는 점 등을 들어 합헌결정에도 기속력을 인정해야 한다는 견해가 있다.[177]

---

173) 헌재 1997. 12. 24. 96헌마172등, 판례집 9-2, 842, 845.

174) 대법원 1996. 4. 19. 선고 95누11405 판결.

175) 정종섭, 전게서(2010), 373면.

176) 헌재 1999. 12. 23. 98헌바13등 결정; 헌재 1999. 6. 24. 97헌바61 결정 참조.

177) 합헌결정에 대한 기속력 부인론에 대한 비판 및 기속력 인정논거에 대하여는 남복현, 전게서(2013), 234-250면 참조.

(라) 기속력의 범위

1) 주관적 범위

가) 의의

법 제47조 제1항, 제67조 제1항 및 제75조 제1항에 의하면 헌법재판소 결정의 기속력이 미치는 수범자의 범위는 "법원 그 밖의 모든 국가기관 및 지방자치단체"이다. 기속력은 후술하는 법규적 효력과는 달리 대세적 효력은 없으며, 단지 공권력의 주체에 대하여만 효력을 갖는다. 이러한 관점에서 본다면 기속력은 기판력의 주관적 범위를 확장하고 있다고 볼 수 있다. 여기에서 공권력의 주체는 사법부·행정부 및 지방자치단체, 기타 공공단체를 모두 포함하며, 국가적 공권을 부여받은 사인(公務受託私人)도 해당된다(정부조직법 제6조 제3항, '행정권한의 위임 및 위탁에 관한 규정' 참조)는 점에 대하여는 이론이 없으나,[178] 입법부와 헌법재판소에도 미치는지에 대하여는 논란이 있다.

나) 입법부에도 미치는지 여부

이에 대하여는 "입법자는 원칙적으로 반복입법금지의 원칙을 준수하되 특별한 사정이 있는 경우에 한해서 예외적으로만 반복입법이 허용된다."는 (제한적) 기속설[179]과, 비기속설[180]이 대립한다. 한편 헌법재판소는 종전까지는 유보적인 입장이었으나,[181] 2012. 12. 27. 선고한 2012헌바60 결정에서는, "헌법재판

---

178) 실무제요(2008), 85-86면.

179) 계희열, 전게논문(1998), 236면; 신평, 헌법재판법, 법문사, 2011, 288-289면; 허영, 전게서(2014), 175면; 김선택, 헌법재판소설립 25주년기념 국제학술대회("헌법재판, 국가 그리고 공법"), 헌법재판소, 2013.5.23, 지정토론문. 한편 Hans Klein 전 독일연방헌법재판소 재판관에 따르면, 독일연방헌법재판소는 "입법자는 사실관계 또는 법률관계, 그리고 이전의 헌법재판소 결정의 기초가 됐던 가치관의 중대한 변화가 발생했다면 반복입법이 허용된다."는 입장이라고 한다. 同人, "민주적 헌법국가에서의 헌법재판관 정치", 헌법재판소설립 25주년기념 국제학술대회("헌법재판, 국가 그리고 공법"), 헌법재판소, 2013.5.23, 주제발표문.

180) 정연주, 전게논문(2009), 326-328면; 정종섭, 전게서(2010), 352-353면 : "비기속설이 타당하다. 국회가 헌법재판소의 위헌결정에 기속된다고 하면 입법에서 강하게 지배하는 민주주의원리를 실현하기 어렵고, 헌법재판소의 오류를 시정할 기회를 가지지 못한다. 국가의 입법작용은 본질적으로 국회에게 주어져 있는 입법권의 행사이기 때문에 헌법재판이 이를 대체할 수는 없다. (…) 이와 같이 국회가 재입법을 하는 경우에도 현실의 사정에 변경이 있어야 하는 것은 아니다. 새로운 상황의 변화가 있든 없든 국회는 동일하거나 유사한 법률을 다시 제정할 수 있다. 다만, 국회가 재입법을 하는 경우에는 헌법재판소의 결정을 배제할 수 있는 객관적인 논거가 있어야 한다."

소법은 위헌으로 결정된 법률 또는 법률조항은 원칙적으로 그 결정이 있는 날로부터 효력을 상실하도록 규정하고 있다(법 제47조 제2항, 제75조 제6항). 이에 따라 법률 또는 법률조항에 대한 위헌결정은 일반적 **기속력**과 대세적 **법규적 효력**을 가진다. 즉 법규범에 대한 헌법재판소의 위헌결정은 소송 당사자나 국가기관 이외의 일반 사인에게도 그 효력이 미치고, 종전 위헌결정의 기초가 된 사실관계 등의 근본적인 변화에 따른 특별한 정당화 사유가 있어 반복입법이 이루어지는 경우가 아닌 한, 일반 국민은 헌법재판소가 위헌으로 선언한 법규범이 적용되지 않는 것을 수인해야 하고, 위헌으로 선언한 법규범에 더 이상 구속을 받지 않게 된다. 이러한 효력은 법원에서의 구체적·개별적 소송사건에서 확정된 판결이 그 기속력[182]이나 확정력에 있어서 원칙적으로 소송 당사자에게만 한정하여 그 효력이 미치는 것과 크게 다른 것이다."라고 판시하여, '종전 위헌결정의 기초가 된 사실관계 등의 근본적인 변화에 따른 특별한 정당화 사유가 있는 경우에는 반복입법이 허용된다'는 취지(제한적 기속설)의 판시를 하였다.

다) 헌법재판소의 경우

헌법재판소 스스로는 기속력이 미치는 국가기관에 포함되지 않는다.[183] 헌법재판소에 헌법재판을 통한 올바르고 유권적인 헌법해석의 헌법적인 과제를 준 것이라면 헌법정신에 가깝게 헌법해석을 다듬고 개선해 나가야 하는 것은 헌법재판소의 꾸준한 당위적인 노력이어야 하는데, 기속력으로 인해서 해석과 판례의 변경가능성을 봉쇄하는 것은 모순이기 때문이다.[184]

---

181) 헌재 2008. 10. 30. 2006헌마1098 : "그렇다면, 국회에서 2003헌마715등 사건의 위헌결정 이후 비맹제외기준을 거의 그대로 유지하는 이 사건 법률조항을 개정하였다고 하더라도, 위와 같이 비맹제외기준이 과잉금지원칙에 위반한다는 점과 관련하여 기속력을 인정할 여지가 없는 이상 입법자인 국회에게 기속력이 미치는지 여부 및 결정주문뿐 아니라 결정이유에까지 기속력을 인정할지 여부 등에 대하여 나아가 살펴 볼 필요 없이 이 사건 법률조항이 위 위헌결정의 기속력에 저촉된다고 볼 수는 없을 것이다."

182) (법원의) 판결이 일단 선고되어 성립되면 판결을 한 법원 자신도 이에 구속되며, 스스로 판결을 철회하거나 변경하는 것이 허용되지 않는다. 선고하고 나서 오판임을 알아도 내용을 바꿀 수 없다. 이를 판결의 기속력 혹은 자기구속력이라 한다. 이시윤, 신민사소송법, 박영사, 2008, 547-548면.

183) 독일연방헌법재판소도 같은 입장이다. BVerfGE 4, 31 [38]; 20, 56 [86f.]; 78, 320 [328]; 82, 198 [204]; 85, 117 [121] 등.

184) 허영, 전게서(2014), 175면.

2) 객관적 범위

결정주문은 심판대상에 관한 결정으로서 여기에 기속력이 미친다는 데에는 이론이 없다. 또한 결정이유 중에서도 심판대상과 직접적인 관계가 없는 부수적 의견(obiter dictum)이나 간접사실의 판단에 대하여는 기속력이 미치지 않는다. 다만, 중요한(또는 핵심적인) 결정이유(ratio decidendi)에서 드러난 헌법해석에 대한 기본원칙에도 기속력이 미치는가에 관하여는 견해가 긍정설과 부정설로 나뉘어 있다.

가) 긍정설

긍정설은, 결정주문을 직접적으로 뒷받침하고 있는 핵심적인 결정이유에도 기속력이 미치지 않는다고 하면, 경우에 따라서는 결정주문만으로는 내용 파악이 어려운 경우 기속력이 무의미해지기 때문이라고 한다.[185]

나) 부정설

부정설은, 첫째 중요한 핵심적인 이유를 찾아내기가 쉽지 않다는 점, 둘째 결정이유에까지 기속력을 미치게 하는 경우 결정이유가 성역화되어 자칫 헌법의 경직화 현상이 일어날 수 있다는 점을 들고 있다.[186]

그러나 부정설의 입장에서도, 주문은 그 명확한 의미내용이 일반적으로 그 자체에서 도출될 수 없어서 법규범처럼 해석이 필요하고, 결정주문을 해석할 때 우선적인 기준은 결정주문을 근거 짓는 중요이유일 수밖에 없으며, 따라서 중요이유를 통해서 해석된 결정주문의 내용에서 기속력이 발생한다는 점을 인정하는 견해도 있다. 이러한 입장에서는, 중요이유의 기속력을 긍정하는 견해와 부정하

---

185) 계희열, "헌법재판과 국가기능 -헌법재판의 기능적 및 제도적(관할권적) 한계를 중심으로-", 「한국헌법재판의 회고와 전망(헌법재판소 창립 10주년 기념세미나)」, 헌법재판소, 1998, 237면; 최희수, 전게논문(2001), 106-110면; 정연주, "안마사결정의 재검토: 위헌결정 기속력의 주관적·객관적 범위의 문제를 중심으로", 홍익법학 제10권 제2호, 2009, 333면; 허영, 전게서(2014), 176·177면; 김하열, 전게서(2016), 257면. 독일의 경우 Benda/Klein, *Verfassungsprozeßrecht*, 2.Aufl., 2001, RN. 1329. 연방헌법재판소의 입장이다. BVerfGE 1, 14 [37]; 19, 377 [392]; 20, 56 [87]; 40, 88 [93f.] 등.

186) 신평, 전게서(2011), 287-288면; 정종섭, 전게서(2010), 184면 : "(중요한 이유와 중요하지 않은 이유의) 구분을 헌법재판소가 하는 것이 아닌 이상 불분명한 구분으로 기속력의 범위를 정하는 것은 구구한 판단을 초래하여 헌법재판의 규범력과 정당성을 약화시킬 수 있다. 따라서 헌법재판소는 주문을 표시할 때 주문에만 기속력이 인정된다는 점을 고려하여 이에 적합한 내용의 주문을 표시하여야 한다." 독일의 경우 K. Schlaich, *Das BVerfG*, 2.Aufl., 1991, RN. 452f. u. 454ff. 허영, 전게서(2014), 177면에서 재인용.

는 견해 사이의 차이는 그리 크지 않고, 양자 사이의 유일한 차이점은 중요이유가 직접적으로(긍정설) 또는 간접적으로(부정설) 기속하는지에 있다고 한다.[187)]

다) 헌법재판소의 입장

헌법재판소는 2008. 10. 30. 선고한 2006헌마1098 결정에서, "법 제47조 제1항은 '법률의 위헌결정은 법원과 그 밖의 국가기관 및 지방자치단체를 기속한다'고 규정하고, 법 제75조 제1항은 '헌법소원의 인용결정은 모든 국가기관과 지방자치단체를 기속한다'고 규정함으로써 헌법재판소가 내린 법률의 위헌결정 및 헌법소원의 인용결정의 효력을 담보하기 위해서 기속력을 부여하고 있는바, 이와 관련하여 입법자인 국회에게 기속력이 미치는지 여부, 나아가 결정주문뿐 아니라 결정이유에까지 기속력을 인정할지 여부 등이 문제될 수 있는데, 이에 대하여는 헌법재판소의 헌법재판권 내지 사법권의 범위와 한계, 국회의 입법권의 범위와 한계 등을 고려하여 신중하게 접근할 필요가 있을 것이다."라고 하면서, "결정이유에까지 기속력을 인정할지 여부 등에 대하여는 신중하게 접근할 필요가 있을 것이나 설령 결정이유에까지 기속력을 인정한다고 하더라도, 이 사건의 경우 위헌결정 이유 중 '비맹제외기준'이 과잉금지원칙에 위반한다는 점에 대하여 기속력을 인정할 수 있으려면, 결정주문을 뒷받침하는 결정이유에 대하여 적어도 위헌결정의 정족수인 재판관 6인 이상의 찬성이 있어야 할 것이고(헌법 제113조 제1항 및 법 제23조 제2항 참조), 이에 미달할 경우에는 결정이유에 대하여 기속력을 인정할 여지가 없다고 할 것인바,[188)] 앞서 본 바와 같이 헌재 2006. 5. 25. 2003헌마715등 사건의 경우 재판관 7인의 의견으로 주문에서 비맹제외기준이 헌법에 위반된다는 결정을 선고하였으나,[189)] 그 이유를 보면 비맹제외기준이 법률유보원칙에 위

---

187) 허완중, "헌법재판소결정의 기속력과 결정이유 -헌재 2008. 10. 30. 2006헌마1098 결정에 대한 평석을 중심으로-", 인권과정의 제399호, 2009.11, 33면.

188) (중요한) 결정이유에 기속력이 미치는지 여부는 재판관 6인 이상의 찬성이 있었는지 여부가 아니라 동 결정이유가 법정의견이었는지 여부만이 문제될 뿐이라는 견해로 남복현, "헌법재판소 결정주문의 합의방식과 중요한 결정이유의 기속력", 헌법학연구 제15권 제1호, 한국헌법학회, 2009, 215면-219면; 허완중, 전게논문(2009.11), 38면 참조.

189) 〈주문〉 : "안마사에 관한 규칙(2000.6.16. 보건복지부령 제153호로 개정된 것) 제3조 제1항 제1호와 제2호 중 각 '앞을 보지 못하는' 부분은 헌법에 위반된다." [한편 대법원은 2009. 5. 14. 선고한 2007도5531 판결에서, "안마사의 자격인정을 받을 수 있는 사람을 '앞을 보지 못하는 사람'에 한정하는 구 안마사에 관한 규칙(2000.6.16. 보건복지부령 제153호로 개정된 것) 제3조에 대하여 헌법재판소의 위헌결정(헌법재판소 2006.5.25. 선고 2003헌마715등 결정)이 있다고 하여, 자격인정을 받지 아니하고 영리를 목적으로 안마행위를 한

반한다는 의견과 과잉금지원칙에 위반한다는 의견으로 나뉘면서, 비맹제외기준이 과잉금지원칙에 위반한다는 점과 관련하여서는 재판관 5인만이 찬성하였을 뿐이므로 위 과잉금지원칙 위반의 점에 대하여 기속력이 인정될 여지가 없다."고 판시하고, 비맹제외기준을 '법률'에 규정한 조항에 대하여 합헌결정을 선고하였다.[190)191)]

(3) 법규적 효력 : 일반적 구속력

(가) 의의 및 법적 근거

법규적 효력[192)]이란 법규범에 대한 헌법재판소의 위헌결정이 일반구속력을

자를 처벌하는 구 의료법(2006.9.27. 법률 제8007호로 개정되기 전의 것) 제67조, 제61조가 위헌이라거나 자격이 없는 사람의 안마행위가 위법하지 않게 되는 것은 아니므로, 그 동안 자격인정 없이 안마를 한 행위 자체가 죄가 되지 않는 행위에 해당한다고 볼 수 없다."고 판시하였다.]

190) 기속력의 주관적 범위와 관련하여 '비기속설'을, 객관적 범위와 관련하여 중요한 결정이유의 '기속력 부정설'을 취하는 정종섭 교수는, "이 사건은 명령(안마사에관한규칙)에 대한 위헌결정이 가지는 기속력이 발생하였음에도 헌법재판소가 위헌으로 결정한 내용과 동일한 내용을 국회가 다시 법률로 입법한 것이다. 시각장애인에게 한정하여 안마사자격을 취득하게 하는 것이 헌법에 위반되는가의 문제는 별개로 하고, 이 사건은 위헌결정의 기속력이 국회에 미치지 않는 경우에 해당한다."고 평가한다. 정종섭, 전게서(2010), 353면. 同旨, 남복현, 전게서(2013), 358면 : "이 사건 결정에서는 (종전의 헌재 2006. 5. 25. 2003헌마715등) 결정이유에 재판관 6인이 찬성하지 않아 기속력이 인정되지 않는다고 논지를 펼칠 것이 아니었고, 동일한 법적 쟁점이라 할지라도 반복입법이 아니고 유사규범에 해당하므로 입법자를 기속하는 것은 아니라고 하였음이 옳았다고 본다."

191) 한편, 김종대 재판관은 헌재 2010. 10. 28. 2008헌바89 결정의 별개의견에서, "기속력이 주문에만 인정된다고 한다면, '어떠한 법률이 헌법에 위반된다'라는 주문의 위헌결정에 따라 심판대상이 된 법률이 헌법재판소법 제47조 제2항 본문에 의하여 효력을 상실하게 되므로, 굳이 기속력을 문제삼지 않더라도 그 후의 사건에서 그 법률조항이 유효하다고 주장될 여지는 없어 결국 기속력은 별다른 의미가 없게 되므로, 헌법적 근거를 갖는 기속력을 공동화시키게 되는 이 입장은 따를 수 없다. 그렇다고 하여 방론을 포함한 위헌결정의 이유기재 전체에 기속력을 인정해야 한다는 견해에 선다면, 헌법재판소가 위헌여부를 판단하기 위하여 행하게 되는 사실관계 판단, 법률판단, 정책적 판단은 헌법해석의 전제일 뿐, 헌법해석권에 따른 해석내용이 아님에도 다른 모든 국가기관에게 그 판단 부분까지도 따를 것을 요구하는 셈이 되므로, 이 견해 또한 그 헌법적 정당성을 인정하기 어렵다. 이러한 사정을 두루 살필 때, 위헌결정의 이유 중 헌법재판소가 헌법으로부터 부여받은 권한인 헌법해석권에 기해서 한 판시부분, 즉 '헌법을 구체적 사안에 적용시켜 해석한 부분'의 한도에서 기속력이 발생한다고 하는 것이 가장 적절하다."는 견해를 제시하였다.

192) '법률적 효력'(Gesetzeskraft) 또는 '법률유사적 효력'(Gesetzähnlichkeit)이라고도 한다. 정종섭, 전게서(2010), 357면. 한편, 법률적 효력에 관하여 우리 실정법상 아무런 근거가 없

가지고 일반사인에게도 그 효력이 미치는 것(대세적 효력)을 의미한다. 그러므로 위헌결정된 법률 또는 법률조항은 더 이상 국민생활을 규율하는 법규범이 될 수 없기 때문에, 국민은 위헌법률에 근거한 권리주장도 할 수 없고 의무도 부담하지 않는다.[193]

사례

⊙ 헌재 2015. 11. 26. 2013헌바343 : 위헌으로 결정된 법률은 별도의 절차 없이 효력을 상실하기 때문에 그 법률에 근거한 어떠한 행위도 할 수 없다. 법률의 폐지와 달리 위헌결정으로 인한 법률의 효력 상실은 입법절차나 공포절차를 거치지 않으며 법전에서 외형적으로 삭제되지 않는다. 그러나 실질적으로는 법률폐지와 유사한 법적 효과를 가진다. 위헌결정이 내려진 법률조항은 법질서에서 더 이상 아무런 작용과 기능을 할 수 없고, 누구도 그 법률이 유효함을 주장할 수 없다. 국가기관은 그 법률조항이 유효함을 전제로 계속 적용할 수 없다. '특정범죄 가중처벌 등에 관한 법률' 제5조의4 제1항 중 헌재 2015. 2. 26. 2014헌가16등 결정에서 위헌으로 선고된 부분[194]은 위헌결정으로 인하여 그 부분의 효력이 상실되었기 때문에 이 부분이 유효하다는 주장을 할 수 없게 되었다.

독일의 경우 기본법 제94조 제2항[195]에서 연방헌법재판소 판결의 법규적 효력에 대하여 연방법률에 위임하였고, 이에 따라 연방헌법재판소법 제31조 제2항[196]은 법규적 효력에 관해 규정하고 있다. 그런데 우리나라의 경우 헌법재판

고 혼란을 야기할 뿐만 아니라 법리상으로 타당하지도 않다고 하여 '형성력'으로 표현하는 견해도 있다. 이성환, "헌법재판소결정의 효력에 관한 연구", 박사학위논문, 서울대학교대학원, 1993.12, 124면. 이에 대하여는, "위헌결정이 형성판결이라는 것은 위헌결정의 주문에 위헌으로 결정된 법률이나 법률조항의 효력이 상실된다는 것이 직접 표시되어야 함을 뜻한다. 그러나 위헌결정에서는 법률의 효력에 관한 언급 없이 오로지 위헌여부가 문제된 법률이나 법률조항에 위헌성이 있다는 것만 확인될 뿐이다. 그러므로 위헌결정을 형성판결로 볼 수 없다."는 비판이 있다. 허완중, "위헌결정의 법률요건적 효력", 헌법학연구 제19권 제3호, 한국헌법학회, 2013.9, 404면.

193) 허영, 전게서(2014), 245면.

194) "위 특가법 제5조의4 제1항 중 형법 제329조에 관한 부분, 같은 법률 제5조의4 제1항 중 형법 제329조의 미수죄에 관한 부분, 같은 법률 제5조의4 제4항 중 형법 제363조 가운데 형법 제362조 제1항의 '취득'에 관한 부분"을 말함.

195) "연방법률은 연방헌법재판소의 조직과 절차를 규정하고, 어떤 경우에 그 판결이 법률적 효력(Gesetzeskraft)을 갖는지를 규정한다."[제1문]

196) 제31조(재판의 구속력) ②제13조 제6호(추상적 규범통제), 제11호(구체적 규범통제), 제12

소 결정의 법규적 효력을 명문에서 직접 언급한 헌법규정이나 법의 규정은 없다. 그러나 법 제47조 제2항은 "위헌으로 결정된 법률 또는 법률의 조항은 그 결정이 있는 날부터 효력을 상실한다."고 규정하고 있으며, 법 제75조 제6항은 동조 제5항의 경우(법 제68조 제1항에 의한 통상의 일반적인 헌법소원을 인용하면서 부수적으로 공권력의 행사 또는 불행사의 근거법률 또는 법률의 조항을 위헌선언하는 경우)[197] 및 법 제68조 제2항에 따른 헌법소원심판절차에서 법률 또는 법률의 조항이 위헌이라는 인용결정을 하는 경우에는 위 제47조를 준용하도록 규정하고 있으므로(법 제68조 제1항에 의한 법률소원을 인용하는 경우도 마찬가지로 준용될 것이다) 이들 조항을 법규적 효력의 근거로 볼 수 있다.[198][199]

헌법재판소의 위헌결정을 관보에 게재해서 공시하는(법 제36조 제5항) 것은 이 일반적인 효력을 모든 규범수신인에게 널리 알리기 위한 수단이다.[200]

(나) 법규적 효력의 범위

1) 객관적 범위

법규범에 대한 헌법재판소의 위헌결정이 법규적 효력을 갖기 위해서는 결정주문에 표시되어야 한다. 즉, 법규적 효력은 결정주문에만 부여되고 결정이유에

호(국제법규에 대한 위헌제청) 및 제14호(법이 연방법으로서 효력을 지속하는지 여부)의 사건에서는 연방헌법재판소의 재판은 법률로서의 효력을 가진다[제1문]. 연방헌법재판소가 법률이 기본법에 합치한다고 또는 불합치한다고, 또는 무효라고 선언한 경우에는 제13조 제8호의2(헌법소원)의 사건에서도 위와 같다[제2문]. 법률이 기본법 또는 기타 연방법에 합치한다고 또는 불합치한다고, 또는 무효라고 선언된 경우에는 연방법무장관이 재판주문을 법률관보에 공고하여야 한다[제3문]. 제13조 제12호 및 제14호 사건의 재판주문에도 이를 준용한다[제4문].

197) 이를 "부수적 규범통제"라고 한다.(헌재 2008.12.26. 2007헌마193등, 판례집 20-2하, 810, 815; 헌재 2015.2.26. 2013헌마789, 판례집 27-1상, 221, 223-224)

198) 헌재 1992. 12. 24. 92헌가8, 판례집 4, 853, 887; 헌재 2012. 12. 27. 2012헌바60, 판례집 24-2하, 529, 535 참조.

199) 이에 대하여는 "법 제47조 제2항은 헌법재판소의 위헌결정에 따라서 위헌인 법률이나 법률조항이 효력을 상실한다고 규정할 뿐이고, 일반적 구속성을 의미하는 법률적(법규적) 효력에 관한 어떠한 내용도 담지 않는다. (…) 법률적 효력은 소송법적 효력이어서 법률(조항)의 효력상실이라는 실체법적 효력과 구별된다. 따라서 실체법적 법관계 변경을 규정한 법 제47조 제2항에서 소송법적 효력인 법률적 효력을 바로 도출할 수 없다. 결국, 현행법에서 헌법재판소 결정의 법률적 효력은 그 근거를 찾을 수 없어서 인정되기 어렵다."는 견해가 있다. 허완중, 전게논문(2013.9), 398-399면.

200) 허영, 전게서(2014), 245면 참조.

는 부여되지 않는다.[201]

2) 주관적 범위

법규적 효력은 법규범에 대한 헌법재판소의 결정이 당사자나 국가기관 뿐만 아니라 모든 사람에 대하여 그 효력이 미친다. 따라서 법규적 효력은 소송당사자나 이들과 특별한 관계에 있는 자에게만 효력이 미치는 기판력이나 모든 국가기관에게 그 효력이 미치는 기속력에 비하여 대세적 효력이 있다.

사례

⊙ 헌재 2012. 12. 27. 2012헌바60 : 헌법재판소법은 위헌으로 결정된 법률 또는 법률조항은 원칙적으로 그 결정이 있는 날로부터 효력을 상실하도록 규정하고 있다(제47조 제2항, 제75조 제6항). 이에 따라 법률 또는 법률조항에 대한 위헌 결정은 일반적 기속력과 대세적·법규적 효력을 가진다. 즉, 법규범에 대한 헌법재판소의 위헌결정은 소송 당사자나 국가기관 이외의 일반 사인에게도 그 효력이 미치고, 종전 위헌결정의 기초가 된 사실관계 등의 근본적인 변화에 따른 특별한 정당화 사유가 있어 반복입법이 이루어지는 경우가 아닌 한, 일반 국민은 헌법재판소가 위헌으로 선언한 법규범이 적용되지 않는 것을 수인해야 하고, 위헌으로 선언한 법규범에 더 이상 구속을 받지 않게 된다. 이러한 효력은 법원에서의 구체적·개별적 소송사건에서 확정된 판결이 그 기속력이나 확정력에 있어서 원칙적으로 소송 당사자에게만 한정하여 그 효력이 미치는 것과 크게 다른 것이다. 한편 법률에 대한 헌법재판소의 위헌결정에 대한 불복이 허용된다면, 종전에 헌법재판소의 위헌결정으로 효력이 상실된 법률 또는 법률조항에 대하여 새로이 합헌결정이 선고되어 그 효력이 되살아날 수 있게 되고, 이러한 결과는 그 문제된 법률 또는 법률조항과 관련되는 모든 국민의 법률관계에 이루 말할 수 없는 커다란 혼란을 초래하거나 그 법적 생활에 대한 불안을 가져오게 할 수도 있다(헌재 1992. 6. 26. 90헌아1, 판례집 4, 378, 384 참조). 그렇다면 종전 결정에서 이미 위헌선언되어 효력이 상실된 법률조항 부분[202]이 입법의 결함에 해당한다고 주장하는 이 사건 헌법소원심판청구는 '종전의 위헌결정에 대한 불복'이거나, '위헌으로 선언된 규범의 유효를 주장하는 것'이어서 법률조항에 대한 위헌결정의 법규적 효력에 반하여 허용될 수 없다.

201) 앞의 독일연방헌법재판소법 제31조 제2항 제3문 및 제4문 참조.

202) 헌재 2009. 2. 26. 2005헌마764등 - 〈주문〉 : "교통사고처리특례법(2003.5.29. 법률 제6891호로 개정된 것) 제4조 제1항 본문 중 업무상 과실 또는 중대한 과실로 인한 교통사고로 말미암아 피해자로 하여금 중상해에 이르게 한 경우에 공소를 제기할 수 없도록 규정한 부분은 헌법에 위반된다."

(4) 재심의 허용여부

(가) 개관

원래 재심이란 확정된 종국판결에 재심사유에 해당하는 중대한 흠이 있는 경우에 그 판결의 취소와 이미 종결되었던 사건의 재심판을 구하는 비상의 불복신청방법을 말한다.[203] 법은 헌법재판소의 결정에 대한 재심의 허용여부에 관하여 별도의 명문규정을 두고 있지 아니하다. 그러므로 헌법재판소의 결정에 대하여 재심을 허용할 수 있는가 하는 점에 관하여 논의가 있을 수 있으나,[204] 헌법재판은 그 심판의 종류에 따라 그 절차의 내용과 효과가 한결같지 아니하기 때문에 재심의 허용여부 내지 허용정도 등은 심판절차의 종류에 따라서 개별적으로 판단될 수밖에 없을 것이다.[205] 여기에서는 헌법재판소의 판례에 나타난 사례를 보기로 한다.

(나) 위헌법률심판 사건에 대한 재심

위헌법률심판의 제청은 법원이 헌법재판소에 대하여 하는 것이기 때문에 당해사건에서 법원으로 하여금 위헌법률심판을 제청하도록 신청을 한 사람 자신은 위헌법률심판사건의 당사자라고 할 수 없다. 원래 재심은 재판을 받은 당사자에게 이를 인정하는 특별한 불복절차이므로 청구인처럼 위헌법률심판이라는 재판의 당사자가 아닌 사람은 그 재판에 대하여 재심을 청구할 수 있는 지위 내지 적격을 갖지 못한다. 그렇다면 이러한 심판청구는 청구인적격을 결한 사람이 제기한 것이어서 부적법하다.[206]

(다) 규범통제형 헌법소원심판에 대한 재심

만약 법 제68조 제2항에 의한 헌법소원사건에서 선고된 헌법재판소의 결정

---

203) 이시윤, 신민사소송법, 박영사, 2008, 812면.

204) 독일은 연방헌법재판소법 제61조에서 연방법관에 대한 탄핵심판절차에 관하여만 재심에 관한 규정을 두고 있고, 그 밖의 헌법재판의 심판절차에 관하여는 재심에 대한 별도의 규정이 없다. 이에 따라 독일의 경우에는 연방헌법재판소법이 이와 같이 명문의 규정을 두고 있는 연방법관에 대한 탄핵심판절차 이외에는 재심절차가 인정되지 않는다는 해석론이 통설이라고 한다. 김지형, "헌법재판소결정의 기판력", 헌법논총 제3집, 헌법재판소, 1992, 283면.

205) 헌재 1995. 1. 20. 93헌아1, 판례집 7-1, 113, 119.

206) 헌재 2004. 9. 23. 2003헌아61, 공보 97, 1075, 1076.

에 대하여 재심에 의한 불복방법이 허용된다면, 종전에 헌법재판소의 위헌결정으로 효력이 상실된 법률 또는 법률조항이 재심절차에 의하여 그 결정이 취소되고 새로이 합헌결정이 선고되어 그 효력이 되살아날 수 있다거나 종래의 합헌결정이 후일 재심절차에 의하여 취소되고 새로이 위헌결정이 선고될 수 있는바, 이러한 결과는 그 문제된 법률 또는 법률조항과 관련되는 모든 국민의 법률관계에 이루 말할 수 없는 커다란 혼란을 초래하거나 그 법적 생활에 대한 불안을 가져오게 할 수도 있다. 결국 위헌법률심판을 구하는 헌법소원에 대한 헌법재판소의 결정에 대하여는 재심을 허용하지 아니함으로써 얻을 수 있는 법적안정성의 이익이 재심을 허용함으로써 얻을 수 있는 구체적 타당성의 이익보다 훨씬 높을 것으로 쉽사리 예상할 수 있고, 따라서 헌법재판소의 이러한 결정에는 재심에 의한 불복방법이 그 성질상 허용될 수 없다고 보는 것이 상당하다.[207)]

(라) 법령소원에 대한 재심

법 제68조 제2항의 헌법소원심판에 대한 재심에 관한 이와 같은 논리는 법 제68조 제1항에 의한 법령소원의 경우에도 같다고 할 것이다. 헌법재판소는, "법 제68조 제1항에 의한 헌법소원 중 법령에 대한 헌법소원은 그 결정의 효력이 당사자에게만 미치는데 그치지 아니한다는 점에서 행정작용에 속하는 공권력작용을 대상으로 하는 권리구제형 헌법소원의 경우와 분명히 구별된다. 즉, 이 경우 헌법재판소의 인용(위헌)결정은 위헌법률심판의 경우와 마찬가지로 이른바 일반적 기속력과 대세적·법규적 효력을 가지는 것이므로, 법 제68조 제1항에 의한 법령에 대한 헌법소원은 그 효력 면에서 법 제68조 제2항의 헌법소원과 유사한 성질을 지니고 있다. 따라서 그 결정에 대한 재심절차의 허용여부를 공권력의 작용을 대상으로 하는 권리구제형 헌법소원절차와 같이 보는 것은 타당하다고 할 수 없다."고 하면서, "법 제68조 제1항에 의한 헌법소원 중 법령에 대한 헌법소원

---

207) 헌재 1992. 6. 26. 90헌아1, 판례집 4, 378, 384. 한편, 헌법재판소는 2012. 4. 24. 선고한 2010헌아208 결정에서, 청구인이 '재심대상결정(헌재 2010.6.8. 2010헌바207)이 청구인의 헌법소원심판청구에 대한 청구기간 계산을 잘못하여 각하함으로써 본안판단을 하지 아니하였음을 재심사유로 주장'하고 있는데 대하여 "기록을 살펴보면, 재심대상결정은 2010. 6. 8. 선고되어 그 결정서 정본이 청구인의 대리인에게 2010. 6. 16. 송달되었음이 인정된다. 따라서 2010. 7. 23.에 청구된 이 사건 심판청구는 적법한 재심청구기간이 지난 뒤에 청구된 것임이 명백하여 부적법하다."고 판시하였지만, 이 결정이 만약 재심청구기간을 준수하였다면 규범통제형 헌법소원에서도 재심을 허용한다는 취지라고 보기는 어렵다.

은 법 제68조 제2항에 의한 경우와 동일한 근거로써 재심을 허용함이 상당하지 아니하다 할 것이고, 따라서 허용될 수 없는 법 제68조 제1항에 의한 법령에 대한 헌법소원의 결정을 재심청구의 대상으로 삼고 있는 청구인의 이 사건 재심청구는 부적법한 것"이라고 판시하였다.[208]

(마) 권리구제형 헌법소원심판에 대한 재심

1) 일반론

법 제68조 제1항에 의한 헌법소원 중 행정작용에 속하는 공권력작용을 대상으로 하는 권리구제형 헌법소원에 있어서는 사안의 성질상 일반적으로 헌법재판소의 결정에 대한 재심은 재판부의 구성이 위법한 경우 등 절차상 중대하고도 명백한 위법이 있어서 재심을 허용하지 아니하면 현저히 정의에 반하는 경우에는 허용될 수 있을 것이다.[209]

2) 판단유탈(판단누락)이 재심사유가 되는지 여부

헌법재판소는 1995. 1. 20. 선고한 93헌아1 불기소처분취소(재심) 사건에서, 헌법소원심판절차에서는 변론주의가 적용되는 것이 아니어서 직권으로 청구인이 주장하는 청구이유 이외의 헌법소원의 적법요건 및 기본권침해 여부에 관련되는 이유에 관하여 판단하는 점과, 헌법재판이 헌법의 해석을 주된 임무로 하고 있는 특성, 행정작용에 속하는 공권력작용을 대상으로 하는 권리구제형 헌법소원심판절차에서는 사전구제절차를 모두 거친 뒤에야 비로소 적법하게 헌법소원심판을 청구할 수 있다고 하는 사정 등을 고려할 때, 이러한 헌법소원심판절차에서 선고된 헌법재판소의 결정에 대하여는 (구)민사소송법 제422조 제1항 제9호 소정의 판단유탈은 재심사유가 되지 아니한다고 판시하였다.[210] 그 후 1998. 3. 26. 선고한 98헌아2 불기소처분취소(재심) 사건에서는 재판관 5인이 법 제68조 제1항에 의한 헌법소원심판절차 중 공권력의 작용을 대상으로 하는 권리구제형 헌법소원에 관한 심판에 대하여 법 제40조에 따라 (구)민사소송법의 재심에 관한

208) 헌재 2002. 9. 19. 선고 2002헌아5, 공보·판례집 미수록. 同旨, 헌재(제1지정재판부) 2004. 2. 10. 2004헌아4, 공보·판례집 미수록; 헌재(제2지정재판부) 2004. 11. 23. 2004헌아47, 공보·판례집 미수록; 헌재(제3지정재판부) 2006. 2. 14. 2006헌아6, 공보·판례집 미수록; 헌재(제2지정재판부) 2006. 9. 26. 2006헌아37, 공보 120, 1297, 1298, 판례집 미수록.

209) 헌재 1995. 1. 20. 93헌아1, 판례집 7-1, 113, 121.

210) 이 결정에는 재판관 3인의 반대의견이 있다.

규정을 준용하여 재심이 허용되어야 함은 물론 (구)민사소송법 제422조 제1항 제9호 소정의 "결정에 영향을 미칠 중요한 사항에 관하여 판단을 유탈한 때"는 재심사유가 된다는 의견을 표시하였으나, 법 제23조 제2항 단서 제2호 소정의 판례변경을 위한 정족수에 이르지 못하였다.

그러나 제3기 재판부에 이르러 2001. 9. 27. 선고한 2001헌아3 불기소처분취소(재심) 사건에서는, (구)민사소송법 제422조 제1항 제9호 소정의 판단유탈을 재심사유로 허용하는 것은 공권력의 작용을 대상으로 하는 권리구제형 헌법소원의 성질에 반한다고 할 수 없으므로 (구)민사소송법 제422조 제1항 제9호를 준용하여 판단유탈도 재심사유로 허용되어야 한다고 판시하면서, 따라서 종전에 이와 견해를 달리하여 법 제68조 제1항에 의한 헌법소원 중 행정작용에 속하는 공권력 작용을 대상으로 한 권리구제형 헌법소원에 있어서 (구)민사소송법 제422조 제1항 제9호 소정의 판단유탈은 재심사유가 되지 아니한다는 취지로 판시한 헌법재판소의 의견[211]을 변경하였고, 나아가 재심청구인의 주장에 관하여 살핀 끝에, 재심대상결정에는 재심청구인의 위 주장에 대한 판단이 포함되어 있는 것이고 이와 같이 판단이 있는 이상 그 판단에 이르는 이유나 근거 등을 일일이 또는 개별적으로 설시하지 아니하였나고 하더라도 이를 (구)민사소송법 제422조 제1항 제9호에서 말하는 판단유탈이라고 할 수 없다는 이유로 재심청구를 기각하였다.[212] 같은 취지로, 헌재 2001. 11. 29. 2001헌아10,[213] 헌재 2002. 3. 28. 2001헌아22[214] 각 결정 참조.

사례

⊙ 헌재 2013. 2. 28. 2012헌아99 : 헌법재판소법 제40조에 의해 준용되는 민사소송법 제451조 제1항 제9호의 '판단누락'이란 헌법재판소의 결정에 영향을 미칠 중요한 사항에 관하여 판단을 빠뜨린 경우를 의미하고, '적법요건'이란 본안판단을 받기 위한 선결요건을 의미하는 것인바, 헌법소원이 적법요건을 충족하지 못하여 각하결정을 받는 경우에는 청구인의 본안주장에 대한 판단을 하지 않는 것이 적법요건의 성

211) 헌재 1995. 1. 20. 93헌아1, 판례집 7-1, 113 이하; 헌재 1998. 3. 26. 98헌아2, 판례집 10-1, 320 이하.

212) 〈주문〉 : "이 사건 재심청구를 기각한다." [이 결정에는 종전의 헌법재판소의 결정을 그대로 유지해야 한다는 재판관 2인의 반대의견이 있다.]

213) 〈주문〉 : "청구인의 심판청구를 기각한다." [공보·판례집 미수록. 전원일치 결정임]

214) 〈주문〉 : "청구인의 심판청구를 기각한다." [공보·판례집 미수록. 전원일치 결정임]

질상 당연하므로 판단누락에 해당하지 아니한다. 즉, 민사소송법 제451조 제1항 제9호에서 "판결에 영향을 미친 중요한 사항에 관하여 판단을 누락한 때"라 함은, 소송요건에 흠결이 없어 본안에 들어가 사건을 판단하는 경우에 있어서 당사자가 적법하게 소송상 제출한 공격방어의 방법으로 판결의 결론에 영향이 있는 것에 대하여 판결이유 중에서 판단을 표시하지 않는 것을 말하고, 소송요건에 흠결이 있어서 본안에 들어가 판단을 할 수 없는 경우에는 그 소송은 부적법하다 하여 각하하여야 하고 본안에 대한 판단을 할 수 없으므로, 이러한 경우에 본안에 대한 판단이 없다 하여 이를 판결에 영향을 미칠 중요한 사항에 대한 판단누락이라고는 할 수 없다(대법원 1994. 11. 8. 선고 94재누32 판결 참조). 그렇다면 청구인의 위 주장은 적법한 재심사유인 '헌법재판소의 결정에 영향을 미칠 중요한 사항에 관한 판단의 누락'에 대한 주장이라고 할 수 없고, 그 밖에 달리 적법한 재심청구의 사유가 있다고 볼 수 없으므로, 결국 이 사건 심판청구는 부적법하다.

한편, 재심대상결정이 애초에 헌법소원의 대상이 될 수 없다면 그 결정에 판단유탈이 있다고 주장하면서 제기하는 재심은 인정될 수 없다.

사례

⊙ 헌재 2001. 11. 29. 2001헌아2 : (재심대상결정의 하나인) 95헌마308 헌법소원 사건의 경우 심판의 대상은 법 제68조 제1항의 '법원의 재판을 제외하고는' 부분과 '대법원 판결'이었는바, 이들은 결국 헌법재판소의 헌법소원 사건에 대한 재심의 대상이 될 수 있는 영역인 '행정작용에 속하는 공권력작용을 대상으로 하는 권리구제형 헌법소원'에 해당하지 아니하므로 위 95헌마308 결정에 대하여는 재심이 허용될 수 없다고 할 것이다. 따라서 법률에 대한 헌법소원이나 법원의 재판에 대한 헌법소원 사건에 대하여도 재심의 대상으로 할 수 있음을 전제로, 위 95헌마308 결정에는 결정에 영향을 미칠 수 있는 판단유탈이 있었음에도 불구하고 이를 다투는 청구인의 위와 같이 거듭된 재심청구를 각하한 헌법재판소의 일련의 결정(최종적으로 이 사건 재심대상결정인 2000헌아34 결정)을 취소하고 상당한 결정을 다시 내려달라는 청구인의 주장은, 결국 재심의 대상이 될 수 없는 위 헌법재판소의 결정에 대한 불복이라고 할 것이어서 부적법하다.

---

3) 사실인정의 오류가 재심사유가 되는지 여부

헌법재판소는 2000. 6. 29. 선고한 99헌아18 불기소처분취소(재심) 사건에서, "청구인은 원결정 당시 재항고기간을 준수하였고 따라서 적법한 사전구제절차를 경유하였음에도 원결정이 이를 오인한 사실은 인정된다. 그러나, (…) 이 사건 심판청구는 위 헌법재판소 판례상의 '재판부의 구성이 위법한 경우 등 절차상 중대하고도 명백한 위법이 있어서 재심을 허용하지 아니하면 현저히 정의에 반하는 경우'라고 보기도 어려워 재심이 허용될 수 없고, 한편 법에는 재심에 관하여 특별한 규정이 없으므로 법 제40조 제1항에 따라 민사소송법의 재심에 관한 규정을 준용하여 재심이 허용되어야 한다고 보는 경우라도 민사소송법상의 재심사유(구 민사소송법 제422조 제1항 참조)에는 청구인이 주장하는 바와 같은 사실인정의 오류는 포함되어 있지 아니하므로 역시 재심사유에 해당되지 아니한다."고 하였다.[215)]

그러나 헌재 2003. 9. 25. 2002헌아42 불기소처분취소(재심) 사건에서는 재판관 전원일치의 의견으로, "이 사건 재심대상사건에서 청구인은 위 불기소처분에 대하여 검찰청법에 따라 항고 및 재항고를 경료함으로써 적법하게 사전구제절차를 거쳐 그 취소를 구하는 헌법소원 심판청구를 제기하였다고 할 것인바, 잘못 기재된 사실조회 회보에 기하여 청구인의 위 심판청구를 적법한 사전구제절차를 경유하지 아니하여 부적법하다는 이유로 각하한 이 사건 재심대상결정은 적법하게 제기된 위 심판청구의 본안에 들어가 판단을 하였어야 했음에노 불구하고 이를 판단하지 아니하였으므로, 법 제40조 제1항에 의하여 준용되는 민사소송법 제451조 제1항 제9호의 '판결에 영향을 미칠 중요한 사항에 관하여 판단을 누락한 때'[216)]에 준하는 재심사유가 있다(대법원 2001. 8. 20.자 2001준재다442 결정; 대법원 2002. 9. 30.자 2002재다555 결정; 대법원 2002. 11. 11.자 2002재다753 결정 참조)고 볼 것이다."라고 하여 종전의 위 99헌아18 결정을 변경하였음에도 동 결정문에는 판례변경의 기재내용이 없다.[217)]

---

215) 이 결정에는 재판관 2인의 반대의견이 있었다.

216) 헌재 2012. 12. 27. 2011헌바5 : "민사소송법 제451조 제1항은 재심사유로 11가지를 열거하고 있다. 이 중 제9호에 '판결에 영향을 미칠 중요한 사항에 관하여 판단을 누락한 때'를 규정하고 있는데, 이는 당사자가 소송상 제출한 공격방어방법으로서 판결주문에 영향이 있는 것에 대하여 판결이유 중에서 판단을 표시하지 아니한 것을 뜻한다. 판단을 했지만 그 판단에 이르는 이유가 자세히 설시되어 있지 않거나 당사자의 주장을 배척하는 근거를 일일이 개별적으로 설명하지 않은 것은 판단누락이 아니다(대법원 2008.11.27. 선고 2007다69834 판결 참조). 특히, 상고이유에 관한 주장이 상고심특례법이 정하는 심리불속행사유에 해당한다고 보아 더 나아가 심리를 하지 아니하고 상고를 기각한 판결의 경우 상고이유에 대한 판단을 누락한 것으로 보지 않는다(대법원 2009.2.12. 선고 2008재다502 판결 참조)."

또한 헌재 2009. 6. 25. 2008헌아23 불기소처분취소(재심) 사건에서, 청구인이 청구기간을 준수하여 헌법소원심판청구를 하였음에도, 우편집배원의 착오로 인해 잘못 기재된 우편송달보고서를 근거로 청구기간을 잘못 계산하여 헌법소원심판청구에 대한 본안판단을 하지 아니한 채 심판청구가 청구기간을 도과하여 부적법하다는 이유로 각하하는 결정을 한 경우, 이러한 재심대상결정에는 법 제40조 제1항에 의하여 준용되는 민사소송법 제451조 제1항 제9호의 '판결에 영향을 미칠 중요한 사항에 관하여 판단을 누락한 때'에 준하는 재심사유가 있다고 하여 재심대상결정(헌재 2008. 2. 19. 2008헌마151)을 취소하였으나, 재심대상 사건의 헌법소원에 대한 판단에 있어서는 헌법재판소가 관여할 정도의 자의적인 처분이라고 볼 수 없다는 이유로[218] 청구를 기각하였다.[219]

(바) 정당해산심판에 대한 재심

헌법재판소는 통합진보당 해산결정에 대한 재심사건(헌재 2016. 5. 26. 2015헌아20)[220]에서, "정당해산심판은 일반적 기속력과 대세적·법규적 효력을 가지는 법령에 대한 헌법재판소의 결정과 달리 원칙적으로 해당 정당에게만 그 효력이 미친다. 또 정당해산결정은 해당 정당의 해산에 그치지 않고 대체정당이나 유사정당의 설립까지 금지하는 효력을 가지므로, 오류가 드러난 결정을 바로잡지 못한다면 현 시점의 민주주의가 훼손되는 것에 그치지 않고 장래 세대의 정치적 의사결정에까지 부당한 제약을 초래할 수 있다. 따라서 정당해산심판절차에서는 재심을 허용하지 아니함으로써 얻을 수 있는 법적안정성의 이익보다 재심을 허용함으로써 얻을 수 있는 구체적 타당성의 이익이 더 크므로 재심을 허용하여야 한다."고 판시하였다.[221]

---

217) 〈주문〉: "재심대상결정을 취소한다. 이 사건 심판청구를 기각한다." [공보·판례집 미수록. 전원일치 결정임]

218) 同旨, 헌재 2011. 2. 24. 2008헌아4, 공보 173, 441, 442

219) 〈주문〉: "재심대상결정을 취소한다. 재심대상사건의 심판청구 중, 2006. 12. 22.자 불기소처분 … 부분은 각하하고, 2007. 5. 9.자 불기소처분 … 부분은 기각한다."

220) [사건개요] : 재심청구인(통합진보당)은 2014. 12. 19. 헌법재판소의 정당해산결정에 따라 해산되었고, 소속 국회의원 5인은 국회의원직을 상실하였다. 재심청구인은, 재심대상결정의 전제가 된 형사사건 중 내란음모 등 혐의에 대하여 2015. 1. 22. 대법원에서 무죄가 확정되었으므로(대법원 2014도10978) 재심대상결정의 기초가 된 재판이 변경되었다는 등의 이유로 2015. 2. 16. 재심대상결정의 취소를 구하는 이 사건 재심청구를 제기하였다.

221) 전원일치 각하(민사소송법 제451조 제1항 소정의 재심사유 없다). 이 결정에는 "정당해산

(5) 결정의 경정

(가) 의의

결정의 경정이란 결정서에 표현상의 오류가 발견된 때에 헌법재판소가 스스로 그 오류를 정정하는 것을 말하고(법 제40조, 민사소송법 제211조), 이러한 결정을 경정결정이라 한다. 원래 법원에서 판결에 잘못된 계산이나 기재, 그 밖에 이와 비슷한 잘못이 있음이 분명한 때 행하여지는 판결경정은, 일단 선고된 판결에 대하여 그 내용을 실질적으로 변경하지 않는 범위 내에서 판결의 표현상의 기재 잘못이나 계산의 착오 또는 이와 유사한 오류를 정정 또는 보충하여 강제집행이나 호적의 정정 또는 등기의 기재 등 이른바 광의의 집행에 지장이 없도록 하는 데 그 취지가 있다.[222] 경정결정은 원결정과 일체가 되어 결정선고시에 소급하여 그 효력이 발생한다.[223]

(나) 요건

결정에 잘못된 계산이나 기재, 그 밖에 이와 비슷한 잘못이 있음이 분명한 경우이어야 한다. 따라서 결정에 표현상의 명백한 오류가 아니고, 판단내용의 오류나 판단유탈은 경정사유로 되지 않는다. 결정의 경정이 가능한 오류에는 그것이 헌법재판소의 과실로 인하여 생긴 경우뿐만 아니라 당사자의 청구에 잘못이 있어 생긴 경우도 포함된다고 할 것이며,[224] 경정결정을 함에 있어서는 그 소송 전 과정에 나타난 자료는 물론 경정대상인 결정의 선고(고지) 후에 제출된 자료도, 다른 당사자에게 아무런 불이익이 없는 경우나 이를 다툴 수 있는 기회가 있었던 경우에는 소송경제상 이를 참작하여 그 오류가 명백한지 여부를 판단할 수 있다.[225]

결정에 대해서는 재심을 허용하지 아니함으로써 얻을 수 있는 법적안정성의 이익이 재심을 허용함으로써 얻을 수 있는 구체적 타당성의 이익보다 더 중하다고 할 것이므로, 이 같은 결정은 그 성질상 재심에 의한 불복이 허용될 수 없다."는 재판관 3인의 별개의견이 있다.

222) 대법원 2000. 12. 12.자 2000즈3 결정.

223) 대법원 1962. 1. 25.자 4294민재항674 결정.

224) 대법원 1988. 1. 30.자 87그34 결정; 대법원 1970. 3. 31. 선고 70다104 판결 참조.

225) 대법원 2000. 5. 24.자 99그82 결정 참조.

(다) 절차

경정은 당사자의 신청 또는 직권에 의하여 어느 때라도 할 수 있다(법 제40조, 민사소송법 제211조 제1항). 경정결정은 (경정대상) 결정의 원본과 정본에 덧붙여 적어야 하고, 다만 정본이 이미 당사자에게 송달되어 정본에 덧붙여 적을 수 없을 때에는 따로 경정결정의 정본을 송달하면 된다(법 제40조, 민사소송법 제211조 제2항).

(라) 사례

헌법재판소가 결정을 경정한 사례로는 '당사자'의 신청에 의한 경우로 헌재 1999. 11. 17.자 99헌사350 결정이 있고,[226] '제3자'의 신청에 의한 경우로 헌재 2000. 11. 23.자 2000헌사464 결정이 있으며,[227] '직권'에 의한 경우로[228] 헌재 2007. 8. 21.자 2005헌사717 결정[229]이 있다.[230]

---

226) 〈주문〉 : "헌법재판소 99헌바60 인감증명법 제7조 제1항 단서 등 위헌확인 사건에 관하여 1999. 8. 14.자로 한 결정의 이유 중 결정서 제1장 제18행의 '청구인이 병으로 요양중이라는 내용의 진단서를 첨부하고'를 '청구인이 병으로 요양중이라는 이유를 들어'로 경정한다."

227) 〈주문〉 : "헌법재판소 99헌마591 기소유예처분취소 사건에 관하여 2000. 8. 31.자로 한 결정서 제1장 밑에서 제1행 및 제2행의 '만화통화교'를 '만교통화교'로 경정한다."

228) 직권경정의 경우에는 사건번호가 독립된 신청사건번호('헌사')가 아닌 원결정의 사건번호(예컨대 '헌마'. 이 사건의 경우는 원결정이 가처분신청 사건이었으므로 '헌사')가 붙는다는 점이 신청에 의한 경정과 다르다.

229) 본안사건인 2005헌라8 사건과 효력정지가처분신청사건인 2005헌사717 사건이 같은 날인 2007. 7. 26. 각하결정(2005헌라8) 및 기각결정(2005헌사717)되었다.

230) 〈주문〉 : "이 사건에 관하여 헌법재판소가 2007. 7. 26.에 한 결정 중, 제1면 제12행의 '2006. 7. 26.'을 '2007. 7. 26.'로, 제3면 별지의 제2행 '청구인의 표시'를 '신청인의 표시'로, 각 경정한다."

제3장 違憲法律審判

1. 개관

현행 헌법상 위헌법률심판은 국회가 제정한 법률의 위헌여부가 일반법원에서 재판의 전제가 되는 경우에 법원이 헌법재판소에 위헌심판을 제청하고 헌법재판소가 그 위헌여부를 심사·판단하는 사후적·구체적인 규범통제제도이다(헌법 제107조 제1항, 제111조 제1항 제1호). 즉 법률에 대한 '위헌제청권'은 일반법원이 담당하며, '위헌결정권'은 헌법재판소가 담당하는 구조로 되어 있다.[1]

따라서 법률이 헌법에 위반되는지 여부가 재판의 전제가 되어 당해사건[2]을 담당하는 법원이 직권 또는 당사자의 신청에 의하여 위헌제청결정을 하고(법 제41조 제1항), 위헌법률심판 제청서 정본이 대법원을 거쳐(제26조 제1항, 법 제41조 제5항) 헌법재판소에 접수되면 심판절차가 진행하게 된다.

2. 위헌제청절차

가. 위헌제청신청 및 위헌제청결정

(1) 당사자의 위헌제청신청

일반법원의 재판계속 중 당해사건에 적용될 법률 또는 법률조항이 헌법에

---

1) 헌법재판실무제요, 헌법재판소, 2008, 92면. 허영 교수는 우리의 구체적 규범통제제도는 관할분리제를 그 제도적인 특징으로 하는바, 법률의 '위헌심사권'(Prüfungskompetenz)과 법률에 대한 '위헌결정권'(Verwerfungskompetenz)을 구별해서 전자는 구체적인 사건의 재판을 담당하는 법원에 맡기지만, 후자는 헌법재판소에 독점시키는 제도를 채택하고 있다고 설명한다. 허영, 헌법소송법론, 박영사, 2014, 196면.

2) '법률의 위헌여부가 재판의 전제로 된 사건'을 말한다.

위반된다고 주장하는 당사자는 당해사건을 담당하는 법원[3]에 위헌제청의 신청을 할 수 있다. 위헌제청의 신청서에는 '민사소송 등 인지법'의 규정에 의한 인지를 첩부하지 아니한다[대법원의 '위헌법률심판 제청사건의 처리에 관한 예규'(2015. 7. 31. 재판예규 제1541호로 개정된 것. 이하 "위헌제청예규"라고 약칭한다) 제3조].

위헌제청의 신청이 있는 때에는 당해사건에 관련된 신청사건[4]으로 접수·처리한다. 법원이 직권으로 위헌제청을 하는 때에는 독립한 사건으로 취급하지 아니한다(위헌제청 예규 제2조). 위헌제청신청사건의 기록은 당해사건에 가철(加綴)한다(위헌제청 예규 제5조).

(2) 법원의 위헌제청결정

(가) 제청권자

"법원"만이 법률의 위헌여부에 대하여 헌법재판소에 위헌제청할 수 있다. 법원은 "직권 또는 당사자의 신청에 의한 결정"으로 위헌제청할 수 있다.[5] 즉, 헌법소원심판이 아닌 위헌법률심판은 구체적 사건에서 법률의 위헌여부가 재판의 전제가 되어 법원의 제청이 있는 경우에 한하여 할 수 있고, 개인의 제소 또는 심판청구만으로는 위헌법률심판을 할 수 없다.[6]

수소법원(受訴法院)은 물론 집행법원(執行法院)도 제청권한이 있으며, 비송사건(非訟事件) 담당법관의 경우에도 재판사건(裁判事件) 담당법관과 마찬가지로 제청권이 있다. 우리 헌법상 특별법원으로 예외적으로 인정된(헌법 제110조 제1항) 군사법원[7]에도 제청권이 있다(법 제41조 제1항). 그러나 헌법 제107조 제3항과 행정심판법 등을

3) 파기 환송심 법원도 이에 포함된다.(헌재 2016.2.25. 2013헌바175등, 공보 233, 352)

4) 예컨대, 민사사건에 관한 것은 민사신청사건, 형사사건에 관한 것은 형사신청사건. [헌재 2018.8.30. 2016헌바316 : "위헌법률심판제청절차는 헌법재판소의 심판절차가 아니라 당해사건을 심리하는 법원에 의하여 당해사건 내에서 이루어지는 법원의 재판절차이다. 법원의 위헌법률심판제청절차에 관한 재판 예규인 '위헌법률심판 제청사건의 처리에 관한 예규'에 의하면 형사사건에 관한 위헌제청의 신청은 형사신청사건으로 접수·처리되므로, 그 절차 또한 형사소송에 관한 법령에 의하여야 한다."]

5) 동일한 재판절차에서 당사자(피고인)의 제청신청에 따른 위헌제청(해산명령불응죄조항)과 법원의 직권에 의한 위헌제청(집회장소-국무총리공관-금지조항)이 함께 이루어진 사례로 헌재 2018. 6. 28. 2015헌가28, 2016헌가5 (병합)결정 참조.(공보 261, 985, 986)

6) 헌재 1994. 6. 30. 94헌아5, 판례집 6-1, 714, 716.

7) 군사법원이 제청한 사례 : 헌재 2011. 3. 31. 2008헌가21 군형법 제92조(추행) 위헌제청 (제청법원 - 육군 제22사단 보통군사법원) [합헌(5:4)]

근거로 설치되어 행정심판을 담당하는 각종 행정심판기관은 제청권을 갖는 법원이라고 볼 수 없다.

제청권자로서의 법원은 개개의 소송사건에 관하여 재판권을 행사하는 재판기관을 의미하는 소송상의 의미에 있어서의 법원을 말한다. 따라서 단독판사 관할사건의 경우에는 당해소송의 담당법관 개인이 여기서 말하는 법원으로서 제청권이 있으며, 합의부 관할사건의 경우에는 합의부가 원칙적으로 제청권 있는 법원이다.

(나) 위헌제청결정 및 송부

위헌제청신청을 받은 당해법원은 위헌주장된 법률의 위헌여부가 당해소송의 재판의 전제가 되고,[8] 또 합리적인 위헌의 의심이 있는 때에 결정의 형식으로 위헌법률심판을 제청한다. 그 밖에 당해법원은 직권으로도 위헌제청을 결정할 수 있다. 그리고 두 경우 모두 대법원 외의 법원이 위헌제청결정을 한 때에는 대법원을 거치도록 되어 있기 때문에(법 제41조 제5항), 당해법원은 위헌제청결정서 정본을 법원행정처장에게 법원장 또는 지원장 명의로 송부하게 된다(위헌제청 예규 제8조). 이 경우 대법원은 각급법원의 위헌제청을 심사할 권한을 가지고 있지 않다.[9] 그리하여 법원행정처장은 이 위헌제청결정서 정본을 그대로 헌법재판소에 송부하게 되고 이로써 위헌제청이 이루어지게 된다(법 제26조 제1항 단서).

법 제41조 제4항은 "위헌여부심판의 제청에 관한 결정에 대해서는 항고할 수 없다."고 규정하고 있으므로 위헌제청신청을 기각하는 결정에 대하여는 민사소송에 의한 항고나 재항고를 할 수 없다.[10] 뿐만 아니라 재판의 전제가 되는 어떤 법률이 위헌인지의 여부는 재판을 담당한 법원이 직권으로 심리하여야 하는

8) 후술하는 바와 같이 위헌법률심판이 가능하기 위해서는 그 적법요건으로서 재판의 전제성이 충족되어야 하고, 따라서 법원이 문제된 법률의 위헌여부에 의문이 있어 위헌제청신청을 인용함에 있어서도 그에 앞서 재판의 전제성이 존재하는지의 여부에 관하여 구체적인 이유설시가 있어야 할 것이다. 당해사건의 사실관계를 가장 잘 파악하고 있는 법원이야말로 문제의 법률조항의 위헌여부가 당해사건의 재판의 전제가 되는 것인지를 판단하는 데에 보다 적합한 위치에 있기 때문이다. 그리고 법원의 이러한 이유설시는 헌법재판소가 나중에 재판의 전제성을 판단함에 있어서 매우 유용한 자료로 활용될 수 있을 것이다.

9) 과거 제4공화국 및 제5공화국하의 헌법위원회법(제15조 제3항)에서는 대법원이 제청법률에 대한 1차적인 심사를 하여 제청이 필요없다고 판단하면 헌법위원회에 제청서를 송부하지 않을 수 있는 이른바 '불송부결정권'을 부여했다.

10) '각하결정'에 대하여도 항고할 수 없다고 해석하여야 할 것이다.

것이어서, 당사자가 그 본안사건에 대하여 상소를 제기한 때에는 그 법률이 위헌인지 여부는 상소심이 독자적으로 심리·판단해야 하는 것이므로, 위헌제청신청 기각결정은 본안에 대한 종국재판과 함께 상소심의 심판을 받는 중간적 재판의 성질을 갖는 것으로서 '특별항고의 대상이 되는 불복을 신청할 수 없는 결정'(민사소송법 제449조[11] 참조)에도 해당되지 않는다.[12]

한편, 법원이 위헌제청신정을 기각(각하)한 때에는 그 신청을 한 당사자는 헌법재판소에 헌법소원심판을 청구할 수 있다. 그리고 이 경우 그 당사자는 당해사건의 소송절차에서 동일한 사유를 이유로 다시 위헌여부심판의 제청을 신청할 수 없다(법 제68조 제2항 후문).

(3) 위헌제청서의 기재사항

법원의 제청서에는 다음의 사항이 기재되어야 한다(법 제43조).

① 제청법원의 표시

② 사건 및 당사자의 표시

③ 위헌이라고 해석되는 법률 또는 법률의 조항

④ 위헌이라고 해석되는 이유

⑤ 그 밖에 필요한 사항

한편 심판규칙 제54조에 따르면, 제청서에는 법 제43조의 기재사항 외에 당해사건이 형사사건인 경우 피고인의 구속여부 및 그 기간(제1호), 당해사건이 행정사건인 경우 행정처분의 집행정지 여부(제2호)를 기재하여야 한다. 그 밖에 제청서에는 필요한 증거서류 또는 참고자료를 첨부할 수 있다(법 제26조 제2항).

나. 위헌제청의 대상적격

(1) 의의

법원의 제청에 의한 위헌법률심판 또는 법 제68조 제2항에 의한 헌법소원심

11) 민사소송법 제449조(특별항고) ①불복할 수 없는 결정이나 명령에 대하여는 재판에 영향을 미친 헌법위반이 있거나, 재판의 전제가 된 명령·규칙·처분의 헌법 또는 법률의 위반여부에 대한 판단이 부당하다는 것을 이유로 하는 때에만 대법원에 특별항고를 할 수 있다.

12) 대법원 1993. 8. 25.자 93그34 결정.

판의 대상이 되는 '법률'에는 국회의 의결을 거친 이른바 형식적 의미의 법률은 물론이고 그 밖에 조약 등 '형식적 의미의 법률과 동일한 효력'을 갖는 규범들도 모두 포함된다.[13] 이때 '형식적 의미의 법률과 동일한 효력'이 있느냐 여부는 그 규범의 명칭이나 형식에 구애받지 않고 법률적 효력의 유무에 따라 판단하여야 한다.[14] 따라서 헌법이 법률과 동일한 효력을 가진다고 규정한 긴급재정경제명령(제76조 제1항) 및 긴급명령(제76조 제2항)은 물론, 헌법상 형식적 의미의 법률은 아니지만 국내법과 동일한 효력이 인정되는 '헌법에 의하여 체결·공포된 조약과 일반적으로 승인된 국제법규'(제6조 제1항)의 위헌여부의 심사권한도 헌법재판소에 전속된다고 보아야 한다.[15]

(2) 법률

(가) 대한민국의 법률

원칙적으로 국회의 입법절차에 의거한 의결을 거쳐 제정된 이른바 "형식적 의미의 법률"만이 법원의 위헌제청의 대상이 될 수 있는 법률에 해당한다.[16] 또 여기서 말하는 법률은 대한민국의 국회가 제정한 법률만을 말한다. 따라서 대한민국의 입법권에 기초를 두고 제정된 대한민국의 법률이 아닌, 외국의 법률은 위헌제청의 대상적격이 없다.[17]

(나) 시행되어 효력이 발생한 법률

위헌법률심판은 최고규범인 헌법의 해석을 통하여 헌법에 위반되는 법률의 효력을 상실시키는 것이므로, 이와 같은 위헌법률심판제도의 속성상 법률의 위헌여부심판의 제청대상 법률은 특별한 사정이 없는 한 현재 시행중이거나 과거

---

13) 헌재 1995. 12. 28. 95헌바3, 판례집 7-2, 841, 846; 헌재 1996. 6. 13. 94헌바20, 판례집 8-1, 475, 482.

14) 이를 "효력기준설" 또는 "법률효력설"이라고 한다. 이에 대하여, '국회가 헌법이 정한 법률제정절차에 따라 제정한 형식적 의미의 법률 이외에는 국회가 동의권이나 승인권을 행사하여 성립한 조약이나 긴급명령, 긴급재정·경제명령과 같은 다른 형식의 법규범만을 헌법 제107조 제1항의 법률로 보아야 한다'는 입장(대법원)을 "국회관여설"이라고 부른다. 정태호, "유신헌법에 의한 긴급조치의 위헌제청적격성에 관한 관견", 헌법학연구 제17권 제4호, 한국헌법학회, 2011.12, 402-405면 참조.

15) 헌재 2013. 3. 21. 2010헌바70등, 공보 198, 472, 476.

16) 헌재 1996. 10. 4. 96헌가6, 판례집 8-2, 308, 320.

17) 실무제요(2008), 105-106면.

에 시행되었던 것이어야 하기 때문에, 제청 당시에 공포는 되었으나 시행되지 않은 법률은 위헌여부심판의 대상법률에서 제외된다.[18]

(다) 유효한 법률

위헌제청의 대상이 될 수 있는 법률은 또한 헌법재판소의 위헌심판시에 "유효한 법률"이어야 함이 원칙이다.[19]

1) 그러므로 헌법재판소에서 이미 위헌결정이 선고된 법률조항에 대한 위헌제청은 부적법하다.[20]

한편 헌법재판소는 2003. 9. 25. 선고한 2001헌가22 사건에서,[21] "구 군인연금법(2000. 12. 30. 법률 제6327호로 개정되기 전의 것) 제21조 제5항 제2호 내지 제5호는 헌법에 위반된다."는 위헌결정을 선고하였는데, 서울행정법원은 구 군인연금법(1995. 12. 29. 법률 제5063호로 개정되기 전의 것) 제21조 제5항 제3호에 대하여 직권으로 위헌제청을 하였고 이에 대하여 헌법재판소는 2005. 12. 22. 선고한 2004헌가24 사건에서[22] 동 조항에 대하여 위헌결정을 선고하였다.[23] 그런데 문제는 후자의 군인연금법 제21조 제5항 제3호와 전자의 동 조항호는 실

18) 헌재 1997. 9. 25. 97헌가4, 판례집 9-2, 332, 337.

19) 다만, 폐지된 법률이라 하더라도 청구인들의 침해된 법익을 보호하기 위하여 그 위헌여부가 가려져야 할 필요가 있는 경우에는 재판의 전제성이 인정되는 한 대상이 될 수 있다는 것이 헌법재판소의 판례이다. [헌재 1989.12.18. 89헌마32등, 판례집 1, 343, 347. 이 사건은 법 제68조 제2항에 따른 헌법소원이다.]

20) 헌재 1994. 8. 31. 91헌가1, 판례집 6-2, 153, 161. 다만, 헌법재판소는 이 경우 심판대상에서 제외하기도 한다. 예컨대 헌재 2002. 9. 19. 2002헌가11등 결정에서, "헌법재판소는 2002. 5. 30. 선고한 2001헌바5 사건에서 구 전기통신사업법(2000.1.28. 법률 제6230호로 개정되기 전의 것) 제32조의2 및 제74조에 대하여 위헌을 선언한 바 있으며, 위 구 전기통신사업법 제32조의2는 이러한 위헌선언 이후 개정된 적이 없고, 구 전기통신사업법 제74조는 2000. 1. 28. 법률 제6230호로 개정되면서 조문의 위치가 제72조 제6호로 변경되고 그 법정형이 강화되었다. 그렇다면, 법 제32조의2는 위헌으로 선언된 구 전기통신사업법 제32조의2와 동일한 조항으로서 이미 그 효력을 상실하였다 할 것이므로 이 사건 심판대상에서 제외하기로 한다."고 판시하였다.

21) 당해사건은 서울행정법원 2000구22467 퇴역연금지급청구에대한거부처분취소 (취소소송)

22) 당해사건은 서울행정법원 2004구합9043. 주위적으로 피고 국방부장관을 상대로 퇴역연금지급청구에대한거부처분취소(취소소송)를 구하고, 예비적으로 피고 대한민국을 상대로 위 퇴역연금 미지급금 및 이에 대한 지연손해금의 지급을 구하는 소송(당사자소송)을 제기하였다.

23) 〈주문〉 : "구 군인연금법(1995.12.29. 법률 제5063호로 개정되기 전의 것) 제21조 제5항 제3호는 헌법에 위반된다."

질적으로 내용상 아무런 변경이 없었던 것일 뿐만 아니라 형식상으로도 문구 하나 다르지 않은 동일한 조문이었다. 즉, 전자의 법률[24]에서는 같은 조항에 제4호와 제5호만이 추가되었을 뿐 제21조 제5항 본문의 내용은 일체 변경이 없었던 것이다. 종래 헌법재판소의 선례에 의하면, 이 경우 헌법재판소의 위헌결정으로 효력을 상실한 조항과 실질적으로 동일한 법률조항에 대한 위헌제청이어서 각하결정을 했어야 하는 경우였다.[25]

2) 헌법불합치결정의 경우도 같다.

헌법재판소는 2006. 2. 23. 선고한 2004헌마675등 사건에서 국가기관, 지방자치단체, 국·공립학교의 채용시험에 국가유공자와 그 가족이 응시하는 경우 만점의 10퍼센트를 가산하도록 규정하고 있는 '국가유공자 등 예우 및 지원에 관한 법률' 제31조 제1항·제2항, '독립유공자 예우에 관한 법률' 제16조 제3항 중 '국가유공자 등 예우 및 지원에 관한 법률' 제31조 제1항, 제2항 준용 부분, '5·18 민주유공자 예우에 관한 법률' 제22조 제1항·제2항에 대하여 헌법불합치결정을 선고하면서 2007. 6. 30.을 시한으로 입법자가 개정할 때까지 잠정적용을 명한 바 있는데, 그 후 헌법재판소는 2006. 6. 29. 선고한 2005헌가13 사건에서 "제청신청인은 공립중등학교 채용시험에 응시한 자이고, 공립학교의 채용시험에 적용되는 이 사건 국가유공자 가산점 규정은 위 2004헌마675등 결정의 심판대상과 동일하다. 단순위헌결정뿐만 아니라 헌법불합치결정의 경우에도 개정입법시까지 심판의 대상인 법률조항은 법률문언의 변화없이 계속 존속하나 법률의 위헌성을 확인한 헌법불합치결정은 당연히 기속력을 가지므로(헌재 1997. 12. 24. 96헌마172등, 판례집 9-2, 842, 864), 이미 헌법불합치결정이 선고된 이 사건 국가유공자 가산점

24) 1995. 12. 29. 법률 제5063호로 개정되고, 2000. 12. 30. 법률 제6327호로 개정되기 전의 것.

25) 이에 대하여 서울고등법원은 (다른 사건에서), "후자의 2차 위헌결정은 1차 위헌결정의 재확인에 불과한 것이므로 비록 소(서울행정법원 2004구합7702)가 2차 위헌결정(2005.12.22.) 이전에 제기되었다 하더라도 '병행사건에 해당하여 그 효력이 미친다'고 할 수 없다." 고 판결하였다.(서울고등법원 2006.10.20. 선고 2004누19271 판결) 위 판시는 상고심인 대법원 2009. 6. 25. 선고 2006두17802 판결에서도 다음과 같이 유지되었다.: "제3호 관련 2차 위헌결정은 위에서 본 바와 같이 이미 1차 위헌결정이 위헌으로 결정함으로써 그 효력을 상실한 '1982. 12. 28. 법률 제3587호로 개정된 후 2000. 12. 30. 법률 제6327호로 삭제되기 전'의 구 군인연금법 제21조 제5항 제3호 중 일부에 대한 것으로 보아야 하는바, 이러한 제3호 관련 2차 위헌결정은 그 위헌결정에 이르게 한 당해사건에 대해 그 위헌결정의 **소급효**를 인정할 수는 있음은 별론으로 하더라도, 그 밖의 다른 사건에 대해서 소급효를 인정할 것은 아니다."

규정에 대한 심판청구는 심판의 이익이 없어 부적법하다."고 판시하였다.[26)]

(라) 입법부작위의 경우

1) 위헌법률심판절차의 목적은 입법자인 국회가 의결하여 제정한 법규범이 헌법에 부합하는지 여부를 심사하는 것이기 때문에, 국회의 입법부작위는 위헌제청의 대상이 될 수 없다.

사례

⊙ 헌재 2007. 12. 27. 2005헌가9 : 제청법원은 이 사건에서 법률에 대한 위헌심판을 구하면서 동시에 "토지수용의 경우에 가압류가 소멸함에도 그에 대한 보상방법과 절차를 전혀 규정하지 않아 가압류 채권자의 재산권을 침해하고 있다."는 이른바 입법부작위로 인한 위헌청구를 위헌의 이유로 덧붙이고 있다. 그러나 법 제41조에 의한 법원의 위헌제청에 의한 위헌법률심판이나 법 제68조 제2항에 따른 헌법소원은 법률이나 법률조항이 헌법에 위반되는지 여부를 적극적으로 다투는 제도이므로 법률의 부존재, 즉 입법부작위를 그 심판의 대상으로 하는 것은 그 자체로서 허용될 수 없다. 따라서 제청법원이 제기한 위 입법부작위는 위헌법률심판의 대상으로 삼을 수 없으므로 이 부분 제청은 부적법하다.

2) 반면 헌법재판소는 '부진정입법부작위'의 경우에는 입법부작위로 다툴 것이 아니라, 불완전한 법률조항 자체를 대상으로 위헌제청하여야 한다고 보고 있다.[27)]

---

26) 한편 적용중지 헌법불합치결정이 선고된 법률조항에 관한 헌재 2006. 6. 29. 2004헌가3 사건에서는, "이 사건에서 제청신청인은 2003. 7. 15. 위헌법률심판 제청신청을 하였고 제청법원이 2004. 1. 15. 이 사건 법률조항(사립학교법 제53조의2 제3항)에 대하여 위헌제청결정을 하였으나, 이미 그 이전인 2003. 12. 18. 이 사건 법률조항에 대하여 헌법불합치결정이 선고된 바 있다(헌재 2002헌바14등 결정을 말함. 이 결정은 주문에서 적용중지나 잠정적용 여부를 표시하지 않았으나, 헌법불합치결정의 일반원칙에 따라 '적용중지' 헌법불합치결정으로 보아야 할 것이다). 이 경우 위 헌법불합치결정의 소급효는 헌법불합치결정 당시에 이 사건 법률조항의 위헌여부가 쟁점이 되어 법원에 계속중인 당해사건에도 미친다고 할 것이므로, 종전의 법률조항인 이 사건 법률조항이 그대로 적용될 수는 없고 위헌성이 제거된 현행 사립학교법의 규정이 적용되어야 할 것이다. 그렇다면 이 사건 위헌법률심판의 제청은 심판의 대상이 된 법률조항이 재판의 전제성을 잃게 됨으로써 결국 심판제청의 이익이 없게 되었다." 라고 하여 재판의 전제성 문제로 접근하였다.

27) 진정입법부작위와 부진정입법부작위의 구별기준에 관하여는 이 책 제5장 3. 나. (2)를 참조.

(3) 긴급명령, 조약

형식적 의미의 법률은 아니나 그와 같은 효력이 있는 대통령의 긴급명령[28] 이나 조약[29]은 위헌제청의 대상이 될 수 있다. 헌법재판소는 '대한민국과 아메리카합중국간의 상호방위조약 제4조에 의한 시설과 구역 및 대한민국에서의 합중국군대의 지위에 관한 협정'(1967. 2. 9. 조약 제232호)은 그 명칭이 '협정'으로 되어 있어 국회의 관여 없이 체결되는 행정협정처럼 보이기도 하나, 우리나라의 입장에서 볼 때에는 외국군대의 지위에 관한 것이고 국가에게 재정적 부담을 지우는 내용과 근로자의 지위, 미군에 대한 형사재판권, 민사청구권 등 입법사항을 포함하고 있으므로 국회의 동의를 요하는 조약으로 취급되어야 한다고 보아 위헌제청의 대상으로 인정하였다.[30]

(4) 시행령·시행규칙·조례

"시행령·시행규칙"은 위헌제청의 대상이 되지 않는다. 즉 명령·규칙의 위헌여부는 법원 스스로 이를 판단할 수 있다(헌법 제107조 제2항 참조). "조례" 역시 위헌제청의 대상이 되지 않으며, 그것이 헌법에 위반되는지 여부는 법원이 스스로 판단할 수 있다.

다. 기타 : 당해사건의 재판정지

법원이 법률의 위헌여부심판을 제청한 때에는 당해 소송사건의 재판은 헌법재판소의 위헌여부의 결정이 있을 때까지 정지된다. 다만, 법원이 긴급하다고 인정하는 경우에는 종국재판 외의 소송절차를 진행할 수 있다(법 제42조 제1항).[31] 또한 위헌

---

28) 법 제68조 제1항에 따른 헌법소원에서 긴급명령의 헌법소원대상성을 인정한 판례로 헌재 1996. 2. 29. 93헌마186, 판례집 8-1, 111, 115-116 참조.

29) 국가간에 체결되는 조약의 특성상 "조약" 그 자체를 직접 규범통제의 대상으로 하기보다는 조약을 국내법으로 수용하기 위해서 이루어지는 국회의 "동의법"을 규범통제의 대상으로 삼아야, 조약을 무효화했을 때 발생할 수 있는 국가간의 신뢰손상이나 마찰을 방지할 수 있다는 견해로 허영, 전게서(2014), 213면 참조.

30) 헌재 1999. 4. 29. 97헌가14, 판례집 11-1, 273, 282.

31) 예컨대 헌재 1993. 12. 23. 93헌가2 사건의 당해사건 법원은, 보석허가결정 후 검사가 즉시항고를 하자 1993. 1. 15. 검사의 즉시항고권을 규정하고 있는 형사소송법 제97조 제3항에 관하여 위헌제청을 하고도, 당해사건인 보석허가결정에 대한 즉시항고사건 기록을 항고법원에 송부하고 항고법원도 검사의 즉시항고를 기각하는 결정을 하였다.

제청 대상법률이 형사소송법상 피고인의 구속에 관한 소송절차 규정인 경우 법원은 본안재판 자체에는 영향이 없는 것으로 보아 본안재판을 진행하는 경우도 있다.[32)]

그리고 위의 재판정지기간은 형사소송절차에서의 구속기간(형사소송법 제92조 제1항·제2항, 군사법원법 제132조 제1항·제2항)과 민사소송절차에서의 판결선고기간(민사소송법 제199조)에 이를 산입하지 아니한다(법 제42조 제2항). 대법원은 법 제42조 제1항 본문의 규정에 의한 재판정지기간의 '기산점'은 법원이 위헌제청의 결정을 한 때로, 그 '만료점'은 헌법재판소의 위헌여부결정서 정본이 위헌제청법원에 송달된 때로 본다(위헌제청예규 제9조의2).

한편, 위 법 제42조 제1항은 법 제68조 제2항에 따른 헌법소원에는 준용되지 않고 따라서 동 헌법소원심판의 청구는 당해 소송사건의 진행에 영향을 미치지 아니한다.

3. 재판의 전제성

법률이 헌법에 위반되는지 여부가 재판의 전제가 된 때에는 당해사건을 담당하는 법원(군사법원을 포함한다)은 직권 또는 당사자의 신청에 의한 결정으로 헌법재판소에 위헌여부의 심판을 제청한다(헌법 제107조 제1항, 법 제41조 제1항).

가. 의의

법률에 대한 위헌제청이 적법하기 위하여는 법원에 계속중인 구체적인 사건

---

32) 헌재 2012. 6. 27. 2011헌가36 (〈주문〉 : "형사소송법(1973.1.25. 법률 제2450호로 개정된 것) 제101조 제3항은 헌법에 위반된다.") [제청법원(서울고등법원)은 피고인에 대한 '성폭력범죄의 처벌 및 피해자보호 등에 관한법률' 위반(특수강도강간등) 등 사건에서 원심법원(서울북부지방법원)이 2011. 9. 19. 피고인에 대하여 피고인의 모친상을 이유로 2011. 9. 20.까지 구속의 집행을 정지한다는 결정을 하였으나, 같은 날 검사가 형사소송법 제101조 제3항에 따라 위 구속집행정지결정에 불복하여 즉시항고를 제기함으로써 그 결정의 집행이 정지된 채 제청법원에 이르게 되자, 2011. 10. 26. 직권으로 형사소송법 제101조 제3항에 대하여 위헌법률심판을 제청하는 한편, 본안재판을 진행하여 2011. 12. 2. 피고인에 대하여 징역 17년, 정보공개 10년, 10년간의 위치추적 전자장치 부착 등을 명하는 판결을 선고하였으며, 피고인이 상고함에 따라 대법원{2011도16971, 2011전도279(병합)}은 2012. 2. 9. 피고인의 상고를 기각하였다.]

에 적용할 법률이 헌법에 위반되는지 여부가 재판의 전제로 되어야 한다. 이 재판의 전제성요건은 위헌법률심판절차의 "구체적" 규범통제절차로서의 본질을 드러내 주는 요건으로서, 위헌법률심판절차를 "추상적" 규범통제절차와 구분해 주는 의미를 갖는다.[33]

위헌법률심판절차는 제청의 주체와 심판의 주체를 달리하여 '법원의 제청절차'와 '헌법재판소의 심판절차'로 구분되며, 전자와 후자는 '재판의 전제성'이라는 연결고리를 통하여 구조적으로 연결되어 있다. 재판의 전제성 요건은 한편으로는 법원의 제청가능성을 제한하면서, 다른 한편으로는 헌법재판소에 대하여 심판대상을 제한한다.[34]

나. "재판"의 의미

(1) 개요

재판이란 재판기관의 판단 또는 의사표시로서 이에 의해 소송법상 일정한 효과가 발생하는 법원의 소송행위를 말하는데,[35] 법률의 위헌여부가 재판의 전제가 된 때의 '재판'은 그 절차나 형식에 관계 없이 모든 형태의 법원의 실질적인 사법작용을 모두 포괄하는 의미이다.[36] 따라서 법원이 하는 사법행정은 재판이 아니다.

법 제41조 제1항에서 말하는 '재판'이라 함은 원칙적으로 그 형식 여하와 본안에 관한 재판이거나 소송절차에 관한 것이거나를 불문한다. 판결과 결정 그리고 명령이 여기에 포함되며, 심급을 종국적으로 종결시키는 종국재판뿐만 아니라 중간재판[37]도 이에 포함되고, 법률이 위헌으로 심판되는 여부가 법원이 앞으

33) 실무제요(2008), 111면. 규범통제의 유형에 대하여는 허영, 전게서(2014), 55-59면; 정종섭, 헌법소송법, 박영사, 2010, 27-28면; 김하열, 전게서(2016), 267-271면 참조.

34) 한수웅, "위헌법률심판에서의 '재판의 전제성'에 관한 비판적 고찰", 헌법논총 제25집, 헌법재판소, 2014, 418·420면.

35) 이시윤(2008), 532면.

36) 허영, 전게서(2014), 202면.

37) 민사소송법상 중간판결이란 종국판결을 하기에 앞서 소송의 진행중 당사자간에 쟁점으로 된 사항에 대하여 미리 정리·판단을 하여, 종국판결을 용이하게 하고 이를 준비하는 판결이다(대법원 1994.12.27. 선고 94다38355 판결). 중간판결사항을 중간판결로 정리하느냐, 종국판결의 이유 속에서 판단하느냐는 법원의 자유재량에 속한다. 중간판결 사항으로는 독립한 공격방어방법, 중간의 다툼, 원인판결의 세 가지가 있다(민사소송법 제201조 참조).

로 진행될 소송절차와 관련한 중요한 문제점을 선행 결정하여야 하는 여부의 판단에 영향을 주는 경우도 법 제41조 제1항에서 요구하는 '재판'의 전제성이 있다고 보아야 한다.[38)]

사례

⊙ 헌재 1994. 2. 24. 91헌가3[39)] : (구)민사소송법 제368조의2(현행 민사소송법 제399조)에 의하여 제청법원 또는 그 재판장이 하고자 하는 인지첩부를 명하는 보정명령은 당해 소송사건의 본안에 관한 재판주문에 직접 관련된 것이 아니라고 하여도 '재판'에 해당하고, 이 사건의 경우 국가를 당사자로 하는 소송에서 인지를 첩부하지 아니하도록 규정한 '인지첩부 및 공탁제공에 관한 특례법' 제2조의 위헌여부는 앞으로 진행될 항소심절차에 관련하여 인지보정명령을 내릴 수 있는 여부의 중요한 문제를 선행 결정하여야 하는 법원의 판단에 영향을 주는 것이므로, 위 법률규정의 위헌여부는 원심법원이 국가에 대하여 인지첩부를 명하는 보정명령을 내리는 재판여부에 대하여 전제성이 있다고 보아야 한다. [전원일치 합헌]

(2) '재판'의 개념과 관련된 문제들

체포·구속·압수·수색영장, 구속적부심사청구, 보석허가에 관한 재판도 여기서 말하는 재판의 개념에 포함된다.

보석허가결정에 대한 검사의 즉시항고권을 인정한 형사소송법 제97조(보석, 구속의 취소와 검사의 의견) 제3항에 대한 위헌법률심판절차(헌재 1993. 12. 23. 93헌가2)[40)]에서 헌법재판소는, "동 법률조항의 위헌여부는 보석허가결정을 한 위헌심판 제청법원이 같은 법 제407조(원심법원의 항고기각결정), 제408조(원심법원의 갱신결정)에 따라 즉시항고에 대하여 원심법원으로서 할 재판 등 조치의 주문이

이시윤, 전게서(2008), 535-536면.

38) 헌재 1994. 2. 24. 91헌가3, 판례집 6-1, 21, 30. 同旨, 헌재 2011. 12. 29. 2010헌바459, 공보 183, 137, 139.

39) [사건개요] : 원고 신○식과 피고 대한민국 사이의 수원지방법원 90가단4736 소유권이전등기등 청구사건의 제1심 판결에 대하여 대한민국이 항소하였다. 그 원심법원인 수원지방법원은 피고의 항소장에 대하여 심사를 하고, 인지를 첩부하도록 보정명령을 내리는 재판을 할 수 있는 여부의 전제가 되는 '인지첩부 및 공탁제공에 관한 특례법' 제2조에 대하여 위헌여부의 의문이 있다고 하여 직권으로 위헌여부심판제청을 하였다.

40) **당해사건** - 수원지방법원 여주지원 92초452 보석; **본안사건** - 수원지방법원 여주지원 92고합107·131(병합) 뇌물공여등

달라지거나 그 재판 등의 기초적인 이유, 직접적인 내용과 효력의 법률적 의미 등에 차이가 있게 되므로 원심법원이 한 위헌심판제청은 그 심판제청 당시 재판의 전제성이 있다."고 판시하였다. 또한 '5·18 민주화운동 등에 관한 특별법' 제2조 등에 관한 위헌제청(헌재 1996. 2. 16. 96헌가2등)은 구속영장 청구사건[41]에 관한 재판절차에서 이루어졌는데, 헌법재판소는 그 재판의 전제성을 묵시적으로 인정하였다.

다. 재판의 "전제성"

헌법재판소는 처음에, "재판의 '전제성'이라 함은 원칙적으로 첫째, 구체적인 사건이 법원에 적법하게 계속중이어야 하고, 둘째, 위헌여부가 문제되는 법률이 당해 소송사건의 재판에 적용되는 것이어야 하며, 셋째, 그 법률이 헌법에 위반되는지의 여부에 따라 당해사건을 담당하는 법원이 다른 내용의 재판을 하게 되는 경우를 말한다. 여기서 '다른 내용의' 재판을 하게 되는 경우라 함은 법원이 심리중인 당해사건의 재판의 결론이나 주문에 어떤 영향을 주는 경우뿐만 아니라 (이유를 달리함으로써) 재판의 내용과 효력에 관한 법률적 의미가 달라지는 경우를 말한다."고 판시하였다.[42] 위 각 요건들을 개별적으로 살펴보면 다음과 같다.

---

41) 당해사건 - 서울지방법원 1996. 1. 17.자 구속영장청구사건(영장번호 496·498 : 96헌가2, 영장번호 495·497·499 : 96헌바7)과 1996. 1. 30.자 구속영장청구사건(영장번호 981·982·983 : 96헌바13)

42) 헌재 1998. 5. 28. 96헌가12, 판례집 10-1, 560, 565; 헌재 2010. 12. 28. 2009헌가30, 판례집 22-2하, 545, 556. 나아가 헌법재판소는 헌재 2011. 11. 24. 2010헌바353 결정에서, "청구인들은 불법행위책임의 요건사실 중 하나인 위법성 부분에 관한 판단은 이 사건 법률조항들{정보통신서비스 제공자의 정보 삭제 또는 임시조치에 관하여 규정한 '정보통신망 이용촉진 및 정보보호 등에 관한 법률'(2008.6.13. 법률 제9119호로 개정된 것) 제44조의2 제1항, 제2항, 제4항}의 위헌여부에 따라 달라지게 되므로 적어도 당해사건의 재판의 이유를 달라지게 할 것이라고 주장하나, 가사 이유 중 일부분의 기재가 달라질 수는 있다 하더라도, 앞서 본 바와 같이 이 사건 법률조항들의 위헌여부에 관계없이 고의 또는 과실이 인정되지 아니한다는 동일한 이유로 이 부분 청구가 받아들여지지 않는다는 동일한 결론에 이를 것인 이상, 이 사건 법률조항들의 위헌여부에 따라 재판의 내용과 효력에 관한 법률적 의미가 달라진다고는 볼 수 없다. 따라서 이 사건 법률조항들의 위헌여부가 불법행위 부분에 관한 재판의 전제가 된다고 할 수도 없다."고 판시하였다.

(1) 구체적인 사건이 법원에 적법하게 계속중일 것

(가) 계속중

"구체적인 사건이 법원에 계속중이어야" 한다는 것은 법 제41조 소정의 위헌법률심판 제청사건의 경우에는 위헌제청결정 당시는 물론이고, 헌법재판소의 결정시까지 구체적 사건이 법원에 계속중이어야 한다는 의미이다.[43]

(나) "적법하게" 계속중일 것

당해사건이 법원에 원칙적으로 "적법"하게 계속되어 있을 것을 요한다. 당해사건이 당사자적격 흠결이나 제소기간 경과 등의 사유로 처음부터 부적법한 경우는 물론이고, 당해사건이 법원에 일단 적법하게 계속되었더라도 위헌제청 이후 헌법재판소의 심리기간중에 사후적인 사정변경, 예컨대 당해사건이 소취하 또는 취하간주된 경우에는 원칙적으로 재판의 전제성이 부인된다.

사례

⊙ 헌재 2012. 7. 26. 2011헌가40 : 이 사건의 경우 당해사건 원고는 1심인 서울행정법원에서 승소판결을 받았고(2010구합46241) 피고(서울지방고용노동청 서울관악지청장)가 항소하였으나(서울고등법원 2011누18276),[44] 2012. 3. 5. 항소를 취하함으로써 당해사건은 현재 더 이상 법원에 계속 중이지 아니하며, 원고의 승소로 종결되었다. 이와 같이 당해사건이 법원에 계속 중이지 않은 가운데 원고에게 유리한 판결이 확정된 이상, 이 사건 규정에 대한 위헌결정은 당해사건 재판의 결론이나 주문에 전혀 영향을 미치지 못하게 된다(헌재 2000. 7. 20. 99헌바61, 판례집 12-2, 108, 113 참조). 따라서 이 사건 규정은 재판의 전제성이 인정되지 않는다.

(2) 위헌여부가 문제되는 법률이 당해사건의 재판에 적용될 것

(가) 원칙 : 직접 적용되는 법률

어떤 법률규정이 위헌의 의심이 있다고 하더라도 그것이 당해사건에 적용될 것이 아니라면 재판의 전제성 요건은 충족되지 않는다.

43) 이에 비하여 후술하는 바와 같이, 법 제68조 제2항에 따른 규범통제형 헌법소원사건의 경우에는 "위헌제청신청시" 구체적 사건이 법원에 계속중이어야 한다는 의미이다.

44) 이 항소심법원이 2011. 10. 18. 직권으로 이 사건 위헌제청을 하였다.

사례

⊙ 헌재 2013. 7. 25. 2012헌가1[45] : 행정처분의 하자가 단지 취소할 수 있는 정도에 불과한 때에는 행정소송 등의 절차에 의하여 그 행정처분이 취소되지 않는 이상 해당 민사소송에서 선결문제가 된 행정처분의 효력이 부인될 수는 없다(대법원 2010.4.8. 선고 2009다90092 판결; 대법원 2001.1.16. 선고 98다58511 판결 등 참조). 위와 같은 사정에 비추어 볼 때 어떤 사람이 친일반민족행위자에 해당하는지 여부는 사실관계를 정확히 조사하여야 비로소 밝혀질 수 있는 것으로서 재산조사위원회의 2009. 5. 22. 이○승에 대한 친일반민족행위자 결정이 사실오인에 의한 것이라고 하더라도 이를 당연무효라고 하기는 어렵고, 위 결정을 대상으로 하는 취소소송의 제소기간이 이미 도과하여 위 결정이 취소될 여지도 없는 이상, 위 결정의 하자를 소급적으로 치유하고자 하는 이 사건 부칙조항[46]이 존재하지 아니한다고 하더라도 제청법원은 위 결정의 효력을 부인할 수 없다. 이와 같은 점을 종합하면, 이 사건 부칙조항이 당해사건 재판에 곧바로 적용된다고 보기 어렵고, 이 사건 부칙조항의 위헌여부에 따라 당해사건 재판의 주문이 달라지거나 재판의 내용과 효력에 관한 법률적 의미가 달라진다고 할 수도 없다. 그렇다면 이 사건 부칙조항의 위헌여부가 당해사건 재판의 전제가 된다고 할 수 없으므로 이 사건 부칙조항에 대한 위헌법률심판제청은 부적법하다.

⊙ 헌재 2016. 3. 31. 2015헌가8 : 이 사건 심판대상조항[47]은 형사소송인 당해사건에서 형벌의 근거조항으로서 직접 적용되는 조항이 아니라, 당해사건의 유죄판결이 확정되고 난 후 그 유죄판결에 기초하여 부과되는 새로운 제재의 근거조항일 뿐이다. 따라서 이 사건 심판대상조항은 그 위헌여부로 재판의 주문이 달라지거나 재판의 내용과 효력에 관한 법률적 의미가 달라지는 경우라고 보기 어렵고, 설사 제청법원이 선고형을 선택함에 있어서 이 사건 심판대상조항에 의해 영향을 받는다 하더라도, 이는 사실상 제약에 불과하다. 그렇다면 이 사건 심판대상조항의 위헌여부에 따라 당해사건 재판의 주문이 달라지거나 재판의 내용과 효력에 관한 법률적 의미가 달라지는 경우로 볼 수 없으므로, 이 사건 위헌여부심판제청은 재판의 전제성 요건을 충족하지 못하였다.[49]

---

45) 당해사건 : 서울중앙지방법원 2011나14939 소유권이전등기말소

46) 종전의 '친일반민족행위자 재산의 국가귀속에 관한 특별법'("친일재산귀속법")에 따라 이루어진 친일반민족행위자재산조사위원회의 친일반민족행위자 결정을 개정된 친일재산귀속법에 의하여 이루어진 것으로 보도록 한 친일재산귀속법(2011.5.19. 법률 제10646호) 부칙 제2항.

47) 성인대상 성범죄로 형을 선고받아 확정된 자는 그 형의 집행을 종료한 날부터 10년 동안 의료기관을 개설하거나 위 기관에 취업할 수 없도록 한 '아동·청소년의 성보호에 관한 법률'(2012.12.18. 법률 제11572호로 전부개정된 것) 제56조 제1항 제12호 중 '성인대상 성범죄로 형을 선고받아 확정된 자'에 관한 부분.

형사소송법 제420조(재심이유), 법 제47조(위헌결정의 효력) 제4항 등에 의하면 재심은 반드시 법률에서 정한 일정한 사유가 있는 경우에만 청구할 수 있고, 재심의 청구를 받은 법원은 재심의 심판에 들어가기 전에 먼저 재심의 청구가 이유 있는지 여부를 가려, 형사소송법 제434조(청구기각결정)에 의하여 이를 기각하거나 같은 법 제435조(재심개시의 결정)에 의하여 재심개시의 결정을 하여야 한다. 그리고 재심개시의 결정이 확정된 뒤에 비로소 법원은 같은 법 제438조(재심의 심판)에 의하여 재심대상인 사건에 대하여 그 심급에 따라 다시 심판을 하게 된다. 즉, 형사소송법은 재심의 절차를 "재심의 청구에 대한 심판"과 "본안사건에 대한 심판"이라는 두 단계 절차로 구분하고 있다. 따라서 당해 재심사건에서 아직 재심개시결정이 확정된 바 없는 사건의 경우, 위헌법률심판제청이 적법하기 위해서는 심판대상 법률조항의 위헌여부가 "본안사건에 대한 심판"에 앞서 "재심의 청구에 대한 심판"의 전제가 되어야 한다.[50]

사례

⊙ 헌재 2010. 11. 25. 2010헌가22 : "재심의 청구에 대한 심판"은 원판결에 형사소송법 제420조, (구)헌법재판소법 제47조 제3항 등이 정한 재심사유가 있는지 여부만을 우선 결정하는 재판이므로, 이 사건 법률조항[51]은 원판결에 적용된 법률조항일 뿐 그 원판결에 대한 재심절차 중 "재심의 청구에 대한 심판"에 적용되는 법률조항이라고 할 수는 없다. 결국 이 사건 법률조항은 당해 재심사건에 적용되는 법률조항이 아니므로 재판의 전제성이 인정되지 아니한다.

⊙ 헌재 2016. 3. 31. 2015헌가36 : 확정된 유죄판결에서 처벌의 근거가 된 법률조항은 '재심의 청구에 대한 심판' 즉, 재심의 개시여부를 결정하는 재판에서는 재판의 전제성이 인정되지 않고, 재심의 개시결정이 확정된 이후의 '본안사건에 대한 심판'에 있어서만 재판의 전제성이 인정되므로, 재심의 개시결정 없이 위헌제청이 되거나 재심의 개시결정과 동시에 또는 그 이후에 위헌제청이 되었다고 하더라도 그 재심의

49) 이 결정에는 "심판대상조항이 위헌으로 결정됨에 따라 재판의 효력 중 취업제한이라는 법률효과가 사라지는 것은 재판의 효력에 관한 법률적 의미가 달라지는 것이므로, 재판의 전제성이 있다고 판단한 제청법원의 견해를 존중하여야 한다."는 재판관 2인의 반대의견이 있다.

50) 인정된 사례(헌재 2000. 6. 29. 99헌바66; 헌재 2013. 3. 21. 2010헌바70등)에 대하여는 이 책 제4장 4. 다. (3) (라) 4) 참조.

51) 구 공유수면관리법 제23조(1999.2.8. 법률 제5914호로 개정되고 2009.5.27. 법률 제9736호로 개정되기 전의 것) 중 "개인의 대리인·사용인 기타 종업원이 그 개인의 업무에 관하여 제21조 제1호의 위반행위를 한 때에는 그 개인에 대하여도 해당조의 벌금형을 과한다." 부분.

개시결정이 상급심에서 취소된 경우에는 원칙적으로 재판의 전제성이 인정되지 아니한다.[52]

(나) 예외 : 간접 적용되는 법률

심판의 대상이 되는 법률은 법원의 당해사건에 직접 적용되는 법률인 경우가 대부분이겠지만, 당해재판에 적용되는 법률이라면 반드시 직접 적용되는 법률이어야 하는 것은 아니다. 즉, 제청 또는 청구된 법률조항이 법원의 당해사건의 재판에 직접 적용되지는 않더라도 그 위헌여부에 따라 ①당해사건의 재판에 직접 적용되는 법률조항의 위헌여부가 결정되거나, ②당해재판의 결과가 좌우되는 경우 등과 같이 양 규범 사이에 내적 관련이 있는 경우에는 간접 적용되는 법률규정에 대하여도 재판의 전제성을 인정할 수 있다.

사례

⊙ 헌재 1994. 6. 30. 92헌가18[53] : 제청신청인은 특별조치법 제5조 제4항 및 특별조치령 제29조에 의하여 수용당한 원래의 자기소유 토지에 관하여 특별조치법 제5조 제4항이 위헌임을 이유로 하여 대한민국을 상대로 소유권이전등기말소청구소송을 제기한 것이므로 특별조치법 제5조 제4항의 위헌여부는 위 소송 재판에서의 승패여부의 전제가 된다. 왜냐하면 상위법인 특별조치법 제5조 제4항의 위헌여부는 하위법인 특별조치령의 위헌여부 및 효력유무의 전제가 되고 특별조치법 제5조 제4항에 대하여 위헌결정이 되면 자동적으로 이 위헌법률조항에 근거한 특별조치령도 위헌·무효가 되고 아울러 위헌무효인 특별조치령에 근거한 수용처분도 위헌무효가

---

52) 이 결정에는 “이 사건과 같이 재심대상사건 판결이 확정된 뒤 처벌 근거조항과 실질적으로 동일한 내용의 법률조항에 대하여 헌법재판소의 위헌결정이 선고된 경우에도 당사자는 관련 규정에 대하여 위헌결정이 있었다는 사유로 재심을 청구할 수 없고 제청법원은 재심개시결정을 할 수 없으므로, 제청법원이 재심개시결정에 앞서 위헌법률심판제청을 하였더라도 헌법재판소는 본안판단을 해 주는 것이 옳다.”는 재판관 3인의 반대의견이 있다. [한편 엄격히 보면 재심사유가 없음에도 불구하고, 법원이 헌법재판소의 신 건축법에 대한 위헌결정(헌재 1997.5.29. 94헌바22)의 효력이 구 건축법을 적용하여 확정된 사건에도 미치는 것으로 인정하여 재심개시결정을 하고 그 결정이 확정된 사건에서, 재심사건의 공소장의 적용법조에 대하여 법원이 위헌여부심판 제청을 한 경우에 이를 재판의 전제성이 있는 것으로 인정한 후에 본안판단을 하여 위헌결정까지 한 사례로 헌재 2000. 1. 27. 98헌가9 결정 참조]

53) 당해사건: 서울민사지방법원 92나16620 소유권이전등기말소 [이 사건은 1995. 5. 24. 원고승소 판결이 선고되었고, 피고(대한민국)가 상고하지 않아 그 무렵 확정되었다.]

될 수 있기 때문이다(위헌법령에 기한 행정처분의 무효여부는 당해사건을 재판하는 법원이 위헌성의 정도 등에 따라 판단할 사항이다). 따라서 특별조치법 제5조 제4항은 당연히 위헌여부심판의 대상이 되어야 한다.

---

(3) 그 법률이 헌법에 위반되는지의 여부에 따라 당해사건을 담당하는 법원이 다른 내용의 재판을 하게 되는 경우일 것

헌법재판소는 "법원이 다른 내용의 재판을 하게 되는 경우"를 다음과 같이 분류하고 있다.

(가) 법원이 심리중인 당해사건의 재판의 결론이나 주문에 영향을 주는 경우

이 요건은 "법률이 위헌일 때는 합헌일 때와 다른 판단을 할 수밖에 없는 경우, 즉 판결 주문이 달라질 경우"에 충족된다.[54]

(나) 재판의 이유를 달리함으로써 재판의 내용과 효력에 관한 법률적 의미가 달라지는 경우[55]

사례

⊙ 헌재 1992. 12. 24. 92헌가8 : 이 사건 심판의 대상은 형사소송법(1954. 9. 23. 제정, 법률 제341호) 제331조 "무죄, 면소, 형의 면제, 형의 선고유예, 형의 집행유예, 공소기각 또는 벌금이나 과료를 과하는 판결이 선고된 때에는 구속영장은 효력을 잃는다. 단 검사로부터 사형, 무기 또는 10년 이상의 징역이나 금고의 형에 해당한다는 취지의 의견진술이 있는 사건에 대하여는 예외로 한다."의 규정 중 단서의 규정이 헌법에 위반되는지 여부이다. (…) 제청법원이 검사로부터 "사형, 무기 또는 10년 이상의 징역이나 금고의 형에 해당한다는 취지의 의견진술"이 있는 관련사건의 피고인들에 대한 판결을 함에 있어서, 이 사건 심판의 대상인 위 단서의 규정이 합헌이라고

---

54) 헌재 1990. 6. 25. 89헌가98등, 판례집 2, 132, 142.

55) 이와 관련된 헌법재판소 판례의 대부분은 재판의 이유를 달리함으로써 "재판의 내용과 효력" 양자에 관한 법률적 의미가 달라지는 경우에도 그 전제성을 인정할 수 있다고 판시하고 있으나(예를 들면 헌재 1993.12.23. 93헌가2, 판례집 5-2, 578, 587), 예외적으로 "재판의 내용이나 효력 중에 어느 하나라도 그에 관한 법률적 의미가 달라지는 경우에는 재판의 전제성이 있는 것으로 보아야 한다."고 하여 재판의 내용과 효력을 선택적으로 병기하고 있는 판례(헌재 1992.12.24. 92헌가8, 판례집 4, 853, 866)도 있다.

한다면 피고인들에 대하여 "무죄, 면소, 형의 면제, 형의 선고유예, 형의 집행유예, 공소기각 또는 벌금이나 과료를 과하는 판결"을 선고하게 되는 경우에도 구속영장의 효력이 상실되는 것이 아니라는 예외규정이 적용되어 구속영장의 효력을 상실시키는 효과가 있는 종국재판으로서의 무죄 등의 판결을 할 수 없으나, 이와는 달리 위 규정이 위헌이라고 한다면 형사소송법 제331조 본문 규정의 적용을 받아 구속영장의 효력을 상실시키는 효과가 있는 종국재판으로서 무죄 등의 판결을 할 수 있게 된다. 이와 같이 해당 법률규정의 위헌여부에 따라 비록 판결주문의 형식적 내용이 달라지는 것은 아니라 하더라도 그 판결의 실질적 효력에 차이가 있게 되는 것이므로, 위 단서 규정의 위헌여부는 제청법원이 관련사건에 대한 재판을 함에 있어서 재판의 전제가 되어 위헌법률심판제청의 적법요건으로서 재판의 전제성이 있다. [전원일치 위헌]

라. 재판의 전제성 요건의 심사

(1) 위헌제청의 시기

위헌법률심판의 제청은, 원칙적으로 법원에 계속중인 구체적 사건의 심리가 충분히 진행되어 그 사건의 재판에서 적용할 법률의 윤곽이 밝혀지고 그 위헌여부에 따라 그 재판의 결과에 영향을 미칠 가능성이 보이는 단계에서 제청하여야 한다. 그렇지 않으면 경우에 따라서는 사후에 위헌법률심판의 제청이 불필요한 것으로 밝혀질 수도 있기 때문이다.

(2) 제청법원의 견해 존중

헌법재판소는 법원의 위헌법률심판제청에 있어서 위헌여부가 문제되는 법률 또는 법률조항이 재판의 전제성 요건을 갖추고 있는지의 여부는, 되도록 제청법원의 이에 관한 법률적 견해를 존중해야 하는 것을 원칙으로 삼고 있다.

사례

⊙ 헌재 2007. 4. 26. 2004헌가29등 : 이 사건 법률조항이 위헌이라 하더라도 표준소득월액결정처분이 당연무효가 되는 것은 아니고 이미 쟁송기간이 경과하여 그 위법을 다툴 수 없으며, 표준소득월액결정처분은 부과·징수처분의 선행처분으로서 보험료 부과·징수처분과 다른 효과를 목적으로 하고 그에 대한 별도의 쟁송절차가 마

련되어 있으므로 당해사건에서 그 결정처분의 위법을 주장할 수 없다고 보는 견해도 성립할 수 있다. 국민연금보험료 납입고지 및 표준소득월액결정처분의 하자가 보험료부과처분무효확인의 소에 미치는 영향에 관하여 위와 같은 견해를 취한다면 이 사건 법률조항은 당해사건에 적용되지 않거나 적용된다 하더라도 그 위헌여부에 따라 당해사건의 재판의 내용에 영향을 미치지 못하므로 재판의 전제성이 없다는 이해관계인의 의견도 수긍할만한 여지가 있다. 그런데 이 사건에서 제청법원은 연금보험료 납입고지를 '이 사건 부과처분'이라고 적시하였고, 세청이유에서 "이 사건 법률조항이 위헌으로 무효일 경우에는 신청인의 공단에 대한 소득월액 신고 자체도 위헌인 법률에 근거한 것으로서, 신청인이 신고한 소득월액을 기초로 하여 표준소득월액을 산정하여 연금보험료를 부과한 이 사건 부과처분은 위법함을 면치 못한다."라고 함으로써 표준소득월액결정처분의 문제점을 당해소송(보험료부과처분무효확인) 절차에서 다툴 수 있다고 판단한 것으로 보인다. 그렇다면 헌법재판소로서는 제청의 기초가 되는 법률의 해석에서 그 이유가 일부 명시되지 않은 점이 있다 하더라도 먼저 나서서 법률해석을 확정하여 제청법원의 판단을 명백히 불합리하여 유지될 수 없는 것이라고 단정하기보다는 제청법원의 제청취지를 존중하여 재판의 전제성을 긍정함이 상당하다.

(3) 직권조사가 필요한 경우

그러나 헌법재판소는 재판의 전제성에 관한 제청법원의 법률적 견해가 명백히 유지될 수 없을 때에는 이를 직권으로 조사할 수 있으며,[56] 그 결과 전제성이 없다고 판단되면 그 제청을 부적법하다 하여 각하할 수 있다.

사례

⊙ 헌재 2003. 10. 30. 2002헌가24 : 당해사건[57]은 국가공무원법상의 당연퇴직 규정(구 국가공무원법 제69조 중 제33조 제1항 제5호 부분, 이하 "이 사건 법률조항"이라 한다)에 의하여 공무원 신분을 잃은 제청신청인의 복직신청에 대한 행정청의 거부행위에서 비롯된 소송이다. (…) 국가공무원법상 당연퇴직은 법에 정한 결격사유가 있을 때 법률상 당연히 퇴직하는 것이지 공무원관계를 소멸시키기 위한 별도의

56) 헌재 1993. 5. 13. 92헌가10등, 판례집 5-1, 226, 239; 헌재 1999. 9. 16. 99헌가1, 판례집 11-2, 245, 252.

57) 대전지방법원 2002구합1511 임용복직발령 또는 임용신청 거부처분취소 [이 사건은 2004. 2.11. 각하판결이 선고되었고, 원고가 항소하였으나 기각되고(대전고등법원 2004.9.3. 선고 2004누631 판결), 상고 역시 기각되었다(대법원 2015.10.28. 선고 2004두11237 판결).]

행정처분을 요하는 것이 아니며, 당연퇴직의 인사발령은 법률상 당연히 발생하는 퇴직사유를 공적으로 확인하여 알려주는 이른바 관념의 통지에 불과하다. 그렇다면, 과거에 이미 법률상 당연한 효과로서 당연퇴직당한 제청신청인이 자신을 복직 또는 재임용시켜 줄 것을 요구하는 신청에 대하여 그와 같은 조치가 불가능하다는 통지를 보낸 이 사건 거부행위는 당연퇴직의 효과가 법률상 계속하여 존재하는 사실을 알려주는 일종의 안내에 불과한 것이므로 제청신청인의 실체상의 권리관계에 직접적인 변동을 일으키는 것으로 해석되기는 어렵다. 또한 이 사건 법률조항에 대하여 헌법재판소가 위헌결정을 선고함으로써 위 법률조항이 비록 규범으로서의 효력을 잃게 된다고 하더라도 제청신청인과 같이 당연퇴직된 이후 오랜 시간이 흘러 징계시효기간까지도 경과한 경우에 당연퇴직의 내용과 상반되는 처분을 해 줄 것을 구하는 조리상의 신청권을 인정할 수 없다. 따라서 당해사건은 이 사건 제청법원이 이 사건 법률조항이 헌법에 위반되는지의 여부와 관계없이 각하를 하여야 할 사건이라고 할 것이므로 이 사건 법률조항의 재판의 전제성은 인정될 수 없다.[58]

---

(4) 위헌제청신청을 기각 또는 각하한 조항의 경우

헌법재판은 단순히 제청신청인이나 헌법소원 청구인의 주관적 권리구제만을 위한 제도가 아니고, 객관적 헌법질서를 수호·유지하기 위한 제도이기도 하다. 따라서 헌법재판소는 앞에서 살펴본 바와 같이 피청구인 또는 심판대상을 직권으로 확정하기도 하고, 위헌제청되지 않은 법률조항이라 하더라도 체계적으로 밀접불가분의 관계에 있거나 동일한 심사척도가 적용되는 등의 경우에는 그 법률조항도 심판대상에 포함시켜 위헌제청된 법률조항과 함께 그 위헌여부를 판단하기도 한다.

그러므로 이러한 경우가 아닌 한 헌법재판소는 원칙적으로 제청법원이 위헌

---

58) 이 결정에는 "우리 헌법재판소는 지난 2002. 8. 29. 2001헌마788등 결정에서 이 사건 법률조항과 동일한 구조 및 내용을 갖는 지방공무원법 조항에 대하여 공무담임권을 침해하는 위헌적인 조항으로 판단을 한 바 있으며, 제청법원은 이 사건 위헌제청의 판단에서 위 헌법재판소의 결정을 조리상의 신청권 인정 및 위헌제청 판단의 중요한 요소로서 적극적으로 고려하고 있음을 알 수 있다. 그렇다면 제청법원이 이 사건 법률조항이 위헌의 의심이 있다는 전제 하에, 국가공무원법 등에 제청신청인의 권리회복을 위한 실정법상의 근거가 없으므로 상위규범인 헌법상의 공무담임권 등의 기본권을 근거로 하여 정의·형평의 관념에 기초한 조리상의 신청권을 인정하였다면 이와 같은 판단이 결코 그 법률적 견해가 명백히 인정될 수 없는 부당한 경우라고 단정할 수는 없다."는 취지의 재판관 4인의 반대의견이 있다. 한편, 이 사건 법률조항은 같은 날 선고한 헌재 2003. 10. 30. 2002헌마684등 사건에서 위헌결정이 선고되었다.

제청한 범위 내에서 판단한다. 예컨대 제청신청인은 민법 제781조 제1항 본문이 헌법에 위반된다고 주장하면서 위헌법률심판 제청신청을 하였으나 제청법원은 위 조항 본문 중 "자(子)는 부(父)의 성(姓)과 본(本)을 따르고" 부분에 대해서만 위헌제청신청을 받아들여 제청하고 동 조항 본문의 나머지 부분에 대하여는 재판의 전제가 되지 않는다는 이유로 각하하였고, 헌법재판소도 위 제청부분에 대하여만 판단하였다.[59] 다만 이 경우에, 당사자가 위헌제청신청이 기각 또는 각하된 법률조항에 대하여 법 제68조 제2항의 규정에 따른 헌법소원심판을 청구할 수 있음은 물론이다.

마. 기타

(1) 법률의 위헌성에 대한 의심의 정도

독일의 경우 위헌법률심판을 제청하는 법관은 법률이 위헌이라는 자신의 견해를 확실히 증명하여야 한다. 그가 (위헌의) 의심을 진술하는 것만으로는 충분하지 않다. 즉, 법원은 기본법 제100조 제1항(제1문)이 정확히 표현하고 있는 것처럼[60] 규범을 위헌이라고 볼 경우에 제청하여야 한다. 그리고 연방헌법재판소가 그 규범을 무효로 선언할 것으로 추정되는지 아니면 그 규범에 대한 불합치 선언에 그칠지는 중요하지 않다. 두 가지 경우 모두 제청하여야 한다. 그러나 재판의 전제성이 있는 규범을 헌법합치적으로 해석할 수 있는 가능성이 있고 따라서 규범에 대한 위헌확인을 피할 수 있는 경우에는 제청할 수 없다. 즉, 제청법원은 자기 자신의 확신을 형성하여야 하고, 또 헌법합치적 해석이 불가능함을 스스로 확증하여야 한다.[61]

우리 헌법재판소는 이에 관하여 "헌법 제107조 제1항과 법 제41조(위헌여부심판의 제청), 제43조(제청서의 기재사항) 등의 각 규정의 취지는, 법원은 문제되는 법률조항이 담당법관 스스로의 법적 견해에 의하여 단순한 의심을 넘어선 합리

---

59) 헌재 2005. 12. 22. 2003헌가5등, 공보 111, 35, 36.

60) "법원이 법률을 … 위헌으로 보는 … 경우"

61) K. Schlaich, 전게번역서(1999), 106·107면. 그러나 우리나라의 제도에서는 법관이 당해 소송사건에서 재판의 전제가 된 법률이나 법률조항에 대해 헌법합치적 해석을 하여 재판을 할 수 있는 경우(이 점은 사후 결과적으로 확인될 뿐이다)에 이를 간과하고 위헌여부심판을 제청하였다고 하더라도 그 제청은 합법적인 것이다. 정종섭, 전게서(2010), 258면.

적인 위헌의 의심이 있으면 위헌여부심판을 제청하라는[62] 취지이다."라고 판시하여,[63] '단순한 의심'과 독일연방헌법재판소의 판례가 요구하는 '위헌에 대한 확신' 사이의 중간적인 입장을 취하고 있다.[64]

(2) 전제성판단 기준시점과 사정변경

(가) 기준시점

재판의 전제성은 법원에 의한 법률의 위헌제청시만이 아니라 헌법재판소의 위헌법률심판시에도 충족되어야 함이 원칙이다.[65]

(나) 제청 후의 사정변경과 그 법적 효과 : 제청의 철회 및 각하

당해소송의 당사자는 당해법원에 계속된 소송의 종료를 초래하는 소송행위(소·항소·상고 등의 취하, 화해·인낙 등)를 함으로써 당해 소송절차를 종료시킬 수 있다. 이 경우에는 법원에 계속된 구체적 사건의 존재를 전제로 하는 그 "구체적" 규범통제절차로서의 본질상 헌법재판소에 계속된 위헌법률심판절차도 무의미해진다. 따라서 제청법원은 이 경우 그 위헌제청을 철회하여야 한다.[66]

실무상으로는 제청법원이 그 위헌제청을 철회한 경우에 헌법재판소는 별다른 재판없이 위헌심판절차가 종료된 것으로 처리하고 있다. 만일 제청법원이 재판의 전제성이 제청 이후의 사정변경으로 소멸하였음에도 그 제청을 철회하지 않는 경우에는 헌법재판소가 그 위헌제청을 전제성이 없어 부적법한 것으로 각하한다.[67]

---

62) 헌법재판소가 법원의 위헌제청에 대하여 법률의 위헌성에 대한 합리적인 의심을 요구하고 있다면, 법원은 위헌제청의 이유에서 이러한 요구에 상응하게 위헌으로 의심되는 이유를 헌법재판소가 납득할 수 있도록 논증해야 한다는 견해로 한수웅, 전게논문(2014), 452면.

63) 헌재 1993. 12. 23. 93헌가2, 판례집 5-2, 578, 592. 그러나 법관이 전문가로서 구체적 소송사건에서 재판의 전제가 되고 있는 법률이나 법률조항이 위헌인지 여부를 직무수행으로 살펴보는 이상 합리적이라고 할 것이므로, 이러한 구별은 개념상으로 구별되는 것일 뿐 실제에서는 별 의미를 가지지 못한다. 정종섭, 전게서(2010), 258면.

64) 실무제요(2008), 134-135면.

65) 헌재 1993. 12. 23. 93헌가2, 판례집 5-2, 578, 588.

66) 실무제요(2008), 135면.

67) 헌재 1989. 4. 17. 88헌가4, 판례집 1, 27, 29.

사례

⊙ 헌재 2000. 8. 31. 97헌가12 : 법원이 이 사건 위헌여부 심판을 제청할 당시, 구법조항이 위헌이라면 대한민국 국민을 모로 하여 출생한 제청신청인은 대한민국 국적을 취득할 수 있기 때문에 제청신청인이 외국인임을 전제로 한 강제퇴거명령은 이를 집행할 수 없게 되므로(제청신청인은 서울고등법원의 1996. 4. 13.자 강제퇴거명령처분 효력정지 결정에 의하여 같은 달 15. 보호해제 되었다), 구법조항의 위헌여부는 당해사건의 재판에 전제성이 있었다. 그러나 1997. 12. 13. 개정된 신법에서는 부모양계혈통주의로 개정하였고(제2조 제1항 제1호), 당해사건에서도 1998. 6. 14.부터는 신법을 적용하여야 한다(부칙 제1조). 따라서 구법조항은 이 심판 계속중 재판의 전제성을 상실하여 부적법하므로 각하결정을 하기로 한다.

(다) 제청 후의 사정변경으로 인한 각하의 예외 : 헌법적 해명의 필요성

헌법재판소는 당해 소송사건이 종료되어 재판의 전제성이 제청 이후의 사정변경으로 소멸한 경우에도 예외적으로 객관적인 헌법질서의 수호·유지를 위하여 심판의 필요성이 인정되는 경우에는 그 위헌제청의 적법성을 인정할 수 있다.[68]

사례

⊙ 헌재 2012. 8. 23. 2010헌가65 : 제청법원의 위헌심판 제청 당시 당해사건 원고는 제18대 국회의원으로서 이 사건 법률조항[69]의 적용대상이었고 그 위헌여부에 따라 당해사건 판결의 주문이 달라질 여지가 있었으나, 2012. 5. 29. 국회의원 임기가 만료되어 더 이상 이 사건 법률조항의 적용을 받지 않게 되었으므로, 이 사건 법률조항은 현재 재판의 전제성을 잃었다고 볼 수도 있다. (…) 그러나 (…) 이 사건에서 문제되는 주식백지신탁제도의 위헌여부는 최근 우리사회에서 강조되고 있는 국회의원을 포함한 고위공직자의 직무공정성 내지 염결성(廉潔性)과 그 재산권 보호

68) 그러나 이와 같이 법률의 위헌여부에 관한 확인이 당해사건의 해결에 기여하는 바가 없음에도 단지 헌법적 해명의 필요성 때문에 심판의 필요성을 인정한다는 것은, 당해사건의 해결을 전제로 하는 '구체적 규범통제'를 당해사건의 해결과 분리된 '추상적 규범통제'로 변질시킨다는 점에서 법리적으로 중대한 결함을 안고 있다는 견해로 한수웅, 전게논문(2014), 445면.

69) 국회의원이 보유한 직무관련성 있는 주식의 매각 또는 백지신탁을 명하고 있는 구 공직자윤리법(2008.2.29. 법률 제8863호로 개정되고, 2009.2.3. 법률 제9402호로 개정되기 전의 것) 제14조의4 제1항 본문 제1호 및 제2호 가목 본문 중 제10조 제1항 제1호의 '국회의원' 부분.

의 헌법적 요구가 첨예하게 대립하는 중대한 헌법적 문제라는 점, 최근 제19대 국회가 개원하면서 동일한 분쟁이 다시 발생할 가능성이 높다는 점 등을 감안할 때 그 헌법적 해명의 필요성 등을 인정하여 본안 판단에 나아가기로 한다. [4(합헌):4(위헌)-합헌]

4. 심사기준

가. 헌법의 모든 규정

위헌법률심판절차는 법원에 계속된 구체적 사건에서 적용될 법률이나 법률조항이 헌법에 위반되는지의 여부가 문제되는 객관소송의 일종이므로(헌법 제107조 제1항, 법 제41조 제1항 참조), 헌법의 모든 규정이 법률의 합헌성 심사의 기준이 될 수 있다. 즉, 당해소송의 당사자들에게 주관적 공권으로서의 기본권을 보장하는 헌법규정에만 그 심사기준이 국한되지 아니한다. 이와 같은 심사기준은 법 제68조 제2항에 따른 헌법소원 및 법 제68조 제1항에 따른 법률소원의 경우에도 마찬가지라고 보아야 할 것이다.

한편, 현행 헌법 이전의 법률조항에 대한 위헌심사의 기준은 당해 법률이 시행되던 당시의 헌법인가 아니면 현행 헌법인가? 이와 관련하여 헌법재판소는 1998. 3. 26. 선고한 93헌바12 사건에서, "관리청의 하천구역 지정처분 없이 구 하천법(1971. 1. 19. 법률 제2292호로 전문개정되고, 1984. 12. 31. 법률 제3782호로 개정되기 전의 것) 제3조, 제2조에 의하여 당연히 국유화된 제외지의 종전 소유자들에 대하여 비록 위 구 하천법 자체에는 보상규정이 없었으나, 당시의 제3공화국 헌법(1962. 12. 26. 공포된 제5차 개정헌법) 제20조 제3항은 현행 헌법과는 달리 공용수용에 대한 보상까지 반드시 법률로써 할 것을 명시적으로 규정하고 있지 않았으며, 한편으로 당시 법원은 수용법률에서 손실보상에 관한 규정을 두고 있지 않더라도 동 헌법 제20조 제3항을 직접적인 근거로 하여 손실보상을 청구할 수 있다는 견해를 취하고 있었고(대법원 1967. 11. 2. 선고, 67다1334 판결 참조), 1984년의 개정하천법 부칙 제2조 제1항·제4항에 의하여 뒤늦게나마 보상법률이 마련되었고 후속 시행령에 의하여 대다수의 제외지 소유자들이 이미 손실보상을 받기에 이르렀다면 현행 헌법 제23조 제3항이 요구하는 '법률에 의한 보상'의 요건을 충족하였다고 보아야 한다."는 취지로 판시하여,70) 심판대상 법률이 시행되던 당시의 헌법뿐만 아니라 현행 헌법도 함께 심사기준이 된다는 입장인 것으로 보인다.71)

그런데 헌법재판소는 소위 유신헌법하의 긴급조치에 대한 위헌소원(헌재 2013. 3. 21. 2010헌바70등) 사건에서, "헌법재판소의 헌법해석은 헌법이 내포하고 있는 특정한 가치를 탐색·확인하고 이를 규범적으로 관철하는 작업이므로, 헌법재판소가 행하는 구체적 규범통제의 심사기준은 원칙적으로 헌법재판을 할 당시에 규범적 효력을 가지는 헌법이라 할 것이다. 그러므로 이 사건 긴급조치들72)의 위헌성을 심사하는 준거규범은 유신헌법이 아니라 현행헌법이라고 봄이 타당하다."라고 판시하였다.

나. 헌법의 원칙 및 근본적 결단

여기서 말하는 "헌법"은 원칙적으로 형식적 의미의 헌법전을 말한다. 그렇다고 여기서 말하는 "헌법"이 헌법전에 포함된 개별 규정들의 단순한 총합만을 의미하는 것은 아니며, 개별 규정들의 근저에 가로놓여 있는 헌법의 원칙들이나 근본적 결단들을 포함하는 개념이다. 따라서 헌법상 명문규정뿐만 아니라 각 명

70) 同旨, 헌재 1989. 12. 18. 89헌마32등, 판례집 1, 343, 355.

71) 대법원도 소위 유신헌법(1980.10.27. 헌법 제9호로 전부개정되기 전의 것) 제53조에 기한 대통령긴급조치 제1호의 위헌성을 심사하면서 위 긴급조치 제1호가 유신헌법뿐만 아니라 현행 헌법에도 위반된다고 판시하였다.(대법원 2010.12.16. 선고 2010도5986 판결) 同旨, 대법원 2011. 1. 20. 선고 2008재도11 전원합의체 판결 : "진보당의 강령·정책이 위와 같다면, 진보당이 지양하고자 하는 소위 '낡은 자본주의적 민주주의, 낡은 자유민주주의, 자유자본주의' 등이라고 함은 소위 '자유방임적 자본주의'(laissez-faire capitalism)를 지칭하는 것으로서 진보당의 경제정책은 사회적 민주주의의 방식에 의하여 자본주의 경제체제의 부작용이나 모순점을 완화·수정하려는 데 있는 것이지 사유재산제와 시장경제체제의 골간을 전면 부인하는 취지가 아님이 분명하고, 진보당의 정치형태 역시 주권재민과 대의제도, 국민의 자유와 권리의 보장 등을 목표로 하는 것이지 자유민주주의를 부정하는 내용이 아님이 분명하므로, 이 사건 재심대상판결 당시의 구 대한민국헌법(1954.11.29. 헌법 제3호로 일부개정된 것) 및 현행 헌법의 각 전문 및 경제조항 등에서 규정하고 있는 대한민국의 민주적 기본질서 및 경제질서에 위배된다고 할 수 없다."

72) 긴급조치 제1호(1974.1.8. 대통령긴급조치 제1호로 제정되고, 1974.8.23. 대통령긴급조치 제5호 '대통령긴급조치 제1호와 동 제4호의 해제에 관한 긴급조치'로 해제된 것), 제2호(1974. 1.8. 대통령긴급조치 제2호로 제정된 것) 및 제9호('국가안전과 공공질서의 수호를 위한 대통령긴급조치'(1975.5.13. 대통령긴급조치 제9호로 제정되고, 1979. 12. 7. 대통령공고 제67호로 해제된 것))를 말함.

문규정들에 대한 종합적 검토 및 구체적인 논증 등을 통하여 도출될 수 있는 헌법원칙의 경우도 위헌법률심판의 심사기준이 될 수 있다.73)

예컨대 "수신료의 금액은 이사회가 심의·결정하고, 공사가 공보처장관의 승인을 얻어 이를 부과·징수한다."고 규정한 한국방송공사법 제36조 제1항이 법률유보(의회유보원칙)에 어긋나는 것이어서, 헌법 제37조 제2항과 '법치주의원리' 및 '민주주의원리'에 위반된다고 한 사례74)가 있다.75)

그 밖에 헌법관습법(관습헌법)도 위헌심판의 심사기준이 될 수 있다. 예컨대, 서울이 대한민국의 수도인 것은 '관습헌법'에 해당하므로 수도를 서울에서 다른 곳으로 옮기려면 헌법개정을 통해 서울이 아닌 다른 곳을 대한민국의 수도로 한다는 내용의 규정을 헌법에 두어야 한다고 한 사례76)가 있다. 그런데 성문헌법주의 하에서 관습헌법의 존재를 인정할 수 있는지, 인정하는 경우에도 그 요건, 효력 등에 관하여는 많은 논란이 있다.77)

다. 국제법규 문제

헌법 제6조 제1항은 "헌법에 의하여 체결·공포된 조약과 일반적으로 승인된 국제법규는 국내법과 같은 효력을 가진다."고 규정하고 있다. 따라서 이들이 헌법적 효력을 갖는 것이 아닌 한 위헌법률심사의 기준이 될 수는 없다고 할 것이다.

이에 관하여 법 제68조 제2항에 따른 헌법소원 사건에서, "강제노동의 폐지에 관한 국제노동기구(ILO)의 제105호 조약은 우리나라가 비준한 바가 없고, 헌법 제6조 제1항에서 말하는 일반적으로 승인된 국제법규로서 헌법적 효력을 갖

73) 헌재 2003. 12. 18. 2002헌마593, 판례집 15-2하, 637, 646.

74) 헌재 1999. 5. 27. 98헌바70, 판례집 11-1, 633, 646.

75) 실무제요(2008), 144면.

76) 헌재 2004. 10. 21. 2004헌마554등, 판례집 16-2하, 1 이하

77) 이에 관한 독일의 견해를 소개하는 문헌으로 계희열, 헌법학(상), 박영사, 2005, 12면. 한국의 경우 이종수, "관습헌법이 제기하는 헌법이론적 문제점", 헌법판례연구[6], 박영사, 2004, 57면 이하; 김명재, "수도=서울 규정은 관습헌법인가?", 법학논총 제24집, 전남대학교 법학연구소, 2004.12, 24면 이하; 정태호, "헌법재판소에 의해 왜곡된 '관습헌법'의 법리", 시민과 변호사 통권 132호, 2005.1, 17면 이하; 방승주, "수도가 서울이라는 사실이 과연 관습헌법인가?", 공법학연구 제6권 제1호, 한국비교공법학회, 2005.2, 153면 이하; 전광석, "수도이전특별법 위헌결정에 대한 헌법이론적 검토", 공법연구 제33집 제2호, 한국공법학회, 2005.2, 113면 이하; 전학선, "관습헌법에 관한 일고찰", 토지공법연구 제25집, 2005.2, 553면 이하 참조.

는 것이라고 볼 만한 근거도 없으므로 구 형법(1995. 12. 29. 법률 제5057호로 개정되어 1996. 7. 1.부터 시행되기 전의 것) 제314조 중 '또는 위력' 부분의 위헌성 심사의 척도가 될 수 없다."고 한 사례[78]가 있다. 이 결정에서 헌법재판소는, "1966년 제21회 국제연합(UN) 총회에서 채택된 '시민적 및 정치적 권리에 관한 국제규약'(1990. 6. 13. 조약 1007호,[79] 이른바 B규약) 제8조 제3항은 법원의 재판에 의한 형의 선고 등의 경우를 제외하고 어느 누구도 강제노동을 하도록 요구되지 아니한다는 취지로 규정하고 있고, 여기서 강제노동이라 함은 '본인의 의사에 반하여 과해지는 노동'을 의미한다고 할 수 있는데, 이는 '범죄에 대한 처벌로서 노역을 정당하게 부과하는 경우와 같이 법률과 적법한 절차에 의한 경우를 제외하고는 본인의 의사에 반하는 노역은 과할 수 없다'는 의미라고 할 수 있는 우리 헌법 제12조 제1항 후문과 같은 취지라고 할 수 있다. 그렇다면 강제노역 금지에 관한 위 규약과 우리 헌법은 실질적으로 동일한 내용을 규정하고 있다 할 것이므로, 이 사건 심판대상 규정 또는 그에 관한 대법원의 해석이 우리 헌법에 위반되지 않는다고 판단하는 이상 위 규약 위반의 소지는 없다 할 것이다." 라고 하여 위 B규약이 위헌심사의 척도가 되는 듯한 판시를 하기도 하였으나, 위 B규약이 헌법적 효력을 갖는 것이라는 취지는 아니라고 할 것이다.

사례

⊙ 헌재 2015. 5. 28. 2013헌마671등 : 국제노동기구(ILO)의 '결사의 자유 위원회', 경제협력개발기구(OECD)의 '노동조합자문위원회' 등이 우리나라에 대하여 재직 중인 교사들만이 노동조합에 참여할 수 있도록 허용하는 것은 결사의 자유를 침해하는 것이므로 이를 국제기준에 맞추어 개선하도록 권고한 바 있다. 하지만 이러한 국제기구의 권고를 위헌심사의 척도로 삼을 수는 없고, 국제기구의 권고를 따르지 않았다는 이유만으로 이 사건 법률조항[80]이 헌법에 위반된다고 볼 수 없다. [8(합헌):1(위헌)-합헌]

78) 헌재 1998. 7. 16. 97헌바23, 판례집 10-2, 243, 265.

79) 우리나라는 국회에서 1990. 3. 16. 동의절차를 거쳤고, 같은 해 4. 10. 가입서를 UN에 기탁하여 같은 해 7. 10.부터 발효하였다.

80) '교원의 노동조합 설립 및 운영 등에 관한 법률'의 적용을 받는 교원의 범위를 초·중등학교에 재직 중인 교원으로 한정하고 있는 '교원의 노동조합 설립 및 운영 등에 관한 법률'(2010.3.17. 법률 제10132호로 개정된 것) 제2조.

라. 위헌심사의 관점

헌법재판소는 위헌법률심판절차에 있어서 규범의 위헌성을 제청법원이나 제청신청인이 주장하는 법적 관점에서만이 아니라 심판대상규범의 법적 효과를 고려하여 모든 헌법적인 관점에서 심사할 수 있다. 법원의 위헌제청을 통하여 제한되는 것은 오로지 심판의 대상인 법률조항이지 위헌심사의 기준이 아니다.[81]

사례

⊙ 헌재 2002. 8. 29. 2000헌가5등 : 이 사건 법률조항[82]은 상호신용금고의 임원과 과점주주에게 법인의 채무에 대하여 연대변제책임을 부과하고 있다. 법 제41조에 의한 위헌법률심판절차와 법 제68조에 의한 헌법소원심판절차에서 심판대상인 법률의 위헌성을 판단하는 경우, 위헌제청신청인이나 청구인이 주장한 기본권의 침해여부에 관한 심사에 한정하지 아니하고 모든 헌법적 관점에서 심판대상인 법률조항이 헌법에 부합하는가를 심사해야 한다. 그러므로 이 사건 법률조항의 위헌성심사의 기준이 되는 기본권을 파악함에 있어서, '임원과 과점주주'의 관점에 얽매이지 아니하고 "이 사건 법률조항에 의하여 국민의 어떠한 기본권이 제한되는가" 하는 것을 전반적으로 고려하여야 한다.[83]

---

81) 헌재 1996. 12. 26. 96헌가18, 판례집 8-2, 680, 690. 그리하여 이 사건에서는 심판대상인 주세법 규정이 제청신청인인 **주류판매업자**에 미치는 기본권제한적 효과에 한하지 아니하고, 그 외의 관련자인 **주류제조업자**나 **소비자**에게 미치는 효과까지 헌법적 관점에서 심사하였다. [결론 : "이러한 이유로 이 사건 법률조항 중 주세법 제38조의7은 주류판매업자 및 소주제조업자의 직업의 자유 및 평등권과 소비자의 (행복추구권에서 파생된) 자기결정권을 침해하는 규정이므로 헌법에 위반되고, 같은 법 제18조 제1항 제9호는 위헌적인 법률조항을 근거로 이에 위반한 경우 주류판매업자에 대한 주류판매정지 또는 면허취소를 명하는 규정이어서 역시 헌법에 위반된다고 할 것이므로 주문(주세법(1950.4.28. 법률 제132호 제정, 1995.12.29. 법률 제5036호 최종개정) 제38조의7 및 제18조 제1항 제9호는 헌법에 위반된다)과 같이 결정한다."] {6(위헌):3(합헌)-위헌}

82) 상호신용금고법(1995.1.5. 법률 제4867호로 개정된 것) 제37조의3 제1항·제2항.

83) 이 사건에서도 제청법원이나 제청신청인, 그리고 청구인은 재산권과 평등권침해(평등원칙위반)를 주장했으나, 헌법재판소는 이들 이외에 "이 사건의 경우, 주식회사의 형태로서 금고의 원활한 설립과 운영이 가능하기 위해서는 기업활동의 위험부담이 적정하게 나누어 분산되고 주주와 임원의 책임이 한정되어야 할 필요가 있는데, 이 사건 법률조항이 규정하고 있는 바와 같이 임원과 특정주주 등 개인이 법인과 연대하여 기업의 위험을 부담케 하는 경우 사업에 필요한 자금을 제공할 주주의 모집 및 회사의 기관인 이사회의 구성이 어렵고, 소유와 경영의 분리를 전제로 하여 적임자에게 기업의 경영·관리를 맡기는 방식으로 기업을 운영하는 것이 곤란하다. 따라서 이 사건 법률조항은 임원과 과점주주의 연대변제책임이란 조건 하에서만 금고를 설립할 수 있도록 규정함으로써 사법상의 단체를 자유롭게 결성하고 운영하는 자유를 제한하는 규정이다."라고 하여 '결사의 자유'도 위

⊙ 헌재 2011. 11. 24. 2011헌바18 : 결국 이 사건 법률조항[84]은 '모의총포의 소지를 필요로 하는 직업을 가진 사람들'(예컨대 장난감 총 판매업자, 서바이벌 게임장 사업자 등)에 대하여는 그들의 영업방법에 제약을 가하게 되므로 영업의 자유를 제한하고, '모의총포의 소지를 직업과는 무관하게 취미생활과 같이 일상생활의 한 부분으로서 영위하는 자'에 대해서는 일반적 행동의 자유를 제한하는 조항이라고 보아야 한다.[85]

5. 종국결정

가. 기본적 유형

위헌법률심판절차에 있어서 내려질 수 있는 종국결정의 기본적 유형은 소송법적 결정으로서 각하결정, 본안에 관한 결정 즉 실체법적 결정의 유형으로서 합헌결정과 위헌결정 및 이른바 변형위헌결정이 있다.[86] 이하에서는 (변형위헌결정을 포함한) 위헌결정의 선언범위, 위헌결정의 효력의 시간적 범위, 그리고 변형위헌결정에 대하여 살펴본다.

나. 위헌선언의 범위

(1) 원칙

헌법재판소의 위헌결정의 범위는 불고불리(不告不理) 내지 신청주의의 원

헌심사의 기준으로 보았다. [재판관의 의견은 이 사건 법률조항 중 '임원' 부분에 대하여는 단순위헌의견이 3인, 헌법불합치의견이 1인, 한정위헌의견이 5인이었고, '과점주주' 부분에 대하여는 헌법불합치의견이 1인, 한정위헌의견이 5인, 합헌의견이 3인이었기 때문에, 결과적으로 이 사건 법률조항에 대하여 **한정위헌**의 주문이 선고되었다.]

84) 총포와 아주 비슷하게 보이는 것으로서 대통령령이 정하는 모의총포의 소지를 처벌하는 규정인 '총포·도검·화약류 등 단속법'(2003.7.29. 법률 제6948호로 개정된 것) 제73조 제1호 중 "제11조 제1항 본문" 부분

85) 6(합헌):2(위헌)로 합헌.

86) 독일연방헌법재판소가 법률의 위헌성을 확인하였을 때 내리는 재판유형에는 무효선언(Nichtigerklärung), 불합치선언(Unvereinbarerklärung), 헌법합치적 해석(verfassungskonforme Auslegung), 촉구재판(Apellentscheidung)이 있다. 이에 대한 자세한 설명은 허완중, "법률의 위헌성을 확인하였을 때 독일연방헌법재판소가 내리는 재판유형", 헌법재판연구 제4권 제2호, 헌법재판소 헌법재판연구원, 2017.12, 315면 이하 참조.

칙에 따라 심판대상과 일치하는 것이 원칙이다. 따라서 헌법재판소는 원칙적으로 "제청된 법률 또는 법률조항"으로서 "재판의 전제성이 있는 법률 또는 법률조항"에 한하여 위헌선언을 할 수 있다(법 제45조 본문). 즉, 위헌심판의 대상이 된 법률조항 중 일정한 법률조항이 위헌선언된 경우, 같은 법률의 그렇지 아니한 다른 법률조항들은 효력을 유지하는 것이 원칙이다.[87] 또한 심판대상이 헌법재판소에 의하여 앞에서[88] 설명한 바와 같은 사유로 확장된 경우에 위헌선언의 범위가 그 법률 또는 법률조항에까지 미치는 것은 당연하다.[89]

(2) 위헌선언 범위의 확장

(가) 법 제45조 단서의 적용

헌법재판소는 법률조항의 위헌결정으로 인하여 해당 법률 전부를 시행할 수 없다고 인정될 때에는 그 전부에 대하여 위헌결정을 할 수 있다(법 제45조 단서).

사례

⊙ 헌재 1996. 1. 25. 95헌가5 : '반국가 행위자의 처벌에 관한 특별조치법'("특조법") 특유의 소송절차나 처벌규정인 위 제7조 제5항·제6항·제7항 본문, 제8조가 모두 위헌으로 실효된다 할 것이고 이들 법률조항들이 이미 실효된 제11조[90]와 함께 위 특조법의 핵심적 규정들이라고 할 것인데, 그 핵심적인 규정들의 시행이 불가능하므로 특조법 전체가 그 존재의미를 상실하게 되고 그 전체가 시행할 수 없는 경우라고 할 것이다. 그러므로 나머지 점에 관한 판단을 생략하고 헌법재판소법 제45조 단서 규정에 의하여 특조법 전체에 대하여 위헌의 결정을 함이 타당하다.[91]

(나) 부수적 위헌선언

법률 전체만이 아니라 동일한 법률의 다른 법률조항도 그 법률 중 심판대상

87) 헌재 1996. 12. 26. 94헌바1, 판례집 8-2, 808, 829.

88) 이 책 제2장 3. 나. (3) 참조.

89) 실무제요(2008), 146면.

90) 헌재 1993. 7. 29. 90헌바35. 〈주문〉: "'반국가행위자의 처벌에 관한 특별조치법'(1977.12.31.법률 제3045호, 최종개정 1987.12.4. 법률 제3993호) 제11조 제1항과 제13조 제1항 중 '제345조 내지 제348조' 부분은 헌법에 위반된다."

91) 〈주문〉: "'반국가행위자의 처벌에 관한 특별조치법'(최종개정 1994.12.31. 법률 제4856호)은 헌법에 위반된다."

이 된 법률조항과 특별한 관계가 있어 심판대상이 된 법률조항에 대한 위헌결정이 있는 경우, 그 다른 법률조항도 계속 적용할 수 없는 경우에는 그에 대하여도 위헌의 결정을 할 수 있다.

다. 위헌결정의 효력의 시간적 범위

(1) 헌법재판소법의 규정

2014. 5. 20. 법률 제12597호로 개정된 법 제47조(위헌결정의 효력) 제2항은 "위헌으로 결정된 법률 또는 법률의 조항은 그 결정이 있는 날부터 효력을 상실한다."고 규정하고,[92] 제3항은 "제2항에도 불구하고 형벌에 관한 법률 또는 법률의 조항은 소급하여 그 효력을 상실한다. 다만, 해당 법률 또는 법률의 조항에 대하여 종전에 합헌으로 결정한 사건이 있는 경우에는 그 결정이 있는 날의 다음 날로 소급하여 효력을 상실한다."고 규정하고 있다.[93] 이와 같이 헌법재판소의 위헌결정의 소급효를 원칙적으로 부인함으로써 우리의 입법자는 형벌조항의 경우를 제외하고는 법적안정성을 더 높이 평가하는 방안을 선택하였다.[94] 그러므로 비형벌조항의 경우, 위헌으로 결정된 법률 또는 법률의 조항은 그 결정이 있은 날부터 효력을 상실하는 것이 원칙이다. 즉, 법률에 대한 위헌결정은 원칙적으로 즉시효 내지 장래효를 갖는다.

한편, 형벌조항의 경우 종전의 합헌결정과 후행 위헌결정의 소급효와 관련하여 다음의 세 가지 경우를 상정해 볼 수 있다. 첫째, 종전의 합헌결정 전에 유죄의 확정판결이 있는 경우, 둘째, 종전의 합헌결정 후에 범죄행위가 있었고 그 후에 유죄의 확정판결이 있는 경우, 셋째, 범죄행위는 종전의 합헌결정 전에 행해졌으나 유죄판결이 동 합헌결정 후에 확정된 경우가 그것이다.

92) 이에 대하여 헌법재판소는 "비록 위헌인 법률이라 하더라도 헌법재판소의 위헌결정에 의하여 비로소 형성적으로 그 효력을 잃게 되는 것이므로 헌법재판소의 위헌결정이 있기 전에는 어느 누구도 그 법률의 효력을 부인할 수는 없다."고 하였다.(헌재 2014.1.28. 2010헌바251, 판례집 26-1상, 1, 6)

93) 헌법재판소는 헌재 2016. 4. 28. 2015헌바216 사건에서 위 단서조항에 대하여 재판관 전원일치의 의견으로 합헌결정을 선고하였다. 이 사건에 대한 평석으로 김현철, "형벌조항에 대한 위헌결정의 소급효 제한", 헌법재판연구 제3권 제2호, 헌법재판소 헌법재판연구원, 2016. 12, 3면 이하 참조.

94) 헌재 1993. 5. 13. 92헌가10등, 판례집 5-1, 226, 250.

첫째의 경우는 개정법조항 때문에 후행의 위헌결정이 소급하지 않는다. 둘째의 경우는 개정법조항의 적용을 받아 후행의 위헌결정의 소급효의 혜택을 받는다. 셋째의 경우가 문제인데, 종전의 합헌결정 전에 범행이 이루어졌으나 합헌결정 후에 유죄의 확정판결이 이루어진 사례에서 법원이 재심개시결정을 한다면 당연히 후행의 위헌결정의 소급효 때문에 그 형벌조항은 효력이 상실되어 적용될 수 없다. 따라서 이 경우에도 위헌결정의 소급효의 혜택을 받아야 한다.[95]

사례

⊙ 헌재 2015. 4. 30. 2013헌마873 : 형법 제241조 제1항은 헌법재판소법 제47조 제3항 본문에 따라 헌법재판소 2015. 2. 26. 2009헌바17등 위헌결정에 의하여 위 조항에 대한 마지막으로 합헌결정(2007헌가17등)이 있었던 날인 2008. 10. 30.의 다음 날인 2008. 10. 31.로 소급하여 그 효력을 상실하였고, 2009. 2. 9.경 발생한 상간행위에 위 조항을 적용한 이 사건 기소유예처분은 결국 범죄를 구성하지 않는 행위를 대상으로 한 처분이므로 청구인의 평등권과 행복추구권을 침해하였다.

⊙ 대법원 2016. 11. 20. 선고 2015모1475 결정 : 헌법재판소법 제47조 제4항에 따라 재심을 청구할 수 있는 '위헌으로 결정된 법률 또는 법률의 조항에 근거한 유죄의 확정판결'이란 헌법재판소의 위헌결정으로 인하여 같은 조 제3항의 규정에 의하여 소급하여 효력을 상실하는 법률 또는 법률의 조항을 적용한 유죄의 확정판결을 의미한다. 따라서 위헌으로 결정된 법률 또는 법률의 조항이 같은 조 제3항 단서에 의하여 종전의 합헌결정이 있는 날의 다음 날로 소급하여 효력을 상실하는 경우 그 합헌결정이 있는 날의 다음 날 이후에 유죄판결이 선고되어 확정되었다면, 비록 범죄행위가 그 이전에 행하여졌다 하더라도 그 판결은 위헌결정으로 인하여 소급하여 효력을 상실한 법률 또는 법률의 조항을 적용한 것으로서 '위헌으로 결정된 법률 또는 법률의 조항에 근거한 유죄의 확정판결'에 해당하므로 이에 대하여 재심을 청구할 수 있다고 보아야 한다."

(2) 형벌조항의 경우

(가) 법정 소급효

형벌에 관한 법률 또는 법률의 조항이 위헌으로 선언되는 경우에 그 결정은 원칙적으로 소급효를 갖는다. 그러므로, 위헌으로 결정된 형벌에 관한 법률 또

95) 김현철, 전게논문(2016.12), 29면.

는 법률의 조항에 근거한 유죄의 확정판결에 대하여는 재심을 청구할 수 있다(법 제47조 제4항).[96] 이 경우 재심에 대하여는 형사소송법을 준용한다(법 제47조 제5항). 유의할 것은 법 제47조 제3항의 규정이 ①법원에 의하여 이미 선언된 유죄판결을 그 자체로 무효로 만든다거나 ②유죄확정판결의 집행을 정지시킨다거나 또는 ③진행중인 형의 집행을 금지시키는 것은 아니고, 다만 유죄판결을 받은 자가 재심청구를 통하여 유죄의 확정판결을 다툴 수 있을 뿐이라는 것이다.[97] 이미 형의 집행이 종료된 이후에도 재심을 청구할 수 있다.[98]

사례

⊙ 헌재 2018. 3. 29. 2016헌바202등 : 노역장유치는 벌금형에 부수적으로 부과되는 환형처분으로서 실질은 신체의 자유를 박탈하여 징역형과 유사한 형벌적 성격을 가지고 있으므로, 1억 원 이상의 벌금형을 선고하는 경우 노역장유치기간의 하한을 정한 노역장유치조항을 시행일 이후 최초로 공소제기 되는 경우부터 적용하도록 한 형법 부칙조항(제2조 제1항)은 헌법재판소법 제47조 제3항에서 규정한 '형벌에 관한 법률조항'에 해당한다. 따라서 형법 부칙조항은 위 2015헌바239등 결정으로 인하여 소급하여 그 효력을 상실하였고, 형법 부칙조항에 근거한 유죄의 확정판결에 대하여는 재심을 청구할 수 있다. 그렇다면 형법 부칙조항은 위 2015헌바239등 결정으로 인하여 소급하여 그 효력을 상실하였고, 청구인은 형법 부칙조항을 적용하여 벌금형에 대한 노역장유치를 선고한 확정판결에 대하여 재심을 청구할 수 있으므로, 청구인의 형법 부칙조항에 대한 심판청구는 심판의 이익이 없어 부적법하다.[99]

96) 이는 형사판결에 있어서는 위헌의 법률에 의하여 처벌받는 사람이 있어서는 안 된다는 구체적 타당성이 기판력의 존중이라는 법적안정성의 요구보다 더 중대한 의미를 가진다고 할 수 있으므로, 이 경우에는 (헌법재판소의) 위헌결정에 기한 재심을 허용하는 것이 보다 더 정의에 합치한다고 할 수 있을 것이다. 윤진수, "위헌법률의 효력", 헌법논총 제1집, 헌법재판소, 1990, 318면.

97) 재심청구에는 형집행을 정지하는 효력이 없다. 따라서 헌법재판소의 위헌결정은 유죄의 확정판결에 따른 형집행에 아무런 영향을 미치지 않는다. 다만, 관할법원에 대응하는 검찰청 검사는 재심청구에 대한 재판이 있을 때까지 형집행을 정지할 수 있다(형사소송법 제428조). 허완중, "위헌법률에 근거한 행정처분의 효력", 헌법이론과 실무 2016-A-3, 헌법재판소 헌법재판연구원, 2016.8, 32면.

98) 실무제요(2008), 149면.

99) 이 부분 판시에 대하여는, "노역장유치는 벌금형 및 과료형의 집행과 관련하여 벌금 등을 완납할 때까지 노역장에 유치하여 작업에 복무하게 하는 것으로서 벌금납입의 대체수단이자 납입강제기능을 갖는 벌금형의 집행방법에 불과하고, 벌금형에 대한 환형처분이라는 점에서 노역형, 즉 강제노동 자체를 내용으로 하는 형벌과는 구별된다. 따라서 금액별

대법원 판례에 의하면, 위헌결정으로 인하여 형벌에 관한 법률 또는 법률조항이 소급하여 그 효력을 상실한 경우에는 당해 법조를 적용하여 기소한 "피고사건이 범죄로 되지 아니한 때"(형사소송법 제325조)에 해당하여 **무죄**를 선고하여야 한다.[100] 이와 같은 법리는 헌법재판소가 형벌조항에 대하여 헌법불합치 및 적용중지를 명하는 결정(헌재 2004. 5. 27. 2003헌가1)[101]을 한 후 개선입법이 이루어진 경우에도,[102] 그리고 헌법불합치 및 잠정적용을 명하는 결정(헌재 2009. 9. 24. 2008헌가25)[103]을 했으나 입법개선 시한까지 법률개정이 이루어지지 않은 경우에도[104] 같다는 것이 대법원의 입장이다.

사례

⊙ 대법원 2009. 1. 15. 선고 2004도7111 판결 : 법원이 헌법 제107조 제1항 등에 근거하여 법률의 위헌여부의 심판제청을 하는 것은 그 전제가 된 당해사건에서 위헌으로 결정된 법률조항을 적용하지 않으려는 데에 그 목적이 있다는 점과 헌법재판소법 제45조, 제47조의 규정 취지에 비추어 볼 때, 위와 같은 헌법재판소의 헌법불합치 결정은 당해사건인 이 사건에 적용되는 법률조항에 대한 위헌결정에 해당하는 것이

노역장유치기간의 하한을 정한 노역장유치조항의 시행에 관한 경과규정인 형법 부칙소항은 헌법재판소법 제47조 제3항에서 규정한 '형벌에 관한 법률조항'에 해당한다고 볼 수 없다. 따라서 청구인은 형법 부칙조항을 적용하여 벌금형에 대한 노역장유치를 선고한 확정판결에 대하여 헌법재판소법 제47조 제4항에 의한 재심을 청구할 수 없으므로, 청구인이 헌법재판소법 제75조 제7항에 의한 재심을 청구할 수 있도록 형법 부칙조항에 대하여 헌재 2017. 10. 26. 2015헌바239등 결정과 같은 취지로 위헌임을 확인하는 결정을 선고하여야 한다."는 재판관 2인의 반대의견이 있다.

100) 대법원 1991. 10. 22. 선고 91도1617 전원합의체판결. 同旨, 대법원 1992. 5. 8. 선고 91도2825 판결; 대법원 2003. 6. 27. 선고 2002도7403 판결; 대법원 2007. 6. 28. 선고 2005도8317 판결

101) 〈주문〉 : "2. 학교보건법 제6조 제1항 본문 제2호 중 '극장' 부분 가운데 초·중등교육법 제2조에 규정한 각 학교에 관한 부분은 헌법에 합치하지 아니한다. 법원 기타 국가기관 및 지방자치단체는 입법자가 개정할 때까지 이 부분 법률조항의 적용을 중지하여야 한다."

102) 당해사건인 광주지방법원 2004. 6. 18. 선고 2002고단1864 판결(무죄)의 상고심인 대법원 2009. 1. 15. 선고 2004도7111 판결.

103) 〈주문〉 : 「'집회 및 시위에 관한 법률'(2007.5.11. 법률 제8424호로 전부 개정된 것) 제10조 중 "옥외집회" 부분 및 제23조 제1호 중 "제10조 본문의 옥외집회" 부분은 헌법에 합치되지 아니한다. 위 조항들은 2010. 6. 30.을 시한으로 입법자가 개정할 때까지 계속 적용된다.」

104) 위 헌법불합치결정 당시 대법원에 계속중이던(병행사건) 대법원 2011. 6. 23. 선고 2008도7562 전원합의체 판결. 이 사건에서 대법원은, 야간옥외집회를 주최한 혐의(집시법위반)로 기소된 자에 대한 상고심에서 벌금 500만원을 선고한 원심(부산지방법원 2008.8.7. 선고 2008노1809 판결)을 무죄 취지로 파기·환송하였다.

다. 한편, 구법(2005.3.24. 법률 제7396호로 개정되기 전의 구 학교보건법) 제19조는 당사자의 행위가 구법 제6조 제1항의 규정에 위반한 것을 구성요건으로 삼고 있으므로 구법 제6조 제1항 본문 제2호는 구법 제19조와 결합하여 형벌에 관한 법률조항을 이루는 것이라고 볼 수 있는바, 형벌에 관한 법률조항에 대하여 위헌결정이 선고되는 경우 그 법률조항의 효력이 소급하여 상실되고, 당해사건뿐만 아니라 위헌으로 선언된 형벌조항에 근거한 기존의 모든 유죄확정판결에 대해서까지 전면적으로 재심이 허용된다는 (구)헌법재판소법 제47조 제2항 단서, 제3항의 규정에 비추어 볼 때, 위와 같이 헌법불합치결정의 전면적인 소급효가 미치는 형사사건에서 법원은 헌법에 합치되지 않는다고 선언된 구법 제6조 제1항 본문 제2호를 더 이상 피고인에 대한 처벌법규로 적용할 수 없다. 또한, 구법 제6조 제1항 본문 제2호에 대하여 헌법불합치결정[105]이 선고된 이후에 **2005. 3. 24.** 법률 제7396호로 개정된 학교보건법 제6조 제1항 본문 제2호의2 등은 피고인이 공소사실 기재와 같은 행위를 한 다음에 입법화된 것임이 분명하므로, 이미 헌법에 합치되지 않는다고 선언된 구법을 토대로 하여 개정된 법률조항을 소급적용하여 피고인을 처벌하는 것은 헌법 제12조 제1항 및 제13조 제1항의 명문규정에 위배되어 허용될 수 없는 것이다(헌법재판소 1989.7. 14. 선고 89헌가5등 결정, 헌법재판소 1996.2.16. 선고 96헌가2등 결정 참조). 그렇다면 이 사건 공소사실은 이를 처벌할 법규가 존재하지 않아 피고사건이 죄가 되지 아니하는 경우에 해당하므로 형사소송법 제325조 전단에 의하여 피고인에게 **무죄**를 선고하여야 할 것이다. 원심판결[106]의 이유설시에 다소 미흡한 점이 있으나, 검사의 주장을 모두 배척하고 무죄를 선고한 제1심판결을 그대로 유지한 원심의 결론은 정당하다.

⊙ 대법원 2011. 6. 23. 선고 2008도7562 전원합의체 판결 : 헌법재판소의 헌법불합치결정은 헌법과 헌법재판소법이 규정하고 있지 않은 변형된 형태이지만 법률조항에 대한 위헌결정에 해당하고, 집시법 조항에 대해 선고된 헌법불합치결정은 형벌에 관한 위헌결정이다. (…) 집시법조항에 대한 헌법불합치결정에 의해 헌법에 합치되지 않는다고 선언되고 2010년 6월 30일 개정시한까지 법개정이 이루어지지 않아 소급적으로 효력을 상실했기 때문에 야간옥외집회를 주최해 공소가 제기된 피고인에게는 **무죄**가 선고돼야 한다.[107]

---

105) 헌재 2004. 5. 27. 2003헌가1 결정을 말함.

106) 광주지방법원 2004. 10. 6. 선고 2004노1401 판결을 말함.

107) 반면에 대법관 3인은 "헌법불합치결정은 개선입법이 이루어지지 않은 경우 처음부터 단순위헌결정이 있었던 것과 동일한 상태로 들어가는 것이 아니기 때문에, 2010년 6월 30일의 다음날인 7월 1일부터 효력을 상실해 피고인에게 '**면소**'판결을 해야 한다."는 별개의견을 냈다. [형사소송법 제326조 제4호는 "범죄 후의 법령개폐로 형이 폐지되었을 때"는 면소판결을 선고하도록 규정하고 있다.]

한편 헌법재판소는, 검사의 기소유예처분 이후에 그 처분의 근거가 된 법률조항에 대하여 헌법재판소의 위헌결정이 이루어진 경우는 당해 기소유예처분으로 말미암아 청구인의 기본권을 침해하는 것이라고 하였다. 즉, 검사가 종업원의 무면허 의료행위를 이유로 개인 영업주(청구인)에 대해 의료법상 양벌규정을 근거로 기소유예처분을 하였는데(2009. 1. 22), 그 후 위 처분의 근거 법률조항인 의료법(2007. 4. 11. 법률 제8366호로 전부 개정되고 2009. 12. 31. 법률 제9906호로 개정되기 전의 것) 제91조 제2항 중 "개인의 대리인, 사용인, 그 밖의 종업원이 제87조 제1항 제2호 중 제27조 제1항의 규정에 따른 위반행위를 하면 그 개인에게도 해당조문의 벌금형을 과한다."는 부분에 대해 형벌에 관한 책임주의에 반한다는 이유로 헌법재판소의 위헌결정이 있었고(헌재 2009. 10. 29. 2009헌가6),[108] 그로 인해 형벌에 관한 법률조항인 위 조항은 (구)법 제47조 제2항 단서에 따라 소급하여 그 효력을 상실하였기 때문에, 위와 같이 소급하여 그 효력을 상실한 법률조항을 적용근거로 하여 이루어진 기소유예처분은 결국 범죄를 구성하지 않는 행위를 대상으로 그 혐의를 인정한 처분에 해당하므로 이를 취소함이 마땅하고, 그로 인해 청구인의 평등권과 행복추구권이 침해되었다고 판시하였다.[109]

사례

⊙ 헌재 2012. 12. 29. 2010헌마613 : 이 사건 기소유예처분[110] 이후에 있은 헌법재판소의 위헌결정[111]에 따라 이 사건 법률조항들에 '정보통신망을 이용하여 인터넷 홈페이지 또는 그 게시판·대화방 등에 글이나 동영상 등 정보를 게시하거나 전자우

108) 이 사건의 제청신청인은 위 헌법소원사건의 청구인과 다른 사람이다.

109) 헌재 2010. 7. 29. 2009헌마205, 공보 166, 1481. 同旨, 헌재 2011. 2. 24. 2010헌마110, 공보 173, 437, 439. 한편, 약사법위반 피의사실은 2010년 8월경에 있었고 그 약사법조항(양벌규정)에 대한 위헌결정이 2011. 12. 29. 있었음에도 불구하고 피청구인 검사가 2012. 8. 7. 그 약사법조항을 근거로 기소유예처분을 한 사건에서도 "헌법재판소는 이 사건 기소유예처분 이전에 혐의사실에 적용할 법률조항에 대하여 위헌결정을 하였는바, 위 조항은 형벌에 관한 법률조항에 해당하므로 (구)헌법재판소법 제47조 제2항 단서에 따라 소급하여 그 효력을 상실하였다. 따라서 이 사건 기소유예처분은 효력을 상실한 법률조항을 적용하여 이루어진 것으로서 법리오해의 잘못이 있는 처분에 해당한다."고 하여 기소유예처분을 취소하는 결정을 선고하였다.(헌재 2013.5.30. 2012헌마850, 공보 200, 707 이하)

110) 2010. 7. 13.

111) 헌재 2011. 12. 29. 2007헌마1001, 2010헌바88, 2010헌마173·191 (병합)결정을 말함. 위 헌재 2010헌마613 사건의 청구인은 위 2010헌마173 사건의 청구인이었음.

편을 전송하는 방법'이 포함되는 것으로 해석하는 것은 소급하여 허용되지 않게 되었고, 이와 같이 헌법에 위배되어 허용되지 않는 법률해석을 근거로 하여 범죄혐의가 인정됨을 전제로 이루어진 처분 또한 위헌임을 면할 수 없게 되었다. 따라서 이 사건 기소유예처분은 근거되는 법률조항이 헌법재판소의 위헌결정으로 소급하여 그 효력을 상실함으로써 청구인의 행위가 범죄를 구성하지 않게 되었음에도 불구하고 그 혐의가 인정됨을 전제로 처분의 효력을 지속하고 있으므로 그로 말미암아 청구인의 기본권인 평등권과 행복추구권이 침해되었다고 인정된다.

⊙ 헌재 2014. 4. 24. 2009헌마248 : 헌법재판소는, 2014. 3. 27. 2010헌가2등 결정으로 '집회 및 시위에 관한 법률'(2007. 5. 11. 법률 제8424호로 개정된 것) 제10조 본문 중 '시위'에 관한 부분 및 제23조 제3호 중 '제10조 본문' 가운데 '시위'에 관한 부분은 각 '해가 진 후부터 같은 날 24시까지의 시위'에 적용하는 한 헌법에 위반된다는 결정을 하였고, 형벌조항에 대한 위헌결정의 소급효에 의하여 청구인의 시위행위[112]는 더 이상 범죄를 구성하지 않게 되었다. 따라서 이 부분에 대한 기소유예처분[113]은 청구인의 평등권과 행복추구권을 침해한다.

그 밖에 구 증권거래법상 양벌규정에 의하여 유죄의 확정판결[114]을 받은 자가 동 조항에 대한 헌법재판소의 위헌결정이 없었음에도 불구하고 재심을 청구한[115] 사례에서 법원은 재심개시결정을 한 후에 동 조항에 대하여 위헌제청을 하였고, 이에 대하여 헌법재판소가 동 조항이 책임주의원칙에 위배된다는 이유로 위헌결정을 선고한 사례가 있다.[116]

(나) 적용의 예외

형벌에 관한 법률 또는 법률조항이라 하더라도 그것이 위헌으로 선언될 경

112) 2008. 7. 19. 20:40경부터 22:20경 사이에 있었음.

113) 피청구인(서울중앙지방검찰청 검사)이 2009. 3. 12. 서울중앙지방검찰청 2008형제115085호 사건에서 청구인의 '집회 및 시위에 관한 법률' 위반의 점에 관하여 한 기소유예처분을 말함.

114) 수원지방법원 안산지원 2008. 10. 9. 선고 2008고단2847 판결.

115) 2012. 5. 14. 그 사이에 헌법재판소에서 다른 법률조항의 소위 '양벌규정'에 대하여 책임주의원칙 위반을 이유로 위헌결정을 다수 선고하였다.

116) 헌재 2013. 6. 27. 2013헌가10, 공보 201, 779 이하. 〈주문〉 : "구 증권거래법(1997.1.13. 법률 제5254호로 개정되고, 2007.8.3. 법률 제8635호 '자본시장과 금융투자업에 관한 법률' 부칙 제2조 제1호로 2009. 2. 4. 폐지되기 전의 것) 제215조 중 '법인의 대리인·사용인 기타 종업원이 그 법인의 업무에 관하여 제207조의3의 위반행위를 한 때에는 그 법인에 대하여도 해당 조의 벌금형을 과한다'는 부분은 헌법에 위반된다."

우 오히려 형사처벌을 받지 않았던 자들에게 형사상의 불이익이 미치게 되는 경우에는 죄형법정주의의 정신상 소급효가 인정되지 아니한다. 즉, 교통사고처리 특례법 제4조 등에 대한 헌법소원 사건에서 헌법재판소는, "특례법 제4조 제1항은 비록 형벌에 관한 것이기는 하지만 불처벌의 특례를 규정한 것이어서, 위 법률조항에 대한 위헌결정의 소급효를 인정할 경우 오히려 형사처벌을 받지 않았던 자들에게 형사상의 불이익이 미치게 되므로, 이와 같은 경우까지 (구)헌법재판소법 제47조 제2항 단서의 적용범위에 포함시키는 것은 그 규정의 취지에 반하고, 따라서 위 법률조항이 헌법에 위반된다고 선고되더라도 형사처벌을 받지 않았던 자들을 소급하여 처벌할 수는 없다."고 판시하였다.[117]

또한 형사실체법 규정에 대한 위헌선언만이 소급효를 가지며, 법원조직법이나 형사소송법 등 절차규정에 대한 위헌선언의 경우에는 그러한 소급효가 없다. 즉, 법 제47조 제3항에 의하여 소급효가 인정되는 "형벌에 관한 법률 또는 법률의 조항"의 범위는 실체적인 형벌법규에 한정하여야 하고, 위헌으로 결정된 법률이 형사소송절차에 관한 절차법적인 법률인 경우에는 동 조항이 적용되지 않는 것으로 가급적 좁게 해석하는 것이 제도적으로 합당하다.[118]

(3) 비형벌조항의 (해석에 의한) 소급효

(가) 헌법재판소의 입장

헌법재판소는 (구)법 제47조 제2항에 관한 위헌제청사건 등의 결정에서, "우리의 입법자는 법 제47조 제2항 본문의 규정을 통하여 형벌법규를 제외하고는 법적안정성을 더 높이 평가하는 방안을 선택하였는바, 이에 의하여 구체적 타당성이나 평등의 원칙이 완벽하게 실현되지 않는다고 하더라도 헌법상 법치주의의 원칙의 파생인 법적안정성 내지 신뢰보호의 원칙에 의하여 정당화된다 할 것"이라고 하여 그 법률조항의 합헌성을 확인하면서도, 효력이 다양할 수밖에 없는 위헌결정의 특수성 때문에 예외적으로 부분적인 소급효의 인정을 부인할 수 없다고 판시하였다.[119] 즉, 헌법재판소는 다음과 같은 경우에는 예외적으로 법률

117) 헌재 1997. 1. 16. 90헌마110등, 판례집 9-1, 90, 107. 同旨, 헌재 2009. 2. 26. 2005헌마764등, 공보 149, 451, 457.

118) 헌재 1992. 12. 24. 92헌가8, 판례집 4, 853, 887, 재판관 한병채, 재판관 이시윤, 재판관 김문희의 보충의견 중에서.

119) 헌재 1993. 5. 13. 92헌가10등, 판례집 5-1, 226, 250-251; 헌재 2000. 8. 31. 2000헌바6, 공

의 위헌결정에 소급효를 인정할 수 있다고 보았다.[120]

첫째, 구체적 규범통제의 실효성의 보장의 견지에서 소급효를 인정하여야 할 경우로서

① 법원의 제청, 헌법소원의 청구 등을 통하여 헌법재판소에 법률의 위헌결정을 위한 계기를 부여한 **당해사건**[121]

② 위헌결정이 있기 전에 이와 동종의 위헌여부에 관하여 헌법재판소에 위헌제청을 하였거나 법원에 위헌제청신청을 한 경우의 당해사건[122]

③ 따로 위헌제청신청을 하지 아니하였지만 당해 법률 또는 법률의 조항이 재판의 전제가 되어 법원에 계속 중인 사건[123]

둘째, (헌법재판소의 위헌결정 이후에 제소된) **일반사건**[124] 중 당사자의 권리구제를 위한 구체적 타당성의 요청이 현저한 반면에 소급효를 인정하여도 법적안정성을 침해할 우려가 없고 나아가 구법에 의하여 형성된 기득권자의 이득이 해쳐질 사안이 아닌 경우로서, 소급효의 부인이 오히려 정의와 형평 등 헌법적 이념에 심히 배치되는 때에도 소급효를 인정할 수 있다.[125] 그리고 어떤 사안이 이와 같은 사건의 테두리에 들어가는가에 관하여는 본래적으로 규범통제를 담당하는 헌법재판소가 위헌선언을 하면서 직접 그 결정주문에서 밝혀야 할 것이나,

---

보 49, 744, 746.

120) 실무제요(2008), 151면.

121) 이러한 헌법재판소 및 아래 대법원의 입장에 대하여는, "법원의 제청에 의한 위헌결정의 경우, 제청법원은 헌법재판소의 심판에 의해서 재판하게 되어 있기 때문에(헌법 제107조 제1항), 위헌결정의 효력은 당연히 당해사건에 미칠 수밖에 없다. 당해사건에 당연히 미치는 이러한 효력을 소급효의 한 유형으로 이해하는 것은 옳지 않다. 이것은 구체적 규범통제의 본질에서 나오는 당연한 효력이기 때문이다. 법 제68조 제2항에 따른 규범소원의 경우도 같다."라는 비판이 있다. 허영, 전게서(2014), 243-244면.

122) 이를 "**동종사건**"이라고도 한다.(대법원 2010.10.14. 선고 2010두11016 판결; 헌재 2013.6.27. 2010헌마535, 공보 201, 831, 832) 허영 교수는 이 경우 및 아래 ③의 경우도 그 효력을 소급효로 설명하는 것은 옳지 않다고 한다. 왜냐하면 법률에 대한 위헌결정의 기속력 때문에 법원은 위헌으로 선언되어 효력을 상실한 법률을 더 이상 재판의 근거로 적용할 수 없는 결과로 보아야 하기 때문이라는 것이다. 허영, 전게서(2014), 244면.

123) 이를 "**병행사건**"이라고 한다.(대법원 2010.10.14. 선고 2010두11016 판결; 헌재 2013.6.27. 2010헌마535, 공보 201, 831, 832)

124) 이를 "동종사건"이라고 부르는 견해도 있다. 정종섭, 전게서(2010), 342·346면.

125) 허영 교수는 이 경우도 장래효의 당연한 귀결이기 때문에, 종래 헌법재판소와 대법원이 위헌결정의 장래효를 설명하면서 소급효의 논리를 끌어들인 것은 재검토를 요하는 논증이라고 비판한다. 허영, 전게서(2014), 244면.

직접 밝힌바 없으면 그와 같은 경우에 해당하는가의 여부는 일반법원이 구체적 사건에서 당해 법률의 연혁·성질·보호법익 등을 검토하고 제반이익을 형량해서 합리적·합목적적으로 정하여 대처할 수밖에 없을 것이라고 한다.

(나) 대법원의 입장

대법원은 법률의 위헌결정의 소급효의 범위에 관하여 헌법재판소와 부분적으로 견해를 달리하고 있다. 대법원은 처음에는 헌법재판소의 위헌결정은 법원의 제청[126] 또는 (법 제68조 제2항에 따른) 헌법소원의 청구[127] 등을 통하여 "헌법재판소에 법률의 위헌결정을 위한 계기를 부여한 구체적 사건", 즉 '당해사건'에 대해서는 장래효원칙의 예외로서 소급효를 인정하여야 한다고 판시하였으나, 그 후 단계적으로 헌법재판소의 위헌결정의 소급효의 범위를 넓혀 왔다. 그리하여 대법원 1992. 2. 14. 선고 91누1462 판결은 "헌법재판소의 위헌결정의 효력은 위헌결정 이후에 제소된 '일반사건'에도 미친다."고 하여 전면적으로 소급효를 인정하였다.[128]

---

126) 대법원 1991. 6. 11. 선고 90다5450 판결 : "법률의 위헌여부의 심판제청은 그 전제가 된 당해사건에서 위헌으로 결정된 법률조항을 적용받지 않으려는 데에 그 목적이 있고, 헌법 제107조 제1항에도 위헌결정의 효력이 일반적으로는 소급하지 아니하더라도 당해사건에 한하여는 소급하는 것으로 보아, 위헌으로 결정된 법률조항의 적용을 배제한 다음 당해사건을 재판하도록 하려는 취지가 포함되어 있다고 보여질 뿐만 아니라, 만일 제청을 하게 된 당해사건에 있어서도 소급효를 인정하지 않는다면 제청 당시 이미 위헌여부심판의 전제성을 흠결하여 제청조차 할 수 없다고 해석되어야 하기 때문에, 구체적 규범통제의 실효성을 보장하기 위하여서라도 적어도 당해사건에 한하여는 위헌결정의 소급효를 인정하여야 한다고 해석되고, 이와 같은 해석은 이 사건에 있어서와 같이 헌법재판소가 실질적으로 위헌결정을 하면서도 그로 인한 법률조항의 효력상실시기만을 일정기간 뒤로 미루고 있는 경우(헌재 1989.9.8. 88헌가6, 잠정적용을 명하는 헌법불합치결정을 말함)에도 마찬가지로 적용된다."

127) 대법원 1991. 6. 28. 선고 90누9346 판결 : "법원의 제청 또는 헌법소원의 청구 등을 통하여 헌법재판소에 법률의 위헌결정을 위한 계기를 부여한 구체적인 사건, 즉 당해사건에 대해서는 헌법재판소의 위헌결정은 장래효원칙의 예외로서 소급효를 인정해야 함은 헌법재판소법 제75조 제7항·제8항, 헌법 제107조 제1항, 헌법재판소법 제41조, 제47조, 같은 법 제75조 제3항·제5항·제6항 등 각 규정의 해석상 당연한바(당원 1991.6.11. 선고 90다5450 판결도 같은 취지이다), 헌재 1989. 12. 18. 89헌마32등 위헌결정은 원고들이 이 사건 면직처분무효확인소송 중 헌법재판소법 제68조 제2항에 의하여 제기한 헌법소원에 기한 것이므로, 이 사건 면직처분무효확인의 소는 위 89헌마32등 위헌결정의 당해사건임이 명백하여, 구 국가보위입법회의법 부칙 제4항 후단이 헌법에 위반되어 무효라는 위 위헌결정의 효력은 이 사건에 소급하여 미친다."

128) 同旨, 대법원 1993. 1. 15. 선고 92다12377 판결.

특히 대법원은, 헌법재판소가 1993. 5. 13. 선고한 92헌가10등 결정에서 위헌결정은 원칙적으로 소급효가 없다고 선고한 뒤에도, 여전히 위헌결정의 효력은 그 결정 이후에 당해 법률 또는 법률의 조항이 재판의 전제가 되었음을 이유로 법원에 제소된 사건의 경우에도 미친다고 보았다(대법원 1993. 7. 16. 선고 93다3783 판결). 그러다가 대법원은 1994. 10. 25. 선고한 93다42740 판결에서, 원심판결(서울고등법원 1993. 7. 21. 선고 91나9871 판결)이 대체로 위 헌법재판소 92헌가10등 결정의 이유를 원용하여 위헌결정[129]의 소급효를 부정한 데 대하여 종래의 태도를 그대로 견지하면서, "헌법재판소의 위헌결정의 효력은 위헌제청을 한 당해사건, 위헌결정이 있기 전에 이와 동종의 위헌여부에 관하여 헌법재판소에 위헌여부심판제청을 하였거나 법원에 위헌여부심판 제청신청을 한 경우의 당해사건과, 따로 위헌제청신청은 하지 아니하였지만 당해 법률 또는 법률의 조항이 재판의 전제가 되어 법원에 계속중인 사건뿐만 아니라 위헌결정 이후에 위와 같은 이유로 제소된 일반사건에도 미치나,[130] "그 미치는 범위가 무한정일 수는 없고 법원이 위헌으로 결정된 법률 또는 법률의 조항을 적용하지는 않더라도 다른 법리에 의하여 그 소급효를 제한하는 것까지 부정되는 것은 아니라 할 것이며, 법적안정성의 유지나 당사자의 신뢰보호를 위하여 불가피한 경우에 위헌결정의 소급효를 제한하는 것은 오히려 법치주의의 원칙상 요구되는 바라 할 것"이라고 판시하였다.

대법원은 위 '다른 법리'와 관련하여, 한편으로는 확정판결의 기판력[131]이나 행정처분의 확정력,[132][133] 비교형량(법적안정성 및 신뢰보호)[134] 등의 법리에 의

---

129) 헌재 1990. 9. 3. 89헌가95 결정을 말함.

130) 이 사건에서 원고는 위 위헌결정 후인 1990. 10. 23. 소를 제기하였다.

131) 대법원 1995. 1. 24. 선고 94다28017 판결; 대법원 2003. 7. 11. 선고 2003다19572 판결 참조.

132) 대법원 2000. 6. 9. 선고 2000다16329 판결; 대법원 2002. 11. 8. 선고 2001두3181 판결 참조.

133) 행정처분의 '확정력'이라는 명칭은 재판의 확정력(Rechtskraft)과 혼동될 수 있으므로 독일과 같이 이를 구별하여 '존손력'(Bestandskraft)이라고 부르는 견해로, 허완중, 전게논문(2016.8), 1면.

134) 대법원 1994. 10. 25. 선고 93다42740 판결 : "원심은, 헌법재판소법 제47조 제2항은 형벌에 관한 것이 아닌 한 위헌으로 결정된 법률 또는 법률의 조항은 그 결정이 있는 날로부터 장래에 향하여 그 효력을 상실하도록 하는 이른바 '장래효주의'를 채택하고 있는데, 다만 (…) 당사자의 권리구제를 위한 구체적 타당성의 요청이 현저한 반면에 소급효를 인정하여도 법적안정성을 침해할 우려가 없고 구법에 의하여 형성된 기득권자의 이득이 해쳐질 사안이 아닌 경우로서 소급효를 인정하지 않는 것이 오히려 정의와 형평 등 헌법적 이

하여[135] 위헌결정의 소급효를 제한하고 있다.

사례

⊙ 대법원 2010. 10. 14. 선고 2010두11016 판결 : 원고가 한국국제협력단에 근무한 기간 동안인 1991년 4월분부터 1993년 3월분까지 퇴역연금액의 2분의 1이 지급정지된 것은 같은 기간 시행되다가 헌재 2003. 9. 25. 2001헌가22 위헌결정에 의해 효력을 상실한 '1982. 12. 28. 법률 제3587호로 개정된 후 2000. 12. 30. 법률 제6327호로 같은 조 제5항 전부가 삭제되기 전'의 구 군인연금법 제21조 제5항 제3호에 근거하여 같은 규정에서 정한 기관에 취업한 것에 따른 것인데, 위 2003. 9. 25.자 위헌결정의

념에 심히 배치되는 때에 한해서는 장래효 원칙의 예외로서 소급효가 미치는 범위를 확장하여 위헌결정 이후에 당해 법률 또는 법률의 조항이 재판의 전제가 되어 제소된 일반사건에도 미치지만, 이 사건의 경우 원고는 헌법재판소가 위헌결정(1990.9.3.)을 한 이후인 1990. 10. 23.에 이르러 비로소 이 사건 소를 제기하였음이 명백하므로 이 사건이 헌법재판소가 위 법률조항의 위헌결정을 위한 계기를 부여한 위헌제청을 한 당해사건, 위헌결정 이전에 헌법재판소에 위헌여부심판제청 또는 법원에 위헌여부심판제청신청을 한 경우의 당해사건과 따로 위헌제청신청을 아니하였지만 당해 법률 또는 법률의 조항이 재판의 전제가 되어 법원에 계속중인 사건에 해당하지 아니할 뿐 아니라, 국세 등은 국가재정수입의 주 원천으로서 고도의 공익성을 갖고 있는데다가 위 위헌결정 이전에 이 사건 경매절차 이외에도 이미 수많은 경매절차에서 위 구 국세기본법 제35조 제1항 제3호의 규정에 의거하여 국세 등의 우선순위가 인정되어 피고에 대하여 국세체납액 상당 금원의 배당, 교부가 실시되고 그 배당절차가 종료된 후 이미 막대한 액수의 금원이 국가의 재정수요에 광범하게 충당, 활용되었을 것이 경험칙상 명백하여 위 법률조항에 대한 위헌결정의 소급효를 인정할 경우 법적안정성을 침해할 우려가 없지 않은 사정 등에 비추어 볼 때 장래효 원칙의 예외로서 당사자의 권리구제를 위한 구체적 타당성의 요청이 현저하고 위헌결정의 소급효를 인정함으로 인하여 법적안정성을 침해할 우려가 없으며 구법에 의한 기득권자의 이득이 해쳐지지 않을 경우에 해당한다고 볼 수 없다고 하여, 위 위헌결정의 소급효가 이 사건에도 미치는 것을 전제로 한 원고의 이 사건 청구는 더 나아가 살펴볼 필요 없이 이유 없다고 하여 기각하였다. (…) 원심의 일부 설시에 다소 미흡한 점이 없지 아니하나 원심의 판시는 결국 당원과 그 견해를 같이 하는 것이라고 보여져 정당하고, 또 위 위헌결정의 소급효가 이 사건에 미치지 아니하는 것으로 본 원심의 판단도 수긍이 된다 할 것이며, 거기에 소론과 같은 법적안정성의 문제에 대한 법리오해나 기본적 인권보장의 관점에서 본 법리오해의 위법이 있다고 할 수 없다."

135) 참고로, 독일연방헌법재판소법 제79조(재판의 효력)는 제1항에서 "기본법에 합치하지 아니한다거나 제78조(재판)에 의하여 무효라고 선언된 규범 또는 연방헌법재판소에 의하여 기본법과 합치하지 아니하는 것으로 선언된 규범의 해석에 근거한 형사확정 재판에 대하여는 형사소송법의 규정에 의한 재심절차가 허용된다."고 규정하고, 제2항은 "그 밖의 경우에는 제95조 제2항(**재판소원** 및 **처분소원**이 인용된 경우)의 규정 또는 법률에 특별한 규정이 있는 경우를 제외하고 제78조에 의하여 무효라고 선언된 규범에 근거한 더 이상 취소할 수 없는 결정(처분)은 방해받지 아니한다. **이러한 결정(처분)에 근거한 집행은 허용되지 아니한다.** … 부당이득을 이유로 하는 청구는 불가능하다."고 규정하고 있다.

취지는 "퇴역연금수급권은 전체적으로 재산권적 보호의 대상이기는 하지만 퇴역연금 지급정지제도는 기본적으로 그 목적이 퇴직 후의 소득상실보전에 있고 그 제도의 성격이 사회보장적인 것이므로, 연금수급권자에게 임금 등 소득이 퇴직 후에 새로 생겼다면 이러한 소득과 연계하여 퇴역연금 일부의 지급을 정지함으로써 지급정도를 입법자가 사회 정책적 측면과 국가의 재정 및 기금의 상황 등 여러 가지 사정을 참작하여 폭넓은 재량으로 축소하는 것은 원칙적으로 가능한 일이어서 퇴역연금 지급정지제도 자체가 위헌이라고 볼 수는 없지만, ①위 법률조항이 퇴역연금 지급정지 대상기관의 선정 및 지급정지의 요건과 내용에 관한 규정을 함에 있어 구체적으로 범위를 정하여 위임하여야 함에도 불구하고, 그러한 범위를 정하지 아니한 채 포괄적으로 국방부령 또는 대통령령에 위임한 것이므로 헌법상 요구되는 포괄위임금지 원칙에 위반된다."는 것인 점, ②위 2003. 9. 25.자 위헌결정 이후에 법원에 제소된 일반사건에 대하여도 위 2003. 9. 25.자 위헌결정의 소급효가 인정된다고 볼 경우 헌법재판소가 위와 같이 합헌이라고 판단한 바 있는 퇴역연금 지급정지제도 자체의 적용이 전면적으로 배제되어 결과적인 과잉급부를 방지할 수 없게 되는 점, 또한 ③위 2003. 9. 25.자 위헌결정의 소급효가 일반사건에 대하여 인정됨으로써 위 법률조항이 시행된 2001. 1. 1.부터 이 사건 위 위헌결정이 있었던 2003. 9. 25.까지 퇴역연금 수급자 중 퇴역연금 지급정지 대상기관의 임·직원으로 재직하고 보수 기타 급여를 받았음을 이유로 피고가 그 지급을 정지한 퇴역연금을 전부 소급하여 지급하게 될 경우 현실적으로 연금기금을 조성하는 현역군인과 국고의 초과부담을 초래하게 된다는 점 등을 종합하여 보면, 위 2003. 9. 25.자 위헌결정 이후 제소된 일반사건에 대해서까지 위헌결정의 소급효를 인정함으로써 보호되는 퇴역연금수급자들의 권리구제라는 구체적 타당성 등의 요청에 비하여 종래의 법령에 의하여 형성된 군인연금제도에 관한 법적안정성의 유지와 신뢰보호의 요청이 현저하게 우월하므로 위 2003. 9. 25.자 위헌결정의 소급효는 제한되어 일반사건에는 미치지 아니한다 할 것인바, 원고의 이 사건 청구 중 위와 같이 한국국제협력단 근무기간 동안 지급정지된 퇴역연금의 지급을 구하는 부분은 위 2003. 9. 25.자 위헌결정 이후에 제소된 일반사건에 해당하여 위 위헌결정의 소급효는 원고의 위 청구부분에 대해서는 미치지 아니한다 (대법원 2006.6.9. 선고 2006두1296 판결, 대법원 2006.6.16. 선고 2005두10569 판결, 대법원 2009.6.11. 선고 2008두21577 판결 등 참조).

(나) 장래효의 시점에 관한 문제

헌법재판소는 2005. 11. 24. 선고한 2004헌가28 사건에서 운전면허를 받은 사람이 자동차 등을 이용하여 범죄행위를 한 때를 필요적 운전면허취소 사유로 규정한 도로교통법 제78조 제1항 제5호에 대하여 (명확성원칙 위반 및 직업의 자유 침해 등을 이유로) 위헌결정을 선고하였는데, 같은 날 대법원에서는 위 조항을 근거로 원고에게 운전면허취소 판결을 내린 원심판결을 유지하여 원고의 상고를 기각하였다(2005두8061). 따라서 법 제47조 제2항이 규정하고 있는바 "위헌으로 결정된 법률 또는 법률의 조항은 그 결정이 있는 날부터 효력을 상실한다."는 의미가 헌법재판소의 위헌결정 선고시부터인지, 그 선고가 있는 당일 오전 0시부터인지가 논란이 되었다.

위 대법원 판결의 당사자는 헌법재판소에 2005헌마1198호 및 1231호로 위 대법원판결 및 원처분인 자동차운전면허취소처분의 취소를 구하는 헌법소원을 청구하여 법 제47조 제2항의 장래효의 시점에 관한 헌법재판소의 판단이 기대되었으나, 2007. 6. 26.(2005헌마1231) 및 같은 해 7. 18.(2005헌마1198) 심판청구를 각하하였다.

라. 변형위헌결정

(1) 변형위헌결정의 의의

변형결정 즉 변형위헌결정이라 함은, 헌법재판소가 법률의 위헌여부를 심사함에 있어서 심판대상인 법률의 위헌성이 인정됨에도 불구하고 헌법합치적 해석의 필요 또는 입법자의 형성권에 대한 존중, 법적 공백으로 인한 혼란의 방지 등을 이유로, 법률에 대한 단순위헌 선언을 피하고 그 한정된 의미영역 또는 적용영역이 위헌임을 선언하거나 법률이 헌법에 합치하지 않음을 선언하는 등 다양한 결정유형을 말한다.

이는 헌법해석의 기본원리인 '헌법합치적 법률해석'(verfassungskonforme Auslegung)의 법리와 전부부정 결정권은 일부부정 결정권을 포함한다는 논리에 터잡은 것이다. 위헌이냐 합헌이냐의 결정 외에 한정합헌, 한정위헌 또는 헌법불합치 등 중간영역의 주문형식은 헌법을 최고법규로 하는 통일적인 법질서의 형성을 위하여 필요할 뿐만 아니라 입법부가 제정한 법률을 위헌이라고 하여 전면 폐기하기보다는 그 효력을 가급적 유지하는 것이 권력분립의 정신에 합치하고 민주주의적 입법기능을 최대한 존중하는 것이라 할 것이며, 그것은 국민의 대표기관으로서 입법형성권을 가지는 국회의 정직성·성실성·전문성에 대한 예우이고 배

려라 할 것이다.[136]

(2) 변형위헌결정의 유형

변형위헌결정의 유형을 나누는데 있어서 견해에 따라 분류방법이 조금씩 다르기는 하지만, 헌법재판소는 다음과 같은 유형의 변형위헌결정을 한 바 있다.

(가) 한정합헌·한정위헌 결정

1) 한정합헌결정

한정합헌결정이란 심판의 대상이 된 법률조문의 다양한 해석의 가능성 중에서 위헌적인 해석의 가능성을 배제하고 헌법과 조화될 수 있는 방향으로 축소·제한 해석함으로써 그 법률조문의 효력을 유지시키는 결정유형이다.[137]

어떤 법률의 개념이 다의적이고 그 어의의 테두리 안에서 여러 가지 해석이 가능할 때는, 헌법을 그 최고법규로 하는 통일적인 법질서의 형성을 위하여 헌법에 합치되는 해석 즉 합헌적인 해석을 택하여야 하며, 이에 의하여 위헌적인 결과가 될 해석을 배제하면서 합헌적이고 긍정적인 면은 살려야 한다는 것이 헌법의 일반법리이다. 이러한 합헌적 제한해석과 주문례는 헌법재판제도가 정착된 여러 나라에 있어서 널리 활용되는 것으로서, 법률에 일부 합헌적 요소가 있음에도 불구하고 위헌적 요소 때문에 전면위헌을 선언할 때 생길 수 있는 큰 충격을 완화하기 위한 방안이기도 하다.[138]

헌법재판소에 따르면, 한정합헌결정은 그 법률규범이 여러 가지 의미로 해석될 수 있을 때 그 중 헌법에 위반되는 것으로 해석이 가능한 질적인 일부분을 제거하고, 나머지 헌법에 합치되는 해석가능한 부분을 합헌적으로 보고 기존의 법률규범을 존속시키는 데 큰 의미가 있다. 이는 한정축소해석을 통하여 얻어진 일정한 합헌적 의미를 천명한 것으로, 그 의미를 넘어선 확대해석은 바로 헌법에 합치하지 아니하는 것으로서 채택될 수 없다는 뜻이다. 그러므로 한정합헌은 질적인 일부위헌이다.[139] 즉, 한정합헌결정은 위헌인 해석가능성을 제거하기 위해서 합헌인 해석가능성을 확인하는 것이다. 따라서 한정합헌결정도 법률이나

136) 헌재 1991. 3. 11. 91헌마21, 판례집 3, 91, 115.

137) 허영, 전게서(2014), 247면; 정종섭, 전게서(2010), 364면도 같은 취지.

138) 헌재 1990. 4. 2. 89헌가113, 판례집 2, 49, 62.

139) 헌재 1992. 2. 25. 89헌가104, 판례집4, 64, 99.

법률조항의 해석가능성 일부의 위헌성을 확인하므로 법 제47조 제2항의 위헌결정에 포함된다.[140]

사례

⊙ 헌재 2002. 4. 25. 99헌바27등 [국가보안법상 잠입·탈출죄 사건]

〈주문〉

"국가보안법(1980. 12. 31. 법률 제3318호로 전문 개정되고, 1991. 5. 31. 법률 제4373호로 개정된 것) 제6조[141] 제2항은 그 소정의 행위가 국가의 존립·안전이나 자유민주적 기본질서에 해악을 끼칠 명백한 위험이 있는 경우에 적용된다 할 것이므로, 그러한 해석하에 헌법에 위반되지 아니한다."[142]

2) 한정위헌결정

한정위헌결정은 심판의 대상이 된 법률조문의 다의적(多義的)인 해석의 가능성 중에서 분명하게 헌법과 조화될 수 없는 내용을 밝힘으로써 그러한 위헌적인 해석의 법적용을 배제하는 결정유형이다.[143] 한정합헌결정과 마찬가지로 심판대상 법률조항을 합헌적으로 축소·제한하는 것이므로 심판대상 법률조항의 존속에는 영향이 없지만, 특히 위헌을 밝힌 내용으로는 해석·적용하거나 집행하지 못하게 되는 법적인 효력, 즉 **기속력**이 발생한다.[144]

140) 허완중, 전게논문(2013.9), 410면.

141) 제6조(잠입·탈출) ①국가의 존립·안전이나 자유민주적 기본질서를 위태롭게 한다는 정을 알면서 반국가단체의 지배하에 있는 지역으로부터 잠입하거나 그 지역으로 탈출한 자는 10년 이하의 징역에 처한다. ②반국가단체나 그 구성원의 지령을 받거나 받기 위하여 또는 그 목적수행을 협의하거나 협의하기 위하여 잠입하거나 탈출한 자는 사형·무기 또는 5년 이상의 징역에 처한다.

142) 헌법재판소(법정의견)는 이 결정까지 28건의 한정합헌결정을 선고했는데, 이후로는 한정합헌 결정을 더 이상 선고하지 않고 있는 것으로 보인다. 헌법재판소 홈페이지의 '사건통계' 중 '일반통계'의 '누계표' 참조.

143) 한편, '한정위헌'이란 "한정위헌 선고된 범위에 해당 법률조항의 규범력을 일체 적용시킬 수 없다는 의미의, 말하자면 어떠한 상황에서 어떠한 요건을 이유로도 그 범위영역에 대하여는 기본권제한을 가할 수 없다는 '절대적인 면책영역'을 선언하는 형태의 위헌결정"이라는 견해로, 헌재 2011. 12. 29. 2007헌마1001등, 공보 183, 159, 175, 재판관 이동흡, 재판관 박한철의 반대의견(합헌의견) 참조.

144) 허영, 전게서(2014), 248면.

사례

⊙ 헌재 2012. 5. 31. 2009헌바123등 [전부개정에 따른 부칙규정의 실효와 조세법률주의 사건]

〈주문〉

"구 조세감면규제법(1993. 12. 31. 법률 제4666호로 전부 개정된 것)의 시행에도 불구하고 구 조세감면규제법(1990. 12. 31. 법률 제4285호) 부칙 제23조가 실효되지 않은 것으로 해석하는 것은 헌법에 위반된다."

⊙ 헌재 2014. 3. 27. 2010헌가2등 [야간시위금지 사건]

〈주문〉

"집회 및 시위에 관한 법률(2007. 5. 11. 법률 제8424호로 개정된 것) 제10조 본문 중 '시위'에 관한 부분 및 제23조 제3호 중 '제10조 본문' 가운데 '시위'에 관한 부분은 각 '해가 진 후부터 같은 날 24시까지의 시위'에 적용하는 한 헌법에 위반된다."

(나) 헌법불합치 결정

1) 의의 및 유형

일반적으로 헌법불합치결정은 법 제47조 제1항에 정한 위헌결정의 일종으로서,[145] 심판대상이 된 법률조항이 위헌이라 할지라도 입법자의 형성권을 존중하여 그 법률조항에 대하여 단순위헌결정을 선고하지 아니하고 헌법에 합치하지 아니한다는 선언에 그치는 결정의 주문형식,[146] 또는 심판대상이 된 법률조항이 실질적으로 위헌임에도 불구하고 그 법률조항에 대하여 단순위헌결정을 선고하지 아니하고 당해 법률조항의 형식적 존속을 유지시키면서 입법자로 하여금 그 위헌성을 제거하도록 한 뒤, 입법자의 입법개선에 따라 개선된 입법을 적용시킬 것을 명하는 결정[147]이라고 설명되고 있다.

이러한 헌법불합치결정은 국회의 입법형성권을 존중하고 신법과 구법 사이의 부조화를 해결할 수 있으며 위헌결정으로 인한 법적 혼란 내지 법적 공백의 발생을 예방함으로써,[148] <u>일면 헌법재판의 대상이 된 법률규정의 위헌성을 선</u>

145) 헌재 1989. 9. 8. 88헌가6, 판례집 1, 199, 261.

146) 실무제요(2008), 161-162면.

147) 황도수, "헌법불합치결정에 관한 새로운 체계의 시도", 법조 551호, 법조협회, 2002, 78면 이하 참조.

148) 이에 대하여는, "단순위헌결정으로 인하여 법치국가적으로 용인하기 어려운 법적 공백이

언하고 타면 법적안정성을 확보할 수 있다는 점에서 긍정적으로 받아들여지고 있는 제도[149]라고 한다.

독일연방헌법재판소는 헌법불합치결정을 하는 경우에 원칙적으로 당해 법률의 적용을 중지하는 명령을 내리고, 예외적인 경우에만 불합치선언된 법률이 잠정적으로 적용될 수 있음을 명하고 있다. 그리고 연방헌법재판소가 불합치결정을 하면서 동시에 위헌법률이 계속 적용될 것을 명시하는 경우, 사실상 위헌결정의 장래효를 의미한다.[150] 위헌적인 법률의 잠정적인 적용은 무엇보다도 법적안정성의 측면에서 법치국가적으로 용인하기 어려운 법적 공백과 그로 인한 혼란을 방지하기 위하여, 일정 기간 동안 입법자의 새로운 입법시까지 위헌적 법률을 존속시켜야 할 필요성이 있는 경우에 인정된다. 그러므로 여기서 위헌적인 법률을 존속케 하고 또한 잠정적으로 적용하게 하는 것은 법치국가적 요청인 **법적안정성**의 이유이다.[151]

우리 헌법재판소도 독일 연방헌법재판소의 예를 따라 "적용중지형" 헌법불합치결정과 "잠정적용형" 헌법불합치결정을 선고하고 있다. 다만, 결정주문에서 적용중지형인지 잠정적용형인지를 표시하지 아니한 사례도 있는데,[152] 이들은

나 혼란을 초래할 우려가 있는 경우에는 헌법불합치결정을 할 수 있다. 그러나 헌법불합치결정을 할 수 있는 법적 공백이나 혼란이라 함은 위헌결정에 의해 위헌법률이 실효됨으로써 헌법기관의 구성이 불가능하게 되거나 헌법상 국가의 기본권보호의무의 이행이 불가능하게 되는 등으로 헌법의 유지 및 수호가 어려워지게 되는 극히 예외적인 상태를 의미한다. 위헌결정에 의해 위헌법률이 실효됨으로 인해 당연히 뒤따르는 사회적 혼란이나 공백은 합헌상태로 복귀함에 따른 자연스러운 현상일 뿐 그를 이유로 단순위헌을 헌법불합치 결정할 수는 없다."라는 반대의견이 있다.(헌재 2011.9.29. 2010헌가93, 2010헌가93, 공보 180, 1394, 1398, 재판관 김종대, 재판관 목영준의 반대의견; 헌재 2011.11.24. 2010헌가42, 판례집 23-2하, 159, 175, 재판관 김종대의 반대의견)

149) 신봉기, "헌법불합치결정의 이유에 기초한 개선입법의무", 헌법논총 제7집, 헌법재판소, 1996, 354면.

150) 전광석, "헌법재판에 있어서의 결정주문의 유형과 효력", 헌법재판연구 제2권, 헌법재판소, 1991, 156면.

151) 한수웅, "헌법불합치결정의 헌법적 근거와 효력", 헌법논총 제6집, 헌법재판소, 1995, 519면.

152) 헌법재판소가 1988. 9. 1. 개소 이래 현재까지 결정주문에서 이를 표시하지 않은 사건은 9건으로 파악되고 있다. 그 사례는 ①헌재 1994. 7. 29. 92헌바49등 (토지초과이득세법), 판례집 6-2, 64; ②헌재 1995. 11. 30. 91헌바1등 (소득세법상 기준시가위임), 판례집 7-2, 562; ③헌재 1997. 3. 27. 95헌가14등 (친생부인의 소 출소기간), 판례집 9-1, 193; ④헌재 1998. 12. 24. 89헌마214등 (그린벨트), 판례집 10-2, 927; ⑤헌재 2003. 2. 27. 2000헌바26 (대학교수 기간임용제), 판례집 15-1, 176; ⑥헌재 2003. 12. 18. 2002헌바14등 (대학교수 기간임용제 등), 판례집 15-2하, 466; ⑦헌재 2004. 1. 29. 2002헌가22등 (특별한정승인 소

일반원칙에 따라 원칙적으로 적용중지형으로 보아야 할 것이다.[153)]

2) 헌법불합치결정을 하는 경우

가) 독일연방헌법재판소에 따르면, 헌법불합치결정은 위헌법률은 무효라는 원칙에 대한 예외로서 그를 정당화하는 특별한 헌법적 근거를 필요로 한다. 즉 첫째, 법률이 평등원칙에 위반하여 특정인에게 이익을 부여하는 경우,[154)] 둘째, 평등원칙 위반이 아닌 자유권과 같은 다른 기본권 침해의 경우에도 (심판대상 법률조항의 합헌부분과 위헌부분의 경계가 모호하여 단순위헌결정으로 대처하기 어려워 입법부가 이를 가리도록 함이 합당한 경우에) 입법자의 형성의 자유를 근거로 하여 불합치 선언을 하는 경우,[155)] 셋째, 무효(단순위헌) 선언으로 말미암아 법률의 공백 내지 혼란이 일어나는 경우[156)]를 들기도 한다.[157)]

급적용), 판례집 16-1, 29; ⑧헌재 2008. 11. 27. 2006헌마352 (KOBACO 방송광고 판매독점), 판례집 20-2하, 367, ⑨헌재 2010. 7. 29. 2008헌가15 (사립학교교원의 퇴직급여감액), 판례집 22-2상, 16 등이다.

153) 계속적용을 명하려면 반드시 결정주문에 명시해야만 하는 이유는 그것이 예외적이며 위헌법률을 잠정적으로 계속 적용하는 것이기 때문이라는 견해로 남복현, 헌법불합치결정의 현안, 한국학술정보(주), 2011, 36면.

154) 예컨대, 소득세법이 공휴일 및 야간근무에 대한 법률상 및 단체협약상의 수당만을 비과세 대상으로 하는 것은 다른 개별계약에 의한 수당을 비과세 대상에서 제외하는 점에서 평등원칙에 어긋난다.(BVerfGE 25, 101)

155) 예컨대 독일연방헌법재판소는, 인쇄물 출판업자의 납본의무를 명한 법규정은 많은 제작비용이 소요되고 발행부수가 작은 경우에도 비용상환을 인정하지 않는 한에서는 재산권을 침해하는 것으로서 위헌이라고 하면서도, 이 경우에 입법자는 납본제도를 어떻게 규율할 것인가에 관하여 여러 가지의 가능성을 가지므로, 헌법재판소로서는 문제의 법규정을 전부 또는 부분적으로 무효로 선언할 수는 없고 단지 그 위헌성을 확인하는데 그친다고 하였다.(BVerfGE 58, 137) 이에 대하여 Schlaich는, 불합치결정은 평등의 원칙에 위반된 경우에만 정당화될 수 있는 것이고 입법자의 형성의 자유를 존중한다는 명목으로 불합치결정이 이루어져서는 안 된다고 한다. K. Schlaich, 전게번역서(1999), 292-293면. 같은 취지로 윤진수, "상속의 단순승인 의제규정에 대한 헌법불합치결정의 문제점", 헌법논총 제11집, 헌법재판소, 2000, 208면; 정종섭, 전게서(2010), 380면은 헌법재판소의 헌법불합치결정 가운데 국회의 입법형성권을 존중하기 때문이라는 것을 이유로 든 것은 헌법재판소가 법률의 위헌여부심판의 권한을 사실상 포기한 것과 다름없다고 비판한다.

156) 예컨대, '공무원의 봉급에 관한 법률'(Beamtenbesoldungsgesetz)이 직업공무원제도에 관한 기본법 제33조 제5항("공직근무법은 직업공무원제의 전통적인 여러 원칙을 고려하여 규정되어야 한다.")에 위배되는 때에도 연방헌법재판소는 무효선언을 회피하였는데, 왜냐하면 위 조항 자체가 공무원의 봉급에 관한 사항은 법률로 규율될 것을 요구하고 있으므로, 종래의 법률의 무효선언은 그러한 법률을 전혀 존재하지 않게 하여 헌법합치적인 질서에 더욱 부합하지 않는 상태를 초래할 것이기 때문이다.(BVerfGE 8, 1) 또 연방헌법재판소는 함부르크대학법(hamburgisches Universitätsgesetz)에 관한 판결에서, 대학입학의 허가에

나) 우리 헌법재판소는, "법률이 평등원칙에 위반된 경우가 헌법재판소의 불합치결정을 정당화하는 대표적인 사유라고 할 수 있다.[158] 반면에, 자유권을 침해하는 법률이 위헌이라고 생각되면 단순위헌 선언을 통하여 자유권에 대한 침해를 제거함으로써 합헌성이 회복될 수 있고, 이 경우에는 평등원칙 위반의 경우와는 달리 헌법재판소가 결정을 내리는 과정에서 고려해야 할 입법자의 형성권은 존재하지 않음이 원칙이다.[159] 그러나 그 경우에도 법률의 합헌부분과 위헌부분의 경계가 불분명하여 헌법재판소의 단순위헌결정으로는 적절하게 구분하여 대처하기가 어렵고, 다른 한편으로는 권력분립의 원칙과 민주주의 원칙의 관점에서 입법자에게 위헌적인 상태를 제거할 수 있는 여러 가지의 가능성을 인정할 수 있는 경우에는, 자유권의 침해에도 불구하고 예외적으로 입법

관한 규정을 대학의 위원회에서 결정하도록 한 위 법 제17조는 법률에 의하여야 할 사항을 포괄적으로 위임한 것으로서 위헌이라고 하면서도, 이를 무효로 선언하면 대학이 아무런 법적 근거 없이 입학허가를 처리하여야 할 긴급권한을 가져야 하게 되어 종래의 입학규정이 헌법합치적으로 적용될 수 있는 현재의 상태보다 더욱 헌법합치적인 질서에서 멀어지게 되므로 입법자에게 위헌상태의 제거를 위하여 상당한 기간을 부여하여야 한다고 하여, "… 대학법 제17조는 기본법과 합치되지 아니한다. … 그렇지만 이 규정은 새로운 법률적 규율이 있을 때까지, 늦어도 1973년 여름학기가 시작할 때까지 적용될 수 있다."라고 판시하였다.(BVerfGE 33, 303)

157) 윤진수, 전게논문(2000), 200-202면.

158) 평등권침해만이 인정된 경우에 단순위헌결정을 한 사례도 있다. 예컨대, 산업기능요원에 편입되어 1년 이상 종사하다가 편입이 취소되어 입영하는 사람의 경우 복무기간을 단축할 수 있다고 규정한 "병역법(2009.6.9. 법률 제9754호로 개정된 것) 제41조 제4항의 산업기능요원에 관한 부분 중 '1년 이상' 부분"에 대한 헌재 2011. 11. 24. 2010헌마746 결정. 同旨, 헌재 2011. 6. 30. 2008헌마715등 : "이 사건에서 고엽제후유의증환자가 사망한 경우에도 유족에게 교육지원과 취업지원을 한다는 내용은 개정된 '고엽제후유의증 환자지원 등에 관한 법률' 제7조 제9항에서 규정한 것이고, 이 사건 부칙조항은 그 수혜자의 범위를 한정하는 내용일 뿐이므로 이 사건 부칙조항에 대하여 단순위헌을 선언한다고 하더라도 기존의 수혜자들에 대한 수혜의 근거가 사라지지 않고, 어떠한 법적 공백이나 혼란을 초래하지 않으며, 달리 헌법불합치결정을 할 특별한 필요성이 인정되지 않는다. 따라서 청구인들의 평등권 침해상태를 바로 회복시킬 수 있는 단순위헌결정을 한다."

159) 따라서 자유권을 침해하는 위헌적 법률에 대하여는 예외적 사유의 긍정에 매우 신중을 기하여야 한다는 의견이 있다. 즉 "위헌법률의 제거로 인한 법적 공백이나 혼란의 우려가 있다 하더라도, 그것이 법적안정성의 관점에서 법치국가적으로 용인하기 어려운 법적 공백이나 혼란이어서 예외적으로 일정 기간 위헌적인 상태를 감수하는 것이 헌법적 질서에 보다 가깝다고 판단되는 경우가 아니라면 헌법불합치 결정이 원칙적으로 용인되지 아니한다."는 것이다.(헌재 2008.11.27. 2006헌마352, 판례집 20-2하, 367, 387-388, 재판관 이공현의 단순위헌의견)

자의 형성권이 헌법불합치결정을 정당화하는 근거가 될 수 있다."[160]고 판시하였다.[161]

한편, 헌법재판소는 일부 '입법흠결'(부진정입법부작위)의 경우에도 헌법불합치결정을 한다. 예컨대, 헌재 1998. 12. 24. 89헌마214등 (그린벨트 사건), 헌재 1999. 10. 21. 97헌바26 (도시계획시설결정 장기미집행 사건), 헌재 2001. 4. 26. 2000헌바59 (지방세법상 세액공제·환부 사건), 헌재 2003. 1. 30. 2001헌바64 (전통사찰보존법 사건), 헌재 2003. 2. 27. 2000헌바26 (대학교수 기간임용제 사건), 헌재 2003. 7. 24. 2000헌바28 (양도행위의제 사건), 헌재 2010. 6. 24. 2008헌바128 (군인연금법상 폐질 사건), 헌재 2010. 7. 29. 2009헌가8 (중혼의 취소권자 사건) 등에서 어떤 제도 자체는 합헌적이나 그에 따른 보상 또는 구제절차의 미비가 있는 경우에 그 흠결을 보완하라는 의미에서 헌법불합치결정을 하고 있다.

다) 나아가 형벌법규에 대하여도 헌법불합치결정을 할 수 있는지 여부에 대하여 논란이 있다.[162] 헌법재판소의 결정 중에서 헌재 2000. 4. 27. 98헌가16등

---

160) 하지만 이미 독일연방헌법재판소가 입법자의 입법형성권을 불합치선언의 논거로 사용하는 것은 문제가 있다는 것을 인식하고 이를 포기하였다는 점에서, '합헌부분과 위헌부분의 경계 불분명'이라는 논거를 계속 헌법불합치결정의 근거로 사용할 것인지를 진지하게 고민할 필요가 있다는 견해로 허완중, 전게논문(2017.12), 332면.

161) 헌재 2002. 5. 30. 2000헌마81, 판례집 14-1, 528, 546-547. 同旨, 헌재 2002. 9. 19. 2000헌바84 : "이 사건 법률조항('약사 또는 한약사가 아니면 약국을 개설할 수 없다'고 규정한 구 약사법 제16조 제1항) 중 약사가 아닌 일반인이나 일반인으로 구성된 법인의 약국설립을 금지하는 부분은 헌법에 위반되지 않을 뿐 아니라, 이 사건 법률조항에 대하여 단순위헌을 선고하여 당장 이 사건 법률조항의 효력을 상실시킬 경우에는 약국을 개설할 수 있는 자격에 대한 아무런 제한이 없게 되어 약사가 아닌 일반인이나 일반법인도 약국을 개설할 수 있는 상태가 됨으로써, 입법자가 입법형성권의 범위내에서 설정한 제약이 무너지게 되고, 위헌적인 이 사건 법률조항을 존속시킬 때보다 단순위헌의 결정으로 인해서 더욱 헌법적 질서와 멀어지는 법적 혼란을 초래할 우려가 있으며, 이 사건 법률조항에 있는 위헌적 요소를 제거하고 합헌적으로 조정하는 데에는 여러 가지 선택가능성이 있을 수 있는데(약사들만으로 구성되는 법인의 형태로 합명회사나 유한회사를 취할 수도 있고, 주주의 자격을 약사로 제한하는 주식회사의 형태로 하는 것도 가능하며, 법인이 운영할 수 있는 약국의 수나 지역범위를 제한할 수도 있다), 이는 입법자가 제반사정을 고려하여 결정해야 할 문제이므로, 입법자가 이 사건 법률조항을 대체할 합헌적 법률을 입법할 때까지는 위헌적인 법규정을 존속케 하고 또한 잠정적으로 적용하게 할 필요가 있어 헌법불합치결정을 선고한다."

162) 이에는 전면적 긍정설, 적용중지 또는 잠정적용의 어느 하나만이 허용된다는 부분적 긍정설, 전면적 부정설 등이 주장되고 있다. 이에 대하여는 김현철/박경철/박진영/홍영기, 형벌규정에 대한 위헌결정의 시적 효력에 관한 연구 (헌법재판연구 제24권), 헌법재판소, 2013, 273-311면 (특히 282-289면) 참조.

(과외금지) 사건의 경우 주문은 단순위헌이었으나, 재판관 1인은 적용중지 헌법불합치결정의 반대의견을, 다른 재판관 1인은 잠정적용 헌법불합치결정의 반대의견을 각 제시한 바 있고, 헌재 2004. 5. 27. 2003헌가1 (학교보건법) 사건의 경우 법정의견으로(전원일치) 적용중지 헌법불합치결정이 선고되었다.[163] 그리고 드디어 헌재 2009. 9. 24. 2008헌가25 (옥외야간집회금지) 사건에서는 심판대상인 형벌법규에 대하여 법정의견으로 잠정적용형 헌법불합치결정이 선고되었다.[164]

그 후 헌법재판소는 헌재 2018. 5. 31. 2013헌바322등 (국회의사당 100미터 이내 옥외집회금지) 결정, 헌재 2018. 6. 28. 2015헌가28등 (국무총리 공관 100미터 이내 옥외집회금지) 결정, 헌재 2018. 7. 26. 2018헌바137 (각급법원 청사 100미터이내 옥외집회금지) 결정 등에서 형사처벌조항에 대하여 잠정적용 헌법불합치결정을 선고하였다.

생각건대, 형벌에 관한 법률조항이 위헌결정을 받으면 원칙적으로 소급하여 효력을 상실한다(법 제47조 제3항). 그런데 형벌조항에 대하여 헌법불합치결정을 선고한 후 계속 적용하게 허용하는 것은 위헌법률에 기한 형사처벌을 허용하는 것에 다름아닌바,[165] 이는 법치국가적으로 문제가 있다고 판단된다. 따라서 형벌법규에 대하여는 적용중지 헌법불합치결정은 허용되나, 잠정적용 헌법불합치결정은 허용되지 않는다고 보아야 할 것이다.[166]

---

163) 다만, 이 사건에서 직접 심판대상이 된 조항(학교보건법 제6조 제1항 본문 제2호 중 '극장' 부분 가운데 초·중등교육법 제2조에 규정한 각 학교에 관한 부분) 자체는 형벌조항이 아니나 동법 제19조는 위 심판대상조항 위반의 경우 형사처벌하고 있고, 실제로도 제청법원은 동법 제19조도 함께 위헌제청을 하였으나 헌법재판소는 직권으로 동법 제19조를 심판대상에서 제외하였다. 이에 반하여 청구인은 구성요건조항(금지조항)만을 청구대상으로 하였으나 헌법재판소가 그 처벌조항도 직권으로 심판대상에 포함시킨 사례로 헌재 2017. 8. 31. 2016헌바386 결정 참조(공보 251, 892, 893).

164) 이 사건의 경우 재판관 5인은 단순위헌의견을, 재판관 2인은 잠정적용 헌법불합치의견을 제시하였기 때문에 주문으로 후자의 의견이 채택되었다.

165) 다만, 개선입법에 따라 재심을 청구할 수 있는 가능성은 열려 있다.(법 제47조 제4항·제5항, 제75조 제6항 참조)

166) 대법원은 앞에서 본 바와 같이 적용중지 헌법불합치선언된 법률조항이 문제된 사건(대법원 2009.1.15. 선고 2004도7111 판결. 이 판결 전에 개선입법(2005.3.24)이 있었음)에서 뿐만 아니라 잠정적용 헌법불합치결정에 따른 사건(대법원 2011.6.23. 선고 2008도7562 전원합의체 판결. 이 판결 전에 입법개선의 시한(2010.6.30)을 도과하여 법률조항의 효력이 상실되었음)에서도 형벌조항에 대한 헌법불합치결정을 단순위헌결정으로 보고 당해 재판에서 적용을 배제하여 무죄판결을 선고하고 있다.

3) 효력

가) 의의

위헌결정에 있어서는 위헌법률의 효력이 바로 상실됨에 비하여 헌법불합치결정에 있어서는 위헌적 법률임에도 그 형식적 존재가 존속한다. 위헌적인 법률임에도 부득이 그 형식적 존재를 유지하게 하는 이유는 헌법재판소가 그 위헌적 상태를 제거함(단순위헌결정)으로써 스스로 합헌적 상태를 실현할 수 없고, 그 실현은 입법자가 맡아서 해야 하는 일이기 때문이다. 이러한 의미에서 헌법불합치결정은 당연히 입법자에 대한 입법촉구결정을 포함하게 되고, 위헌이라는 의미에서 헌법불합치선언된 법률은 결정 이후 적용될 수 없으며 위헌성이 제거된 신법의 제정을 기다려 그 신법이 적용되어야 한다는 귀결을 포함하게 된다.

나) 원칙적 적용중지와 개정법률의 소급적용

이와 같이 헌법불합치결정은 위헌결정의 일종이므로 헌법불합치결정이 선언된 법률(조항)은 적용이 부인됨이 원칙이다. 따라서 헌법불합치결정이 있는 경우 행정관청과 법원은 원칙적으로 그들에게 계류된 절차를 개선입법이 있을 때까지 중지하여야 한다.[167)]

이렇게 불합치결정에 있어서는 구체적 사건에 관한 법원의 판단을 입법자의 새로운 판단이 있을 때까지 미결상태로 보류하는데 그 특징이 있으며, 법원은 법률의 개정을 기다려 그에 의해 판단함으로써 당사자가 개정법률의 결과에 따른 혜택을 받을 수 있도록 기회를 열어놓아야 한다. **위헌결정**에 있어서는 법원에게 최종적이고 확정적인 판단근거가 제공되지만, **헌법불합치결정**에 있어서는 그 자체가 완결된 최종판단이 아니고 그 위헌적 상태의 제거에 대한 최종적 결정을 입법자에게 미루고 있는 것이다.

헌법재판소가 헌법불합치라는 변형위헌결정 주문을 선택하여 위헌적 요소가 있는 조항들을 합헌적으로 개정 혹은 폐지하는 임무를 입법자의 형성재량에 맡긴 경우에는, 이 결정의 효력이 소급적으로 미치게 되는 모든 사건이나 앞으로 이 사건 법률조항을 적용하여 행할 부과처분에 대하여는 법리상 이 결정 이후 입법자에 의하여 위헌성이 제거된 새로운 법률조항을 적용하여야 한다.[168)]

167) 헌재 1994. 7. 29. 92헌바49등, 판례집 6-2, 64, 120 참조.

168) 헌재 2000. 1. 27. 96헌바95등, 공보 42, 123, 129. 예컨대, 헌법재판소는 2009. 3. 26. 선고한 2007헌가22 (선거법위반자 50배 과태료) 사건에서, 의무위반자에 대하여 부과할 과태

사례

⊙ 대법원 2002. 4. 2. 선고 99다3358 판결 : 어떠한 법률조항에 대하여 헌법재판소가 헌법불합치결정을 하여 입법자에게 그 법률조항을 합헌적으로 개정 또는 폐지하는 임무를 입법자의 형성재량에 맡긴 이상 그 개선입법의 소급적용 여부와 소급적용의 범위는 원칙적으로 입법자의 재량에 달린 것이기는 하지만, 헌법재판소가 1998. 8. 27. 96헌가22등 사건에서 2002. 1. 14. 법률 제6591호로 개정되기 전 민법 제1026조 제2호에 대하여 한 (적용중지) 헌법불합치결정의 취지나 위헌심판에서의 구체적 규범통제의 실효성 보장이라는 측면을 고려할 때, 적어도 위 헌법불합치결정을 하게 된 당해사건 및 위 헌법불합치결정 당시에 개정 전 민법 제1026조 제2호의 위헌여부가 쟁점이 되어 법원에 계속중인 사건에 대하여는 위 헌법불합치결정의 소급효가 미친다고 하여야 할 것이므로, 비록 개정 민법 부칙 제3항의 경과조치의 적용범위에 이들 사건이 포함되어 있지 않더라도 이들 사건에 관하여는 종전의 법률조항을 그대로 적용할 수는 없고, 위헌성이 제거된 개정 민법의 규정이 적용되는 것으로 보아야 할 것이다.[169)]

료의 액수를 일률적으로 '제공받은 금액 또는 음식물·물품가액의 50배에 상당하는 금액'으로 정하고 있는 공직선거법 조항에 대하여 입법자가 위 법률조항을 개정할 때까지 적용중지를 명하는 헌법불합치결정을 신고하였고, 이에 국회는 2010. 1. 25. 법률 제9974호로 동 조항을 개정하여 과태료를 '10배 이상 50배 이하에 상당하는 금액'으로 하였고 그 상한은 3천만원이하로 한정하였다. 그러나 부칙 제1조에서 '이 법은 공포한 날부터 시행한다'고 규정할 뿐, 개정조항의 소급적용에 관하여는 아무런 규정을 두지 않았다. 그렇지만 당해 소송법원인 부산지방법원(2007라760 공직선거법위반결정에대한즉시항고)은 위 법률개정 후인 2010. 2. 18. 원심결정을 취소하고 항고인을 과태료 20만원에 처한다고 결정하였는데, 그 이유는 "헌법재판소의 헌법불합치결정의 취지 및 개정 공직선거법 규정에 비추어 이 사건 과태료 액수에 관하여 보건대, 항고인의 법위반행위의 내용과 정도 및 경위 등 제반사정에 비추어 보면 이 사건 규정에 근거한 원심결정의 과태료 액수 45만원은 너무 무거워 부당하다."는 것이었다. 이 결정에 대하여는, "국회가 개정법률의 소급적용을 위한 부칙규정을 두지 않았음에도 불구하고 헌법불합치결정의 취지를 존중하여 개정법률을 소급적용하였다는 점에서 평가할 만하며, 이 경우는 법원이 스스로 경과기간 동안의 위헌성을 제거하여 적절히 경과적 규율을 한 사례에 해당한다."는 긍정적인 평가가 있다. 방승주, "헌법불합치결정과 그에 대한 국회 및 법원의 반응", 헌법학연구 제17권 제4호, 한국헌법학회, 2011.12, 354-355면.

169) 同旨, 대법원 2006. 3. 9. 선고 2003다52647 판결 : "어떠한 법률조항에 대하여 헌법재판소가 헌법불합치결정을 하여 입법자에게 그 법률조항을 합헌적으로 개정 또는 폐지하는 임무를 입법자의 형성재량에 맡긴 이상, 그 개선입법의 소급적용 여부와 소급적용의 범위는 원칙적으로 입법자의 재량에 달린 것이기는 하지만, 구 사립학교법(1999. 8.31. 법률 제6004호로 개정되기 전의 것) 제53조의2 제3항 전문(前文)에 대한 헌법재판소의 헌법불합치결정(헌재 2003.2.27. 2000헌바26 및 헌재 2003.12.18. 2002헌바14등 결정)의 취지나 위헌심판에서의 구체적 규범통제의 실효성 보장이라는 측면을 고려할 때, 적어도

이와 같이 개정법률의 소급적용은 헌법불합치결정에 내재하는 본질적 요소이다. 입법자가 불합치결정의 취지에 따라 위헌적 상태를 제거하는 법률을 제정하면 그것은 헌법재판소를 대신하여 합헌적 상태를 소급적으로 회복시키는 것이 되고, 법원이 이렇게 합헌적인 법률을 적용하여야 하는 것은 당연하다. 이러한 이유 때문에 입법자가 그 개정법률의 시행시점을 별도로 규율하는 것은 큰 의미를 갖지 못한다. 따라서 헌법불합치결정의 원칙적 형태인 적용중지를 명하는 경우 헌법재판소의 개선입법명령에 따라 개정된 법률이 소급적용되는 범위는 위헌결정에서 소급효가 인정되는 범위와 같다.[170] 다만, 위에서 본 바와 같은 일부 '입법흠결'의 경우에 하는 헌법불합치결정의 경우에는 주의를 요한다.

사례

⊙ 헌재 2008. 10. 30. 2005헌마723등[171][172] : 만일, (헌법재판소의 헌법불합치

위 헌법불합치결정을 하게 된 당해사건 및 위 헌법불합치결정 당시에 위 법률조항의 위헌여부가 쟁점이 되어 법원에 계속중인 사건에 대하여는 위 헌법불합치결정의 소급효가 미친다고 하여야 할 것이므로, 비록 현행 사립학교법 부칙(2005.1.27) 제2항의 경과조치의 적용범위에 이들 사건이 포함되어 있지 않더라도 이들 사건에 대하여는 종전의 법률조항을 그대로 적용할 수는 없고, 위헌성이 제거된 현행 사립학교법의 규정이 적용되는 것으로 보아야 한다."

170) 잠정적용을 명하는 헌법불합치결정의 경우에도 당해사건에 대해서는 당해 법률의 적용을 배제해야 한다는 견해로 박종연, "헌법불합치 위헌결정의 소급효 배제의 문제점", 법률신문, 2015.10.12.자, 12면 기고문 참조. 같은 취지의 판례로 대법원 1991. 6. 11. 선고 90다5450 판결 참조.

171) 청구인들(2005헌마723)은 사립대학에서 기간임용제 교원으로 재직하다가 2005. 1. 27. 개정 사립학교법의 시행일인 2005. 1. 27. 이전에 재임용거부 등의 사유로 면직된 사람들로서, 이미 재임용 탈락을 다투는 소송 등을 진행 중이거나 2005. 1. 27. 개정 사립학교법에 의하여 재임용탈락에 대한 사법심사를 받으려 예정하고 있던 중, 2005. 8. 1. 위 개정법의 소급효를 제한하고 있는 이 사건 부칙조항(종전 헌법불합치결정에 따른 개선입법인 개정 사립학교법의 재임용 관련 조항의 적용범위를 위 개정법 시행일 현재 재직중인 사립대학 교원에 한정하고 있는 사립학교법(2005.1.27. 법률 제7352호로 개정된 것) 부칙 제2항)으로 인하여 자신들의 평등권 등이 침해되었다고 주장하면서 그 위헌확인을 구하는 이 사건 헌법소원심판을 청구하였다.

172) 이 결정에서 헌법재판소는 "종전 결정에서 지적된 입법형성의무의 내용을 이행하는 개선입법에 대한 위헌성을 심사하기 위해서는 먼저 ①헌법재판소의 종전 결정 등으로 인하여 입법자에게 부과된 입법형성의무의 구체적 내용이 어떠한지의 여부를 검토하고, ②개정법이 적용되는 모든 영역에 관련하여 입법자가 종전 결정의 취지에 따른 입법형성의무의 내용을 제대로 이행하였는지의 여부를 검토해야 하며, 마지막으로 ③심판대상조항으로 인하여 종전결정에서 심리·검토되지 아니하였던 새로운 기본권에 대한 침해 등이 발생하였는지의 여부를 검토해야 한다(헌재 2003.12.18. 2002헌마91등, 판례집 15-2하,

결정 후) 2005. 1. 27. 개정된 사립학교법[173] 시행 이전에 재임용에서 탈락한 교원들에게까지 위 개정법을 소급적용할 경우 당해 교원들의 입장에서 보자면 탈락자구제특별법의 적용을 받는 경우와 비교할 때 좀 더 실효적인 구제수단인 개정 교원지위법 소정의 소청심사를 받을 수 있을 뿐만 아니라, 민사소송에 의하는 경우에도 사전절차의 흠결 등을 이유로 더 용이하게 재임용거부결정의 무효확인을 받을 수 있을 것이나, 반대로 학교법인 측에서 보자면 이는 아직 위 개정법이 시행되지 않아 재임용거부 당시에는 존재하지도 않았던 사전절차를 준수하지 않았다는 사유만으로 불이익을 받는 것이 되는바, 이러한 입법은 위 교원들의 구제에만 치중함으로써 보호가치 있는 학교법인의 신뢰나 기왕에 형성된 법적 지위, 학교운영의 안정성 등 학교법인 측의 보호법익을 도외시한 것이므로 부당하다고 하지 않을 수 없다. 따라서, 입법자가 재임용거부에 앞서 거쳐야 할 사전절차가 포함된 2005. 1. 27. 개정 사립학교법의 적용범위를 위 법 시행 이후에 임용기간이 만료되는 교원들에 한정하면서, 다른 한편 기왕에 부당하게 재임용에서 탈락한 교원들을 위하여 별도의 입법인 '대학교 교원 기간임용제 탈락자 구제를 위한 특별법'(2005.7.13. 법률 제7583호로 제정된 것)을 통하여 사후구제수단을 제공한 것은 대립되는 이해주체의 보호법익을 적절히 형량한 합리적인 선택으로 평가할 수 있을 것이다. 따라서, 2005. 1. 27. 개정 사립학교법 부칙 제2항이 2005. 1. 27. 개정 사립학교법의 적용대상을 위 법 시행일 현재 재직중인 교원으로 한정한 것은 합리적인 이유가 있으므로 청구인들의 평등권을 침해한다고 볼 수 없다.

다) 잠정적용을 명하는 경우와 개정법률의 소급적용 여부

법률이 헌법에 위반되는 경우 헌법의 규범성을 보장하기 위하여 원칙적으로 그 법률에 대하여 위헌결정을 하여야 하는 것이지만, 위헌결정을 통하여 법률조항을 법질서에서 제거하는 것이 법적 공백이나 혼란을 초래할 우려가 있는 경우에는 위헌조항의 잠정적 적용을 명하는 헌법불합치결정을 할 수 있다. 즉, 위헌

530, 536-537)."고 판시하였다.(판례집 20-2상, 941, 965)

173) 종전 헌법불합치결정들 이후에 개정된 사립학교법(2005.1.27. 법률 제7352호로 개정된 것) 제53조의2 제4항 내지 제8항, '교원지위향상을 위한 특별법'(2005.1.27. 법률 제7354호로 개정된 것) 제7조 제1항은 기간임용제에 의하여 임용되었다가 그 임용기간이 만료되는 대학교원의 재임용과 관련하여 재임용 심사 절차 및 그에 대하여 다툴 수 있는 구제절차 규정을 마련하였으나, 각 개정법률의 부칙에서 그 시행일을 '공포한 날(2005.1.27.)부터'라고 규정하였다. 또한, 위 개정 사립학교법 부칙 제2항은 종전에 기간임용제로 임용된 교원 중 위 개정법률 시행(2005.1.27.) 당시 재직 중인 교원의 재임용 관련절차에만 제53조의2 제4항 내지 제8항의 신설규정을 적용하도록 하였다.

적인 법률조항을 잠정적으로 적용하는 위헌적인 상태가 위헌결정으로 말미암아 발생하는 법이 없어 규율없는 합헌적인 상태보다 오히려 헌법적으로 더욱 바람직하다고 판단되는 경우에는, 헌법재판소는 법적안정성의 관점에서 법치국가적으로 용인하기 어려운 법적 공백과 그로 인한 혼란을 방지하기 위하여 입법자가 합헌적인 방향으로 법률을 개선할 때까지 일정 기간 동안 위헌적인 법규정을 존속케 하고 또한 잠정적으로 적용하게 할 필요가 있다.[174)]

그리하여, 앞서 본 바와 같이 예외적으로 종래의 법적 상태보다 더욱 헌법질서에서 멀어지는 법적 상태의 발생을 방지하기 위하여 위헌법률의 잠정적용(불합치결정의 시점과 개정법률의 발효시점 사이의 기간)을 명할 수 있고,[175)] 이러한 경우에는 결정에서 헌법재판소가 구법을 적용하도록 명시하게 된다.

사례

⊙ 대법원 2011. 9. 29. 선고 2008두18885 판결[176)] : 헌법불합치결정(헌재 2010. 6. 24. 2008헌바128)에 나타난 구 군인연금법 제23조 제1항[177)]('구법조항')의 위헌성, 구법조항에 대한 헌법불합치결정 및 잠정적용[178)] 이유 등에 의하면, 헌법재판소가 구법조항의 위헌성을 확인하였음에도 일정 시한까지 구법조항의 계속적용을 명한 것은 구법조항에 근거한 기존 상이연금 지급대상자에 대한 상이연금 지급을 계속 유지할 필요성 때문이고, 구법조항이 상이연금 지급대상에서 배제한 '퇴직 후 폐질상태가 확정된 군인'에 대한 상이연금수급권의 요건 및 수준, 군인연금법상 관련규정의 정비 등에 관한 입법형성권 존중이라는 사유는 구법조항에 대하여 단순위헌결정을 하는 대신 입법개선을 촉구하는 취지가 담긴 헌법불합치결정을 해야 할 필요성에 관한 것으로 보일 뿐, 구법조항에 의한 불합리한 차별을 개선입법 시행시까지 계속 유지할 근거로는 보이지 않는다. 따라서 위 헌법불합치결정에서 구법조항의 계속적용을 명한 부분의 효력은 기존 상이연금 지급대상자에게 상이연금을 계속 지급할 수 있는

---

174) 헌재 1999. 10. 21. 97헌바26, 판례집 11-2, 383, 417. 同旨 헌재 1999. 5. 27. 98헌바70, 판례집 11-1, 633, 647.

175) 헌재 1995. 9. 28. 92헌가11등, 판례집 7-2, 264, 285.

176) 아래 헌재 2010. 6. 24. 2008헌바128 결정의 당해사건인 서울고등법원 2008. 9. 24. 선고 2008누11732 판결 (원고항소기각)의 상고심 판결이다.

177) "군인이 공무상 질병 또는 부상으로 인하여 폐질상태로 되어 퇴직한 때에는 그때부터 사망할 때까지 다음의 구분에 따라 상이연금을 지급한다. (다음 생략)"

178) 〈주문〉 : "1. 군인연금법(2000.12.30. 법률 제6327호로 개정된 것) 제23조 제1항은 헌법에 합치되지 아니한다. 2. 위 법률조항은 2011. 6. 30.을 시한으로 입법자가 개정할 때까지 계속 적용된다."

근거규정이라는 점에 미치는 데 그치고, 나아가 '군인이 퇴직 후 공무상 질병 또는 부상으로 인하여 폐질상태로 된 경우에 대하여 상이연금 지급을 배제하는 근거규정'이라는 점까지는 미치지 않는다고 보는 것이 타당하다. 즉, 구법조항 가운데 해석상 '군인이 퇴직 후 공무상 질병 등으로 인하여 폐질상태로 된 경우'를 상이연금 지급대상에서 제외한 부분은 여전히 적용중지 상태에 있다고 보아야 한다. (…) 어떤 법률조항에 대하여 헌법재판소가 헌법불합치결정을 하여 입법자에게 그 법률조항을 합헌적으로 개정 또는 폐지하는 임무를 입법자의 형성재량에 맡긴 이상, 개선입법의 소급적용 여부와 소급적용 범위는 원칙적으로 입법자의 재량에 달린 것이기는 하지만, 구법조항에 대한 위 헌법불합치결정의 취지나 위헌심판의 구체적 규범통제 실효성 보장이라는 측면을 고려할 때, 적어도 헌법불합치결정을 하게 된 당해사건 및 헌법불합치결정 당시에 구법조항의 위헌여부가 쟁점이 되어 법원에 계속중인 사건에 대하여는 헌법불합치결정의 소급효가 미친다고 해야 하므로, 비록 현행 군인연금법 부칙(2011. 5. 19.)에 소급적용에 관한 경과조치를 두고 있지 않더라도 이들 사건에 대하여는 구법조항을 그대로 적용할 수는 없고, 위헌성이 제거된 현행 군인연금법 규정이 적용되는 것으로 보아야 한다.

한편, 헌법재판소는 헌법불합치 및 잠정적용을 명하는 결정을 선고하면서 입법자의 입법개선 이전에 합헌적인 내용의 경과규율을 하기도 한다.

사례

⊙ 헌재 2013. 8. 29. 2011헌마122 : 행정입법자는 이 결정에서 밝힌 위헌이유에 맞추어 늦어도 2014. 7. 31.까지 개선입법을 하여야 하며, 그때까지 개선입법이 이루어지지 않으면 위 시행령 조항은 2014. 8. 1.부터 그 효력을 상실한다. 다만 이 사건 접견조항[179)]의 개정 이전이더라도 민사재판, 행정재판, 헌법재판 등 재판청구권의 행사와 관련하여 변호사와 접견할 경우, 교정시설의 규율 및 질서유지를 해하는 결과를 발생시킬 우려가 있다고 인정하여야 할 특별한 사정이 있는 경우 등 접촉차단시설이 있는 장소에서 접견하도록 할 특별한 사정이 없는 한 헌법불합치의 취지에 맞게 접촉차단시설 없는 장소에서의 접견이 시행되어야 할 것이다.

---

179) 변호사와 접견하는 경우에도 수용자의 접견은 원칙적으로 접촉차단시설이 설치된 장소에서 하도록 규정하고 있는 '형의 집행 및 수용자의 처우에 관한 법률 시행령'(2008.10.29. 대통령령 제21095호로 개정된 것) 제58조 제4항.

제4장 規範統制型 憲法訴願審判

1. 개관

현행법상의 헌법소원제도는 공권력의 행사 또는 불행사로 인하여 헌법상 보장된 기본권을 침해받은 자가 제기하는 법 제68조 제1항에 의한 (권리구제형) 헌법소원과, 법원에 위헌법률심판 제청신청을 하였으나 기각된 경우에 제청신청 당사자가 헌법재판소에 제기하는 법 제68조 제2항에 의한 (규범통제형) 헌법소원으로 나누어 규율되고 있다.

법 제68조 제1항에 의한 헌법소원심판은 주관적 권리구제의 헌법소원으로서, 개별적인 공권력의 행사 또는 불행사로 인하여 헌법상 보장된 기본권을 침해받은 자가 청구할 수 있고 이 경우 법 제75조 제5항에 의하여 부수적으로 공권력행사의 근거가 된 법률이 위헌선언될 수 있음에 대하여, 법 제68조 제2항에 의한 헌법소원심판은 구체적 규범통제의 헌법소원으로서 법 제41조 제1항의 규정에 의한 법률의 위헌여부심판의 제청신청이 법원에 의하여 기각된 때에 그 신청을 한 당사자가 헌법재판소에 제청신청이 기각된 법률의 위헌여부를 가리기 위한 헌법소원심판을 청구하는 것으로서, 법 제68조 제1항과 같은 조 제2항에 규정된 헌법소원은 그 심판청구의 요건과 그 대상이 각기 다르다.[180]

따라서 헌법재판소는 청구인의 원래 의도가 법 제68조 제2항에 의한 헌법소원('헌바'사건)이라면 법 제68조 제1항의 형식을 갖추어 청구하여 '헌마'사건으로 접수된 경우라도 '헌바'사건으로 보고 판단한다. 헌법소원청구에 대한 사건부호는 헌법재판소의 내부준칙인 '헌법재판소 사건의 접수에 관한 규칙'에 따라 접수공무원이 임의로 부여한 것이므로, 이에 따라 헌법소원의 성격이 결정될 수는 없는 것이기 때문이다.[181]

180) 헌재 1994. 4. 28. 89헌마221, 판례집 6-1, 239, 257.

181) 헌재 2007. 11. 29. 2005헌바12, 판례집 19-2, 559, 565; 헌재 2010. 3. 25. 2007헌마933, 공보 162, 714, 716.

반대로, 甲이 법원에 위헌법률심판 제청신청을 하였으나 기각된 후 법 제68조 제2항에 의한 헌법소원을 제기할 때 법원에 위헌법률심판 제청신청을 한 사실이 없는 乙이 甲과 동일한 심판청구서로 헌법소원심판청구를 하였고, 헌법재판소에서 법 제68조 제2항에 의한 헌법소원으로서 접수하여 '헌바'의 사건부호를 부여한 경우에도, 乙의 심판청구는 여전히 법 제68조 제1항에 의한 헌법소원의 성격을 상실하지 아니한다.[182)]

2. 법적 성격 및 청구절차

가. 규범통제형 헌법소원의 법적 성격

법 제68조 제2항 헌법소원제도는 세계에서 그 유례를 찾기 힘든 헌법재판절차이다. 법 제68조 제2항은 국민의 위헌제청신청이 기각된 경우 국민이 직접 법률(조항)에 대한 헌법소원을 제기할 수 있는 가능성을 제공하고 있다. 재판의 기초가 된 법률이 위헌인 경우에 법원이 스스로 위헌제청을 하지 않는다면, 청구인은 원칙적으로 모든 심급을 경유한 후에 위헌적인 법률을 적용한 재판에 대하여 헌법소원을 제기할 수밖에 없다. 그러나 우리 헌법재판제도에서는 재판소원을 배제하고 있고, 이로써 청구인이 법원을 경유한 후에 재판소원의 형태로 법률의 위헌성을 물을 수 있는 길이 막혀 있기 때문에, 이에 대하여 법은 미리 제68조 제2항의 헌법소원을 제기할 수 있는 길을 열어 놓았다.

헌법재판소는 초기에는 법 제68조 제2항에 의한 심판청구에 대하여 법 제68조 제1항에 의한 헌법소원심판청구와 마찬가지로 '헌마'라는 사건부호를 부여하고 있었고, 법 제68조 제2항에 의한 헌법소원제도가 헌법소원심판의 절에 포함되어 있다는 점과 국민이 직접 심판을 청구할 수 있다는 점에 주목하여 그 성질을 헌법소원제도의 한 유형으로 이해하는 입장을 취하였다. 이에 따라 몇몇 결정에서 그 심판청구의 적법성을 판단하면서 그 판단기준으로 청구인의 권리침해의 현재성 등 심판청구의 이익 내지 소의 이익의 존재여부를 그 기준으로 제시하기도 하였다.[183)] 그러나 1990년(접수년도)부터는 법 제68조 제1항에 의한

182) 헌재 2007. 11. 29. 2005헌바12, 공보 134, 1307, 1309.

183) 헌재 1989. 9. 29. 89헌마53, 판례집 1, 302 이하; 헌재 1989. 12. 18. 89헌마32등, 판례집

헌법소원심판청구와는 별도로 '헌바'라는 사건부호를 부여하였고, 그 심판청구의 적법성은 청구인의 소의 이익유무에 따라 판단하는 것이 아니라, 심판대상이 된 법률이 당해소송에서 재판의 전제성을 가지는가의 여부에 의하여 판단하였다.[184] 결국 법 제68조 제2항의 헌법소원심판은 법원이 제청하는 위헌법률심판과 함께 구체적 규범통제의 한 유형으로서 법률의 위헌여부를 심판하는 제도로 확립되었다.[185]

나. 청구절차

법 제68조 제2항에 의한 헌법소원심판을 청구하고자 하는 자는 심판청구서를 부본 3부와 함께 헌법재판소에 제출하여야 한다. 동 청구서에는 법 제71조 제2항, 제43조의 규정에 따라 다음 사항을 기재하여야 한다.

① 청구인 및 대리인의 표시
② 사건 및 당사자의 표시
③ 위헌이라고 해석되는 법률 또는 법률의 조항
④ 위헌이라고 해석되는 이유
⑤ 그 밖에 필요한 사항

그 밖에 필요한 사항으로는 위헌제청신청서 및 동 신청에 대한 법원의 기각결정, 기타 당해사건의 관계문서(소장, 공소장 등)를 들 수 있다. 한편, 심판규칙(제68조 제2항)은 위 ① 내지 ④ 이외에 '법률이나 법률조항의 위헌여부가 재판의 전제가 되는 이유'(제5호), '청구기간의 준수에 관한 사항'(제6호)도 기재하여야 한다고 규정하고 있다.

그러므로, 청구인이 단지 심판대상 규정들을 나열하면서 막연히 "헌법 …조 등에 위반된다."고만 주장할 뿐 심판대상 규정들의 구체적인 위헌성을 전혀 적

1, 343 이하. 이들 사건은 모두 법 제68조 제2항에 따른 헌법소원이다.

184) 헌재 1990. 6. 25. 89헌마107, 판례집 2, 178. 이 사건도 법 제68조 제2항에 따른 헌법소원이다.

185) 헌법재판실무제요, 헌법재판소, 2008, 175-176면. 헌법재판소 판례의 입장이고 학계의 다수설이다. 이에 대하여 위헌법률심판과 헌법소원심판의 성질을 함께 가지고 있다는 견해도 있다. 권영성, 헌법학원론, 법문사, 2010, 1170면; 성낙인, 헌법학, 법문사, 2015, 806면; 이명웅, "헌법재판소법 제68조 제2항 헌법소원제도", 헌법논총 제12집, 헌법재판소, 2011, 315-320면 참조.

시하지 아니하고 있고, 그 주장을 청구인에게 유리하게 해석하여 주더라도 그 주장이 심판대상 규정들의 위헌성을 주장하는 것이라고 보기도 어렵다면 이러한 청구는 부적법하다.[186)]

3. 대상적격

법 제68조 제2항 전문은 법 제41조 제1항의 규정에 의한 "법률"의 위헌여부 심판의 제청신청이 기각된 때에는 그 신청을 한 당사자는 헌법재판소에 헌법소원심판을 청구할 수 있다고 규정하고 있다.

가. 법률

(1) 의의

법 제68조 제2항에 의한 헌법소원심판청구의 대상으로서의 법률은 형식적 의미의 법률 및 그와 동일한 효력을 가진 명령이다. 따라서 대통령령[187)] 또는 대법원규칙[188)]을 대상으로 한 법 제68조 제2항에 의한 헌법소원심판청구는 부적법하다. 또한 청구인이 들고 있는 위헌사유가 모법규정이 아니라 동 규정의 위임에 따른 시행령의 규정내용에 기인한 것으로 판단되는 경우에, 그 주장에 대하여는 판단하지 않는다.

사례

⊙ 헌재 2006. 2. 23. 2004헌바32등 : 청구인의 주장(조세평등주의 및 헌법 제37조 위반)은 구 소득세법 시행령 제157조 제4항 제1호가 '대주주'의 요건을 "주권상장법인의 주식 등을 소유하고 있는 주주 또는 출자자 1인 및 그와 국세기본법 시행령 제20조의 규정에 의한 친족 기타 특수관계에 있는 자가 주식 등의 양도일이 속하는 사업연도의 직전사업연도종료일 현재 당해 법인의 주식 등의 합계액의 100분의 3 이상을 소유한 경우"로 규정함에 기인한 것이다. 또한 위임입법의 법리는 헌법의 근본원리인 권력분립주의와 의회

186) 헌재 1998. 9. 30. 98헌바3, 공보·판례집 미수록.
187) 헌재 1992. 10. 31. 92헌바42, 판례집 4, 708, 710; 헌재 1999. 1. 28. 97헌바90, 판례집 11-1, 19, 27.
188) 헌재 2001. 2. 22. 99헌바87등, 공보 54, 196, 197.

주의 내지 법치주의에 바탕을 두는 것이기 때문에, 행정부가 제정한 대통령령에서 규정한 내용이 정당한 것인지 여부와 위임의 적법성 사이에는 직접적인 관계가 없다. 따라서 대통령령으로 규정한 내용이 헌법에 위반될 경우라도 그 대통령령의 규정이 위헌으로 되는 것은 별론으로 하고, 그로 인하여 정당하고 적법하게 입법권을 위임한 수권법률조항까지도 위헌으로 되는 것은 아니다.189) 따라서 청구인의 위와 같은 주장은 이 사건 법률조항 자체가 아닌 시행령 조항에만 관련된 것이므로 이에 대해서는 이 사건에서 받아들여 판단할 필요가 없다.190) [전원일치 합헌]

---

(2) '유효'한 법률

법률은 이미 공포된 것이어야 하고 원칙적으로 위헌심판시를 기준으로 효력을 가지는 법률이어야 한다. 다만, 폐지된 법률이라 하더라도 청구인들의 침해된 법익을 보호하기 위하여 그 위헌여부가 가려져야 할 필요가 있는 경우에는 재판의 전제성이 인정되는 한 대상이 될 수 있다는 것이 헌법재판소의 판례이다.191)

사례

⊙ 헌재 1995. 1. 20. 90헌바1 : '소송촉진 등에 관한 특례법' 제11조 및 제12조는 위 법률이 1990. 1. 13. 법률 제4203호로 개정될 때 모두 삭제되었다. 그러나 청구인의 위헌제청신청 당시를 기준으로 할 때 위 각 법률조항이 위헌이라고 한다면 대법원으로서는 청구인의 상고허가신청을 결정으로 기각할 수는 없고, 이를 민사소송법상의 상고로 보아 그에 대한 재판을 하여야 할 것이다. 한편, 청구인의 위헌제청신청이 기각되면서 상고허가신청도 기각되고 그 뒤 위 각 법률조항도 삭제되었으나, 헌법재판소에서 청구인의 이 사건 헌법소원심판청구를 인용하는 결정을 하는 경우에는 헌법재판소법 제75조 제7항에 의하여 청구인은 위 상고허가신청기각결정에 대하여 재심청구를 할 수 있게 되므로 이 사건 심판청구는 아직 소원의 이익이 있어 적법하다.

---

189) 헌재 1996. 6. 26. 93헌바2, 판례집 8-1, 525, 537; 헌재 1997. 9. 25. 96헌바18등, 판례집 9-2, 357, 373. 同旨, 헌재 2010. 7. 29. 2009헌바192, 공보 166, 1425, 1428.

190) 同旨, 헌재 2006. 2. 23. 2004헌바71, 공보 113, 331, 340; 헌재 2006. 2. 23. 2004헌바79, 공보 113, 341, 345 참조.

191) 헌재 1989. 12. 18. 89헌마32등, 판례집 1, 343, 347. 이 사건은 법 제68조 제2항에 따른 헌법소원이다.

(3) 유신헌법하의 긴급조치

대법원은 2010. 12. 16. 선고한 2010도5986 사건에서, 대통령긴급조치위반 등의 범죄사실로 유죄가 확정된 판결에 대한 재심절차의 상고심 판결에서 대통령긴급조치위반의 점에 대해 무죄를 선고하면서, "(유신헌법 제53조 제1항 및 제2항에 따른) **긴급조치**는 국회의 승인이나 동의 등 입법권 행사라는 실질을 전혀 가지지 못한 것으로 헌법재판소의 위헌심판 대상이 되는 '법률'에 해당한다고 볼 수 없어[192] 긴급조치의 위헌여부에 대한 심사권은 최종적으로 대법원에 속한다." 고 판시하였다. 그러나 이에 대하여 당사자가 법 제68조 제2항에 따른 헌법소원심판을 청구한 사건에서 헌법재판소는, 긴급조치의 위헌여부 심사권한은 헌법재판소에 전속한다고 판시하였다.

사례

⊙ 대법원 2010. 12. 16. 선고 2010도5986 전원합의체 판결 : 헌법 제107조 제1항, 제111조 제1항 제1호의 규정에 의하면, 헌법재판소에 의한 위헌심사의 대상이 되는 '법률'이란 '국회의 의결을 거친 이른바 형식적 의미의 법률'을 의미하고, 위헌심사의 대상이 되는 규범이 형식적 의미의 법률이 아닌 때에는 그와 동일한 효력을 갖는 데에 국회의 승인이나 동의를 요하는 등 국회의 입법권 행사라고 평가할 수 있는 실질을 갖춘 것이어야 한다. 구 대한민국헌법(1980. 10. 27. 헌법 제9호로 전부 개정되기 전의 것, 이하 '유신헌법'이라 한다) 제53조 제3항은 대통령이 긴급조치를 한 때에는 지체 없이 국회에 통고하여야 한다고 규정하고 있을 뿐, 사전적으로는 물론이거니와 사후적으로도 긴급조치가 그 효력을 발생 또는 유지하는 데 국회의 동의 내지 승인 등을 얻도록 하는 규정을 두고 있지 아니하고, 실제로 국회에서 긴급조치를 승인하는 등의 조치가 취하여진 바도 없다. 따라서 유신헌법에 근거한 긴급조치는 국회의 입법권 행사라는 실질을 전혀 가지지 못한 것으로서, 헌법재판소의 위헌심판대상이 되는 '법률'에 해당한다고 할 수 없고, 긴급조치의 위헌여부에 대한 심사권은 최종적으로 대법원에 속한다.

---

192) 그러나 대법원은 1960. 2. 5.자 4292행상110 결정에서, 현행헌법과 같이 법률의 위헌심사권과 명령·규칙 등 하위 법령의 위헌(위법)심사권을 이원화하여 전자를 헌법위원회에, 후자를 대법원에 귀속시키고 있던 제헌헌법 제81조와 관련하여 헌법 제정 이전에 제정된 군정법령(제88호)에 대해 헌법위원회에 위헌제청하면서, "헌법위원회에 위헌제청할 수 있는 법률은 헌법 공포 이후에 제정된 법률은 물론이고 헌법 공포 이전에 시행된 법령이라도 소위 입법사항을 규정한 것은 법령, 규칙 등 형식과 명칭 여하에 불구하고 헌법위원회의 심사대상"이라고 판시한 바 있다.(헌재 2013.3.21. 2010헌바70등, 공보 198, 472, 476)

⊙ 헌재 2013. 3. 21. 2010헌바70등 : 유신헌법 제53조는 긴급조치의 효력에 관하여 명시적으로 규정하고 있지 않다. 그러나 긴급조치는 유신헌법 제53조에 근거한 것으로서 그에 정해진 요건과 한계를 준수해야 한다는 점에서 이를 헌법과 동일한 효력을 갖는 것으로 보기는 어렵다. 한편 이 사건 긴급조치들[193]은 표현의 자유 등 기본권을 제한하고, 형벌로 처벌하는 규정을 두고 있으며, 영장주의나 법원의 권한에 대한 특별한 규정 등을 두고 있다. 유신헌법이 규정하고 있던 적법절차원칙(제10조 제1항), 영장주의(제10조 제3항), 죄형법정주의(제11조 제1항), 기본권제한에 관한 법률유보원칙(제32조 제2항) 등을 배제하거나 제한하고, 표현의 자유 등 국민의 기본권을 직접적으로 제한하는 내용이 포함된 이 사건 긴급조치들의 효력을 법률보다 하위에 있는 것이라고 보기도 어렵다. 결국 이 사건 긴급조치들은 최소한 법률과 동일한 효력을 가지는 것으로 보아야 하고, 따라서 그 위헌여부 심사권한도 헌법재판소에 전속한다.

---

(4) 관습법

대법원은 2003. 7. 24. 선고한 2001다48781 판결에서, "관습법이란 사회의 거듭된 관행으로 생성한 사회생활규범이 사회의 법적 확신과 인식에 의하여 법적 규범으로 승인·강행되기에 이른 것을 말하는 바, '상속회복청구권은 상속이 개시된 날부터 20년이 경과하면 소멸한다'는 관습은 헌법을 최상위 규범으로 하는 법질서 전체의 이념에 부합하지 아니하므로[194] 법적 규범인 관습법으로서의 효력을 인정할 수 없다."고 판시하면서, 헌법재판소에 위 '관습법'의 위헌여부심판을 제청하지 아니한 채, 종전에 '위 관습을 법적 규범인 관습법으로서의 효력이 있는 것으로 보아 이를 적용할 수 있다'고 한 선례[195]를 변경하였다.[196] 그리

193) 긴급조치 제1호(1974.1.8. 대통령긴급조치 제1호로 제정되고, 1974.8.23. 대통령긴급조치 제5호 '대통령긴급조치 제1호와 동 제4호의 해제에 관한 긴급조치'로 해제된 것), 제2호(1974.1.8. 대통령긴급조치 제2호로 제정된 것) 및 제9호('국가안전과 공공질서의 수호를 위한 대통령긴급조치'(1975.5.13. 대통령긴급조치 제9호로 제정되고, 1979. 12. 7. 대통령공고 제67호로 해제된 것))를 말함.

194) 이는 헌법재판소가 2001. 7. 19. 선고한 99헌바9등 사건에서, "민법 제999조 제2항 및 구 민법(1990.1.13. 법률 제4199호로 개정되기 전의 것) 제999조에 의하여 준용되는 제982조 제2항 중 '상속회복청구권의 행사기간을 상속 개시일로부터 10년으로 제한'한 것이 재산권, 행복추구권(사적자치권), 재판청구권 등을 침해하고 평등원칙에 위배된다."고 하여 위헌결정을 선고한 것을 염두에 둔 것으로 보인다.

195) 대법원 1981. 1. 27. 선고 80다1392 판결; 대법원 1991. 4. 26. 선고 91다5792 판결; 대법원 1998. 4. 24. 선고 96다8079 판결 등.

고 대법원 2009. 5. 28.자 2007카기134 결정에서는, 관습법은 헌법재판소의 위헌법률심판의 대상이 아니라는 이유로 위헌법률심판제청신청을 각하하였다. 이에 대하여 당사자가 법 제68조 제2항에 따른 헌법소원심판을 청구하였는바, 헌법재판소는 관습법도 법 제68조 제2항에 따른 헌법소원심판의 대상이 된다고 판시하였다.[197]

사례

⊙ 대법원 2009. 5. 28.자 2007카기134 결정 : 헌법 제111조 제1항 제1호 및 헌법재판소법 제41조 제1항에서 규정하는 위헌심사의 대상이 되는 법률은 국회의 의결을 거친 이른바 형식적 의미의 법률을 의미하고(헌법재판소 1995. 12. 28. 선고 95헌바3 결정 등 참조), 또한 민사에 관한 관습법은 법원(法院)에 의하여 발견되고 성문의 법률에 반하지 아니하는 경우에 한하여 보충적인 법원(法源)이 되는 것에 불과하여(민법 제1조) 관습법이 헌법에 위반되는 경우 법원이 그 관습법의 효력을 부인할 수 있으므로(대법원 2003. 7. 24. 선고 2001다48781 전원합의체 판결 등 참조), 결국 관습법은 헌법재판소의 위헌법률심판의 대상이 아니라 할 것이다. 따라서 민법 시행 이전의 상속에 관한 구 관습법 중 "호주가 사망한 경우 여자에게는 상속권 및 분재청

196) 同旨, 대법원 2005. 7. 21. 선고 2002다1178 전원합의체 판결 (종회회원확인) : "종원의 자격을 성년 남자로만 제한하고 여성에게는 종원의 자격을 부여하지 않는 종래 관습에 대하여 우리 사회 구성원들이 가지고 있던 법적 확신은 상당 부분 흔들리거나 약화되어 있고, 무엇보다도 헌법을 최상위 규범으로 하는 우리의 전체 법질서는 개인의 존엄과 양성의 평등을 기초로 한 가족생활을 보장하고, 가족 내의 실질적인 권리와 의무에 있어서 남녀의 차별을 두지 아니하며, 정치·경제·사회·문화 등 모든 영역에서 여성에 대한 차별을 철폐하고 남녀평등을 실현하는 방향으로 변화되어 왔으며, 앞으로도 이러한 남녀평등의 원칙은 더욱 강화될 것인바, 종중은 공동선조의 분묘수호와 봉제사 및 종원 상호간의 친목을 목적으로 형성되는 종족단체로서 공동선조의 사망과 동시에 그 후손에 의하여 자연발생적으로 성립하는 것임에도, 공동선조의 후손 중 성년 남자만을 종중의 구성원으로 하고 여성은 종중의 구성원이 될 수 없다는 종래의 관습은, 공동선조의 분묘수호와 봉제사 등 종중의 활동에 참여할 기회를 출생에서 비롯되는 성별만에 의하여 생래적으로 부여하거나 원천적으로 박탈하는 것으로서, 위와 같이 변화된 우리의 전체 법질서에 부합하지 아니하여 정당성과 합리성이 있다고 할 수 없으므로, 종중 구성원의 자격을 성년 남자만으로 제한하는 종래의 관습법은 이제 더 이상 법적 효력을 가질 수 없게 되었다."

197) 헌재 2013. 2. 28. 2009헌바129, 공보 197, 357 이하 (전원일치). 자세한 판시내용에 대하여는 이 책 제4장 3. 가. (4) 참조. 한편 헌재 2016. 4. 28. 2013헌바396 사건에서는 재판관 6인이 그 대상성을 인정했고, 재판관 3인은 대법원의 입장과 같이 대상성을 부인하였다. [4(합헌):2(위헌):3(각하)-합헌] 후자의 결정에 대한 비판적인 평석으로 여운국, "민법 시행 이전의 구 관습법이 위헌법률심판 대상이 되는가", 법률신문 2016.5.19.자, 11면 기고문 참조.

구권이 없다."는 부분에 대한 위헌법률심판의 제청을 구하는 신청인의 이 사건 신청은 부적법하다.

⊙ 헌재 2013. 2. 28. 2009헌바129 : 헌법 제111조 제1항 제1호, 제5호 및 헌법재판소법 제41조 제1항, 제68조 제2항에 의하면 위헌심판의 대상을 '법률'이라고 규정하고 있는데, 여기서 '법률'이라고 함은 국회의 의결을 거친 이른바 형식적 의미의 법률뿐만 아니라 법률과 동일한 효력을 갖는 조약 등도 포함된다(헌재 1995. 12. 28. 95헌바3, 판례집 7-2, 841, 846; 헌재 1996. 6. 13. 94헌바20, 판례집 8-1, 475, 482; 헌재 2001. 9. 27. 2000헌바20, 판례집 13-2, 322, 327 참조). 이처럼 법률과 동일한 효력을 갖는 조약 등을 위헌심판의 대상으로 삼음으로써 헌법을 최고규범으로 하는 법질서의 통일성과 법적안정성을 확보할 수 있을 뿐만 아니라, 합헌적인 법률에 의한 재판을 가능하게 하여 궁극적으로는 국민의 기본권 보장에 기여할 수 있게 된다. 그렇다면 법률과 같은 효력을 가지는 이 사건 관습법도 당연히 헌법소원심판의 대상이 되고, 단지 형식적인 의미의 법률이 아니라는 이유로 그 예외가 될 수는 없다.[198]

나. 시행령·시행규칙·조례

(1) 시행령·시행규칙

앞에서 본 바와 같이 법 제68조 제2항에 따른 규범통제형 헌법소원의 대상은 형식적 의미의 법률이다. 따라서, 법률의 위임에 따라 대통령령으로 규정한 내용이 헌법에 위반되더라도 그 대통령령이 위헌으로 되는 것은 별론으로 하고 그로 인하여 바로 수권법률까지 위헌으로 되는 것은 아니므로, 어떤 사항에 관

198) 그러나 헌법재판소는 이어서, "이 사건 관습법은 차남 이하의 중자(衆子)에게만 분재청구권(分財請求權)이 있다는 것으로 딸들에게는 분재청구권이 없다는 것으로 해석된다. 그런데 당해사건에서 대법원은, 이 사건 관습법이 여성에게 분재청구권의 존재를 인정하지 아니한다는 사정은 소멸시효의 진행을 막는 법률상의 장애가 아니라는 전제 아래, 가령 청구인들이 분재청구권을 가진다고 하더라도 소 제기 이전에 이미 소멸시효 10년이 완성되었다고 판단하였다. 대법원이 이와 같이 판단하고 청구인들의 상고를 기각하여 그 판결이 확정된 이상, 이 사건에서 문제되는 소멸시효의 완성여부에 관하여 당해사건에서는 더 이상 다툴 수 없게 되었다. 따라서 이 사건 관습법이 헌법에 위반되는지 여부는 당해사건에서 재판의 전제가 되지 아니한다."는 이유로 (7:1의 의견으로) 심판청구를 각하하였다. 이 결정에서 특히 관습법이 규범통제재판, 즉 위헌법률심판의 대상이 된다는 판시에 대한 비판적인 평석으로 윤수정, "관습법의 위헌법률심판 대상적격성 - 헌법재판소 2013. 3.28. 2009헌바129 결정에 대한 비판적 검토를 중심으로 -", 헌법학연구 제21권 제2호, 한국헌법학회, 2015.6, 195-227면 참조.

하여 법률조항 자체에서 직접 규정하지 않고 그 구체적 내용을 대통령령에 위임한 경우, 그 법률조항의 위헌여부는 그 위임을 받은 대통령령의 내용까지 포함한 규범상태의 위헌여부와는 구별되어야 하므로, 그 법률조항의 위헌여부에 관하여는 그 위임이 합헌적인 것인지만 문제된다.[199)]

사례

⊙ 헌재 2010. 5. 27. 2008헌바66등 : 이 사건 법률조항들[200)]은 '손금불산입 대상에 해당되는 법인 보유 비업무용 자산의 범위'에 관하여 상당히 구체적으로 범위를 한정하여 하위법규인 대통령령에 위임함으로써 위임입법의 한계를 준수하고 있다. 이와 같이 이 사건 법률조항들이 헌법상 포괄위임금지원칙에 위반되지 않는 이상, 설령 하위법령에서 비업무용 자산의 해당기준을 개별적·구체적으로 규정하면서 이 사건 법률조항들이 규정한 비업무용 자산에 해당한다고 볼 수 없는 자산까지 규율하고 있다고 가정하더라도, 이는 그 하위법령이 위임입법의 한계를 일탈한 흠으로 될 수는 있을지언정 그로 인해 이 사건 법률조항들이 위헌으로 되는 것은 아니다.[201)]

⊙ 헌재 2011. 11. 24. 2011헌바18 : 청구인은 총포법 시행령 제13조, 별표 5의2 제2호 다목에 규정된 운동에너지(파괴력)가 지나치게 낮게 규정되어 과잉금지원칙에 위배된다고 주장하나 이는 법률이 아닌 시행령의 위헌성을 다투고 있는 것에 불과한바, 헌법재판소법 제68조 제2항에 의한 헌법소원심판청구는 그 심판의 대상이 재판의 전제가 되는 법률이지 대통령령이나 부령 또는 행정규칙 등의 하위법규는 심판의 대상이 될 수 없고, 설사 청구인의 주장대로 이 사건 법률조항[202)]의 위임에 따라 제정된 대통령령의 해당 규정이 위헌이라 하더라도 그로 인하여 정당하고 적법하게 입법권을 위임한 수권법률인 이 사건 법률조항까지 위헌으로 되는 것은 아니므로(헌재 2010. 2. 25. 2009헌바38, 판례집 22-1상, 275, 285 참조), 위 주장은 더 이상 나아가 살펴보지 아니하기로 한다.[203)]

---

199) 헌재 2004. 8. 26. 2002헌바13, 판례집 16-2상, 195, 200-201; 헌재 2010. 10. 28. 2008헌바74, 공보 169, 1840, 1848; 헌재 2011. 7. 28. 2009헌바244, 공보 178, 1085, 1095.

200) 법인세법(1998.12.28. 법률 제5581호로 개정된 것) 제27조 제1호, 제28조 제1항 제4호 가목.

201) 同旨, 헌재 2010. 11. 25. 2009헌바107, 공보 170, 2083, 2086; 헌재 2012. 5. 31. 2011헌바78, 공보 188, 1037, 1041.

202) 총포와 아주 비슷하게 보이는 것으로서 대통령령이 정하는 모의총포의 소지를 처벌하는 규정인 '총포·도검·화약류 등 단속법'(2003.7.29. 법률 제6948호로 개정된 것) 제73조 제1호 중 "제11조 제1항 본문" 부분.

203) 同旨, 헌재 2012. 2. 23. 2010헌바85, 공보 185, 389, 393.

(2) 조례

법 제68조 제2항의 헌법소원심판의 대상은 당해사건의 재판의 전제가 되는 '법률'인 것이므로 지방자치단체의 "조례"는 그 대상이 될 수 없다.[204)]

다. 진정입법부작위와 부진정입법부작위

(1) 진정입법부작위

법 제68조 제2항의 규정에 따른 헌법소원은 '법률'의 위헌성을 적극적으로 다투는 제도이므로, '법률의 부존재' 즉 입법부작위를 다투는 것은 그 자체로 허용되지 아니한다. 따라서, 청구인이 입법부작위를 다투고 있을 뿐 당해사건의 재판에 적용되는 특정 법률조항의 불완전·불충분함을 다투고 있지는 않다면 결국 청구인의 이 부분 심판청구는 부적법하다.[205)]

사례

⊙ 헌재 2008. 10. 30. 2006헌바80 : 의무이행소송의 성격은 취소소송이나 확인의 소인 부작위위법확인소송과는 본질적으로 다르고, 소송요건, 본안 요건, 판결의 효력, 집행 방법 등에 있어서도 본질적으로 구별되는 별도의 소송유형이라는 점, 행정청의 1차적 판단권이 존중되어야 한다는 권력분립적 요청, 법치행정의 요청 및 국민의 효율적인 권리구제의 요청, 사법권의 정치화·행정화를 막고 부담을 경감하여야 한다는 사법자제적 요청, 국가 주도의 발전과정과 행정권의 역할에 대한 고려, 행정기관과 법원의 수용태세 등을 고려하여 현행 행정소송법에 도입되지 않은 입법경위 등을 종합하면, 행정소송법 제4조가 의무이행소송을 항고소송의 하나로 규정하지 아니한 것은 의무이행소송에 대한 입법행위가 없는 경우(입법권의 불행사)에 해당하는 것이지, 항고소송의 유형을 불완전·불충분하게 규율하여 입법행위에 결함이 있는 경우(입법권 행사의 결함)라고 보기 어렵다. 따라서 이 사건 헌법소원심판청구 중 행정소송법 제4조에 대한 청구 부분은 실질적으로 입법이 전혀 존재하지 않는 의무이행소송이라는 새로운 유형의 항고소송을 창설하여 달라는 것으로 헌법재판소법 제68조 제2항에 의한 헌법소원에서 허용되지 않는 진정입법부작위에 대한 헌법소원심판청구이므로 부적법하다.

---

204) 헌재 1998. 10. 15. 96헌바77, 판례집 10-2, 573, 580.

205) 헌재 2004. 1. 29. 2002헌바36, 판례집 16-1, 87, 95.

⊙ 헌재 2010. 2. 25. 2009헌바95 : 청구인은 앞서 본 바와 같이 외형상 특정 법률조항[206]을 심판대상으로 삼고 있으나, 그 위헌성에 관하여 "선거관리위원회를 둔 헌법규정에 비추어 볼 때 공직선거법위반 혐의에 대하여는 정치적 중립성이 보장된 선관위가 먼저 조사하고, 행정부 소속이어서 정치적 중립성을 의심받기 쉬운 검사나 국가경찰공무원 등 일반 수사기관은 선관위의 고발 또는 수사의뢰를 받은 뒤에야 비로소 수사나 공소제기를 할 수 있도록 규정하여야 하는데 그렇지 않았다."는 점을 지적하고 있다. 즉, 청구인의 주장은 심판대상 법률조항에 공직선거법위반죄에 대한 수사나 공소제기에 관하여 위와 같이 특별입법을 하였어야 함에도 이를 하지 아니한 '입법부작위'가 위헌이라는 취지이다. (…) 따라서 청구인이 주장하는 입법부작위는 '심판대상 법률조항의 불완전·불충분한 입법부작위'에 관한 것이라고 보기 어렵고, 공직선거법 위반행위에 대한 단속·수사 권한에 관한 특별규정을 따로 마련하지 않았다는 취지로서 '진정입법부작위'에 관한 것이라고 봄이 타당하다. 그렇다면 이 사건 심판청구는 외형상 특정 법률조항을 심판대상으로 삼아 헌법재판소법 제68조 제2항에 따라 제기하였으나, 실질적으로 특정 법률조항의 위헌성을 다투는 것이 아니라 법률의 부존재를 다투는 것이므로 그 자체로 부적법하다.

(2) 부진정입법부작위

헌법재판소는, 입법자가 어떤 사항에 관하여 입법은 하였으나 그 입법의 내용·범위·절차 등이 당해 사항을 불완전·불충분 또는 불공정하게 규율함으로써 입법행위에 결함이 있는 경우(결함이 있는 입법권의 행사), 즉 부진정입법부작위[207]에 대하여도 법 제68조 제2항의 헌법소원의 대상성을 인정할 수 있다고 하였다.

사례

⊙ 헌재 2016. 7. 28. 2015헌바20 : 청구인들은, 군인연금법 제33조 제2항이 '수사가 진행 중이거나 형사재판이 계속 중'이어서 퇴직급여 등이 지급정지되었다가 이후 사유가 소멸한 경우에는 잔여 퇴직급여 등에 대해 이자를 가산하는 규정을 두면서, 재심으로 무죄판결을 선고받아 그 사유가 소멸한 경우에는 이자 가산 규정을 두지 않은 입법의 불완전, 불충분성을 다투고 있으므로, 이는 부진정입법부작위의 위헌성을 다투는 것이다. [전원일치 헌법불합치(잠정적용)]

---

206) 공직선거법(2006.2.21. 법률 제7849호로 개정된 것) 제9조 제2항.

207) 진정입법부작위와 부진정입법부작위의 구별기준에 대하여는 이 책 제5장 3. 나. (2)를 참조.

⊙ 헌재 2018. 6. 28. 2011헌바379등 : (병역종류조항에 대한) 청구인들의 위 주장은 입법자가 아무런 입법을 하지 않은 진정입법부작위를 다투는 것이 아니라, 입법자가 병역의 종류에 관하여 입법은 하였으나 그 내용이 양심적 병역거부자를 위한 비군사적 내용의 대체복무제를 포함하지 아니하여 불완전·불충분하다는 부진정입법부작위를 다투는 것이라고 봄이 상당하다. [6(헌법불합치):3(각하)-헌법불합치(잠정적용)]

라. 헌법의 개별규정

헌법의 개별규정이 법 제68조 제2항에 따른 헌법소원심판의 대상이 되는지 여부에 관하여 헌법재판소는, 헌법 제111조 제1항 제1호 및 법 제41조 제1항은 위헌법률심판의 대상에 관하여, 헌법 제111조 제1항 제5호 및 법 제68조 제2항, 제41조 제1항은 (규범통제형) 헌법소원심판의 대상에 관하여 그것이 법률임을 명문으로 규정하고 있으며, 여기서 위헌심사의 대상이 되는 법률이 국회의 의결을 거친 이른바 형식적 의미의 법률을 의미하는 것에 아무런 의문이 있을 수 없고, 한편 헌법은 전문과 각 개별조항이 서로 밀접한 관련을 맺으면서 하나의 통일된 가치체계를 이루고 있는 것으로서 이념적·논리적으로는 규범 상호간의 우열을 인정할 수 있다 하더라도, 그러한 규범 상호간의 우열이 헌법의 어느 특정규정이 다른 규정의 효력을 전면적으로 부인할 수 있을 정도의 개별적 헌법규정 상호간에 효력상의 차등을 의미하는 것이라고는 볼 수 없으므로, 헌법의 개별규정 자체는 헌법소원에 의한 위헌심사의 대상이 아니라고 하였다.[208]

4. 기타 적법요건

법 제68조 제2항에 따른 헌법소원의 적법요건으로는 ①대상적격(법률), ②청구인적격, ③법원의 위헌제청신청에 대한 기각(각하)결정, ④재판의 전제성, ⑤청구기간, ⑥변호사강제주의, ⑦일사부재리 등이 요구되는바, 앞에서 본 '대상적

208) 헌재 1995. 12. 28. 95헌바3, 판례집 7-2, 841, 845; 헌재 2001. 2. 22. 2000헌바38, 판례집 13-1, 289, 294-295. 한편 헌법의 개별규정, 특히 위헌적 헌법개정(유신헌법)에 대한 위헌심사에 관한 논증으로 김선택, "위헌적 헌법개정에 대한 위헌심사론", 공법학연구 제12권 제4호, 한국비교공법학회, 2011.11, 166면 이하 참조.

격'과 '변호사강제주의' 이외의 요건에 대하여 살펴보기로 한다.

가. 청구인적격

(1) 의의

법 제68조 제2항 헌법소원은 법원의 당해사건의 당사자[209]로서 위헌법률심판 제청신청을 하였다가 기각(각하)된 사람이 청구인이 되는 것이 원칙이나. 이와 관련하여 아래와 같은 문세가 제기된다.

(2) 당해사건의 보조참가인의 경우[210]

사례

⊙ 헌재 2003. 5. 15. 2001헌바98 : 법 제68조 제2항은 제41조 제1항의 규정에 의한 법률의 위헌여부심판의 제청신청이 기각된 때에는 그 신청을 한 '당사자'는 헌법재판소에 헌법소원심판을 청구할 수 있다고 규정하고 있고, 법 제41조 제1항은 법률이 헌법에 위반되는 여부가 재판의 전제가 된 때에는 당해사건을 담당하는 법원은 직권 또는 당사자의 신청에 의한 결정으로 헌법재판소에 위헌여부의 심판을 제청한다고 규정하여 보조참가인이 위헌심판제청신청의 당사자라고 명시하고 있지는 않다. 그러나 법 제40조에 의하여 준용되는 민사소송법에 의하면 보조참가인은 피참가인의 소송행위와 저촉되지 아니하는 한 소송에 관하여 공격·방어·이의·상소, 기타 일체의 소송행위를 할 수 있는 자(민사소송법 제76조 제1항 본문)이므로 법 소정의 위헌심판제청신청의 '당사자'에 해당한다고 할 것이고, 이와 같이 해석하는 것이 구체적 규범통제형 위헌심사제의 입법취지 및 기능에도 부합한다고 할 것이다. 따라서 이 사건 청구인은 법 제68조 제2항의 헌법소원의 당사자적격이 있다.

---

209) 헌재 2015. 6. 25. 2013헌바201 사건의 경우, 청구인은 당해사건의 '독립당사자'였는바, 헌법재판소는 이 사건에서 특별한 설명없이 청구인적격을 인정하여 본안판단에 나아갔다.

210) 헌재 2002. 11. 28. 2001헌바50 사건의 경우, 청구인들은 당해 소송사건 피고(중앙노동위원회위원장)를 보조하기 위하여 위 소송에 참가한 보조참가인이었는바, 헌법재판소는 이 사건에서 특별한 설명없이 청구인적격을 인정하여 본안판단에 나아갔다. 또한 헌재 2003. 1. 30. 2002헌바65 사건에서도 청구인은 당해 소송사건의 원고(청구인의 자녀들)를 보조하기 위하여 위 소송에 참가한 보조참가인이었는바, 헌법재판소는 이 사건에서도 청구인적격이 인정된다는 전제하에 본안판단에 나아갔다.

(3) 행정소송의 피고 또는 그 보조참가인인 행정청의 경우

사례

⊙ 헌재 2008. 4. 24. 선고 2004헌바44[211] : 법 제68조 제2항은 기본권의 침해가 있을 것을 그 요건으로 하고 있지 않을 뿐만 아니라, 청구인적격에 관하여도 '법률의 위헌여부심판의 제청신청이 법원에 의하여 기각된 때에는 그 신청을 한 당사자'라고만 규정하고 있는바, 위 '당사자'는 행정소송을 포함한 모든 재판의 당사자를 의미하는 것으로 새겨야 할 것이고, 행정소송의 피고인 행정청만 위 '당사자'에서 제외하여야 할 합리적인 이유도 없다. 행정청이 행정처분 단계에서 당해 처분의 근거가 되는 법률이 위헌이라고 판단하여 그 적용을 거부하는 것은 권력분립의 원칙상 허용될 수 없지만, 행정처분에 대한 소송절차에서는 행정처분의 적법성·정당성뿐만 아니라 그 근거법률의 헌법적합성까지도 심판대상으로 되는 것이므로, 행정처분에 불복하는 당사자뿐만 아니라 행정처분의 주체인 행정청도 헌법의 최고규범력에 따른 구체적 규범통제를 위하여 근거법률의 위헌여부에 대한 심판의 제청을 신청할 수 있고, 법 제68조 제2항의 헌법소원을 제기할 수 있다고 봄이 상당하다. 청구인(울진군수)은 당해사건의 당사자가 아니라 보조참가인이지만, 법 제40조에 의하여 준용되는 행정소송법 제17조 및 민사소송법 제76조에 따라 피참가인[212]의 소송행위와 저촉되지 아니하는 한 일체의 소송행위를 할 수 있으므로, 법 소정의 위헌법률심판 제청신청 및 헌법소원의 '당사자'에 해당된다. 따라서 청구인은 법 제68조 제2항에 의한 이 사건 헌법소원심판을 청구할 수 있다.

나. 위헌제청신청 기각결정

(1) 의의

법 제68조 제2항의 헌법소원은 법률의 위헌여부심판의 제청신청을 하여 그 신청이 기각된 때에만 청구할 수 있는 것이므로, 청구인이 당해 소송법원에 위헌여부심판의 제청신청을 하지 않았고 따라서 법원의 기각결정도 없었던 부분에 대한 심판청구는 그 심판청구요건을 갖추지 못하여 부적법하다.[213]

211) 당해사건의 원고인 ○○온천개발주식회사가 경상북도지사를 피고로 하여 대구지방법원에 '온천개발계획 불승인처분의 취소'를 구하는 행정소송을 제기하여 승소판결을 받자 피고가 대구고등법원에 항소했는데, 항소심에서 청구인(울진군수)이 피고인 경상북도지사를 위하여 보조참가를 하였다.

212) 이 사건에서는 경상북도지사.

사례

⊙ 헌재 2017. 7. 27. 선고 2016헌바42 : 청구인은 심판대상조항[214]이 '형법 제129조에 규정된 죄를 범한 사람'을 그 주체로 규정하고 있을 뿐이어서 특가법 제4조에 따라 뇌물죄의 적용대상이 확대된 경우까지 심판대상조항이 적용될 것인지 불분명하므로 명확성원칙에도 위반된다고 주장한다. 그러나 특가법 제4조에 의해 뇌물죄의 적용대상이 된 자가 형법 제129조의 죄를 범하였을 때는 심판대상조항이 적용되는 것에 의문이 없고, 청구인의 주장은 특가법 제4조의 위헌성을 주장하는 것으로 볼 수 있으나, 이 조항에 대해서는 위헌법률심판제청을 신청한 바 없으므로, 이에 관하여는 더 나아가 판단하지 아니한다.

법 제68조 제2항은 "법률의 위헌여부심판의 제청신청이 '**기각**'된 때에는" 그 신청을 한 당사자가 헌법재판소에 헌법소원심판을 청구할 수 있다고 규정하고 있다. 그런데 당해법원이 실질적으로 헌법문제에 관한 판단을 했으므로 기각결정을 해야 함에도 불구하고 당사자의 제청신청을 '**각하**'결정이라는 재판형식으로 배척한 경우에도 법 제68조 제2항의 규정에 따른 헌법소원심판의 청구가 허용된다.[215]

(2) 예외

그런데 헌법재판소는, 당사자가 위헌법률심판 제청신청의 대상으로 삼지 않았고 또한 법원이 기각 또는 각하결정의 대상으로도 삼지 않았음이 명백한 법률조항이라 하더라도 예외적으로 위헌제청신청을 기각 또는 각하한 법원이 위 조항을 실질적으로 판단하였거나 위 조항이 명시적으로 위헌제청신청을 한 조항과 필연적 연관관계를 맺고 있어서 법원이 위 조항을 묵시적으로나마 위헌제청신청으로 판단을 하였을 경우에는 법 제68조 제2항에 따른 헌법소원으로서 적법한

213) 헌재 1997. 8. 21. 93헌바51, 판례집 9-2, 177, 188; 헌재 1997. 11. 27. 96헌바12, 판례집 9-2, 607, 618; 헌재 2000. 2. 24. 98헌바73, 공보 43, 247, 250, 판례집 미수록; 헌재 2010. 6. 24. 2007헌바101, 판례집 22-1하, 417, 428.

214) 형법 제129조 제1항의 수뢰죄를 범한 사람에게 수뢰액의 2배 이상 5배 이하의 벌금을 병과하도록 규정한 '특정범죄 가중처벌 등에 관한 법률'(2010.3.31. 법률 제10210호로 개정된 것, 이하 '특가법'이라 한다) 제2조 제2항 중 '형법 제129조 제1항'에 관한 부분.

215) 헌재 1989. 12. 18. 89헌마32등, 판례집 1, 343, 346. 이 사건은 규범통제형 헌법소원이다.

것이라고 하였다.[216)]

사례

⊙ 헌재 2012. 3. 29. 2010헌바432 : 이 사건 고용의무조항[217)]은 청구인이 당해법원에 위헌제청신청을 하지 않은 조항으로 법원의 기각결정도 없었으나, 이 사건 고용부담금조항[218)]이 헌법에 위반되지 않는다고 본 당해법원의 판단 속에는 사업주의 장애인 고용의무에 대한 판단이 포함되어 있어 당해법원이 이 사건 고용의무조항을 묵시적으로 판단하였다고 볼 수 있다. [전원일치 합헌]

⊙ 헌재 2014. 7. 24. 2013헌바169 : 청구인은 정치자금법 제45조 제1항, 제3조 제1호와 함께, 당해 법원에 위헌제청신청을 하지 않았고 당해 법원도 위헌여부에 대하여 명시적으로 판단을 하지 않은 지방교육자치법 제50조[219)]를 심판대상으로 삼아 이 사건 심판청구를 하고 있다. 헌법재판소법 제68조 제2항에 의한 헌법소원심판은 당해 법원에 위헌제청신청을 하여 기각결정을 받은 법률조항에 대하여만 청구할 수 있는 것이 원칙이나, 위와 같은 절차를 거치지 않은 법률조항이라고 하더라도 당해 법원이 실질적으로 판단하였거나 명시적으로 위헌제청신청을 한 조항과 필연적 연관관계를 맺고 있어서 묵시적으로 판단한 것으로 볼 수 있는 경우에는 이러한 법률조항에 대한 심판청구도 예외적으로 허용된다(헌재 2001. 2. 22. 99헌바93 참조). 그런데 위 정치자금법 조항들에 대한 위헌제청신청에 대한 당해 법원의 판단에는 지방교육자치법 제50조에 대한 판단도 실질적으로 포함되어 있다고 보이고, 더욱이 지방교육자치법 제50조는 당해사건 재판에 직접 적용되는 법률조항으로 재판의 전제성이 인정되므로 위 정치자금법 조항들과 함께 그 위헌여부를 판단함이 타당하다. [전원일치 합헌]

(3) 심판대상에서 제외한 사례

헌법재판소는 법원에서 위헌제청신청이 기각(각하)되지 아니한 법률조항에

216) 헌재 1998. 3. 26. 93헌바12, 판례집 10-1, 226, 231-232. 同旨, 헌재 2001. 1. 18. 2000헌바29, 판례집 13-1, 111, 113; 헌재 2001. 2. 22. 99헌바93, 판례집 13-1, 274, 280; 헌재 2016. 3. 31. 2013헌바372, 공보 234, 562, 565.

217) 구 '장애인고용촉진 및 직업재활법'(2007.5.25. 법률 제8491호로 개정되고, 2010.6.4. 법률 제10339호로 개정되기 전의 것) 제28조 제1항.

218) 위 법 제33조 제1항.

219) 지방교육자치에 관한 법률(2010.2.26. 법률 제10046호로 개정된 것) 제50조(정치자금법의 준용) 교육감선거에 관하여는 「정치자금법」의 시·도지사선거에 적용되는 규정을 준용한다.

대하여 법 제68조 제2항의 헌법소원심판을 청구하는 경우, 그 부분은 처음부터 심판대상에서 제외하기도 한다.

사례

⊙ 헌재 2004. 6. 24. 2004헌바23 : 청구인은 수도권정비법 제13조 제3호에 대하여도 위헌확인의 소원을 제기하고 있지만, 이 조항에 대하여는 청구인이 법원에 위헌법률심판제청을 신청한 바 없고 따라서 법원도 그 위헌여부를 판단한 바가 없다. 그러므로 이 조항에 대한 헌법재판소법 제68조 제2항에 의한 소원은 허용될 수 없으므로 이를 심판대상에서 제외한다.220)

(4) 법 제68조 제2항 후문의 의미

법 제68조 제2항 후문의 규정에 의하면, 법 제41조 제1항의 규정에 의하여 법률에 대한 위헌여부심판 제청신청을 하였으나 그 신청이 법원에 의해 기각(또는 각하)되어 규범통제형 헌법소원심판을 청구할 수 있었던 자는 당해사건의 소송절차에서 동일한 사유를 이유로 법 제41조 제1항에 규정된 위헌여부심판 제청을 할 수 없다.221) 그러므로 예컨대, 헌법소원심판의 전제가 된 당해사건의 항소심절차에서 위헌제청신청이 기각되었는데도 이에 대하여 헌법소원심판을 청구하지 아니하고 있다가, 또다시 같은 항소심절차에서 같은 법률조항에 관하여 동일한 사유를 이유로 위헌제청신청을 하고 그것이 기각되자 헌법소원심판청구를 한 경우, 이는 법 제68조 제2항 후문의 규정에 위배되어 부적법하다.222)

---

220) 同旨, 헌재 2012. 11. 29. 2011헌바231, 공보 194, 1845.

221) 헌재 2011. 5. 26. 2009헌바419 : "청구인은 당해사건의 1심 재판과정에서 이 사건 법률조항(통신비밀보호법(2001.12.29. 법률 제6546호로 개정된 것) 제16조 제1항 제2호)에 대하여 위헌법률심판 제청신청을 하였다가 기각되자, 2009. 3. 10. 그 법률조항의 위헌여부를 다투는 헌법소원심판을 청구하였고(2009헌바42), 그 사건은 현재 우리 재판소에서 심판하고 있는 중이다. 그럼에도 청구인은 당해사건의 항소심에서 다시 같은 법률조항에 대하여 위헌법률심판 제청신청을 하였고, 그 신청이 기각되자 이 사건 법률조항에 대하여 다시 헌법소원심판을 청구하였다. 따라서 이 사건 심판청구는 헌법재판소법 제68조 제2항 후문에 위반되고 헌법재판소에서 심판중인 2009헌바42 사건과 중복되는 것이어서 부적법하다." [위 2009헌바42 사건은 2011.8.30. 재판관 8(합헌):1(한정위헌)의 의견으로 합헌결정이 선고되었다.]

222) 헌재 1994. 4. 28. 91헌바14, 판례집 6-1, 281, 294.

한편 대법원은, 위헌제청신청이 기각된 후 동일한 사유로 다시 위헌제청신청을 할 수 없는 법 제68조 제2항 후문 소정의 "당해사건의 소송절차"에는 상소심 소송절차도 포함된다고 해석하고 있다.[223] 헌법재판소도 마찬가지이다.[224] 이에 대하여는, 법 제68조 제2항에서 정하고 있는 '당해사건의 소송절차'는 동일한 심급의 소송절차에 한정될 뿐 상소심의 소송절차를 포함하는 것은 아니라는 점에서 대법원과 헌법재판소의 입장에 동의할 수 없다는 견해가 있다.[225]

사례

⊙ 헌재 2009. 9. 24. 2007헌바118 : 청구인은, 당해사건의 항소심에서 이미 민법 제999조 제2항에 대하여 제척기간이 지나치게 단기간일 뿐만 아니라 참칭상속인 및 제3자의 선악을 불문한 채 범죄행위와 같은 불법적인 방법에 의하여 참칭상속인의 지위를 취득한 경우까지 위 제척기간을 적용하는 것은 진정상속인의 재산권 등을 침해한다는 이유로 위헌법률심판 제청신청을 하였다가 기각되었는데도(대전고등법원 2006카기121호), 헌법소원심판청구를 하지 아니한 채 상고를 제기한 후, 소송계속 중 다시 같은 조항에 대하여 동일한 사유를 이유로 위헌법률심판 제청신청을 하였다가 각하되자(대법원 2007카기138호) 이 사건 헌법소원 심판청구를 하기에 이르렀으므로, 청구인의 민법 제999조 제2항에 대한 심판청구는 헌법재판소법 제68조 제2항에 위배되어 부적법하다.

⊙ 헌재 2012. 12. 27. 2011헌바155 : 청구인은 이 사건 손해배상조항[226]에 대하여 당해사건의 제1심 소송 계속 중 위헌심판제청을 신청하였는데도 헌법재판소법 제68조 제2항 후문에 반하여 상고심 계속 중 동일한 사유를 이유로 다시 위헌심판제청을 신청하였고, 그 신청이 기각되자 이 사건 헌법소원심판을 청구하였다. 그렇다면 청구인의 이 사건 손해배상조항에 대한 심판청구는 부적법하다.

---

223) 대법원 1996. 5. 14.자 95부13 결정; 대법원 2000. 4. 11.자 98카기137 결정; 대법원 2000. 6. 23.자 2000카기44 결정.

224) 나아가 헌법재판소는 법 제68조 제2항 후문의 "당해사건의 소송절차"에 '파기환송되기 전후의 소송절차'도 포함된다는 입장이다.(헌재 2013.6.27. 2011헌바247, 공보 201, 798, 800)

225) 정종섭, 헌법소송법, 박영사, 2010, 265면.

226) 민법(1958.2.22. 법률 제471호로 제정된 것) 제763조 중 제393조 제1항을 준용하는 부분.

다. 재판의 전제성

(1) 의의

(가) 재판의 전제성이라 함은 위헌법률심판의 제청(법 제41조)이나 규범통제형 헌법소원심판청구(법 제68조 제2항)에는 법률이 헌법에 위반되는지 여부가 법원(군사법원 포함)이 담당하는 당해사건의 재판에 전제가 되어야 한다는 것이다. 법 제68조 제2항의 헌법소원의 적법요건으로 재판의 전제성이 필요한 것은 그 본질이 위헌법률심판절차와 같은 구체적 규범통제의 성격을 갖기 때문이다.[227]

그러므로 법 제68조 제2항에 따른 헌법소원에 있어서도 ①일반법원에 계속된 구체적 사건에 적용할 법률이 헌법에 위반되는지 여부가 재판의 전제로 되어 있어야 하고, 이 경우 재판의 전제가 된다고 하려면 우선 그 법률이 ②당해 소송사건에 적용될 법률이어야 하고, ③그 위헌여부에 따라 ⅰ)재판의 주문이 달라지거나 ⅱ)재판의 내용과 효력에 관한 법률적 의미가 달라져야 한다.[228][229]

(나) 법률이 재판의 전제가 되는 요건을 갖추고 있는지의 여부는 법원의 견해를 존중하는 것이 원칙이나, 재판의 전제와 관련된 법률적 견해가 유지될 수 없는 것으로 보이면 헌법재판소가 직권으로 조사할 수도 있다.[230]

---

227) 헌재 1997. 11. 27. 96헌바60, 판례집 9-2, 629, 641; 헌재 2010. 4. 29. 2008헌바113, 공보 163, 841, 843.

228) 헌재 1993. 7. 29. 90헌바35, 판례집 5-2, 14, 28; 헌재 1995. 7. 21. 93헌바46, 판례집 7-2, 48, 58; 헌재 2002. 11. 28. 200헌바70, 판례집 14-2, 626, 630; 헌재 2007. 4. 26. 2006헌바10, 판례집 19-1, 482, 498-499; 헌재 2011. 2. 24. 2008헌바56, 공보 173, 343, 345; 헌재 2011. 7. 28. 2009헌바24, 공보 178, 1077, 1080; 헌재 2011. 7. 28. 2009헌바149, 공보 178, 1080, 1081; 헌재 2012. 5. 31. 2011헌바102, 공보 188, 1046, 1049.

229) 나아가 헌법재판소는 헌재 2011. 11.24. 2010헌바353 결정에서, "청구인들은 불법행위책임의 요건사실 중 하나인 위법성 부분에 관한 판단은 이 사건 법률조항들(정보통신서비스 제공자의 정보 삭제 또는 임시조치에 관하여 규정한 '정보통신망 이용촉진 및 정보보호 등에 관한 법률'(2008.6.13. 법률 제9119호로 개정된 것) 제44조의2 제1항, 제2항, 제4항)의 위헌여부에 따라 달라지게 되므로 적어도 당해사건의 재판의 이유를 달라지게 할 것이라고 주장하나, 가사 이유 중 일부분의 기재가 달라질 수는 있다 하더라도, 앞서 본 바와 같이 이 사건 법률조항들의 위헌여부에 관계없이 고의 또는 과실이 인정되지 아니한다는 동일한 이유로 이 부분 청구가 받아들여지지 않는다는 동일한 결론에 이를 것인 이상, 이 사건 법률조항들의 위헌여부에 따라 재판의 내용과 효력에 관한 법률적 의미가 달라진다고는 볼 수 없다. 따라서 이 사건 법률조항들의 위헌여부가 불법행위 부분에 관한 재판의 전제가 된다고 할 수도 없다."고 판시하였다.

230) 헌재 2009. 12. 29. 2008헌바171, 공보 159, 95, 98.

(2) "재판"의 전제성

(가) 개요

재판이란 인적·물적으로 독립된 제3자인 법원이 법률이 정한 절차에 따라 구체적인 분쟁이나 법위반의 여부를 법규범을 기준으로 하여 유권적으로 판단하는 작용이다. 따라서 법원이 하는 사법행정은 재판이 아니다.

사례

⊙ 헌재 2011. 6. 30. 2008헌바81 : 소송당사자의 법정내 (증인의 증언에 대한) 녹음허가신청을 법원조직법 제59조[231]의 신청으로 보는 경우, 재판장의 녹음불허가는 재판장이 법정의 권위를 지키고 법정내 질서를 유지하며 심리의 방해를 저지하기 위하여 법정내 모든 사람들에 대하여 행하는 사법행정행위라고 볼 것이므로, 이에 대하여 이의를 신청하더라도 '재판'절차가 개시되는 것은 아니다(위 재판장의 녹음불허가에 대한 불복은 행정소송이나 헌법재판소법 제68조 제1항의 헌법소원에 의하여야 한다). 따라서, 위 이의신청을 하면서 위 "법원조직법 제59조를 녹음행위의 경우에도 재판장의 허가를 받아야 하는 것으로 해석·적용한다면 위 조항은 헌법에 위반된다."고 주장하면서 위헌법률심판제청을 신청하는 것은, 위 이의신청이 재판절차임을 전제로 제기된 것이므로 부적법하다.[232]

⊙ 헌재 2011. 12. 29. 2010헌바459[233] : 민사소송법 제87조는 "법률에 따라 재판상 행위를 할 수 있는 대리인 외에는 변호사가 아니면 소송대리인이 될 수 없다."고 규정하여 민사소송에 있어 소송대리인의 자격을 정하고 있다. 한편, 민사소송법 제88조 제1항은 그 예외로서 "단독판사가 심리·재판하는 사건 가운데 그 소송목적의 값이 일정한 금액 이하인 사건에서 (…) 사람이 법원의 허가를 받은 때에는 제87조를 적용하지 아니한다."라고 규정하고 있다. 즉, 민사소송법 제88조에 의한 소송대리가 법원의 허가사항인데 반하여, 민사소송법 제87조에 의한 소송대리를 할 자격

231) 법원조직법 제59조(녹화 등의 금지) 누구든지 법정 안에서는 재판장의 허가 없이 녹화·촬영·중계방송 등의 행위를 하지 못한다.

232) 同旨, 헌재 2013. 8. 29. 2011헌바253등 : "법원조직법 제59조에 기한 재판장의 녹음불허가는 사법행정행위로서 이에 대하여 이의를 신청하더라도 재판절차가 개시되는 것은 아니므로, 이의신청이 재판절차임을 전제로 법원조직법 제59조 중 '소송당사자의 녹음행위'에 대하여 제기된 법 제68조 제2항에 따른 헌법소원심판청구는 부적법하다."

233) [사건개요] : 청구인은 변리사의 소송대리를 허용하지 아니하고 원고 불출석으로 처리한 재판장의 행위가 재판의 전제성에서 말하는 '재판'에 해당하고, 이 사건 법률조항들(구 변리사법(2004. 12.31. 법률 제7289호로 개정되고, 2011.5.24. 법률 제10706호로 개정되기 전의 것) 제8조 및 민사소송법 제87조)의 위헌여부에 따라 위 재판의 결론이 달라지게 되므로 이 사건 헌법소원심판청구는 재판의 전제성을 갖추었다고 주장하였다.

은 법률에 의하여 정하여지므로 법원의 허가를 받을 대상이 아니다. 그러므로 당해 사건에서 재판장이 변리사의 소송대리를 허용하지 않고 원고 불출석으로 처리한 것을 소송대리불허가 또는 불허명령이라는 재판이라고 할 법률상 근거가 없다. 오히려 당해사건의 재판장은 민사소송법 제87조 및 변리사법 제8조의 해석상 변리사가 상표권 침해 등 소송에서 소송대리를 할 자격이 없다고 판단한 후, 출석한 변리사가 소송의 당사자도 적법한 소송대리인도 아니었으므로 소송과 무관한 제3자의 소송관여를 배제하여 법정질서를 유지하고자 한 것으로 볼 수밖에 없다. 즉, 이는 재판장이 법원조직법 제58조[234]에 의한 법정질서 유지권을 행사한 것으로서 그 법적 성격은 사법행정행위에 해당한다고 할 것이다.

법 제41조 제1항 및 제68조 제2항에서 말하는 '재판'이라 함은 그 형식 여하와 본안에 관한 재판이거나 소송절차에 관한 것이거나를 불문한다. 판결과 결정 그리고 명령이 여기에 포함되며, 심급을 종국적으로 종결시키는 종국재판 뿐만 아니라 중간재판도 이에 포함된다.

(나) '재판'의 개념과 관련된 문제들

1) 체포·구속·압수·수색영장, 구속적부심사청구, 보석허가에 관한 재판도 여기서 말하는 재판의 개념에 포함된다.

사례

⊙ 헌재 1995. 2. 23. 92헌바18[235] : 청구인은 군사법원법 제238조에 의하여 관할관이 발부한 사전구속영장에 의하여 구속되었고, 구속적부심사청구를 관할관에 할 경우와 직접 군사법원에 할 경우와는 재판의 내용과 효력에 관한 법률적 의미가 달라지는 것으로 보아야 할 것이므로 동법 제238조 제1항, 제3항, 제4항 및 구속적부심사를 관할관에게 청구하도록 규정한 제252조 제1항에 관하여는 그 위헌여부에 따라서 전제되는 재판의 주문이 달라지거나 재판의 내용과 효력에 관한 법률적 의미가 달라지는 경우에 해당하여 재판의 전제성이 인정된다.[236]

---

234) 제58조(법정의 질서유지) ①법정의 질서유지는 재판장이 이를 행한다. ②재판장은 법정의 존엄과 질서를 해할 우려가 있는 자의 입정금지 또는 퇴정을 명하거나 기타 법정의 질서유지에 필요한 명령을 발할 수 있다.

235) 당해사건 : 육군 제9사단 보통군사법원 92초2 구속적부심사청구

236) 다만, 청구인은 이 사건 헌법소원심판청구 후 1992. 4. 14. 기소유예처분을 받고 석방되었을 뿐만 아니라, 1994. 1. 5. 법률 제4705호로 위 법 제238조 제1항, 제3항, 제4항 및 제

2) 본안에 대한 재판뿐 아니라 '소송비용' 또는 '가집행'에 관하여도, 그리고 종국재판만이 아니라 '중간재판'에서도 위헌제청이 가능하다.

예를 들면 헌법재판소는 1996. 12. 26. 선고한 94헌바1[237] (형사소송법 제221조의2) 사건에서, 형사소송법 제295조에 의하여 법원이 행하는 증거채부결정도 당해 소송사건을 종국적으로 종결시키는 재판은 아니라고 하더라도, 그 자체가 법원의 의사결정으로서 헌법 제107조 제1항과 법 제41조 제1항 및 제68조 제2항에 규정된 재판에 해당된다고 하여,[238] 증거채부에 관한 재판절차에서도 위헌제청을 할 수 있다고 판시하였다.[239]

그 밖에 헌재 2011. 8. 30. 2010헌바427 사건은, 당사자(원고)가 제1심에서 패소판결을 받고 이에 불복하여 항소하면서 항소장에 '민사소송등 인지법' 소정의 인지를 붙이지 아니하자 제1심 재판장이 소정의 인지를 보정할 것을 명하였으나, 당사자가 이를 보정하지 아니한 채 소송구조신청을 하고 '민사소송등 인지법'의 관련조항(제2조 제1항, 제3조 전단)에 대하여 위헌법률심판제청을 하였다가 기각되자 법 제68조 제2항의 규정에 따른 헌법소원심판을 청구한 사건인데, 헌법재판소는 위 '재판'의 전제성이 인정됨을 전제로 본안판단을 하였다.

사례

⊙ 헌재 2017. 5. 25. 2015헌바349 : 민사소송에서 소송비용의 예납명령이나 증거채부결정에 대해서는 불복신청이 허용되지 아니하므로,[240] 예납명령에 따르지 않아 증거결정이 취소되어 그것 때문에 불이익한 종국재판을 받게 되면, 그것을 이유로 상소심에서 다투어야 한다. 따라서 이 사건 심판청구에서 소송비용의 예납명령

252조 제1항이 군판사가 구속영장을 발부하고 군사법원에 직접 구속적부심사를 청구할 수 있도록 개정되어 1994. 7. 1.부터 시행되었으므로, 결국 이 사건 헌법소원심판청구는 권리보호의 이익이 없어 부적법하다는 이유로 각하되었다.

237) 당해사건 : 서울형사지방법원 93고합1570 특수공무집행방해치사등.

238) 同旨, 헌재 2010. 12. 28. 2009헌가30, 판례집 22-2하, 545, 555.

239) 이에 대하여, 중간재판이 위헌제청의 계기를 부여한다 하더라도 재판절차의 진행에 따라 문제되는 법률규정의 위헌여부에 의하여 본안판단의 결과가 좌우되지 않는다는 결과에 이를 수 있기 때문에, 법률규정의 위헌여부가 단지 증거채부결정의 전제가 되는 경우에는 증거채부결정의 단계에서 이미 위헌제청을 허용하는 것은 재고할 필요가 있다는 견해로 한수웅, "위헌법률심판에서의 '재판의 전제성'에 관한 비판적 고찰", 헌법논총 제25집, 헌법재판소, 2014, 458면.

240) 한편 형사소송에서는 검사, 피고인 또는 변호인은 증거조사에 관하여 이의신청을 할 수 있고, 법원은 동 신청에 대하여 결정을 하여야 한다.(형사소송법 제296조 참조)

절차나 신체감정절차를 당해사건으로 볼 수는 없고, 상해를 원인으로 한 손해배상청구소송절차를 당해사건으로 볼 수밖에 없다. (…) 위 인정사실에 의하면, 이 사건 심판청구 당시, 청구인은 상해를 원인으로 한 손해배상청구를 기존의 청구에 추가·확장하는 청구취지 및 청구원인 변경신청을 전혀 하지 않고 있었으므로, 당해사건인 상해를 원인으로 한 손해배상청구소송이 법원에 계속 중이라고 볼 수는 없다.

(3) 재판의 "전제성"

(가) 구체적인 사건이 법원에 적법하게 계속중일 것

1) 계속중

구체적 규범통제 사건에서 "구체적인 사건이 법원에 계속중이어야" 한다는 것은 법 제41조 소정의 위헌제청사건의 경우에는 위헌제청결정 당시는 물론이고 헌법재판소의 결정시까지 구체적 "사건"이 법원에 계속중이어야 한다는 의미이고, 법 제68조 제2항 소정의 헌법소원심판사건의 경우에는 위헌제청신청시 구체적 사건이 법원에 계속중이어야 한다는 의미이다. 그러므로 상고심까지 다 끝나 판결이 확정된 후에 제1심법원에 위헌제청신청을 한 경우에는 재판의 전제성이 없다.[241]

사례

⊙ 헌재(제2지정재판부) 2004. 2. 17. 2004헌바13 : 청구인은 자신이 상고한 대법원 2003다44745호 사건에 관하여 2003. 11. 14. 상고기각판결이 선고되어 위 사건이 종결되었음에도 불구하고, 2003. 12. 31. 위 사건을 본안으로 하여 소액사건심판법 제3조가 위헌이라는 취지의 이 사건 위헌심판제청신청을 하였다가 각하되었으며, 그 이후 그 각하결정을 기초로 하여 법 제68조 제2항에 의한 이 사건 헌법소원의 심판청구를 한 사실을 알 수 있다. 그렇다면 청구인이 이 사건 헌법소원심판청구의 기초가 된 위헌제청신청을 할 당시 구체적인 사건이 법원에 계속중인 상태가 아니었음을 알 수 있고, 이 사건 법률조항들[242]이 당해 소송사건에 적용될 법률인지 등 재판의 전제성을 갖추기 위한 다른 요건의 구비여부를 살펴볼 필요도 없이 재판의 전제성이 인정될 수 없다.

241) 헌재(제1지정재판부) 1996. 5. 16. 96헌바23, 공보·판례집 미수록.

242) 소액사건심판법 제3조, 헌법재판소법 제25조 제3항.

한편, 당해사건이 법원에 일단 적법하게 계속되었더라도 헌법소원심판 청구 이후 헌법재판소의 심리기간 중 사후적인 사정변경, 예컨대 당해사건이 소취하(취하간주)된 경우에는 원칙적으로 재판의 전제성이 부인된다.

사례

⊙ 헌재 2010. 5. 27. 2008헌바110 : 청구인은 이 사건 헌법소원심판을 청구한 후 제50회 사법시험에 합격하자 2009. 1. 7. 당해사건의 항소심에서 소를 취하하여 당해사건이 종결되었다. 이와 같이 당해사건이 청구인의 소취하에 의해 종결된 이상, 이 사건 법률조항[243] 및 시행령조항들[244]이 당해사건에 적용될 여지가 없어 그 위헌여부가 재판의 전제가 되지 않으므로, 청구인의 이 사건 심판청구는 재판의 전제성을 갖추지 못하여 부적법하다.[245]

2) "적법하게" 계속중일 것

가) 당해사건이 법원에 원칙적으로 적법하게 계속되어 있을 것을 요한다. 그러므로, 당해사건이 당사자적격 흠결이나 제소기간 경과 등의 사유로 부적법한 것이어서 법률의 위헌여부를 따져 볼 필요조차 없이 각하를 면할 수 없는 것일 때에는 재판의 전제성을 흠결한 것으로 각하하여야 한다.[246] 예컨대, 심판대상 법률이 아닌 다른 법률에서 규정한 소송요건을 구비하지 못하여 부적법하다는 이유로 법원이 소각하 판결을 선고하고 그 판결이 확정되거나 아직 확정되지 않았더라도 부적법하여 소각하될 것이 명백한 경우에는, 심판대상 법률의 위헌여부에 따라 재판의 주문이 달라지거나 재판의 내용과 효력에 관한 법률적 의미가 달라지지 아니하므로 재판의 전제성이 인정되지 아니한다.[247]

---

243) 사법시험의 합격자를 정원제로 선발하도록 규정하고 있는 사법시험법(2001.3.28. 법률 제6436호로 제정된 것) 제4조.

244) 사법시험법 시행령 제2조 제1항(2006.10.26. 대통령령 제19711호로 개정된 것), 제5조 제1항(2001.3.31. 대통령령 제17181호로 제정된 것), 제2항(2005.11.11. 대통령령 제19125호로 개정된 것).

245) 同旨, 헌재 2011. 11. 24. 2010헌바412, 공보 182, 1841, 1843.

246) 헌재 1992. 8. 19. 92헌바36, 판례집 4, 572, 574.

247) 헌재 2010. 2. 25. 2008헌바53, 공보 161, 503, 504.

사례

⊙ 헌재 2012. 11. 29. 2011헌바251 : 이 사건 과태료 부과처분은 구 도로교통법 제160조 제3항의 질서위반행위에 대한 제재로서 그 당부는 '질서위반행위규제법'에 정해진 절차에 따라 해당 행정청에 대한 이의제기를 거쳐 과태료재판절차에서 판단되어야 하므로, 이 사건 과태료 부과처분은 행정소송의 대상이 되는 행정처분이라고 할 수 없다(대법원 1995. 7. 28. 선고 95누2623 판결, 대법원 2000. 9. 22. 선고 2000두5722 판결 참조). 그렇다면, 당해사건[248]은 행정소송의 대상이 되는 행정처분을 대상으로 한 것이 아니어서 부적법하여 각하되어야 할 것인바, 이처럼 당해사건이 부적법하여 각하를 면할 수 없는 이상, 이 사건 심판청구는 재판의 전제성을 갖추지 못하여 부적법하다.

⊙ 헌재 2013. 7. 25. 2012헌바63 : 당해사건 중 '형의 집행 및 수용자의 처우에 관한 법률'(2007. 12. 21. 법률 제8728호로 개정된 것) 제44조에 근거한 이 사건 전화사용신청거부처분취소 청구부분은 위 처분이 존재하지 아니한다는 이유로 각하되었고, 청구인이 항소하였으나 항소장각하로 당해사건 판결이 확정되었으므로, 동법 제44조에 대한 심판청구는 재판의 전제성 요건이 흠결되어 부적법하다.

나) 이와는 달리 당해 소송사건이 각하될 것이 불분명한 경우에는 재판의 전제성이 흠결되었다고 단정할 수 없다.[249] 헌법재판소는, 당해 소송법원이 청구인들은 당해사건의 원고적격이 없다는 이유로 본안을 각하하면서 위헌제청신청도 각하하였으나, 상고심에서 원고적격을 인정하면서 원심판결을 파기하고 환송하여 사건이 다시 원심법원에 계류중인 상태에서 (특별한 이유 설명없이) 재판의 전제성을 인정하고 본안판단을 하였다.[250]

사례

⊙ 헌재 2004. 10. 28. 99헌바91 : 이 사건 법률에 근거한 이 사건 처분과 관련하여, 원고적격을 가진 자가 주식회사인 경우에 그 회사의 '주주' 또는 '이사' 등이 가지는 이해관계를 행정소송법 제12조[251] 소정의 '법률상 이익'으로 볼 수 있는지 여

---

248) 창원지방법원 2011구합141 과태료부과처분무효확인등

249) 헌재 2004. 10. 28. 99헌바91, 판례집 16-2하, 104, 115.

250) 헌재 1999. 7. 22. 97헌바9, 판례집 11-2, 112, 122.

251) 행정소송법 제12조(원고적격) 취소소송은 처분등의 취소를 구할 법률상 이익이 있는 자가 제기할 수 있다. 처분등의 효과가 기간의 경과, 처분등의 집행 그 밖의 사유로 인하여 소

부에 관하여 당해소송의 제1심과 항소심 법원은 이를 부정하고 소를 각하하는 판결을 선고하였다. 그러나, 이 사건에 직접 원용할 만한 확립된 대법원의 판례는 아직까지 존재하지 않고, 해석에 따라서는 당해소송에서 청구인들의 원고적격이 인정될 여지도 충분이 있다. 따라서, 우리 재판소는 일단 청구인들이 당해소송에서 원고적격을 가질 수 있다는 전제하에 이 사건 법률조항[252]에 대한 심판청구가 우선 재판의 전제성 요건을 갖춘 것으로 보고 본안에 대한 판단에 나아가기로 한다. [6(합헌):3(위헌)-합헌]

(나) 위헌여부가 문제되는 법률이 당해 소송사건의 재판에 적용될 것

1) 원칙 : 직접 적용되는 법률

가) 당해 소송사건에 적용될 법률(조항)이 아니어서 그 위헌여부에 따라 당해사건 재판의 주문이 달라지거나 재판의 내용과 효력에 관한 법률적 의미가 달라진다고 할 수 없다면 재판의 전제성을 갖추지 못하여 부적법하다.[253]

사례

⊙ 헌재 2013. 9. 26. 2012헌바109[254] : 이 사건 신상정보 등록조항[255]은 '구 성폭

멸된 뒤에도 그 처분등의 취소로 인하여 회복되는 법률상 이익이 있는 자의 경우에는 또한 같다.

252) '금융산업의 구조개선에 관한 법률'(1998.9.14. 법률 제5549호로 개정되고 2000.1.21. 법률 제6178호로 개정되기 전의 것) 제2조 제3호 가목, 제10조 제1항 제2호, 제2항 및 제12조 제2항 내지 제4항.

253) 헌재 1998. 7. 16. 96헌바33등, 공보 29, 620, 628.

254) [사건개요] : (1)청구인은 강제추행의 범죄사실로 기소되었고, 1심(서울동부지방법원 2011고정1696) 소송계속 중 성폭력범죄자의 신상등록 및 정보공개의 근거조항인 '성폭력범죄의 처벌 등에 관한 특례법' 제32조 제1항, 제35조 제1항, 제37조 제1항에 대하여 위헌법률심판제청신청을 하였다. 법원은 2012. 2. 20. 청구인의 위헌법률심판 제청신청을 기각하고, 2012. 2. 22. 청구인에게 유죄 판결을 선고하였으나, 신상정보의 공개명령은 선고하지 아니하였다. (2)청구인은 2012. 2. 23. 위헌법률심판제청신청 기각결정문을 송달받은 후, 2012. 3. 23. 위 각 법률조항들의 위헌확인을 구하는 이 사건 헌법소원심판을 청구하였다. (3)한편, 청구인은 위 1심 판결에 불복하여 항소하였고, 법원은 2012. 6. 28. 항소를 기각하였으며, 신상정보의 공개명령은 선고하지 아니하였다. 청구인이 이에 상고하지 아니하여 항소기각 판결은 확정되었다.

255) 구 '성폭력범죄의 처벌 등에 관한 특례법'(2010.4.15. 법률 제10258호로 제정되고, 2012.12.18. 법률 제11556호로 전부 개정되기 전의 것, 이하 '성폭력 특례법'이라 한다) 제32조 제1항 중 '제2조 제1항 제3호 가운데 형법 제298조(강제추행)의 범죄로 유죄판결이 확정된 자는 신상정보 등록대상자가 된다.' 부분, 제35조 제1항.

력특례법'상 일정한 성폭력범죄로 유죄판결이 확정된 자를 신상정보 등록대상자로 정하고, 등록정보를 10년간 보존하도록 정하고 있다. 즉, 이 사건 신상정보 등록조항은 당해사건 재판의 결론 및 그 확정여부에 의하여 비로소 영향을 받는 것일 뿐, 유죄판결이 확정되기 전 단계인 당해사건 재판에서 이 사건 신상정보 등록조항이 적용된다고 볼 수 없다.

⊙ 헌재 2018. 8. 30. 2017헌바87 : 민사집행법 제130조 제6항은 항고인이 일단 보증금을 공탁한 경우에 적용되는 조항이다. 그러나 청구인은 매각대금의 10분의 1에 해당하는 금전 또는 유가증권을 공탁하지 아니하여 각하결정을 받았으므로, 위 조항은 당해 사건의 재판에 적용되지 않으며, 이에 대하여 위헌결정이 선고된다 하더라도 당해 사건을 담당하는 법원이 다른 내용의 재판을 하게 된다고 볼 수 없다. 따라서 이 조항에 대한 심판청구 역시 재판의 전제성이 인정되지 아니하여 부적법하다.

나) 어떤 법률규정이 위헌의 의심이 있다고 하더라도 그것이 당해사건에 적용될 것이 아니라면, 재판의 전제성 요건은 충족되지 않는다. 그러므로 공소가 제기되지 아니한 법률조항의 위헌여부는 당해 형사사건의 재판의 전제가 될 수 없다.[256] 또한 공소장의 "적용법조"란에 적시된 법률조항과 법원의 판결에서 적용된 법률조항이 일치하지 않는 경우에는 비록 공소장에 적시된 법률소항이라 하더라도 구체적 소송사건에서 법원이 적용하지 아니한 법률조항은 결국 재판의 전제성이 인정되지 않는다. 왜냐하면 헌법재판소에서 그러한 법률조항에 대하여 위헌결정을 한다고 하더라도 다른 특별한 사정이 없는 한 그로 인하여 당해 소송사건의 재판의 주문이 달라지지 않을 뿐만 아니라 재판의 내용과 효력에 관한 법률적 의미가 달라지지도 않기 때문이다.[257]

사례

⊙ 2009. 3. 26. 2006헌바57 : 변론주의가 적용되는 당해 민사재판에서 당사자가 소멸시효의 항변을 제기하지 않았을 뿐 아니라, 더 나아가 당해사건 재판에 대한 이 사건 법률조항(구 관세법 제22조 제2항)의 적용을 적극적으로 부정하기까지 하였던 점 등 당사자의 주장 및 소송경과를 종합하여 볼 때, 법원이 청구기각판결에서 이유를 명확히 밝히고 있지는 않지만, 청구인의 관세환급청구는 이 사건 법률조항에 의

256) 헌재 1989. 9. 29. 89헌마53, 판례집 1, 302, 304; 헌재 1997. 1. 16. 89헌마240, 판례집 9-1, 45, 71. 이들 사건은 모두 규범통제형 헌법소원이다.

257) 헌재 1997. 1. 16. 89헌마240, 판례집 9-1, 45, 72. 이 사건도 규범통제형 헌법소원이다.

하여 소멸시효가 완성되었다는 이유로 기각된 것이 아니라 청구권 자체가 발생하지 않았다는 이유로 기각되었음이 명백하다. 그렇다면, 당사자의 소멸시효 항변이 제기되지 아니한 당해 소송사건에서 이 사건 법률조항과 관계없이 청구인의 관세환급청구가 기각된 이상, 관세환급청구권의 소멸시효를 규정한 이 사건 법률조항이 당해 민사재판에 적용될 여지는 전혀 없다 할 것이므로, 이 사건 법률조항은 당해사건의 재판과 관련하여 적용되는 법률조항이라고 보기 어렵다.[258]

⊙ 2016. 11. 24. 2014헌바401 : 이 사건 위임조항[259]은 교정시설의 장이 '범죄의 수사와 공소의 제기 및 유지에 필요한 때'에 접견기록물을 관계기관에 제공할 수 있도록 규정한 형집행법 시행령 제62조 제4항 제2호의 수권규정이 될 수 없고, □□구치소장이 녹음파일을 검사장에게 제공한 행위는 이 사건 위임조항에 근거한 것이 아니므로 이 사건 위임조항은 당해사건에 적용되는 법률조항이라고 볼 수 없어 당해사건의 재판의 전제가 되지 아니한다.[260]

다) 당해사건의 '가정적 판단'에 적용될 심판대상 조항의 경우, 당해사건의 '주된 판단'이 대법원에서 확정되었다면 동 조항은 당해사건에 적용될 여지가 없게 되었으므로 재판의 전제성이 없다.

사례

⊙ 헌재 2010. 9. 30. 2008헌바100 : 이 사건 심판대상 조항들[261]은 매립면허를 받지 아니하고 공유수면을 매립한 경우에 그 무면허 매립자가 매립공사에 투여한 시설

---

258) 同旨, 헌재 2016. 2. 25. 2014헌바259 : "이처럼 당해사건 소송에서 청구인들의 손해배상청구권이 소멸시효가 완성되었는지와 상관없이 청구인들의 손해배상청구권 자체가 발생하지 않았다는 이유로 청구인들의 청구가 모두 기각된 이상, 국가배상청구권의 소멸시효를 규정한 심판대상조항(금전의 지급을 목적으로 하는 지방자치단체에 대한 권리의 소멸시효 기간을 5년으로 규정한 지방재정법(2011.8.4. 법률 제10991호로 전부개정된 것) 제82조 제2항)이 당해사건에 적용될 여지는 없다 할 것이므로, 심판대상조항은 재판의 전제성이 인정되지 아니한다."

259) '형의 집행 및 수용자의 처우에 관한 법률' (2007.12.21. 법률 제8728호로 전부개정된 것) 제41조 제4항 중 '미결수용자의 접견내용의 녹음·녹화'에 관한 부분

260) 이에 대하여는, "수권규정인 이 사건 위임조항이 위헌으로 선언되면 형집행법 제62조 제4항 제2호도 위헌·무효가 될 수 있고, 그에 따라 이 사건 녹음파일 제공행위의 법적 근거가 없어지게 되어 당해사건의 재판에 영향을 줄 수 있으므로 이 사건 위임조항의 재판의 전제성은 인정된다."는 재판관 3인의 반대의견이 있다.

261) (1)구 공유수면매립법(1966.8.3. 법률 제1821호로 개정되면서 신설되고, 1997.4.10. 법률 제5337호로 개정되기 전의 것) 제26조 제3항 중 '면허없이 공유수면을 매립한 경우에 같은 조 제2항을 준용하는 부분'과 (2)구 공유수면매립법(1999.2.8. 법률 제5911호로 개정되

기타의 물건을 국가가 취득·보유할 수 있도록 하는 근거규정이므로, 당해사건 법원의 주된 판단과 같이 청구인이 이 사건 토지를 조성(매립)한 사실이 인정되지 않는 경우에는 이 사건 심판대상 조항들이 적용될 여지가 없고, 다만 가정적으로 한 판단에 대해서만 그 위헌여부가 관련을 가질 뿐이다. 그런데 청구인이 이 사건 토지를 조성한 사실이 인정되지 않는다고 하는 당해사건 법원의 주된 판단이 대법원에서 그대로 확정된 이상 이와 양립할 수 없는 사실관계를 전제로 한 당해사건 법원의 가정적 판단이 주된 판단으로 바뀔 가능성은 없어졌으므로, 이 사건 심판대상 조항들이 당해사건에 적용될 여지도 없게 되었다 할 것이다. 따라서 이 사건 심판대상 조항들은 당해사건에 적용되는 법률조항이 아니라 할 것이므로, 이 사건 심판청구는 재판의 전제성을 갖추지 못하였다.

2) 예외 : 간접 적용되는 법률

심판의 대상이 되는 법률은 법원의 당해사건에 직접 적용되는 법률인 경우가 대부분이겠지만, 당해재판에 적용되는 법률이라면 반드시 직접 적용되는 법률이어야 하는 것은 아니다. 즉, 제청 또는 청구된 법률조항이 법원의 당해사건의 재판에 직접 적용되지는 않더라도 그 위헌여부에 따라 ①당해사건의 재판에 직접 적용되는 법률조항이 위헌여부가 결정되거나,[262] ②당해사건을 담당하는 법원이 다른 내용의 재판을 하게 되는 경우[263]와 같이 양 규범 사이에 밀접한 관련이 있는 경우에는 간접적용되는 법률규정에 대하여도 재판의 전제성을 인정할 수 있다.

사례

⊙ 헌재 2001. 10. 25. 2000헌바5 : 법{정치자금에관한법률(1997. 11. 14. 법률 제

고, 2005.3.31. 법률 제7482호로 개정되기 전의 것) 제35조 제3항 중 '매립면허를 받지 아니하고 공유수면을 매립한 경우에 같은 조 제2항을 준용하는 부분'.

262) 헌재 1996. 10. 31. 93헌바14, 판례집 8-2, 422, 429. 직업안정법 제10조 제2항은 공소장에 기재되지 않았기 때문에 당해소송에서 직접 적용되지는 않으나, 직접 적용되는 동조 제1항(노동부장관의 허가)은 동조 제2항(허가의 요건)이 위헌일 경우 위헌이 될 수밖에 없는 관계이다.

263) 헌재 1996. 12. 26. 94헌바1, 판례집 8-2, 808, 818. 검사가 신청한 공판기일전 증인신문신청 사건에 적용된 형사소송법 제221의2 제2항, 제5항은 피고인에 대한 형사 피의사건에서 형사소송법 제295조(증거신청에 대한 결정)에 따라 그 신문조서를 증거로 채택한 결정(이것도 법원의 재판에 해당한다)에 영향을 끼친 것이므로, 만일 위 조항이 위헌이라면 위 증거채택결정의 결과가 무효가 되는 관계이다.

5413호로 개정된 것)} 제3조 제8호는 비록 위 당해사건에서 공소가 제기된 법률조항은 아니지만, '후원회에 관한 정의규정'으로서 정치자금을 주거나 받을 수 있는 주체를 정하고 있는 규정이므로, 이 조항의 위헌여부에 따라 당해사건의 재판에 직접 적용되는 규범(법 제30조 제1항)[264]의 의미가 달라짐으로써 재판에 영향을 미치는 경우에 해당한다. 따라서 법 제3조 제8호는 재판의 전제성이 있다.

⊙ 헌재 2014. 1. 28. 2010헌바251 : 이 사건 처분은 직접적으로는 전기사업의 허가에 관한 구 전기사업법 제7조 제1항에 근거한 것이어서 이 사건 법률조항[265]이 당해사건[266] 재판에 적용되는 법률조항에 해당하는지 의문이 제기될 수 있다. 그러나 이 사건 처분에 의하여 허가된 이 사건 사업은 백두대간 보호지역 중 핵심구역 안에서 신·재생에너지에 속하는 풍력을 이용하여 전기를 생산하는 발전시설을 설치하는 것도 포함하고 있으므로, 이 사건 처분은 그 내용상 '백두대간 보호지역 중 핵심구역 안에서는 건축물의 건축이나 공작물 그 밖의 시설물의 설치 등을 원칙적으로 금지하되, 다만 신·재생에너지의 이용·보급을 위한 시설의 설치 등의 경우에는 예외를 인정하는' 이 사건 법률조항의 요건을 충족하는 것을 당연한 전제조건으로 하는 것이다. 따라서 이 사건 법률조항은 적어도 구 전기사업법 제7조 제1항과 내적 관련이 있는 조항으로서 당해사건의 재판에 간접적용되는 법률조항이라고 볼 수 있다.[267]

(다) 그 법률이 헌법에 위반되는지의 여부에 따라 당해사건을 담당하는 법원이 다른 내용의 재판을 하게 되는 경우일 것

헌법재판소는 "법원이 다른 내용의 재판을 하게 되는 경우"를 다음과 같이

264) 제30조(벌칙) ①이 법에 정하지 아니한 방법으로 정치자금을 주거나 받은 자(정당·후원회·법인 기타 단체에 있어서는 그 구성원으로서 당해 위반행위를 한 자를 말한다. 이하 이 항에서 같다)는 3년이하의 징역 또는 3,000만원이하의 벌금에 처한다. 다만, 정치자금을 주거나 받은 자의 관계가 민법 제777조의 규정에 의한 친족인 경우에는 그러하지 아니하다.

265) 구 '백두대간 보호에 관한 법률'(2005.5.31. 법률 제7548호로 개정되고, 2011.4.6. 법률 제10561호로 개정되기 전의 것) 제7조 제1항 제6호.

266) 서울행정법원 2009구합966 대기리풍력발전사업허가처분취소등.

267) 다만 헌법재판소는 재판관 5:4의 의견으로, "당해사건은 이 사건 처분에 대한 제소기간이 경과한 후에 제기되었으므로 설령 이 사건 법률조항에 대하여 위헌결정이 있다 하더라도 이 사건 처분이 취소될 수 없다. 또한 이 사건 처분을 할 당시 이미 이 사건 법률조항의 위헌성이 명백하였다고 볼 만한 특별한 사정도 없다. 결국 이 사건 심판청구는 이 사건 법률조항의 위헌여부에 따라 당해사건 재판의 주문이 달라지거나 재판의 내용과 효력에 관한 법률적 의미가 달라지는 경우로 볼 수 없고, 따라서 재판의 전제성을 갖추지 못하였다."는 이유로 각하결정을 선고하였다.

분류하고 있다.

1) 법원이 심리중인 당해사건의 재판의 결론이나 주문에 영향을 주는 경우

헌법재판소는 이 요건은 “법률이 위헌일 때는 합헌일 때와 다른 판단을 할 수밖에 없는 경우, 즉 판결주문이 달라질 경우”에 충족된다고 판시하였다.

이와 관련하여 재판의 전제성 유무에 대한 적극적인 판단을 보류하고 본안 판단으로 나아간 사례가 있다. 즉, 헌법재판소는 2001. 10. 25. 선고한 2001헌바9 사건에서 (전원일치의 의견으로), “가령 이 사건 법률조항[268]이 위헌으로 결정된다고 하더라도 당해사건의 재판에서 앞에서 본 고소사건의 수사에 관여한 공무원이 당시로서는 위헌성이 확인된 바 없는 이 사건 법률조항에 근거해서 수사를 한 것이 불법행위를 구성하는 것으로는 인정되지 않거나, 청구인이 그로 인해 정신적 손해를 입었다고 인정되지 않을 수 있다. 이와 같은 경우 이 사건 법률조항의 위헌여부가 당해사건 재판의 주문이나 재판의 내용과 효력에 관한 법률적 의미에 아무런 영향을 미치지 않게 됨으로써 재판의 전제성을 결여할 가능성이 높다. 그러나, 위와 같은 것들은 당해사건 재판을 담당하는 법원이 판단할 사항으로서 이 재판소에서 이를 미리 판단함은 적절하지 않다. 그러므로, 일단 이 사건 법률조항에 대한 심판청구가 재판의 전제성 요건을 갖춘 것으로 보고 본안에 대한 판단에 나아가기로 한다.”고 판시하였다.

하지만 이러한 태도는 헌재 2009. 9. 24. 2008헌바23 결정에서 부인된 것으로 보인다. 이 사건에서 헌법재판소는 “심판대상조항 중 행정심판법 제27조[269]는 당해사건에서 문제된 청구인의 전화번호 등 개인정보가 기재된 증거서류의 제출 및 송달에 관한 근거규정인 만큼 <u>당해 소송사건의 재판에 적용되는 것으로 볼 수는 있지만</u>, 이에 대하여 위헌결정이 선고된다 하더라도 당시 청구인의 인적사항이 기재된 증거서류의 제출 및 송달에 관여한 공무원들로서는 그 행위 당시에 위 법률조항이 헌법에 위반되는지 여부를 심사할 권한이 없이 오로

268) 형사소송법 제196조(사법경찰관리) ②경사, 순경은 사법경찰리로서 검사 또는 사법경찰관의 지휘를 받아 수사의 보조를 하여야 한다.

269) 행정심판법(1984.12.15. 법률 제3755호로 제정된 것) 제27조(증거서류 등의 제출) ①당사자는 심판청구서·보정서·답변서 또는 참가신청서에 덧붙여 그 주장을 뒷받침하는 증거서류 또는 증거물을 제출할 수 있다. ②제1항의 증거서류에는 다른 당사자의 수에 따르는 부본을 첨부하여야 한다. ③위원회는 당사자로부터 제출된 증거서류의 부본을 지체없이 다른 당사자에게 송달하여야 한다.

지 위 법률조항에 따라 증거자료를 제출하고 이를 송달하였을 뿐이라 할 것이므로, 당해 공무원들에게 고의 또는 과실이 있다 할 수 없어 대한민국의 청구인에 대한 손해배상책임은 성립되지 아니한다 할 것이다. 따라서 행정심판법 제27조가 헌법에 위반되는지 여부는 당해 소송사건의 재판, 즉 대한민국의 청구인에 대한 손해배상책임의 성립여부에 아무런 영향을 미치지 못하므로, 그 법률이 헌법에 위반되는지의 여부에 따라 당해 소송사건을 담당하는 법원이 다른 내용의 재판을 하게 되는 경우에 해당하지 않는다."고 판시하였다.

사례

⊙ 헌재 2010. 2. 25. 2008헌바67 : 청구인은 이 사건 법률조항[270]이 (항소심법원이) 원심법원에의 환송사유로 공소기각 또는 관할위반의 재판이 법률에 위반됨을 이유로 파기하는 경우만을 규정하고, 필요적 변호를 규정하고 있는 형사소송법 제282조에 위반됨을 이유로 원심판결을 파기하는 경우는 환송사유에 포함시키지 아니한 점의 위헌성, 즉 이 사건 법률조항의 불완전·불충분함을 다투는 취지로 이해된다. 또한 이 사건 법률조항은 소송절차에 관한 것으로서, 만일 필요적 변호를 규정하고 있는 형사소송법 제282조에 위반됨을 이유로 원심판결을 파기하는 경우를 환송사유에 포함시키지 아니한 이 사건 법률조항에 대하여 헌법불합치결정이 내려질 경우 입법자가 그 결정취지에 따라 개선입법을 행하게 되면 그 개정법률이 소급하여 당해사건에 적용되고, 그 결과 당해사건의 재판의 주문이 '상고기각'에서 '제1심법원에의 파기환송'으로 변경될 것이라는 점에서 재판의 전제성이 인정된다.

2) 재판의 내용과 효력에 관한 법률적 의미가 달라지는 경우

헌재 2004. 2. 26. 2002헌바90[271] 사건의 경우, 당해사건 법원은 "이 사건 위헌심판 제청신청의 본안사건은 청구인에 대한 지방교육자치에관한법률위반등의 형사사건이고, 청구인이 위헌이라고 주장하는 이 사건 법률조항은 지방교육자치에관한법률위반죄를 범함으로 인하여 징역형(집행유예형 포함) 또는 100만원 이상의 벌금형을 선고받아 그 형이 확정된 자에 대하여 일정기간 공무담임 등을

270) 형사소송법 제366조(원심법원에의 환송) 공소기각 또는 관할위반의 재판이 법률에 위반됨을 이유로 원심판결을 파기하는 때에는 판결로써 사건을 원심법원에 환송하여야 한다.

271) [사건개요] : 청구인은 2001. 6. 19. 실시된 대구시 교육감 선거에 출마하려던 자로서, 같은 해 5. 11. 공무원에게 뇌물제공의 의사표시를 하고 위 교육감 선거에 당선되기 위하여 사전선거운동을 하였다는 등의 범죄사실로 구속되어 (형법상) 뇌물공여의사표시죄와 지방교육자치에관한법률위반죄의 **경합범**으로 기소되었다.

제한한다는 것인바(동법 제164조),[272] 이 사건 법률조항은 본안사건에 대하여 선고한 형이 확정되면 그 이후에 공무담임 등을 제한하는 근거규정에 불과할 뿐이고, 본안사건에 적용될 처벌근거조항은 아니므로 위 조항의 위헌여부가 위 본안사건의 재판에 있어서 전제가 된다고 볼 수 없다."고 하여 위헌제청신청을 **각하**하였으나, 헌법재판소는 "살피건대 이 사건 법률조항이 직접적으로 청구인에 대한 형사처벌의 근거가 되는 조항은 아니다. 그러나 이 사건 법률조항은 '이 법에 규정된 죄(이하에서 '선거범'이라 한다)'를 범함으로 인하여 일정한 형량 이상으로 처벌받는 자에 대해 일정기간 공무담임 등을 제한함을 내용으로 하고 있으며, 선거범과 다른 죄가 형법 제37조 전단의 경합범일 때 그 형을 어떻게 선고할 것인지에 대하여는 따로 규정하지 아니하였다. 이는 법원이 위 경합범을 재판할 경우에 그 판결주문을 어떻게 정할 것인지 여부와 관련되어 있는 문제라고 할 것이다. 즉, 이 사건 법률조항의 위헌여부에 따라서 법원이 단지 ①형법상의 경합범 처리의 일반원칙에 따라 형을 선고하든지, ②선거법위반의 점에 대한 형량을 분명히 할 필요성을 인정하여 판결을 선고할 때 주문에서 선거법위반의 점에 대한 형을 따로 표시하든지, 아니면 ③이유에서 선거범에 해당하는 형을 특정하여 줄 것인지 등이 성하여질 것이다. 이 중 어느 방법에 의할 것인지 여부에 따라 청구인에 대한 형사재판의 방법과 그 판결주문의 내용이 달라질 수 있다고 할 것이고, 나아가 이 사건 법률조항의 위헌여부에 따라 청구인의 공무담임의 제한에 관한 이 사건 판결의 법률적 의미도 달라진다. 따라서 이 사건 법률조항은 당해사건에 있어서 재판의 전제성을 가진다."고 판시하였다.[273]

---

272) [청구이유] : "이 사건 법률조항은 검사가 지방교육자치에관한법률위반죄와 다른 범죄를 경합범으로 기소하는 경우 그 피고인을 지방교육자치에관한법률위반죄만으로 기소되는 경우에 비하여 공무담임의 면에서 현저하게 불리하게 처리되도록 하여 신분상 차이가 발생하도록 규정하고 있으며, 나아가 공직선거및선거부정방지법이 적용되는 선거에 출마한 자의 경우 동법상 선거범죄에 대해서는 따로 형을 정하도록 규정되어 있는 점에 비교하여 보아도 현저하게 불리한 처리를 하는 것으로서 결국 합리적 이유 없이 위 피고인을 차별하는 조항이므로 평등의 원칙에 위배된다. 또한 위 조항이 위 경합범으로 기소된 경우에 공직선거및선거부정방지법 제18조 제3항과 같이 형을 분리하여 선고하도록 정하고 있지 아니한 것은 내용상 불충분한 입법으로서 국민의 공무담임권 등을 침해하여 위헌이다."

273) 헌법재판소는 이 사건에서 (6:3의 의견으로) "지방교육자치에관한법률 제164조는 헌법에 위반되지 아니한다."는 합헌결정을 선고하였다. 그 후 입법자는 2006. 12. 20. 법률 제8069호로 동법을 전부개정하면서 제22조(교육감의 선출) 제3항에서 "교육감 선거에 관하여 이

사례

⊙ 헌재 2018. 2. 22. 2016헌바370 : 당선무효조항[274]은 당해사건의 재판에 적용되는 것도 아니고, 당선무효조항이 헌법에 위반되는지의 여부에 따라 당해사건을 담당한 법원이 다른 내용의 재판을 하게 되는 경우에 해당하지도 아니한다. 왜냐하면 당선무효조항은 당해사건의 결론이나 주문에 영향을 미치는 것이 아니라 당해사건의 결론이나 주문에 의하여 비로소 영향을 받는 것이며, 재판의 내용과 효력을 형성함에 있어 관련된 것이 아니라 별도의 구성요건(당선인이 해당 선거에 있어 기부행위처벌조항에 해당하는 죄 등을 범함으로 인하여 징역형 또는 100만 원 이상의 벌금형 선고를 받은 때)에 의해서 비로소 형성되는 법률적 효과를 규정한 것이기 때문이다. (…) 설령 당선무효조항이 분리선고 규정을 두지 않은 점의 위헌성이 인정된다고 하더라도 청구인은 기부행위처벌조항, 즉 선거범죄로만 재판을 받고 있을 뿐 기부행위처벌조항에 다른 죄가 병합되어 경합범으로 재판을 받고 있는 경우가 아니므로, 당선무효조항은 당해사건에 적용되는 것이 아닐 뿐만 아니라 그 위헌여부에 따라 당해 사건 법원이 다른 내용의 재판을 하게 되는 경우도 아니다. 따라서 이 부분 심판청구는 재판의 전제성 요건을 충족하지 못한다.

(라) 기타

1) 쟁송기간이 경과한 후에 행정처분의 근거법률의 위헌을 다투는 경우

가) 헌법재판소는 초창기인 1990. 11. 19. 선고한 90헌가48[275] 사건에서 (전

법에 정한 것을 제외하고는 그 성질에 반하지 않는 범위 안에서 「공직선거법」의 시·도지사선거에 관한 규정을 준용한다."고 규정하였고, 2010. 2. 26. 법률 제10046호 (일부)개정법 제22조(교육감의 선거)는 "교육감의 선거에 관하여는 제6장에서 따로 정한다."고 규정하고, 제6장의 제49조(「공직선거법」의 준용) 제1항에서 교육감선거에서 공직선거법 제18조 제3항을 준용하고 있다.

274) 농업협동조합 조합장 선거와 관련하여 당선인이 조합장 재임 중 기부행위를 하여 징역형 또는 100만 원 이상의 벌금형을 선고받은 때 해당 선거의 당선을 무효로 하는 농업협동조합법(2012.6.1. 법률 제11454호로 개정된 것) 제173조 제1항 제1호 가운데 제172조 제1항 제3호 중 제50조의2 제6항 본문에 관한 부분, '공공단체등 위탁선거에 관한 법률'(2014.6.11. 법률 제12755호로 제정된 것) 제70조 제1호 가운데 제59조 중 제35조 제5항의 '농업협동조합법에 따른 조합장'에 관한 부분

275) [사건개요] : 제청신청인은 1986. 1. 11.부터 서울에서 개업하고 있던 변호사인데 같은 해 11. 19. 특정경제범죄가중처벌등에관한법률 위반죄로 부산지방법원에 기소되었고, 법무부장관은 같은 달 25. 이를 이유로 변호사법 제15조에 의하여 제청신청인에 대하여 변호사의 업무정지를 명하는 처분을 하였다. 제청신청인은 서울고등법원에 법무부장관을 상대로 위 변호사 업무정지처분의 무효확인 청구소송을 제기하였고(서울고등법원 90구2057), 그 사건에서 위 법원은 제청신청인의 신청을 받아들여 1990. 3. 20. 헌법재판소에 위 업무

원일치로), 행정처분의 쟁송기간을 경과한 후 그 행정처분의 근거법률이 위헌임을 이유로 무효확인 청구소송을 제기한 사례에서 재판의 전제성 충족여부에 관한 명시적인 검토 없이 본안판단한 끝에 위헌결정을 선고하였다.[276)]

한편 1994. 6. 30. 선고한 92헌바23 사건에서는(재판관 5인의 다수의견), "행정처분 자체의 효력이 쟁송기간 경과후에도 존속중인 경우, 특히 그 처분이 위헌법률에 근거하여 내려진 것이고 그 행정처분의 목적달성을 위하여서는 후행 행정처분이 필요한데 후행 행정처분은 아직 이루어지지 않은 경우, 그 행정처분을 무효로 하더라도 법적안정성을 크게 해치지 않는 반면에 그 하자가 중대하여 그 구제가 필요한 경우에 대하여는 그 예외를 인정하여 이를 당연무효사유로 보아서 쟁송기간 경과 후에라도 무효확인을 구할 수 있는 것이라고 보아야 할 것이다. (당시의) 학설상으로도 '중대명백설' 외에, 중대한 하자가 있기만 하면 그것이 명백하지 않더라도 무효라고 하는 '중대설'도 주장되고 있고, 대법원의 판례로도 반드시 하자가 중대명백한 경우에만 행정처분의 무효가 인정된다고는 속단할 수 없기 때문이다. (…) 위헌법률에 근거한 행정처분이라 할지라도 그것이 당연무효는 아니라고 보는 가장 기본적인 논리는 그 하자가 명백한가의 여부를 제쳐놓더라도 이 경우를 무효라고 본다면 법적안정성을 해칠 우려가 크다는 데 있는 것이므로, 그 우려가 적은 경우에까지 확장하는 것은 온당하지 못하다고 할 것이며 그 경우에는 마땅히 그 예외가 인정되어야 할 것이다. (…) 행정처분의 근거법규가 추후 헌법재판소에 의하여 위헌으로 선고된 경우 그 하자를 행정처분의 무효사유라고 볼 것인가 단순 취소사유로 볼 것인가에 관하여서도 아직까지 대법원의 판례가 확립되어 있다고는 보여지지 아니하므로 그러한 상황에서는 대법원에서 이를 무효사유로 볼 가능성이 없지 않다는 점에서 헌법재판소로서는 일응 재판의 전제성을 인정하여 근거법규의 위헌여부에 대하여 판단하여 주는 것이 바람직한 재판태도라고 할 것이다."라고 판시하였다(**법익형량설**).[277)][278)]

정지처분의 근거가 된 위 변호사법 제15조의 위헌여부의 심판을 제청하였다.

276) 〈주문〉 : "변호사법(1982.12.31. 법률 제3594호) 제15조는 헌법에 위반된다."

277) 이에 대하여는 "위헌인 법률에 근거한 행정처분의 당사자 또는 법적 이해관계인에게는 법령상 인정된 불복기간 내에 적법한 소송을 제기하여 그 절차 내에서 그 행정처분의 근거가 된 법률 또는 법률조항의 위헌여부를 다툴 수 있도록 보장하고, 불복기간의 경과 등 그 처분에 대하여 더 이상 다툴 수 없게 된 때에는 비록 위헌인 법률에 근거한 행정처분이라 하더라도 되도록 그 효력을 유지하도록 함으로써, 다 같이 헌법상 지켜져야 할 가치인 법적안정성과 개인의 권리구제를 조화시킴이 바람직한 길이라 할 것이다. 청구인이 서

나) 그 후 대법원은 1995. 7. 11. 선고한 94누4615 건설업영업정지처분무효확인 사건[279]에 대한 전원합의체 판결에서 대법관 10:2의 의견으로 '**중대명백설**'을 채택하였다. 즉 다수의견은, "하자 있는 행정처분이 당연무효가 되기 위하여는 그 하자가 법규의 중요한 부분을 위반한 중대한 것으로서 객관적으로 명백한 것이어야 하며, 하자가 중대하고 명백한 것인지 여부를 판별함에 있어서는 그 법규의 목적·의미·기능 등을 목적론적으로 고찰함과 동시에 구체적 사안 자체의 특수성에 관하여도 합리적으로 고찰함을 요한다."고 판시하였다.[280] 이어서 대법원은 1996. 2. 9. 선고 95누4414 판결, 1996. 11. 12. 선고 96누1221 판결, 1997. 6. 19. 선고 95누8669 판결[281] 등에서 중대명백설을 취하였다.

울고등법원에 제소한 물적 납세의무 부과처분과 압류처분의 각 무효확인청구는 청구인이 위 소송을 제기하기 이전에 이미 그 효력을 다툴 수 있는 출소기간이 모두 도과된 것으로 인정되는데, 위 각 처분의 근거가 된 법률조항이 비록 위헌인 것이라고 하더라도 위 법률조항에 따른 처분이라는 사유만으로 그 처분이 당연무효가 되는 것으로 볼 수 없다. 그러므로 위 법률조항의 위헌여부는 관련사건인 '압류처분등 무효확인' 사건의 결론인 주문을 달리하게 할 수 없다 할 것이므로 위 법률조항의 위헌여부가 관련사건의 재판의 전제가 된다고 할 수 없다."는 재판관 4인의 반대의견(**중대명백설**)이 있다

278) 〈주문〉: "구 국세기본법(1990.12.31. 법률 제4277호로 개정되기 전의 것) 제42조 제1항 단서 중 '으로부터 1년'이라는 부분은 이 사건에 있어서 헌법에 위반된다고 선언할 수 없다." [이와 같은 소위 "위헌불선언" 주문은 헌재 1996. 2. 16. 96헌가2등 결정에서부터 "합헌" 주문으로 변경되었다.]

279) 다만, 이 사건은 '행정처분 근거법률의 위헌성'은 쟁점이 아니었다.

280) 이에 대하여 대법관 2인의 반대의견은 "행정행위의 무효사유를 판단하는 기준으로서의 '명백성'은 행정처분의 법적안정성 확보를 통하여 행정의 원활한 수행을 도모하는 한편, 그 행정처분을 유효한 것으로 믿은 제3자나 공공의 신뢰를 보호하여야 할 필요가 있는 경우에 보충적으로 요구되는 것으로서, 그와 같은 필요가 없거나 하자가 워낙 중대하여 그와 같은 필요에 비하여 처분 상대방의 권익을 구제하고 위법한 결과를 시정할 필요가 훨씬 더 큰 경우라면, 그 하자가 명백하지 않더라도 그와 같이 중대한 하자를 가진 행정처분은 당연무효라고 보아야 한다."고 하였고, 이를 학설은 '**명백성보충(요건)설**'이라고 부른다. 대법원이 신고납부방식의 취득세 납세의무자의 신고행위에 대하여 명백성보충설의 입장에서 판시한 사례가 있다. [대법원 2009.2.12. 선고 2008두11716 판결 : "취득세 신고행위는 납세의무자와 과세관청 사이에 이루어지는 것으로서 취득세 신고행위의 존재를 신뢰하는 제3자의 보호가 특별히 문제되지 않아 그 신고행위를 당연무효로 보더라도 법적안정성이 크게 저해되지 않는 반면, 과세요건 등에 관한 중대한 하자가 있고 그 법적 구제수단이 국세에 비하여 상대적으로 미비함에도 위법한 결과를 시정하지 않고 납세의무자에게 그 신고행위로 인한 불이익을 감수시키는 것이 과세행정의 안정과 그 원활한 운영의 요청을 참작하더라도 납세의무자의 권익구제 등의 측면에서 현저하게 부당하다고 볼 만한 특별한 사정이 있는 때에는, 예외적으로 이와 같은 하자 있는 신고행위가 당연무효라고 함이 타당하다."]

사례

⊙ 대법원 1998. 4. 10. 선고 96다52359 판결[282] : 헌법재판소가 1994. 6. 30. 선고 92헌가18[283] 위헌제청사건에서 구 국가보위에관한특별조치법 제5조 제4항이 헌법에 위반된다는 결정을 선고하였으므로 위 법률조항은 그 효력을 상실하였다고 할 것이고, 따라서 위 법률조항에 기한 특별조치령 및 그에 기한 1976. 6. 7.자 이 사건 토지에 대한 수용처분 역시 헌법에 위반되어 위법하다고 할 것이나, 하자있는 행정처분이 당연무효가 되기 위하여는 그 하자가 중대할 뿐만 아니라 명백한 것이어야 하는데, 일반적으로 국회에서 헌법과 법률이 정한 절차에 의하여 제정·공포된 법률이 헌법에 위반된다는 사정은 헌법재판소의 위헌결정이 있기 전에는 객관적으로 명백한 것이라고 할 수는 없으므로, 특별한 사정이 없는 한 이러한 하자는 행정처분의 취소사유에 해당할 뿐 당연무효사유는 아니라 할 것이며, 따라서 위 위헌결정이 있기 전에 행하여진 위 토지에 대한 수용처분이 구 특별조치법과 이에 기한 특별조치령에 근거하여 행하여졌다는 이유만으로는 그 하자가 중대하고 명백하여 당연무효라고 보기는 어렵다.

그 후에도 대법원은 1999. 5. 28. 선고 97누16329 판결, 2000. 6. 9. 선고 2000다16329 판결, 2000. 9. 5. 선고 99두9889 판결, 2000. 10. 13. 선고 99두653 판결, 2001. 12. 11. 선고 99두1823 판결 등에서 중대명백설을 취하고 있으므로, 이제는 대법원의 판례가 확립되어 있다고 볼 수 있을 것이다.

다) 위 대법원 1995. 7. 11. 선고 94누4615 전원합의체 판결이후, 헌법재판소는 1999. 9. 16. 선고한 92헌바9 사건[284]에서 (재판관 전원일치의 의견으로) "원칙적으로 행정처분의 근거가 된 법률이 헌법재판소에서 위헌으로 선고된다고 하

281) 이들 사건도 행정처분 근거법률의 위헌성은 쟁점이 아니었다.

282) 헌법재판소가 위헌결정을 한 1994. 6. 30. 당시 이 사건의 제1심은 부산지방법원 동부지원에 (1993.2.11. 접수되어) 93가단2591호(소유권이전등기말소등)로 계속중이었다.

283) 당해사건은 서울민사지방법원 92나16620 소유권이전등기말소 사건으로, 헌법재판소의 위헌결정 후인 1995. 5. 24. 원고승소 판결이 선고되었고, 피고(대한민국)가 상고하지 않아 그 무렵 확정되었다.
허완중, 전게논문(2016.8), 16면.

284) 당해사건은 서울고등법원 91구13207 국립공원지정처분무효확인 사건이었고, 헌법재판소의 이 결정 이전에 이미 상고심에서는 "이 사건과 같이 국립공원의 지정처분을 한 경우에 손실보상을 하도록 규정하지 아니한 자연공원법의 규정이 장차 헌법에 위반되는 것으로 결정될 것인지 여부와는 관계없이, 1983. 4. 2.에 한 이 사건 국립공원지정처분 그 자체가 당연무효라고 할 수는 없을 것"이라고 판시하였다.(대법원 1993.2.9. 선고 92누2271 판결)

더라도 그 전에 이미 집행이 종료된 행정처분이 당연무효가 되지는 않으므로, 행정처분에 대한 쟁송기간 내에 그 취소를 구하는 소를 제기한 경우는 별론으로 하고 쟁송기간이 경과한 후에는 행정처분의 근거법률이 위헌임을 이유로 무효확인소송 등을 제기하더라도 행정처분의 효력에는 영향이 없다. 그러므로 행정처분에 대한 쟁송기간이 경과된 후에 그 행정처분의 근거가 된 법률에 대한 위헌여부에 대한 심판청구를 한 경우에는, 당해사건을 담당하는 법원이 그 법률에 대한 위헌결정이 있는 경우 다른 내용의 재판을 할 예외적인 사정이 있는지 여부에 따라 재판의 전제성 유무가 달라지게 된다고 할 것인데, 그 법률에 대한 위헌결정이 행정처분의 효력에 영향을 미칠 여지가 없는 경우에는 그 법률의 위헌여부에 따라 당해사건에 대한 재판의 주문이 달라지거나 재판의 내용과 효력에 관한 법률적 의미가 달라질 수 없는 것이므로 재판의 전제성을 인정할 수 없게 된다."라고 판시하였다.[285]

라) 그런데 이와 같은 중대명백설에 기한 재판전제성 부인에 대하여 유력한 반대의견이 제시되었다.

즉, 헌재 2007. 10. 4. 2005헌바71[286] 결정에서[287] 조대현 재판관[288]은, "근거

285) 同旨, 헌재 2001. 9. 27. 2001헌바38, 공보 61, 930, 933.

286) [사건개요] : 서울특별시 강남구청장은 2003. 5. 12. 청구인이 이 사건 부동산을 '부동산 실권리자명의 등기에 관한 법률'(2002.3.30. 법률 제6683호로 개정된 것) 제11조 제1항에서 정한 실명등기 유예기간인 1996. 6. 30.까지 실명등기를 하지 않았다는 사유로 위 법률 제12조 제2항, 제5조, 위 법 시행령 제3조의2에 의하여 과징금 111,628,210원을 부과하는 처분을 하였다. 청구인은 이에 불복하여 2005. 1. 19. 서울특별시 강남구청장을 상대로 주위적으로 위 **처분의 무효확인**을, 예비적으로 위 처분의 취소를 구하는 행정소송(서울행정법원 2005구합2278)을 제기하고, 위 법률 제12조 제2항, 제5조 제1항, 제6항에 대하여 위헌법률심판제청신청을 하였으나, 위 법원은 2005. 6. 22. 청구인의 주위적 청구를 기각하고, 예비적 청구부분의 소를 각하하고, 청구인의 위헌법률심판제청신청을 기각하였다.

287) 헌법재판소(다수의견)는 "이 사건에서 당해사건의 주위적 청구는 행정처분에 대한 쟁송기간이 경과한 후에 무효확인소송을 제기한 것인바, 위 대법원 및 헌법재판소의 판례에 비추어 볼 때, 이 사건 법률조항들이 위헌이라고 섣불리 단정할 수 없을 뿐만 아니라, 설사 위헌이라고 하더라도 국회에서 헌법과 법률이 정한 절차에 의하여 제정·공포된 법률이 헌법에 위반된다는 사정은 헌법재판소의 위헌결정이 있기 전에는 객관적으로 명백한 것이라고 할 수는 없으므로, 특별한 사정이 없는 한 이러한 하자는 행정처분의 취소사유에 해당할 뿐 당연무효사유는 아니라 할 것이다. 따라서 이 사건 법률조항들의 위헌여부에 따라 당해사건의 주위적 청구와 관련하여 재판의 주문이 달라지거나 재판의 내용과 효력에 관한 법률적 의미가 달라지는 경우로 볼 수 없으므로, 이 사건 심판청구는 재판의 전제성 요건을 충족하지 아니하였다."고 판시하였다.

법률에 대한 위헌결정이 선고된 경우에, (구)헌법재판소법 제47조 제2항 본문의 제한으로 인하여 위헌결정 전에 이루어진 과징금부과처분이 소급하여 무효로 되지는 않는다고 하더라도 위헌결정으로 과징금부과처분의 근거법률이 사라진 이후에는 과징금부과처분이 장래에 향하여 무효로 되고, 위헌법률에 근거한 과징금부과처분이 확정되지 않은 경우에는 그 확정이 차단되며 과징금부과처분이 확정된 경우라도 그에 따른 강제징수 등의 후속처분은 허용되지 않는다고 보아야 한다.[289] 법률이 위헌결정으로 실효된 경우에 그 법률에 근거한 처분의 효력을 계속 존속시키거나 실현시키는 것을 허용하면 위헌결정에 의하여 구체화된 **헌법의 최고규범력**과 **위헌결정의 기속력**을 무시하게 된다."고 하면서, 이 사건 법률조항들[290]에 대하여 위헌결정이 선고될 경우에 이 사건 법률조항들을 근거로 이루어진 과징금부과처분이 위헌결정이 있는 날부터 장래에 향하여 무효로 된다고 보면, 이 사건 법률조항들을 근거로 이루어진 과징금부과처분의 무효확인을 구하는 당해사건에서 이 사건 법률조항들의 위헌여부는 당연히 재판의 전제로 된다고 보아야 한다. 이 사건 법률조항들에 대하여 위헌결정이 있더라도 과징금부과처분이 처음부터 소급적으로 무효로 되는 것이 아니라 위헌결정 이후의 장래에 향하여 무효로 됨에 그친다고 하여 재판의 전제성을 부인할 수는 없다."고 하였으며,[291] 김종대 재판관은 "행정처분의 하자가 중대하고 명백한 경우에만 그 행정처분이 무효로 된다고 보는 이른바 '중대명백설'에 입각하여, 행정처분의 근거법률이 위헌으로 결정되는 경우에도 그 처분이 무효로 될 가능성을 부정하고 그 결과 그 처분의 근거법률에 대하여 재판의 전제성을 부인하는 견해는 법적안정성만을 지나치게 강조한 나머지, 모든 공권력의 행사는 헌법에 합치하여야 한다는 헌법의 기본이념인 법치주의를 무시하는 결과를 가져온다."고 하면서, "문제된 행정처분으로 인해 국민이 받게 되는 불이익은 심대한 반면 그 처분을 무효로 하더라도 법적안정성에 대한 침해의 정도는 그리 크지 않다고 판단되는

288) 2005. 7. 11.~2011. 7. 10. 재직.

289) 同旨, 남복현, "헌법재판소결정의 효력에 관한 쟁점 및 해결방안", 헌법재판소결정의 효력에 관한 연구 (헌법재판연구 제7권), 헌법재판소, 1996, 280-284면 참조.

290) '부동산 실권리자명의 등기에 관한 법률'(2002.3.30. 법률 제6683호로 개정된 것) 제5조 제1항 제1호 부분, 제12조 2항 중 제5조 제1항 제1호를 적용하는 부분.

291) 또한, 헌재 2010. 9. 30. 2009헌바101, 공보 168, 1667, 1670-1671, 재판관 조대현의 반대의견 참조.

사안이라면, 법원은 그 처분의 근거법률이 위헌으로 결정되는 경우에 그 처분을 무효라고 판단할 수도 있을 것이므로, 결국 근거법률의 위헌결정으로 인해 그 처분이 무효로 될 것인지 여부는 궁극적으로 당해사건을 담당한 법원이 판단할 사항이다. 그렇다면 헌법재판소로서는 행정처분의 근거가 된 법률의 위헌 여부가 그 처분의 무효확인을 구하는 당해사건에 대하여 재판의 전제성이 인정되는지 여부를 판단함에 있어서, 행정처분의 무효사유에 관해 제시되는 여러 기준 가운데 하나로 제시되는 이른바 '중대명백설'을 들어 전면적으로 부정할 것이 아니라, 특별한 사정이 없는 한 궁극적인 무효여부는 당해법원의 판단에 맡기고 일응 재판의 전제성을 인정하여 본안판단에 나아가야 할 것이다."(법익형량설)[292)]라고 하였다.[293)]

한편, 제5기 재판부에서 내린 헌재 2014. 1. 28. 2010헌바251 결정에서도 재판관 5인의 다수의견은 위와 같은 경우에 재판의 전제성을 부인하였으나(중대명백설),[294)] 재판관 4인은 "행정처분의 하자가 무효사유인지 취소사유인지를 가리는 것은 구체적인 사실관계를 토대로 그 처분의 근거가 되는 법률의 목적과 기능 등을 고려하여 이를 법적으로 평가하여 내리는 판단으로서, 이에 관한 법원의 판단 이전에 헌법재판소가 재판의 전제성을 판단하면서 행정처분의 무효여부를 논리적·가정적으로 단정하여 판단할 수는 없다. 따라서 행정처분에 대한 무효확인소송이나 그 효력유무를 선결문제로 하는 민사소송에서 행정처분의 근거법률이 위헌이 될 경우, 그 행정처분이 무효가 될 가능성이 상존하므로, 그 처분에 대한 취소소송의 제소기간이 지났는지 여부와는 상관없이 당해사건 재판의 주문이 달라지거나 그 내용과 효력에 관한 법률적 의미가 달라질 여지가 없음이 명백하다고 볼 수는 없어 행정처분의 근거법률의 위헌여부는 재판의 전제가 된다고 보아야 한다."는 반대의견을 제시하였다(법익형량설).[295)]

---

292) 이를 "구체적 가치형량설"이라고 부르는 견해로, 허완중, 전게논문(2016.8), 40면.

293) 또한, 헌재 2010. 9. 30. 2009헌바101, 공보 168, 1667, 1672, 재판관 김종대의 반대의견 참조.

294) 同旨, 헌재 2014. 1. 28. 2011헌바38, 공보 208, 286 이하.

295) 이에 대하여 조용호 재판관은 다수의견에 대한 보충의견에서, "위헌법률에 근거한 행정처분이 법원에서 무효로 인정되는 것은 매우 예외적인 경우에 한정됨에도 불구하고 그 근거법률에 대하여 일반적으로 재판의 전제성을 인정할 경우, 위헌법률에 근거한 행정처분의 효력에 대한 법적 불확실성의 부담이 커지고, 현행 행정법 체계의 근간을 뒤흔들 우려가 있으며, 위헌결정의 효력을 장래에 미치도록 규정한 헌법재판소법 제47조 제2항의 취지에

마) 한편 선행처분과 후행처분이 따로 있는 경우에는 어떨까?

헌법재판소는 헌재 2004. 1. 29. 2002헌바73[296] 사건에서 (전원일치의 의견으로), 이미 쟁송기간이 도과하여 불가쟁력이 발생한 선행의 부담금 부과처분 근거법률의 위헌여부는 후행 압류처분의 취소를 구하는 당해소송(울산지방법원 2001구3566 압류처분취소)에서 재판의 전제성이 없다고 판시하였다.[297]

반하고, 행정행위의 불가쟁력을 무의미하게 만든다."며 위 반대의견을 비판하였다.

296) [사건개요] : 청구인은 울산 북구 진장동, 명촌동 일대에 대한 토지구획정리사업을 시행하기 위하여 설립된 조합으로서, 1999. 1. 29. 위 지역에 대한 토지구획정리사업공사를 착공하여 현재 위 공사를 진행 중에 있다. 울산광역시 북구청장(이하 '처분청'이라 한다)은 1999. 7. 15. 청구인에게 농지조성비 8,597,974,320원, 농지전용부담금 11,865,814,090원의 **부과처분**을 하였고, 다시 2000. 5. 15. 청구인에게 하수도원인자부담금 5,731,776,900원의 **부과처분**을 하였다. 청구인이 위 농지조성비, 농지전용부담금 및 하수도원인자부담금을 체납하자 처분청은 진장명촌토지구획정리지구 체비지 목록대장 38필지 47,171.1㎡에 대하여 2000. 8. 30.부터 2002. 1. 24. 까지 3차례의 압류처분을 하였다. 이에 청구인은 울산지방법원에 처분청을 상대로 **압류처분취소소송**을 제기하고, 위 재판계속 중 위 각 부과처분의 근거가 된 구 농지법 제40조, 구 농어촌발전특별조치법 제45조의2, 구 하수도법 제32조가 헌법에 위반된다고 주장하면서 위헌법률심판제청을 신청하였으나, 위 법원은 2002. 8. 14. 위 압류처분취소소송을 기각함과 동시에 위 위헌법률심판제청신청도 각하하였다. 이에 청구인은 2002. 8. 27. 헌법재판소법 제68조 제2항에 따라 이 사건 헌법소원심판을 청구하였다.

297) "청구인은 설사 부과처분이 당연무효가 아니라고 하더라도 이 사건 심판대상인 법률조항에 대하여 위헌결정이 있게 되면 그 후속처분을 속행할 수는 없으며 압류처분을 해제하여야 한다는 점에서도 재판의 전제성이 있다고 주장한다. 살피건대, 청구인이 주장하는 바와 같이 만약 이 사건 심판대상인 법률조항에 대한 위헌결정이 선고되고, 법원이 '구 택지소유상한에관한법률에 대한 위헌결정 이후의 후행절차의 속행을 불허하는 법리'를 다른 법률에 관하여도 적용할 수 있다는 견해를 취할 것이라고 가정한다면, 위헌결정의 기속력으로 인해 행정청은 이후 별도의 행정처분인 체납절차를 진행할 수 없으므로 이 사건 압류를 해제해야 할 것이고, 해제신청을 거부하는 경우 청구인은 압류해제거부처분취소의 소를 제기할 수는 있을 것이다(대법원 2002.8.23. 선고 2001두2959 판결; 대법원 2003.9.2. 선고 2003다14348 판결 등 참조). 그러나 이 사건 당해소송에서는, 위헌결정으로 인한 압류해제사유가 있다 하여 법원이 막바로 이미 불가쟁력이 발생한 선행의 압류처분을 취소할 수는 없다고 할 것이고, 압류와 압류해제거부는 독립된 행정처분이므로 **압류취소**의 소를 위헌결정 후에 **압류해제거부처분취소**의 소로 변경하는 것도 청구의 기초에 변경이 있어 허용되지 아니한다(대법원 1979.5.22. 선고 79누37 판결 참조). 그렇다면 어느 모로 보나 이미 쟁송기간이 도과하여 불가쟁력이 발생한 이 사건 각 부과처분의 근거법률의 위헌여부는 후행 압류처분의 취소를 구하는 당해소송에서 재판의 전제성이 없다고 할 것이다."

사례

⊙ 헌재 2010. 12. 28. 2009헌바429[298] : 두 개 이상의 행정처분이 연속적으로 행하여지는 경우 선행처분과 후행처분이 서로 결합하여 1개의 법률효과를 완성하는 때에는 선행처분에 하자가 있으면 그 하자는 후행처분에 승계되므로, 선행처분에 불가쟁력이 생겨 그 효력을 다툴 수 없게 된 경우에도 선행처분의 하자를 이유로 후행처분의 효력을 다툴 수 있는 반면, 선행처분과 후행처분이 서로 독립하여 별개의 법률효과를 목적으로 하는 때에는 선행처분에 불가쟁력이 생겨 그 효력을 다툴 수 없게 된 경우에는 선행처분의 하자가 중대하고 명백하여 당연무효인 경우를 제외하고는 선행처분의 하자를 이유로 후행처분의 효력을 다툴 수 없는 것이 원칙이다(대법원 2005. 4. 15. 선고 2004두14915 판결; 대법원 2009. 4. 23. 선고 2007두13159 판결 등 참조).[299] 어느 경우에 선행처분과 후행처분이 서로 결합하여 1개의 법률효과를 완성하는 것으로 보아 선행처분의 하자가 후행처분에 승계되는 것으로 볼 것인지 여부는 구체적 사안에 따라 판단하여야 할 것이다. 다만, 대법원은 도시계획결정 및 사업시행인가단계와 수용재결 단계(대법원 1990. 1. 23. 선고 87누947 판결), 택지개발예정지구지정과 시행자에 대한 택지개발계획의 승인(대법원 1996. 3. 22. 선고 95누10075 판결), 택지개발예정지구의 지정과 택지개발계획의 승인, 그리고 이에 기한 수용재결(대법원 1996. 12. 6. 선고 95누8409 판결), 사업시행자지정처분과 도로구역결정처분(대법원 2009. 4. 23. 선고 2007두13159 판결) 등의 사례에서 각각 **하자의 승계를 부정**하고 있다. 위 대법원 판례들의 취지에 비추어 볼 때 도시관리계획의 결정 및 고시, 사업시행자지정고시, 사업실시계획인가고시, 수용재결 등의 순서로 진행되는 도시계획시설사업의 경우, 위 각각의 처분은 이전의 처분을

---

298) [사건개요] : (1)○○예건 주식회사는 울산 남구 신정동 일대 지상에 주택건설사업을 시행하기 위하여 2006. 9. 27. 울산광역시 남구청장에게 주택건설사업계획승인신청을 하여, 2007. 7. 10. 주택건설사업계획승인을 받았다. (2)위 회사는 2008. 4. 14. 위 건축예정 주택 주변의 기반시설 설치를 위하여 청구인들 소유의 토지가 사업부지로 편입되는 도시계획시설사업 시행자지정 및 실시계획인가 신청을 하였고, 울산광역시 남구청장은 2008. 4. 24. 위 회사를 시행자로 하는 도시계획시설사업 시행자지정고시처분을 한 후, 2008. 5. 22. 도시계획시설사업 실시계획인가고시처분을 하였다. (3)청구인들은 2009. 1. 5. 위 **인가고시처분의 취소**를 구하는 행정소송(울산지방법원 2009구합21)을 제기하였고, 그 소송계속 중 위 **사업시행자지정고시처분**의 근거조항인 '국토의 계획 및 이용에 관한 법률' 제86조 제5항 등이 청구인들의 재산권을 침해한다고 주장하며 위헌법률심판제청신청을 하였으나 2009. 12. 2. 기각되자 같은 달 30. 이 사건 헌법소원심판을 청구하였다.

299) 그러나 선행처분과 후행처분이 서로 독립하여 별개의 효과를 목적으로 하는 경우에도 선행처분의 불가쟁력이나 구속력이 그로 인하여 불이익을 입게 되는 자에게 수인한도를 넘는 가혹함을 가져오며, 그 결과가 당사자에게 예측가능한 것이 아닌 경우에는, 국민의 재판받을 권리를 보장하고 있는 헌법의 이념에 비추어 선행처분의 후행처분에 대한 구속력은 인정될 수 없다.(대법원 2013.3.14. 선고 2012두6964 판결)

전제로 한 것이기는 하나, 단계적으로 별개의 법률효과가 발생되는 독립한 행정처분이어서 선행처분인 이 사건 사업시행자지정고시처분에 불가쟁력이 생겨 그 효력을 다툴 수 없게 되었다면, 그 처분에 하자가 있다고 하더라도 그것이 당연무효의 사유가 아닌 한 후행처분인 이 사건 인가고시처분에 승계되는 것은 아니라고 할 것이다. 그렇다면, 이 사건 법률조항의 위헌여부에 따라 당해사건 재판의 주문이 달라지거나 재판의 내용과 효력에 관한 법률적 의미가 달라지는 경우로 볼 수 없으므로, 이 사건 심판청구는 재판의 전제성 요건을 충족하지 아니하였다.[300]

그런데 대법원은 2012. 2. 16. 선고한 2010두10907 (압류등처분무효확인) 사건에서 대법관 10:3의 의견으로, "구 헌법재판소법(2011. 4. 5. 법률 제10546호로 개정되기 전의 것) 제47조 제1항은 '법률의 위헌결정은 법원 기타 국가기관 및 지방자치단체를 기속한다'고 규정하고 있는데, 이러한 위헌결정의 기속력과 헌법을 최고규범으로 하는 법질서의 체계적 요청에 비추어 국가기관 및 지방자치단체는 위헌으로 선언된 법률규정에 근거하여 새로운 행정처분을 할 수 없음은 물론이고, 위헌결정 전에 이미 형성된 법률관계에 기한 후속처분이라도 그것이 새로운 위헌적 법률관계를 생성·확대하는 경우라면 이를 허용할 수 없다"고 봄이 타당하다.[301] 따라서 조세부과(1997. 10. 22.)의 근거가 되었던 법률규정이 위헌으로 선언

300) 이에 대하여는, "이 사건 법률조항이 헌법재판소에 의하여 위헌이라고 결정되면 이 사건 법률조항을 근거로 하여 민간기업을 도시계획시설사업자로 지정한 처분도 그 위헌결정이 있는 날부터 무효로 되고, 그 지정처분이 무효로 된 이후에는 도시계획시설 사업시행자로 지정된 민간기업은 더 이상 도시계획시설사업을 추진할 수 없으며 그의 실시계획을 인가하는 처분도 허용되지 않는다고 보아야 할 것이다. 따라서 이 사건 법률조항의 위헌여부는 이 사건 도시계획시설사업 실시계획 인가처분의 효력을 다투는 당해사건 재판에서 재판의 전제가 된다."는 취지의 **조대현** 재판관의 반대의견과, "행정처분의 근거법률에 대한 위헌결정이 있는 경우 그 행정처분이 무효가 될 것인지 여부 및 행정처분의 취소사유인 하자가 그 후행처분에 승계될 것인지 여부는 당해사건을 담당하는 법원이 판단할 사항이므로, 헌법재판소로서는 쟁송기간이 경과하여 불가쟁력이 발생한 행정처분의 근거법률의 위헌여부가 그 후행처분의 취소를 구하는 당해사건에 대하여 재판의 전제성이 인정되는지를 판단함에 있어 일응 재판의 전제성을 인정하여 본안판단에 나아가야 할 것이다."라는 취지의 **김종대** 재판관의 반대의견이 있다.

301) 참고로, 독일연방헌법재판소법 제79조(재판의 효력)는 제1항에서 "기본법에 합치하지 아니한다거나 제78조(재판)에 의하여 무효라고 선언된 규범 또는 연방헌법재판소에 의하여 기본법과 합치하지 아니하는 것으로 선언된 규범의 해석에 근거한 형사확정 재판에 대하여는 형사소송법의 규정에 의한 재심절차가 허용된다."고 규정하고, 제2항은 "그 밖의 경우에는 제95조 제2항(**재판소원** 및 **처분소원**이 인용된 경우)의 규정 또는 법률에 특별한 규정이 있는 경우를 제외하고 제78조에 의하여 무효라고 선언된 규범에 근거한 더 이상

된(1998. 5. 28.)[302] 경우, 비록 그에 기한 **과세처분**이 위헌결정 전에 이루어졌고 그 과세처분에 대한 제소기간이 이미 경과하여 조세채권이 확정되었으며 그 조세채권의 집행을 위한 **체납처분**의 근거규정 자체에 대하여는 따로 위헌결정이 내려진 바 없다고 하더라도, 위와 같은 위헌결정 이후에 조세채권의 집행을 위한 새로운 체납처분에 **착수**하거나 이를 **속행**하는 것은 더 이상 허용되지 않고, 나아가 이러한 위헌결정의 효력에 위배하여 이루어진 체납처분(2005. 10. 11.)은 그 사유만으로 하자가 중대하고 객관적으로 명백하여 당연무효라고 보아야 한다."고 판시하였다.[303]

따라서 앞으로는 선행처분의 쟁송기간이 경과하여 확정력(불가쟁력)이 발생하였다고 하더라도, 제소기간 내에 후행처분에 대한 취소소송 또는 무효확인소송을 제기하고 선행처분의 근거법률에 대하여 위헌법률심판 제청신청을 하는 경우 재판의 전제성을 인정하여야 할 것이다.[304]

취소할 수 없는 결정(처분)은 방해받지 아니한다. **이러한 결정(처분)에 근거한 집행은 허용되지 아니한다.** … 부당이득을 이유로 하는 청구는 불가능하다."고 규정하고 있다.

302) 헌재 1998. 5. 28. 97헌가13 : 「1. 국세기본법 제39조 제1항 제2호 '가목' 중 주주에 관한 부분은 "당해 법인의 발행주식총액의 100분의 51 이상의 주식에 관한 권리를 실질적으로 행사하는 자" 이외의 과점주주에 대하여 제2차 납세의무를 부담하게 하는 범위내에서 헌법에 위반된다. 2. 국세기본법 제39조 제1항 제2호 '다목 과 라목' 중 주주에 관한 부분은 모두 헌법에 위반된다.」

303) 이에 대하여 대법관 3인은, "첫째, 일정한 행정목적을 위하여 독립된 행위가 단계적으로 이루어진 경우 선행처분에 있어서의 당연무효 또는 부존재인 하자가 있는 때를 제외하고 선행처분의 하자가 후속처분에 당연히 승계된다고 할 수 없고, 둘째, 압류처분 등 체납처분은 과세처분과는 별개의 행정처분으로서 과세처분 근거규정이 직접 적용되지 않고 체납처분 관련규정이 적용될 뿐이므로 과세처분 근거규정에 대한 위헌결정의 기속력은 체납처분과는 무관하고 이에 미치지 않는다고 보아야 하며, 셋째, 독일의 경우에는 위헌결정에 소급효가 있음을 원칙으로 하나 위헌결정 당시 이미 확정된 법률관계에 대하여는 소급효가 미치지 않는 것으로 보되 위헌결정이 선고된 법률조항에 따른 집행행위를 할 수 없다는 취지의 명문의 규정(연방헌법재판소법 제79조 제2항 제2문)을 두고 있으나, 이와 같은 명문의 규정이 없는 우리나라에서는 이러한 해석론은 그대로 받아들이기 어렵다는 법리에 비추어 보면, 이 사건 과세처분에 당연무효사유가 없고 그 과세처분에 따른 후속 체납처분에 해당하는 이 사건 압류처분의 근거규정이 유효하게 존속하며 외국의 일부 입법례와 같이 위헌법률의 집행력을 배제하는 명문의 규정이 없는 이상, 이 사건 압류처분을 당연무효로 볼 수는 없다."는 취지의 반대의견을 제시하였다.

304) 그런데 헌재 2014. 3. 27. 2011헌바232 결정은, "행정처분의 근거법률이 헌법에 위반된다는 사정은 헌법재판소의 위헌결정이 있기 전에는 객관적으로 명백한 것이라고 할 수는 없으므로, 특별한 사정이 없는 한 그러한 하자는 행정처분의 취소사유에 해당할 뿐 당연무효사유는 아니다. 제소기간이 경과한 뒤에는 행정처분의 근거법률이 위헌임을 이유로

2) 전소의 기판력이 후소에 미치는 경우

① 전소가 취소소송인 경우

전소의 기판력 있는 법률효과가 후소인 당해사건의 선결문제로 되는 경우에는 재판의 전제성을 인정할 수 없다.

예컨대 대법원은 1993. 4. 27. 선고한 92누9777[305] 판결에서, "과세처분의 취소소송에서 청구가 기각된 확정판결의 기판력은 다시 그 과세처분의 무효확인을 구하는 소송에도 미치므로, 과세처분의 무효확인청구가 기판력에 저촉되는 경우에는 당사자의 주장이 없더라도 직권으로 이를 심리판단하여 청구를 기각하여야 하고, 그 과세처분의 근거 법조항이 위헌인지 여부는 재판의 전제가 될 수 없으므로 위헌제청신청이 있더라도 이를 기각[306]하여야 한다."고 판시하고, 이어서

무효확인소송 등을 제기하더라도 행정처분의 효력에는 영향이 없으며, 그 하자가 당연무효사유가 아닌 한 후행처분에 승계되는 것이 아니다. 따라서 처분의 근거가 된 법률조항의 위헌여부에 따라 당해사건 재판의 주문이 달라지거나 재판의 내용과 효력에 관한 법률적 의미가 달라지는 경우로 볼 수 없으므로 재판의 전제성이 인정되지 아니한다."고 하여, 선행처분의 제소기간이 경과한 후에 **선행처분**{'가평군수가 경기도시공사의 제안에 따라 2009.11.16. 한 가평 달전지구 도시개발구역 지정 및 시행자 결정 고시'(가평군고시 제2009-158호)}의 근거법률이 위헌임을 근거로 제기하는 '선행처분 무효확인' 소송뿐만 아니라 **후행처분**{'가평군수가 2010.12.14. 한 가평 달전지구 도시개발구역 개발계획 변경 결정의 고시'(가평군고시 제2010-144호) 및 '가평군수가 2011.3.14. 한 가평 달전지구 도시개발구역 실시계획 고시(가평군고시 제2011-21호)}의 제소기간 내에 선행처분의 근거법률이 위헌임을 이유로 '후행처분 취소'를 구하는 소송을 제기하더라도 재판의 전제성을 인정할 수 없다는 입장이다. [다만 이 결정에는, "행정처분의 하자가 무효사유인지 취소사유인지를 가리는 것은 최종적으로 법원의 몫이다. 법원의 이러한 본안판단 이전에 헌법재판소가 재판의 전제성을 판단하면서 행정처분의 하자가 무효사유인지 취소사유인지를 논리적·가정적으로 단정하여 판단할 수는 없다. 따라서 행정처분에 대한 무효확인소송에서 행정처분의 근거법률이 위헌이 될 경우 그 행정처분의 하자가 무효가 될 가능성이 상존하므로, 그 처분에 대한 취소소송의 제소기간이 지났는지 여부와는 상관없이 당해사건 재판의 주문이 달라지거나 그 내용과 효력에 관한 법률적 의미가 달라질 여지가 없음이 명백하다고 볼 수는 없어, 행정처분의 근거법률의 위헌여부는 재판의 전제가 된다고 보아야 한다."는 재판관 4인의 반대의견이 있다.]

305) [사건개요] : 이 사건은 헌법재판소가 서울고등법원(89구4842 증여세부과처분무효확인)의 위헌제청에 따라 본안판단을 하여 심판대상조항(상속세법 제29조의4 제2항)에 대하여 위헌결정을 선고하였으나(헌재 1992.2.25. 90헌가69), 서울고등법원은 1992. 5. 15. 선고한 위 판결의 이유에서 "헌법재판소가 상속세법 제29조의4 제2항이 헌법에 위반되는 결정을 하였다 하더라도 이 사건 부과처분 당시에 위 조항이 유효한 것으로 인식되어 이를 과세근거로 삼아왔다면, 이 사건 처분 당시 위 조항이 헌법에 위반되는 무효의 규정이라는 점을 인식하지 못한 하자는 중대하고 객관적으로 명백한 것이라고 볼 수 없다."(중대명백설)라고 하면서 원고의 청구를 기각하였다.

"다만, 원심이 어차피 원고의 청구를 기각한 결론에 있어서는 정당하다 할 것이므로 판결결과에는 영향이 없다."는 이유로 상고를 기각하였다.[307]

② 전소가 무효확인소송인 경우

전소가 무효확인소송이고 후소가 취소소송인 경우에도 기판력이 인정된다[308]는 이유로 재판의 전제성을 부인한 사례가 있다.

사례

⊙ 헌재 2011. 7. 28. 2009헌바24 : 청구인은 이미 서울특별시장을 상대로 하여 이 사건 재개발구역 **지정처분**이 이 사건 실효조항[309]에 의해 그 효력을 상실하였음을 이유로 이 사건 재개발구역 지정처분의 무효확인을 구하는 소를 제기하였다가 원고패소의 이 사건 확정판결[310]을 받았으므로, 이 사건 재개발구역 지정처분이 실효되지 아니하였다는 점에 대하여 기판력이 발생하였다. 그런데 전소의 기판력 있는 법률효과가 후소의 선결문제로 되는 때에는 후소는 전소의 기판력을 받게 되어 법원은 전소판결의 내용에 어긋나는 판단을 할 수 없는 것인데, 청구인은 이 사건 심판청구의 당해사건(서울행정법원 2008구합21768 도시환경정비사업시행인가처분취소)에서 종로구청장을 상대로 이 사건 **인가처분**의 취소를 구하면서 그 선행처분인 이 사건 재개발구역 지정처분이 실효되었다고 주장하고 있으므로, 이 사건 재개발구역 지정처분이 실효되었는지 여부는 당해사건에 있어서의 선결문제라고 할 것이다. 따라서 전소인 이 사건 확정판결의 기판력은 후소인 이 사건 심판청구의 당해사건에도 미치게 되므로, 청구인이 당해사건에서 이 사건 재개발구역 지정처분이 실효되었다고 주장하는 것은 이 사건 확정판결의 기판력에 저촉되어 허용될 수 없고, 이는 이 사건 확정판결의 피고(서울특별시장)와 당해사건의 피고(서울특별시 종로구청장)가 다르다고 하여 달리 볼 수 없다. 그렇다면, 청구인의 주장과 같이 이 사건 실효조항에 대응하는 규정 또는 그에 관한 경과규정을 두지 아니한 이 사건 각 부칙조항[311]

---

306) 정확한 표현으로는 "각하"하여야 할 것이다.

307) 同旨, 대법원 1987. 11. 10. 선고 86누491 판결; 대법원 1992. 12. 8. 선고 92누6891 판결; 대법원 1993. 4. 27. 선고 92누9777 판결; 대법원 1996. 6. 25. 선고 95누1880 판결; 대법원 2003. 5. 16. 2002두3669 판결 등.

308) 이에 대하여, 무효확인소송에서의 청구기각판결의 기판력은 취소소송에는 미치지 않는다는 견해가 있다. 처분의 취소사유에는 중대·명백한 하자에 한정되지 않기 때문이라는 것이다. 법원행정처, 법원실무제요(행정), 2016, 395면.

309) 구 도시재개발법(2002.12.30. 법률 제6852호로 폐지되기 전의 것) 제11조 제1항.

310) 서울행정법원 2006. 10. 13. 선고 2006구합37219 판결. [이 판결은 항소심(서울고등법원 2007.11.6. 선고 2007누9640 판결)과 상고심(대법원 2008.7.10. 선고 2007두25411 판결)을 거쳐 확정되었다.]

이 위헌이라고 하더라도 이 사건 확정판결의 기판력 때문에 당해사건에서 이 사건 재개발구역 지정처분이 실효되었다고 판단할 수 없고, 결국 이 사건 심판청구는 이 사건 각 부칙조항의 위헌여부에 따라 당해사건의 주문이 달라지거나 재판의 내용과 효력에 관한 법률적 의미가 달라지는 경우에 해당한다고 할 수 없으므로, 이 사건 심판청구는 재판의 전제성 요건을 갖추지 못하였다.

③ 전소의 기판력에 의하여 동일한 내용의 판결을 해야 하는 경우

사례

⊙ 헌재 2012. 11. 29. 2011헌바231[312)]: (법원 판결의) 기판력에 의하여 확정된 법률효과는 변론종결 후에 발생한 사유에 의하여 다시 다툴 수 있으나, 판결확정 후에 그 판결의 전제가 된 법률에 관한 위헌결정이 있는 경우는 이에 해당되지 아니한다(대법원 1995. 1. 24. 선고 94다28017 판결). 따라서 전소판결[313)]의 기판력 때문에 후소인 당해사건[314)]의 법원은 다시 동일한 내용의 판결을 하여야 하고, 결국 이 사건 법률조항의 위헌여부에 따라 당해사건의 주문이 달라지거나 재판의 내용과 효력에 관한 법률적 의미가 달라지는 경우에 해당한다고 할 수 없으므로, 이 사건 심판청구는 재판의 전제성 요건을 갖추지 못하였다.

3) 평등원칙 위반과 재판의 전제성

당해 소송절차에서의 원고를 평등원칙에 반하여 특정한 급부의 수혜대상으로부터 제외시키고 있는 법률규정의 경우에, 그 법률규정이 합헌으로 선언되는 경우뿐만 아니라 그 법률규정이 위헌이나 헌법불합치로 선언되는 경우에도 역시

311) 구 '도시 및 주거환경정비법'(2002.12.30. 법률 제6852호) 부칙 제2조, 제3조, 제5조 제2항.

312) [사건개요] : (1)청구인은 ○○제과 주식회사(이하 '○○제과'라 한다)의 이사로 있던 중, ○○제과와 신용보증기금의 1990. 11. 8. 및 1992. 10. 14. 신용보증약정 체결 시 ○○제과의 신용보증기금에 대한 채무를 연대보증하였다. (2)신용보증기금은 1996. 1. 16. ○○제과의 부도로 신용보증사고가 발생하자, 위 신용보증약정에 따라 ○○제과의 채무를 대위변제한 후, 구상금채권에 기하여 청구인 등을 상대로 구상금 청구의 소를 제기하여 2001. 10. 25. 승소판결을 선고받았고{서울지방법원 2001가단97781-1(분리)}, 위 판결은 그 무렵 확정되었다. (3)신용보증기금이 위 구상금채권의 시효중단을 위하여 2010. 9. 10. 청구인 등을 상대로 제기한 구상금 청구소송 계속 중(서울중앙지방법원 2010가단371016), 청구인은 민법 제414조, 제424조가 재산권 등을 침해한다며 위헌법률심판제청신청을 하였다가 기각되자, 2011. 9. 20. 이 사건 헌법소원심판을 청구하였다.

313) 서울지방법원 2001가단97781-1(분리) 사건을 말함.

314) 서울지방법원 2010가단371016 사건을 말함.

당해소송의 원고는 아무것도 요구할 수 없다. 이처럼 법률규정이 평등원칙에 위반된다는 의심이 있는 경우에 재판의 전제성이 있다고 볼 수 있는가 하는 문제가 제기된다.

사례

⊙ 헌재 1999. 7. 22. 98헌바14 : 청구인은 당해소송에서 심판대상조항[315]이 평등권, 재산권 등을 침해하여 위헌이라고 하여 이미 납부한 관리비의 반환을 청구하였는데, 심판대상조항이 청구인과 같은 경우를 관리비 반환대상에서 제외하는 것이 평등권 침해로써 위헌이라는 이유로 헌법불합치결정을 하고, 입법자가 그 결정취지에 따라 시혜대상을 확대하여 청구인과 같은 경우에도 관리비를 반환하도록 법을 개정할 경우, 법원은 당해사건에 관한 판결을 달리하여야 할 것이다. 따라서, 심판대상조항의 위헌여부는 당해사건 재판의 주문 또는 내용과 효력에 관한 법률적 의미에 영향을 미치는 것으로서 재판의 전제성이 있다. [전원일치 합헌]

4) 재심사건의 경우

당해사건이 재심사건인 경우, 심판대상조항이 '재심청구 자체의 적법여부에 대한 재판'에 적용되는 법률조항이 아니라 '본안사건에 대한 재판'에 적용될 법률조항이라면, '재심청구가 적법'하고 '재심의 사유가 인정'되는 경우에 한하여 재판의 전제성이 인정될 수 있다.[316] 심판대상조항이 '본안사건에 대한 재판'에 적용될 법률조항인 경우 당해사건의 재심청구가 부적법하거나[317] 재심사유가 인정되지 않으면 본안판단에 나아갈 수가 없고, 이 경우 심판대상조항은 본안재판에 적용될 수 없으므로, 그 위헌여부가 당해사건 재판의 주문을 달라지게 하거나 재판의 내용이나 효력에 관한 법률적 의미가 달라지게 하는데 아무런 영향을 미치지 못하기 때문이다.[318]

315) '공업배치 및 공장설립에 관한 법률 중 개정법률' 부칙 제3조.

316) 헌재 2000. 2. 24. 98헌바73 (당해사건: 대법원 97재그5 회사정리)

317) 민사사건의 경우 재심의 소가 적법하기 위해서는 ①재심당사자적격, ②재심의 대상적격, ③재심기간의 준수, ④재심의 이익 등 4가지 요건 이외에 법정 재심사유를 주장할 것(주장 자체의 정당성)과 보충성의 요건을 갖추어야 한다. 이시윤, 신민사소송법, 박영사, 2008, 814면.

318) 헌재 2007. 12. 27. 2006헌바73, 공보 135, 91, 92; 헌재 2018. 8. 30. 2017헌바87, 공보 263, 1433, 1436.

부인된 사례

⊙ 헌재 2007. 12. 27. 2006헌바73[319] : 당해사건에서 청구인은 2005. 7. 8. 재심대상 판결문을 송달받았으므로 재심대상판결에 판단유탈의 재심사유가 있었다면 그 때 판결문을 읽어 봄으로써 알았다고 할 것이고, 위 재심대상판결은 2005. 8. 8. 상고장각하명령으로 확정되었다. 그런데 청구인은 그 때로부터 30일이 도과하였음이 계산상 명백한 2005. 9. 16. 재심청구를 제기하였으므로, 위 재심청구는 재심기간을 도과한 후에 제기된 부적법한 청구라고 할 것이다. 결국 당해사건의 재심청구는 민사소송법 제456조 제1항이 정한 30일의 재심기간을 준수하지 않아 본안판단에 나아가지도 못한 채 부적법하여 각하될 것임이 명백하다. 따라서 이 사건 심판청구는 당해사건이 본안판단에 나아갈 경우에 해당하지 않아 심판대상조항의 위헌여부가 재판의 주문이나 그 내용과 효력에 관한 법률적 의미를 달라지게 하지 않으므로 재판의 전제성을 인정하기 어렵다. [구체적인 사건이 법원에 "적법하게" 계속중이어야 한다는 요건에 어긋남]

⊙ 헌재 2011. 2. 24. 2010헌바98[320] : '재심의 청구에 대한 심판'은 원판결에 재심사유가 있는지 여부만을 우선 결정하는 재판이다. 재심사유는 형사소송법 제420조 각 호에서 규정하고 있으며, (구)헌법재판소법 제47조 제3항은 위헌으로 결정된 법률 또는 법률조항에 근거한 유죄의 확정판결에 대하여 재심을 청구할 수 있다고 하여 형사소송법이 정한 재심사유 이외의 재심사유를 규정하고 있다. 법원의 '재심의 청구에 대한 심판'은 형사소송법 제420조 각 호에서 규정한 재심사유가 있는지, (구)헌법재판소법 제47조 제3항 소정의 재심사유, 즉 유죄확정판결의 근거가 된 법률조항이 위헌으로 결정된 바 있는지 여부만을 우선 심리하여 재판할 뿐이다. 그러므로 이 사건 법률조항[321]은 원판결에 적용된 법률조항일 뿐 그 원판결에 대한 재심절차 중 '재심의 청구에 대한 심판'에 적용되는 법률조항이라고 할 수는 없다. 결국 이 사건 법률조항은 당해 재심사건에 적용되는 법률조항이 아니므로 재판의 전제성이 인정되지 아니한다.[322] [위헌여부가 문제되는 법률이 당해 소송사건의 재판에 "적용되어야" 한다는 요건에 어긋남]

---

319) 당해사건 : 서울고등법원 2005재나473 주주총회결의부존재.

320) 당해사건 : 의정부지방법원 2009재노1 변호사법위반.

321) 재심청구의 대상이 된 원판결에 적용된 구 변호사법 제109조 제2호 및 제34조 제2항.

322) 이에 대하여 조대현 재판관은 반대의견에서, "유죄의 확정판결을 받은 사람은 형사처벌의 근거로 된 법률이 위헌이라고 주장하여 재심청구를 할 수 있고, 그 재심소송절차에서 그 법률의 위헌여부에 대한 심판의 제청을 신청하거나 헌법소원심판을 청구할 수 있다고 보아야 한다. 형사처벌의 근거로 된 법률의 위헌여부는 확정된 유죄판결에 대한 재심사유의 존부와 재심청구의 당부에 대하여 직접적인 영향을 미치는 것이므로, 그 재심재판의 전제로 된다고 보아야 한다."고 하였다.

인정된 사례

⊙ 헌재 2000. 6. 29. 99헌바66[323] : 이 사건에서 청구인의 주장취지는 이 사건 법률조항[324]의 단순위헌선언을 구하는 것이 아니고, 오히려 다음과 같은 한정위헌결정을 구하는 것이라고 봄이 상당하다. 즉 이 사건 청구인의 주장은, "법 제68조 제2항의 헌법소원이 인용된 경우에, 당해사건의 당사자뿐만 아니라 헌법소원을 제기한 바는 없으나 위헌선언된 법률조항의 적용을 받았던 다른 사건의 당사자도 이미 확정된 관련사건의 재심을 구할 수 있다는 것으로 이 사건 법률조항을 해석하지 않으면 헌법상의 평등권과 재산권보장원칙에 위배된다."는 것이다. 이 사건 청구인의 헌법소원이 인용되는 경우, "이 사건 법률조항을 '헌법소원의 전제가 된 당해사건의 당사자에 한하여서만 재심을 청구할 수 있다'는 것으로 해석하는 한 헌법에 위반된다."는 한정위헌결정이 내려질 것이고 청구인의 재심은 적법한 것이 될 수 있어, 이 사건 심판청구는 청구인이 명시적으로 적시하여 놓은 청구취지에 불구하고 이 사건 법률조항 자체의 위헌성에 관한 청구로 받아들일 것이므로 재판의 전제성을 갖추었다.

⊙ 헌재 2013. 3. 21. 2010헌바70등 : 확정된 유죄판결에서 처벌의 근거가 된 법률조항을 재심의 개시여부를 결정하는 재판에서 재판의 전제성을 인정하지 않는 주된 이유는, 재심대상사건의 재판절차에서 처벌조항의 위헌성을 다툴 수 있었던 피고인이 이를 다투지 않고 유죄판결이 확정된 뒤에야 비로소 형사소송법에 정한 재심사유가 없는데도 처벌조항의 위헌성을 들어 재심을 통하여 확정된 유죄판결을 다투는 것을 재판의 전제성이 없다고 차단함으로써 형사재판절차의 법적안정성을 추구하자는 데 있다. 그러나 만약 피고인이 재심대상사건의 재판절차에서 그 처벌조항의 위헌성을 다툴 수 없는 규범적 장애가 있는 특수한 상황이었다면, 그에게 그 재판절차에서 처벌의 근거조항에 대한 위헌여부를 다투라고 요구하는 것은 규범상 불가능한 것을 요구하는 노릇이므로, 이러한 경우에는 예외적으로 유죄판결이 확정된 후에라도 재판의 전제성을 인정하여 위헌성을 다툴 수 있는 길을 열어줄 필요가 있다. 그런데 유신헌법에도 법률이 헌법에 위반되는지 여부가 재판의 전제가 된 때에는 법원의 제청에 의하여 헌법위원회가 심판하도록 하는 위헌법률심판제도(제105조, 제109조 제1항)를 두고 있었으나, 유신헌법 제53조 제4항은 "긴급조치는 사법적 심사의 대상이 되지 아니한다."라고 규정함으로써 긴급조치의 위헌여부에 대한 판단을 원천적으로 봉쇄하였고, 대법원도 긴급조치는 사법적 심사의 대상이 되지 않는다고 판시하면서 (대법원 1977. 3. 22. 선고 74도3510 전원합의체 판결; 대법원 1977. 5. 13.자 77모19

---

323) 당해사건 : 서울고등법원 99재누357·326·333·319·340·302 각 택지초과소유부담금 부과처분취소.

324) 헌법재판소법(1997.12.13. 법률 제5454호) 제75조 제7항.

전원합의체 결정 등 참조) 긴급조치에 대한 위헌법률심판제청신청을 기각하여 왔다. 그리고 유신헌법에서는 규범통제형 헌법소원제도(헌법재판소법 제68조 제2항)를 인정하지 않았다. 이와 같이 유신헌법 당시 긴급조치 위반으로 처벌을 받게 된 사람은 재심대상사건 재판절차에서 긴급조치의 위헌성을 다툴 수조차 없는 규범적 장애가 있었으므로, 그 재심청구에 대한 재판절차에서 긴급조치의 위헌성을 비로소 다툴 수 밖에 없다. 더구나 긴급조치에 의한 수사와 재판이 종료한 지 30년도 더 지난 시점이어서 긴급조치 위반을 이유로 유죄판결을 받은 사람이 형사소송법 제420조가 규정하고 있는 재심사유를 통해 재심을 개시하기란 현실적으로 매우 어려운 상황까지 감안하면,[325] 일반 형사재판에 대한 재심사건과는 달리 긴급조치 위반에 대한 재심사건에서는 예외적으로 형사재판 재심절차의 이원적 구조를 완화하여 '재심 개시여부에 관한 재판'과 '본안에 관한 재판' 전체를 당해사건으로 보아 재판의 전제성을 인정함이 타당하다.[326]

---

325) 한편 대법원은 2013. 4. 18.자 2010모363 (재심기각결정에 대한 재항고) 결정에서, " 형사소송법 제420조 제5호의 재심사유에서 무죄 등을 인정할 '증거가 새로 발견된 때'란 재심대상이 되는 확정판결의 소송절차에서 발견되지 못하였거나 또는 발견되었다 하더라도 제출할 수 없었던 증거로서 이를 새로 발견하였거나 비로소 제출할 수 있게 된 때는 물론이고, 형벌에 관한 법령이 당초부터 헌법에 위배되어 법원에서 위헌·무효라고 선언한 때에도 역시 이에 해당한다."고 하면서, "재항고인의 '긴급조치 제9호' 위반 공소사실에 대하여 유죄를 선고한 재심대상판결이 확정되었는데 그 후 재항고인이 위 판결에 대하여 재심을 청구한 사안에서 대법원 2013. 4. 18.자 2011초기689 전원합의체 결정(긴급조치 형사보상청구)에서 긴급조치 제9호가 당초부터 위헌·무효라고 판단된 이상, 이는 '유죄의 선고를 받은 자에 대하여 무죄를 인정할 명백한 증거가 새로 발견된 때'에 해당하므로, 결국 재심대상판결에는 형사소송법 제420조 제5호의 재심사유가 있다."고 판시하였다. [그러나 대법원은 2015.3.26. 선고한 2012다48824 판결에서, "긴급조치 제9호가 사후적으로 법원에서 위헌·무효로 선언되었다고 하더라도 유신헌법에 근거한 대통령의 긴급조치권 행사는 고도의 정치성을 띤 국가행위로서 대통령은 국가긴급권의 행사에 관하여 원칙적으로 국민전체에 대한 관계에서 정치적 책임을 질 뿐 국민 개개인의 권리에 대응하여 법적 의무를 지는 것은 아니므로, 대통령의 이러한 권력행사가 국민 개개인에 대한 관계에서 민사상 불법행위를 구성한다고는 볼 수 없다."고 하였다. 이 판결에 대한 비판적인 평석으로 이덕연, "대통령의 긴급조치에 대한 국가배상책임", 법률신문, 2006.1.28.자, 11면 기고문 참조.]

326) 이에 반하여, "제5공화국 헌법 부칙 제6조 제3항은 국가보위입법회의에서 제정한 법령의 위헌여부에 대한 심사를 원천적으로 봉쇄하기 위한 조항이 아니라 국가보위입법회의의 활동에 대해 절차적 정당성을 부여하기 위한 조항으로 보인다. 즉 이는 국가보위입법회의에서 제정한 법령 내용의 위헌여부를 일체 다툴 수 없다는 의미가 아니라 권한 없는 기관에 의한 입법행위라는 주장, 즉 절차적 위헌을 다툴 수 없다는 의미로 해석된다. 따라서 위 제5공화국 헌법 부칙 제6조 제3항에 의하여 청구인에게 재심대상사건의 재판절차에서 그 처벌조항의 위헌성을 다툴 수 없는 규범적 장애가 있는 특수한 상황이 발생하였다고 볼 수는 없으므로, 심판대상조항(구 '집회 및 시위에 관한 법률'(1980.12.18. 법률 제3278

5) 당해소송의 확정과 재판의 전제성

가) 패소확정의 경우

주의할 것은 법 제68조 제2항에 따른 헌법소원의 경우에는 당해 소송사건이 헌법소원의 제기로 정지되지 않기 때문에 헌법소원심판의 종국결정 이전에 당해 소송사건이 확정되어 종료되는 경우가 있을 수 있으나, 법 제68조 제2항에 의한 헌법소원이 인용된 경우에 당해 헌법소원과 관련된 소송사건이 이미 확정된 때에는 "당사자"는 재심을 청구할 수 있으므로(법 제75조 제7항), 판결이 확정되었더라도 재판의 전제성이 소멸된다고 볼 수는 없다.[327]

나) 승소판결이나 무죄판결이 확정된 경우

① 대법원 판례에 따르면, 재심의 소에 있어서 재심원고는 확정판결의 효력을 받는 자로서 그 취소를 구할 이익이 있는 자라야 할 것이므로 전부승소한 당사자는 재심의 소를 제기할 이익이 없다.[328] 이에 따라 헌법재판소는 규범통제형 헌법소원 청구 이후에 당해소송 법원에서 청구인 승소의 판결이 선고되고 그 판결이 확정된 사례에서,[329] "이 사건에서처럼 당해소송[330]에서 승소한 당사자인 청구인은 재심을 청구할 수 없고, 당해사건에서 청구인에게 유리한 판결이 확정된 마당에 이 법률조항[331]에 대하여 헌법재판소가 위헌결정을 한다 하더라도 당해사건 재판의 결론이나 주문에 영향을 미치는 것도 아니므로, 결국 이 사건은 재판의 전제성이 부정되는 부적법한 청구가 된다."고 하였다.[332]

호로 개정되고, 1989.3.29. 법률 제4095호로 전부개정되기 전의 것) 제3조 제2항 중 '제1항 제4호에 의하여 금지된 시위의 선동'에 관한 부분)에 대해서는 예외적으로 재판의 전제성을 인정할 수 없다."고 한 헌재 2018. 3. 29. 2016헌바99결정 참조.

327) 헌재 1998. 7. 16. 96헌바33등, 공보 29, 620, 629; 헌재 2006. 4. 27. 2005헌바69, 공보 115, 655, 658. 제1심인 당해사건에서 법 제68조 제2항의 헌법소원을 제기하였는데, 당해사건의 항소심에서 항소를 취하하여 청구인 패소의 원심판결이 확정된 경우에도 마찬가지이다.(헌재 2015.10.21. 2014헌바170, 판례집 27-2하, 44, 49)

328) 대법원 1993. 4. 27. 선고 92다24608 판결 - 재심의 소를 부적법하다고 판단함.

329) 따라서 당해사건 재판에서 승소판결을 받았으나 그 판결이 확정되지 아니한 경우에는 재판의 전제성이 부정되지 않는다.(헌재 2013.6.27. 2011헌바247, 공보 201, 798, 800) 형사사건인 당해사건 재판에서 무죄판결을 받았으나 그 판결이 확정되지 아니한 경우에도 마찬가지이다.(헌재 2015.2.26. 2012헌바268, 공보 221, 364 이하)

330) 서울지방법원 남부지원 99가단8579 손해배상(기)

331) 구 사립학교교원연금법 제57조 제1항, 제58조 후문.

332) 헌재 2000. 7. 20. 99헌바61, 공보 48, 674, 676. 同旨, 헌재 2002. 9. 19. 2000헌바92, 공보 73, 817, 819; 헌재 2008. 10. 30. 2006헌바80, 공보 145, 1433, 1436; 헌재 2010. 9. 30.

한편, 이러한 입장에 대하여는 유력한 반대의견이 제기되었다. 즉, 조대현 재판관은 2008. 10. 30. 선고한 2006헌바80 결정의 반대의견에서, "헌법이 위헌법률심판의 요건으로 재판의 전제성을 요구하는 것은 '법률의 위헌성이 구체적 사건에서 문제된 때에 비로소 법률의 위헌여부를 심판하라'는 것이다. 그것은 위헌법률심판을 개시하기 위한 요건을 정한 것일 뿐, 위헌법률심판제도가 구체적인 분쟁의 해결이나 개인의 권리구제를 목적으로 하는 제도임을 의미하는 것은 아니다. 위헌법률심판제도의 근본적인 목적은 어디까지나 헌법에 위반되는 법률을 제거하여 헌법의 최고규범력을 보장하는 것이지, 구체적인 분쟁해결이나 개인의 권리보호에 있는 것이 아니다. (…) 헌법 제107조 제1항의 '법률이 헌법에 위반되는 여부가 재판의 전제로 된 경우'라 함은 어느 법률이 구체적인 사건의 재판에 적용되는 관계에 있고 그 법률의 위헌여부에 따라 논리적·추상적으로 재판의 의미와 내용이 달라질 가능성이 있다고 인정되는 경우를 말한다. 이와 같은 재판의 전제성이 있으면 헌법에서 정하는 위헌법률심판을 개시하기 위한 요건은 충족되는 것이다. 더 나아가 그 위헌법률심판이 제청신청인이나 헌법소원청구인을 유리하게 하거나 재심의 기회를 주는 경우라야 비로소 위헌법률심판을 개시할 수 있다고 해석하면, 위헌법률심판제도의 본실을 왜곡시켜 객관적인 규범통제보다도 주관적인 권리보호에 치중하는 제도로 변질시키게 될 것이다."라고 하였다.

② 헌법재판소는 당해사건인 형사사건에서 청구인에 대한 무죄판결이 확정된 경우에도 재판의 전제성을 부인하고 있다.333)

부인된 사례

⊙ 헌재 2008. 7. 31. 2004헌바28 : 법 제75조 제7항은 "제68조 제2항의 규정에 의한 헌법소원이 인용된 경우에 당해 헌법소원과 관련된 소송사건이 이미 확정된 때에는 당사자는 재심을 청구할 수 있다."고 규정하면서 같은 조 제8항에서 위 조항에 의한 재심에 있어 형사사건에 대하여는 형사소송법의 규정을 준용하도록 하고 있다. 그런데 형사소송법 제420조, 제421조는 '유죄의 확정판결에 대하여 그 선고를 받은 자의 이익을 위하여', '항소 또는 상고기각판결에 대하여는 그 선고를 받은 자의 이익

2009헌바86, 공보 168, 1664, 1667.

333) 헌재 2009. 5. 28. 2006헌바109등, 공보 152, 1109, 1113. 同旨, 헌재 2011. 7. 28. 2009헌바149, 공보 178, 1080, 1081.

을 위하여' 재심을 청구할 수 있다고 각 규정하고 있다. 따라서 법 제68조 제2항에 의한 헌법소원심판 청구인이 당해사건인 형사사건에서 무죄의 확정판결을 받은 때에는 처벌조항의 위헌확인을 구하는 헌법소원이 인용되더라도 재심을 청구할 수 없고 청구인에 대한 무죄판결은 종국적으로 다툴 수 없게 되므로, 법률의 위헌여부에 따라 당해사건 재판의 주문이 달라지거나 재판의 내용과 효력에 관한 법률적 의미가 달라지는 경우에 해당한다고 볼 수 없으므로 더 이상 재판의 전제성이 인정되지 아니하는 것으로 보아야 할 것이다. 그렇다면, 당해사건에서 국가보안법 제3조 제1항 제2호에 해당하는 공소사실에 관하여 무죄판결이 확정된 청구인의 위 규정에 대한 이 사건 헌법소원심판청구는 재판의 전제성이 인정되지 아니하여 부적법하다.[334]

인정된 사례

⊙ 헌재 2013. 3. 21. 2010헌바70등 : 대법원이 위 당해사건에서 긴급조치 제1호 위반의 점에 대하여 무죄판결을 선고하였으므로, 이 경우에도 과연 재판의 전제성이 인정되는지 여부가 문제 된다. (…) 그러나 앞에서 본 바와 같이 법률과 같은 효력이 있는 유신헌법에 따른 긴급조치의 위헌여부를 심사할 권한은 본래 헌법재판소의 전속적 관할사항인 점, 법률과 같은 효력이 있는 규범인 긴급조치의 위헌여부에 대한 헌법적 해명의 필요성이 있는 점, 당해사건의 대법원판결은 대세적 효력이 없는 데 비하여 형벌조항에 대한 헌법재판소의 위헌결정은 대세적 기속력을 가지고 유죄 확정판결에 대한 재심사유가 되는 점{(구) 헌법재판소법 제47조 제1항, 제3항} 등에 비추어 볼 때, 이 사건에서는 긴급조치 제1호, 제2호에 대하여 예외적으로 객관적인 헌법질서의 수호·유지 및 관련 당사자의 권리구제를 위하여 심판의 필요성을 인정하여 적극적으로 그 위헌여부를 판단하는 것이 헌법재판소의 존재이유에도 부합하고 그 임무를 다하는 것이 되므로, 당해사건에서 재판의 전제성을 인정함이 타당하다.

---

334) 이에 대하여는, "청구인에 대한 무죄판결이 확정되어 그 적용법조에 대한 위헌결정을 받아도 무죄판결에 대한 재심청구가 허용되지 아니한다고 하여, 그 재판에 적용되는 법률조항의 위헌여부가 재판의 전제로 되지 않는다거나 그 위헌여부를 심판할 필요가 없다고 보는 것은 재심청구의 가능여부로써 위헌심판청구의 적법여부를 판단하자는 것으로서, 위헌법률심판제도가 본질적으로 객관적인 헌법질서를 보호하기 위한 제도임을 간과하고 구체적인 분쟁해결이나 권리구제를 도모하는 제도로 전락시키거나, 위헌법률을 실효시켜 헌법의 최고규범력을 확보하려는 헌법정신을 외면하는 결과를 가져올 수 있다. 게다가 법 제68조 제2항에 따라 위헌법률심판을 청구하는 헌법소원이 제기된 경우에, 당해사건에 대한 법원의 재판절차가 정지되지 아니하여 위헌법률심판이 진행되는 도중에 당해사건에 대한 법원의 재판이 선고되기 일쑤인데, 그리되면 법원의 재판결과 여하에 따라서 헌법재판소가 위헌법률심판을 할 수 있는지 여부가 좌우되게 되어 위헌법률심판의 본질과 기능

③ 나아가 헌법재판소는 청구인이 당해사건인 과태료 재판에서 불처벌 결정을 받아 확정된 경우에도 재판의 전제성을 부인하였다.

사례

⊙ 헌재 2010. 2. 25. 2008헌바159 : 민사사건에 대하여 재심을 청구할 수 있는 자는 확정판결의 효력을 받고 그 취소를 구할 이익이 있는 자이어야 하므로, 전부 승소한 당사자는 이를 제기할 이익이 없는 것이다(대법원 1993. 4. 27. 선고 92다24608 판결 참조). 청구인은 당해사건[335]에서 최종적으로 이 사건 불처벌 결정을 받고 그대로 확정되어 최초로 과태료 부과처분을 받기 이전의 상태로 회복되었다 할 것이므로, 더 이상 준재심으로 제거하여야 할 아무런 불이익이 남지 않게 되어 이 사건 불처벌 결정에 대하여서는 준재심의 이익이 없게 되었다 할 것이다. 따라서 이 사건 법률조항[336]에 대하여 헌법재판소가 위헌결정을 한다 하더라도 청구인으로서는 당해사건에 대하여 준재심을 청구할 수 없어 종국적으로 이 사건 불처벌 결정을 다툴 수 없게 되었으므로, 이 사건 법률조항이 헌법에 위반되는지 여부는 당해사건과의 관계에서 재판의 전제가 되지 못한다.[337]

④ 한편 헌법재판소는, 항소심에서 당사자들 간에 임의조정이 성립되어 소송

의 독자성이 훼손되게 된다. 이러한 결과는 법률이 헌법의 최고규범력에 어긋나지 않도록 통제하기 위하여 마련된 위헌법률심판제도에서 규범통제보다도 재판의 전제성을 더욱 중시하는 데서 비롯되는 것이라고 할 것이다. 결국 이 사건 법률조항의 위헌여부는 당해사건 재판의 전제로 되는 것이므로 본안에 들어가 이 사건 법률조항의 위헌여부를 심판하여야 한다."는 재판관 2인(조대현·김종대 재판관)의 반대의견이 있다.

335) 서울북부지방법원 2008과2533 여객자동차운수사업법위반

336) 구 여객자동차운수사업법(1997.12.13. 법률 제5448호로 전부 개정되고, 2008.3.21. 법률 제8980호로 개정되기 전의 것) 제85조 제3항.

337) 이에 대하여 조대현 재판관은 반대의견에서, "이 사건 법률조항은 과태료 부과의 근거규정이므로 그 위헌여부는 과태료 재판의 이유와 결론에 직접적인 영향을 준다. 따라서 이 사건 법률조항의 위헌여부는 과태료 재판의 전제문제로 됨이 명백하다. 당해 과태료 재판에서 청구인을 처벌하지 않기로 결정하였기 때문에 이 사건 법률조항에 대하여 위헌결정을 내리더라도 청구인이 재심을 청구할 이익은 없을지도 모른다. 그러나 당해 과태료 재판은 위반사실을 인정하면서 제반사정을 참작하여 불처벌을 결정한 것이므로, 이 사건 법률조항이 위헌이라면 과태료 부과의 원인행위가 적법하게 되고 그 위법성 자체가 부정되기 때문에 과태료 재판의 이유가 달라진다. 따라서 이 사건 헌법소원심판은 재판의 전제성을 갖추었다고 할 것이고, 과태료 재판이 먼저 끝났다고 하여 재판의 전제성이 없어졌다거나 이 사건 법률조항의 위헌여부를 심판할 필요가 없어졌다고 말할 수 없다. 결국 이 사건 법률조항의 위헌여부를 심판하기에 필요한 재판의 전제성 요건은 갖추어졌다고 할 것이므로 본안에 들어가 그 위헌여부를 심판하여야 한다."는 의견을 제시하였다.

이 종결된 경우 1심판결에 적용된 법률조항에 대해서도 재판의 전제성을 부인하였다.

사례

⊙ 헌재 2010. 2. 25. 2007헌바34 : 당해사건의 법원은 2007. 3. 7. 원고들의 청구를 인용하는 판결을 선고하였고, 이에 (당해사건의 피고인) 청구인이 2007. 3. 8. 항소하여(서울고등법원 2007나36706) 그 소송이 계속중이던 2008. 1. 22. 당사자들 사이에 조정이 성립되어 그 사건이 종결되었다. 이와 같이 당해사건의 당사자들에 의해 그 소송이 종결되었다면 구체적인 사건이 법원에 계속중인 경우라 할 수 없을 뿐 아니라 조정의 성립에 이 사건 법률조항[338]이 적용된 바도 없으므로, 위 법률조항에 대하여 위헌결정이 있다 하더라도 청구인으로서는 당해사건에 대하여 재심을 청구할 수 없어 종국적으로 당해사건의 결과에 대하여 이를 다툴 수 없게 되었다 할 것이므로, 이 사건 법률조항이 헌법에 위반되는지 여부는 당해사건과의 관계에서 재판의 전제가 되지 못한다.[339]

(4) 재판의 전제성 소멸과 헌법적 해명

일찍이 헌법재판소는 법률에 대한 (권리구제형) 헌법소원심판에서 헌법소원의 본질은 주관적 권리구제뿐 아니라 객관적인 헌법질서의 보장도 겸하고 있으므로, 침해행위가 이미 종료하여서 이를 취소할 여지가 없기 때문에 헌법소원이 주관적 권리구제에는 별 도움이 안되는 경우라도, 그러한 침해행위가 앞으로도 반복될 위험이 있거나 당해 분쟁의 해결이 헌법질서의 수호·유지를 위하여 긴요한 사항이어서 그 해명이 헌법적으로 중대한 의미를 지니고 있는 경우에는 헌법소원의 이익을 인정하여야 할 것이라고 판시한[340] 이래, 이와 같은 법리는 구체적 규범통제로서의 법원의 제청에 의한 법률의 위헌여부심판 절차

---

338) 구 '체육시설의 설치·이용에 관한 법률'(2003.5.29. 법률 제6907호로 개정되고, 2007. 4.11. 법률 제8349호로 전부 개정되기 전의 것) 제30조 제2항 중 '민사집행법에 의한 경매에 관한 부분' 및 제3항 중 '제2항에 관한 부분'.

339) 이에 대하여 조대현 재판관은 반대의견에서, "위헌법률심판제도의 근본적인 목적은 어디까지나 헌법에 위반되는 법률을 제거하여 헌법의 최고규범력을 보장하는 것이므로 재판의 전제성은 위헌법률심판을 개시하기 위한 요건일 뿐인바, 비록 청구인이 임의조정에 동의하여 소송절차가 종료되었다고 하더라도 당해사건에 적용되는 심판대상 법률조항의 위헌여부를 심판하기 위한 요건이 없어졌다고 볼 수 없다."는 의견을 제시하였다.

340) 헌재 1992. 1. 28. 91헌마111, 판례집 4, 51, 56.

에서도 존중되어야 한다고 하여 재판의 전제성이 요구되는 위헌법률심판절차 및 법 제68조 제2항에 따른 헌법소원심판절차에까지 확대적용하고 있다.[341] 즉, 헌법재판소는 당해 소송사건이 종료되어 재판의 전제성이 제청이후의 사정변경으로 소멸한 경우에도, 예외적으로 객관적인 헌법질서의 수호·유지를 위하여 심판의 필요성이 인정되는 경우에는 그 위헌제청의 적법성을 인정한다.

인정된 사례

⊙ 헌재 2003. 1. 30. 2001헌바95[342] : 청구인은 이미 미국에 인도되었으므로, 이 사건 조항(범죄인인도법 제3조)[343]의 위헌성을 다툴 권리보호의 이익이 없는 것이 아닌가 하는 의문이 제기된다. 그러나 설사 그렇다고 하더라도 이 사건은 헌법적 해명이 필요한 경우로서 본안판단의 필요성이 있다. [8(합헌):1(위헌)-합헌]

⊙ 헌재 2004. 3. 25. 2002헌바104[344] (전격기소) : 이 사건에서 본 바와 같이 검사

341) 헌재 2003. 6. 26. 2002헌바3, 판례집 15-1, 713, 721.

342) [사건개요] : 청구인은 한국계 미국 시민권자로서 미국 내에서의 강간 등 혐의로 미국 캘리포니아주 법원에 기소된 후 1999. 2. 배심원평결에서 유죄로 인정되었는데, 판결이 선고되기 선인 1999. 3. 1. 국내로 도피하였고 1999. 6. 21. 미국에서 궐석재판으로 징역 271년형을 선고받았다. 2001. 6. 4. 미국 법무부는 청구인에 대한 범죄인인도를 청구하였다. 그 후 서울고등검찰청 검사가 범죄인인도법 제11조 내지 제13조에 의하여 청구인의 인도허가 여부에 관한 심사를 서울고등법원에 청구하였고, 동 법원은 2001. 9. 25. 범죄인인도허가결정을 하였다. 청구인은 이 결정에 대하여 대법원에 재항고를 하고(당해사건), 그 사건 계속 중 범죄인인도법 제3조에 대해 위헌법률심판제청신청을 하였으나 기각되자 헌법재판소법 제68조 제2항에 따른 이 사건 헌법소원심판을 청구하였다. 한편 대법원은 2001. 10. 31. 범죄인인도허가결정에 대해서는 불복이 허용되지 않는다는 이유로 위 재항고를 기각하였다.

343) 제3조(범죄인인도사건의 전속관할) 이 법에 규정된 범죄인의 인도심사 및 그 청구와 관련된 사건은 서울고등법원과 서울고등검찰청의 전속관할로 한다.

344) [사건개요] : 수원지방검찰청 안산지청 검사는 2002. 11. 28. 청구인에 대하여 개발제한구역의지정및관리에관한특별조치법위반 혐의에 대하여 조사한 다음, 수원지방법원 안산지원 판사에게 구속영장을 청구하였고, 위 지원 판사는 형사소송법 제201조의2의 규정에 따른 피의자심문을 한 다음, 2002. 11. 29. 청구인에 대하여 구속영장을 발부하였다. 그런데 청구인이 2002. 11. 30. 위 구속영장에 관련하여 사후적인 사정변경으로 구속사유가 소멸하였다는 이유로 구속적부심사를 청구한 다음, 검사는 같은 날 청구인에 대한 공소를 제기하였다(2002고단644). 이에 청구인은 2002. 12. 2. 구속적부심사청구적격을 피의자로 한정한 형사소송법 제214조의2 제1항이 헌법 제12조 제6항에 위반되고, 그 위헌여부가 위 구속적부심사청구사건에 대한 재판의 전제가 된다고 주장하면서 위헌제청신청을 하였다. 한편, 청구인에 대한 형사본안사건을 심리하던 수소법원에서 2002. 12. 6. 청구인에 대한 보석결정을 하여 청구인을 석방한 다음, 위 적부심사청구사건을 심리하던 재판부에서는 2002. 12. 11. 위 적부심사청구 및 위헌제청신청을 함께 기각하였다.

가 수사단계에서 발부받은 구속영장의 효력이 유지되는 기간은 비교적 단기간으로서, 이에 관련된 헌법소원심판청구에 대한 우리 재판소의 심리도중에 심판청구인의 권리보호이익이 사후적으로 소멸될 개연성이 높다. 따라서, 만일 이러한 유형의 사건에서 주관적 권리보호이익이 사후적으로 소멸하였다는 이유로 헌법소원심판청구의 이익이 없다고 보게 되면, 청구인의 경우 인신구속에 관한 중요한 사항에 대하여 적용되는 법률(형사소송법 제214조의2 제1항)[345]의 위헌여부를 헌법재판소로부터 판단받을 기회를 사실상 박탈당하는 결과를 초래하기 때문에, 이 사건 심판청구인에 관하여는 예외적 상황을 인정하여 그 권리보호이익을 인정함이 상당하다.[346] [6(헌법불합치):3(합헌)-헌법불합치(잠정적용)]

라. 한정위헌청구의 적법여부

(1) 종전 헌법재판소의 입장

법 제68조 제2항에 의한 헌법소원에 있어서는 법률이 헌법에 위반되는지 여부가 당해사건의 재판의 전제로 되어야 하는데, 여기서 '법률이 헌법에 위반되는지 여부'는 '법률' 자체의 경우를 말하며, '법률의 해석'의 경우를 제외한다고 봄이 상당하다. 일반적으로 법률조항 자체에 대한 다툼과 법률의 해석에 관한 다툼은 그 구분이 모호한 경우가 많지만 구분되는 것으로 보아야 한다.[347]

따라서, 법 제68조 제2항이 "법률의 위헌여부심판의 제청신청이 기각된 때"라고 규정함으로써 심판의 대상을 '법률'에 한정하고 있으므로, 일반적으로 법률조항 자체의 위헌판단을 구하는 것이 아니라 법률조항을 "… 하는 것으로 해석하는 한 위헌"이라는 판단을 구하는 청구는 법 제68조 제2항상의 청구로 적절치 아니하다. 그러나 청구인의 주장이 단순히 법률조항의 해석을 다투는 것이 아니라, 그러한 해석의 여지를 주는 법률조항 자체의 불명확성 내지는 법률조항 자체의 위헌성을 다투는 경우로 이해되는 경우에는 그 청구는 법 제68조 제2항의

---

345) 제214조의2(체포와 구속의 적부심사) ①체포영장 또는 구속영장에 의하여 체포 또는 구속된 **피의자** 또는 그 변호인, 법정대리인, 배우자, 직계친족, 형제자매, 호주, 가족이나 동거인 또는 고용주는 관할법원에 체포 또는 구속의 적부심사를 청구할 수 있다.

346) 同旨, 헌재 2010. 11. 25. 2009헌바8, 공보 170, 2057, 2059; 헌재 2015. 9. 24. 2012헌바302, 공보 228, 1395, 1398.

347) 헌재 1999. 3. 25. 98헌바2, 판례집 11-1, 200, 208; 헌재 2001. 9. 27. 2000헌바20, 공보 61, 923, 926.

청구로서 적법한 것으로 받아들여진다.[348][349]

한편, 한정위헌청구의 적법여부는 법 제68조 제1항에 따른 법률에 대한 헌법소원심판청구에서도 동일하게 문제된다.[350]

(2) 판례의 변경

(가) 위와 같이 헌법재판소는 법 제68조 제2항에 따른 헌법소원에서 한정위헌청구는 원칙적으로 부적법하다는 입장이었으나, 2012. 12. 27. 선고한 2011헌바117[351] 결정에서 종래의 견해를 변경하여 한정위헌청구는 원칙적으로 적법하다고 판시하였는바,[352] 그 이유는 다음과 같다.

첫째, 규범통제절차에 있어서 한정위헌결정은 법리상 당연하면서도 불가피한 것이고, 따라서 그러한 취지에서 헌법재판소는 한정위헌결정을 계속해 오면서도 제청법원이나 헌법소원청구인은 원칙적으로 한정위헌청구를 할 수 없고, 위에서 본 바와 같은 예외적인 경우에만 한정위헌청구를 할 수 있다고 하는 종

348) 헌재 1995. 7. 21. 92헌바40, 판례집 7-2, 34, 37; 헌재 1997. 2. 20. 95헌바27, 판례집 9-1, 156, 162; 헌재 1999. 3. 25. 98헌바2, 판례집 11-1, 200, 209; 헌재 1999. 11. 25. 98헌바36, 판례집 11-2, 529, 536 등 참조.

349) 헌법재판소가 그동안 적극적으로 심판대상으로 삼아 판단한 경우는 대개 다음과 같이 분류할 수 있다. 1) 하나는, 법규정 자체의 불확정성을 다투는 것으로 보는 경우이다. 헌법상의 명확성원칙을 다투는 경우 혹은 조세법률주의(과세요건명확주의) 위반을 다투는 경우가 이에 해당한다. 2) 다른 하나는, 소위 "법원의 해석에 의하여 구체화된 심판대상 규정의 위헌성" 문제가 있는 것으로 볼 만큼 일정한 사례군이 상당기간에 걸쳐 형성, 집적된 경우로서, '군무이탈자 복귀명령 위반행위'를 명령위반죄로 처벌하는 군형법 제47조에 관한 헌재 1995. 5. 25. 91헌바20 결정, '집단적 노무제공거부행위'를 업무방해죄로 처벌하는 형법 제314조에 관한 헌재 1998. 7. 16. 97헌바23 결정, '방영금지가처분'을 허용하는 민사소송법 제714조 제2항에 관한 헌재 2001. 8. 30. 2000헌바36 결정이 여기에 해당된다. 3) 그 밖에 위 두 가지 경우에 해당되지는 않지만 한정위헌의 판단을 구하는 청구가 법률조항 자체에 대한 다툼으로 볼 수 있는 경우도 있다.

350) 권리제형 헌법소원에서 한정위헌청구를 적법한 것으로 인정한 사례로 헌재 2015. 9. 24. 2012헌마798, 공보 228, 1451, 1453 참조.

351) 2013년 1월 21일 퇴임한 이강국 제4기 헌법재판소장은 이 결정을 재임 중 가장 보람있는 사건으로 꼽았다. 법률신문, 2013.1.21.자, 3면 인터뷰 기사 참조.

352) 그리고 심판의 대상 부분에서, "이 사건 심판의 대상은 형법(1953.9.18. 법률 제293호로 제정된 것) 제129조 제1항의 '공무원'에 구 '제주특별자치도 설치 및 국제자유도시 조성을 위한 특별법'(2007.7.27. 법률 제8566호로 개정되기 전의 것) 제299조 제2항의 제주특별자치도통합영향평가심의위원회 심의위원 중 위촉위원이 포함되는 것으로 해석·적용하는 것이 위헌인지 여부"라고 하였다.

래의 선례들은 사리상으로도 합당하지 않다.

둘째, 제청법원이나 헌법소원청구인이 당해사건 재판의 근거가 되는 법률조항 그 자체나 그 전체의 위헌성을 주장하지 않고 당해 법률조항의 특정한 해석가능성이나 적용가능성에 대하여만 제한적·한정적으로 위헌을 주장한다면 헌법재판소로서는 제청법원 등이 주장하는 범위내에서 위헌여부를 심판하는 것이 원칙이며, (…) 그러므로 제청법원 등이 하는 한정위헌청구는 자칫 헌법재판소가 소홀히 할 수 있는 당해 법률조항에 대한 한정위헌결정 여부를 헌법재판소로 하여금 주의깊게 심사하도록 촉구하여 위헌의 범위와 그에 따른 기속력의 범위를 제한적으로 정확하게 한정할 수 있게 할 것이고, 그 결과 규범통제절차에 있어서 위헌여부심판권의 심사지평을 넓힐 수 있게 될 것이어서, 금지되어서는 안될 뿐만 아니라 오히려 장려되어야 한다.

셋째, 한정위헌청구는 입법권에 대한 자제와 존중의 표현이다. 즉, 헌법재판소를 포함한 모든 국가기관과 국민은 헌법상의 권력분립원리에서 파생된 입법권에 의한 입법을 존중하여야 하는 것인바, 한정위헌청구에 따른 한정위헌결정은 당해 법률조항 중 위헌적인 해석이나 적용부분만을 제거하고 그 이외의 (합헌인) 부분은 최대한 존속시킬 수 있는 것이어서 입법권에 대한 자제와 존중의 결과가 되는 것이고 따라서 헌법질서에도 더욱 부합하게 된다.

(나) 다만 헌법재판소는, "구체적 규범통제절차에서 법률조항에 대한 특정한 해석이나 적용부분의 위헌성을 다투는 한정위헌청구가 원칙적으로 적법하다고 하더라도, 재판소원을 금지하고 있는 법 제68조 제1항의 취지에 비추어 한정위헌청구의 형식을 취하고 있으면서도 실제로는 ①당해사건 재판의 기초가 되는 사실관계의 인정이나 평가 또는 개별적·구체적 사건에서의 법률조항의 단순한 포섭·적용에 관한 문제를 다투거나, ②의미있는 헌법문제를 주장하지 않으면서 법원의 법률해석이나 재판결과를 다투는 경우 등은 모두 현행의 규범통제제도에 어긋나는 것으로서 허용될 수 없다."고 판시하였다.

부적법한 사례

⊙ 헌재 2014. 3. 27. 2012헌바55 : 청구인이 심판대상조항[353]이 과잉금지원칙

353) 공공의 질서 및 선량한 풍속을 문란하게 할 염려가 있는 상표는 등록받을 수 없다고 규정한 구 상표법(1990.1.13. 법률 제4210호로 개정되고, 2007.1.3. 법률 제8190호로 개정되기

에 위반된다고 주장하는 취지는, 이 사건 상표에 관하여는 심판대상조항이 적용되지 아니하고 구 상표법 제7조 제1항 제6호만 적용되어 이미 상표등록무효심판의 제척기간이 지났음에도 불구하고 법원이 심판대상조항을 적용하여 제척기간이 지나지 않았다고 판단한 것이 부당하다는 것이다. 그런데 이 사건 상표가 심판대상조항의 적용대상인지 여부는 법원이 구체적 재판에서 판단할 사항이므로, 청구인의 이 부분 주장은 결국 심판대상조항을 구체적 사건에 적용한 법원의 재판의 당부를 다투는 것에 불과하므로 받아들일 수 없다.[354]

⊙ 헌재 2015. 4. 30. 2012헌바95등 : 청구인은 반국가단체 조항의 반국가단체에 북한이 포함된다고 해석하는 것이 헌법에 위반된다는 취지로 주장한다. 그러나 북한이 반국가단체 조항의 '반국가단체'에 해당되는지 여부는 형사재판절차에서의 사실인정 내지 구체적 사건에서의 법률조항의 포섭·적용에 관한 문제일 뿐이므로, 위 청구인의 주장은 당해사건 재판의 기초가 되는 사실관계의 인정이나 평가 또는 개별적·구체적 사건에서 법률조항의 단순한 포섭·적용에 관한 문제를 다투거나 의미 있는 헌법문제를 주장하지 않으면서 법원의 법률해석이나 재판결과를 다투는 것에 불과하여 현행의 규범통제제도에 어긋나는 것으로서 허용될 수 없다.

(다) 그 후 헌법재판소는 헌재 2013. 11. 28. 2012헌바22 결정에서, "이 사건의 쟁점은, 심판대상조항[355]에는 '조세채권의 성립시기'와 '사해행위 전후관계'에 대한 명문의 규정이 없고, 그럼에도 불구하고 민법상 채권자취소권에 관한 법리에 따라 사해행위 이후에 성립한 조세채권도 심판대상조항이 규정하는 조세사해행위 취소권의 피보전채권이 될 수 있다고 해석·적용하는 것이 조세법률주의에 반하거나, 재산권 보장의 원칙에 반하여 위헌인지 여부이다."라고 하여,[356] 한정위헌청구의 적법성[357]을 인정하는 전제하에 본안판단을 하였다.

전의 것) 제7조 제1항 제4호.

354) 그러나 이 사건에서 심판대상조항의 명확성원칙 위배여부에 대하여 본안판단이 이루어졌기 때문에 주문은 "합헌결정"이 선고되었다.

355) 구 국세징수법(2007.12.31. 법률 제8832호로 개정되고, 2011.4.4. 법률 제10527호로 개정되기 전의 것) 제30조(사해행위의 취소) 세무공무원은 체납처분을 집행함에 있어서 체납자가 국세의 징수를 면탈하려고 재산권을 목적으로 한 법률행위를 한 경우에는 민법 제406조 및 407조의 규정을 준용하여 사해행위의 취소를 법원에 청구할 수 있다.

356) 다만, 심판의 대상 부분에서는 위 헌재 2012. 12. 27. 2011헌바117 결정에서와는 달리 "이 사건 심판의 대상은 구 국세징수법(2007.12.31. 법률 제8832호로 개정되고, 2011.4.4. 법률 제10527호로 개정되기 전의 것) 제30조(이하 '심판대상조항'이라 한다)의 위헌여부"라고 판시하였다.

357) 당해사건에서 대법원(2011카기519)은 청구인의 위헌법률심판제청신청을 각하하였다.

그러나 한편 헌법재판소는 헌재 2015. 9. 24. 2012헌마798 결정에서, "청구인들은 형사소송법 제383조 제1호를 이 사건 상고기각이유[358]와 같이 한정하여 해석하는 것은 청구인들의 기본권을 침해한다는 취지로 주장하고 있으나, 이러한 청구인들의 주장은 법원의 해석에 의해 구체화된 형사소송법 제383조 제1호의 적용범위가 너무 좁아서 위헌이라는 취지로 받아들일 수 있으며, 이는 결국 위 법률조항의 위헌을 다투는 것으로 볼 수 있다. 그렇다면, 이 사건 심판청구는 대법원의 해석에 의하여 구체화된 형사소송법 제383조 제1호가 청구인들의 재판청구권 등을 침해하는지 여부에 관한 법령에 대한 헌법소원이고, 법원의 사실관계의 인정이나 개별·구체적 사건에서 단순히 법률조항의 포섭이나 적용의 문제를 다투거나, 의미있는 헌법문제에 대한 주장 없이 단지 재판결과를 다투는 재판소원에 해당한다고 보기 어렵다."고 하여 종전의 입장과 유사한 판시를 하였다.[359]

(라) 청구인은 한정위헌청구를 하였으나 헌법재판소는 법률조항 사체가 위헌이라는 주장으로 본 사례도 있다.

사례

⊙ 헌재 2016. 6. 30. 2015헌마924 : 청구인은 이 사건 심판청구에서 청구취지를 '가족관계의 등록 등에 관한 법률' 제14조 제1항 본문 중 '형제자매'에 이부(異父) 또는 이복(異腹) 형제자매가 포함되는 것으로 해석하는 한 헌법에 위반된다는 한정위헌심판청구의 형식으로 기재하고 있다. 그런데 청구인의 이러한 주장은 이부 또는 이복 형제자매가 '형제자매'에 당연히 포함된다는 전제 아래 위 조항이 형제자매에게까지 가족관계등록부 등의 기록사항에 관한 증명서 교부청구권을 부여하는 것은 위헌이라는 주장으로 볼 수 있다. 그러므로 이 사건 심판대상은 '가족관계의 등록 등에 관한 법률'(2007. 5. 17. 법률 제8435호로 제정된 것) 제14조 제1항 본문 중 '형제자매' 부분이 청구인의 기본권을 침해하는지 여부이다. [6(위헌):3(합헌)-위헌]

⊙ 헌재 2017. 12. 28. 2016헌바249 : 청구인은 청구취지를 "영유아보육법 제44

358) 대법원 2012. 8. 23. 선고 2012도6819 판결 : "제1심 판결에 대하여 검사만이 양형부당을 이유로 항소하였을 뿐이고 피고인들은 항소하지 아니한 경우에는, 피고인들로서는 항소심판결에 대하여 사실오인, 채증법칙 위반, 심리미진 또는 법령위반 등의 사유를 들어 상고이유로 삼을 수 없다."

359) 그리고 심판의 대상 부분에서도 위 헌재 2013. 11. 28. 결정과 같이, "이 사건 심판의 대상은 형사소송법(1963.12.13. 법률 제1500호로 개정된 것) 제383조 제1호(이하 '심판대상조항'이라 한다)가 청구인들의 기본권을 침해하여 위헌인지 여부"라고 판시하였다. 이 결정에 대한 비판적 평석으로 성중탁, "검사만 항소한 경우 피고인의 상고제한 문제", 법률신문, 2016.1.19.자, 11면(판례평석) 참조.

조 제5호의 시정 또는 변경 명령에 부모부담금 환불명령이 포함되는 것으로 해석하는 한 헌법에 위반된다."라고 기재하고 있으나, 그 내용을 종합적으로 살펴보면, 청구인은 법원이 위 '시정 또는 변경 명령' 부분을 자의적으로 확대해석했다는 것을 탓하면서, 특별활동을 제공한 경우에도 환불명령을 내릴 수 있게 하는 것을 문제 삼고 있다. 그러므로 청구인의 위와 같은 주장은 법원이 행한 바와 같은 해석을 가능하게 하는 법률조항 자체의 위헌성을 다투는 것으로 선해할 수 있다. [전원일치 합헌]

마. 청구기간

(1) 의의

법 제68조 제2항에 따른 헌법소원심판의 청구는 위헌여부심판의 제청신청을 기각하는 결정을 통지받은 날부터 30일 이내에 청구하여야 한다(법 제69조 제2항).[360] 또한 헌법소원심판을 청구하려는 자가 변호사를 대리인으로 선임할 자력이 없는 경우에는 헌법재판소에 국선대리인을 선임하여 줄 것을 신청할 수 있는바, 이 경우 법 제69조에 따른 청구기간은 국선대리인의 선임신청이 있는 날을 기준으로 정하며(법 제70조 제1항), 헌법재판소가 국선대리인을 선정하지 아니한다는 결정을 한 때에는 신청인이 선임신청을 한 날부터 그 통지를 받은 날까지의 기간은 법 제69조의 청구기간에 산입하지 아니한다(법 제70조 제4항). 기간의 말일이 토요일 또는 공휴일에 해당한 때에는 기간은 그 익일로 만료한다(법 제40조 제1항, 민법 제161조).

헌법재판소는 법 제68조 제2항에 따른 헌법소원심판의 청구기간에 관하여 "당사자는 이미 위헌제청신청 당시 위헌판단을 구하려는 의사가 있는 것이므로, 위헌제청신청이 기각된 후 같은 법 제68조 제2항에 의한 헌법소원심판을 청구할 것인지를 결정하기 위하여 별도의 긴 숙려기간을 필요로 한다고 볼 수 없고, 위헌제청신청 당시 위헌여부에 관한 신청서 작성 및 입증자료수집 등의 준비가 되어 있었을 것이므로 헌법소원을 준비하기 위한 시간이 걸리는 것도 아닐 것이다.

360) 헌재 2018. 8. 30. 2016헌바316 : "공판정에서 청구인이 출석한 가운데 재판서에 의하여 위헌법률심판제청신청을 기각하는 취지의 주문을 낭독하는 방법으로 재판의 선고를 한 경우, 청구인은 이를 통하여 위헌법률심판제청신청에 대한 기각결정을 통지받았다고 보아야 하므로 그로부터 30일이 경과한 후 제기된 헌법소원 심판청구는 청구기간을 경과한 것으로서 부적법하다."

(…) 아울러, 그 청구기간은 위와 같은 법 제68조 제2항에 의한 헌법소원심판의 성격을 고려할 때, 법 제68조 제1항에 의한 헌법소원심판에 대한 청구기간과 같이 절차를 개시하는 제소기간의 한정이라기보다는, 각종 소송에서의 상소제기기간과 같이 소송의 종결에 관한 불복신청기간에 유사한 것"이라고 하였다.[361]

한편, 위헌여부심판 제청신청절차는 당해 소송사건과 전혀 다른 별개의 절차라기보다는 당해사건으로부터 부수·파생하는 절차로 보아야 할 것이고, 따라서 당해 소송사건의 공동소송대리인은 특별한 사정이 없는 한 위헌여부심판 제청신청에 관하여도 소송대리권을 가지는 것이므로, 이들 중 1인에게 행한 위헌제청신청 기각결정의 송달은 적법하게 송달된 것으로 본다.[362]

(2) 청구기간 경과와 정당한 사유

그런데, "우편집배원이 송달보고서 기재일자(1991. 11. 1)에 대리인의 사무소 사무원들이 자리를 비운 사이에 위 결정정본을 사무원의 책상 위에 올려두고 그 곳에 놓여 있던 사무원의 인장을 임의로 날인하여 송달보고서를 작성하였으므로 정당하게 송달사무를 처리하지 아니하였으며, 한편 위 사무원이 위와 같은 사실을 대리인에게 고지하지 아니한 채 다른 신입사무원이 위 결정정본을 임의로 소송기록봉투 속에 보관하였기 때문에 대리인은 1991. 11. 16.에야 비로소 위 결정정본의 송달사실을 뒤늦게 알고서 같은 달 18. 이 사건 헌법소원을 제기한 것이므로 대리인이 송달사실을 알게 된 1991. 11. 16.부터 청구기간이 기산되어야 한다."고 주장한 사건에서 헌법재판소는, "첫째로 송달의 기준시점에 관하여 보면, 설사 위 주장을 사실로 받아들이더라도 대리인의 사무원이 사무실에 도달된 위 결정정본을 소송기록봉투 속에 보관하는 등 이를 수령한 사실을 인정할 수 있는 이상 위 송달은 1991. 11. 1.을 기준시점으로 하여 일응 유효하게 행해진 것으로 볼 수 있고, 둘째로 대리인이 송달사실을 알지 못한 점에 과실이 없다고 주장하고 있으나 일건기록에 첨부된 위 송달보고서 좌측상단의 기재에 의하면 우편집배원은 당일에 위 결정정본뿐 아니라 관련사건(90가합30642 부당이득금반환청구소송)의 판결정본도 동시에 사무실에 송달시킨 사실을 인정할 수

361) 헌재 2003. 2. 27. 2001헌마461, 공보 78, 256, 262.

362) 헌재 1993. 7. 29. 91헌마150, 판례집 5-2, 159, 164. 이 사건은 법 제68조 제2항에 따른 헌법소원이었는데, 헌법재판소의 행정착오로 '헌마'사건으로 접수되었다.

있는데, 대리인이 그 관련 본안사건에 관하여는 2주일의 항소기간을 준수하여 1991. 11. 11.에 적법한 항소를 제기하면서 통상 본안의 판결과 같이 송달되는 위헌여부심판 제청신청의 기각결정정본을 챙겨보지 아니하였다는 것은 쉽사리 납득하기 어려우며, 그 외에 달리 청구기간 경과 후의 청구가 정당한 사유가 있는 경우라고 볼 만한 사정도 없으므로 이 사건 헌법소원심판청구는 법 제69조 제2항의 청구기간이 지난 이후에 제기된 부적법한 것"이라고 하였다.[363)]

바. 일사부재리[364)]

헌법재판소(3기 재판부)는 당해사건은 다르지만 헌법재판소에서 이미 합헌결정을 선고받은 같은 당사자(청구인)가 같은 법률조항(구 지방세법 제112조 제2항)에 대하여 재차 같은 유형(법 제68조 제2항)의 헌법소원을 청구한 사례[365)]에서, 재판관 5인의 다수의견은 종전의 예와 같이 다시 합헌결정을 하였다. 그러나 재판관 4인의 반대의견(각하의견)은, 이와 같은 경우는 헌법재판소 결정이 갖는 기판력 내지는 법 제39조의 일사부재리에 따라 부적법하다고 하였다. 한편, 이러한 다수의견의 입장은 4기 재판부에서도 유지되었다(8:1).[366)]

---

363) 헌재 1993. 3. 11. 91헌바22, 판례집 5-1, 23, 26.

364) 일사부재리(법 제39조)의 의미와 동 조항에 대한 헌법재판소의 합헌결정에 대하여는 이 책 제2장 5. 나. (1) (다)의 2) 참조.

365) 헌재 2001. 6. 28. 2000헌바48, 공보 58, 658, 660.

366) 이에 대하여 조대현 재판관은 반대의견에서, "법 제39조는 '이미 심판을 거친 동일한 사건에 대하여는 다시 심판할 수 없다'고 규정하고 있는데, 이는 중복제소를 금지하려는 것이 아니라 동일한 사건에 대한 심판을 반복할 필요가 없다는 취지이다. 특히 법률조항의 위헌여부에 대한 헌법재판소의 심판은 위헌결정이든 합헌결정이든 대세적인 효력을 갖는 것이므로, 법률조항의 의미가 달라졌거나 재판관이 헌법재판소의 선례와 다른 견해를 표시하는 등 특별한 사정이 없는 한, 동일한 법률조항의 동일한 쟁점에 대하여 심판을 반복할 필요가 없는 것이다. 여기서 '동일한 사건'인지의 여부는 심판의 종류에 따라 다시 심판할 필요가 있는지의 여부에 기하여 판단하여야 한다. 구체적인 분쟁의 해결을 목적으로 하는 탄핵심판·정당해산심판·권한쟁의심판과 공권력에 의한 기본권의 침해여부를 심판대상으로 삼는 권리구제형 헌법소원심판에서는 당사자나 사실관계 또는 쟁점이 다르면 심판의 대상인 구체적인 분쟁이 달라지게 되는 것이므로, 당사자와 사실관계 및 쟁점이 동일하여야 동일한 사건이라고 할 수 있을 것이다. 그러나 법률조항의 위헌여부를 심판대상으로 삼는 심판에서는 당사자나 재판의 전제가 되는 당해사건의 여하에 따라 심판의 목적이나 내용이 달라지는 것이 아니므로, 심판대상인 법률조항과 헌법적 쟁점이 동일하면 동일한 사건에 해당된다고 보는 것이 상당하다."는 의견을 제시하였다.

5. 종국결정

가. 개요

규범통제형 헌법소원의 종국결정에는 ①심판청구가 부적법한 경우에 하는 각하결정, ②심판청구가 이유없는 경우에 하는 합헌결정, ③심판청구가 이유있는 경우에 하는 위헌결정(변형위헌결정 포함), 그리고 ④심판절차종료선언[367]의 4가지가 있다.

한편, 헌법재판소는 2018. 5. 31. 선고한 2013헌바22등 결정에서 헌법의 개별조항에 대한 헌법소원심판청구를 부적법하다고 보면서도 해당 헌법조항에 대한 개정의견을 다음과 같이 제시하기도 하였다. : "다만 입법론으로는, ①헌법 제29조 제1항이 규정한 국가배상청구권은 피해를 입은 국민이면 누구나 다 향유할 수 있는 기본권으로서 그 국민의 신분에 따라 차별되지 아니하는 것이 원칙인 점, ②이 사건 헌법조항이 군인 등을 일반국민, 좀 더 좁게는 일반공무원과도 차별대우하는 입법목적은 대체로 국가의 재정사정이 그 주요 이유였다고 보여지는데, 이 사건 헌법조항이 신설되었던 1972년으로부터 46여년이 지난 지금에 와서는 당시와 비교할 수 없을 정도로 국가재정이 나아졌으므로 주요 입법목적이 이제는 소멸되었다고 볼 수 있다는 점, ③공익상 목적에서 군인 등의 국가배상청구권에 제한을 가할 필요가 있다면 기본권의 일반유보조항인 헌법 제37조

---

367) 법 제68조 제2항 헌법소원에서 심판절차종료선언을 한 "이 사건 심판절차는 1990. 12. 4. 청구인의 사망으로 종료되었다."고 선언한 사례(헌재 1994.12.29. 90헌바13, 판례집 6-2, 351, 352)의 동 결정이유에 의하면, "청구인이 이 사건 헌법소원심판을 청구할 당시의 전제되는 재판이었던 대법원 90도319 사건은 1990. 4. 24. 상고기각판결에 의하여 종료되었으나 헌법소원이 인용되는 경우 법 제75조 제7항에 의하여 유죄의 확정판결에 대하여 재심을 청구할 수 있으므로, 법 제40조와 민사소송법 제211조 제1항에 따라 청구인의 사망후에 재심을 청구할 수 있는 자는 이 사건 헌법소원심판절차를 수계할 수 있지만 수계할 당사자가 없거나 수계의사가 없는 경우에는 청구인의 사망에 의하여 헌법소원심판절차는 원칙적으로 종료된다고 할 것이고, 다만 수계의사표시가 없는 경우에도 이미 결정을 할 수 있을 정도로 사건이 성숙되어 있고 그 결정에 의하여 유죄판결의 흠이 제거될 수 있음이 명백한 경우 등, 특별히 유죄판결을 받은 자의 이익을 위하여 결정의 필요성이 있다고 판단되는 때에 한하여 종국결정을 할 수 있다고 할 것이다. 그런데 이 사건 헌법소원심판절차에서는 청구인이 사망한지 4년이나 지났는데도 수계신청이 없을 뿐만 아니라 특별히 종국결정을 할 필요성이 있는 경우에 해당한다고 보이지도 아니하므로, 이 사건 헌법소원은 청구인의 사망으로 말미암아 그 심판절차가 종료되었다."는 것이다. [同旨, 헌재 1997. 1. 16. 89헌마240, 판례집 9-1, 45, 70. 이 사건도 규범통제형 헌법소원이다.]

제2항에 의하여 권리의 본질적 내용을 침해하지 아니하는 한도에서 법률로써 제한할 수도 있다는 점 등을 고려하면, 다음에 있을 헌법개정시에는 이 사건 헌법조항의 존치여부에 대한 고려가 필요하다는 점을 지적해 두기로 한다."

나. 인용결정에 따른 재심

(1) 법 제75조 제7항

(가) 규정의 내용과 대법원의 입장

법 제75조 제7항은 법 제68조 제2항의 규정에 의한 헌법소원이 인용된 경우에 당해 헌법소원과 관련된 소송사건이 이미 확정된 때에는 당사자는 재심을 청구할 수 있다고 규정하고 있다.

대법원은, 법 제75조 제7항의 취지는 당사자의 위헌심판제청신청을 법원이 기각하여 그 신청을 한 당사자가 헌법소원심판을 청구한 경우에 그 헌법소원심판절차 중에도 법원에 계속중인 당해 소송사건의 재판은 정지되지 아니한 채 확정되는 수도 있음을 고려하여, 그 헌법소원이 인용된 경우에 그에 앞서 이미 확정된 당해사건의 구제를 위한 불복수단을 마련해 주고자 함에 있는 것이므로,[368] 위 규정 소정의 "당해 헌법소원과 관련된 소송사건"이라 함은 당해 헌법소원의 전제가 된 당해 소송사건만을 가리키는 것으로 보고 있다.[369]

(나) 헌법재판소의 "합헌 결정" : 헌재 2000. 6. 29. 99헌바66등

헌법재판소는, 위 조항을 '법 제68조 제2항의 헌법소원이 인용된 경우에 당

---

368) 다만 헌법재판소는, 법 제68조 제2항에 따른 헌법소원(A사건) 계속 중 심판대상이 된 법률조항이 다른 사건(B사건)에서 위헌결정이 선고되면 (원래는 함께 선고했어야 하는) A사건의 당사자에게도 재심청구의 기회를 부여하기 위하여(B사건의 당사자는 법 제75조 제7항에 따라 당연히 재심청구를 할 수 있다), 그 법률조항이 위헌임을 확인하는 결정을 선고한다. [헌재 1999. 6. 24. 96헌바67 : "구 상속세법 제9조 제1항(1993.12.31. 법률 제4662호로 개정되기 전의 것) 중 '상속재산의 가액에 가산할 증여의 가액은 … 상속개시 당시의 현황에 의한다.'는 부분은 위헌임을 확인한다."; 헌재 2012. 7. 26. 2009헌바35등 : "구 조세감면규제법(1993.12.31. 법률 제4666호로 전부 개정된 것)의 시행에도 불구하고 구 조세감면규제법(1990.12.31. 법률 제4285호) 부칙 제23조가 실효되지 않은 것으로 해석하는 것은 헌법에 위반됨을 확인한다."]

369) 대법원 1992. 5. 12. 선고, 91누7101 판결; 대법원 1993. 7. 27. 선고, 92누13400 판결; 대법원 2003. 4. 25. 선고, 2003재다248 판결.

해사건의 당사자뿐만 아니라 헌법소원을 제기한 바는 없으나 위헌선언된 법률조항의 적용을 받았던 다른 사건의 당사자도 이미 확정된 관련사건의 재심을 구할 수 있다는 것으로 해석하지 않으면 위헌'이라고 주장하며 제기한 사건에서 (전원일치의 의견으로), "재심은 확정판결에 대한 특별한 불복방법이고 확정판결에 대한 법적안정성의 요청은 미확정판결에 대한 그것보다 훨씬 크다고 할 것이므로 재심을 청구할 권리가 헌법 제27조에서 규정한 재판을 받을 권리에 당연히 포함된다고 할 수 없고, 심판대상법조항[370]에 의한 재심청구의 혜택은 일정한 적법요건하에 법 제68조 제2항에 의한 헌법소원을 청구하여 인용된 자에게는 누구에게나 일반적으로 인정되는 것이고 헌법소원청구의 기회가 규범적으로 균등하게 보장되어 있기 때문에, 심판대상 법조항이 법 제68조 제2항에 의한 헌법소원을 청구하여 인용결정을 받지 않은 사람에게는 재심의 기회를 부여하지 않는다고 하여 위헌이라고 볼 수 없다."는 취지의 합헌결정을 선고하였다.

(다) 헌법재판소의 "한정위헌 의견" : 헌재 2003. 4. 24. 2001헌마386

한편 헌법재판소는 1994. 12. 29. 선고한 93헌바21 헌법소원사건에서, "국가배상법 제2조 제1항 단서 중 '군인 …이 … 직무집행과 관련하여 … 공상을 입은 경우에 본인 또는 그 유족이 다른 법령의 규정에 의하여 재해보상금·유족연금·상이연금 등의 보상을 지급받을 수 있을 때에는 이 법 및 민법의 규정에 의한 손해배상을 청구할 수 없다'는 부분은, 일반국민이 직무집행 중인 군인과의 공동불법행위로 직무집행 중인 다른 군인에게 공상을 입혀 그 피해자에게 공동의 불법행위로 인한 손해를 배상한 다음, 공동불법행위자인 군인의 부담부분에 관하여 국가에 대하여 구상권을 행사하는 것을 허용하지 아니한다고 해석하는 한, 헌법에 위반된다."는 한정위헌결정을 선고하였고, 이에 청구인은 '헌법재판소가 법 제68조 제2항에 의한 헌법소원을 인용하였다'는 이유로 1995. 1.경 법 제75조 제7항에 의하여 대법원 1994. 5. 27. 선고 94다6741 판결을 재심대상판결로 하여 대법원에 재심의 소를 제기하였다. 그러나, 대법원은 "이른바 한정위헌결정이 선고된 경우는 '헌법소원이 인용된 경우'에 해당되지 아니하여 기속력이 없다."는 이유로 2001. 4. 27. 청구인의 재심청구를 기각하는 판결(95재다14)을 선고하였고, 청구인이 이에 대하여 법 제68조 제1항 본문, 제75조 제7항 및 대법원 2001. 4. 27.

370) 헌법재판소법(1997.12.13. 법률 제5454호) 제75조 제7항.

95재다14 판결이 청구인의 기본권을 침해한다면서 헌법소원심판을 청구하였다.

이 사건에서 헌법재판소는 청구인 및 청구인의 승계참가인이 헌법소원을 취하하였다는 이유로 심판절차종료선언을 하였지만(헌재 2003. 4. 24. 2001헌마386),[371] 위 헌법소원심판청구가 취하될 당시 동 사건에 관한 헌법재판소의 최종 평결결과는 (전원일치의 의견으로), "법 제75조 제7항에 대한 이 사건 심판청구에 관하여는 '법 제75조 제7항은 법 제68조 제2항의 헌법소원이 인용된 경우에 한정위헌결정이 포함되지 않는다고 해석하는 한도 내에서 헌법에 위반된다'는 한정위헌결정을 선언하는 것"이었다.[372] 즉, 법 제75조 제7항에서 말하는 '법 제68조 제2항에 의한 헌법소원이 인용된 경우'란 법원이 그의 재판에서 위헌적인 법률을 적용한 경우, 즉 "법원의 재판이 위헌적인 법률에 기인하는 경우"를 의미하는 것이고, 여기서 말하는 '위헌적인 법률'에는 헌법재판소의 결정에 의하여 '단순위헌'으로 선언된 법률뿐만 아니라 '헌법불합치'로 선언된 법률 및 '한정위헌'으로 선언된 법률도 포함된다는 것이다. 그리고 이러한 위헌성 확인의 결과를 법원에 대하여 절차적으로 강제하고자 하는 규정이 바로 법 제75조 제7항의 재심허용규정이라고 하였다.

(라) 당해사건의 유죄확정 후 위헌결정 사이에 합헌결정이 있는 경우

당해사건이 유죄확정되었고 그 후에 헌법재판소가 해당 형벌조항에 대하여 (다른 사람이 제기한 사건에서) 합헌결정을 선고하였다고 하더라도, 후에 헌법재판소에서 동 조항에 대하여 위헌결정을 받은 사람의 경우에는 법 제47조 제3항 단서의 규정과는 관계없이 법 제75조 제7항에 따라 법원에 재심을 청구할 수 있다. 법 제47조 제3항 단서는 형벌조항의 위헌결정에 따른 일반적 소급효를 일정한 경우에 차단하기 위한 규정이므로, 청구인 자신이 위헌결정을 받은 경우에는 (원칙적 장래효가 적용되는) 비형벌조항이든 형벌조항이든 상관없이 재심청구가 허용되어야 하기 때문이다.

371) 〈주문〉 : "이 사건 헌법소원심판절차는 청구인들의 심판청구의 취하로 2003. 2. 11. 종료되었다."

372) 그 밖의 주문은 헌법재판소의 한정위헌결정의 효력을 부인하여 청구인의 재심청구를 기각한 이 사건 대법원판결을 취소하면서, 법 제68조 제1항 본문에 대한 심판청구는 각하한다는 것이었다.

(2) 법 제75조 제6항

법 제75조 제6항의 규정에 의하면 법 제68조 제2항에 따른 헌법소원이 인용된 경우 법 제47조의 규정을 준용하도록 되어 있으므로, 인용의 대상이 된 법률 또는 법률조항이 형벌에 관한 것인 경우에는 동 인용결정은 소급하여 효력이 있고, 따라서 위헌으로 결정된 법률 또는 법률의 조항에 근거한 유죄의 확정판결에 대하여는 재심을 청구할 수 있다. 그리고 이 경우에는 위 제75조 제7항의 경우와는 달리 재심청구권자가 "당해 헌법소원의 전제가 된 당해 소송사건의 당사자"로 제한되는 것이 아니다.

제5장 權利救濟型 憲法訴願審判

1. 개관

가. 권리구제형 헌법소원심판의 의의

법 제68조 제1항의 규정에 의한 헌법소원심판은 공권력의 행사 또는 불행사로 인하여 기본권의 침해를 당한 피해자의 주관적 권리구제에 관한 심판인 점에서, 구체적·개별적인 쟁송사건에 대한 재판인 민사·형사·행정소송 등에 관한 일반법원의 재판과 유사하다고는 하나, 헌법질서의 보장이라는 객관적인 기능[1]도 겸하고 있으므로 그 점에서 위 일반법원의 재판과는 법적 성질을 달리하고 있다.

또한 헌법소원을 인용하는 결정은 모든 국가기관과 지방자치단체를 기속하는 효력 이른바 '일반적 기속력'과 '대세적·법규적 효력'을 가지는 것이고, 이러한 효력은 일반법원의 재판이 원칙적으로 소송당사자에게만 한정하여 미치는 것과는 크게 다르다. 구체적·개별적인 쟁송사건을 다루는 일반법원의 소송절차에 있어서도, 일반 민사소송절차에서는 철저한 당사자처분주의가 인정되고 있으나 일반행정소송이나 형사소송절차에 있어서는 소송의 공익적인 측면을 고려하여 당사자처분주의가 제한된 범위 안에서 인정되고 있는 등 소송의 성질이 다름에 따라서 당사자처분주의를 인정하는 폭이 다른 것인데, 일반쟁송과는 법적 성질을 달리하는 헌법소원심판절차에서 헌법질서의 수호·유지를 위한 헌법적 해명이 특히 필요한 경우에는 당사자처분주의는 훨씬 더 제한된다.[2]

---

1) 우리나라 헌법소원의 객관적 기능의 근거에 대한 고찰은 정태호, "헌법소원심판절차에 있어서의 청구취하의 효력의 제한에 관한 고찰", 공법연구 제24집 제2호, 한국공법학회, 1996. 6, 317-325면 참조.

2) 헌재 1995. 12. 15. 95헌마221등, 판례집 7-2, 697, 749·750; 헌재 2003. 4. 24. 2001헌마386, 판례집 15-1, 443, 455.

나. 권리구제형 헌법소원과 규범통제형 헌법소원의 병합제기

헌법재판소는 아래와 같은 이유에서, 하나의 헌법소원으로 법 제68조 제1항에 의한 청구와 법 제68조 제2항에 의한 청구를 병합하여 제기하는 것이 가능하다고 판시하였다.[3] 즉, ①법 제68조 제1항에 의한 헌법소원과 법 제68조 제2항에 의한 헌법소원은 비록 그 요건과 대상은 다르다고 하더라도 헌법재판소라는 동일한 기관에서 재판을 받고 개인에 의한 심판청구라는 헌법소원의 측면에서는 그 성질이 동일한 점, ②헌법재판소 판례 중에는 법 제68조 제2항의 헌법소원 절차에서 청구변경의 방법으로 예비적 청구를 법 제68조 제2항에 의한 청구에서 법 제68조 제1항에 의한 청구로 변경하는 것을 허용한 예,[4] 법원에 위헌법률심판 제청신청을 한 적이 없는 청구인의 헌법소원심판청구를 법 제68조 제1항에 의한 헌법소원심판청구로 본 예,[5] 법 제68조 제1항에 의한 헌법소원심판청구와 법 제68조 제2항에 의한 헌법소원심판청구를 병합하여 심판한 예[6]가 있는 점, ③헌법재판소가 '헌법재판소 사건의 접수에 관한 규칙'

3) 헌재 2010. 3. 25. 2007헌마933, 공보 162, 714, 717 [각하]. 헌법재판소는 이미 이전에도 하나의 헌법소원으로 제기한 법 제68조 제2항에 의한 심판청구와 법 제68조 제1항에 의한 심판청구를 허용하고, 하나의 결정문에서 양자를 판단한 바 있다.(헌재 1998.10.15. 96헌바77, 판례집 10-2, 573, 576 [각하])

4) 헌재 2007. 10. 25. 2005헌바68. 청구인은 2005. 8. 2. 구 군인연금법 제21조 제5항 제1호 중 '사립학교교직원연금법 제3조의 학교기관' 및 사립학교교직원연금법 제32조 제1항 중 '군인' 부분이 헌법에 위반된다며 이를 주위적·예비적 청구로 하여 헌법재판소법 제68조 제2항에 의한 이 사건 헌법소원심판을 청구하였고, 그 후 2006. 2. 9.자 준비서면을 통하여 예비적 청구를 헌법재판소법 제68조 제1항에 의한 심판청구로 변경하였다.

5) 헌재 2007. 11. 29. 2005헌바12 : "기록에 의하면, 청구인 이○미는 이 사건 심판대상에 대하여 법원에 위헌법률심판 제청신청을 하지 아니한 채 청구인 권○섭과 동일한 심판청구서로 이 사건 헌법소원청구를 한 사실, 접수공무원은 이를 법 제68조 제2항에 의한 헌법소원청구('헌바 소원')로 보아 사건부호를 부여한 사실을 인정할 수 있다. 그런데 청구인 이○미의 헌법소원의 성격을 접수시 부여된 사건부호에 따라 '헌바 소원'으로 본다면, 법원에 위헌법률심판 제청신청을 한 적이 없는 청구인 이○미는 '헌바 소원'의 청구인적격이 없어 위 청구인에 의한 이 사건 헌법소원심판청구는 부적법하다고 할 수밖에 없을 것인바, 이러한 결과는 기본권침해의 구제라는 헌법소원제도의 본질적 기능에 비추어 용납될 수 없고, 또한 헌법소원청구에 대한 사건부호는 헌법재판소의 내부준칙인 '헌법재판소 사건의 접수에 관한 규칙'에 따라 접수공무원이 임의로 부여한 것이므로, 이에 따라 헌법소원의 성격이 결정될 수도 없다. 따라서 청구인 이○미의 이 사건 헌법소원청구는 접수시 부여된 사건부호와 관계없이 법 제68조 제1항에 의한 헌법소원청구('헌마 소원')라고 보아야 할 것이다."

6) 헌재 2003. 10. 30. 2001헌마700, 2003헌바11(병합), 판례집 15-2하, 137 이하.

에 의하여 법 제68조 제1항의 헌법소원사건의 사건부호를 '헌마'로, 법 제68조 제2항의 헌법소원사건의 사건부호를 '헌바'로 달리 부여하고 있지만 이는 편의적인 것에 불과한 점, ④만약 이를 허용하지 않을 경우 당사자는 관련 청구소송을 하나는 법 제68조 제1항에 의한 헌법소원으로, 다른 하나는 법 제68조 제2항에 의한 헌법소원으로 제기하여야 하는데 이는 소송경제에 반하는 점 등이 그것이다.

사례

⊙ 헌재 2011. 9. 29. 2010헌바66[7] : 청구인은 "형법(1995. 12. 29. 법률 제5057호로 개정된 것) 제298조"('이 사건 법률조항')에 대하여 헌법재판소법 제68조 제2항에 의한 헌법소원심판을 청구하였다. 그런데 헌법소원심판청구서에 이 사건 법률조항 외에도 "당해사건을 담당했던 수사기관이 행한 편파적인 수사행위"('이 사건 수사행위')와 "의무교육기관으로 하여금 헌법과목을 필수과목으로 지정하도록 하지 아니한 입법부작위"('이 사건 입법부작위')로 말미암아 청구인의 행복추구권 등 기본권이 침해되었다는 주장을 하면서 그 위헌선언을 구하고 있는바, 이 부분 심판청구는 이 사건 법률조항에 대한 심판청구와 달리 헌법재판소법 제68조 제1항에 의한 것으로 봄이 상당하다. 따라서 이 사건의 심판대상은 ①이 사건 법률조항이 위헌인지 여부, ②이 사건 수사행위가 청구인의 기본권을 침해하여 위헌인지 여부, ③이 사건 입법부작위가 청구인의 기본권을 침해하여 위헌인지 여부이다.[8]

2. 심판청구절차 및 사전심사

가. 심판절차의 개요

청구인이 헌법재판소에 헌법소원심판청구서를 제출하면 사건번호와 사건명이 부여되고 지정재판부의 사전심사를 받게 된다. 지정재판부의 재판장은 심판청구서를 심사하여 심판청구가 부적법하나 보정할 수 있다고 인정하는 경우에는

7) 당해사건 : 부산지방법원 동부지원 2009고정1035 강제추행

8) 〈주문〉 : "1. 형법(1995.12.29. 법률 제5057호로 개정된 것) 제298조는 헌법에 위반되지 아니한다. 2. 이 사건 심판청구 중 '당해 사건을 담당했던 수사기관이 행한 편파적인 수사행위' 및 '의무교육기관으로 하여금 헌법 과목을 필수 과목으로 지정하도록 하지 아니한 입법부작위'에 대한 심판청구를 각하한다."

상당한 기간을 정하여 보정을 요구하여야 한다(法 제72조 제5항, 제28조). 사전심사를 통과하여 전원재판부에 회부되면 본격적인 심리에 들어간다.

나. 심판청구의 절차

(1) 심판청구서의 제출

헌법소원심판청구는 청구서를 헌법재판소에 제출하는 방법에 의하는 것이 원칙이다(法 제26조 제1항). 청구서는 이를 지참하여 제출하는 것이 바람직하다 하겠으나 우송의 방법으로 제출하여도 무방하다. 다만, 이 경우에는 청구기간을 계산함에 있어 우체국의 접수일을 기준으로 하지 않고 실제로 헌법재판소에 접수된 날짜를 기준으로 함이 실무이다. 한편, 2009. 12. 29. 법률 제9839호로 개정되어 2010. 3. 1.부터 시행된 개정법은 「제5장 전자정보처리조직을 통한 심판절차의 수행」을 신설하여 제76조 이하에서 "전자문서에 의한 접수제도"를 도입하였다.

(2) 심판청구서의 기재사항

헌법재판소에 헌법소원의 심판을 청구하고자 하는 자는 헌법소원심판청구서를 제출하여야 한다(法 제26조 제1항). 헌법소원심판청구서에 필요적으로 기재하여야 할 사항은 아래와 같다(法 제71조 제1항, 심판규칙 제68조 제1항).[9]

(가) 청구인 및 대리인의 표시

청구인의 표시란 청구인의 성명, 주소, 전화번호 등의 기재를 의미하며, 주소와는 별도로 송달받기 원하는 곳(송달장소)이 있으면 이를 기재할 수 있다. 대리인의 표시란, 법 제25조 제3항에 의하여 선임된 변호사인 대리인의 성명,[10] 주소(사무소)[11]의 기재를 의미한다. 그리고 대리인의 선임을 증명하는 서류(대리인 선임서)를 첨부하여야 한다. 한편, 법 제70조에 의하여 국선대리인이 먼저 선정된 경우에는(동조 제2항) 국선대리인선정결정 정본을 첨부한다.

---

9) 헌법재판실무제요, 헌법재판소, 2008, 178-181면 참조.

10) 대리인이 법인인 경우에는 법인의 명칭과 담당변호사의 성명을 기재한다.

11) 다만, 헌법재판소의 결정문에서는 대리인의 주소는 기재하지 않는다.

(나) 침해된 권리

헌법소원은 헌법상 보장된 기본권을 침해받은 자가 제기하는 것이므로, 침해된 권리는 헌법상 보장된 기본권[12]을 의미한다.

(다) 침해의 원인이 되는 공권력의 행사 또는 불행사

이는 심판청구서의 기재사항 중 매우 중요한 것으로 헌법소원심판의 대상을 특정하는 기준이 된다. 청구인이 헌법소원심판을 청구하려면 그 심판청구의 취지나 그 이유에서 침해되었다고 주장하는 자기의 **기본권**을 특정하고, 심판청구인이 침해의 원인으로 간주하는 공권력 담당기관의 작위 또는 부작위 등을 특정하여 밝힘으로써 침해된 기본권을 구제받을 수 있는 것인지의 여부에 대한 헌법적 판단을 구하여야 한다.[13] 여러 사람이 공동으로 헌법소원심판을 청구한 경우, 그들은 원래 개별적으로 청구할 수도 있었으나 편의상 하나의 절차에 병합하여 공동헌법소원 형태로 심판을 청구한 것으로서 각자 독립된 지위를 가지므로, 헌법소원심판의 대상인 공권력의 행사 또는 불행사와 침해된 권리가 특정되어 있는지 여부는 청구인별로 개별적으로 판단하여야 한다.[14]

(라) 청구이유

이는 당해 공권력의 행사 또는 불행사가 기본권을 침해하는 이유 또는 헌법에 위반되는 이유를 말한다.

(마) 그 밖에 필요한 사항

이에는 청구기간의 준수여부, 다른 법률에 따른 구제절차의 이행여부와 그에 관한 소명자료의 첨부를 요한다. 나아가 헌법재판소는, 청구인이 헌법소원에 의하여 달성하려는 목적이 무엇인가를 분명히 하기 위하여 '**청구취지**'를 기재하도록 요구하고 있다.

---

12) 이에 대하여는 이 章의 4. 나. (1) 참조.
13) 헌재 1992. 12. 24. 90헌마158, 판례집 4, 922, 926.
14) 헌재 2007. 11. 29. 2005헌마347, 공보 134, 1352, 1354.

다. 사전심사

(1) 지정재판부 각하

헌법재판소에 접수된 헌법소원심판사건은 법 제68조 제1항에 의한 헌법소원과 동조 제2항에 의한 헌법소원을 불문하고 먼저 지정재판부의 사전심사를 거치게 되는데(법 제72조 제1항), 이러한 사전심사는 심판청구의 본안에 대한 판단이 아니라 단지 청구요건의 구비여부만을 심사하는 것이다. 법 제72조가 지정재판부의 사전심사에 관하여 규정을 두고 있는 것은, 심판청구가 부적법함이 명백한 경우 이를 지정재판부의 사전심사 단계에서 간편하게 각하하도록 함으로써 헌법재판소의 업무부담을 덜고 소송경제를 도모하려는 데 그 취지가 있다.[15]

다음의 각 경우에는 지정재판부 재판관 전원의 일치된 의견에 의한 결정으로 심판청구를 각하한다(법 제72조 제3항).

① 다른 법률에 구제절차가 있음에도 불구하고 그 절차를 모두 거치지 아니한 경우(제1호 전단)

② 법원의 재판에 대하여 청구된 경우(제1호 후단)[16]

③ 청구기간이 경과된 경우(제2호)

④ 변호사를 대리인으로 선임하지 않고 청구한 경우(제3호)[17]

⑤ 그 밖에 헌법소원심판의 청구가 부적법하고 그 흠결을 보정할 수 없는 경우

(2) 심판회부

지정재판부가 심판청구를 각하하지 아니하는 경우에는 그 사건을 전원재판부에 회부하는 결정을 하여야 하는데, 심판청구일로부터 30일이 경과할 때까지 각하결정이 없는 때에는 전원재판부에 회부하는 결정이 있는 것으로 본다(법 제72조 제4항). 이와 같이 지정재판부가 30일 이내에 심판회부에 관한 결정을 하지 않

---

15) 헌재 1993. 10. 29. 93헌마222, 판례집 5-2, 372, 376.

16) 다만, 헌법재판소의 법률에 대한 위헌결정(변형위헌결정 포함)에 반하는 법원의 재판에 대하여는 헌법소원심판을 제기할 수 있으나(헌재 1997.12.24. 96헌마172등, 판례집 9-2, 842), 위헌으로 결정된 법률 또는 법률의 조항은 그 결정이 있는 날부터 효력을 상실하므로(법 제47조 제2항), 원칙적으로 동 위헌결정일 이후의 재판이 이에 해당할 것이다.(헌재 1998.4.30. 92헌마239, 판례집 10-1, 435, 441) 이에 대하여는 이 章의 3. 라. 참조.

17) 그러나 청구인 자신이 변호사의 자격을 가진 자인 때에는 각하사유에 해당되지 않는다.

는 경우 그 결정이 있는 것으로 간주하도록 규정하고 있는 이유는 지정재판부가 사전심사를 빙자하여 심판을 지연시키려는 것을 막고자 함에 있다.[18)]

3. 대상적격

법 제68소 제1항은 "공권력의 행사 또는 불행사"[19)]로 인하여 기본권을 침해받은 자가 헌법소원을 청구할 수 있는데, 법 제68조 제1항의 규정에 따른 헌법소원은 그 대상적격(심판대상)을 중심으로 법령소원, 처분소원, 재판소원으로 나눌 수 있다. 후술하는 적법요건과의 관계에서 법령소원은 '직접성' 요건, 처분소원은 '보충성' 요건, 그리고 재판소원은 '재판소원금지' 요건이 주로 문제된다. 이하에서는 먼저 공권력행사의 주체에 관한 판례를 검토하고, 이어서 구체적인 대상적격을 위와 같은 분류에 따라 살펴보기로 한다.

가. 공권력행사의 주체

(1) 의의

법 제68조 제1항에 의하여 헌법소원의 대상이 되는 행위는 국가기관의 공권력작용에 속하여야 한다. 여기서의 국가기관은 입법·행정·사법 등의 모든 기관을 포함하며,[20)] 간접적인 국가행정, 예를 들어 공법상의 사단·재단 등의 공법인, 국립대학교[21)]와 같은 영조물 등의 작용도 헌법소원의 대상이 될 수 있다.

사례

⊙ 헌재 2010. 4. 29. 2009헌마399 : 법학전문대학원협의회(이하 '협의회')는 법

18) 헌재 1993. 10. 29. 93헌마222, 판례집 5-2, 372, 376.

19) 헌재 2018. 4. 26. 2016헌마46 : "헌법재판소법 제68조 제1항은 '공권력의 행사 또는 불행사로 인하여 기본권을 침해받은 자'가 헌법소원을 제기할 수 있다고 규정하고 있고, 여기에서 '공권력'이란 입법권·행정권·사법권을 행사하는 모든 국가기관·공공단체 등의 고권적 작용을 말하며(헌재 2001.3.21. 99헌마139등 참조), 그 행사 또는 불행사로 국민의 권리와 의무에 대하여 직접적인 법률효과를 발생시켜 청구인의 법률관계 내지 법적 지위를 불리하게 변화시키는 것이어야 한다(헌재 2008.1.17. 2007헌마700 등 참조)."

20) 헌재 1990. 10. 15. 89헌마178, 판례집 2, 365, 370.

21) 헌재 1992. 10. 1. 92헌마68등, 판례집 4, 659, 667-668.

학전문대학원법 시행령 제16조 제1항 제1호에 해당하는 법인으로 민법 제32조 및 '공익법인의 설립·운영에 관한 법률' 제4조에 따라 설립된 공익법인인바, 법학전문대학원 제도 및 운영에 관한 학술연구, 법학적성시험의 주관·시행 및 제도·운영에 관한 연구, 변호사자격시험제도에 관한 학술연구 지원사업, 국내·외 법학전문대학원 정보교환 및 상호 협력증진 등의 사업을 수행하고 있다(협의회 정관 제4조 제1호 내지 제4호). 특히 법학적성시험의 주관 및 시행업무는 법학전문대학원법 제24조 제1항, 같은 법 시행령 제16조 제1항에 의하여 교육과학기술부장관으로부터 위임받은 업무로, 협의회는 매년 1회 이상의 적성시험을 실시하고 그 실시계획을 공고하여야 하며(법학전문대학원법 시행령 제16조 제3항) 교육과학기술부장관이 정하는 적성시험의 응시수수료의 납부방법을 정할 수 있는 등(법학전문대학원법 제24조 제2항, 제5항, 법학전문대학원법 시행령 제16조 제4항) 적성시험의 실시에 관하여 일정한 권한을 가짐과 동시에, 교육과학기술부장관으로부터 적성시험의 시행과 관련된 보고 또는 자료의 제출을 요구받기도 하는(동법 제24조 제3항) 등 적성시험의 시행과 관련하여 국가의 관리·감독을 받고 있다. 이와 같은 점을 고려할 때, 협의회는 최소한 적성시험의 주관 및 시행에 관해서는 교육과학기술부장관의 지정 및 권한의 위탁에 의해 관련업무를 수행하는 공권력행사의 주체라고 할 것이다.

---

(2) 공권력행사의 주체성이 부인된 경우

(가) 한국증권거래소

사례

⊙ 헌재 2005. 2. 24. 2004헌마442 : 한국증권거래소(피청구인)는 증권회사를 회원으로 하여 설립된 법인이고(증권거래소법 제76조의2), 원칙적으로 피청구인의 회원이 아닌 자는 유가증권시장에서의 매매거래를 하지 못하며(동법 제85조 제1항), 유가증권시장에 유가증권을 상장하려는 법인은 피청구인과의 사이에 피청구인이 제정한 유가증권상장규정 등을 준수하겠다는 상장계약을 체결하는 것이다. 따라서 유가증권의 상장은 피청구인과 상장신청법인 사이의 "상장계약"이라는 사법상의 계약에 의하여 이루어지는 것이고, 상장폐지결정 및 상장폐지확정결정 또한 그러한 사법상의 계약관계를 해소하려는 피청구인의 일방적인 의사표시라고 봄이 상당하다. 결론적으로, 이 사건 상장폐지확정결정은 헌법소원의 대상이 되는 공권력의 행사에 해당하지 아니하므로 이를 대상으로 한 심판청구는 부적법하다.

(나) 한국감정평가협회

사례

⊙ 헌재 2006. 7. 27. 2005헌마307 : 공권력행사의 주체가 아닌 한국감정평가협회가 제정한 토지보상평가지침은 헌법소원의 대상이 되는 공권력의 행사에 해당하지 아니하므로, 위 토지보상평가지침의 조항에 대한 심판청구는 부적법하다.

(다) 한국방송공사

사례

⊙ 헌재 2006. 11. 30. 2005헌마855 : 방송법은 "한국방송공사 직원은 정관이 정하는 바에 따라 사장이 임면한다."고 규정(제52조)하는 외에는 직원의 채용관계에 관하여 달리 특별한 규정을 두고 있지 않으므로, 피청구인(한국방송공사)의 이 사건 공고 내지 직원채용은 피청구인의 정관과 내부 인사규정 및 그 시행세칙에 근거하여 이루어질 수밖에 없다. 그렇다면 피청구인의 직원채용관계는 특별한 공법적 규제 없이 피청구인의 자율에 맡겨진 셈이 되므로 이는 사법적인 관계에 해당한다고 봄이 상당하다. 또한 직원채용관계가 사법적인 것이라면, 그러한 채용에 필수적으로 따르는 사전절차로서 채용시험의 응시자격을 정한 이 사건 공고 또한 사법적인 성격을 지닌다고 할 것이다. 그렇다면 이 사건 공고는 헌법소원으로 다툴 수 있는 '공권력의 행사'에 해당하지 않는다.[22]

(라) 정당

사례

⊙ 헌재(제1지정재판부) 2007. 10. 30. 2007헌마1128 : 정당은 국민의 이익을 위하여 책임 있는 정치적 주장이나 정책을 추진하고 공직선거의 후보자를 추천 또는 지지함으로써 국민의 정치적 의사형성에 참여함을 목적으로 하는 국민의 자발적 조직으로(정당법 제2조), 그 법적 성격은 일반적으로 사적·정치적 결사 내지는 법인격 없는 사단으로 파악되고 있고, 이러한 정당의 법률관계에 대하여는 정당법의 관계조문 이외에

22) 이에 대하여 재판관 3인은 "방송법에 따르면 한국방송공사는 국가기간방송으로 방송의 공정성과 공익성을 실현하고, 그 자본금 전액을 정부가 출자하고 재원도 주로 국민이 납부하는 텔레비전 방송수신료로 충당되고 있으며, 이사는 방송위원회의 추천으로 대통령이 임명하고 사장은 이사회의 제청으로 대통령이 임명하며, 그 회계결산은 방송위원회와 국회에 제출하여 승인을 얻어 확정·공표하며 외부감사는 감사원법에 따라 감사원이 실시한다. 이

일반 사법규정이 적용된다. 그리고 정당의 대통령선거 후보선출은 자발적 조직 내부의 의사결정에 지나지 아니한다. 그렇다면 정당은 위에서 본 공권력의 주체에 해당하지 아니하고, 따라서 청구인들 주장과 같이 한나라당이 대통령선거 후보경선과정에서 여론조사 결과를 반영한 것을 일컬어 헌법소원심판의 대상이 되는 공권력의 행사에 해당한다 할 수 없다.

(마) 사립학교 법인

사례

⊙ 헌재 2013. 5. 30. 2009헌마514 : 학교법인 이화학당의 이 사건 모집요강[23]이 헌법소원의 대상이 되는 공권력의 행사로 볼 수 있느냐 하는 점은, 사립학교법인인 학교법인 이화학당을 공권력의 주체로 볼 수 있느냐 하는 문제와 직결된다. 법학전문대학원은 교육기관으로서의 성격과 함께 법조인 양성이라는 국가의 책무를 일부 위임받은 직업교육기관으로서의 성격을 가지고 있기는 하나(헌재 2009. 2. 26. 2008헌마370, 판례집 21-1상, 292, 305-307 참조), 이화여자대학교는 사립대학으로서 국가기관이나 공법인, 국립대학교와 같은 공법상의 영조물에 해당하지 아니하고, 일반적으로 사립대학과 그 학생과의 관계는 사법상의 계약관계이므로 학교법인 이화학당을 공권력의 주체라거나 그 모집요강을 공권력의 행사라고 볼 수 없다. 따라서 이 사건 모집요강은 헌법소원심판의 대상이 되는 공권력의 행사라고 볼 수 없으므로 이 부분 심판청구는 부적법하다.[24]

러한 사정에 비추어 볼 때 한국방송공사는 공법인 중에서도 특히 공공적 성격이 강하다고 할 수 있을 뿐만 아니라, 한국방송공사의 이 사건 공고처럼 국민의 기본권을 침해할 소지가 있는 경우에 이미 채용된 직원의 근무관계는 사법적인 관계에 해당하므로 법원에 민사소송을 제기함으로써 구제받을 수 있는 것과 달리, 단지 피청구인에 대한 입사지원을 준비하는 당사자가 일반법원에 채용공고의 무효확인소송을 제기하거나 집행정지신청을 한 경우에 이것이 허용되어 구제된 사례를 발견할 수도 없다. 그렇다면 이 사건 공고는 공권력 행사에 준하는 것으로 보아, 이 사건을 각하할 것이 아니라 본안에 들어가 위헌여부를 판단하는 것이 옳다."는 취지의 반대의견을 제시하였다.

23) 학교법인 이화학당의 2010학년도 법학전문대학원 모집요강 중 여성만을 입학자격요건으로 한 부분.

24) 이 사건 심판의 대상은 「주위적으로 ①교육부장관이 2008. 9. 1. 학교법인 이화학당에게 한 법학전문대학원 설치인가 중 여성만을 입학자격요건으로 하는 입학전형계획을 인정한 부분 및 ②학교법인 이화학당의 2010학년도 법학전문대학원 모집요강 중 여성만을 입학자격요건으로 한 부분, 예비적으로 ③교육부장관이 학교법인 이화학당의 2010학년도 법학전문대학원 모집요강에서 여성만을 입학자격요건으로 한 부분에 대해 시정조치를 하지 아니한 부작위가 청구인들의 기본권을 침해하는지 여부」였는바, 심판청구 중 ① 부분은 위 인가처

나. 법령소원

(1) 법률, 조약, 긴급명령

(가) 법률

1) 의의

법 제68조 제1항 본문에 규정된 공권력 가운데는 입법권도 당연히 포함되므로[25] 법률에 대한 헌법소원도 가능하나,[26] 법률의 개폐는 입법기관의 소관사항이므로 이를 요구하는 것은 헌법소원심판청구의 대상이 될 수 없다.[27]

2) "시행중인 유효한 법률"이 원칙적 대상

법률이 법 제68조 제1항에 따른 헌법소원의 대상이 되려면 현재 시행중인 유효한 것이어야 함이 원칙이다. 그러므로 헌법소원심판 청구 후에 당해 심판대상조항에 대하여 헌법재판소에서 (다른 사건에서) 위헌결정을 선고하였다면 이제 그 조항의 위헌여부는 더 이상 심판의 대상이 될 수 없어 동 심판청구는 부적법하다.[28] 그러나, 법률이 일반적 효력을 발생하기 전이라도 공포되어 있는 경우에는 그 법률에 대하여 예외적으로 헌법소원을 제기할 수 있는 경우가 있다.[29]

분이 과잉금지원칙에 위배하여 남성인 청구인의 직업선택의 자유를 침해하지 않는다는 이유로 기각되고, ③ 부분은 헌법에서 유래하는 구체적 작위의무가 인정되는 공권력의 불행사를 대상으로 한 것이 아니라는 이유로 부적법 각하되었다.

25) 우리 법 제68조 제2항의 규범통제형 헌법소원과 같은 제도가 없는 독일연방헌법재판소법 제93조 제3항은 "헌법소원이 법률에 대하여 또는 권리구제절차가 없는 기타의 고권행위에 대하여 청구되는 경우, 헌법소원을 법률 시행후 또는 고권행위의 발령후 1년 이내에 청구하여야 한다."고 규정하고, 제95조 제3항(제1문)은 "법률에 대한 헌법소원이 인용된 경우에는 당해 법률이 무효임을 선언하여야 한다."고 규정하여, 명문으로 법률이 헌법소원의 대상이 됨을 인정하고 있다.

26) 즉, 법률은 원칙적으로 헌법소원의 대상성(대상적격)이 인정된다는 의미이다. 헌재 1990. 6. 25. 89헌마220, 판례집 2, 200, 203.

27) 헌재 1992. 6. 26. 89헌마132, 판례집 4, 387, 405; 헌재 2001. 7. 19. 2000헌마703, 판례집 13-2, 113, 118-119.

28) 헌재 1994. 4. 28. 92헌마280, 판례집 6-1, 443, 446.

29) 헌재 1994. 12. 29. 94헌마201 : "이 사건 법률(경기도남양주시등33개도농복합형태의시설치등에관한법률)은 1994. 8. 3. 법률 제4774호로 공포되었고 1995. 1. 1.부터 시행된다. 이 사건 법률이 시행되면 즉시 중원군은 폐지되고 충주시에 흡수되므로 이 사건 법률이 효력발생하기 이전에 이미 청구인들의 권리관계가 침해될 수도 있다고 보여지고, (1994.9. 26. 헌법소원제기 당시) 현재의 시점에서 청구인들이 불이익을 입게 될 수도 있다는 것을 충

한편, 공포되기 전의 법률에 대하여도 헌법소원이 가능한 경우가 있다. 즉, '재외동포의 출입국과 법적 지위에 관한 법률'은 1999. 8. 12. 국회 본회의를 통과하여 같은 달 19. 정부에 이송된 후 같은 해 9. 2. 공포되어 같은 해 12. 3.부터 시행되었는데, 공포 전인 같은 해 8. 23. 청구된 헌법소원에 대하여 그 대상성을 인정한 사례[30]가 있다. 나아가 헌법재판소는 개정법률안을 정부가 발의한 상태에서 제기된 헌법소원에 대하여, 동 법률안이 심판청구 후 국무회의를 거쳐 국회에서 통과된 후 공포되었다는 이유로 직권으로, 확정·공포된 동 법률안의 해당 조항으로 심판대상을 변경하기도 하였다.[31]

사례

⊙ 헌재 2008. 1. 17. 2006헌마1075 : 구 '공직선거 및 선거부정방지법'(2005. 8. 4. 법률 제7681호로 '공직선거법'으로 개정되기 전의 것) 제18조 제1항 제3호 중 '정치자금에 관한 법률 제30조(정치자금부정수수죄)' 부분은 이미 폐지된 규정이지만, 2005. 8. 4. 개정된 공직선거법 부칙 제5조(선거권 및 피선거권에 관한 경과조치)에 의하면 "이 법 시행 전에 제18조(선거권이 없는 자) 제1항 제3호의 개정규정에 해당하는 죄를 범한 자의 선거권과 피선거권은 종전의 예에 따른다."고 되어 있으며, 청구인은 공직선거법 시행 전에 해당 범죄를 범하였으므로 구 '공직선거 및 선거부정방지법' 제18조 제1항 제3호의 적용대상이 된다.

3) 조약

헌법 제6조는 헌법에 의하여 체결·공포된 조약은 국내법과 같은 효력을 가진다고 규정하고 있다. 따라서 이러한 조약은 헌법소원의 대상이 된다.

사례

⊙ 헌재 2001. 3. 21. 99헌마139등 : 헌법소원심판의 대상이 되는 것은 헌법에 위반된 "공권력의 행사 또는 불행사"이다. 여기서 '**공권력**'이란 입법권·행정권·사법권을 행사하는 모든 국가기관·공공단체 등의 고권적 작용이라고 할 수 있는바, 이 사건 협정[32]은 우리나라 정부가 일본 정부와의 사이에서 어업에 관해 체결·공포한 조

분히 예측할 수 있으므로 기본권침해의 현재성이 인정된다."

30) 헌재 2001. 11. 29. 99헌마494, 판례집 13-2, 714, 723.

31) 헌재 2001. 7. 19. 2000헌마703, 판례집 13-2, 113, 117.

32) '대한민국과 일본국간의 어업에 관한 협정'(1998.11.23. 조약 제1477호로 체결되고 1999.1.

약(조약 제1477호)으로서 헌법 제6조 제1항에 의하여 국내법과 같은 효력을 가지므로, 그 체결행위는 고권적 행위로서 '공권력의 행사'에 해당한다.

---

4) 긴급명령

헌법은 제76조에서 "대통령은 내우·외환·천재·지변 또는 중대한 재정 ·경제상의 위기에 있어서 국가의 안전보장 또는 공공의 안녕질서를 유지하기 위하여 긴급한 조치가 필요하고 국회의 집회를 기다릴 여유가 없을 때에 한하여, 최소한으로 필요한 재정·경제상의 처분을 하거나 이에 관하여 법률의 효력을 가지는 명령을 발할 수 있다(제1항). 대통령은 국가의 안위에 관계되는 중대한 교전상태에 있어서 국가를 보위하기 위하여 긴급한 조치가 필요하고 국회의 집회가 불가능한 때에 한하여, 법률의 효력을 가지는 명령을 발할 수 있다(제2항)."고 규정하고 있다. 이러한 법률의 효력을 가지는 대통령의 긴급명령도 헌법소원의 대상이 된다.

사례

⊙ 헌재 1996. 2. 29. 93헌마186 : 이 사건 긴급명령[33]이 통치행위로서 헌법재판소의 심사대상에서 제외되는지에 관하여 살피건대, (…) 이른바 통치행위를 포함하여 모든 국가작용은 국민의 기본권적 가치를 실현하기 위한 수단이라는 한계를 반드시 지켜야 하는 것이고, 헌법재판소는 헌법의 수호와 국민의 기본권보장을 사명으로 하는 국가기관이므로 비록 고도의 정치적 결단에 의하여 행해지는 국가작용이라고 할지라도 그것이 국민의 기본권침해와 직접 관련되는 경우에는 당연히 헌법재판소의 심판대상이 될 수 있는 것일 뿐만 아니라, 긴급재정경제명령은 법률의 효력을 갖는 것이므로 마땅히 헌법에 기속되어야 할 것이다. 따라서 이 사건 긴급명령이 통치행위이므로 헌법재판의 대상이 될 수 없다는 법무부장관의 주장은 받아들일 수 없다.

---

(2) 입법부작위

(가) 의의

넓은 의미의 입법부작위에는 첫째, 입법자가 헌법상 입법의무가 있는 어떤 사항에 관하여 전혀 입법을 하지 아니함으로써 입법행위의 **흠결**이 있는 경우(즉,

22. 발효된 것)

33) '금융실명거래 및 비밀보장에 관한 긴급재정경제명령'(대통령 긴급재정경제명령 제16호)

입법권의 불행사)와 둘째, 입법자가 어떤 사항에 관하여 입법은 하였으나 그 입법의 내용·범위·절차 등이 당해 사항을 불완전·불충분 또는 불공정하게 규율함으로써 입법행위에 **결함**이 있는 경우(즉, 결함이 있는 입법권의 행사)가 있는데, 일반적으로 전자를 "진정입법부작위", 후자를 "부진정입법부작위"라고 부르고 있다.[34]

입법자가 혜택부여규정에서 일정한 인적 집단을 배제한 경우, 그 규정의 인적 대상범위의 확대를 구하는 헌법소원은 비록 외형적으로는 진정입법부작위에 대한 헌법소원과 유사하나 실질은 그러하지 아니하다. 입법자의 하자있는 행위는 언제나 올바른 행위의 부작위로 해석될 수 있다는 의미에서 이러한 부작위는 입법자가 혜택부여규정의 제정을 통하여 내린 적극적인 결정의 반사적 효과일 뿐이기 때문이다.[35]

한편, 어떠한 사항을 법규로 규율할 것인가의 여부는 특단의 사정이 없는 한 입법자의 정치적·경제적·사회적 각종 고려하에서 정하여지는 입법정책의 문제이므로, 국민이 국회에 대하여 일정한 입법을 해 달라는 청원을 함은 별론으로 하고 법률의 제정을 청구하는 헌법소원은, ①헌법에서 기본권보장을 위해 법령에 명시적인 입법위임을 하였음에도 입법자가 이를 방치하고 있거나, ②헌법해석상 특정인에게 구체적인 기본권이 생겨 이를 보장하기 위한 국가의 행위의무 내지 보호의무가 발생하였음이 명백함에도 입법자가 전혀 아무런 입법조치를 취하고 있지 않은 경우(이른바 '진정입법부작위')가 아니면 원칙적으로 인정될 수 없다.[36]

사례

⊙ 헌재 2007. 12. 29. 2006헌마876[37] : 청구인은 청구인이 처벌을 받게 된 근거조항인 '보건범죄단속에 관한 특별조치법' 제5조와 구 의료법 제25조의 내용 자체의 불완전성을 다투고 있는 것이 아니라, 비의료인도 문신시술을 업으로 할 수

34) 헌재 1996. 11. 28. 95헌마161, 공보 19, 93, 96, 판례집 미수록.

35) 헌재 1996. 11. 28. 93헌마258, 판례집 8-2, 636, 644-645; 헌재 2001. 11. 29. 99헌마494, 판례집 13-2, 714, 723; 헌재 2009. 6. 25. 2008헌마393, 판례집 21-1하, 915, 919; 헌재 2011. 2. 24. 2009헌마94, 공보 173, 420, 422-423.

36) 헌재 1989. 3. 17. 88헌마1, 판례집 1, 9, 16; 헌재 1993. 11. 25. 90헌마209, 판례집 5-2, 433, 442; 헌재 1995. 5. 25. 90헌마196, 판례집 7-1, 669, 676; 헌재 2017. 12. 28. 2016헌마45, 공보 255, 174, 178.

37) 이 사건의 결정문에는 피청구인이 "대한민국 국회"로 기재되어 있다.

있도록 입법자가 입법을 하지 않은 것, 즉 입법자가 문신시술업자를 보호하기 위한 입법을 적극적으로 해야 하는데 아무런 조치도 취하지 않고 있는 것이 청구인의 기본권을 침해한다고 주장하며 이를 적극적으로 다투고 있으므로, 이는 **진정입법부작위**에 해당한다. [각하 - 입법의무 부인]

⊙ 헌재 2017. 12. 28. 2016헌마45[38] : 청구인들이 독서실의 실내소음 규제기준을 따로 규정하지 않았다며 위 조항들의 위헌성을 부진정입법부작위의 형태로 다투고 있지만, 이는 입법자가 사업장의 실내소음에 관하여 어떠한 입법적 규율을 하였는데 그 내용이 불완전·불충분한 경우라기보다는, 애당초 모든 사업장의 실내소음을 규제하는 기준에 관한 입법적 규율 자체를 전혀 하지 않은 경우이므로 그 실질이 **진정입법부작위**를 다투는 것이라 할 것이다. [각하 - 입법의무 부인]

(나) 입법의무의 인정여부에 대한 심사

헌법상의 입법의무를 어느 정도로 인정하는가의 문제는 바로 입법자와 헌법재판소 사이의 헌법을 실현하고 구체화하는 공동의무 및 과제의 배분과 직결되는 문제라 할 것이다. 입법자와 헌법재판소는 모두 헌법규범의 구속을 받고, 입법자는 입법작용을 통하여, 헌법재판소는 헌법의 해석과 적용을 통한 헌법재판의 형태로 각각 헌법을 구체화하고 실현한다. 그런데 어떠한 사항을 법규로 규율할 것인가, 이를 방치할 것인가는 특단의 사정이 없는 한 입법자의 정치적·경제적·사회적 그리고 세계관적 고려 아래 정해지는 사항인 것이고, 따라서 일반국민이 입법을 해 달라는 취지의 청원권을 향유하고 있음은 별론하고 입법행위의 소구청구권은 원칙적으로 인정될 수 없다. 만일 법을 제정하지 아니한 것이 위헌임을 탓하여 이 점에 관하여 헌법재판소의 위헌판단을 받아 입법당국으로 하여금 입법을 강제하게 하는 것이 일반적으로 허용된다면, 결과적으로 헌법재판소가 입법자의 지위에 갈음하게 되어 헌법재판의 한계를 벗어나게 된다. 따라서 헌법상의 **권력분립원칙**과 **민주주의원칙**은 입법자의 민주적 입법형성의 자유를 보장하기 위하여 입법자의 헌법적 입법의무는 예외적으로만 이를 인정하고, 되도록이면 헌법에 명시적인 위임이 있는 경우만으로 제한할 것을 요구한다. 결국 입법부작위에 대한 헌법재판소의 재판관할권은 극히 한정적으로 인정할 수밖에 없다.[39]

38) 이 사건의 결정문에는 피청구인의 기재가 없다.

39) 헌재 1989. 3. 17. 88헌마1, 판례집 1, 9, 16-17 ; 헌재 2003. 6. 26. 2000헌마509, 판례집 15-1, 741, 749; 헌재 2010. 3. 25. 2007헌마933, 공보 162, 714, 717.

입법부작위에 대한 헌법재판의 이와 같은 한계 속에서 입법의무 위반은, 국가가 기본권을 효율적으로 보호하기 위해 입법이 유일한 수단인데도 입법자가 전혀 입법을 하지 않고 있을 때에 한하여 확인할 수 있다. 입법자가 입법을 통하여 기본권의 보호의무를 최대한 실현하는 것이 이상적이지만, 이것은 원칙적으로 입법재량에 속하는 사항이다.[40]

입법의무가 인정된 사례

⊙ 헌재 1994. 12. 24. 89헌마2[41] : 우리 헌법은 제헌이래 현재까지 일관하여 재산의 수용·사용 또는 제한에 대한 보상금을 지급하도록 규정하면서 이를 법률이 정하도록 위임함으로써 국가에게 명시적으로 수용 등의 경우 그 보상에 관한 입법의무를 부과하여 왔는바, 해방 후 사설철도회사의 전 재산을 수용하면서 그 보상절차를 규정한 군정법령 제75호에 따른 보상절차가 이루어지지 않은 단계에서 '조선철도의 통일 폐지법률'에 의하여 위 군정법령이 폐지됨으로써 대한민국의 법령에 의한 수용은 있었으나 그에 대한 보상을 실시할 수 있는 절차를 규정하는 법률이 없는 상태가 현재까지 계속되고 있으므로, 대한민국은 위 군정법령에 근거한 수용에 대하여 보상에 관한 법률을 제정하여야 하는 입법자의 헌법상 명시된 입법의무가 발생하였으며, 위 폐지법률이 시행된 지 30년이 지나도록 입법자가 전혀 아무런 입법조치를 취하지 않고 있는 것은 입법재량의 한계를 넘는 입법의무 불이행으로서, 보상청구권이 확정된 자의 헌법상 보장된 재산권을 침해하는 것이다.

[**주문** : "재조선미국육군사령부군정청법령 제75호 조선철도의통일(1946.5.7. 제정)을 폐지한 조선철도의통일폐지법률(1961.12.30. 법률 제922호)이 시행되기 전에 같은 군정청법령 제2조에 의하여 수용된 조선철도주식회사, 경남철도주식회사 및 경춘철도주식회사 재산의 재산관계권리자로서 같은 법령 제3조에 따라 같은 군정청 운수부장에게 보상청구서면을 제출하여 위 수용으로 인한 보상청구권을 포기하지 않은 것으로 확정된 자 또는 그 보상청구권을 승계취득한 자에 대하여 위 수용으로 인한 손실보상금을 지급하는 절차에 관한 법률을 제정하지 아니하는 입법부작위는 위헌임을 확인한다."][42]

---

40) 헌재 2009. 11. 26. 2008헌마385, 공보 158, 2219, 2225-2226.

41) 이 사건의 결정문에는 피청구인의 기재가 없다.

42) 그런데 위 위헌확인결정 이후에도 손실보상금 지급을 위한 입법을 지연하자, 위 89헌마2 사건의 청구인은 국가가 보상근거법령을 마련할 의무가 있음에도 불구하고 위헌결정일로부터 1년 이상이 경과하였는데도 그 의무이행을 해태하고 이를 입법하지 않았으므로 불법행위가 성립하였다고 주장하면서 1996. 4. 25. 서울지방법원에 손실보상금 상당액의 지급을 구하는 조정신청을 하였고, 조정이 성립되지 아니하여 본안소송으로 이행되었다. 위 본안소송이 계속중인 2001. 1. 16. 위 군정법령에 의하여 수용된 사설철도에 관한 보상청구권자의 범위, 보상금액의 산정방법 및 보상금의 지급절차 등을 규정한 '사설철도 주식회사

⊙ 헌재 2016. 4. 28. 2015헌마1177[43] : 먼저 헌법은 입법자인 피청구인에게 국회의원선거의 선거구를 입법하도록 명시적으로 위임하고 있다. 즉, 헌법 제41조는 제1항에서 국회는 국민의 보통·평등·직접·비밀선거에 의하여 선출된다고 하여 국회의원선거에서의 선거원칙을 규정하고, 제2항에서는 국회의원 수의 하한을 규정한 다음, 제3항에서 "국회의원의 선거구와 비례대표제 기타 선거에 관한 사항은 법률로 정한다." 라고 규정하여, 국회의원선거에 관한 사항에 대한 법률유보를 규정하고 있다. 그 중에서도 특히, 국회의원선거에 있어 필수적인 요소라고 할 수 있는 선거구에 관하여는 헌법에서 직접적으로 법률로 정하도록 위임하고 있다. 따라서 입법자가 국회의원선거에 관한 사항을 법률로 규정함에 있어서 폭넓은 입법형성의 자유를 가진다고 하여도, 선거구에 관한 입법을 할 것인지 여부에 대해서는 입법자에게 어떤 형성의 자유가 존재한다고 할 수 없으므로, 피청구인에게는 국회의원의 선거구를 입법할 명시적인 헌법상 입법의무가 존재한다 할 것이다.

나아가 헌법 해석상으로도 피청구인에게 국회의원의 선거구를 입법할 의무가 인정된다. 헌법은 국민주권의 실현방법으로 대의민주주의를 채택하고 있는데, 헌법 제24조의 선거권은 헌법 제25조의 공무담임권과 함께 대의제도를 작동시키는 데 필수적인 요소로서, 대의기관을 구성하는 국민의 대표자를 선출하는 권리이다. 즉, 선거라는 것은 대의제도를 구성하는 개념요소이자 이를 실현하는 수단인 것이다. 이러한 선거를 통해서 국민은 국가의 통치와 운영을 담당할 대표자를 선출하고 그에게 일정한 기간 동안 국가적 의사결정권을 위임하므로, 선거는 선거를 통하여 선출된 대표자의 의사결정에 민주적 정당성을 부여하는 작용과 기능을 하게 된다. 그런데 선거구는 개별 국회의원 후보자가 실제로 선거운동을 하고 그에 대한 투표가 이루어지는 장소적 범위가 된다. 만약 선거구의 공백이 발생하는 경우 실질적으로 선거운동을 할 수 없다는 점에서 선거구는 선거운동의 자유를 보장하기 위한 전제가 되는 것은 물론, 국회의원 후보자의 피선거권 및 선거권자의 선거권 실현의 기초가 되는 것이다. 그렇다면 헌법 해석상으로도 국민주권의 원리와 대의민주주의 원리를 구현하고 국민의 선거권 및 피선거권을 보장하기 위하여 국회의원의 선거구를 입법할 의무를 입법자에

주식소유자에 대한 보상에 관한 법률'이 제정·공포되어 2001. 7. 1.부터 시행되었다. 청구인은 위 법이 규정하고 있는 보상은 보상청구권자들의 보상청구권을 정당하게 평가하여 피수용재산의 객관적 재산가치를 완전하게 보상하지 아니하고 그에 훨씬 못 미치는 보상내용을 규정하고 있으므로, 헌법상의 평등원칙(헌법 제11조 제1항) 및 재산권 수용시의 정당보상의 원칙(헌법 제23조 제3항)에 위배된다고 주장하면서 위헌제청신청을 하였고, 서울고등법원은 그 신청을 받아들여 2002. 4. 9. 위 법 제4조 제2항 제1호, 제3항, 제4항에 대하여 헌법재판소에 위헌여부의 심판을 제청하였다. 이 사건은 헌법재판소에서 합헌결정이 선고되었다.(헌재 2002.12.18. 2002헌가4, 판례집 14-2, 762 이하)

43) 이 사건의 결정문에는 피청구인이 "대한민국 국회"로 기재되어 있다.

게 부여하였다고 할 것이다.[44)]

입법의무가 부인된 사례

⊙ 헌재 2010. 3. 25. 2007헌마933[45)] : 헌법 제23조 제3항은 "공공필요에 의한 재산권의 수용·사용 또는 제한 및 그에 대한 보상은 법률로써 하되, 정당한 보상을 지급하여야 한다."라고 규정하고 있으나, 위 헌법규정으로부터 경제자유구역법에 의하여 토지를 수용하는 경우 현금보상 외에 토지소유자에게 환지방식에 의한 보상 내지 환지청구권을 보장하는 규정을 두어야 한다는 명시적인 입법위임을 도출해 낼 수 없고, 달리 그러한 내용의 법률을 제정함으로써 피수용토지 소유자의 기본권을 보호하여야 할 입법자의 행위의무 내지 보호의무가 존재한다고 볼 근거가 없으므로, 이러한 입법의무가 있음을 전제로 한 이 부분 심판청구는 부적법하다.

⊙ 헌재 2010. 7. 29. 2008헌마664등[46)] : '비시각장애인의 직업의 자유와 시각장애인 안마사들의 생존권을 조화시킬 수 있는 법률' 또는 '비시각장애인 수기요법사들이 일정 부분 수기업에 종사할 수 있도록 하는 법률'을 제정하여야 한다는 헌법상의 명시적 위임은 찾아볼 수 없고, 달리 그러한 내용의 법률을 제정함으로써 청구인들의 기본권을 보호하여야 할 입법자의 행위의무 내지 보호의무가 존재한다고 볼 아무런 근거가 없는바, 그렇다면 청구인들이 주장하는 바와 같은 입법자의 입법의무는 존재

---

44) 다만 헌법재판소는, "헌법소원심판은 국민의 기본권 침해를 구제하는 제도이므로 헌법소원 심판청구가 적법하려면 심판청구 당시는 물론 결정 당시에도 권리보호이익이 있어야 함이 원칙이다(헌재 2014.4.24. 2012헌마2 참조). 그런데 여당과 야당은 2016. 2. 23. 선거구획정기준에 최종 합의하였고, 이어 획정위는 2016. 2. 28. 선거구획정안을 의결하여 국회의장에게 제출하였으며, 2016. 3. 2. 피청구인이 제20대 국회의원선거를 위한 국회의원지역구의 명칭과 그 구역이 담긴 공직선거법 개정안을 가결함에 따라, 위 개정 공직선거법은 그 다음 날 공포되어 시행되었다(법률 제14073호). 이로써 선거구에 관한 법률을 제정하지 아니하고 있던 피청구인의 입법부작위 상태는 해소되었고, 획정된 선거구에서 국회의원후보자로 출마하거나 선거권자로서 투표하고자 하였던 청구인들의 주관적 목적도 달성되었다 할 것이므로, 청구인들에 대한 권리보호이익은 소멸되었다. 결국 청구인들의 이 사건 입법부작위에 대한 심판청구는 권리보호이익이 없어 부적법하다."는 이유로 **각하결정**을 선고하였다. [이 결정에는 "피청구인에게 헌법상 입법의무가 있고 피청구인이 그 헌법상 입법의무의 이행을 지체하였다는 점은 법정의견과 그 견해를 같이 하나, 법정의견과 달리 예외적으로 심판의 이익을 인정할 수 있는 경우에 해당하므로 본안판단에 나아가야 하며, 피청구인의 위 입법부작위가 청구인들의 기본권(제20대 국회의원선거에 출마하고자 하는 자와 예비후보자로 등록한 자의 헌법상 보장된 선거운동의 자유 및 선거권자의 선거권)을 침해하여 헌법에 위반된다."는 재판관 4인의 반대의견이 있다.]

45) 이 사건의 결정문에는 피청구인이 "국회"로 기재되어 있다.

46) 이 사건의 결정문에는 피청구인이 "국회의장"으로 기재되어 있다.

하지 않는다고 할 것이므로, 입법자에게 위와 같은 입법의무가 존재함을 전제로 하는 이 부분 심판청구는 부적법하다.

⊙ 헌재 2013. 9. 26. 2012헌마562[47] : 기소유예처분에 대하여 피의자가 불복하여 재판을 받을 수 있는 절차를 마련하는 법률을 제정할 것을 입법자에게 위임하는 명시적인 헌법의 규정이 없을 뿐만 아니라, 헌법해석상으로도 이러한 입법의무가 도출된다고 보기 어려우므로 이 사건 입법부작위에 대한 심판청구는 부적법하다.

(다) 헌법상 입법의무의 이행지체

입법자가 헌법상 입법의무를 지고 있다고 하여서 그 의무 불이행의 모든 경우가 바로 헌법을 위반한 경우라고는 단정할 수 없다. 그러나 입법자는 헌법에서 구체적으로 위임받은 입법을 자의적으로 지연시킬 수는 없으므로, 예컨대 헌법이 위임한 선거구에 관한 입법의무를 상당한 기간을 넘어 정당한 사유 없이 해태하였다면, 입법자는 선거구에 관한 법률을 제정하여야 할 입법의무의 이행을 지체하였다고 보아야 할 것이다.[48]

(라) 부진정입법부작위의 경우

한편, 입법은 하였으나 문언(文言)상 명백히 하지 않고 반대해석으로 그 규정의 의미를 알 수 있도록 한 이른바 '부진정입법부작위'의 경우 또는 기본권보장을 위한 법규정이 불완전하여 그 보충을 요하는 경우에는 그 불완전한 법규자체를 대상으로 하여 그것이 헌법위반이라는 적극적인 헌법소원을 제기하여야 한다.[49] 그러나 당사자가 부진정입법부작위로 다툰다고 하더라도, 그 실질이 진정입법부작위라면 위에서 본 진정입법부작위 헌법소원의 요건을 갖추어야 한다.

사례

⊙ 헌재 2011. 2. 24. 2009헌마94[50] : 청구인의 이 사건 심판청구는[51] 평등원칙

47) 이 사건의 결정문에는 입법부작위 청구부분에 대한 피청구인의 기재가 없다.

48) 헌재 2016. 4. 28. 2015헌마1177, 공보 235, 806, 811.

49) 헌재 1993. 3. 11. 89헌마79, 판례집 5-1, 92, 102.

50) [사건개요] : (1) 청구인은, 일제 강점하인 1945. 6. 12. 부산에 위치한 일본국 부대에 군인으로 징집되어 광복될 때까지 복역한 사실이 인정되어, 2007. 10. 10. 구 '일제강점하 강제동원피해 진상규명 등에 관한 특별법'(2010.3.22. 법률 제10143호 '대일항쟁기 강제동원 피해조사 및 국외강제동원 희생자 등 지원에 관한 특별법' 제정으로 폐지되기 전의 것. 이하 '일제강점하 강제동원피해 진상규명 등에 관한 특별법'은 '강제동원진상규명법'이라 하고, '대

의 관점에서 입법자가 구 '태평양전쟁 전후 국외강제동원희생자 등 지원에 관한 법률'의 적용대상에 '국내' 강제동원자도 당연히 '국외' 강제동원자와 같이 포함시켰어야 한다는 주장에 지나지 아니하므로, 이는 헌법적 입법의무에 근거한 진정입법부작위에 해당하는 것이 아니라 단지 혜택부여규정의 인적 범위의 제한에 따른 결과에 지나지 아니하여 이른바 **부진정입법부작위**에 해당할 뿐이다.[52] [기각]

⊙ 헌재 2012. 7. 26. 2011헌바352[53] : {국외강제동원자지원법 제2조 제1호 나

일항쟁기 강제동원 피해조사 및 국외강제동원 희생자 등 지원에 관한 특별법'은 '대일항쟁기특별법'이라 한다) 관련규정에 따라 일제강점하강제동원피해진상규명위원회(이하 '진상규명위원회'라 한다)로부터 일제강점하 강제동원 피해자로 결정을 받았다. (2) 2007. 12. 10. 법률 제8669호로 제정된 구 '태평양전쟁 전후 국외 강제동원희생자 등 지원에 관한 법률'(2010.3.22. 법률 제10143호 대일항쟁기특별법 제정으로 폐지되기 전의 것. 이하, '국외강제동원자지원법'이라 한다) 제2조, 제6조는 태평양전쟁 전후 강제동원된 자 중 '국외'로 강제동원된 자에 대해서만 의료지원금을 지급하도록 규정하고 있다(현행 대일항쟁기특별법은 구 국외강제동원자지원법과 실질적으로 동일한 취지의 규정을 담고 있다). (3) 이에 청구인은 2009. 2. 18. 위 국외강제동원자지원법 제2조, 제6조로 인하여 청구인의 헌법상 평등권이 침해되었고, 동시에 국가는 국민에 대한 기본권보호의무를 위반하였다고 주장하면서 이 사건 헌법소원심판을 청구하였다.

51) [심판대상] : "청구인은 구 국외강제동원자지원법 제2조, 제6조 전부에 대하여 헌법소원심판을 청구하고 있으나, 제2조 제1호 및 제3호 부분은 청구인과 무관하고, 제6조 제2항은 청구인 스스로도 그 부분에 관하여 위헌주장을 하는 것도 아니며, 달리 헌법재판소가 이 부분들에 대하여 그 위헌여부를 적극적으로 해명하여야 할 필요가 있다고 볼 만한 사정도 없다. 따라서 청구인의 청구취지가 '국내 강제동원생환자를 의료지원 대상자에서 제외한 것은 헌법에 위반된다'는 것임에 비추어 볼 때, 이 사건의 심판대상은 구 국외강제동원자지원법 제6조 제1항 중 "강제동원생환자" 정의에 관한 제2조 제2호의 위헌여부로만 한정함이 상당하다."

52) 이와 같은 재판관 6인의 다수의견(법정의견)에 대하여는 "위 구 국외강제동원자지원법은 제1조에서 1965년에 체결된 한일협정과 관련하여 국가가 태평양전쟁 전후 '국외' 강제동원희생자와 그 유족 등에게 인도적 차원에서 위로금 등을 지원함으로써 이들의 고통을 치유하고 국민화합에 기여함이 이 법률의 목적임을 선언하고 있다. 즉, 이 법률은 태평양전쟁 관련 강제동원자 일반을 그 적용대상으로 하지 않고 있다. 이 법률은 입법 당시부터 그 적용대상을 '국외'로 강제동원된 자로 한정하고 '국내' 강제동원자는 애초에 그 적용대상에서 제외하고 있는 것이다. 이 법률의 명칭 또한, '태평양전쟁 전후 국외 강제동원희생자 등 지원에 관한 법률'로서, '국내' 강제동원자는 이 법률의 적용대상이 아님을 밝히고 있다. 그렇다면 태평양전쟁 전후 국내 강제동원자에 대한 지원에 관하여는 이 법률과 무관하게 아직까지 전혀 그 입법이 이루어지지 않은 것이므로, 이 사건 심판청구는 **진정입법부작위**를 다투는 헌법소원으로 봄이 상당하다."는 재판관 3인의 반대의견(인용-위헌확인)이 있다.

53) [사건개요] : (1) 청구인의 아버지인 망 강○신(이하 '망인'이라 한다)은 1945. 5.경 경남 남해군청에서 일제에 의해 보국대로 강제 동원되어 선박을 타고 부산으로 이동하던 중 1945. 5. 9. 부산 다대포만에서 미군 전투기의 폭격을 받아 사망한 것으로 확인되었다. '일제강점하 강제동원피해 진상규명위원회'는 2008. 7. 16. 망인을 구 '일제강점하 강제동원피해 진상규명 등에 관한 특별법'(2010.3.22. 법률 제10143호 '대일항쟁기 강제동원 피해조사 및 국외

목 중 '국외' 부분(이 사건 제1조항)에 대한 헌법재판소법 제68조 제2항의 헌법소원 심판청구 외에} 청구인이 주장하는 입법부작위는 일제강점하 강제동원자의 범위를 불완전하게 규율하고 있는 이른바 **부진정입법부작위**에 해당하고(헌재 2011. 2. 24. 2009헌마94, 판례집 23-1상, 143, 149 등 참조), 이러한 부진정 입법부작위가 헌법에 위반되는지 여부를 다투려면 그 불완전한 법률조항 자체를 대상으로 하여 그것이 헌법에 위반된다는 적극적인 헌법소원을 제기하여야 하므로(헌재 1997. 3. 27. 94헌마235, 판례집 9-1, 390, 400 등 참조), 이 사건에 있어 위 입법부작위에 대한 심판청구 부분은 국내 강제동원자를 지원대상에서 배제하고 있는 국외강제동원자지원법 제2조 제1호 나목 전체(이 사건 제2조항)에 대한 헌법재판소법 제68조 제1항의 헌법소원심판청구로 봄이 상당하다. (…) 그렇다면, 이 사건 심판대상은 '이 사건 제1조항이 헌법에 위반되는지 여부' 및 '이 사건 제2조항이 청구인의 기본권을 침해하는지 여부'라 할 것이다.[54)]

---

(3) 행정입법

(가) 헌법 제107조 제2항과 행정입법의 심사

헌법은 당해사건에 적용될 법률(조항)의 위헌여부를 심사하는 구체적 규범통제의 경우에, '법률'의 위헌여부는 헌법재판소가, 법률의 하위규범인 '명령·규칙

강제동원 희생자 등 지원에 관한 특별법' 제정으로 폐지되기 전의 것) 제2조 제2호의 '일제강점하 강제동원 피해자'로, 청구인을 같은 법 제2조 제3호의 '일제강점하 강제동원 피해자의 유족'으로 결정하였다. (2) 청구인은 망인이 구 '태평양전쟁 전후 국외 강제동원희생자 등 지원에 관한 법률'(2007.12.10. 법률 제8669호로 제정되고, 2010.3.22. 법률 제10143호 '대일항쟁기 강제동원 피해조사 및 국외강제동원 희생자 등 지원에 관한 특별법' 제정으로 폐지되기 전의 것, 이하 '국외강제동원자지원법'이라 한다) 제2조의 '강제동원희생자'에 해당한다며 '대일항쟁기 강제동원피해 조사 및 국외 강제동원희생자 등 지원위원회'에 국외강제동원자지원법 제4조의 위로금 지급을 신청하였으나, 망인이 국외강제동원자지원법 제2조의 국외 강제동원희생자에 해당하지 않는다는 이유로 기각되었다. (3) 청구인은 재심을 거쳐 그 기각처분의 취소를 구하는 소를 제기하고(서울행정법원 2010구합3589), 2010. 12. 9. 청구가 기각된 후 항소하여 그 소송 계속중(서울고등법원 2011누1766) 국외강제동원자지원법 제2조 제1호 나목에 대해 위헌법률심판 제청신청을 하였으나 기각되자, 2011. 11. 14. 국외강제동원자지원법 제2조 제1호 나목 중 '국외' 부분이 헌법에 위반된다며 헌법재판소법 제68조 제2항에 따른 헌법소원심판을 청구하고, 2011. 12. 29. '국내' 강제동원희생자에 대한 지원을 규정하는 법률을 제정하지 아니한 입법부작위가 헌법에 위반된다며 헌법재판소법 제68조 제1항에 따른 헌법소원심판청구를 추가하였다.

54) [제1조항: 합헌, 제2조항: 기각 - 재판관 4인의 법정의견] 이에 대하여는 "국외강제동원자지원법은 제1조에서 1965년에 체결된 한일협정과 관련하여 국가가 태평양전쟁 전후 '국외' 강제동원희생자와 그 유족 등에게 위로금 등을 지원함으로써 이들의 고통을 치유하고 국민

또는 처분' 등의 위헌 또는 위법 여부는 대법원이 그 심사권한을 갖는 것으로 그 권한을 분배하고 있다(헌법 제107조 제1항·제2항, 법 제111조 제1항 제1호 참조). 헌법재판소가 한 법률의 위헌결정은 법원 기타 모든 국가기관을 기속한다는 점에서(법 제47조 제1항), 한편으로 헌법질서의 수호·유지와 규범의 위헌심사의 통일성을 확보하고, 다른 한편으로 구체적인 법적 분쟁에서 합헌적 법률에 의한 재판을 통하여 법원재판의 합헌성을 확보하기 위해서는, 규범이 갖는 효력에 따라 법률에 대한 위헌심사는 헌법재판소에, 명령·규칙에 대한 위헌 또는 위법심사는 대법원에 그 권한을 분배할 필요성이 있다.[55]

헌법 제107조 제2항은 "명령·규칙[56] 또는 처분이 헌법이나 법률에 위반되는 여부가 재판의 전제가 된 경우에는 대법원은 이를 최종적으로 심사할 권한을 가진다."고 규정하고 있다. 동 규정에 따르면 행정입법의 심사는 일반적인 재판절차에 의하여 구체적 규범통제의 방법에 의하도록 명시하고 있으므로, 당사자는 구체적 사건의 심판을 위한 선결문제로서 행정입법의 위법성을 주장하여 법원에 대하여 당해사건에 대한 적용여부의 판단을 구할 수 있을 뿐 행정입법 자체의 합법성의 심사를 목적으로 하는 독립한 신청을 제기할 수는 없다.[57]

화합에 기여함이 이 법률의 목적임을 선언하고 있다. 즉, 이 법률은 태평양전쟁 관련 강제동원자 일반을 그 적용대상으로 하지 않고 있으며, 입법 당시부터 그 적용대상을 '국외'로 강제동원된 자로 한정하고 '국내' 강제동원자는 애초에 그 적용대상에서 제외하고 있는 것이다. 또한 이 법률의 명칭 역시 '태평양전쟁 전후 국외 강제동원희생자 등 지원에 관한 법률'로서 '국내' 강제동원자는 이 법률의 적용대상이 아님을 밝히고 있다. 그렇다면 태평양전쟁 전후 국내 강제동원자에 대한 지원에 관하여는 이 법률과 무관하게 아직까지 전혀 그 입법이 이루어지지 않은 것이므로, 이 사건 심판청구는 **진정입법부작위**를 다투는 헌법소원으로 봄이 상당하다."는 재판관 4인의 반대의견이 있다(당시 재판관 1인은 공석이었음). 동 재판관들은 "입법자가 일제하 '국내' 강제동원자에 대한 지원을 규정하는 법률을 제정할 헌법상 입법의무가 있음에도 상당한 기간 동안 입법을 하지 않은 것은 입법재량의 한계를 넘는 입법의무 불이행으로서 헌법에 위반된다."는 인용의견(위헌확인)을 제시하였다.

55) 헌재 2013. 3. 21. 2010헌바70등, 공보 198, 472 476.

56) 대법원 판례에 의하면 헌법 제107조 제2항의 "규칙"에는 지방자치단체의 '조례'와 '규칙'이 모두 포함된다.(대법원 1995.7.11. 선고 94누4615 전원합의체 판결)

57) 대법원 1994. 4. 26.자 93부32 결정. 同旨, 대법원 1992. 3. 10. 선고 91누12639 판결 : "행정청의 위법한 처분 등의 취소 또는 변경을 구하는 취소소송의 대상이 될 수 있는 것은 구체적인 권리의무에 관한 분쟁이어야 하고 일반적·추상적인 법령이나 규칙 등은 그 자체로서 국민의 구체적인 권리의무에 직접적 변동을 초래케 하는 것이 아니므로 그 대상이 될 수 없다."

(나) 헌법소원의 대상이 되는 행정입법 (법규명령)[58]

형식적 의미의 법률이 아닌 시행령 또는 시행규칙으로 인하여 직접 기본권을 침해당한 피해자는 헌법소원의 심판을 청구할 수 있다.[59] 헌법 제107조 제2항의 규정은 "구체적인 소송사건에서 명령·규칙의 위헌여부가 재판의 전제가 되었을 경우 법률의 경우와는 달리 헌법재판소에 제청할 것 없이 대법원이 최종적으로 심사할 수 있다."는 의미이며, 헌법 제111조 제1항 제1호에서 법률의 위헌여부 심사권을 헌법재판소에 부여한 이상, 통일적인 헌법해석과 규범통제를 위하여 공권력에 의한 기본권침해를 이유로 하는 헌법소원심판 청구사건에 있어서 법률의 하위규범인 명령·규칙의 위헌여부 심사권이 헌법재판소의 관할에 속함은 당연한 것으로서, 헌법 제107조 제2항의 규정이 이를 배제한 것으로는 볼 수 없기 때문이다.[60] 즉, 법 제68조 제1항이 규정하고 있는 헌법소원심판의 대상으로서의 공권력이란 입법·사법·행정 등 모든 공권력을 말하는 것이므로, 행정부에서 제정한 시행령이나 시행규칙 등은 그것들이 별도의 집행행위를 기다리지 않고 직접 기본권을 침해하는 것일 때('직접성' 요건)에는 모두 헌법소원심판의 대상이 될 수 있는 것이다.[61]

(다) 행정규칙 (행정명령)

이른바 행정규칙은 일반적으로 행정조직 내부에서만 효력을 가지는 것이고 대외적인 구속력을 갖는 것이 아니어서 원칙적으로 헌법소원의 대상이 아니다.[62] 그러나 행정규칙이 법령의 규정에 의하여 행정관청에 법령의 구체적 내용을 보충할 권한을 부여한 경우[63]나, 재량권행사의 준칙인 규칙[64]이 그 정한 바

---

58) 헌법재판소는 보통 대통령령, 총리령, 부령 등을 **법규명령**이라고 부른다. 헌재 2006. 12. 28. 2005헌바59, 판례집 18-2, 601, 611-612; 헌재 2008. 7. 31. 2005헌마667, 판례집 20-2상, 269, 285-286; 헌재 2012. 2. 23. 2009헌마318, 공보 185, 465, 469.

59) 즉, 시행령과 시행규칙도 원칙적으로 헌법소원의 대상성(대상적격)이 인정된다는 의미이다.

60) 헌재 1990. 10. 15. 89헌마178, 판례집 2, 365, 369. 이 사건에서 헌법재판소는, (구) 법무사법 시행규칙 제3조 제1항은 법원행정처장이 법무사를 보충할 필요가 없다고 인정하면 법무사시험을 실시하지 아니해도 된다는 것으로서, 상위법인 법무사법 제4조 제1항에 의하여 모든 국민에게 부여된 법무사 자격취득의 기회를 하위법인 시행규칙으로 박탈한 것이어서 평등권과 직업선택의 자유를 침해하였다고 하여 {8(위헌):1(기각)의 의견으로} 위헌결정을 선고하였다.

61) 헌재 1997. 6. 26. 94헌마52, 판례집 9-1, 659, 667.

62) 즉, 행정규칙은 원칙적으로 헌법소원의 대상성(대상적격)이 인정되지 아니한다는 의미이다.

에 따라 되풀이 시행되어 행정관행이 이룩되게 되면 '평등의 원칙'이나 '신뢰보호의 원칙'에 따라 행정기관은 그 상대방에 대한 관계에서 그 규칙에 따라야 할 자기구속을 당하게 되는 경우에는 대외적인 구속력을 가지게 되는바, 이러한 경우에는 헌법소원의 대상이 될 수도 있다.[65]

1) 법령보충적 행정규칙

법령의 직접적인 위임에 따라 수임행정기관이 그 법령을 시행하는데 필요한 구체적 사항을 정한 것이면, 그 제정형식은 비록 법규명령이 아닌 고시·훈령·예규 등과 같은 행정규칙이더라도 그것이 (상위법령의 위임한계를 벗어나지 아니하는 한),[66] 상위법령과 결합하여 대외적인 구속력을 갖는 법규명령으로서 기능하게 된다고 보아야 할 것인바, 청구인이 법령과 예규의 관계규정으로 말미암아 직접 기본권침해를 받았다면, 이에 대하여 바로 헌법소원심판을 청구할 수 있다.[67]

사례

⊙ 헌재 2000. 12. 14. 선고 2000헌마659 : 청구인은 이 사건 개정기준[68]으로 인하

---

63) 이를 "법령보충적 행정규칙"이라 한다.

64) 이를 "재량준칙"이라 한다.

65) 헌재 1990. 9. 3. 90헌마13, 판례집 2, 298, 303. 이에 대하여 헌재 2018. 5. 31. 2015헌마853 결정에서 재판관 4인(김이수·조용호·이선애·안창호 재판관)은 "행정규칙에 법규성이 있는지 여부, 즉 대외적 구속력이 있는지 여부가 헌법소원 대상성 판단에 있어서 유일한 기준은 아니고, 어떤 행정규칙이 대외적 구속력이 없다 하더라도 행정권의 일방적 결정으로서 국민의 기본권을 침해할 가능성이 긍정되면 일단 헌법소원의 대상성이 인정"된다는 의견을 제시하였다.(행정규칙의 법규성과 헌법소원대상성의 분리) 同旨, 헌재 2018. 5. 31. 2016헌마191등 결정의 재판관 안창호의 별개의견, 공보 260, 921, 930.

66) 헌재 2010. 4. 29. 2007헌마910 : "이 사건 조항(행정사법 시행령(2008.2.29. 대통령령 제20741호로 일부 개정된 것) 제4조 제3항 중 '행정사의 수급상황을 조사하여 행정사 자격시험의 실시가 필요하다고 인정하는 때 시험실시계획을 수립하도록 한 부분')은 행정사 자격시험의 과목·방법 기타 시험에 관하여 필요한 사항은 대통령령으로 정하도록 한 행정사법 제5조 제2항의 위임을 받아 제정된 것인데, 이 사건 조항이 '시·도지사가 관할구역 내의 행정사의 수급상황을 조사하여 시험실시의 필요성을 검토한 후 시험의 실시가 필요하다고 인정하는 때에 시험실시계획을 수립하도록' 한 것이 위와 같은 모법의 위임범위를 넘는 내용을 규정한 것으로 기본권제한에 관한 법률유보원칙을 위반하여 직업선택의 자유를 침해하는지 여부가 문제된다." [전원일치 위헌]

67) 헌재 1992. 6. 26. 91헌마25, 판례집 4, 444, 449.

68) 보건복지부장관이 2000. 9. 4. 보건복지부고시 제2000-51호로 국민건강보험법 시행당시 종전의 의료보험법 등의 규정에 의하여 자신이 정한 '요양급여비용의 산정기준' (2000.6. 6. 보건복지부고시 제2000-26호)을 개정하는 내용의 「의료보험진료수가 및 약제비산정기준 중

여 본인일부부담금이 인상되는 불이익을 직접 입고 있고, 이 사건 개정기준을 직접 대상으로 하는 다른 권리구제절차가 허용되는지 여부가 객관적으로 불확실할 뿐 아니라, 만일 허용된다 하더라도 이 사건 개정기준이 2000. 12. 31.까지 한시적으로만 적용되는 까닭에 그 이후에는 청구인의 권리보호의 이익이 부정될 가능성이 많은 점 등을 종합하여 판단하여 보면, 헌법소원심판을 청구하는 외에 달리 효과적인 구제방법이 있다고 보기는 어려우므로 기본권 구제의 사각지대를 방치할 수 없다는 헌법소원심판제도의 근본적인 취지에 비추어 이 사건 헌법소원심판청구는 적법하다.[69] [5(위헌):4(기각)-기각]

그런데 대법원은 2003. 10. 9.자 2003무23 결정에서, "어떠한 고시[70]가 일반적·추상적 성격을 가질 때에는 법규명령 또는 행정규칙에 해당할 것이지만,[71] 다른 집행행위의 매개 없이 그 자체로서 직접 국민의 구체적인 권리의무나 법률관계를 규율하는 성격을 가질 때에는 항고소송의 대상이 되는 행정처분에 해당한다."고 판시하였고,[72] 이와 같은 입장은 대법원 2004. 5. 12.자 2003무41 결정,[73] 대법원 2006. 9. 22. 선고 2005두2506 판결,[74] 대법원 2006. 12. 21. 선고 2005두16161 판결[75]까지 이르고 있다.

그림에도 불구하고 헌법재판소는 2009. 9. 24. 선고한 2007헌마1092 사건에서 '선택의료급여기관 적용 대상자 및 이용절차 등에 관한 규정'(보건복지부고시 제2007-49호)이 헌법소원의 대상이 되는 공권력행사임을 전제로 본안판단(기각결정)을 하였고, 2010. 9. 30. 선고한 2008헌마758 사건에서도 '요양급여의 적용기준 및 방법에 관한 세부사항(약제) 중 개정'(2009. 4. 22. 보건복지가족부고시 제2009-71호)이 헌법소원의 대상이 되는 공권력행사임을 전제로 본안판단(기각결정)을 하였다.

이와 관련하여 보충성 원칙의 예외라고 판시한 헌재 2010. 10. 28. 2008헌

개정기준」

69) 즉, '법령소원'으로 본 것이다.

70) 이 사건에서는 향정신성 치료제의 요양급여 인정기준에 관한 보건복지부고시.

71) 이 경우 이러한 고시를 대상으로 하는 헌법소원은 '법령소원'에 해당한다. 그러므로 직접성 요건이 주로 문제된다.

72) 즉, 대법원의 입장에서는 이러한 고시를 대상으로 하는 헌법소원은 '처분소원'에 해당한다는 것이다. 그러므로 보충성 요건이 문제될 것이다.

73) '약제 및 치료재료의 구입금액에 대한 산정기준'(보건복지부고시 제2001-66호).

74) '약제급여·비급여목록 및 급여상한금액표'(보건복지부고시 제2002-46호).

75) '약제급여·비급여목록 및 급여상한금액표'(보건복지부고시 제2002-46호).

마408 결정[76] 참조.

사례

⊙ 헌재 2010. 10. 28. 2008헌마408 : 이 사건 고시조항들[77]은 뒤에서 보는 바와 같이 국민건강보험법 제56조 제1항 제1호, 제2호 및 제7호, 같은 조 제2항, 제83조 제1항, 같은 법 시행령 제28조 제1항 제1호 및 같은 법 시행규칙 제21조 제1항, 제2항이 위임하는 바에 따라서 요양급여비용 심사청구와 관련된 소프트웨어의 검사에 관한 것을 규정하고 있다. 그렇다면, 이 사건 고시조항들은 그 제정형식이 보건복지부장관의 고시라는 행정규칙에 불과하지만, 상위법령이 위임한 내용을 구체적으로 보충하거나 세부적인 사항을 규율함으로써 상위법령인 국민건강보험법령과 결합하여 대외적인 구속력을 갖는 법규명령의 성격을 갖는다고 할 것이므로, 헌법소원의 대상이 되는 '공권력 행사'에 해당한다. [전원일치 기각]

2) 재량준칙

사례

⊙ 헌재 2007. 8. 30. 2004헌마670 : 위 노동부예규[78]에 의하면, 산업연수생은 연수과정에서 사실상 노무를 제공함으로써 임금 등 근로의 대상을 지급받고 있는 경우에는 위 노동부예규가 정하는 한도 내에서 근로자로서의 권리의무를 갖고(제4조), 위 예규가 열거하고 있는 사항에 관하여만 보호를 받으며(제8조 제1항), 지방노동관서의 장은 사업주가 위 예규를 준수하도록 행정지도하여야 하고(제17조 제1항), 사업주가 위 행정지도를 이행하지 아니하는 경우에는 해당 사업장에 대한 연수생 배정중지 등 조치를 연수추천단체에 요구할 수 있으며(제17조 제2항), 특별감독을 실시하여 위 제8조 제1항의 사항에 위반한 경우에는 관계법령에 따라 조치를 하여야 한다(제17조 제3항). 이에 따라 위 예규

---

76) "법원에서 보건분야 관련 고시에 대해서 행정처분성을 인정하는 판결이 선고된 일이 있다고 하더라도, 보건분야 관련 고시의 내용과 성격이 다양하여 법원에서 모든 보건분야 관련 고시에 대하여 행정처분성을 인정할 것이라고 단정할 수 없으므로, 이 사건 고시조항에 대한 행정소송이 적법할지 여부는 객관적으로 명확하다고 할 수 없다. 따라서, 이 사건은 보충성 원칙의 예외에 해당한다고 할 것이므로 이 사건 심판청구는 보충성의 요건을 갖추고 있다."(판례집 22-2하, 150, 162)

77) '요양급여비용 심사청구소프트웨어의 검사 등에 관한 기준' 제3조 제5호(2007.12.17. 보건복지부고시 제2007-120호로 개정된 것) 및 제4조 제1항(2008.3.27. 보건복지가족부고시 제2008-6호로 개정된 것).

78) '외국인 산업기술연수생의 보호 및 관리에 관한 지침'(1995.2.14. 노동부예규 제258호로 제정되고 1998.2.23. 노동부예규 제369호로 개정된 것)

를 준수하여야 할 지방노동관서의 장은, 사업주가 제8조 제1항의 사항을 준수하도록 행정지도를 하고, 만일 이러한 행정지도에 위반하는 경우에는 연수추천단체에 필요한 조치를 요구하며, 사업주가 계속 이를 위반한 때에는 특별감독을 실시하여 제8조 제1항의 위반사항에 대하여 관계법령에 따라 조치하여야 하는 반면, 사업주가 제8조 제1항에 규정되지 않은 사항을 위반한다 하더라도 행정지도, 연수추천단체에 대한 요구 및 관계법령에 따른 조치 중 어느 것도 하지 않게 되는바, 지방노동관서의 장은 평등 및 신뢰의 원칙상 모든 사업주에 대하여 이러한 행정관행을 반복할 수밖에 없으므로, 결국 위 예규는 대외적 구속력을 가진 공권력의 행사가 된다.[79] [7(위헌):2(각하)-위헌]

⊙ 헌재 2011. 10. 25. 2009헌마588 : 이 사건 전세자금 지원기준[80] 역시 그 직접적인 상대방은 기금수탁자인 농협중앙회와 우리은행이지, 기금의 운용에 따라 지원을 받는 국민은 아니다. 그러나 국민주택기금의 기금수탁자인 농협중앙회와 우리은행은 실질적으로 이러한 지원기준에 따라 전세자금 지원에 관한 사무를 처리할 수밖에 없고, 이 사건에서도 농협중앙회와 우리은행이 청구인들에게 각 대출자격이 없다고 결정한 것은 이들이 파산면책자로서 이 사건 심판대상조항에서 정한 신용관리대상자와 여신취급 제한대상자에 해당하기 때문이다. 그렇다면, 이 사건 심판대상조항은 대외적 구속력이 있는 공권력의 행사로서 헌법소원의 대상이 되는 공권력의 행사라고 보아야 할 것이다.[81] [6(기각):2(각하)-기각]

---

79) 이와 같은 다수의견에 대하여는, "다수의견과 같은 논리로 행정규칙 자체에 대하여 대외적 구속력을 인정한다면 법치주의의 기초가 크게 흔들릴 위험에 봉착하게 된다는 점을 강조하지 않을 수 없다. 다수의견의 논리대로 모든 행정규칙이 반복 적용되면 자기구속성이 생기고 그로써 대외적 구속력까지 가지게 된다고 한다면, 행정청은 행정규칙의 형식으로 국민의 자유와 권리를 쉽게 제한할 수 있는 결과가 될 것이다. 특히 이 사건 노동부예규는 법률의 위임이 없음에도 불구하고 근로기준법 등 법률의 적용범위를 한정하고 있는데, 이러한 내용의 행정규칙이 버젓이 대외적 구속력이 있는 규범으로 인정되어 산업연수생 등에 대하여 법적 효력을 가지게 되고 또 법원이 이를 재판규범으로 삼아야 한다고 한다면, 그로써 법치주의의 기초가 크게 흔들릴 위험성이 있다는 점도 지적하지 않을 수 없다. 결국, 이 사건 노동부예규는 이를 공권력의 행사로 인하여 국민의 기본권침해 가능성이 있는 경우라고 볼 수 없다고 할 것이고, 따라서 위 예규에 대한 이 사건 심판청구는 부적법하므로 각하결정을 하여야 할 것"이라는 재판관 2인(이강국 · 이동흡 재판관)의 반대의견이 있다.

80) 국토해양부장관의 2009. 4. 1.자 '저소득가구 전세자금 지원기준'.

81) 이에 대하여도, "이 사건 저소득가구 전세자금 지원기준의 직접적인 수범자는 어디까지나 국민주택기금의 수탁자인 농협중앙회 등으로서, 이들이 행정관행에 기하여 그 상대방인 대출신청자들에 대한 관계에서 위 전세자금 지원기준에 따라야 할 자기구속을 당하게 된다고 하더라도, 곧 그것이 위 전세자금 지원기준 자체가 대외적 구속력이 있는 규범으로서 청구인들의 권리관계를 직접 변동시키거나 그 법적 지위에 영향을 주게 되는 것을 의미하

3) 헌법소원대상성이 부인된 사례

사례

⊙ 헌재 2009. 7. 30. 2008헌마367 : 이 사건 정부포상업무지침은 상훈법 및 같은 법 시행령에 의한 훈장 및 포장 등 개인이나 단체에 대하여 행하는 정부포상의 운용 준칙을 정한 것으로서, 행정안전부가 훈장수여대상자의 추천이라는 업무처리 지침으로서 마련한 내부기준이다. 그런데 정부포상업무지침은 통보의 형식으로 각 부처에 전달되어 행정조직 내부에서만 효력이 있을 뿐이며, 공포나 고시를 통하여 일반 국민에게 발표되지 않는다. 또한, 이 사건 정부포상업무지침은 상훈법 등 상위법령의 직접적인 위임 없이 제정된 것으로서 법령의 규정에 의하여 행정관청에 법령의 구체적 내용을 보충할 권한을 부여한 경우(법령보충적 행정규칙)라고 할 수 없으므로, 예외적으로 대외적인 구속력이 인정되는 경우로 보기도 어렵다. 한편, 행정안전부가 매년 제도·유영상의 개선방안을 반영한 새로운 정부포상업무지침을 게시하고 통보한다는 점 및 각 부에 통보할 때에도 정부포상업무지침을 '참고'하여 포상의 영예성 제고 및 운영의 적정을 기할 것을 주문할 뿐, 서훈추천권자로 하여금 이를 준수할 명시적인 의무를 부과하는 것으로 보기 어렵다는 점에서, 서훈추천권자가 평등 및 신뢰의 원칙상 행정관행을 반복할 수밖에 없는 사정(재량준칙)이 있다고 보기 어렵다. (…) 그렇다면, 이 사건 정부포상업무지침은 국민의 권리·의무에 직접 영향을 미치는 것이 아니므로 헌법소원의 대상이 되는 '공권력의 행사'에 해당하지 아니한다.[82]

⊙ 헌재 2017. 11. 30. 2016헌마503 : 이 사건 지침[83]은 피의자신문 시 변호인 참여와 관련된 제반 절차를 규정한 검찰청 내부의 업무처리지침 내지 사무처리준칙으로서 청구인에게도 효력이 미치는 규정이라고 보기 어려울 뿐만 아니라, 실무상으로도 변호인이 피의자신문에 참여할 때 피의자 옆에 앉기도 하고 뒤에 앉기도 하는 등 각양각색으로 신문참여가 이루어지고 있는 만큼, 이 사건 지침을 가리켜 공권력의 행사라고 볼 수 있는 대외적인 구속력을 가지고 있다고 볼 수 없으므로 헌법소원심판의

는 것은 아니다. 따라서 이 사건 저소득가구 전세자금 지원기준은 공권력의 행사로 인하여 국민의 기본권침해가능성이 있는 경우라고 볼 수 없어 그 심판청구는 각하되어야 한다."는 취지의 재판관 2인(이강국 · 이동흡 재판관)의 반대의견이 있다.

82) 이에 대하여 재판관 1인(목영준 재판관)은 "이 사건 지침에 해당하는 자는 대통령으로부터 서훈여부를 심사받을 기회가 차단되므로 이 사건 지침은 기본권침해가능성이 있고, 추천대상자 간의 평등 및 그들의 신뢰보호를 고려할 때 중앙행정기관의 장은 이 사건 지침에 따를 수밖에 없어 이 사건 지침은 대외적 구속력이 있으므로 이 사건 지침의 공권력행사성이 인정된다."는 취지의 반대의견을 제시하였다.

83) '변호인의 피의자신문참여 운영지침'(2005.6.20. 시행 대검찰청 지침) 제5조 제1항

대상이 될 수 없다. 따라서 이 부분 심판청구는 부적법하다.[84]

(라) 행정입법부작위

1) 행정입법부작위를 포함한 입법부작위 사건의 경우에 적법요건으로서는 자기관련성이 우선 문제되고, 다음에 진정입법부작위인지 부진정입법부작위인지 여부가 문제된다.

사례

⊙ 헌재 2004. 2. 26. 2001헌마718[85] : '군법무관임용 등에 관한 법률' 제2조는 '군법무관'을 '육·해·공군의 법무과장교'로 정의하고 있으므로 법무과장교로 임용된 이상 군법무관의 신분을 가지게 되는 것이라고 보아야 할 것이고, 국방부장관의 의견과 같이 법무과장교로서 10년을 근무하여야만 비로소 그러한 자기관련성이 인정된다고 볼 수 없다. 국방부장관은, 공무원보수규정 별표 13, '공무원수당 등에 관한 규정' 제14조에 근거한 별표 11에 따른 보수규정을 들어 위 법 제6조에 따른 입법의무는 상당부분 이행되고 있으므로, 이 사건은 입법은 있으나 불완전한 경우(부진정입법부작위)에 해당된다고 답변한다. 그런데 위 별표 13은 군인의 계급과 호봉에 따른 봉급표이므로 군법무관에 특수한 규정은 아니고, 위 별표 11은 월 60만원 이하의 범위 내에서 군법무관 등에 대한 수당의 구체적인 지급대상, 지급기준 등을 소속장관이 정하도록 하고 있으나, 그러한 수당규정들의 명시적 근거에 구 군법무관임용법이나 '군법무관임용 등에 관한 법률'이 포함되어 있지 않고, 동 수당이 군법무관에만 한정된 것도 아니며, 또 3년 이상의 군법무관 경력자에게만 지급되고 있고, 한편 법관 및 검사의 경우에도 현재 특정 수당이 지급되고 있는 점을 감안하면, 위 규정들이 위 법 제6조 내지 구 군법무관임용법 제5조 제3항에 따라 제정되어야 할 대통령령을 대체하거나 보완하는 것이라고 단정하기 어렵다. 그렇다면 이 사건에서 문제되는 것은 부진정입법부작위가 아니라 **진정입법부작위**에 해당되는 것이다.

⊙ 헌재 2013. 2. 28. 2010헌마438[86] : 이 사건 대학원과정 조항[87]은 초등학교 정

---

84) 〈주문〉 : "1. 피청구인(부산지방검찰청 동부지청 수사관)이 2016. 4. 21. 17:15경 부산지방검찰청 동부지청 수사과 2호실에서 피의자신문에 참여한 청구인에게 피의자 후방에 앉으라고 요구한 행위는 변호인인 청구인의 **변호권**을 침해한 것으로서 위헌임을 확인한다. 2. 청구인의 나머지 심판청구를 모두 각하한다."

85) 이 사건의 결정문에는 피청구인이 "대통령"으로 기재되어 있다.

86) 이 사건의 결정문에는 피청구인의 기재가 없다.

87) 초·중등교육법(2008.2.29. 법률 제8852호로 개정된 것) 제21조 제2항 [별표 2] '교사자격기

교사(2급) 무시험 자격취득 기준의 하나로, 위 조항이 반드시 대학졸업 등의 학력에서 초등교육을 전공한 사람인지를 불문하고 누구나 교육대학원의 초등교육 석사학위과정만으로 초등학교 정교사(2급) 자격을 취득할 수 있도록 대통령령에 위임하고 있다고 보기는 어렵다. 또 이 사건 대학원과정 조항을 통한 초등학교 정교사(2급) 자격취득을 교육대학이나 사범대학의 초등교육과에서 초등교육을 전공한 사람으로 한정할 것인지 아니면 초등교육 비전공자에게도 인정할 것인지는 초등교원의 수급상황 및 초등교원 양성에 관한 행정부의 정책적 판단에 달려 있는 문제이다. 따라서 청구인이 주장하는 이 사건 대학원과정 조항과 관련하여 **대통령령**에서 교육대학원 등의 초등교사 양성과정 개설 등에 관하여 규정하지 아니한 행정입법부작위는 그와 같은 내용의 입법을 제정할 명시적 법률위임이 있다고 볼 수 없으므로 헌법소원의 대상이 되는 행정입법부작위라 할 수 없다. 결국 이 사건 행정입법부작위에 대한 헌법소원 심판청구는 헌법소원의 대상이 될 수 없는 입법부작위에 대한 심판청구로 부적법하다.

---

2) 행정입법의 의무가 인정되는 경우는 행정입법의 제정이 법률의 집행에 필수불가결한 경우로서 행정입법을 제정하지 아니하는 것이 곧 행정권에 의한 입법권 침해의 결과를 초래하는 경우를 말하는 것이므로, 만일 하위 행정입법의 제정 없이 상위 법령의 규정만으로도 집행이 이루어질 수 있는 경우라면 하위 행정입법을 하여야 할 헌법적 작위의무는 인정되지 아니한다.

사례

⊙ 헌재 2005. 12. 22. 2004헌마66[88] : 이 사건의 경우 사법시험법과 동법 시행령이 '시험의 합격결정방법'의 한 요소인 '성적의 세부산출방법'에 대하여 법무부령인 동법 시행규칙에 의한 규율을 예정하고 있지만, 법과 법시행령이 사법시험의 성적산출 및 합격자결정에 필요한 사항을 자세히 규정하고 있다. (…) 그렇다면 '성적의 세부산출방법 그 밖에 합격결정에 필요한 사항'에 관한 법시행규칙의 제정이 사법시험법의 집행에 필수불가결한 것이라고 보기 어렵다. 법시행령 제5조 제5항[89]의 취지는

준'에서 초등학교 정교사(2급) 자격기준의 하나로 '교육대학원 또는 교육과학기술부장관이 지정하는 대학원의 교육과에서 초등교육과정을 전공하고 석사학위를 받은 자'라고 규정한 부분.

88) 이 사건의 결정문에는 피청구인이 "법무부장관"으로 기재되어 있다.

89) 사법시험법시행령 제5조(시험의 합격결정) ⑤성적의 세부산출방법 그 밖에 합격결정에 필요한 사항은 법무부령으로 정한다.

법의 시행과정에서 필요한 사항이 있으면 법무부령으로 정하도록 하는 집행명령의 위임이라고 봄이 상당하다. 따라서 이 사건의 경우 피청구인(법무부장관)에게 '성적의 세부산출방법'에 관한 법시행규칙을 제정하여야 할 헌법적 작위의무가 있다고 보기 어렵다. [전원일치 각하]

또한 행정부가 위임입법에 따른 시행명령을 제정하지 않거나 개정하지 않은 것에 정당한 이유가 있었다면 그런 경우에는 헌법재판소가 위헌확인을 할 수는 없을 것이다. 그런데 그러한 정당한 이유가 인정되기 위해서는 ①그 위임입법 자체가 헌법에 위반된다는 것이 누가 보아도 명백하거나, ②위임입법에 따른 행정입법의 제정이나 개정이 당시 실시되고 있는 전체적인 법질서 체계와 조화되지 아니하여 그 위임입법에 따른 행정입법 의무의 이행이 오히려 헌법질서를 파괴하는 결과를 가져옴이 명백할 정도는 되어야 할 것이다.[90]

3) 그런데, 청구인은 행정입법부작위를 주장하였으나 부진정입법부작위라고 판단된 경우에는 보통 심판청구를 각하한다.[91]

사례

⊙ 헌재 2011. 9. 29. 2010헌바66[92] : 청구인은 국가가 헌법과목을 의무교육과정의 필수과목으로 지정하는 내용의 입법을 하지 않음으로써 청구인의 기본권을 침해하고 있다고 주장한다. 살피건대, 우리나라의 의무교육인 초·중등학교의 교육과목은 초·중등교육법 제23조 제3항의 위임에 따라 대통령령으로 정하도록 되어 있는데, 그 위임을 받은 초·중등교육법 시행령 제43조는 학교의 교과로, 초등학교 및 공민학교의 경우에는 '국어, 도덕, 사회, 수학, 과학, 실과, 체육, 음악, 미술 및 외국어(영어)와 교육과학기술부장관이 필요하다고 인정하는 교과'를, 중학교 및 고등공민학교의 경우에는 '국어, 도덕, 사회, 수학, 과학, 기술·가정, 체육, 음악, 미술 및 외국어와 교육과학기술부장관이 필요하다고 인정하는 교과'를 각 규정하고 있을 뿐, 초·중등학교의 필수과목으로 헌법과목을 규정하고 있지 아니하다. 그러나 초·중등교육법 제23조

---

90) 헌재 2018. 5. 31. 2016헌마626, 공보 260, 931, 935.

91) 헌재 1998. 11. 26. 97헌마310, 판례집 10-2, 782, 791; 헌재 1999. 1. 28. 97헌마253 등, 판례집 11-1, 54, 64; 헌재 2000. 4. 11. 2000헌마206, 공보 45, 412, 413, 판례집 미수록; 헌재 2000. 6. 1. 2000헌마18, 판례집 12-1, 733, 739.

92) 법 제68조 제2항에 따른 헌법소원심판을 청구하면서 같은 조 제1항에 따른 헌법소원심판을 병합제기한 사례임.

제3항 및 동법 시행령 제43조가 초·중등학교의 교육과목을 규정함에 있어 헌법과목을 필수과목으로 규정하고 있지 않다 하더라도, 이는 입법행위에 결함이 있는 '**부진정 입법부작위**'에 해당하므로, 결함이 있는 당해 입법규정 그 자체를 대상으로 하여 적극적인 헌법소원을 제기하여야 하지 그 입법부작위를 헌법소원의 대상으로 삼을 수는 없다. 따라서 이 부분 심판청구는 허용되지 않는 것을 대상으로 한 것으로서 부적법하다.

한편, 청구인은 (행정)입법부작위를 주장하였으나 심리 결과 (행정)입법이 있었음이 인정되는 경우에 "기각"한 사례가 있다.

사례

⊙ 헌재 2005. 5. 26. 2004헌마62[93] : 택지개발촉진법 제12조 제4항에서 준용한 공익사업을위한토지등의취득및보상에관한법률(공익토지보상법) 제78조 제1항이 이주대책대상자에 대한 이주대책의 수립·실시를 대통령령으로 정하도록 위임함에 따라, 같은 법 시행령 제40조 제3항 제2호는 '관계법령에 의한 고시 등이 있은 날' 이후의 사람들이 이주대책대상자에서 제외되는 것으로 규정하고 있는바, 이는 소극적으로 그 이전의 사람들이 이주대책대상자에 포함되는 것으로 구별하고 있는 점에서 이주대책 기준일에 관한 규정이며, '고시가 있은 날'이 아니라 '고시 등이 있은 날'로 규정한 점에서 지구지정고시일과 공람공고일이 모두 포함될 수 있는, 이주대책 기준일에 관한 포괄적 규정으로 볼 수 있다. 또한 위 시행령 제40조 제3항은 제1호와 제3호에서 무허가 건축물의 소유자와 타인 소유의 건축물에 거주하는 세입자를 이주대책대상자에서 제외하고, 제2호에서 건축물 소유자에 대하여도 계속거주 요건을 부과함으로써 이주대책대상자를 확정하는데 필요한 요건들을 규정하고 있다. 그렇다면 공익토지보상법 시행령 제40조가 공익토지보상법의 위임취지에 반하여 이주대책의 수립·실시, 특히 이주대책대상자 선정에 관하여 필요한 사항을 규정하지 아니하였다고 볼 수 없다.[94]

---

93) 이 사건의 결정문에는 피청구인의 기재가 없다.

94) 〈주문〉 : "이 사건 심판청구 중 택지개발업무처리지침 제21조 제1항의 위헌확인 부분을 (청구기간 경과로) 각하하고, 행정입법 부작위의 위헌확인 부분을 기각한다."

4) 인정된 사례

가) 시행령 입법부작위

① 헌법재판소는 **헌재 2004. 2. 26. 2001헌마718**[95] 사건에서, "이 사건에 있어서 대통령령의 제정의무는 구 군법무관임용법 제5조 제3항 내지 법 제6조에 의한 위임에 의하여 부여된 것이지만, 입법부가 법률로써 행정부에게 특정한 사항을 위임했음에도 불구하고 행정부(대통령)가 이러한 법적 의무를 이행하지 않는다면 이는 위법한 것인 동시에 위헌적인 것이 된다. 우리 헌법은 국가권력의 남용으로부터 국민의 기본권을 보호하려는 법치국가의 실현을 기본이념으로 하고 있고, 근대 자유민주주의 헌법의 원리에 따라 국가의 기능을 입법·행정·사법으로 분립하여 상호간의 견제와 균형을 이루게 하는 권력분립제도를 채택하고 있다(헌재 1992. 4. 28. 90헌바24, 판례집 4, 225, 229-230). 따라서 행정과 사법은 법률에 기속되므로(헌재 1990. 9. 3. 89헌가95, 판례집 2, 245, 267), 국회가 특정한 사항에 대하여 행정부에 위임하였음에도 불구하고 행정부가 정당한 이유 없이 이를 이행하지 않는다면 **권력분립의 원칙**과 **법치국가 내지 법치행정의 원칙**에 위배되는 것이다. 따라서 이 사건과 같이 군법무관의 보수의 지급에 관하여 대통령령을 제정하여야 하는 것은 헌법에서 유래하는 작위의무를 구성한다."고 하면서, 구 군법무관임용법 제5조 제3항 및 '군법무관 임용 등에 관한 법률' 제6조가 군법무관의 봉급과 그 밖의 보수를 법관 및 검사의 예에 준하여 지급하도록 하는 대통령령을 제정할 것을 규정하였는데, 대통령이 지금까지 해당 대통령령을 제정하지 않는 것은 청구인들(군법무관)의 기본권(**재산권**)을 침해하는 것이라고 하여 그 입법부작위가 위헌임을 확인하는 결정[96]을 하였다.[97]

---

95) 이 사건의 결정문에는 피청구인이 "대통령"으로 기재되어 있다.

96) 이 결정에는 재판관 1인의 반대의견(각하의견)이 있다.

97) 이 결정 후 서울중앙지방법원은 사법시험에 합격하여 2001. 1.경 사법연수원을 수료하고 2001. 4. 1. **군법무관**에 임용되어 근무하다가 2004. 3. 30. 전역한 자들이 국가를 상대로 제기한 임금청구소송에서, "군법무관법 제6조는 군법무관의 급여지급요건 등을 정하지 않고 대통령령에 위임했는데 대통령령이 제정되지 않은 만큼 이 법규정을 들어 국가에 보수지급을 요구할 수는 없다."고 하면서, 그러나 "군법무관법 시행령을 만들어야 할 국가가 37년 동안 이를 제정하지 않은 것은 정당한 이유없이 행정입법의무를 게을리한 것이고, 이는 원고들이 가진 '상당한 수준의 보수청구권'을 침해한 불법행위에 해당하므로 국가는 이에 대한 손해를 배상할 의무가 있다."고 하면서 원고 1인당 1,200만원씩을 지급하라는 판결을 선고하였다.(서울중앙지방법원 2005.1.14. 선고 2004가합25623 판결) 이 사건은 상고심(대법원 2007.11.29. 선고 2006다3561 판결)에서도 국가의 불법행위로 인한 손해배상 책임을

[**주문** : "피청구인이 구 군법무관임용법 제5조 제3항 및 군법무관임용등에관한법률 제6조의 위임에 따라 군법무관의 봉급과 그 밖의 보수를 법관 및 검사의 예에 준하여 지급하도록 하는 대통령령을 제정하지 아니하는 입법부작위는 위헌임을 확인한다."][98]

② 또한 헌법재판소는 **헌재 2018. 5. 31. 2016헌마626**[99] 사건에서도 시행령입법부작위에 대하여 위헌확인 결정을 선고하였다.[100]

[**주문** : "피청구인이 국군포로의 송환 및 대우 등에 관한 법률(2015. 3. 27. 법률 제13237호로 개정된 것) 제15조의5 제2항의 위임에 따른 대통령령을 제정하지 아니한 행정입법부작위는 위헌임을 확인한다."][101]

인정하였으나, 다만 구체적인 손해배상액의 산정에 있어서 합리적이고 객관적인 손해액을 산정하였다고 볼 수 없다는 이유로 파기환송되었다. 한편 대법원은 다른 사건에서, "**공익법무관**"에게는 군법무관과는 달리 법관 및 검사의 예에 준하는 보수의 청구권이 있다고 할 수 없으며, 따라서 군법무관의 보수에 관한 행정입법부작위로 인하여 공익법무관의 보수청구권이 침해당하는 것은 아니라고 하여 원고의 상고를 기각하였다.(대법원 2009.4.9. 선고 2006다45206 판결)

98) 한편, 위 위헌확인 결정후 정부는 2005. 11. 9. 대통령령 제19120호로 공무원보수규정을 개정하여 제1조에 그 근거법률로 군법무관임용법을 추가하고, 2006. 1. 12. 대통령령 제19269호로 '공무원수당 등에 관한 규정'을 개정하면서 제14조의3으로 군법무관수당을 신설하였으나, 군법무관의 봉급에 대하여는 여전히 따로 규정을 두지 아니하였다. 이에 대하여 군법무관인 청구인들이 ①군법무관의 봉급을 따로 정하지 않고 일반군인의 봉급체계에 따르도록 한 공무원보수규정(2006.1.12. 대통령령 제19268호로 개정된 것) 제5조, ②군법무관수당을 월봉급액의 40퍼센트 범위 내에서 지급하도록 제한한 '공무원수당 등에 관한 규정'(2006.1.12. 대통령령 제19269호로 개정된 것) 제14조의3 및 군법무관의 직급보조비에 관하여 따로 규정하지 아니하고 계급별 군인의 직급보조비만 지급하도록 한 동 수당규정 제18조의6 중 [별표 15], ③동 수당규정 제14조의3의 위임에 따라 구체적인 지급대상 및 지급액을 정한 '군인 등의 특수근무수당에 관한 규칙'(2006.1.17. 국방부령 제589호로 개정된 것) 제4조가, 군법무관의 보수를 법관 등의 예에 준하여 정하도록 한 군법무관임용법 제6조에 반하는 것으로 청구인들의 재산권 등 기본권을 침해한다며 2006. 2. 3. 헌법소원심판을 청구(2006헌마170)하였으나 헌법재판소는 2008. 5. 29. 기각결정을 선고하였다. 이에 대하여는 재판관 2인의 반대의견(위헌의견)이 있다.

99) 이 사건의 결정문에도 피청구인이 "대통령"으로 기재되어 있다.

100) "'국군포로의 송환 및 대우 등에 관한 법률' 제15조의5 제1항은 등록포로 등에 대하여 국방부장관으로 하여금 억류기간 중의 행적이나 공헌의 정도에 상응하는 예우를 할 수 있도록 하고 있다. 등록포로 등의 억류기간 중 행적이나 공헌은 그의 억류지출신 포로가족의 삶에 직·간접적으로 영향을 미치고, 이는 또한 등록포로 등이 우리 사회에서 어떻게 평가되고 예우받는지와 밀접하게 관련되어 그 가족의 평판이나 명예에 중대한 영향을 미치므로, 그 예우에 관하여 대통령령으로 정하지 않은 이 사건 행정입법부작위는 등록포로 등의 가족인 청구인의 **명예권**을 침해한다."(공보 260, 931, 936)

101) 이 결정에는 "행정권의 행정입법 등 법집행의무는 헌법적 의무이나, 이는 행정입법 제정이 법률의 집행에 필수적임에도 이를 이행하지 않는 것이 곧 입법권 침해의 결과를 초래

나) 시행규칙 입법부작위

헌법재판소는 **헌재 1998. 7. 16. 96헌마246**[102] 사건에서, "삼권분립의 원칙, 법치행정의 원칙을 당연한 전제로 하고 있는 우리 헌법하에서 행정권의 행정입법 등 법집행의무는 헌법적 의무라고 보아야 한다."고 전제하고, "행정명령의 제정 또는 개정의 지체가 위법으로 되어 그에 대한 법적 통제가 가능하기 위하여는, 첫째, 행정청에게 시행명령(행정입법)을 제정(개정)할 법적 의무가 있어야 하고, 둘째, 상당한 기간이 지났음에도 불구하고, 셋째, 명령제정(개정)권이 행사되지 않아야"[103] 하는바, "이 사건과 같이 치과전문의제도의 실시를 법률 및 대통령령이 규정하고 있고 그 실시를 위하여 시행규칙의 개정 등이 행해져야 함에도 불구하고, 행정권이 법률의 시행에 필요한 행정입법을 하지 아니하는 경우에는 행정권에 의하여 입법권이 침해되는 결과가 되기 때문에, 보건복지부장관에게는 헌법에서 유래하는 행정입법의 작위의무가 있다."고 판시히였다.[104]

[**주문** : "피청구인 보건복지부장관이 의료법과 전문의의수련및자격인정등에관한규정의 위임에 따라 치과전문의자격시험제도를 실시할 수 있는 절차를 마련하지 아니하는 입법부작위는 위헌임을 확인한다."][105]

하는 경우를 가리키는 것이고, 입법부가 어떤 법률의 시행여부나 시행시기까지 행정권에게 위임하여 재량권을 부여한 경우에까지 헌법상 행정입법 작위의무가 인정되는 것은 아니다. 국군포로법 제15조의5 제1항은 국방부장관에게 등록포로 등에 대한 예우 여부 및 시행시기 등에 관한 재량권을 부여한 것으로 보아야 하고, 따라서 피청구인에게도 국군포로법 제15조의5 제2항에 따른 대통령령을 제정할 헌법상 작위의무는 인정되지 않는다. 그렇다면 청구인의 이 사건 행정입법부작위에 대한 심판청구는 피청구인에게 헌법상 유래되는 구체적 작위의무가 인정되지 않는 공권력 행사를 대상으로 한 것으로서 부적법하다."는 재판관 3인의 반대의견이 있다.

102) 이 사건의 결정문에는 피청구인이 "보건복지부장관"으로 기재되어 있다.

103) 이 셋째 요건은 "명령제정(개정)권을 행사하지 못한 데 대한 정당한 이유가 없을 것"으로 변경되어야 할 것이다.

104) 헌법재판소는 보건복지부장관의 시행규칙 입법부작위로 말미암아 청구인들의 **직업의 자유, 행복추구권** 및 **평등권**이 침해되었다고 판단했다. [다만 헌법재판소는 이후에, 헌법 제10조의 행복추구권은 다른 개별적 기본권이 적용되지 않는 경우에 한하여 보충적으로 적용되는 기본권이라고 보고 있다.(헌재 2002.8.29. 2000헌가5등, 판례집 14-2, 106, 123; 헌재 2006.3.30. 2005헌마598, 공보 114, 576; 헌재 2007.3.29. 2005헌마985, 판례집 19-1, 287, 300)]

105) 이후 2003. 6. 30. 대통령령 제18040호로 '치과의사전문의의 수련 및 자격 인정 등에 관한 규정'이, 2003. 9. 18. 보건복지부령 제258호로 '치과의사전문의의 수련 및 자격 인정 등에 관한 규정 시행규칙'이 각각 제정되었고, 위 시행규칙에 따라 2008년 처음으로 치과전문의 자격시험이 실시되었다. 2008년 220명의 치과전문의가 처음 배출된 이래, 2013년까지 총

다) 행정규칙(고시) 입법부작위

헌법재판소는 **헌재 2002. 7. 18. 2000헌마707**[106] 사건에서, 산업재해보상보험법 제4조 제2호 단서 및 근로기준법시행령 제4조가 정하는 경우에 관하여 피청구인(노동부장관)이 평균임금을 정하여 고시하지 아니하는 부작위가 행정입법부작위에 해당한다고 하여 헌법소원의 대상으로 인정하고 인용결정까지 하였다.[107]

[**주문** : "피청구인이 산업재해보상보험법 제4조 제2호 단서와 근로기준법시행령 제4조의 위임에 의하여 평균임금을 정하여 고시하지 아니하는 행정입법 부작위는 위헌임을 확인한다."][108]

(4) 조례

(가) 적극적 청구

조례는 지방자치단체가 그 자치입법권에 근거하여 자주적으로 지방의회의 의결을 거쳐 제정한 법규이기 때문에, 조례 자체로 인하여 직접 그리고 현재 자기의 기본권을 침해받은 자는 그 권리구제의 수단으로서 조례에 대한 헌법소원을 제기할 수 있다.[109] 다만 이에 대하여 대법원은, 조례가 집행행위의 개입없

1,571명의 치과전문의가 배출되어 2013년 말 현재 전체 치과의사 27,398명 중 약 5.73%의 비율을 차지하고 있다. 매년 배출되는 신규 치과의사 중에서 치과전문의는 대략 35% 내외의 비중을 차지하고 있다.(헌재 2015.5.28. 2013헌마799, 판례집 27-1하, 361, 368)

106) 이 사건의 결정문에는 피청구인이 "노동부장관"으로 기재되어 있다.

107) 헌법재판소는, 청구인들은 피청구인의 위와 같은 부작위로 말미암아 산업재해보상보험법에 따른 정당한 유족급여 및 장의비를 받을 **재산권** 및 **인간다운 생활을 할 권리**가 침해되었다고 판단했다.

108) 이 결정에는 "산업재해보상보험법 제4조 제2호 단서 및 근로기준법시행령 제4조에 의하여 노동부장관이 행하는 평균임금의 결정행위는 행정입법작용이 아니고, 오히려 구체적인 사안에 즉응하여 개별적이고 구체적인 금액을 결정하는 하나의 행정작용으로 보아야 하므로 부적법 각하되어야 한다."는 재판관 1인의 반대의견이 있다.

109) 헌재 1995. 4. 20. 92헌마264등, 판례집 7-1, 564, 571. 한편, 조례의 효력을 가지는 고시에 대한 심판청구가 적법하다고 본 사례로 헌재 2016. 3. 31. 2014헌마794 : "'신행정수도 후속대책을 위한 연기·공주지역 행정중심복합도시 건설을 위한 특별법' 제60조의2 제1항, 제3항은 이 사건 특정구역 안에서 옥외광고물 등의 관리 등에 관한 사무는 행복도시건설청장이 수행하고, 사무를 수행할 때 지방자치단체의 조례로 정하는 사항은 행정중심복합도시의 특성을 고려하여 행복도시건설청장이 따로 정하여 고시할 수 있으며, 이 경우 고시는 해당 지방자치단체의 조례로 본다고 규정하고 있다. 이에 비추어 보면, 이 사건 고시는 고시라는 명칭에도 불구하고 조례로서의 효력을 가진다고 할 것이다. 한편, 조례 자체로 인하여 기본권을 침해받은 자는 그 권리구제의 수단으로서 조례에 대한 헌법소원을 제기할 수 있다고 할 것이므로(헌재 1995.4.20. 92헌마264등 참조), 심판대상조항들은 헌법

이 그 자체로서 직접 국민의 구체적인 권리의무나 법적 이익에 영향을 미치는 등의 법률상 효과를 발생하는 경우 그 조례는 항고소송의 대상이 되는 행정처분에 해당한다고 판시한 바 있다.110)

사례

⊙ 헌재 2008. 12. 26. 2007헌마1387111) : 도로법 제40조 제2항은 "제1항의 규정에 따라 허가를 받을 수 있는 공작물·물건 그 밖의 시설의 종류와 도로점용허가의 기준 등에 관하여 필요한 사항은 대통령령으로 정한다."고 규정하고 있고, 도로법 시행령 제24조 제5항 제11호는 "법 제40조 제2항에 따라 도로의 점용허가를 받을 수 있는 공작물·물건 기타의 시설의 종류는 다음 각 호와 같다. (…) 제1호 내지 제10호 외에 관리청이 도로구조의 안전과 교통에 지장이 없다고 인정한 공작물·물건(식물을 포함한다) 및 시설로서 건설교통부령 또는 당해 관리청의 조례로 정한 것"이라고 규정하고 있는바, 이 사건 조례112)는 위와 같은 상위법령의 위임에 근거하여 제정된 것이다. 또한 2007. 12. 31.로 도로점용기간이 만료되어 갱신허가를 받고자 하는 청구인들의 경우, 이 사건 조항들113)이 정한 바에 따라 제소전 화해조서의 제출의무를 부담하고 허가기준 및 허가내용이 결정되므로 도로점용에 관한 법적 지위 및 권리 의무에 영향을 받게 된다. 따라서 이 사건 조항들은 단순히 행정기관 내부의 사무처리

소원의 대상이 되는 공권력 행사에 해당한다."

110) 대법원 1996. 9. 20. 선고 95누8003 판결. 이 사건에서 대법원은 조례가 항고소송의 대상이 되는 행정처분에 해당되는 경우 조례무효확인 소송에 있어서 '지방자치단체의 장'이 피고적격을 갖고, 교육에 관한 조례의 무효확인 소송에 있어서는 '교육감'이 피고적격을 갖는데, 이 사건에서 원고가 피고를 "경기도교육감"이 아닌 "경기도의회"라고 잘못 지정했다는 이유로, 원고의 상고를 기각하였다. [한편 대법원은 같은 날 선고된 95누7994 사건(피고 경기도교육감, 원고는 위 95누8003 사건과 같음)으로 하여 제기된 사건에서, (문제가 된 조례가 항고소송의 대상이 되는 행정처분에 해당한다는 전제하에) 경기도 가평군 상색초등학교 두밀분교의 폐지로 인한 교육조건 및 통학조건의 변화, 학교의 적정규모, 폐교로 인하여 지역사회에 미치는 영향 등의 제반 사정을 검토한 후, 두밀분교의 아동들이 상색초등학교에서 교육을 받음으로써 발생하는 긍정적인 교육효과를 고려한다면 분교의 폐지로 인한 통학조건이 다소 악화되는 등의 부정적인 효과는 그다지 크다고 할 수 없으므로, 경기도의회의 두밀분교 통폐합에 관한 조례는 재량권의 범위를 일탈한 것이라거나 분교 학생들의 교육을 받을 권리 또는 의무교육을 받을 권리를 침해한 것이라고 볼 수 없다고 판시하였다.]

111) 이 사건의 결정문에는 피청구인의 기재가 없다.

112) 구 '서울특별시 보도상 영업시설물 관리 등에 관한 조례'(2007.11.1. 조례 제4581호로 개정되고, 2008.7.30. 조례 제4660호로 개정되기 전의 것)

113) 위 이 사건 조례 제3조 제2항 후문, 제4항, 제4조 제3호 및 '서울특별시 보도상 영업시설물 관리 등에 관한 조례'(2007.11.1. 조례 제4581호로 개정된 것) 제3조 제6항.

지침에 불과하다고 볼 수 없고, 지방자치단체와 주민의 관계를 규율하는 외부효를 갖는 조례로서 헌법소원심판의 대상이 되는 공권력행사에 해당한다.

(나) 조례입법부작위 : 인용된 사례

지방자치단체가 조례를 제정하지 아니하는 부작위도 헌법소원의 대상이 된다. 헌법재판소는 **헌재 2009. 7. 30. 2006헌마358** 사건에서, "피청구인들[114]은 각자의 지방공무원 복무조례에서 국가공무원법 제66조의 위임에 따라 '사실상 노무에 종사하는 공무원의 범위'를 정하고 있는 '국가공무원 복무규정' 제28조를 준용하고 있으므로, 피청구인들의 진정입법부작위는 없으며, 그 준용규정의 내용이 불충분하다면 부진정입법부작위에 불과할 뿐이라고 주장한다. 그러나 '국가공무원 복무규정' 제28조는 국가공무원 중에서 '사실상 노무에 종사하는 국가공무원의 범위'를 정하고 있을 뿐이어서 지방공무원에게 준용될 여지가 없다. 그러므로 피청구인들은 지방공무원 중 '사실상 노무에 종사하는 지방공무원의 범위'를 전혀 정하지 않았다고 봄이 상당하고, 결국 청구인들의 이 사건 심판청구는 그러한 진정입법부작위의 기본권침해 여부를 다투는 것이라고 할 것"이라고 보고, 이어서 "피청구인들이 지방공무원법 제58조 제2항[115]에 따라 '사실상 노무에 종사하는 공무원의 범위'를 정하는 조례를 제정하도록 위임받았음에도 불구하고, 이를 정당한 사유 없이 제정하지 아니한 이 사건 부작위는 헌법상 의무를 위반하여 청구인들이 노동3권(중 **단체행동권**)을 부여받을 기회 자체를 사전에 차단하거나 박탈하였다."고 판단한 후에, 위 조례입법부작위가 위헌임을 확인하는 결정을 선고하였다.

[**주문** : "피청구인들이 지방공무원법 제58조 제2항의 위임에 따라 사실상 노무에 종사하는 공무원의 범위를 정하는 조례를 제정하지 아니한 것은 위헌임을 확인한다."]

(6) 헌법의 개별규정

헌법 제111조 제1항 제1호, 제5호 및 법 제41조 제1항, 제68조 제2항은 위

---

114) 서울특별시, 인천광역시, 경기도, 전라북도.

115) 지방공무원법 제58조(집단행위의 금지) ①공무원은 노동운동이나 그 밖에 공무 외의 일을 위한 집단행위를 하여서는 아니 된다. 다만, 사실상 노무에 종사하는 공무원은 예외로 한다. ②제1항 단서에 규정된 사실상 노무에 종사하는 공무원의 범위는 조례로 정한다.

헌심사의 대상이 되는 규범을 '법률'로 명시하고 있는데, 여기서 '법률'이라 함은 국회의 의결을 거쳐 제정된 이른바 형식적 의미의 법률을 의미한다. 따라서 위와 같은 형식적 의미의 법률과 동일한 효력을 가지는 조약 등이 위헌심사의 대상에 포함되는 것은 별론으로 하고, 헌법의 개별조항 자체가 위헌심사의 대상이 될 수 없음은 위 각 규정의 문언에 의하여 명백하다.[116] 따라서 헌법 제107조 제2항에 대하여 위헌확인을 구하는 헌법소원심판청구는 위헌심사의 대상이 될 수 없는 헌법의 개별조항에 대한 청구로서 부적법하다.[117]

다. 처분소원

(1) 행정작용 관련

행정작용에 대한 헌법소원에 있어서는 후술하는 보충성요건 및 재판소원금지규정 때문에 검사의 불기소처분 중 재정신청의 대상[118]이 되지 아니하는 것(예컨대, 고소하지 않은 범죄피해자가 검사의 불기소처분에 대하여 헌법소원심판을 청구하는 경우,[119] 기소유예처분을 받은 피의자가 청구하는 경우,[120] 고소사건을 고소사건으로 수리하지 아니하고 진정사건으로 수리한 공람종결처분(진정종결처분)[121] 등),[122] 권력적 사실행위

---

116) 헌재 1996. 6. 13. 94헌바20, 판례집 8-1, 475, 483.

117) 헌재 1998. 3. 26. 93헌마204, 공보·판례집 미수록; 헌재 1998. 6. 25. 96헌마47, 공보·판례집 미수록.

118) **개정 형사소송법의 재정신청제도 개편** : 구 형사소송법에서는 재정신청의 대상이 되는 사건을 형법 제123조 내지 제125조의 죄[직권남용권리행사방해죄, 직권남용(체포·감금)죄, 독직(폭행·가혹행위)죄]에 대한 고소·고발 사건에 한정하였으나, 개정 형사소송법(2007.6.1. 법률 제8496호로 개정되어 2008.1.1.부터 시행된 것)은 이에 더하여 모든 범죄에 대한 고소사건으로 대상사건을 확대하였다. 또한, 구 형사소송법에서는 법원의 심판에 부하는 결정에 따라 공소제기를 간주하고 법원이 변호사를 지정하여 공소유지를 담당하게 한 것과 달리, 개정 형사소송법의 재정신청제도는 법원이 공소제기결정을 하면 검사가 공소를 제기하는 기소강제절차의 성격을 가진다(구 형사소송법 제260조 내지 제265조 및 개정 형사소송법 제260조 내지 제264조의2 참조).(헌재 2009.9.24. 2008헌마255, 공보 156, 1814, 1817)

119) 헌재 2013. 7. 25. 2012헌마346, 공보 202, 1040 이하. [피의자에 대한 특정범죄가중처벌등에관한법률위반(도주차량) 피의사실에 대한 혐의없음 불기소처분이 (고소하지 않은 범죄피해자인) 청구인들의 평등권과 재판절차진술권을 침해하였다고 본 사례]

120) 헌재 2013. 7. 25. 2012헌마512, 공보 202, 1044 이하. [청구인의 절도 피의사실을 인정한 피청구인의 기소유예처분이 청구인의 평등권과 행복추구권을 침해하였다고 본 사례]

121) 헌재 1999. 1. 28. 98헌마85, 판례집 11-1, 73; 헌재 2000. 11. 30. 2000헌마356, 공보 52,

등 행정소송에 의하여 권리구제를 받을 수 없거나 행정소송을 거친다 하더라도 구제받을 수 있는 기대가능성이 없어 보충성원칙의 예외가 인정되는 경우로 제한된다.[123]

(가) 행정계획·공고·행정지도

1) 행정계획

대법원 판례에 의하면, 행정계획이란 "행정에 관한 전문적·기술적 판단을 기초로 하여 특정한 행정목표를 달성하기 위하여 서로 관련되는 행정수단을 종합·조정함으로써 장래의 일정한 시점에 있어서 일정한 질서를 실현하기 위한 활동기준으로 설정된 것"을 말한다.[124] 일반적으로 국민적 구속력을 갖는 행정계획은 행정행위에 해당되지만, 구속력을 갖지 않고 행정기관 내부의 행동지침에 지나지 않는 행정계획은 행정행위가 될 수 없고(헌재 2000. 6. 1. 99헌마538등), 이와 같이 행정기관의 내부적 의사결정에 불과하여 직접 국민의 권리의무에 영향을 미치지 않는 경우에는 헌법소원의 대상의 공권력의 행사 또는 불행사로 볼 수 없다(헌재 1994. 4. 28. 91헌마55; 헌재 2003. 11. 27. 2003헌마694등 참조).[125]

그러나 헌법재판소 판례에 따르면, 비구속적 행정계획안이나 행정지침이라도 ①국민의 기본권에 직접적으로 영향을 끼치고, ②앞으로 법령의 뒷받침에 의하여 그대로 실시될 것이 틀림없을 것으로 예상될 수 있을 때에는, 공권력행위

2, 판례집 미수록; 헌재 2004. 5. 27. 2003헌마149, 공보 93, 616, 판례집 미수록

122) 이에 반하여 단순한 **진정**(陳情)은 그 자체가 법률의 규정에 의하여 법률상의 권리행사로서 인정되는 것이 아니고, 진정을 기초로 하여 수사소추기관의 적의(適宜) 처리를 요망하는 의사표시에 지나지 아니한 것인 만큼, 진정에 의하여 이루어진 공람종결처분이라는 것은 구속력이 없는 진정사건에 대한 수사기관의 내부적 사건처리방식에 지나지 아니하는 것이며, 진정인의 권리행사에 아무런 영향을 미치는 것이 아니므로 이는 헌법소원심판의 대상이 되는 공권력의 행사라고 할 수 없다{헌재 1990.12.26. 89헌마277; 헌재 1998.2.27. 94헌마77; 헌재(제2지정재판부) 2010.9.14. 2010헌마557 참조}. 또한 **내사**(內査)는 범죄혐의 유무를 확인하기 위하여 범죄인지(犯罪認知) 전에 행해지는 수사기관 내부의 조사활동에 불과하므로, 그 과정에서 피내사자의 기본권을 제한하는 별도의 처분이 있었음을 구체적으로 특정하여 다투지 않는 이상, 단지 내사 그 자체만으로는 피내사자에게 어떠한 의무를 부과하거나 피내사자의 기본권에 직접적이고 구체적인 침해를 가한다고 볼 수 없으므로, 이는 헌법소원심판의 대상이 되는 공권력 행사로 보기 어렵다.{헌재(제3지정재판부) 2011.2.15. 2011헌마30, 공보 173, 336, 337}

123) 실무제요(2008), 196면.

124) 대법원 1996. 11. 29. 선고 96누8567 판결.

125) 헌재 2014. 3. 27. 2011헌마291, 공보 210, 635, 637.

로서 예외적으로 헌법소원의 대상이 된다.[126] 행정계획이 헌법소원의 대상이 되는 공권력행사로 인정된 사례로는 아래 헌재 1992. 10. 1. 92헌마68 결정과 헌재 2003. 6. 26. 2002헌마402 결정 참조.

인정된 사례

⊙ 헌재 1992. 10. 1. 92헌마68 : 사실상의 준비행위나 사전안내라도 그 내용이 국민의 기본권에 직접 영향을 끼치는 내용이고 앞으로 법령의 뒷받침에 의하여 그대로 실시될 것이 틀림없을 것으로 예상될 수 있는 것일 때에는, 그로 인하여 직접적으로 기본권침해를 받게 되는 사람에게는 사실상의 규범작용으로 인한 위험성이 이미 발생하였다고 보아야 할 것이므로 이러한 것도 헌법소원의 대상은 될 수 있다고 보아야 하고, 서울대학교의 "1994학년도 대학입학고사 주요요강"은 교육법시행령 제71조의2의 규정이 개정되어 그대로 시행될 수 있을 것이, 그것을 제정하여 발표하게 된 경위에 비추어 틀림없을 것으로 예상되므로, 이를 제정·발표한 행위는 헌법소원의 대상이 되는 헌법재판소법 제68조 제1항 소정의 공권력의 행사에 해당된다.

⊙ 헌재 2003. 6. 26. 2002헌마402[127] : 통상 건축물에 대한 규제는 '건축물로 인한 위험발생방지 목적'의 건축법상의 규제와 '건축물과 도시기능의 유기적 관련 및 합리적인 토지이용관계의 확보에 그 목적'이 있는 도시계획법상의 규제가 있다. 그런데, **도시설계**의 목적은 도시의 기능과 미관을 증진하는 것에 있다고 할 것이므로, 비록 도시설계의 법적 근거와 그 목적 및 구체적인 작성절차가 건축법에 자세히 규정되어 있다고 하더라도 도시설계에 의한 건축물에 대한 규제는 도시계획법상의 건축물에 대한 규제로서의 성격을 갖는다고 할 것이다. 따라서, 이러한 도시설계에 의한 건축물규제의 성격과 그 입법적 경과에 비추어 볼 때, 도시설계는 도시계획구역의 일부분을 그 대상으로 하여 토지의 이용을 합리화하고, 도시의 기능 및 미관을 증진시키며 양호한 도시환경을 확보하기 위하여 수립하는 도시계획의 한 종류로서 도시설계지구 내의 모든 건축물에 대하여 구속력을 가지는 구속적 행정계획의 법적 성격을 갖는다.

부인된 사례

⊙ 헌재 2011. 12. 29. 2009헌마330 : 이 사건 선진화계획[128]은 그 법적 성격이 행

126) 헌재 2000. 6. 1. 99헌마538등, 판례집 12-1, 665, 682.

127) 심판의 대상은 "고양시 일산지구 내 다가구주택의 가구수를 3가구 이하로 제한한 고양일산지구단독, 상업등단지(단독·근린생활·상업·업무·공공건축물) 도시설계시행지침 제33조 제3항"

정계획이라고 할 것인바, 국민의 기본권에 직접적인 영향을 미친다고 볼 수 없고, 장차 법령의 뒷받침에 의하여 그대로 실시될 것이 틀림없을 것으로 예상된다고 보기도 어려우므로, 헌법소원의 대상이 되는 공권력의 행사에 해당한다고 할 수 없다.

⊙ 헌재 2014. 3. 27. 2011헌마291 : '공공기관 지방이전에 따른 혁신도시 건설 및 지원에 관한 특별법'에 따르면, 지방이전계획을 수립하는 주체는 이전공공기관의 장이고, 그 제출받은 계획을 검토·조정하여 국토해양부장관에게 제출하는 주체는 소관 행정기관의 장이며, 그에 따라 지역발전위원회의 심의를 거친 후 승인하는 주체가 국토해양부장관일 뿐이므로, 피청구인이 발표한 이 사건 이전방안[129]은 한국토지주택공사와 각 광역시·도, 관련 행정부처 사이의 의견조율 과정에서 행정청으로서의 내부의사를 밝힌 행정계획안 정도에 불과하다. 한국토지주택공사의 지방이전계획은 지역발전위원회의 심의를 거쳐 피청구인의 최종승인에 의하여 확정되는 것이며, 그 이전 단계에서 발표된 이 사건 이전방안이 국민의 권리의무 또는 법적 지위에 어떠한 변동을 가져온다고 할 수 없다. 따라서 이 사건 이전방안은 헌법재판소법 제68조 제1항의 공권력의 행사에 해당한다고 할 수 없다.

2) 공고

공고의 법적 성질은 일률적으로 판단될 것이 아니라 공고에 담겨진 내용에 따라 구체적인 경우마다 달리 결정된다. 즉, 그 공고 등이 법령에 근거하여 법령의 내용을 구체적으로 보충하거나 세부적인 사항을 확정하는 것일 때에는 공권력의 행사에 해당한다.[130] 그러나, 그것이 법령에 정해지거나 이미 다른 공권력 행사를 통하여 결정된 사항을 단순히 알리는 것 또는 대외적 구속력이 없는 행정관청 내부의 해석지침에 불과한 것인 때에는 공권력의 행사에 해당하지 않는다.[131]

인정된 사례

⊙ 헌재 2010. 6. 24. 2010헌마41 : 사법시험법과 동법 시행령은 법무부장관이 매년 1회 이상 사법시험을 실시하여야 하고, 시험일시·시험장소·시험방법·시험과목·응시

128) 기획재정부장관이 2008. 8. 11.부터 2009. 3. 31.까지 사이에 6차에 걸쳐 공공기관 선진화 추진계획을 확정·공표한 행위.

129) 국토교통부장관이 2011. 5. 13. 발표한 '한국토지주택공사 이전방안'

130) 헌재 1996. 4. 25. 94헌마119, 판례집 8-1, 433, 442; 헌재 2000. 1. 27. 99헌마123, 판례집 12-1, 75, 83; 헌재 2004. 3. 25. 2001헌마882, 판례집 16-1, 441, 450 참조.

131) 헌재 1997. 7. 16. 97헌마70, 판례집 9-2, 131, 141; 헌재 1997. 12. 19. 97헌마317, 판례집 9-2, 751, 760; 헌재 2001. 2. 22. 2000헌마29, 판례집 13-1, 414, 424 등 참조.

자격·선발예정인원 및 출원절차 등을 관보와 인터넷 홈페이지 또는 일간지 등에 공고하여야 한다고만 규정하고 있을 뿐, 구체적인 시험일자에 관해서는 정하고 있지 않다. 이에 따라 2010년도 제52회 사법시험의 구체적인 시험일자는 법무부장관의 사법시험실시계획공고에 따라 비로소 확정되므로, 이 사건 공고[132)]는 법령에 근거하여 그 내용을 구체적으로 보충하거나 세부적인 사항을 확정하는 것으로서 헌법소원심판청구의 대상이 되는 공권력행사에 해당한다.

⊙ 헌재 2015. 4. 30. 2013헌마504 : 이 사건 공고는 재판연구원 및 검사의 신규 임용 실시 내지 시원안내를 일반인에게 알리는 것으로서, 이 사건 '재판연구원 신규임용공고'는 재판연구원 지원자격을 정하고 있는 법원조직법 제53조의2 제3항과 그 구체적인 임용기준, 심사방법 등에 대하여 대법원장이 정하도록 정하고 있는 재판연구원규칙 제4조, 제5조에 따른 것이고, 이 사건 '검사 신규임용공고'는 검사의 임명에 관한 검찰청법 제29조에 근거하여 검사의 임용절차 등을 정한 것이다. 따라서 사법연수원 수료예정자와 법학전문대학원 졸업예정자에게 각기 달리 적용되는 재판연구원 및 검사 신규임용 절차는 결국 이 사건 공고를 통해 비로소 확정되어 실현되는 것이므로, 이 사건 공고는 헌법소원의 대상이 되는 공권력 행사에 해당한다.

부인된 사례

⊙ 헌재 2013. 7. 25. 2011헌마63등 : 이 사건에서 **홈페이지 게시**는 피청구인(방송통신위원회)이 그 동안 추진 내지 시행해 온 번호 통합정책 및 번호이동제도를 국민들에게 널리 알리고자 한 것으로 보이고, 달리 관련 법령의 위임을 받아 그 내용을 구체화하거나 법령의 구체적인 내용을 보충하는 것에 해당한다고 보이지 않는다. 또 홈페이지 게시 중 '010 번호통합정책을 지속적으로 추진하고, 번호통합은 최종적으로 2세대 서비스를 종료하는 시점(2018년경으로 예상)에 완료하기로 한 부분'은 번호통합정책의 방향을 확인한 것에 불과하여, 그 자체로서 대외적 구속력을 가지거나 청구인들의 법적 지위에 영향을 미친다고 보기 어렵다. 나아가 '번호통합을 촉진시키기 위해 이 사건 식별번호 이용자가 2014. 1. 1.부터 010으로 번호를 변경하기로 사전에 동의하는 경우 동일 사업자 내에서 2011. 1. 1.부터 2013. 12. 31.까지 이 사건 식별번호를 변경하지 않고 3세대 서비스 등을 이용할 수 있도록 허용하기로 한 부분'은 피청구인의 2010. 10. 15.자 이행명령[133)]과 동일한 내용으로 이를 다시 알린 것에 불과할 뿐

---

132) 법무부공고 제2010-1호 "2010년도 사법시험실시계획 공고" 중 2010년도 사법시험 제1차시험의 시행일자를 토요일인 2010. 2. 27.로, 제2차시험과 제3차시험의 시행일자를 각 토요일을 포함한 2010. 6. 23.부터 6. 26.까지 및 같은 해 11. 17.부터 11. 20.까지로 정하고 있는 부분.

133) 이 결정에서 재판관 6인의 다수의견은 이 부분에 대하여 명시적인 설명없이 헌법소원의

이로 인하여 새로이 청구인들의 법적 지위에 영향이 있는 것이 아니다. 따라서 홈페이지 게시는 공권력의 행사에 해당한다고 볼 수 없으므로 이 부분 심판청구도 부적법하다.

⊙ 헌재 2014. 3. 27. 2013헌마523 : **합격기준 공표**[134]는 제3회 변호사시험 합격기준을 '입학정원 대비 75%(1,500명) 이상'이라고 하여 응시자의 편의를 위하여 변호사시험 관리위원회의 심의를 거친 최소한의 합격자 수에 관한 정보를 안내하고 있을 뿐, 실제 제3회 변호사시험의 구체적인 합격기준이 어떻게 될지에 관하여는 아무런 규율을 하고 있지 않다. 따라서 합격기준 공표는 앞으로 실시될 제3회 변호사시험의 합격자 결정에 대하여 최소한의 합격자수 기준이라는 행정관청 내부의 지침을 대외적으로 공표하는 것에 불과하고, 그 자체로 인하여 청구인들의 법적 지위에 어떠한 영향을 미친다고 보기 어려우므로, 공권력행사성을 인정할 수 없다.

---

3) 행정지도

행정지도란 "행정기관이 그 소관사무의 범위 안에서 일정한 행정목적을 실현하기 위하여 특정인에게 일정한 행위를 하거나 하지 아니하도록 지도·권고·조언 등을 하는 행정작용"을 말한다(행정절차법 제2조 제3호). 원래 행정실무에서 사용되기 시작한 행정지도의 개념은 행정절차법의 제정으로 인해 실정법상 일반적인 개념이 되었다.[135]

대법원은 "행정소송법상 취소소송의 대상이 되는 행정청의 처분이라 함은 행정청의 공법상의 행위로서 특정사항에 대하여 법규에 의한 권리의 설정 또는 의무의 부담을 명하거나 기타 법률상의 효과를 직접 발생하게 하는 등 국민의 권리·의무에 직접 관계가 있는 행위를 말한다."고 하고,[136] 국민의 권리·이익에

대상이 되는 공권력행사로 보아 본안판단을 한 끝에, 법률유보원칙에 위배되지 않고 행복추구권이나 평등권도 침해하지 않는다고 하였다. 이에 대하여 재판관 3인의 반대의견은 "청구인들이 식별번호 010으로 번호를 변경하지 않는 한 3세대 서비스를 이용할 수 없다는 것은 2010. 10. 15.자 이행명령과는 아무런 관련이 없고, 오히려 2010. 10. 15.자 이행명령은 청구인들과 같은 이 사건 식별번호 사용자들에게 기존에는 이용할 수 없었던 3세대 서비스를 한시적으로나마 번호변경 없이 이용할 수 있도록 편의를 제공해주는 수혜적인 조치에 불과하므로, 이로 인하여 청구인들의 기본권이 침해될 가능성이나 위험성이 없다."는 각하의견을 제시하였다.

134) 법무부장관의 2013. 4. 26.자 "2014년 제3회 변호사시험 합격자는 원칙적으로 입학정원 대비 75%(1,500명) 이상 합격시키는 것으로 한다."는 공표를 말함.

135) 홍정선, 행정법원론(상), 박영사, 2010, 485면.

136) 대법원 1994. 9. 10. 선고 94두33 판결.

영향이 없는 단순한 행정청 내부의 중간처분, 의견, 질의답변, 또는 내부적 사무처리절차이거나 알선·권유·행정지도 등 비권력적 사실행위 등은 항고소송의 대상이 될 수 없다고 하며,[137] 행정지도에 불응한 것을 이유로 어떤 불이익한 부담적 행위가 행하여질 경우 그 부담적 행위를 대상으로 행정지도의 위법성을 간접적으로 다툴 수 있을 뿐이라고 본다.[138] 따라서 그 자체로는 일정한 법적 효과의 발생을 목적으로 하는 것이 아니라 사실상의 효과를 발생시키는 사실행위로서의 행정지도라 하더라도 그에 따르지 않을 경우 일정한 불이익조치를 예정하고 있는 경우에는, 사실상 상대방에게 그에 따를 의무를 부과하는 것과 다를 바 없는 것이어서 헌법소원의 대상이 되는 공권력의 행사가 될 수도 있다.

인정된 사례

⊙ 헌재 2003. 6. 26. 2002헌마337등 : 이 사건 학칙시정요구의 경우 대학총장들이 그에 따르지 않을 경우 행·재정상 불이익이 따를 것이라고 경고하고 있어, 학교의 장으로서는 피청구인(교육인적자원부장관)의 학칙시정요구에 따를 수밖에 없는 사실상의 강제를 받게 되므로, 이러한 시정요구는 임의적 협력을 기대하여 행하는 비권력적·유도적인 권고·조언 등의 단순한 행정지도로서의 한계를 넘어 규제적·구속적 성격을 상당히 강하게 갖는 것으로서, 헌법소원의 대상이 되는 공권력의 행사라고 봄이 상당하다.

부인된 사례

⊙ 헌재 2011. 12. 29. 2009헌마330 : 이 사건 개선요구[139]는 이를 따르지 않을 경우의 불이익을 명시적으로 예정하고 있다고 보기 어렵고, 행정지도로서의 한계를 넘어 규제적·구속적 성격을 강하게 갖는다고 할 수 없어 헌법소원의 대상이 되는 공권력의 행사에 해당한다고 볼 수 없다. 이 사건 점검 및 개선제시[140] 중, 점검행위는 감사원 내부의 자료수집에 불과하고, 개선제시는 이를 따르지 않을 경우의 불이익을 명시적으로 예정하고 있다고 보기 어려우므로 행정지도로서의 한계를 넘어

137) 대법원 1995. 11. 21. 선고 95누9099 판결.

138) 홍정선, 전게서(2010), 491면 참조.

139) 노동부장관이 2009. 4. 노동부 산하 7개 공공기관의 단체협약내용을 분석하여 2009. 5. 1. 경 불합리한 요소를 개선하라고 요구한 행위.

140) 감사원장이 2009. 4.경 60개 공공기관에 대하여 공공기관 선진화 계획의 이행실태, 노사관계 선진화 추진실태 등을 점검하고, 2009. 6. 30. 공공기관 감사책임자회의에서 자율시정하도록 개선방향을 제시한 행위.

규제적·구속적 성격을 강하게 갖는다고 볼 수 없다. 따라서 이 사건 점검 및 개선제시는 헌법소원의 대상이 되는 공권력의 행사라고 보기 어렵다.

⊙ 헌재 2012. 4. 24. 2010헌마751 : 이 사건 이발지도행위[141]는 피청구인이 수용자의 자발적 참여를 전제로 두발 등을 단정하게 유지할 것을 지도·교육한 것에 불과하고 피청구인의 우월적 지위에서 일방적으로 청구인에게 이발을 강제한 것이 아니므로, 헌법소원심판의 대상인 공권력의 행사라고 보기 어렵다.

(나) 행정관청의 처분

1) 헌법소원의 대상이 되는 처분

가) 의의

일반적으로 항고소송의 대상이 되는 행정처분은 "행정청의 공법상 행위로서 특정사항에 대하여 법규에 의한 권리의 설정 또는 의무의 부담을 명하거나, 기타 법률상 효과를 발생하게 하는 등 국민의 권리·의무에 직접 관계가 있는 행위를 가리키는 것"이고, 상대방 또는 기타 관계자들의 법률상 지위에 직접적인 법률적 변동을 일으키지 아니하는 행위는 항고소송의 대상이 되는 행정처분이 아니라는 것이 법원의 확립된 판례이다.[142]

또한 대법원은, 국민의 적극적 행위 신청에 대하여 행정청이 그 신청에 따른 행위를 하지 않겠다고 거부한 행위가 항고소송의 대상이 되는 행정처분에 해당하는 것이라고 하려면, ①그 신청한 행위가 공권력의 행사 또는 이에 준하는 행정작용이어야 하고 ②그 거부행위가 신청인의 법률관계에 어떤 변동을 일으키는 것이어야 하며 ③그 국민에게 그 행위발동을 요구할 법규상 또는 조리상의 신청권이 있어야 한다고 하였고,[143] 여기에서 '신청인의 법률관계에 어떤 변동을 일으키는 것'이라는 의미는, 신청인의 실체상의 권리관계에 직접적인 변동을 일으

---

141) 피청구인(경북북부제2교도소장)이 2010. 7.경부터 2010. 11. 17.경까지 청구인에 대하여 지속적이고 조직적으로 실시한 생활지도 명목의 이발지도행위.

142) 대법원 1999. 10. 22. 선고 98두18435 판결; 대법원 2008. 9. 11. 선고 2006두18362 판결 등 참조.

143) 대법원 2003. 4. 11. 선고 2001두9929 판결. [신청권을 인정한 사례 : 대법원 2003. 9. 23. 선고 2001두10936 판결 (국토이용계획변경승인거부처분취소); 대법원 2004. 4. 27. 선고 2003두8821 판결 (문화재보호구역지정해제거부처분취소); 대법원 2017. 6. 15. 선고 2013두2945 판결 (주민등록번호변경신청거부처분취소)]

키는 것은 물론, 그렇지 않다 하더라도 신청인이 실체상의 권리자로서 권리를 행사함에 중대한 지장을 초래하는 것도 포함한다고 판시하였다.[144][145]

한편 헌법재판소에 따르면, 일반적으로 조리란 사물의 본성 내지는 본질적 법칙으로서 실정법의 흠결을 보충하는 해석상·재판상의 기초를 의미하고, 따라서 **조리상의 신청권**이란 실정법상의 권리의 행사 내지 구제의 수단이 없는 경우 정의·형평의 관념에 기초해서 보충적으로 인정되는 신청권을 의미한다.[146] 그러므로, 국민의 신청에 대한 행정청의 거부행위가 헌법소원심판의 대상인 공권력의 행사가 되기 위해서는 국민이 행정청에 대하여 신청에 따른 행위를 해 줄 것을 요구할 수 있는 권리가 있어야 한다.[147]

사례

⊙ 헌재 1999. 10. 21. 98헌마407 : 국민의 신청에 대한 행정청의 거부행위가 헌법소원심판의 대상인 공권력의 행사가 되기 위해서는 국민이 행정청에 대하여 신청에

144) 대법원 2002. 11. 22. 선고 2000두9229 판결.

145) 이에 대하여, "거부행위는 신청권의 존재를 매개함이 없이 거부행위로 인하여 불이익이 발생하고 그 거부행위를 취소함으로 인하여 회복되는 이익이 있으면 공권력의 행사로서의 처분으로 보는 것이 타당하다."는 견해로 이광윤, "2017년 분야별 중요판례분석 (행정법)", 법률신문, 2018.2.22.자, 13면 참조.

146) 헌재 2003. 10. 30. 2002헌가24, 판례집 15-2하, 1, 9. 동 사건에서 헌법재판소는, "이 사건 위헌제청 사건의 제청신청인(당해사건: 대전지방법원 2002구합1511 임용복직발령 또는 임용신청거부처분취소)은 행정청의 처분을 매개로 하지 아니하고 이 사건 법률조항(2002. 12.18. 법률 제6788호로 개정되기 전의 구 국가공무원법 제69조 중 제33조 제1항 제5호 부분)의 직접적인 효과로서 당연퇴직당한 것인바, 이와 같이 법률조항의 직접적인 효과를 통해 권리침해를 당한 경우에는 당해 법률조항을 직접 그 심판대상으로 하여 그 위헌성을 다툴 수 있는 실정법상의 수단인 헌법소원제도가 마련되어 있다. 그런데 만일 이와 같은 실정법상의 수단에도 불구하고 법률의 위헌성을 문제삼아 그 법률효과의 내용과 상반되는 처분을 해 줄 것을 구하는 조리상의 신청권을 일반적으로 부여한다면, 모든 과거의 법률관계 당사자가 헌법소원 청구기간의 제한을 받지 않은 채 언제든지 조리상의 신청권을 매개로 법률조항의 위헌성에 관한 헌법재판소의 판단을 요구할 수 있게 될 것이다. 이와 같은 결과는 기존의 법질서에 의하여 형성된 법률관계와 이에 기초한 다른 개인의 법적 지위에 불안정을 초래하는 결과를 낳게 될 뿐 아니라, 헌법소원의 청구기간제도의 취지를 몰각시킴으로써 이미 실정법상 권리구제수단으로 마련된 헌법소원의 기능까지도 저해하는 결과를 낳게 될 가능성이 있다."고 판시하였다. 한편 위 국가공무원법 조항에 대하여는 같은 날 선고한 헌재 2003. 10. 30. 2002헌마684등 사건에서 위헌결정이 선고되었다.

147) 헌재 1998. 5. 16. 98헌마121, 공보·판례집 미수록; 헌재 1999. 6. 24. 97헌마315, 판례집 11-1, 802, 816; 헌재 2000. 2. 24. 97헌마13등, 판례집 12-1, 252, 266; 헌재 2003. 10. 30. 2002헌가24, 판례집 15-2하, 1, 8.

따른 행위를 해 줄 것을 요구할 수 있는 권리가 있어야 하는바, 헌법이나 도시계획법 어디에서도 행정청에 대하여 도시계획의 폐지를 신청하거나 도시계획결정으로 인한 보상을 청구할 수 있는 권리를 규정하고 있지 않으므로, 피청구인의 이 사건 거부행위는 법 제68조 제1항 소정의 공권력행사에 해당한다고 볼 수 없어 이 부분 심판청구는 대상적격을 결하였다.

나) 헌법소원대상성이 인정된 경우

① 공정거래위원회의 무혐의처분(고발권불행사), 심사불개시결정, 심의절차종료결정

'독점규제 및 공정거래에 관한 법률'에 의하면, 공정거래위원회는 직권 또는 신고에 의하여 법위반행위에 대하여 조사를 할 수 있고(제49조 제1항, 제2항), 조사한 결과 동법 제23조(불공정거래행위의 금지) 제1항의 규정에 위반하는 행위가 있을 때에는 당해 사업자에게 당해 불공정거래행위의 중지, 계약조항의 삭제 기타 시정을 위한 필요한 조치를 명할 수 있으며(제24조), 과징금을 부과할 수 있을 뿐만 아니라(제61조의2), 나아가 고발도 할 수 있고(제71조 제1항), 한편 공정거래위원회에서 조사한 결과 혐의가 없다고 판단이 되면 당연히 무혐의로 사건을 처리할 수 있다('공정거래위원회 회의운영 및 사건절차 등에 관한 규칙' 제47조). 그러므로 불공정거래혐의에 대한 공정거래위원회의 무혐의조치는 혐의가 인정될 경우에 행하여지는 중지명령 등 시정조치에 대응되는 조치로서 공정거래위원회의 공권력행사의 한 태양에 속하여 헌법재판소법 제68조 제1항 소정의 '공권력의 행사'에 해당하고,[148] 따라서 공정거래위원회의 자의적

---

148) 한편 헌법재판소는 보충성 원칙과 관련하여, "공정거래위원회의 무혐의처분이 항고소송의 대상이 되는지 여부와 관련하여 대법원은, 공정거래법 제49조 소정의 신고는 공정거래위원회에 대하여 공정거래법에 위반되는 사실에 관한 조사의 직권발동을 촉구하는 단서를 제공하는 것에 불과하고 신고인에게 그 신고내용에 따른 적당한 조치를 취하여 줄 것을 요구할 수 있는 구체적인 청구권까지 있다고 할 수는 없으므로, 공정거래위원회의 무혐의처분은 그 신고인의 권리의무에 아무런 영향을 미치지 아니하는 것이어서 항고소송의 대상이 되는 행정처분에 해당한다고 할 수 없다고 판시하였다(대법원 2000.4.11. 선고 98두5682 판결 참조). 위와 같은 대법원 판례에 따르면 공정거래위원회의 무혐의처분은 행정심판이나 행정소송의 대상이 될 수 없으므로, 이러한 경우에도 청구인에게 일반적인 행정쟁송절차를 먼저 경유할 것을 요구한다면 이는 무용한 절차를 강요하는 것으로 되어 부당하다(헌재 1995.7.21. 94헌마136, 판례집 7-2, 169, 175 참조). 따라서 청구인이 피청구인의 무혐의처분에 대하여 위와 같은 행정쟁송절차를 거치지 않고 곧바로 헌법소원심판청구를 한 것은 보충성에 위배되지 않는다."고 판시하였다.(헌재 2011.11.24. 2010헌마83, 공보 182, 1880, 1882)

인 조사 또는 판단에 의하여 결과된 "무혐의 조치"는 헌법 제11조의 법 앞에서의 평등권을 침해하게 되므로 헌법소원의 대상이 된다.[149]

마찬가지 이유로 '독점규제 및 공정거래에 관한 법률' 제48조 제2항, '공정거래위원회의 운영 및 사건절차 등에 관한 규칙' 제12조에 따른 공정거래위원회의 "심사불개시결정" 역시 공권력의 행사에 해당되며,[150] 자의적일 경우 '독점규제 및 공정거래에 관한 법률' 위반행위로 인한 피해자(신고인)의 평등권을 침해할 수 있으므로 헌법소원의 대상이 된다.[151] 헌법재판소는 공정거래위원회의 "심의절차종료결정"도 마찬가지로 헌법소원의 대상이 된다는 전제하에 본안판단을 하였다.[152]

부인된 사례

⊙ 헌재 2012. 6. 27. 2010헌마508 : '표시·광고의 공정화에 관한 법률'('표시·광고법') 위반을 이유로 한 공정거래위원회의 경고('이 사건 경고')는 준사법기관이라 할 수 있는 공정거래위원회가 '독점규제 및 공정거래에 관한 법률' 제55조의2에 따라 제정된 '공정거래위원회 회의운영 및 사건절차 등에 관한 규칙' 제50조에 의거하여 행한 의결인바, 향후 표시·광고법 위반행위를 하였을 경우에 공정거래위원회로부터 받게 될 과징금 부과에 있어 표시·광고법 제9조 제3항 제2호에 정한 위반행위의 횟수에 참작되는 점, 2008. 11. 10. 공정거래위원회 고시 제2008-18호로 개정된 '과징금부과 세부기준 등에 관한 고시'에 의하면 경고를 받은 경우에는 벌점을 부과받게 되고 이후 과징금의 부과 및 가중사유에 반영됨으로써 경고의 침익적 성격이 분명한 점, 이 사건 경고에 대한 취소청구 소송에서 당해법원 역시 위 경고를 행정소송의 대상이 되는 처분으로 보고 청구기각판결을 선고한 점 등을 종합하여 볼 때, 이 사건 경

149) 헌재 2002. 6. 27. 2001헌마381, 판례집 14-1, 679, 683-684. 이에 따라 공정거래위원회의 무혐의처분이 헌법소원의 대상이 됨을 전제로 본안판단을 한 사례 중 **기각례**로는 헌재 2005. 10. 27. 2004헌마800, 공보 109, 1153; 헌재 2006. 3. 30. 2005헌마818, 공보 114, 582; 헌재 2011. 11. 24. 2010헌마83, 공보 182, 1880. **인용례**로는 헌재 2004. 6. 24. 2002헌마496, 판례집 16-1, 784, 791; 헌재 2012. 2. 23. 2010헌마750, 공보 185, 508, 509 참조.

150) 피청구인인 공정거래위원회의 민원회신을 심사불개시결정으로 보아 공권력행사성을 인정한 사례로 헌재 2012. 12. 27. 2011헌마280 : "피청구인 명의의 민원회신은 민원에 대한 단순한 질의회신의 형식을 띠고 있지만, 그 내용과 담당 부서 그리고 공정거래법 제49조의 신고의 법적 의미 등을 고려할 때, 실질적으로는 청구인들의 공정거래법 위반행위 신고에 대한 심사불개시결정의 성격을 가진다고 보이므로 공권력행사성이 인정된다."

151) 헌재 2004. 3. 25. 2003헌마404, 판례집 16-1, 491, 495.

152) 헌재 2011. 9. 29. 2010헌마539, 공보 180, 1501 이하; 헌재 2011. 12. 29. 2011헌마100, 공보 183, 236, 237.

고는 청구인들의 권리의무에 직접 영향을 미치는 처분으로서 행정소송의 대상이 된다고 봄이 상당하다. 그렇다면, 이 사건 경고에 대하여 행정소송을 통한 구제절차를 모두 거치지 아니한 채 제기된 이 사건 헌법소원심판청구는 법률이 정한 구제절차를 거치지 않고 제기된 것이므로 부적법하다.[153]

---

② 감사원의 국민감사청구기각결정

국민감사청구제도는 (구)부패방지법 제40조(감사청구권)[154]의 표제에서 보는 바와 같이 일정한 요건을 갖춘 국민들이 감사청구를 한 경우에 감사원장으로 하여금 감사청구된 사항에 대하여 감사실시 여부를 결정하고 그 결과를 감사청구인에게 통보하도록 의무를 지운 것이므로(동법 제42조·제43조),[155] 지방자치법(구법 제13조의4, 현행법 제16조)상의 주민감사청구권과 같은 유형의 권리를 창설한 것으로 보아야 할 것이다. 따라서 이러한 국민감사청구에 대한 기각결정은 공권력의 주체인 감사원의 고권적 처분이라는 점에서 헌법소원의 대상이 될 수 있다.[156]

③ 선거관리위원회의 조치

부인된 사례

⊙ 헌재 2003. 3. 27. 2002헌마106 : 피청구인(서울특별시 선거관리위원회 위원장)이 2002. 2. 1. 발송한 '선거법위반행위에 대한 중지촉구' 공문은 첫째, '열린 인터뷰'를 개최하는 행위가 '공직선거 및 선거부정 방지법'(공선법) 제254조에 위반된다는 것을 안내하면서, 둘째, 위 행사를 개최할 경우 선거법 위반행위로 엄중 대처할 것을 알리면서 청구인의 협조를 구하는 내용을 담고 있다. 피청구인의 위 공문은 그 형식에 있어서 '안내' 또는 '협조요청'이라는 표현을 사용하고 있으며, 또한 그 내용에 있어서도 청구인이 계획하는 행위가 공선법에 위반된다는, 현재의 법적 상황에 대한

153) 한편, 대법원도 "구 '표시·광고의 공정화에 관한 법률'(2011.9.15. 법률 제11050호로 개정되기 전의 것) 위반을 이유로 한 공정거래위원회의 **경고의결**은 당해 표시·광고의 위법을 확인하되 구체적인 조치까지는 명하지 않는 것으로 사업자가 장래 다시 '표시·광고의 공정화에 관한 법률' 위반행위를 할 경우 과징금 부과여부나 그 정도에 영향을 주는 고려사항이 되어 사업자의 자유와 권리를 제한하는 행정처분에 해당한다."고 판시하였다.(대법원 2013. 12. 26. 선고 2011두4930 판결) 이 판결에 대한 평석으로 박시준, "공정거래위원회 '경고'의 법적 근거와 처분성 여부", 법률신문, 2014.5.19.자, 11면 참조.

154) 현행 '부패방지 및 국민권익위원회의 설치와 운영에 관한 법률' 제72조(감사청구권).

155) 위 현행 법률 제74조(감사실시의 결정), 제75조(감사청구에 의한 감사) 참조.

156) 헌재 2006. 2. 23. 2004헌마414, 판례집 18-1상, 248, 256.

행정청의 의견을 단지 표명하면서 청구인이 공선법에 위반되는 행위를 하는 경우 피청구인이 취할 수 있는 조치를 통고하고 있을 뿐이다. 비록 피청구인의 '중지촉구' 공문에 '청구인이 법률에 위반하는 경우 피청구인이 청구인에게 불리한 조치를 취할 것'을 통고하는 내용을 담고 있다 하더라도, 피청구인의 '중지촉구' 서한은 행정청의 단순한 의견진술로서 이로 인하여 그 법적 성격이 달라지는 것은 아니다. 따라서 피청구인의 2002. 2. 1.자 '중지촉구' 공문은 국민에 대하여 직접적인 법률효과를 발생시키지 않는 단순한 권고적·비권력적 행위로서, 헌법소원의 심판대상이 될 수 있는 공권력의 행사에 해당하지 않으므로, '선거법위반행위에 대한 중지촉구'에 대한 이 사건 심판청구는 부적법하다. [전원일치 각하]

인정된 사례

⊙ 헌재 2008. 1. 17. 2007헌마700 : 이 사건 조치[157]는 선거관리위원회법 제14조의2[158]에 근거한 것이라고 볼 수밖에 없고, 청구인의 과거 발언이 공직선거법을 위반하였다고 확인한 후 재발방지를 촉구하는 내용이 주를 이루고 있으므로 위 조항에 열거된 행위유형 중 '경고'에 해당한다고 봄이 상당하다(선거관리위원회법 제14조의2가 처분의 주체로서 선거관리위원회의 위원 및 직원만을 열거하고 있는 데 반해, 이 사건 조치는 중앙선거관리위원회 전원회의를 거쳐 발령되었으므로 위 법률조항이 이 사건 조치의 근거가 될 수 없다는 반론이 있을 수 있으나, 비록 중앙선거관리위원회 위원들의 회의를 거쳤다고 하더라도 이 사건 조치의 명의가 '중앙선거관리위원회'가 아닌 '중앙선거관리위원회 위원장'으로 되어 있는 이상 중앙선거관리위원회 위원장이 위원 중 1인의 지위에서 위 조치를 하였다고 볼 것이다). 설사 피청구인이 아무런 법적 근거 없이 이 사건 조치를 하였다고 하여도, 공권력의 주체인 피청구인이 뒤에서 보는 바와 같이 청구인의 기본권을 제한하는 처분을 한 것이므로 이는 기본권침해 가능성이 있는 공권력의 행사라고 할 것이다.[159] [5(기각):2(각하):2(인용)-기각]

---

157) 중앙선거관리위원회 위원장(피청구인)이 청구인(노무현대통령)에게 한 2007. 6. 7.자의 '대통령의 선거중립의무 준수요청 조치'와 2007. 6. 18.자의 '대통령의 선거중립의무 준수 재촉구 조치'

158) 제14조의2(선거법위반행위에 대한 중지·경고 등) 각급선거관리위원회의 위원·직원은 직무수행 중에 선거법위반행위를 발견한 때에는 중지·경고 또는 시정명령을 하여야 하며, 그 위반행위가 선거의 공정을 현저하게 해치는 것으로 인정되거나 중지·경고 또는 시정명령을 불이행하는 때에는 관할수사기관에 수사의뢰 또는 고발할 수 있다.

159) 이 결정에 대한 평석으로 정태호, "선거관리위원회의 선거운동에 관한 행정지도와 기본권구제", 헌법학연구 제17권 제2호, 한국헌법학회, 2011.6, 77면 이하 참조.

헌법재판소는 이 사건에서 선례인 위 2002헌마106 사건과의 차별성에 관하여, "위 선례를 이 사건과 비교하여 보면, 선례상의 중지촉구는 장래에 개최될 예정인 대담·토론회에 관하여 서울특별시 선거관리위원회가 사전에 공직선거법 위반에 해당될 것이라는 법적 평가를 한 후 그러한 의견을 「오마이뉴스」에 표명하면서 만일 그 위반행위를 하는 경우 위 선거관리위원회가 취할 수 있는 조치를 통고한 것인데 반하여, 이 사건 조치는 청구인의 과거의 행위가 위법임을 유권적으로 확인하고 이를 청구인에게 통지하면서 그 재발방지를 촉구한 것이다. 결국 선례상의 중지촉구는 권고적·비권력적 행위인 공명선거 협조요청에 불과하여 피통고자에 대하여 직접적인 법률효과를 발생시키지 않는 것이지만, 이 사건 조치는 위법행위에 대한 유권적인 판단 및 그에 대한 경고를 함으로써 청구인의 기본권을 실질적으로 제한하고 있으므로, 위 선례의 판시가 이 사건에 적용된다고 볼 수 없다."고 하였다.[160)]

④ 경찰서장의 옥외집회신고서 반려행위

사례

⊙ 헌재 2008. 5. 29. 2007헌마712 : 피청구인(서울남대문경찰서장)은 옥외집회의 관리책임을 맡고 있는 행정기관으로서, 이미 접수된 청구인들의 옥외집회신고서에 대하여 집시법상의 보완통고 또는 금지통고 처분을 하지 아니한 채 아무런 법률상 근거없이 단순히 청구인들에게 옥외집회신고서를 반려하였다. 이러한 반려행위에 대하여 청구인들의 입장에서는 피청구인이 위 옥외집회신고의 접수를 거부하거나 집회의 금지를 통고하는 것으로 보지 않을 수 없고, 그 결과 위와 같은 형사적 처벌이나 집회의 해산을 받지 않기 위하여 위 집회의 개최를 포기할 수밖에 없었다고 할 것이다. 결국 피청구인의 이 사건 반려행위는 주무(主務) 행정기관에 의한 행위로서 청구인들의 집회의 자유를 침해하였다고 할 것이므로, 이는 기본권침해 가능성이 있는 공권력의 행사에 해당한다.[161)] [7(인용):1(기각):1(각하)-

160) 이 결정에 대하여는 "헌법재판소는 대통령의 구체적인 행위와 발언을 떠나서 추상적으로 대통령의 기본권과 기본권침해가능성 그리고 기본권주체성을 논하면서 헌법소원의 적법성을 인정하고 있다. 헌법소원의 각하를 피하기 위해서 매우 의도적이고 작위적인 논증을 했다는 비난을 피하기 어렵게 되었다. 많은 논점에서 적법성 인정의 근거가 된 논증과 본안판단의 논증 사이에 심각한 전후 모순이 생기는 이유도 그 때문이다."라는 비판이 있다. 허영, "대통령의 헌법소원에 대한 적법성 인정판시의 문제점", 헌법판례연구[10], 박영사, 2009.2, 207면 이하.

161) 당시 청구인들은 헌법소원(2007.6.25.)에 앞서 2007. 4. 12. 서울행정법원에 집회신고서반

인용(위헌확인)][162]

다) 헌법소원대상성이 인정되었으나 그 후 구제절차를 요구하게 된 경우

① 형사소송기록 복사신청거부처분

헌법재판소는 확정된 형사소송기록의 복사신청거부처분이 헌법소원의 대상이 되는지에 대하여, 처음에는 확정된 형사소송기록에 대한 열람·복사신청을 한 사건당사자나 정당한 이해관계가 있는 일반국민이 이를 명시적으로 거부(하거나 사실상 불응)하는 검찰청의 행위에 대하여 불복하는 경우에 헌법소원심판청구에 앞서 현행법상 사전에 권리구제를 받을 수 있는 길이 있는 것인지, 또 구제를 받을 수 있는 방도가 있다고 할 때에도 현행법이 정하고 있는 행정쟁송절차에 의하여 과연 구제될 수 있는지의 여부가 확연하지 않다는 이유로 이를 인정하였으나,[163] 그 후, 1994. 1. 1.부터 시행되고 있는 개정 '검찰보존사무규칙'(1993. 12. 10. 개정, 법무부령 제378호)에 재판확정기록, 불기소사건기록 및 진정·내사사건기록 등

려처분 무효취소소송을 제기하면서(2007구합14534) 위 반려행위들에 대한 집행정지신청을 하였으나(2007아842), 법원은 "집시법의 어느 규정에 의하더라도 일단 접수된 옥외집회신고서를 반려할 수 있는 근거를 찾을 수 없을 뿐만 아니라 위 옥외집회신고서의 반려행위를 집시법 제8조 제2항에서 정하고 있는 금지 또는 제한통고에 해당한다고 볼 수도 없다."는 이유로 같은 달 23. 각하결정을 하였는데, 그러자 청구인들은 2007. 7. 27. 위 처분무효취소소송을 취하하였다.

162) 〈결정요지〉 : "이 사건 피청구인은 청구인 ○○합섬HK지회와 ○○생명인사지원실이 제출한 옥외집회신고서를 폭력사태 발생이 우려된다는 이유로 동시에 접수하였고, 이후 상호 충돌을 피한다는 이유로 두 개의 집회신고를 모두 반려하였는바, 법의 집행을 책임지고 있는 국가기관인 피청구인으로서는 집회의 자유를 제한함에 있어 실무상 아무리 어렵더라도 법에 규정된 방식에 따라야 할 책무가 있고, 이 사건 집회신고에 관한 사무를 처리하는데 있어서도 적법한 절차에 따라 접수순위를 확정하려는 최선의 노력을 한 후, 집시법 제8조 제2항에 따라 후순위로 접수된 집회의 금지 또는 제한을 통고하였어야 한다. 만일 접수순위를 정하기 어렵다는 현실적인 이유로 중복신고된 모든 옥외집회의 개최가 법률적 근거 없이 불허되는 것이 용인된다면, 집회의 자유를 보장하고 집회의 사전허가를 금지한 헌법 제21조 제1항 및 제2항은 무의미한 규정으로 전락할 위험성이 있다. 결국 이 사건 반려행위는 법률의 근거 없이 청구인들의 집회의 자유를 침해한 것으로서 헌법상 법률유보원칙에 위반된다." [한편, 2016.1.27. 개정 집시법 제8조 제2항은 "관할경찰관서장은 집회 또는 시위의 시간과 장소가 중복되는 2개 이상의 신고가 있는 경우 그 목적으로 보아 서로 상반되거나 방해가 된다고 인정되면 각 옥외집회 또는 시위 간에 시간을 나누거나 장소를 분할하여 개최하도록 권유하는 등 각 옥외집회 또는 시위가 서로 방해되지 아니하고 평화적으로 개최·진행될 수 있도록 노력하여야 한다."고 규정하였다.]

163) 헌재 1991. 5. 13. 90헌마133, 판례집 3, 234, 244-245.

에 대하여 일정 범위의 열람·등사청구에 관한 규정(제20조, 제21조)이 신설되었고, 법원에서도 열람·등사 거부행위가 항고소송의 대상이 되는 행정처분임을 인정하기 시작하였기 때문에,[164] 이와 같은 경우에는 전심절차가 필요하게 되었다고 판시하였다.[165]

② 지목(地目)변경신청반려처분

헌법재판소는 종전에, "지적법 제38조 제2항에 의하면 토지소유자에게는 지적공부의 등록사항에 대한 정정신청의 권리가 부여되어 있음이 분명하고, 이에 대응하여 소관청은 소유자의 정정신청이 있으면 등록사항에 오류가 있는지를 조사한 다음 오류가 있을 경우에는 등록사항을 정정하여야 할 의무가 있다. 청구인은 토지소유자로서 이 사건 토지에 대한 지목등록이 잘못된 것이라고 주장하면서 이를 '전(田)'에서 '대(垈)'로 환원, 즉 정정하여 줄 것을 신청한 것이므로 이는 위 법률조항에 근거한 신청권의 행사라 할 것이고, 이에 대하여 피청구인(강서구청장)은 이 사건 토지에 대하여는 지목변경이 불가능하다는 이유로 청구인의 신청을 반려하였는바, 이는 지적관리업무를 담당하고 있는 행정청의 지위에서 청구인의 등록사항 정정신청을 확정적으로 거부하는 의사를 밝힌 것으로서 공권력의 행사인 거부처분이라 할 것이고, 따라서 위 반려처분은 헌법재판소법 제68조 제1항 소정의 '공권력의 행사'에 해당한다."고 판시하였다.[166]

그런데 그 후 대법원 전원합의체는 2004. 4. 22. 선고한 2003두9015 (지목변경신청반려처분취소청구각하취소)[167] 판결에서, "지목은 토지소유권을 제대로 행사하기 위한 전제요건으로서 토지소유자의 실체적 권리관계에 밀접하게 관련되어

---

164) 서울고등법원 1998. 1. 14. 선고 97구19986 판결 및 그 상고심인 대법원 1999. 9. 21. 선고 98두3426 판결 참조.

165) 헌재 1998. 2. 27. 94헌마77 (피청구인: 서울지방검찰청 북부지청 검사), 판례집 10-1, 163, 172 이하. 同旨, 헌재 2000. 2. 24. 99헌마96 (피청구인: 부산고등검찰청 검사), 공보 43, 279, 281, 판례집 미수록; 헌재 2001. 2. 22. 2000헌마620 (피청구인: 보성경찰서장), 공보 54, 254, 255, 판례집 미수록.

166) 헌재 1999. 6. 24. 97헌마315, 판례집 11-1, 802, 816. 同旨, 헌재 2001. 1. 18. 99헌마703, 판례집 13-1, 139, 144; 헌재 2002. 1. 31. 99헌마563, 판례집 14-1, 62, 66.

167) [사건개요] : 원고 이모씨는 경기도 화성시 봉담읍 소재 토지의 지목을 전(田)에서 대지(垈地)로 변경해 달라고 화성시장에게 신청했으나 거부되자 경기도에 행정심판을 제기했다가 각하재결을 받았으며, 법원에 이 사건 소송을 청구하여 1심(수원지방법원 2002.9.18. 선고 2002구합2018 판결)에서는 승소했으나, 2심(서울고등법원 2003.6.26. 선고 2002누17042 판결)에서는 패소판결을 받았다.

있으므로, 지적공부 소관청의 지목변경신청 반려행위는 국민의 권리관계에 영향을 미치는 것으로서 항고소송의 대상이 되는 행정처분에 해당한다."고 판시하면서, 이와 달리 지목변경신청에 대한 반려(거부)행위를 항고소송의 대상이 되는 행정처분으로 볼 수 없다고 판시한 대법원판결(대법원 1995. 12. 5. 선고 94누4295 판결 등) 및 지적공부 소관청이 직권으로 지목변경한 것에 대한 변경(정정)신청 반려(거부)행위를 항고소송의 대상이 되는 행정처분에 해당한다고 할 수 없다고 본 대법원판결(대법원 1985. 5. 14. 선고 85누25 판결 등)을 모두 변경하였다.[168]

따라서 이에 대한 헌법소원도 앞으로는 보충성 요건 또는 법원의 재판관할 사항이라는 이유로 각하될 것이다.

사례

⊙ 헌재(제3지정재판부) 2005. 9. 13. 2005헌마829 : 대법원은 지목변경신청반려처분을 종래 행정소송의 대상으로 보지 않다가 판례를 변경하여 행정소송의 대상으로 삼고 있으므로(대법원 2004. 4. 22. 선고 2003두9015 판결), 위 판례변경 이후인 청구인의 2005. 7. 27.자 지목정정신청에 대한 반려처분에 관하여 헌법소원심판을 청구하기 위하여는 먼저 법원에 그 취소를 구하는 소송을 거쳐야 한다. 그럼에도 불구하고 법원에 행정소송을 제기하지도 않은 채 바로 청구한 이 사건 헌법소원심판은 다른 권리구제절차를 모두 거치지 않은 것으로서 부적법하다.

③ 국가인권위원회의 진정각하, 기각결정

헌법재판소는 종전에, "국가인권위원회법은 국가인권위원회의 진정각하 또는 기각결정에 대한 불복수단으로 어떠한 구제절차도 마련해 놓고 있지 않으며, 법원의 확립된 판례에 의하여 국가인권위원회의 진정각하 또는 기각결정의 행정처분성이 인정되고 있다고 보기는 어려우므로, 청구인에게 행정심판이나 행정소송 등의 사전 구제절차를 모두 경료하고 헌법소원을 청구할 것을 기대할 수는 없다고 할 것이어서 보충성 요건을 충족한다."는 이유로[169] 국가인권위원회법 제32조 제1항 각호에 따른 각하결정 또는 기각결정이 헌법소원의 대상이 됨을 전

168) 이에 대한 평석으로 김남진, "지목변경신청반려의 법적 성질", 법률신문, 2004. 8.23.자, 14면 참조.

169) 헌재 2008. 11. 27. 2006헌마440, 공보 146, 1803, 1804; 헌재 2009. 9. 24. 2009헌마63, 공보 156, 1843, 1844; 헌재 2012. 7. 26. 2011헌마637, 공보 190, 1451, 1452.

제로 본안판단을 하였다.[170]

그런데 헌재 2015. 3. 26. 2013헌마214등 결정에서는, 진정에 대한 국가인권위원회의 각하 및 기각결정은 법률상 신청권이 있는 피해자인 진정인의 권리[171]행사에 중대한 지장을 초래하는 것으로서 항고소송의 대상이 되는 행정처분에 해당하므로, 그에 대한 다툼은 우선 행정심판이나 행정소송에 의하여야 한다고 보아,[172] 종전의 결정에서 국가인권위원회의 진정 각하 또는 기각결정에 대해 보충성 요건을 충족하였다고 보고 본안판단을 한 종전의 결정(헌재 2011. 3. 31. 2010헌마13; 헌재 2012. 7. 26. 2011헌마829 등)을 변경하였다.[173][174]

---

170) 헌재 2004. 2. 26. 2003헌마207, 공보·판례집 미수록; 헌재 2004. 4. 29. 2003헌마538, 판례집 16-1, 589, 593; 헌재 2004. 8. 26. 2002헌마302, 공보 96, 887, 891-892, 판례집 미수록; 헌재 2005. 10. 27. 2005헌마358, 공보·판례집 미수록; 헌재 2010. 12. 28. 2010헌마101, 공보 171, 222, 223.

171) "피해자인 진정인에게는 국가인권위원회법이 정하고 있는 구제조치를 신청할 법률상 신청권이 있는데, 피청구인(국가인권위원회)이 진정을 각하 또는 기각할 경우 피해자로서는 자신의 **인격권** 등을 침해하는 인권침해 또는 차별행위 등이 시정되고 그에 따른 구제조치를 받을 권리를 박탈당하게 되므로, 각하 또는 기각결정을 받지 아니하였다면 피청구인의 권고조치 등을 통해 침해된 권리에 대해 구제받을 가능성이 있었을 것이라는 이익은 단순한 간접적인 이익이 아니라 국가인권위원회법이 정한 절차 및 그에 따른 효과를 향유할 수 있는 법률상 이익이다."(판례집 27-1상, 302, 310-311)

172) 대법원 2009. 4. 9. 선고 2008두16070 판결; 대법원 2015. 1. 29. 선고 2014두42711 판결 등 참조.

173) 이에 따라 서울행정법원은 2017년 8월 국가인권위원회의 '진정각하결정'에 대하여 항고소송의 대상이 되는 행정처분성을 인정하여 본안판단을 하여 원고승소판결을 선고하였고 (2017구합58885), 이에 대한 항소심에서도 같은 취지로 항소기각 판결을 선고하였다(서울고등법원 2018.2.2. 선고 2017누69382 판결). 법률신문, 2018.2.8.자, 8면 기사 참조.

174) 한편 대법원 판례에 의하면, 구 '남녀차별금지 및 구제에 관한 법률'상 국가인권위원회의 '성희롱결정 및 시정조치권고'도 행정소송의 대상이 되는 행정처분에 해당한다. 즉 대법원은, "구 '남녀차별금지 및 구제에 관한 법률'(2003.5.29. 법률 제6915호로 개정되기 전의 것, 이 법률은 2005.12.29. 법률 제7786호로 여성발전기본법이 개정되어 2006.3.30.부터 시행되면서 폐지되었다.) 제28조에 의하면, 국가인권위원회의 성희롱결정과 이에 따른 시정조치의 권고는 불가분의 일체로 행하여지는 것인데, 국가인권위원회의 이러한 결정과 시정조치의 권고는 성희롱 행위자로 결정된 자의 **인격권**에 영향을 미침과 동시에 공공기관의 장 또는 사용자에게 일정한 법률상의 의무를 부담시키는 것이므로, 국가인권위원회의 성희롱결정 및 시정조치권고는 행정소송의 대상이 되는 행정처분에 해당한다."고 판시하였다. [대법원 2005. 7. 8. 선고 2005두487 판결. 同旨, 대법원 2006. 12. 21. 선고 2005두13414 판결 참조]

2) 권력적 사실행위

가) 의의

행정상의 사실행위[175]는 경고(警告), 권고(勸告), 시사(示唆)와 같은 정보제공행위나 단순한 지식표시행위인 행정지도와 같이 대외적 구속력이 없는 **'비권력적 사실행위'**와 행정청이 우월적 지위에서 일방적으로 강제하는 **'권력적 사실행위'**로 나눌 수 있고, 이 중에서 권력적 사실행위는 헌법소원의 대상이 되는 공권력의 행사에 해당한다.[176]

권력적 사실행위란 공권력의 행사 중, 행정주체의 행정행위 기타 일정한 법적 효과의 발생을 목적으로 하는 법적 행위가 아니라 직접적으로 일정한 사실상 결과의 발생만을 목적으로 하는 행정상의 사실행위를 말한다.[177]

일반적으로 어떤 행정행위가 헌법소원의 대상이 되는 권력적 사실행위에 해당하는지의 여부는 당해 행정주체와 상대방과의 관계, 그 사실행위에 대한 상대방의 의사·관여정도·태도, 그 사실행위의 목적·경위, 법령에 의한 명령·강제수단의 발동 가부 등 그 행위가 행하여질 당시의 구체적 사정을 종합적으로 고려하여 개별적으로 판단하여야 한다.[178]

나) 사례

헌법재판소는 교도소장의 미결수용자의 서신에 대한 검열[179]·지연발송·지

---

175) 행정상의 사실행위란 법률적 효과의 발생을 목적으로 하는 것이 아니라, 직접 사실상의 결과를 가져오는 일체의 행정작용을 말하는데, 관점에 따라 내부적 사실행위(문서작성, 장부정리 등)·외부적 사실행위(금전출납, 도로건설, 폐기물수거 등), 정신적 사실행위(행정지도, 통지)·물리적 사실행위(도로의 설치, 관용차운행 등), 집행적 사실행위(무허가건물의 강제철거, 전염병환자의 강제격리, 경찰관의 범인체포에 무기사용 등)·독립적 사실행위(행정지도, 도로의 보수공사 등) 등으로도 구분할 수 있다. 이철환, 행정법 일반이론, 전남대학교출판부, 2016.2, 407면.

176) 헌재 2003. 12. 18. 2001헌마754, 판례집 15-2하, 609, 624; 헌재 2012. 7. 26. 2011헌마332, 공보 190, 1442, 1443.

177) 헌재 1994. 5. 6. 89헌마35, 판례집 6-1, 462, 481; 헌재 2009. 10. 29. 2007헌마992, 공보 157, 2008, 2010.

178) 헌재 1994. 5. 6. 89헌마35, 판례집 6-1, 462, 485-486; 헌재 2004. 8. 26. 2003헌마505, 판례집 16-2상, 364, 368; 헌재 2004. 11. 25. 2004헌마178, 판례집 16-2하, 438, 442; 헌재 2012. 10. 25. 2011헌마429, 공보 193, 1767, 1768.

179) [보충성관련판례] : "교도소장이 수형자가 변호인에게 보내는 서신을 검열한 행위는 이른바 권력적 사실행위로서 행정심판이나 행정소송의 대상이 되는 행정처분으로 볼 수 있으나, 위 검열행위가 이미 완료되어 행정심판이나 행정소송을 제기하더라도 소의 이익이 부

연교부행위는 이른바 권력적 사실행위로서 행정심판이나 행정소송의 대상이 된다[180]고 단정하기도 어려울 뿐 아니라, 설사 그 대상이 된다고 하더라도 이미 종료된 행위로서 소의 이익이 부정될 가능성이 많아[181] 헌법소원심판을 청구하는 외에 달리 효과적인 구제방법이 있다고 보기 어려우므로 헌법소원의 대상이 된다.[182]

헌법재판소는, "경찰이 차로를 가로막고 불특정 다수의 운전자를 대상으로 무차별적으로 실시하는 음주단속행위는, 운전자는 그 의사에 반하여 차량을 정지시켜야 하고 이로 인하여 교통체증이 발생할 수 있으며, 특히 음주하지도 않았고 아무런 구체적인 교통위험을 야기하지도 않은 채 정상적으로 운전중인 운전자로서는 잠재적 범죄자로 취급된다고 느껴 불쾌감을 가질 수 있다."는 이유로, 헌법소원의 대상이 되는 공권력의 행사로 보고 본안판단을 하였다(주문은 기각).[183]

또한 헌법재판소는, 교도소장이 독거수용실에만 텔레비전 시청시설을 설치

정될 수밖에 없으므로 헌법소원심판을 청구하는 외에 다른 효과적인 구제방법이 있다고 보기 어렵기 때문에, 보충성의 원칙에 대한 예외에 해당한다고 보는 것이 상당하다."(헌재 1998.8.27. 96헌마398, 판례집 10-2, 416, 424-425)

180) 대법원은 권력적 사실행위로 보이는 단수조치(대법원 1985.12.24. 선고 84누598 판결), 미결 수용중인 자에 대한 이송(대법원 1992.8.7. 선고 92두30 판결)에 대하여 처분성을 인정하였다. 이철환, 전게서(2016.2), 408면.

181) 대법원 1995. 7. 28. 선고 95누2623 판결 : "계고처분에 기한 대집행의 실행이 이미 사실행위로서 완료되었다면, 계고처분이나 대집행의 실행행위 자체의 무효확인 또는 취소를 구할 법률상 이익은 없다."

182) 헌재 1995. 7. 21. 92헌마144, 판례집 7-2, 94, 102. 헌법재판소는 이 사건에서, 1. 청구인 박○옥(변호사로서 청구인 이○호의 변호인)이 1992. 5. 26. 청구인 이○호에게 발송한 서신 및 청구인 이○호가 같은 해 6. 2. 청구인 박○옥에게 보내기 위하여 발송의뢰한 서신을 피청구인(진주교도소장)이 각 **검열한 행위**는 청구인들의 통신의 비밀을 침해받지 아니할 권리, 청구인 이○호의 변호인의 조력을 받을 권리를 침해한 것으로서 〈위헌임을 확인〉하고, 2. 청구인 이○호가 1992. 5. 25. 청구외 유○렬에게 보내기 위하여 발송의뢰한 서신을 피청구인이 **발송거부**한 부분에 관한 심판청구를 (보충성원칙 위배)로 〈각하〉하고, 나머지 부분(**지연발송·지연교부**)에 관한 심판청구를 〈기각〉하는 한편, 3. 구 행형법(1995. 1.5. 법률 제4936호로 개정되기 전의 것) 제62조의 준용규정 중 같은 법 제18조 제3항 및 같은 법 시행령 제62조를, "미결수용자와 그 변호인 또는 변호인이 되려는 자 사이의 서신으로서 그 서신에 마약 등 소지금지품이 포함되어 있거나 그 내용에 도주·증거인멸·수용시설의 규율과 질서의 파괴 기타 형벌법령에 저촉되는 내용이 기재되어 있다고 의심할 만한 합리적인 이유가 없는 경우에도 준용하는 것"은 〈헌법에 위반〉된다(**부수적 규범통제**)는 결정을 선고하였다.

183) 헌재 2004. 1. 29. 2002헌마293, 판례집 16-1, 146, 149.

하지 않음으로써 독거수용중인 청구인으로 하여금 텔레비전 시청을 할 수 없도록 한 공권력행사가 헌법소원의 대상이 됨을 전제로 본안판단 끝에 위 행위가 헌법상 평등원칙에 위배되지 않는다는 이유로 기각결정을 하였다.[184)]

그 밖에 권력적 사실행위가 (헌법소원의 대상으로) 인정된 사례로는, 헌재 2001. 8. 30. 99헌마496, 헌재 2002. 7. 18. 2000헌마327, 헌재 2003. 12. 18. 2001헌마754, 헌재 2005. 3. 31. 2003헌마87, 헌재 2005. 5. 26. 99헌마513등, 헌재 2005. 7. 21. 2003헌마282등, 헌재 2006. 6. 29. 2004헌마826, 헌재 2007. 11. 29. 2004헌마290, 헌재 2011. 6. 30. 2009헌마406, 헌재 2012. 3. 29. 2010헌마475, 헌재 2016. 12. 29. 2013헌마142, 헌재 2017. 12. 28. 2015헌마632[185)] 결정 등이 있다.

부인된 사례

⊙ 헌재 2012. 12. 27. 2011헌마351 : 이 사건 기록에 의하면, 이 사건 임치물은 범행과는 아무런 관련이 없고 이에 대해서 압수조서나 압수물목록이 작성된 바도 없으며 피청구인(경기부천원미경찰서 사법경찰관)도 이를 압수할 의사가 없었다고 주장하고 있는바, 위와 같은 사정에 비추어 보면 이 사건 임치물은 경찰관의 압수의사에 기하여 압수된 물건이 아니라, 단지 경찰관의 권유에 의해 청구인이 임의로 제출하여 피청구인이 이를 보관하게 된 단순한 임치물에 해당하므로, 이 사건 임치물의 폐기행위를 피청구인이 우월적 지위에서 일방적으로 행한 권력적 사실행위로 볼 수는 없다. 따라서 이 사건 임치물 폐기행위는 단순한 비권력적 사실행위에 불과할 뿐 헌법소원의 대상이 되는 공권력의 행사에 해당한다고 볼 수 없으므로, 이 부분 심판청구는 부적법하다.[186)]

---

184) 헌재 2005. 5. 26. 2004헌마571, 공보 105, 722.

185) "피청구인(서울중앙지방검찰청 검사)의 이 사건 등사 거부행위(서울중앙지방법원 2014고합1256 체포치상 등 사건에 관하여 2015. 3. 11. 위 법원이 한 열람·등사 허용 결정)는 이 사건 열람·등사 허용 결정상의 의무 중 일부를 이행하지 않음으로써 수사서류에 대한 열람·등사권의 완전한 행사를 방해하는 권력적 사실행위로서의 공권력 행사에 해당할 뿐, 종전의 피청구인의 거부처분과는 별도로 어떤 권리의 설정 또는 의무의 부담을 명하거나 기타 법률상 효과를 발생하게 하는 등 국민의 구체적인 권리의무에 직접적 변동을 초래하는 행위라고 보기는 어려워 항고소송의 대상이 되는 행정처분이라고 볼 수 없다(헌재 2010.6.24. 2009헌마257 참조)."

186) 이 사건에서 헌법재판소는, "피청구인이 청구인으로부터 압수하여 보관하고 있던 플라스틱 생수병 1개, 과도 1개, 책가방 1개, 일회용라이터 1개를 위험발생의 염려가 없음에도 불구하고 사건종결 전에 폐기한 행위"는 적법절차의 원칙에 반하고 청구인의 공정한 재판을 받을 권리를 침해한 것이라며 인용결정(**위헌확인**)을 하였다. [6(인용):3(각하)-인용(위헌확인)]

⊙ 헌재 2017. 11. 30. 2016헌마503 : 청구인이 이 사건 참여신청서요구행위[187]에 따라 수사관이 출력해 준 신청서에 인적사항을 기재하여 제출한 사실은 앞서 본 바와 같은바, 이는 청구인이 피의자의 변호인임을 밝혀 피의자신문에 참여할 수 있도록 하기 위한 검찰 내부절차를 수행하는 과정에서 이루어진 단순한 비권력적 사실행위에 불과하므로, 헌법소원의 대상이 되는 공권력의 행사에 해당한다고 보기 어렵다.

3) 행정권력의 부작위

가) 의의

행정권력의 부작위에 대한 헌법소원은 공권력의 주체에게 헌법에서 유래하는 작위의무가 특별히 구체적으로 규정되어 이에 의거하여 기본권의 주체가 그 공권력의 행사를 청구할 수 있음에도 공권력의 주체가 그 의무를 해태하는 경우에 허용된다.[188] 그리고 여기서 말하는 "공권력의 주체에게 헌법에서 유래하는 작위의무가 특별히 구체적으로 규정되어"가 의미하는 바는 첫째, 헌법상 명문으로 공권력 주체의 작위의무가 규정되어 있는 경우, 둘째, 헌법의 해석상 공권력 주체의 작위의무가 도출되는 경우, 셋째, 공권력주체의 작위의무가 법령에 구체적으로 규정되어 있는 경우 등을 포괄하고 있는 것으로 볼 수 있다.[189]

헌법재판소는, 지방자치단체가 청구인으로부터 수 차례에 걸쳐 문서 또는 구두로 임야조사서 및 토지조사부의 열람·복사신청이 있었음에도 이에 불응한 사실상의 부작위도 헌법소원의 대상이 될 수 있음을 인정하였다.[190] 이것은 "알 권리"를 헌법에서 직접 발생하는 기본권으로 파악하는 헌법재판소의 입장[191] 때

187) '피청구인(부산지방검찰청 동부지청 수사관)이 청구인에게 변호인 참여신청서의 작성을 요구한 행위'를 말한다.

188) 헌재 1994. 6. 30. 93헌마161, 판례집 6-1, 700, 704; 헌재 1996. 6. 13. 94헌마118등, 판례집 8-1, 500, 509.

189) 헌재 2004. 10. 28. 2003헌마898, 판례집 16-2하, 212, 219; 헌재 2011. 8. 30. 2006헌마788, 공보 179, 1285, 1293; 헌재 2011. 12. 29. 2009헌마621, 공보 183, 209, 212; 헌재 2012. 11. 29. 2011헌마693, 공보 194, 1876, 1877; 헌재 2013. 8. 29. 2012헌마886.

190) 헌재 1989. 9. 4. 88헌마22, 판례집 1, 176, 185.

191) 헌재 1995.7.21. 92헌마177등 : "민주정치체제는 사상 또는 의견의 자유로운 형성 및 그 전달을 바탕으로 하는 건전한 여론 없이는 정상적인 기능이 발휘될 수 없으므로 언론·출판의 자유는 민주주의의 기초를 이루는 핵심적인 정신적 자유권이라 할 것이며, 정보를 수집하고 처리할 수 있는 권리를 말하는 '알 권리'는 언론·출판의 자유의 한 내용으로 마땅히 보장되어야 하는 것이다."

문에 가능한 것이었다고 할 수 있다.

사례

⊙ 헌재 2004. 5. 27. 2003헌마851 : 이 사건 기록에 의하면, 청구인들은 2003. 6. 23. 피청구인(국방부장관)에게 청구인들에 대한 퇴직금 지급에 관한 입법조치를 요구하는 청원을 하였고, 피청구인은 같은 해 7. 3. 청구인들에게 "현재 의원입법으로 국회 국방위원회에 계류중인 '군인연금법 시행 이전에 전역한 6·25 참전 장기복무군인의 퇴직금 지급에 관한 특별조치법안'은 금전급부가 수반되는 제도의 소급입법금지원칙에 저촉되고 기존 연금체계에 대한 법적안정성의 저해와 유사단체의 보상확대 요구, 관련부처의 반대 등 여러 가지 문제점이 있으며 이로 인해 국회에서 잘 추진이 되지 않고 있는 실정입니다. 우리 부는 향후 본 법률안에 대한 국회의 처리결과를 따르겠지만, 현행 '참전유공자 예우에 관한 법률'의 보완을 통해 본건을 해결하는 방안을 신중히 검토하고 있으며, 이 방안에 대해 관련부처와 협의를 추진해 보고자 하오니 이 점 양지하여 주시기 바랍니다."라는 내용의 민원회신을 한 사실을 인정할 수 있다. 그렇다면 피청구인은 청구인들의 청원에 대하여 이를 수리·심사한 후 그 결과를 청구인들에게 통지함으로써 청원에 대한 헌법 및 청원법상의 의무를 다하였다 할 것이고, 비록 피청구인의 위와 같은 처리내용이 청구인들의 기대에 미치지 못한다고 하더라도 청구인들의 청원을 방치한 것이라고는 볼 수 없으므로, 헌법소원의 대상이 되는 공권력의 불행사가 있다고 볼 수 없다.[192)]

나) 인정된 사례

① 헌법재판소는 헌재 1989. 9. 4. 88헌마22 결정에서, "행정소송법상 '부작위'라 함은 행정청이 당사자의 신청에 대하여 상당한 기간내에 일정한 처분을 하여야 할 법률상 의무가 있음에도 불구하고 이를 하지 않은 것을 의미하는 것으로서(동법 제2조 제1항 제2호), 피청구인[193)]이 청구인의 문서 열람·복사 신청에 불응한 것이 위 부작위로 되어 행정쟁송의 대상이 되려면 피청구인에게 법률상의 처분의무가 존재하여야 한다. 그런데 공문서의 개시의무에 관한 법률상 명문규

192) 이 사건에서 헌법재판소는 헌법 제26조(청원권) 및 청원법 제9조 제4항을 근거로 피청구인(국방부장관)의 헌법상 작위의무를 인정하면서도 공권력불행사의 존재가 부인된다는 이유로 **각하**결정을 선고하였는바, 이와 같은 입장은 헌재 2000. 6. 1. 2000헌마18 사건에서 위 헌법·청원법 규정 및 국회법 제123조 이하를 근거로 피청구인(국회의장)의 헌법상 작위의무를 인정하고 청구를 **기각**한 결정과 대비된다. 후자의 결정은 후술하는 이 章 3. 다. (2) (라) 참조.

193) 이천군수

정은 찾아볼 수 없고, (…) 대법원의 판례를 종합해 보면 행정청 내부의 사실행위나 사실상의 부작위에 대하여 일관하여 그 행정처분성을 부인함으로써 이를 행정쟁송 대상에서 제외시켜 왔음을 알 수 있어, 본건과 같은 경우도 행정쟁송에서 청구인의 주장이 받아들여질 가능성은 종래의 판례태도를 변경하지 않는 한 매우 희박함을 짐작하기에 어렵지 않은 것이다. (…) 아울러 법무부장관은 그 밖의 피해보상 소송, 소유권확인의 소에서의 문서제출명령에 의하여 문서의 열람·복사의 목적을 달할 수 있다고 하나, 이 사건 심판대상인 문서의 열람·복사를 직접 대상으로 하지 아니하는 사후보상적 또는 우회적인 소송절차를 헌법재판소법 제68조 제1항 단서 소정의 구제절차라 할 수는 없다고 할 것이므로 위 주장은 이유없다."고 판시한 후, 본안판단한 끝에 청구를 인용하는 결정을 선고하였다.

[**주문** : "1. 피청구인이 청구인으로부터 1988. 3. 22.부터 동년 12. 10.경 까지의 간에 수차에 걸쳐 문서 또는 구두로 경기도 이천군 마장면 표교리 산 18내지 산 21, 산 23, 326의 1 및 129의 2 소재 임야와 전에 대한 임야조사서 또는 토지조사부의 열람·복사 신청이 있었음에도 이에 불응한 부작위는 청구인의 '알 권리'를 침해한 것이므로 위헌임을 확인한다."]

② 그 후 헌법재판소는 2011. 8. 30. 선고한 2006헌마788 (일본군위안부) 사건 및 2008헌마648 (원폭피해자) 사건에서 행정권력의 부작위에 대한 헌법소원을 인용하는 결정을 선고하였다. 전자의 결정에서 헌법재판소는, "헌법 제10조, 제2조 제2항 및 전문과 이 사건 협정 제3조[194]의 문언 등에 비추어 볼 때, 피청구인(외교통상부장관)이 이 사건 협정 제3조에 따라 분쟁해결의 절차로 나아갈

194) '대한민국과 일본국 간의 재산 및 청구권에 관한 문제의 해결과 경제협력에 관한 협정' (1965.6.22. 조약 제172호) 제3조 : 1. 본 협정의 해석 및 실시에 관한 양 체약국간의 분쟁은 우선 외교상의 경로를 통하여 해결한다. 2. 1의 규정에 의하여 해결할 수 없었던 분쟁은 어느 일방체약국의 정부가 타방체약국의 정부로부터 분쟁의 중재를 요청하는 공한을 접수한 날로부터 30일의 기간 내에 각 체약국 정부가 임명하는 1인의 중재위원과 이와 같이 선정된 2인의 중재위원이 당해 기간 후의 30일의 기간 내에 합의하는 제3의 중재위원 또는 당해 기간 내에 이들 2인의 중재위원이 합의하는 제3국의 정부가 지명하는 제3의 중재위원과의 3인의 중재위원으로 구성되는 중재위원회에 결정을 위하여 회부한다. 단, 제3의 중재위원은 양 체약국중의 어느 편의 국민이어서는 아니 된다. 3. 어느 일방체약국의 정부가 당해 기간 내에 중재위원을 임명하지 아니하였을 때, 또는 제3의 중재위원 또는 제3국에 대하여 당해 기간 내에 합의하지 못하였을 때에는 중재위원회는 양 체약국 정부가 각각 30일의 기간 내에 선정하는 국가의 정부가 지명하는 각 1인의 중재위원과 이들 정부가 협의에 의하여 결정하는 제3국의 정부가 지명하는 제3의 중재위원으로 구성한다. 4. 양 체약국 정부는 본조의 규정에 의거한 중재위원회의 결정에 복한다.

의무는 헌법에서 유래하는 작위의무로서 그것이 법령에 구체적으로 규정되어 있는 경우라 할 것이고, 청구인들의 인간으로서의 존엄과 가치 및 재산권 등 기본권의 중대한 침해가능성, 구제의 절박성과 가능성 등을 널리 고려할 때 피청구인에게 이러한 작위의무를 이행하지 않을 재량이 있다고 할 수 없으며, 피청구인이 현재까지 이 사건 협정 제3조에 따라 분쟁해결절차를 이행할 작위의무를 이행하였다고 볼 수 없다. 결국, 피청구인의 이러한 부작위는 헌법에 위반하여 청구인들의 기본권[195]을 침해하는 것이다."라고 판시하였다.

[**주문** : "청구인들이 일본국에 대하여 가지는 일본군위안부로서의 배상청구권이 '대한민국과 일본국 간의 재산 및 청구권에 관한 문제의 해결과 경제협력에 관한 협정' 제2조 제1항에 의하여 소멸되었는지 여부에 관한 한·일 양국 간 해석상 분쟁을 위 협정 제3조가 정한 절차에 따라 해결하지 아니하고 있는 피청구인의 부작위는 위헌임을 확인한다."][196]

한편 후자의 결정에서도 헌법재판소는,[197] "헌법 제10조, 제2조 제2항 및 전

---

195) 이에 대하여 헌법재판소는, "일본국에 의하여 광범위하게 자행된 반인도적 범죄행위에 대하여 일본군위안부 피해자들이 일본에 대하여 가지는 배상청구권은 헌법상 보장되는 재산권일 뿐 아니라, 그 배상청구권의 실현은 무자비하게 지속적으로 침해된 인간으로서의 존엄과 가치 및 신체의 자유를 사후적으로 회복한다는 의미를 가지는 것이므로, 그 배상청구권의 실현을 가로막는 것은 헌법상 재산권문제에 국한되지 않고 근원적인 인간으로서의 존엄과 가치의 침해와 직접 관련이 있다."고 판시하였다.

196) 이에 대하여는 "헌법 제10조, 제2조 제2항, 헌법 전문의 규정, 이 사건 협정 제3조에 기하여서는 이 사건 청구인들에 대하여 국가가 이 사건 협정 제3조에 정한 분쟁해결절차에 나아가야 할 구체적인 작위의무가 발생한다고 볼 수 없으므로, 피청구인이 위 분쟁해결절차에 나아가지 않고 있는 부작위로 인하여 청구인들의 기본권이 침해당하였다고 주장하는 이 사건 헌법소원심판청구는 부적법하여 각하하여야 할 것이다."라는 재판관 3인의 반대의견이 있다.

197) 헌법재판소는, '피징용부상자들의 보상청구권이 이 사건 협정에 의해 타결된 것인지'에 대하여 이 사건 협정 제3조 제2항에 따라 중재요청을 하지 않은 부작위가 위헌이라고 주장한 선례(헌재 2000.3.30. 98헌마206)에서, "이 사건 협정의 해석 및 실시에 관한 한·일 양국간의 분쟁을 중재라는 특정 수단에 회부하여 해결하여야 할 정부의 구체적 작위의무와 청구인들의 이를 청구할 수 있는 권리가 인정되지 아니한다."고 하여 각하결정을 선고한 바 있는데, "**위 결정**(98헌마206)은 피청구인(외교통상부장관)이 이 사건 협정 제3조 제2항의 '중재회부에 의한 분쟁해결방식'을 취할 의무가 있는지에 관한 것으로서, 제3조 제1항에서 우선적으로 외교상의 경로를 통한 문제해결을 모색하도록 하고 있음에도 이를 제쳐두고 제3조 제2항의 '중재회부방식에 의한 분쟁해결'을 도모할 피청구인의 의무를 곧바로 도출할 수 있는지가 문제되었다. 그러나 **이 사건**(2008헌마648)에서의 쟁점은, 피청구인이 이 사건 협정 제3조 제1항·제2항에 의한 분쟁해결로 나아가야 할 의무를 지는가 하는 점이고, 특히 제3조 제1항에서는 특정방식이 아닌 광범위한 외교상의 경로를 통한 해결을 규정하고 있으므로, 이 사건 협정의 해석에 관한 한·일 양국간의 분쟁이 발생한 현 시점

문과 이 사건 협정 제3조의 문언 등에 비추어 볼 때, 피청구인(외교통상부장관)이 이 사건 협정 제3조에 따라 분쟁해결의 절차로 나아갈 의무는 헌법에서 유래하는 작위의무로서 그것이 법령에 구체적으로 규정되어 있는 경우라 할 것이고, 청구인들의 인간으로서의 존엄과 가치 및 재산권 등 기본권의 중대한 침해가능성, 구제의 절박성과 가능성 등을 널리 고려할 때, 피청구인에게 이러한 작위의무를 이행하지 않을 재량이 있다고 할 수 없으며, 피청구인이 현재까지 이 사건 협정 제3조에 따라 분쟁해결절차를 이행할 작위의무를 이행하였다고 볼 수 없다. 결국, 피청구인의 이러한 부작위는 헌법에 위반하여 청구인들의 기본권[198]을 침해하는 것이다."라고 판시하였다.

[**주문** : "청구인들이 일본국에 대하여 가지는 원폭피해자로서의 배상청구권이 '대한민국과 일본국 간의 재산 및 청구권에 관한 문제의 해결과 경제협력에 관한 협정' 제2조 제1항에 의하여 소멸되었는지 여부에 관한 한·일 양국 간 해석상 분쟁을 위 협정 제3조가 정한 절차에 따라 해결하지 아니하고 있는 피청구인의 부작위는 위헌임을 확인한다."][199]

사례

⊙ 헌재 2014. 4. 24. 2012헌마2 : 헌법이 피청구인(대한민국 국회)에 대하여 공석인

에서 피청구인이 이 사건 협정의 해석에 관한 분쟁을 해결하기 위하여 우선적으로 외교상의 경로를 통하여 해결을 모색하고 외교상의 경로를 통하여 해결을 하지 못하는 경우 중재회부로 나아가야 할 헌법적 작위의무가 있는지 여부이다. 즉 이 사건의 쟁점은, 피청구인이 이 사건 협정의 해석에 관한 분쟁을 해결하기 위한 다양한 방법 중 '특정 방법을 취할 작위의무'가 있는지 여부가 아니고, '이 사건 협정의 해석에 관한 분쟁을 해결하기 위하여 위 협정의 규정에 따른 외교행위 등을 할 작위의무'가 있는지 여부이므로, 위 선례의 사안과는 구별된다."고 판시하였다.

198) 이에 대하여 헌법재판소는, "불법적인 강제징용 및 징병에 이어 피폭을 당한 후 방치되어 몸과 마음이 극도로 피폐해진 채 비참한 삶을 영위하게 된 한국인 원폭피해자들이 일본에 대하여 가지는 배상청구권은 단지 헌법상의 재산권 문제일 뿐만이 아니라, 그 배상청구권의 실현은 무자비하고 불법적인 일본의 침략전쟁 수행과정에서 도구화되고 피폭 후에도 인간 이하의 극심한 차별을 받음으로써 침해된 청구인들의 인간으로서의 존엄과 가치를 회복한다는 의미를 가지는 것이므로, 그 배상청구권의 실현을 가로막는 것은 헌법상 재산권문제에 국한되지 않고 근원적인 인간으로서의 존엄과 가치의 침해와 직접 관련이 있다."고 판시하였다.

199) 이에 대하여도 "헌법 제10조, 제2조 제2항, 헌법 전문의 규정, 이 사건 협정 제3조에 기하여서는 이 사건 청구인들에 대하여 국가가 이 사건 협정 제3조에 정한 분쟁해결절차에 나아가야 할 구체적인 작위의무가 발생한다고 볼 수 없으므로, 피청구인이 위 분쟁해결절차에 나아가지 않고 있는 부작위로 인하여 청구인들의 기본권이 침해당하였다고 주장하는 이 사건 헌법소원심판청구는 부적법하여 각하하여야 할 것이다."라는 재판관 3인의 반대의견이 있다.

재판관의 후임자를 선출할 의무를 부과하는 명시적인 규정을 두고 있는 것은 아니지만, 헌법 제27조, 제111조 제2항 및 제3항의 해석상 피청구인이 선출하여 임명된 재판관 중 공석이 발생한 경우, 피청구인은 공정한 헌법재판을 받을 권리의 보장을 위하여 공석인 재판관의 후임자를 선출하여야 할 구체적 작위의무를 부담한다고 보아야 할 것이다. (…) 결국 피청구인이 선출하여 임명된 재판관 중 공석이 발생한 경우, 피청구인은 공정한 헌법재판을 받을 권리의 보장을 위하여 '상당한 기간' 내에 공석이 된 재판관의 후임자를 선출하여야 할 헌법상 작위의무를 부담한다고 할 것이다.[200)]

4) 대통령의 통치행위

통치행위란 "고도의 정치적 결단에 의한 국가행위로서 사법적 심사의 대상으로 삼기에 적절하지 못한 행위"라고 일반적으로 정의되고 있다. 그러나, 이른바 통치행위를 포함하여 모든 국가작용은 국민의 기본권적 가치를 실현하기 위한 수단이라는 한계를 반드시 지켜야 하는 것이고, 헌법재판소는 헌법의 수호와 국민의 기본권보장을 사명으로 하는 국가기관이므로, 비록 고도의 정치적 결단에 의하여 행해지는 국가작용이라고 할지라도 그것이 국민의 기본권 침해와 직접 관련되는 경우에는 당연히 헌법재판소의 심판대상이 될 수 있다.[201)] 그런데 헌법재판소는, 외국에의 국군의 파견결정과 같이 성격상 외교 및 국방에 관련된

200) 다만 헌법재판소는, 피청구인 국회가 임기만료로 퇴임한 조대현 전 재판관의 후임자를 선출하지 아니하여 재판관의 공석 상태를 방치하고 있는 부작위(이하 '이 사건 부작위'라 한다)의 위헌확인을 구하는 심판청구에 대하여, 심판청구 이후 피청구인이 조대현 전 재판관의 후임자 등 3인의 재판관을 선출하고, 청구인이 제기한 다른 헌법소원심판청구에 대하여 재판관 9인의 의견으로 종국결정이 선고됨으로써 주관적 권리보호이익이 소멸하였다고 하여 각하결정을 선고하였다. [이에 대하여 재판관 4인은 "이 사건 부작위와 같은 재판관의 장기간 공석 상태가 반복될 위험성이 여전히 남아 있고, 피청구인이 장기간 공석인 재판관의 후임자를 선출하지 아니한 부작위가 공정한 재판을 받을 권리를 침해하는지 여부에 대하여서는 아직 그 해명이 이루어진 적이 없으므로, 이 사건 심판청구는 예외적으로 심판의 이익을 인정할 수 있는 경우에 해당한다. 공정한 헌법재판이 이루어지기 위하여서는 재판관들이 토론 및 합의 과정에서 견해를 제시하고 그 타당성을 충분히 검증할 수 있어야 하고, 신속한 재판을 받을 권리의 보장을 위하여서는 오랜 기간 재판관이 공석이 되더라도 헌법재판은 끊임없이 이루어져야 한다. 그렇다면 피청구인이 정당한 사유 없이 상당한 기간 내에 공석인 재판관의 후임자를 선출하지 아니하면 재판관이 공석인 상태에서 헌법재판이 이루어질 수밖에 없어 심리 및 결정에 재판관 9인 전원의 견해가 모두 반영될 수 없으므로 헌법재판 청구인들의 공정한 재판을 받을 권리가 침해받게 된다."는 취지의 반대의견을 제시하였다.]

201) 헌재 1996. 2. 29. 93헌마186, 판례집 8-1, 111, 115-116.

고도의 정치적 결단이 요구되는 사안에 대한 대통령 등 국민의 대의기관의 결정에 대하여는 사법심사를 자제해야 한다고 하였다.(**사법자제설**)

즉, 헌법재판소는 처음에는 2003. 12. 18. 선고한 2003헌마255등 (제1차 이라크파병) 사건에서, 시민단체, 정당의 간부들 및 일반시민들인 청구인들이 대통령의 2003. 3. 21.자 국군부대의 이라크전쟁 파견결정과 국회의 2003. 4. 2.자 국군부대의 이라크전쟁 파견동의에 대하여 제기한 헌법소원에서는 자기관련성이 없다는 이유로 각하결정을 하였으나,[202] 2004. 4. 29. 선고한 2003헌마814 (제2차 이라크파병) 사건에서는 "이 사건 파견결정[203]은 그 성격상 국방 및 외교에 관련된 고도의 정치적 결단을 요하는 문제로서, 헌법과 법률이 정한 절차를 지켜 이루어진 것임이 명백하므로 대통령과 국회의 판단은 존중되어야 하고, 우리 재판소가 사법적 기준만으로 이를 심판하는 것은 자제되어야 한다. 오랜 민주주의 전통을 가진 외국에서도 외교 및 국방에 관련된 것으로서 고도의 정치적 결단을 요하는 사안에 대하여는 줄곧 사법심사를 자제하고 있는 것도 바로 이러한 취지에서 나온 것이라 할 것이다. 이에 대하여는 설혹 사법적 심사의 회피로 자의적 결정이 방치될 수도 있다는 우려가 있을 수 있으나, 그러한 대통령과 국회의 판단은 궁극적으로는 선거를 통해 국민에 의한 평가와 심판을 받게 될 것이다. 그렇다면 이 사건 파견결정에 대한 사법적 판단을 자제함이 타당하다."고 하여 각하결정을 내렸다.[204]

한편 소위 '신행정수도법 위헌결정'에서는, "신행정수도건설이나 수도이전의

202) 이 결정에는 "이 사건 파견결정은 그 성격상 국방 및 외교에 관련된 고도의 정치적 결단을 요하는 문제로서, 헌법과 법률이 정한 절차를 지켜 이루어진 것임이 명백한 이 사건에 있어서는 대통령과 국회의 판단은 존중되어야 하고, 우리 재판소가 사법적 기준만으로 이를 심판하는 것은 자제되어야 한다."는 이유로 각하결정을 하여야 한다는 재판관 4인의 별개의견이 있다.

203) 대통령이 2003. 10. 18. 국군(일반사병)을 이라크에 파견하기로 한 결정.

204) 이 결정에는 "청구인은 이 사건 파견결정으로 인해 파견될 당사자가 아님은 청구인 스스로 인정하는 바와 같고 현재 군복무중이거나 군입대 예정자도 아니다. 그렇다면, 청구인은 이 사건 파견결정에 관하여 일반국민의 지위에서 사실상 또는 간접적인 이해관계를 가진다고 할 수는 있으나, 이 사건 파견결정으로 인하여 청구인이 주장하는 바와 같은 행복추구권 등 헌법상 보장된 청구인 자신의 기본권을 현재 그리고 직접적으로 침해받는다고는 할 수 없다. 결론적으로 이 사건 심판청구를 각하하여야 한다는 다수의견에 동의하나, '청구인은 이 사건 파견결정에 대해 적법하게 헌법소원을 제기할 수 있는 자기관련성이 없다'는 것을 그 이유로 하는 점에서 다수의견과 견해를 달리한다."는 재판관 4인의 별개의견이 있다.

문제가 정치적 성격을 가지고 있는 것은 인정할 수 있지만, 그 자체로 고도의 정치적 결단을 요하여 사법심사의 대상으로 하기에는 부적절한 문제라고까지는 할 수 없다. 더구나 이 사건 심판의 대상은 이 사건 법률의 위헌여부이고 대통령의 행위의 위헌여부가 아닌바, 법률의 위헌여부가 헌법재판의 대상으로 된 경우 당해 법률이 정치적인 문제를 포함한다는 이유만으로 사법심사의 대상에서 제외된다고 할 수는 없다. 다만, 이 사건 법률의 위헌여부를 판단하기 위한 선결문제로서 신행정수도건설이나 수도이전의 문제를 국민투표에 붙일지 여부에 관한 대통령의 의사결정이 사법심사의 대상이 될 경우, 위 의사결정은 고도의 정치적 결단을 요하는 문제여서 사법심사를 자제함이 바람직하다고는 할 수 있고, 이에 따라 그 의사결정에 관련된 흠을 들어 위헌성이 주장되는 법률에 대한 사법심사 또한 자제함이 바람직하다고는 할 수 있다. 그러나 대통령의 위 의사결정이 국민의 기본권침해와 직접 관련되는 경우에는 헌법재판소의 심판대상이 될 수 있고, 이에 따라 위 의사결정과 관련된 법률도 헌법재판소의 심판대상이 될 수 있다." 고 판시하였다.[205]

시례

⊙ 헌재 2009. 5. 28. 2007헌마369 : 한미연합 군사훈련은 1978. 한미연합사령부의 창설 및 1979. 2. 15. 한미연합연습 양해각서의 체결 이후 연례적으로 실시되어 왔고, 특히 이 사건 연습은 대표적인 한미연합 군사훈련으로서, 피청구인(대통령)이 2007. 3.경에 한 이 사건 연습결정이 새삼 국방에 관련되는 고도의 정치적 결단에 해당하여 사법심사를 자제하여야 하는 통치행위에 해당된다고 보기 어렵다.[206]

5) 그 밖에 헌법소원의 대상이 되지 않는 유형

가) 법원의 재판을 거친 행정처분

행정소송의 대상이 되는 행정처분의 경우에는 법 제68조 제1항 단서에 의하

205) 헌재 2004. 10. 21. 2004헌마554등, 판례집 16-2하, 1, 35-36.

206) 다만 헌법재판소는 나아가, "청구인들이 '평화적 생존권'이란 이름으로 주장하고 있는 평화란 헌법의 이념 내지 목적으로서 추상적인 개념에 지나지 아니하고, 개인의 구체적 권리로서 국가에 대하여 침략전쟁에 강제되지 않고 평화적 생존을 할 수 있도록 요청할 수 있는 효력 등을 지닌 것이라고 볼 수 없다. 따라서 평화적 생존권은 헌법상 보장되는 기본권이라고 할 수 없다. 그렇다면, 청구인들이 자신들의 헌법상 보장된 기본권의 침해가 있었음을 전제로 하여 구하는 이 사건 심판청구는 더 나아가 살펴볼 필요 없이 부적법하다."고 판시하였다.

여 헌법소원을 제기하기에 앞서 행정소송절차를 거치도록 되어 있고, 이러한 경우 행정소송절차에서 선고되어 확정된 판결과 헌법재판소가 헌법소원심판절차에서 선고하게 될 인용결정의 기속력과의 관계, 법원의 재판을 원칙적으로 헌법소원심판의 대상에서 제외한 법 제68조 제1항의 입법취지 등에 비추어 그에 대한 헌법소원심판청구의 적법성이 문제되나, 후술하는[207] 헌재 1997. 12. 24. 96헌마172등 결정에 의하면, 법원의 판결에 대한 헌법소원이 예외적으로 허용되는 경우에는 그 판결의 대상이 된 행정처분에 대한 헌법소원심판청구도 허용된다.

그러므로 **원행정처분**[208]에 대하여 법원에 행정소송을 제기하여 패소판결을 받고 그 판결이 확정된 경우에는 당사자는 ①그 판결의 기판력에 의한 기속을 받게 되므로, 그 법원의 재판이 위 96헌마172등 사건과 같은 예외적인 경우에 해당하여 그 역시 동시에 취소되는 것을 전제로 하지 아니하는 한, 원행정처분의 취소 등을 구하는 헌법소원심판청구는 허용되지 아니한다. 뿐만 아니라 원행정처분에 대한 헌법소원심판청구를 허용하는 것은, "명령·규칙 또는 처분이 헌법이나 법률에 위반되는 여부가 재판의 전제가 된 경우에는 대법원은 이를 최종적으로 심사할 권한을 가진다."고 규정한 ②헌법 제107조 제2항이나, 원칙적으로 헌법소원심판의 대상에서 법원의 재판을 제외하고 있는 ③법 제68조 제1항의 취지에도 어긋나는 것이다.[209] 이와 같은 법리는 검사의 불기소처분에 대하여 법원의 재정신청절차를 거친 경우나,[210] 검사의 형기종료일 지정처분에 대하여 법원의 이의신청절차를 거친 경우에도[211] 마찬가지로 적용된다.

요컨대, 법 제68조 제1항의 헌법소원은 행정처분에 대하여도 청구할 수 있는 것이나 그것이 법원의 재판을 거쳐 확정된 행정처분인 경우에는, 당해 행정처분을 심판의 대상으로 삼았던 법원의 재판이 헌법재판소가 위헌으로 결정한

207) 이 章 3. 라. 참조.

208) 원행정처분이란, 행정처분의 취소를 구하는 행정소송을 제기하였으나 청구기각의 판결이 확정되어 법원의 소송절차에 의하여서는 더 이상 이를 다툴 수 없게 된 경우에, 당해 행정처분을 말한다.(헌재 2001.2.22. 99헌마409, 판례집 13-1, 317, 321; 헌재 2002.5.30. 2001헌마781, 판례집 14-1, 555, 562-563)

209) 헌재 1998. 5. 28. 91헌마98등, 판례집 10-1, 660, 671; 헌재 1999. 9. 16. 97헌마160, 판례집 11-2, 356, 359; 헌재 1999. 12. 23. 98헌마14, 공보 41, 60, 61, 판례집 미수록; 헌재 2001. 2. 22. 99헌마409, 판례집 13-1, 317, 321.

210) 헌재 1998. 8. 27. 97헌마79, 판례집 10-2, 444, 454; 헌재 2008. 7. 29. 2008헌마487, 공보 142, 992, 993-994; 헌재 2011. 10. 25. 2010헌마243, 공보 181, 1653, 1654-1655.

211) 헌재 2012. 5. 31. 2010헌아292, 공보 188, 1155, 1157.

법령을 적용하여 국민의 기본권을 침해한 결과 헌법소원심판에 의하여 그 재판 자체가 취소되는 경우에 한하여 당해 행정처분에 대한 심판청구가 가능한 것이고, 이와 달리 법원의 재판이 취소될 수 없는 경우에는 당해 행정처분에 대한 헌법소원심판청구도 허용되지 아니한다.[212] 이와 같은 법리는 법원의 재판이 소를 각하하는 판결인 경우에도 마찬가지이다.[213]

사례

⊙ 헌재 1998. 8. 27. 97헌마150 : 청구인은 피청구인(전라북도지사)의 시외버스운송사업양도양수인가처분이 부적법함을 이유로 그 취소를 구하는 행정소송을 제기하였다가 대법원으로부터 소의 이익이 없다는 이유로 각하판결을 선고받고 그 무렵 위 판결이 확정되었으며, 위 대법원의 각하판결이 헌법재판소가 위헌으로 결정한 법령을 적용한 것도 아니어서 그 재판 자체가 헌법소원심판에 의하여 취소되어야 할 예외적인 경우에 해당한다고 볼 수도 없으므로 위 인가처분에 대한 헌법소원심판청구는 허용되지 아니한다.

이에 대하여 조대현 재판관은, "법원의 재판을 거친 행정처분을 헌법소원심판의 대상에서 제외하는 것은 법 제68조 제1항의 취지에 어긋나는 것이고 기본권 침해의 구제를 위하여 헌법소원심판제도를 마련한 헌법의 취지에도 어긋나는 것이어서 법원의 재판을 거친 행정처분도 기본권침해 여부에 관해서는 헌법소원심판의 대상으로 된다고 보아야 한다."는 반대의견을 제시하였다.[214] 한편, 학설 중에도 "법원에서 부적법 각하된 경우 특히 소각하의 이유가 '소의 이익의 흠결'에 있을 때에는 헌법적 해명의 필요성이 인정된다는 이유로 헌법재판소가 개입할 수 있는 경우가 발생하므로, 이 경우야말로 헌법소원심판청구가 허용되는 것으로 보는 것에 의미가 크고, 따라서 법원의 재판취소가 동반되는 경우에만 원행정처분에 대한 헌법소원심판청구가 가능하다는 판례는 '소각하 판결의 경우에는 일정한 경우 허용될 수 있다'는 취지로 변경되어야 한다."는 견해가 있다.[215]

212) 헌재 1998. 5. 28. 91헌마98등, 판례집 10-1, 660, 671; 헌재 1998. 6. 25. 93헌마205, 공보·판례집 미수록; 헌재 1998. 6. 25. 98헌마17, 공보·판례집 미수록.

213) 헌재 1998. 5. 28. 91헌마98등, 공보 98, 481; 헌재 2010. 4. 29. 2003헌마283, 판례집 22-1하, 85, 90.

214) 헌재 2010. 4. 29. 2003헌마283, 공보 163, 888, 892, 재판관 조대현의 반대의견.

215) 전종익, "원행정처분에 대한 헌법소원", 헌법학연구 제16권 제4호, 한국헌법학회, 2010.

나) 행정기관 상호간의 내부적 의사결정 또는 내부적 준비단계의 결정

행정기관의 내부적 의사결정에 불과하여 직접 국민의 권리의무에 영향을 미치지 아니하는 행위는 헌법소원의 대상이 되는 행정관청의 처분으로 볼 수 없는바, 특별한 사정이 없는 한 그 자체로는 헌법소원의 대상이 되는 공권력의 행사로 볼 수 없다. 그렇지 아니하고 준비행위 내지 부수적인 행위를 전부 헌법소원의 대상이 되는 공권력 행사로 본다면, 법적으로 하나의 공권력행사에 대하여 중복적인 헌법소원이 생기게 되어 기본권 침해구제를 궁극적인 목적으로 하는 헌법소원제도에 부합되지 않는다.[216)]

사례

⊙ 헌재 2016. 3. 31. 2015헌마1056등 : 이 사건 개표행위(제20대 국회의원 선거 및 제19대 대통령 선거에서 투표지분류기 등을 이용하는 행위)는 선거일의 지정, 선거인명부의 작성, 후보자 등록, 투·개표 관리, 당선인 결정 등 여러 행위를 포괄하는 집합적 행위인 선거관리라는 일련의 과정에서 하나의 행위에 불과한 것이어서, 그 자체로는 국민의 권리의무에 영향을 미치지 아니하는 공권력 작용의 준비행위 또는 부수적 행위이다. 개표결과 각 후보자 및 정당이 얻은 구체적인 유표투표수가 각 후보자들의 당락을 결정할 뿐이므로, 이 사건 개표행위는 투표결과를 집계하기 위한 단순한 사실행위에 불과하여 그 자체 헌법소원심판의 대상이 되는 공권력행사에 해당한다고 볼 수 없다.

⊙ 헌재 2018. 6. 28. 2015헌마1072 : 이 사건 제청 방안[217)]은 피청구인이 교육공무원법 제29조의2 제1항에 따른 자신의 임용제청권을 어떻게 행사할 것인지를 정한 내부적 행위에 불과하여 국민에게 직접 효력을 가진다고 볼 수 없다. 따라서 이 사건 제청 방안은 헌법소원의 대상이 되는 공권력의 행사에 해당한다고 할 수 없고, 이를 대상으로 한 청구인들의 이 부분 심판청구는 부적법하다.

다만 헌법재판소는 1993. 5. 13. 선고한 91헌마190 결정에서는, 세무대학장이 인사위원회의 동의를 얻어 재무부장관에게 청구인의 재임용을 추천하였

12, 207면 이하.

216) 헌재 2004. 8. 26. 2003헌마916, 공보 96, 908, 909, 판례집 미수록.

217) 피청구인 교육부장관의 2014. 2. 21.자 '교장임용 제청 기준 강화방안(안)(교육부 교원정책과-1185)' 중 '교육공무원이 금품수수 등 4대 비위로 징계를 받은 경우에는 징계기록 말소기간을 불문하고 교장임용 제청대상에서 배제하기로 한 부분'

다가 청구인이 전국교직원노동조합 활동을 하고 그 탈퇴약속을 지키지 아니하였다고 하여 이를 일방적으로 철회하고 청구인의 재임용추천을 하지 아니한 '재임용추천거부행위'와 같은 총·학장의 임용제청이나 그 철회는 행정기관 상호간의 내부적인 의사결정과정일 뿐 행정소송의 대상이 되는 행정처분이라고 볼 수 없다는 것이 대법원의 일관된 판례임[218]을 확인한 뒤, 위와 같이 세무대학장이 청구인의 조교수 재임용추천을 하지 아니한 공권력 불행사가 헌법소원의 대상이 됨을 전제로 본안판단을 하였다[6(기각):3(인용)-기각].[219]

다) 동장의 증명서 발급거부 통보

사례

⊙ 헌재 2003. 7. 24. 2002헌마508 : 청구인은 화양동장이 청구인에 대하여 주민등록표 등본에 사진을 첨부한 증명서의 발급을 거부하는 내용의 처분을 하였음을 전제로 이로 인한 기본권 침해를 다투고 있으나, 화양동장이 주민등록표 등본에 사진을 첨부한 증명서를 발급해 달라는 청구인의 요청에 대하여 그러한 증명서는 발급근거가 없으므로 발급해 줄 수 없다고 답변한 것은, 관련 법령을 해석하고 이를 근거로 청구인의 요청에 따른 증명서는 발급근거가 없다는, 현재의 법적 상황에 대한 행정청의 의견을 표명하면서 청구인이 요청하는 증명서를 발급할 수 없음을 단순히 알려주는 정도의 내용에 불과한 것이다. 그렇다면 화양동장의 발급거부 통보는 청구인의 법률관계나 법적 지위에 영향을 미친 바 없으므로 이를 헌법소원의 대상이 되는 공권력의 행사라고 할 수 없다.

---

218) 대법원 1989. 6. 27. 선고 88누9640 판결 등. 기타 대법원 1998. 7. 28. 선고 98두8094 (전임교원임용거부처분취소) 판결 참조.

219) 그런데 구 사립학교법 조항에 대한 헌재 2003. 2. 27. 2000헌바26 및 헌재 2003. 12. 18. 2002헌바14등 헌법불합치결정 이후 대법원 전원합의체는 2004. 4. 22. 선고한 2000두7735 교수재임용거부처분 취소소송의 상고심에서, "임용기간이 만료된 국·공립대 교원은 재임용 여부에 관해 합리적인 기준에 의한 공정한 심사를 요구할 법규상 또는 조리상 신청권을 가지고 따라서 임용권자가 재임용을 거부하는 취지로 한 임용기간만료 통지는 대학교원의 법률관계에 영향을 주는 것으로서 행정소송의 대상이 되는 처분에 해당한다."고 판결하면서, 임용권자가 인사위원회의 심의결정에 따라 교원을 재임용하지 않기로 결정하고 이를 통지하더라도 이를 행정소송의 대상이 되는 행정처분이 아니라고 판시한 종전의 대법원 1997. 6. 27. 선고 96누4305 판결(교수재임용거부처분취소)을 변경하였다.

라) 건축물대장 직권말소행위

사례

⊙ 헌재 2004. 1. 29. 2002헌마235 : 건축물대장의 직권말소행위가 비록 건축물 소유자의 권리관계 등에 일반적으로 영향을 미치는 것은 아니라고 할지라도(대법원 1998. 2. 24. 선고 96누5612 판결; 대법원 2001. 6. 12. 선고 99두7777 판결), 당해 사안에서 구체적·개별적 사정으로 인하여 위 직권말소행위가 청구인의 권리관계에 실질적으로 영향을 미치게 되는 예외적 상황이 인정될 가능성을 완전히 배제할 수는 없기 때문에, 동 직권말소행위가 공권력의 행사에 해당하는지 여부를 최종적으로 판단하기 위해서는 개별적인 사안에 따른 예외적 상황을 인정할 수 있는지 여부에 대해서까지 검토해야 한다. (…) 이 사건에 관한 구체적·개별적인 사정으로 인하여 이 사건 직권말소행위가 청구인의 권리관계에 실질적으로 영향을 미치게 되는 예외적인 상황이 인정된다고 볼 수도 없으므로, 그렇다면 이 사건의 경우 헌법소원심판청구의 대상이 되는 공권력행사 자체가 존재하지 않기 때문에 이 사건 헌법소원심판청구는 부적법하다.

마) 임의수사 : 통신자료 취득행위

사례

⊙ 헌재 2012. 8. 23. 2010헌마439 : 이 사건 통신자료 취득행위[220]는 피청구인이 이 사건 전기통신사업자에게 청구인에 관한 통신자료 취득에 대한 협조를 요청한 데 대하여, 이 사건 전기통신사업자가 임의로 이 사건 통신자료를 제공함으로써 이루어진 것이다. 그런데 피청구인과 이 사건 전기통신사업자 사이에는 어떠한 상하관계도 없고, 이 사건 전기통신사업자가 피청구인의 통신자료제공 요청을 거절한다고 하여 어떠한 형태의 사실상 불이익을 받을 것인지도 불분명하며, 수사기관이 압수수색영장을 발부받아 이 사건 통신자료를 취득한다고 하여 이 사건 전기통신사업자의 사업수행에 지장을 초래할 것으로 보이지도 않는다. 또한 이 사건 통신자료 취득행위의 근거가 된 이 사건 법률조항[221]은 "전기통신사업자는 (…) 요청받은 때에 이에 응할 수 있다."라고 규정하고 있어 전기통신사업자에게 이용자에 관한 통신자료를 수사관

220) 피청구인 경기지방경찰청장이 전기통신사업자에게 청구인의 주소, 전화번호 등 통신자료의 제공을 요청하여 취득한 행위.

221) 구 전기통신사업법(2010.1.1. 법률 제9919호로 개정되고, 2010.3.22. 법률 제10166호로 개정되기 전의 것) 제54조 제3항 중 '수사관서의 장으로부터 수사를 위하여 통신자료제공을 요청받은 때'에 관한 부분.

서의 장의 요청에 응하여 합법적으로 제공할 수 있는 권한을 부여하고 있을 뿐이지 어떠한 의무도 부과하고 있지 않다. 따라서 전기통신사업자는 수사관서의 장의 요청이 있더라도 이에 응하지 아니할 수 있고, 이 경우 아무런 제재도 받지 아니한다. 그러므로 이 사건 통신자료 취득행위는 강제력이 개입되지 아니한 임의수사에 해당하는 것이어서 헌법재판소법 제68조 제1항에 의한 헌법소원의 대상이 되는 공권력의 행사에 해당하지 아니한다고 할 것이므로 이에 대한 심판청구는 부적법하다.[222)]

(2) 입법부의 행위관련

(가) 법률의 입법절차의 하자

개별 법률의 입법절차의 하자는 헌법소원의 대상이 되지 않는다. 법률 또는 법률조항 자체를 대상으로 하여 헌법소원심판을 청구하려면 그 법률 또는 법률조항으로 인하여 현재, 직접적으로 자기의 기본권을 침해받는 경우라야 하므로,[223)] 어떤 법률의 입법절차가 헌법이나 국회법에 위반된다고 하더라도 그와 같은 사유만으로는 그 법률로 인하여 청구인들이 현재·직접적으로 기본권을 침해받은 것으로 볼 수는 없다.

사례

⊙ 헌재 1998. 8. 27. 97헌마8등 : 청구인들이 주장하는 법률의 입법절차의 하자로 인하여 직접 침해되는 것은 청구인들의 기본권이 아니라 이 사건 법률[224)]의 심의·표

222) 이에 대하여 재판관 3인은 "이 사건 통신자료 취득행위는 통신자료의 주체인 청구인에 대한 기본권제한이 그 본질인바, 청구인을 기준으로 공권력 행사성 여부를 판단해야 한다. 이렇게 볼 때, 피청구인은 공권력인 수사권의 행사주체이고 이 사건 통신자료 취득행위는 청구인의 의사에 상관없이 진행되며 청구인의 통신자료를 보관하고 있는 전기통신사업자가 피청구인의 요청을 거절할 가능성은 사실상 희박하고 청구인이 통신자료의 제공을 저지하기 위해 그 과정에 개입할 수도 없는바, 이 사건 통신자료 취득행위는 피청구인이 우월적 지위에서 일방적으로 청구인의 통신자료에 대하여 대물적으로 행하는 수사행위로서 권력적 사실행위에 해당한다. 따라서 이 사건 통신자료 취득행위는 헌법재판소법 제68조 제1항에 의한 헌법소원의 대상이 되는 공권력의 행사에 해당한다고 할 것인바, 이 사건 통신자료 취득행위에 대한 심판청구에 대하여 본안에 나아가 위헌여부를 심사함이 타당하다."는 취지의 반대의견을 제시하였다.

223) 헌재 1989. 7. 21. 89헌마12, 판례집 1, 128; 헌재 1992. 11. 12. 91헌마192, 판례집 4, 813; 헌재 1993. 3. 11. 91헌마233, 판례집 5-1, 104; 헌재 1995. 7. 21. 94헌마191, 판례집 7-2, 195 등 참조.

224) 국가안전기획부법중개정법률(법률 제5252호), 노동조합및노동관계조정법(법률 제5244호),

결에 참여하지 못한 국회의원의 법률안 심의·표결 등 권한이라고 할 것이고, 청구인들은 또한 국민으로서의 입법권을 본질적으로 침해받았다고 주장하나 입법권은 국회의 권한이지 헌법상 보장된 국민의 기본권이라고 할 수도 없다. 따라서 청구인들은 위 법률의 실체적 내용으로 인하여 현재·직접적으로 기본권을 침해받은 경우에 헌법소원심판을 청구하거나, 이 사건 법률이 구체적 소송사건에서 재판의 전제가 된 경우에 위헌여부심판의 제청신청을 하여 그 심판절차에서 입법절차에 하자가 있음을 이유로 이 사건 법률이 위헌임을 주장하는 것은 별론으로 하고, 단순히 입법절차의 하자로 인하여 기본권을 현재·직접적으로 침해받았다고 주장하여 헌법소원심판을 청구할 수는 없다.

(나) 예산안 의결

예산도 일종의 법규범이고 법률과 마찬가지로 국회의 의결을 거쳐 제정되지만 예산은 법률과 달리 국가기관만을 구속할 뿐 일반국민을 구속하지 않는다. 가사 예산이 정부의 재정행위를 통하여 국민의 기본권에 영향을 미친다고 하더라도 그것은 관련 법령에 근거한 정부의 구체적인 집행행위로 나타나는 것이지 예산 그 자체나 예산안의 의결행위와는 직접 관련성이 없다. 따라서 국회가 의결한 예산 또는 국회의 예산안 의결은 헌법소원의 대상이 된다고 볼 수 없다.[225)]

(다) 국회내부의 조직구성행위

국회의장이 국회의원을 상임위원회의 위원으로 선임하는 행위는, 국회법 제48조[226)]에 근거한 것으로서 국회 내부의 조직을 구성하는 행위에 불과할 뿐 국민의 권리의무에 대하여 직접적인 법률효과를 발생시키는 행위라고 할 수 없다. 즉, 국회의원을 위원으로 선임하는 행위는 국민의 대표자로 구성된 국회가 그 자율권에 근거하여 내부적으로 회의체 기관을 구성·조직하는 '기관내부의 행위'

근로기준법중개정법률(법률 제5245호), 노사협의회법중개정법률(법률 제5247호), 울산광역시설치등에관한법률(법률 제5243호).

225) 헌재 2006. 4. 27. 2006헌마409, 공보 115, 604, 605, 판례집 미수록.

226) 국회법 제48조(위원의 선임 및 개선) ①상임위원은 교섭단체소속의원수의 비율에 의하여 각 교섭단체대표의원의 요청으로 의장이 선임 및 개선한다. 이 경우 각 교섭단체대표의원은 국회의원총선거후 최초의 임시회의 집회일부터 2일 이내에 그리고 국회의원총선거후 처음 선임된 상임위원의 임기가 만료되는 때에는 그 임기만료일 3일 전까지 의장에게 위원의 선임을 요청하여야 하며, 이 기한내에 요청이 없는 때에는 의장이 위원을 선임할 수 있다. (②~⑦ : 생략)

에 불과한 것이다. 따라서 피청구인(국회의장)의 이 사건 선임행위는 그 자체가 국회 내부의 조직구성행위로서 국민에 대하여 어떠한 직접적인 법률효과를 발생시키지 않기 때문에 이로 인하여 청구인들의 기본권이 현재 직접 침해되고 있다고 할 수 없다. 그렇다면 청구인들의 이 사건 심판청구는 결국 청구인들의 기본권을 직접 침해한 공권력의 행사를 대상으로 한 것이 아니어서 기본권 관련성이 결여되어 부적법하다.[227)]

(라) 국회의장의 청원심사부작위

청원권이라 함은 국민이 공권력과의 관계에서 일어나는 여러 가지 이해관계 또는 국정에 관해서 자신의 의견이나 희망을 진술할 수 있는 권리로서, 헌법 제26조는 "모든 국민은 법률이 정하는 바에 의하여 국가기관에 문서로 청원할 권리를 가지며 국가는 청원에 대하여 심사할 의무를 진다."고 하여 모든 국민의 청원권을 보장하고 청원을 수리한 국가기관은 청원에 대하여 심사하여야 할 의무를, 청원법과 국회법 제123조 이하는 청원의 처리결과에 대하여 통지하여야 할 의무를 각 규정하고 있는바,[228)] 공권력의 불행사에 대한 헌법소원은 공권력의 주체에게 헌법에서 유래하는 작위의무가 특별히 구체적으로 규정되어 이에 의거하여 기본권의 주체가 그 공권력의 행사를 청구할 수 있음에도 공권력의 주체가 그 의무를 해태하는 경우에 허용되는 것인데,[229)] 앞에서 본 바와 같이 국회는 청원에 대하여 심사할 의무를 지고 청구인에게는 심사를 요구할 수 있는 권리가 있으므로, 국회가 청구인의 청원에 대한 심사의무를 해태하였는지 여부는 헌법소원의 대상이 된다.[230)]

---

227) 헌재 1999. 6. 24. 98헌마472등, 판례집 11-1, 854, 860.

228) 헌법재판소는 "헌법 제26조와 청원법의 규정에 의할 때, 헌법상 보장된 **청원권**은 공권력과의 관계에서 일어나는 여러 가지 이해관계·의견·희망 등에 관하여 적법한 청원을 한 모든 국민에게, 국가기관이 청원을 수리·심사하여 그 결과를 통지할 것을 요구할 수 있는 권리를 말한다. 따라서 청원서를 접수한 국가기관은 이를 적정히 처리하여야 할 의무를 부담하나, 그 의무이행은 청원법이 정하는 절차와 범위 내에서 청원사항을 성실·공정·신속히 심사하고 청원인에게 그 청원을 어떻게 처리하였거나 처리하려 하는지를 알 수 있을 정도로 결과통지함으로써 충분하다."고 한다.(헌재 2004.10.28. 2003헌마898, 판례집 16-2하, 212, 226-227)

229) 헌재 1994. 6. 30. 93헌마161, 판례집 6-1, 700, 704; 헌재 1996. 6. 13. 94헌마118등, 판례집 8-1, 500, 509.

230) 헌재 2000. 6. 1. 2000헌마18, 판례집 12-1, 733, 737-738. 그러나 [본안판단]에서는, "이 사건 기록에 의하면, 청구인이 1996. 12. 5. '1981년 법원해직공무원의 보상에 관한 특별조

(마) 탄핵소추의결 부작위

국회의 탄핵소추의결 부작위에 대한 위헌확인을 구하는 헌법소원은 부적법하다. 즉, 김영삼 대통령이 1993. 8. 12. '금융실명거래 및 비밀보장에 관한 긴급재정경제명령'(대통령 긴급재정경제명령 제16호)을 발하여 같은 날 20:00부터 위 긴급명령이 시행되었고 같은 달 19. 국회의 승인을 받았는바, 이에 대하여 "헌법 제76조 제1항에 규정한 요건을 갖추지 못한 위헌적인 위 긴급명령을 발한 대통령에 대하여 국회는 헌법 제65조의 탄핵소추를 의결하여야 함에도 이를 하지 아니함으로써 청구인의 알 권리와 청원권 및 재산권을 침해하였다."고 주장하며 제기한 헌법소원에서 헌법재판소는, "국회에게 대통령의 헌법 등 위배행위가 있을 경우에 탄핵소추의결을 하여야 할 헌법상의 작위의무가 있다거나 청구인에게 탄핵소추의결을 청구할 헌법상 기본권이 있다고 할 수 없다. 왜냐하면 헌법(제65조 제1항)은 '대통령……이 그 직무집행에 있어서 헌법이나 법률을 위배한 때에는 국회는 탄핵의 소추를 의결할 수 있다'고 규정함으로써 명문규정상 국회의 탄핵소추의결이 국회의 재량행위임을 밝히고 있고, 헌법해석상으로도 국정통제를 위하여 헌법상 국회에게 인정된 다양한 권한 중 어떠한 것을 행사하는 것이 적절한 것인가에 대한 판단권은 오로지 국회에 있다고 보아야 할 것이며, 나아가 청구인에게 국회의 탄핵소추의결을 청구할 권리에 관하여도 아무런 명문규정이 없고, 헌법해석상으로도 그와 같은 권리를 인정할 수 없기 때문이다(다만, 청원법에 의하여 청구인은 국회에 탄핵소추의결을 청원할 수는 있으나, 이에 대하여 국회는 성실히 심사처리할 의무만 있을 뿐 반드시 탄핵소추의결을 하여야 할 의무는 없다). 따라서 국회의 탄핵소추의결의 부작위는 헌법소원의 대상이 되는 공권력의 불

치법 제정 입법청원'을 국회에 제출하자, 국회의장은 이를 수리하여 1996. 12. 10.자로 법제사법위원회에서 심사하도록 회부하고 이를 청구인에게 통지하였고, 청구인이 1999. 10. 15. 청원심사를 촉구하는 취지의 진정을 국회에 제출하자 국회의장은 이를 위 위원회에 회부하고 이를 청구인에게 통지하였으며, 위 위원회에서는 현재 이를 심사중인 사실을 알 수 있는 바, 그렇다면 청원후 3년이 지난 지금까지 청구인의 청원대로 입법이 이루어지지 않고 있다고 하여 그 점만으로 국회가 청구인의 청원에 대한 심사의무를 해태하였다고는 할 수 없고, 달리 공권력의 불행사로 인하여 청구인의 기본권이 침해되었음을 인정할 자료도 없으므로 청구인의 이 부분에 대한 헌법소원심판청구는 그 이유가 없다."고 하여 심판청구를 **기각**하였다. 한편 헌법재판소는 2004. 5. 27. 선고한 2003헌마851 사건에서는, 헌법 제26조(청원권) 및 청원법 제9조 제4항을 근거로 피청구인(국방부장관)의 헌법상 작위의무를 인정하면서도 공권력불행사의 존재가 부인된다는 이유로 **각하**결정을 선고하였다.

행사에 해당한다고 할 수 없어 이 부분에 대한 헌법소원청구는 부적법하다."고 판시하였다.[231]

라. 재판소원

(1) 의의

헌법 제111조 제1항은 헌법재판소의 관장사항을 정하고 있는데, 그 중 제5호는 "법률이 정하는 헌법소원에 관한 심판"이라고 규정하였다. 그런데 위 헌법규정의 위임에 따른 법 제68조 제1항은 "공권력의 행사 또는 불행사로 인하여 헌법상 보장된 기본권을 침해받은 자는 '법원의 재판을 제외하고는' 헌법재판소에 헌법소원심판을 청구할 수 있다."고 규정하여 법원의 재판을 헌법소원심판의 대상에서 제외하였다(이하 이 부분을 "재판소원금지규정"이라고 약칭한다). 따라서 현행법상 법원의 재판인 판결·결정·명령 자체를 대상으로 하여 헌법소원을 제기한다면 이는 부적법하다(법 제72조 제3항 제1호).

이와 같은 재판소원금지규정에 대하여는 위헌론과 합헌론이 여전히 대립하고 있는데,[232] 위헌론의 입장에서는 동 규정이 법의 제정과정에서[233] 대법원의 그릇된 우월의식의 제도적인 산물이었다는 평가를 하기도 한다.[234] 그리고 공권력에 의한 기본권침해를 구제하는 수단으로 헌법소원제도를 마련하면서 헌법소원의 대상에서 법원의 재판을 제외하는 동시에 헌법소원의 보충성을 강조하는 것(법 제68조 제1항 단서)은 자가당착적인 모순이며 체계정당성(Systemgerechtigkeit)의 원리[235]에

231) 헌재 1996. 2. 29. 93헌마186, 판례집 8-1, 111, 118-119.

232) 위헌론과 합헌론의 논거는 후술하는 (5) 여론(餘論) 참조.

233) 헌법재판소법의 제정과정에서 표출된 견해에 대하여는 법무자료 제95집, 법무부, 1988 참조.

234) 김철수, "헌재와 대법원의 법률해석", 문화일보 1998.5.23.자, 6면; 허영, 헌법소송법론, 박영사, 2014, 379면.

235) 체계정당성의 원리란, 동일 규범 내에서 또는 상이한 규범 간에 그 규범의 구조나 내용 또는 규범의 근거가 되는 원칙면에서 상호 배치되거나 모순되어서는 아니 된다는 하나의 헌법적 요청이다. 즉, 이는 규범 상호간의 구조와 내용 등이 모순됨이 없이 체계와 균형을 유지하도록 입법자를 기속하는 헌법원리라고 볼 수 있다. 그러나 일반적으로 일정한 공권력작용이 체계정당성에 위반한다고 해서 곧 위헌이 되는 것은 아니고, 그것이 위헌이 되기 위해서는 결과적으로 비례의 원칙이나 평등의 원칙 등 일정한 헌법의 규정이나 원칙을 위반하여야 한다.(헌재 2004.11.25. 2002헌바66, 판례집 16-2하, 314, 333-334; 헌재

어긋나는 입법형성권의 남용이라는 비판도 있다.236)

어쨌든 헌법재판소는 법 제68조 제1항의 재판소원금지규정에 따라 법원의 재판에 대한 헌법소원에 대하여는 모두 각하결정을 해 왔다. 그러다가 위 재판소원금지규정에 대한 헌법소원 사건에서, 재판소원금지규정은 원칙적으로 헌법에 위반되지 아니하나, "법원이 헌법재판소가 위헌으로 결정하여 그 효력을 전부 또는 일부 상실하거나 위헌으로 확인된 법률을 적용함으로써 국민의 기본권을 침해한 경우에도 법원의 재판에 대한 헌법소원이 허용되지 않는 것으로 해석한다면, 위 법률조항은 그러한 한도 내에서 헌법에 위반된다."는 한정위헌결정을 선고하였다.237)

(2) '법원의 재판'의 의미

법 제68조 제1항에서 규정하고 있는 "법원의 재판"이라 함은 소송사건을 해결하기 위하여 법원이 행하는 종국적 판단의 표시인 종국결정과 같은 의미로 사용되기도 하나, 소송법상으로는 법원이 행하는 공권적 법률판단 또는 의사의 표현을 지칭하는 것이며, 이러한 의미에서는 사건을 종국적으로 해결하기 위한 종국판결 외에 본안전 종국판결 및 중간판결이 모두 포함되는 것이고, 기타 소송절차의 파생적·부수적인 사항에 대한 공권적 판단도 포함되는 것으로 일반적으로 보고 있다.238)

2010.6.24. 2007헌바101, 공보 165, 1103, 1110-1111)

236) 허영, 전게서(2014), 41면.

237) 헌재 1997. 12. 24. 96헌마172등, 판례집 9-2, 842 이하. [〈결정요지〉 : "모든 국가기관은 헌법의 구속을 받고 헌법에의 기속은 헌법재판을 통하여 사법절차적으로 관철되므로, 헌법재판소가 헌법에서 부여받은 위헌심사권을 행사한 결과인 법률에 대한 위헌결정은 법원을 포함한 모든 국가기관과 지방자치단체를 기속한다. 따라서 헌법재판소가 위헌으로 결정하여 그 효력을 상실한 법률을 적용하여 한 법원의 재판은 헌법재판소 결정의 기속력에 반하는 것일 뿐 아니라, 법률에 대한 위헌심사권을 헌법재판소에 부여한 헌법의 결단(헌법 제107조 및 제111조)에 정면으로 위배된다. 결국 그러한 판결은 ①헌법의 최고규범성을 수호하기 위하여 설립된 헌법재판소의 존재 의의, ②헌법재판제도의 본질과 기능, ③헌법의 가치를 구현함을 목적으로 하는 법치주의의 원리와 권력분립의 원칙 등을 송두리째 부인하는 것이라 하지 않을 수 없는 것이다. 따라서 헌법재판소법 제68조 제1항의 '법원의 재판'에 헌법재판소가 위헌으로 결정하여 그 효력을 상실한 법률을 적용함으로써 국민의 기본권을 침해하는 재판도 포함되는 것으로 해석하는 한도 내에서, 헌법재판소법 제68조 제1항은 헌법에 위반된다."]

238) 헌재 1992. 12. 24. 90헌마158, 판례집 4, 922, 928; 헌재 1993. 3. 15. 93헌마36, 판례집 5-1, 200, 203; 헌재 2004. 4. 29. 2003헌마641, 공보 92, 543, 547, 판례집 미수록.

이에 따라 헌법재판소는 1989. 2. 14.자 89헌마9 제1지정재판부 결정에서부터 법원의 재판에 대한 헌법소원은 한결같이 부적법하다는 견해를 밝혀왔다. 뿐만 아니라 법원의 재판과 관련되는 소송지휘권의 행사,[239] 본안전 소송판결 및 중간판결 기타 파생적·부수적인 사항에 대한 공권적인 판단[240] 등에 대해서도, 결국 법원의 재판을 직접 대상으로 하는 것이므로 모두 부적법하다는 각하결정을 하였다.

사례

⊙ 헌재 2018. 8. 30. 2016헌마263 : 이 사건 법원의 허가는 통신비밀보호법(이하 '법'이라 한다)에 근거한 소송절차 이외의 파생적 사항에 관한 법원의 공권적 법률판단으로서, 헌법재판소법 제68조 제1항에서 헌법소원의 대상에서 제외하고 있는 법원의 재판에 해당한다. (…) 그러므로 이 사건 법원의 허가에 대한 심판청구는 부적법하다.

(3) 재판소원의 허용범위

(가) 헌재 1997. 12. 24. 96헌마172등 결정

헌법재판소는 1997. 12. 24. 선고한 96헌마172등 결정에서, 헌법 제111조 제1항 제5호가 '법률이 정하는 헌법소원에 관한 심판'이라고 규정한 뜻은, 헌법이 입법자에게 공권력작용으로 인하여 헌법상의 권리를 침해받은 자가 그 권리를 구제받기 위한 주관적 권리구제절차를 우리의 사법체계, 헌법재판의 역사, 법률문화와 정치적·사회적 현황 등을 고려하여 헌법의 이념과 현실에 맞게 구체적인 입법을 통하여 구현하게끔 위임한 것이므로, 법 제68조 제1항이 법원의 재판을 헌법소원심판의 대상에서 제외한 것은 원칙적으로 헌법에 위반되지 아니하나, 법원이 헌법재판소가 위헌으로 결정하여 그 효력을 전부 또는 일부 상실하거나 위헌으로 확인된 법률을 적용함으로써 국민의 기본권을 침해한 경우에도 법원의 재판에 대한 헌법소원이 허용되지 않는 것으로 해석한다면, 동 법률조항은 그러한 한도 내에서 헌법에 위반된다고 하여 "한정위헌"결정을 선고하였다.[241] 이러한 입장에서 헌법재판소는, 동 사건의 대법원 판결은 헌법재판소가

239) 헌재 1992. 6. 26. 89헌마271, 판례집 4, 413, 418.
240) 헌재 1992. 12. 24. 90헌마158, 판례집 4, 922, 928.

이미 한정위헌결정을 선고함으로써 이미 부분적으로 그 효력이 상실된 법률조항(구 소득세법 제23조 제4항 단서 등)을 적용한 것으로서 위헌결정의 기속력에 반하는 재판임이 분명하므로 이에 대한 헌법소원은 허용되고, 또한 동 대법원 판결로 말미암아 청구인의 헌법상 보장된 기본권인 **재산권**이 침해되었다 하여 법 제75조 제3항에 따라 동 판결을 취소하였다.[242][243]

따라서 위 결정에 의하면, 헌법재판소의 법률에 대한 위헌결정(변형위헌결정 포함, 이하 같다)에 반하는 법원의 재판에 대하여는 헌법소원심판을 제기할 수 있다. 다만, 위헌으로 결정된 법률(조항)은 그 결정이 있는 날부터 효력을 상실하므로(법 제47조 제2항), 원칙적으로 동 위헌결정일 이후의 재판이 이에 해당할 것이다.[244] 그 이유에 대하여 헌법재판소는 2001. 2. 22. 선고한 99헌마461등 사건에서, "법률의 위헌여부를 심사하는 헌법재판절차를 헌법과 법률에 의하여 따로 제도화하고 있는 우리나라의 경우에는 헌법재판소가 위헌을 선언하기 전까지는 모든 법률은 합헌으로 인정되어 법원에서도 그 적용을 거부할 수 없다. 위헌의 의심이 있어 헌법재판소에 위헌제청을 하여 그 적용을 일시 유보하는 수는 있지만 그렇지 아니한 경우에는 그 적용을 거부할 수 없는 것이다. 그러므로 후일 그 법률이 헌법재판소에 의하여 위헌으로 판명된 경우라고 하더라도, 그 이전의 단계에 있어서는 그 법률을 판사가 적용하는 것은 제도적으로 정당성이 보장된 것이다. 따라서

241) 따라서, 법 제68조 제1항의 '법원의 재판을 제외하고는' 부분에 대하여는 위와 같은 한정위헌결정을 하여 그 위헌부분을 제거하면서 그 나머지 부분이 합헌임을 밝힌 바가 있으므로, 이 조항은 위헌부분이 제거된 나머지 부분으로 이미 그 내용이 축소된 것이다.(헌재 2003.3.27. 2001헌마116, 판례집 15-1, 298, 305-306)

242) 〈주문〉: "1. 헌법재판소법 제68조 제1항 본문의 '법원의 재판'에 헌법재판소가 위헌으로 결정한 법령을 적용함으로써 국민의 기본권을 침해한 재판도 포함되는 것으로 해석하는 한도 내에서, 헌법재판소법 제68조 제1항은 헌법에 위반된다. 2. 대법원 1996. 4. 9. 선고 95누11405 판결은 청구인의 재산권을 침해한 것이므로 이를 취소한다. 3. 피청구인 동작세무서장이 1992. 6. 16. 청구인에게 양도소득세 금 736,254,590원 및 방위세 금 147,250,910원을 부과한 처분은 청구인의 재산권을 침해한 것이므로 이를 취소한다."

243) 헌법재판소는 그 후 같은 내용의 개정법 규정에 대한 사건(헌재 2016.4.28. 2016헌마33, 공보·판례집 미수록)에서도 한정위헌결정을 선고하였다. [다만 함께 청구한 대법원판결 취소부분에 대하여는, 동 판결은 위에서 본 헌법소원심판의 대상이 되는 예외적인 법원의 재판에 해당하지 아니하여 부적법하다고 하였다.] 〈주문〉: "1. 헌법재판소법(2011.4.5. 법률 제10546호로 개정된 것) 제68조 제1항 본문 중 '법원의 재판을 제외하고는' 부분은, 헌법재판소가 위헌으로 결정한 법령을 적용함으로써 국민의 기본권을 침해한 재판이 포함되는 것으로 해석하는 한 헌법에 위반된다. 2. 청구인의 나머지 심판청구를 각하한다."

244) 헌재 1998. 4. 30. 92헌마239, 판례집 10-1, 435, 441 참조.

비록 위헌이기는 하지만 아직 헌법재판소에 의하여 위헌으로 선언된 바가 없는 법률이 적용된 재판을 위법한 공권력의 행사라고 하여 헌법소원의 대상으로 삼을 수는 없는 것이다."라고 밝혔다.

(나) 헌재 2003. 4. 24. 2001헌마386 결정

2) 그 후 헌법재판소는 (청구인의 심판청구 취하로 2003. 4. 24. 재판관 7:2의 의견으로 '심판절차종료선언'이 선고된) 2001헌마386[245] 사건[246]에서, 위 96헌마172등 사건에서 법 제68조 제1항 본문에 대하여 "법 제68조 제1항 본문의 '법원의 재판'에 헌법재판소가 위헌으로 결정한 법령을 적용함으로써 국민의 기본권을 침해한 재판도 포함되는 것으로 해석하는 한도 내에서, 법 제68조 제1항은 헌법에 위반된다."는 한정위헌결정의 주문은 그 문언의 표현을 넘어서 "헌법재판소의 위헌결정에 반하여 그 효력을 부인하는 모든 재판을 포함"하는 것으로 이해되어야 한다고 하였다. 즉, 헌법재판소는 이 사건 헌법소원심판청구가 취하될 당시 이 사건에 관한 헌법재판소의 최종 평결이 재판관 전원의 일치된 의견으로 있었음을 밝히면서,[247] 한편으로 위와 같이 심판절차종료를 선언하는 법정의견에 반대하는 재판관 2인의 의견을 통해 "헌법재판소가 헌재 1997. 12. 24. 96헌마172등 결정의 주문에서 예외적으로 헌법소원의 대상이 되는 재판의 범위를 '헌법재판소가 위헌으로 결정한 법령을 적용함으로써 국민의 기본권을 침해한 재판'이라고 표현하고 있기는 하나, 위 결정의 근본취지는 '헌법재판소의 기속력 있는 위헌결정

245) [판시사항] : 1. 헌법소원심판절차에 소의 취하에 관한 민사소송법규정이 준용되는지 여부(적극), 2. 심판청구의 취하로 인하여 심판절차가 종료되었음을 선언하면서, 동시에 심판청구가 취하될 당시의 헌법재판소의 최종 평결결과와 그 이유를 밝힌 사례

246) 이 결정의 법적 효력 및 문제점에 관하여는 정호경, "재판소원의 예외적 허용범위", 법학논총 제22집 제2호, 한양대학교 법학연구소, 2005.12, 233-240면 참조.

247) "이 사건 헌법소원심판청구가 취하될 당시, 이 사건에 관한 헌법재판소의 최종 평결결과는 재판관 전원의 일치된 의견으로, 법 제75조 제7항에 대한 이 사건 심판청구에 관하여는 '법 제75조 제7항은 법 제68조 제2항의 헌법소원이 인용된 경우에 한정위헌결정이 포함되지 않는다고 해석하는 한도 내에서 헌법에 위반된다'는 한정위헌결정을 선언하고, 헌법재판소의 한정위헌결정의 효력을 부인하여 청구인의 재심청구를 기각한 이 사건 대법원판결을 취소하면서, 법 제68조 제1항 본문에 대한 심판청구는 각하한다는 것이었다. 다만, 재판관 1인은 이 사건 대법원판결에 대한 심판청구와 관련하여 '이 사건 대법원판결도 법 제68조 제1항에 의한 헌법소원의 대상이 되나, 헌법재판소는 이 사건 대법원판결을 직접 취소할 것이 아니라 단지 위 판결의 위헌성만을 확인하는데 그쳐야 한다'는 견해를 밝혔다."(판례집 15-1, 443, 454)

에 반하여 국민의 기본권을 침해하는 법원의 재판에 대하여는 어떠한 경우이든 헌법재판소가 최종적으로 다시 심사함으로써 헌법의 최고규범성을 관철하고 자신의 손상된 헌법재판권을 회복해야 한다'는 것이다. 따라서 위 결정이유의 핵심적 내용에 비추어 볼 때, 예외적으로 헌법소원의 대상이 되는 법원의 재판이란 헌법의 최고규범성 및 헌법상 부여받은 헌법재판소의 규범통제권을 관철하기 위하여 부득이 취소되어야 하는 재판을 의미하며, 이러한 재판은 '헌법재판소가 위헌으로 결정한 법령을 적용한 재판'에 한정되는 것이 아니라 '헌법재판소 위헌결정의 기속력을 부인하는 모든 재판'[248]을 포함하는 것이다. 법원의 판단이 헌법재판소 위헌결정의 효력에 반하는 한,[249] 헌법재판소의 위헌결정이 법원의 판결 이전에 선고되는가 아니면 이후에 선고되는가 하는 우연적 요소에 의하여 헌법소원의 대상이 되는 재판의 범위가 달라질 수는 없는 것이다."라고 밝힘으로써, 헌법소원의 대상이 되는 재판의 범위를 "사실상" 확장하였다.

즉, 이 사건 대법원판결(대법원 2001. 4. 27. 선고 95재다14 판결)은 헌법재판소가 한정위헌결정을 선고한 국가배상법 제2조 제1항 단서가 아니라 법 제75조 제7항을 적용한 것이므로 "헌법재판소가 위헌으로 결정한 법령을 적용한 재판"은 아니나, 헌법재판소의 한정위헌결정에도 불구하고 한정위헌결정은 위헌결정이 아니라는 이유로 그 결정의 효력을 부인하여 청구인의 재심청구를 기각한 것이므로, 이는 국가배상법 제2조 제1항 단서에 대하여 내린 한정위헌결정의 기속력에 반하는 것일 뿐만 아니라 법률의 위헌여부에 대한 최종적 심사권을 헌법재판소에 부여한 헌법의 결단(헌법 제107조 및 제111조)에 정면으로 위배되는 것이고, 따라서 이 사건 대법원판결은 헌재 96헌마172등 결정에서 판시한 바대로 예외적으로 헌법소원의

248) 어떠한 재판이 "위헌결정의 기속력을 부인하는 재판"에 해당하는지 여부는 결국 기속력의 내용 및 범위를 어떻게 설정하는가에 따라 그 폭이 달라질 것이다. 정호경, 전게논문(2005. 12), 237면.

249) 이 부분 판시의 의미에 대하여 헌재 2018. 8. 30. 2015헌마861등 결정의 주문 2항에 대한 재판관 2인(김이수·안창호 재판관)의 반대의견은 "예외적으로 헌법소원의 대상이 되는 법원의 재판이란, 헌법의 최고규범성 및 헌법상 부여받은 헌법재판소의 규범통제권을 관철하기 위하여 부득이 취소되어야 하는 재판을 의미하며, 이러한 재판은 '헌법재판소가 위헌으로 결정한 법령을 적용한 재판'에만 한정되는 것이 아니다. 헌법재판소가 위헌결정에 이르게 된 핵심적인 논증, 즉 헌법재판소의 위헌이라는 결론을 뒷받침하는 핵심적인 이유의 논리를 부인하는 법원의 재판도 여기에 포함된다. '헌법재판소의 위헌결정'이라 함은, 어떤 법령이 위헌이라는 결론과 그 법률이 위헌임을 밝히는 주요한 논증의 결합으로 구성된 판단논리의 총체를 일컫는 것이기 때문이다."라고 설명하였다.

대상이 되는 재판에 해당됨이 분명하다는 것이다.[250]

(4) 기타 : 법원의 재판관할하에 있는 것

(가) 민사소송의 대상이 되는 청구

민사소송의 대상이 되는 사항을 청구취지로 한 것은 헌법소원의 대상이 될 수 없다.

사례

⊙ 헌재 1998. 12. 24. 97헌마87등 : 헌법소원은 공권력의 행사 또는 불행사로 인하여 헌법상 보장된 기본권을 침해받은 자에게 부여한 특별구제수단이므로, 일반법원의 기능과 절차를 보충하는 역할까지 담당할 수는 없다. 그리고 법 제75조 제3항은 헌법재판소가 헌법소원을 인용하는 결정을 하는 경우 "기본권 침해의 원인이 된 공권력의 행사를 취소하거나 그 불행사가 위헌임을 확인할 수 있다."고 규정하고 있을 뿐이다. 위와 같은 헌법소원의 본질적 한계와 위 법률조항의 취지로 미루어 보면, 손해배상이나 등기절차이행을 구하는 등 이행청구는 헌법소원심판의 청구로는 구할 수 없는 것으로 보아야 한다. 따라서 소유권이전등기절차의 이행을 구하는 헌법소원심판청구 부분은 부적법하다.[251]

(나) 형사소송절차를 통하여 사법적 심사를 받게 되는 경우

사례

⊙ 헌재(제3지정재판부) 1989. 3. 17. 89헌마21 : 청구인의 청구이유의 요지는 검사의 공소제기가 청구인의 기본권을 침해하고 있음을 이유로 하고 있다. 그러나 그와 같은 사유는 당해 형사재판 절차에 의하여 권리구제가 가능하므로, 독립하여 헌법소원 심판청구 대상이 될 수 없는 것이어서 이 사건 소원심판 청구는 부적법하고 그 흠결을 보정할 수 없는 경우라고 할 것이다.[252]

⊙ 헌재 2004. 9. 23. 2000헌마453 : 피청구인(서울지방검찰청 검사)의 구형은 양형

250) 헌재 2003. 4. 24. 2001헌마386, 판례집 15-1, 443, 463·465.

251) 同旨, 헌재 1992. 10. 1. 90헌마5, 판례집 4, 607, 613.

252) 同旨, 헌재(제1지정재판부) 1992. 6. 24. 92헌마104, 판례집 4, 297, 298; 헌재(제2지정재판부) 1993. 3. 15. 93헌마36, 판례집 5-1, 200, 200; 헌재 2018. 3. 27. 2018헌마250; 헌재(제2지정재판부) 2018. 3. 27. 2018헌마250, 공보·판례집 미수록.

에 관한 의견진술에 불과하여 법원이 그 의견에 구속된다고 할 수 없으므로 피청구인의 구형 그 자체로는 청구인에게 직접적으로 어떠한 법률적 효과를 발생한다고 할 수 없고, 제1심 판결에 대하여 "형의 양정이 부당하다고 인정할 사유가 있는 때"에는 항소를 하여 다툴 수 있고(형사소송법 第361조의5 第15호), 제2심 판결에 대하여 "사형, 무기 또는 10년 이상의 징역이나 금고가 선고된 사건에 있어서 … 형의 양정이 심히 부당하다고 인정할 현저한 사유가 있는 때"에는 상고를 하여 다툴 수 있다(형사소송법 第383조 第4호). 이렇게 보면, 형의 양정에 관하여는 재판절차를 통하여 충분한 사법적 심사를 받게 되므로 검사의 구형 그 자체에 대하여는 독립하여 헌법소원심판의 청구대상이 될 수 없다.

(다) 행정소송의 대상이 되는 청구

헌법재판소는 종래 법원의 행정소송의 대상이 되는 공권력작용에 대한 헌법소원에 대하여는 구세절차를 거치지 않았다는 이유로 각하해 왔으나, 제3기 재판부에서는 법원의 재판관할하에 있는 사건에 대하여는 그 자체로 부적법하다고 보기도 하였다.

사례

⊙ 헌재 2005. 3. 31. 2003헌마746 : 운전적성판정을 위한 운동능력측정검사는 운전면허시험의 일부이나, 운동능력측정검사에서 불합격하는 경우 해당 학과시험 등에 응시하지 못하여 결국 운전면허를 취득할 수가 없게 되므로 사실상 운전면허시험에 종국적으로 불합격한 것과 같은 결과를 가져오게 된다. 따라서 운동능력측정검사 불합격처분은 그 자체가 청구인에게 직접 법률상의 불이익을 초래하는 행위로서 행정처분에 해당하여 그 취소를 구하는 행정소송을 제기하는 것이 가능하다고 할 것이다. 그렇다면 이 부분 심판청구는 헌법소원의 대상이 되지 않는 공권력 행사에 대한 청구로서 부적법하다.[253]

253) 이에 대하여는 "이 사건 불합격처분이 법원에 의하여 행정소송의 대상인 행정처분으로 판례가 확립된다면 그 때에는 각하하여도 문제가 없을 것이지만, 이 사건의 경우는 위 처분이 행정처분인지의 여부가 학설 및 판례상 확립된 상황이 아닌데도 우리 재판소가 각하한 후에 법원이 행정처분이 아니라고 하고 더구나 이 사건의 경우에는 이미 제소기간이 도과한 경우이므로 그 구제의 길이 막혀 버리게 되므로, 이러한 사태는 법이 상정하지 못한 불합리한 결과를 야기하게 되는 점을 아울러 고려해 보면 이 사건의 경우에는 보충성의 예외로 보아 본안판단을 하여야 할 것이다."라는 취지의 재판관 2인의 반대의견이 있다.

(5) 여론(餘論) : 재판소원금지규정의 위헌여부

재판소원금지규정에 대한 위헌론과 합헌론의 논거를 요약하면 다음과 같다.[254)]

(가) 위헌론

1) 헌법소원제도는 국민의 기본권보장을 주목표로 하기 때문에 법원의 재판에 대한 헌법소원을 부정할 경우, 보충성의 원칙과 관련하여 헌법소원의 대상이 극히 제한될 수밖에 없어 법원에 의해 침해된 국민의 기본권을 보장할 방법이 없다. 즉, 헌법재판과 관련하여 볼 때 "보충성의 원칙"(Subsidiaritätsprinzip)이라는 것은 일반 구제절차를 통하여 사안에 대한 선행의 구제절차를 모두 거친 후에, 최종적으로는 헌법재판소가 마지막 심급의 재판을 대상으로 구제절차를 개시하겠다는 것을 전제하는 것이므로 법원의 재판을 헌법소원의 대상으로 하여야만 가능한 것인데도, 법원의 재판을 통제대상에서 제외시킨 것은 보충성의 원칙의 왜곡을 초래하여 서로 상충·모순되는 것이다. 모든 사법적 구제절차를 경유한 후에도 기본권침해 현상이 완전히 제거되지 않았을 때 제기할 수 있는 것이 헌법소원이라면, 이 경우 사법적 구제절자는 동상 재판절차를 의미하기 때문에 헌법이론적으로 보아도 헌법소원의 대상에 법원의 재판이 당연히 포함되어야 하므로 법 제68조 제1항은 위헌이다.[255)]

2) 법 제68조 1항은 헌법 제111조 제1항 제5호가 규정하는 헌법소원의 대상과 절차를 법률로써 정하도록 한 입법형성권의 한계를 넘어서는 것이다. 즉, 행정권에 의한 기본권침해에 대한 방어수단이 **행정쟁송**제도, 입법권에 의한 기본권침해에 대한 방어수단이 **규범통제**제도라고 한다면, **헌법소원**제도는 사법권에 의한 기본권침해에 대한 방어수단으로 창안된 것이다. 따라서 헌법소원제도의 본질은 사법통제이며, 헌법소원의 제기요건으로 들고 있는 보충성의 원칙도 헌법소원제도가 사법통제를 그 본질로 한다는 것을 전제로 하는 경우에만 요구될 수 있는 것이다. 따라서 헌법소원의 제기요건으로서의 보충성의 원칙을 요구함으로

254) 이부하, "재판소원에 관한 헌법적 조명", 한국헌법판례연구회 2010년 3월 월례발표회 발표문, 2-6면; 이희훈, "헌법재판소법상 재판소원금지규정에 대한 연구", 헌법학연구 제15권 제3호, 한국헌법학회, 2009.9, 437-448면 참조.

255) 김철수, "헌법소원제도의 개선방안", 헌법재판연구 제1권, 헌법재판소, 1990, 548면.

써 다른 법률의 구제절차를 모두 거친 후에만 헌법소원심판청구를 허용하면서, 다른 한편 사법작용을 처음부터 헌법소원의 대상에서 제외시키고 있는 현행 헌법소원제도는 헌법소원제도 자체를 형해화시키고 본래의 헌법소원제도의 유래와 본질을 무시한 것으로서 헌법 제111조 제1항 제5호 및 체계정당성에 정면으로 반한다.[256)]

3) 법원의 재판에 대한 헌법소원을 부정할 경우 헌법 제27조 제1항의 재판청구권을 합리적 이유 없이 과도하게 제한하는 것이다. 즉, 법원의 재판을 헌법소원의 대상에서 제외시킨 것은 헌법소원심판청구권을 부당하게 제한하여 그 본질적 내용을 침해하는 것으로, 헌법 제27조 제1항에 보장된 재판청구권을 합리적 이유 없이 과도하게 침해한 것이다. 따라서 이는 기본권의 본질적 내용 침해금지와 비례의 원칙을 규정한 헌법 제37조 제2항에도 위반된다.[257)]

(나) 합헌론

1) 어떤 국가기관의 행위를 헌법소원의 대상으로 할 것인가는 헌법상 입법정책의 문제이지, 헌법소원제도의 본질로부터 당연히 결론지워지는 것은 아니다. 즉, 법원의 재판에 대한 헌법소원을 명시적으로 배제하고 있는 것은 오스트리아나 스위스, 스페인 등과 같이 헌법소원의 대상을 모든 공권력이 아닌 특정한 유형의 공권력에 국한하는 예들에 비추어 볼 때, 헌법소원제도의 본질에 반하는 것이 아니며 입법정책에 맡겨진 것이다.[258)]

2) 사법권은 대법원을 최고법원으로 하는 법원에 귀속되는데, 법원의 재판에 대한 헌법소원을 인정한다면 헌법재판소가 사법권을 행사하게 되며 이는 결국 대법원의 상위에 제4심을 인정하는 결과가 되어 헌법 제101조 제2항의 취지에

256) 홍성방, "헌법재판소법 제68조 제1항 본문은 위헌이다", 판례월보, 1998.7, 17면.

257) 정연주, "헌법재판소법 제68조 제1항에 대한 한정위헌결정의 문제점", 고시계, 1998.2, 115면.

258) 장영수, "현행 헌법소원제도의 의의, 본질과 헌법소원의 대상", 현대헌법학이론 (우제이명구박사 화갑기념논문집[1]), 1996, 657면; 계희열, "헌법재판과 국가기능 -헌법재판의 기능적 및 제도적(관할권적) 한계를 중심으로-", 한국 헌법재판의 회고와 전망, 헌법재판소, 1998.12, 257면; 한수웅, "헌법재판소법 제68조 제1항의 위헌여부", 헌법논총 제10집, 헌법재판소, 1999, 336면; 김종빈, "헌법소원의 대상", 헌법재판자료 제2집, 헌법재판소, 1989, 216면; 유남석, "재판에 대한 헌법소원금지의 논리 및 정책적 이유", 헌법문제와 재판(상), 사법연수원 법관세미나 자료, 1996, 202면.

반하게 된다. 독일의 경우는 헌법재판소가 사법부 내에 설치되어 있고 헌법재판소가 최상위의 사법기관이기 때문에, 법원의 재판을 심사한다 하더라도 이는 사법기관에 의한 사법기관의 통제로서 하나의 심급에 해당한다. 즉, 독일에서 재판소원을 인정하는 것은 헌법재판소가 사법부 내에 최고법원으로 규정된 데서 유래하는 독일 헌법재판제도의 독특한 현상이다.[259)]

3) 법원의 재판을 헌법소원의 대상으로 할 경우 헌법재판의 몰이해와 소송만능주의로 인한 남소현상으로 헌법재판소의 기능이 마비되고 헌법재판소의 업무부담이 극도로 증대될 것이다.[260)]

4. 기타 적법요건

청구인이 제기한 헌법소원이 본안에 대한 판단을 받으려면 앞에서 본 ①대상적격(공권력의 행사 또는 불행사) 이외에, ②기본권주체성,[261)] ③자기관련성, ④현재성, ⑤직접성, ⑥보충성, ⑦청구기간, ⑧권리보호이익, ⑨변호사강제주의, ⑩일사부재리 등의 요건을 충족하여야 한다.

가. 기본권주체성

(1) "헌법상 보장된" 기본권

헌법소원심판을 청구할 수 있기 위하여는 청구인의 '헌법상 보장된 기본권'이 침해되어야 한다.

---

259) 이강국, "헌법재판소법의 제정에 관하여", 법무자료 제95집, 법무부, 1988, 51면; 장석권, "헌법소원의 대상으로서의 규범통제와 재판통제의 한계", 현대헌법학이론 (우제이명구박사 화갑기념논문집[1]), 박영사, 1996, 682면.

260) 이부하, "헌법재판소의 업무부담경감", 법조 통권 605호, 2007.2, 5면 이하 참조. 독일에서도 1951년부터 2007년까지의 통계를 볼 때 헌법소원이 전체 헌법재판 사건의 96.37%를 차지했는데, 헌법소원의 90% 이상이 재판소원이다. 예컨대 2007년의 경우 6,005건의 헌법소원이 접수되었는데, 그 중 5,613건(93.5%)이 재판소원이었다고 한다. Otto Depenheuer (공진성 번역), *Fluch und Segen der Urteilungsverfassungsbeschwerde* (재판소원의 저주와 축복), 헌법논총 제19집, 헌법재판소, 2008, 822면.

261) 예컨대 청구인이 외국인인 경우에는 "외국인의 기본권주체성"이, 법인이나 단체인 경우에는 "법인(법인아닌 단체)의 기본권주체성"이 문제된다.

(가) 의의

헌법소원은 "헌법상 보장된 기본권의 침해를 받은 자"가 그 침해를 구제받기 위해 헌법재판소에 심판을 청구하는 제도이다. 즉, 법 제68조 제1항에 의한 헌법소원심판은 '헌법상 보장된 기본권'의 침해가 문제되어야 한다.[262)]

여기에서 헌법상 보장된 기본권이 구체적으로 무엇을 의미하는지가 문제된다. 우리 헌법 제2장 국민의 권리와 의무(제10조 내지 제39조) 가운데에서 의무를 제외한 부분이 원칙적으로 기본권에 해당함은 인정할 수 있으나, 그에 한정할 것인지 또는 헌법상의 위 규정들 이외에서도 기본권성을 인정할 수 있는지, 나아가서 헌법의 명문의 규정이 없다 하더라도 인정되는 기본권이 존재하는지, 존재한다면 구체적으로 어떠한 것인지에 대하여는 반드시 명확하다고만은 할 수 없다. 따라서 이 문제는 결국 개별적·구체적인 헌법해석에 의하여 해결하는 수밖에 없으나, 그것에 내재하는 의미를 "헌법에 의하여 직접 보장된 개인의 주관적 공권"이라고 파악할 수 있을 것이다.[263)]

결국 헌법소원에 의해서 보호받을 수 있는 기본권의 범위는 기본권의 보호영역에 의해서 정해지기 때문에 기본권의 보호영역을 파악하는 것이 매우 중요하게 된다.[264)]

(나) 기본권성이 인정된 영역

헌법소원으로 그 침해를 다툴 수 있는 기본권은 "헌법에 의해 직접 보장된" 개인의 주관적 공권만을 의미한다. 여기서 '직접' 보장되었다 함은 헌법에서 명문규정으로 보장된 것만을 의미하는 것이 아니라 헌법에서 도출되는 것도 포함된다.[265)] 이하에서는 우리 헌법상 기본권목록(제10조~제36조)에서 명시적으로 규정한 기본권 이외에 다른 조항으로부터 기본권을 도출한 헌법재판소의 사례를 살펴보기로 한다.

1) 영토권

"대한민국의 영토는 한반도와 그 부속도서로 한다."고 규정한 헌법 제3조의

262) 헌재 2007. 6. 28. 2004헌마643, 공보 129, 755, 758.

263) 헌재 2001. 3. 21. 99헌마139등, 판례집 13-1, 676, 692-693; 헌재 2004. 12. 16. 2002헌마579, 판례집 16-2, 568, 575.

264) 허영, 전게서(2011), 383면 참조.

265) 허영, 전게서(2014), 382면 참조.

영토조항은 우리나라의 공간적인 존립기반을 선언하는 것인바, 영토변경은 우리나라의 공간적인 존립기반에 변동을 가져오고 또한 국가의 법질서에도 변화를 가져옴으로써 필연적으로 국민의 주관적 기본권에도 영향을 미치지 않을 수 없다. 이러한 관점에서 살펴본다면, 국민의 개별적 기본권이 아니라 할지라도 기본권보장의 실질화를 위하여는 영토조항만을 근거로 하여 독자적으로는 헌법소원을 청구할 수는 없다 할지라도, 모든 국가권능의 정당성의 근원인 국민의 기본권 침해에 대한 권리구제를 위하여 그 전제조건으로서 영토에 관한 권리를, 이를테면 "영토권"이라 구성하여 이를 헌법소원의 대상인 기본권의 하나로 간주하는 것은 가능하다.[266] 이와 같은 헌법재판소의 입장에 대하여는, "국가적 권한(영역권)을 토지에 대한 개인의 권리(기본권)와 혼동한 것으로서 올바른 헌법해석이라 할 수 없다."[267]거나, "모든 객관적 헌법조항으로부터 개인의 기본권을 도출할 수 있다는 중대한 법리적 결함을 안고 있다."[268]는 비판이 있다.

2) 정당설립의 자유

정당설립의 자유는 비록 헌법 제8조 제1항 전단에 규정되어 있지만 국민 개인과 정당의 '기본권'이라 할 수 있고, 당연히 이를 근거로 하여 헌법소원심판을 청구할 수 있다.[269]

3) 부모의 분묘를 가꾸고 봉제사를 하고자 하는 권리

이 사건 분묘는 구 '장사 등에 관한 법률'(2000. 1. 12. 법률 제6158호로 전부 개

266) 헌재 2001. 3. 21. 99헌마139등, 판례집 13-1, 676, 694-695. 이 결정에 대하여는 "이 사건 어업협정은 한·일 양국이 해양생물자원의 합리적인 보존·관리 및 최적이용의 중요성을 인식하고, 양국도 당사국인 1982. 12. 10.의 '해양법에 관한 국제연합협약'에 기초하여 양국 간의 어업분야에서의 협력관계를 더욱 발전시킬 것을 희망하여 합의한 것으로서, 양국의 배타적 경제수역에서의 양국의 국민·어선이 어획하는 것에 관한 협정이고(협정 전문 참조), 어업에 관한 사항 외의 국제법상 문제에 관한 각 체약국의 입장을 해하는 것으로 간주되어서는 안 된다(협정 제15조)고 함으로써 이 사건 어업협정은 양국의 영토권과는 아무런 연관관계가 없음이 명백하고, 영토는 국민·주권과 더불어 국가의 구성요소로서 영토권의 주체는 다만 국가일 따름이고, 국민이 국가에 대하여 자국의 영토임을 주장하거나 자국의 영토를 튼실히 지킬 것을 주장한다고 하여, 또는 영토가 국민의 삶과 기본권 향유의 터전이라 하여 국가에게 그 보장을 요구할 수 있는, 국민의 국가에 대한 기본권으로 이해할 수는 없는 것"이라는 재판관 2인의 반대의견(각하의견)이 있다.

267) 권영성, 전게서(2010), 121면.

268) 한수웅, 헌법학, 법문사, 2012, 363면.

269) 헌재 2006. 3. 30. 2004헌마246, 판례집 18-1상, 402, 411.

정된 것) 제17조가 적용되지 아니하여 그 설치기간에 제한이 없으나 이를 이장하여 새로 설치하는 분묘는 새로운 분묘로 취급되어 위 법 부칙 제2조 중 제17조에 관한 부분(이 사건 부칙조항)에 의해 위 법 제17조의 설치기간[270] 제한을 받게 되는바, 이로써 청구인은 부모의 분묘를 가꾸고 봉제사를 하고자 하는 권리를 제한당한다고 할 수 있다. 청구인은 이러한 권리가 헌법 제34조의 사회보장권이라고 하나, 이는 헌법 제10조의 행복추구권의 한 내용으로 봄이 타당하다. 따라서 이 사건에서는 이 사건 부칙조항이 행복추구권의 한 내용으로서 청구인이 부모의 분묘를 가꾸고 봉제사를 하고자 하는 권리를 침해하는지 여부가 문제된다.[271]

4) 변호인의 피구속자를 조력할 권리

헌법 제12조 제4항은 "누구든지 체포 또는 구속을 당한 때에는 즉시 변호인의 조력을 받을 권리를 가진다."라고 규정함으로써 변호인의 조력을 받을 권리를 헌법상의 기본권으로 격상하여 이를 특별히 보호하고 있거니와 변호인의 "조력을 받을" 피구속자의 권리는 피구속자를 "조력할" 변호인의 권리가 보장되지 않으면 유명무실하게 된다. 그러므로 피구속자를 조력할 변호인의 권리 중 그것이 보장되지 않으면 피구속자가 변호인으로부터 조력을 받는다는 것이 유명무실하게 되는 핵심적인 부분은, "조력을 받을 피구속자의 기본권"과 표리의 관계에 있기 때문에 이러한 핵심부분에 관한 변호인의 조력할 권리 역시 헌법상의 기본권으로서 보호되어야 한다.[272]

---

270) 15년, 그 후 일정한 경우 15년씩 3회에 한하여 연장할 수 있다.

271) 헌재 2009. 9. 24. 2007헌마872, 판례집 21-2상, 738, 744. 한편 헌법재판소는, 이전에 헌재 2008. 2. 28. 2005헌바7 결정에서 "청구인들은, 제사주재자가 이 사건 법률조항[민법(1990. 1.13. 법률 제4199호로 개정된 것) 제1008조의3 중 '족보와 제구'를 제외한 나머지 부분]에 의하여 분묘 등이 속한 임야 등 제사용 재산을 단독으로 승계한 후 이를 임의로 처분한다면 청구인들로서는 선조에 대한 봉사(奉祀)의 기회가 박탈되는 결과가 되므로, 이 사건 법률조항이 청구인들의 인간의 존엄과 가치 및 행복추구권을 침해하고 있다고 주장한다. 그러나 청구인들이 주장하는 사유는 제사용 재산을 승계한 자가 이를 처분한 경우에 발생되는 결과에 관한 것으로서, 제사용 재산을 누구에게 귀속시킬 것인가를 정하고 있는 이 사건 법률조항과는 직접적인 관련이 없고, 청구인들이 주장하는 선조의 분묘에 대한 수호·봉사권이 헌법 제10조에서 파생되는 헌법상 권리라고 보기도 어렵다."고 판시한 바 있다.

272) 헌재 2003. 3. 27. 2000헌마474, 판례집 15-1, 282, 288. 한편 헌법재판소는 헌재 1991. 7. 8. 89헌마181 결정에서는, "헌법 제12조 제4항 본문에 의하면 누구든지 체포 또는 구속을 당한 때에는 즉시 변호인의 조력을 받을 권리를 가진다고 규정하였는바, 이와 같은 헌법상의 변호인의 조력을 받을 권리를 실질적으로 보장하기 위한 것이 구속피의자·피

5) 교수의 국립대학총장 후보자 선출권

전통적으로 대학자치는 학문활동을 수행하는 교수들로 구성된 교수회가 누려오는 것이었고 현행법상 국립대학의 장 임명권은 대통령에게 있으나, 1990년대 이후 국립대학에서 총장 후보자에 대한 직접선거 방식이 도입된 이래 거의 대부분 대학구성원들이 추천하는 후보자 중에서 대학의 장을 임명하여 옴으로써 대통령이 대학총장을 임명함에 있어 대학교원들의 의사를 존중하여 온 점을 고려하면, 청구인들에게 대학총장 후보자 선출에 참여할 권리가 있고 이 권리는 대학의 자치(헌법 제22조 제1항)의 본질적인 내용에 포함된다고 할 것이므로 결국 헌법상의 기본권으로 인정할 수 있다.[273)]

6) 기타 헌법상 열거되지 아니한 권리

그 밖에 헌법에 열거되지는 아니하였으나 헌법재판소가 기본권성을 인정한 것으로는 일반적 인격권,[274)] 자기결정권,[275)] 일반적 행동자유권,[276)] 개성의 자유로운 발현권,[277)] 알 권리,[278)] 소비자의 권리,[279)] 휴식권,[280)] 사립학교 운영의 자

고인의 변호인과의 접견교통권이며 따라서 이는 변호인의 조력을 받을 권리의 가장 중요한 내용이 된다고 할 것이다. 그러나 이러한 헌법상의 변호인과의 접견교통권은 위 헌법조항의 문언에 비추어 체포 또는 구속당한 피의자·피고인 자신에만 한정되는 신체적 자유에 관한 기본권이지, 그 규정으로부터 변호인의 구속피의자·피고인의 접견교통권까지 파생된다고 할 수는 없을 것이다. 따라서 변호인 자신의 구속피의자·피고인과의 접견교통권은 헌법상의 권리라고는 말할 수 없으며, 헌법상 보장되는 피의자·피고인의 접견교통권과는 별개의 것으로 단지 형사소송법 제34조에 의하여 비로소 보장되는 권리임에 그친다고 할 것이다."라고 판시한 바 있다. 이러한 입장에 찬성하는 견해로 한수웅, 전게서(2012), 642면.

273) 헌재 2006. 4. 27. 2005헌마1047등, 판례집 18-1상, 601, 613.

274) 헌재 1991. 9. 16. 89헌마165 (정기간행물의등록등에관한법률), 판례집 3, 518, 527; 헌재 2001. 7. 19. 2000헌마546 (유치장내 화장실설치 및 관리행위), 판례집 13-2, 103, 109.

275) 헌재 1990. 9. 10. 89헌마82 (형법상 간통죄), 판례집 2. 306, 310; 헌재 2006. 2. 23. 2005헌마268 (미군기지 평택이전), 판례집 18-1상, 298, 303.

276) 헌재 1992. 4. 14. 90헌바23 (국가보안법 제2조 제2항), 판례집 4, 162, 171; 헌재 1993. 5. 13. 92헌마80 (체육시설의설치·이용에관한법률시행규칙 제5조), 판례집 5-1, 365, 384.

277) 헌재 1991. 6. 3. 89헌마204 (화재로인한재해보상과보험가입에관한법률), 판례집 3, 268, 275-276.

278) 헌재 1989. 9. 4. 88헌마22 (임야조사부열람신청), 판례집 1, 176, 188-189; 헌재 1991. 5. 13. 90헌마133 (기록등사신청), 판례집 3, 234, 245-246.

279) 헌재 1996. 12. 26. 96헌가18 (自道燒酒구입명령제), 판례집 8-2, 680, 691.

280) 헌재 2001. 9. 27. 2000헌마159 (사법시험 일요일시행) : "휴식권은 헌법상 명문의 규정은 없으나 포괄적 기본권인 행복추구권의 한 내용으로 볼 수 있을 것이다."

유,[281] 죽음에 임박한 환자의 '연명치료 중단에 관한 자기결정권',[282] 가족생활의 자유[283] 등이 있다.[284]

헌법재판소는 "헌법에 열거되지 아니한 기본권을 새롭게 인정하려면 ①그 필요성이 특별히 인정되고, ②그 권리내용(보호영역)이 비교적 명확하여 구체적 기본권으로서의 실체 즉 권리내용을 규범 상대방에게 요구할 힘이 있고, ③그 실현이 방해되는 경우 재판에 의하여 그 실현을 보장받을 수 있는 구체적 권리로서의 실질에 부합하여야 할 것이다."라고 하였다.[285]

(다) 기본권성이 부인된 영역

1) 입법권

입법권(헌법 제40조)은 국회의 권한이지 헌법상 보장된 국민의 기본권이라고 할 수 없다.[286]

2) 국회구성권 또는 국회구도결정권

청구인들은 "국회구성권"을 침해받았다고 하나, 국회구성권이라는 기본권은 헌법의 명문규정으로도 해석상으로도 인정할 수 없다. 청구인들은 국민주권주의를 규정한 헌법 제1조 제2항, 국회의 구성에 관한 헌법 제41조 제1항으로부터 국회구성권을 도출해 내고서 여기에는 국회의 정당간의 의석분포를 결정할 권리, 즉 "국회구도결정권"도 포함되는 것으로 논리를 펴고 있다. 그러나 위 조항들에 선거권에 관한 헌법 제24조를 보태어 보더라도 청구인들 주장과 같은 내용의 국회구성권이라는 기본권이 도출된다고는 할 수 없다.[287]

---

281) 헌재 2009. 4. 30. 2005헌바101 (사립학교 임시이사 선임기간), 공보 151, 826, 829-830.

282) 헌재 2009. 11. 26. 2008헌마385 (연명치료중단 입법부작위), 판례집 21-2하, 647, 660.

283) 헌재 2013. 9. 26. 2011헌가42 (독신자의 친양자 입양), 공보 204, 1285, 1289.

284) 이와 같이 헌법재판소가 인정하고 있는 "헌법에 열거되지 아니한" 기본권의 헌법적 근거에 대하여는 논란이 있다. 자세한 내용은 한상희, "헌법에 열거되지 아니한 권리", 공법연구 제27집 제2호, 한국공법학회, 1999.6, 183면 이하; 또한 이덕연, "유치장내 화장실 설치 및 관리행위 위헌확인, 판례평석(헌법재판소 2001.7.19. 결정, 2000헌마546 사건)", 법률신문, 2001.10.8.자, 15면; 김현철, "미국헌법상 근본적 권리와 한국헌법상 열거되지 아니한 자유와 권리의 도출근거", 법학논총 제20집 제2호, 조선대학교 법학연구원, 2013.8, 263면 이하 참조.

285) 헌재 2009. 5. 28. 2007헌마369, 판례집 21-1하, 769, 775; 헌재 2011. 8. 30. 2008헌마477, 공보 179, 1311, 1314.

286) 헌재 1998. 8. 27. 97헌마8등, 판례집 10-2, 439, 442.

3) 재판청구권 관련

가) 상고심재판을 받을 권리

헌법 제27조에서 규정한 재판을 받을 권리에 모든 사건에 대해 상고법원의 구성법관에 의한 상고심 절차에 의한 재판을 받을 권리까지도 포함된다고 단정할 수 없을 것이고, 모든 사건에 대해 획일적으로 상고할 수 있게 하느냐 않느냐는 특단의 사정이 없는 한 입법정책의 문제이다.[288)]

나) 재심청구권

어떤 사유를 재심사유로 하여 재심을 허용할 것인가 하는 것은 입법자가 확정된 판결에 대한 법적안정성, 재판의 신속·적정성, 법원의 업무부담 등을 고려하여 결정하여야 할 입법정책의 문제이며,[289)] 재심청구권도 입법형성권의 행사에 의하여 비로소 창설되는 법률상의 권리일 뿐, 청구인의 주장과 같이 헌법 제27조 제1항, 제37조 제1항에 의하여 직접 발생되는 기본적 인권은 아니다.[290)]

4) 주민투표권, 주민소환권

우리 헌법은 법률이 정하는 바에 따른 '선거권'(헌법 제24조)과 '공무담임권'(헌법 제25조) 및 국가안위에 관한 중요정책(헌법 제72조)[291)]과 헌법개정(제130조)에 대한 '국민투표권'만을 헌법상의 참정권으로 보장하고 있다. 따라서 지방자치법 제13조의2에서 규정한 주민투표권이나 지방자치법 제20조에서 규정한 주민소환청구권은 그 성질상 위에서 본 선거권, 공무담임권, 국민투표권과는 다른 것이어서 이를 법률이 보장하는 참정권이라고 할 수 있을지언정 헌법이 보장하는 기본권 또는 헌법상 제도적으로 보장되는 주관적 공권이라고 할 수는 없다.[292)] 하지만 주민투표권이 헌법상

287) 헌재 1998. 10. 29. 96헌마186, 판례집 10-2, 600, 605. 이 결정에 대한 비판적인 견해로 허영, "국회의원선거와 자유위임 및 정당기속의 한계", 고시계 2000.12, 4-17면; 허영, 전게서(2014), 382-383면 참조.

288) 헌재 1992. 6. 26. 90헌바25, 판례집 4, 343, 350; 헌재 1995. 1. 20. 90헌바1, 판례집 7-1, 1, 11; 헌재 1997. 10. 30. 97헌바37등, 판례집 9-2, 502, 519. 그런데 제1공화국하의 헌법위원회는 대법원의 재판을 받을 권리를 재판청구권의 보호영역으로 인정하였다.(1952.9.9. 4285헌위1; 1952.9.9. 4285헌위2)

289) 헌재 1996. 3. 28. 93헌바27, 판례집 8-1, 179, 187.

290) 헌재 2000. 6. 29. 99헌바66등, 판례집 12-1, 848, 867.

291) 헌재 2005. 11. 24. 2005헌마579등 : "헌법 제72조의 국민투표권은 대통령이 어떠한 정책을 국민투표에 부의한 경우에 비로소 행사가 가능한 기본권이라 할 수 있다"

292) **주민투표권** - 헌재 2001. 6. 28. 2000헌마735, 판례집 13-1, 1431, 1439; 헌재 2005. 12. 22.

기본권이 아닌 법률상의 권리에 해당한다 하더라도 비교집단 상호간에 차별이 존재할 경우에 헌법상의 평등권 심사까지 배제되는 것은 아니다.[293]

[※ 헌법재판소는 종전에, "헌법이 지방자치단체장에 대해서는 '선임방법'이라고 표현함으로써 지방의원의 '선거'와는 구별하고 있으므로,(제118조 제2항) 지방자치단체장 선거권을 헌법상 기본권이라 단정하기는 어렵다. 하지만 지방자치단체장 선거권을 법률상의 권리로 본다[294] 할지라도, 비교집단 상호간에 차별이 존재할 경우에 헌법상 기본권인 평등권 심사까지 배제되는 것은 아니므로,[295] 지방선거권에 대한 제한은 지방의원의 경우이든 지방자치단체장의 경우이든 모두 헌법상의 기본권에 대한 제한에 해당한다."고 하였으나,[296] 헌재 2016. 10. 27. 2014헌마797 결정에서는 "헌법에서 지방자치제를 제도적으로 보장하고 있고, 지방자치

2004헌마530, 공보 111, 154, 155, 판례집 미수록. **주민소환권** - 헌재 2011. 12. 29. 2010헌바368 : "또한 주민소환제 자체는 지방자치의 본질적 내용이라고 할 수 없으므로 이를 보장하지 않는 것이 위헌이라거나 어떤 특정한 내용의 주민소환제를 반드시 보장해야 한다는 헌법적인 요구가 있다고 볼 수 없으므로(헌재 2009.3.26. 2007헌마843, 판례집 21-1상, 651, 667-669 참조), 주민소환제 및 그에 부수하여 법률상 창설되는 주민소환권이 지방자치의 본질적 내용에 해당하여 반드시 헌법적인 보장이 요구되는 제도라고 할 수도 없다. 그리고 헌법 제7조 제1항이 '공무원은 … 국민에 대하여 책임을 진다'라고 규정하고 있기는 하나, 공무원의 파면권을 명문으로 규정한 일본국 헌법 제15조 제1항("공무원을 선정하고 또한 이를 파면하는 것은 국민의 고유한 권리이다.")과 달리 국민에 대한 정치적·윤리적 책임이라고 해석되는 이상, 위 규정이 국민소환권이나 국민의 공무원 파면권의 헌법적 근거가 될 수도 없다. 그렇다고 주민소환권의 권리내용 또는 보호영역이 비교적 명확하여 권리내용을 규범 상대방에게 요구하거나 재판에 의하여 그 실현을 보장받을 수 있는 구체적 권리로서의 실질을 가지고 있다고 할 수도 없으므로, 헌법 제37조 제1항에서 말하는 '헌법에서 열거되지 아니한 기본권'으로 볼 수도 없다(헌재 2009.5. 28. 2007헌마369, 판례집 21-1하, 769, 775; 헌재 2011.8.30. 2008헌마477, 공보 179, 1311, 1314 등 참조). 결국, 주민소환청구권 자체는 헌법상 기본권으로서 보장되는 것은 아니고, 입법에 의하여 형성된 주민소환청구제도에 따라 행사할 수 있는 법률상의 권리에 불과하다."

293) 헌재 2007. 6. 28. 2004헌마643, 공보 129, 755, 759.

294) 이에 동의하는 견해로는 학설로는 허영, 한국헌법론, 박영사, 2010, 552면; 양건, 전게서(2009), 572면; 정종섭, 헌법학원론, 박영사, 2006, 853면. 이에 반하여 헌법상의 권리라는 견해로는 계희열, 헌법학(중), 박영사, 2007, 605-606면; 권영성, 전게서, 597면; 성낙인, 헌법학, 법문사, 2015, 177면; 홍성방, 헌법학(중), 박영사, 2010, 332면.

295) 이에 비하여 법적 불이익이 아닌 사실상의 불이익에 대하여는 평등권 심사가 허용되지 않는다. 헌재 2014. 4. 24. 2011헌마612 : "심판대상조항으로 인한 등록금 인상 가능성이나 기초학문 고사 우려 등 서울대 재학생과 다른 국립대학 학생 간에 있을 수 있는 차별의 효과 내지 차별로 인한 불이익은 법적으로 보호되지 않는 사실상의 불이익에 불과하므로 평등권의 침해가능성이 인정되지 아니한다."

296) 헌재 2007. 6. 28. 2004헌마644등, 공보 129, 763, 773.

는 지방자치단체가 독자적인 자치기구를 설치해서 그 자치단체의 고유사무를 국가기관의 간섭 없이 스스로의 책임 아래 처리하는 것이라는 점에서 지방자치단체의 대표인 단체장은 지방의회의원과 마찬가지로 주민의 자발적 지지에 기초를 둔 선거를 통해 선출되어야 한다. 공직선거 관련법상 지방자치단체의 장 선임방법은 '선거'로 규정되어 왔고, 지방자치단체의 장을 선거로 선출하여 온 우리 지방자치제의 역사에 비추어 볼 때, 지방자치단체의 장에 대한 주민직선제 이외의 다른 선출방법을 허용할 수 없다는 관행과 이에 대한 국민적 인식이 광범위하게 존재한다고 볼 수 있다. 주민자치제를 본질로 하는 민주적 지방자치제도가 안정적으로 뿌리내린 현 시점에서 지방자치단체의 장 선거권을 지방의회의원 선거권, 나아가 국회의원 선거권 및 대통령 선거권과 구별하여 하나는 법률상의 권리로, 나머지는 헌법상의 권리로 이원화하는 것은 허용될 수 없다. 그러므로 지방자치단체의 장 선거권 역시 다른 선거권과 마찬가지로 헌법 제24조에 의해 보호되는 기본권으로 인정하여야 한다."라고 판시하여 지방자치단체장 선거권 자체가 헌법상 기본권임을 명백히 하였다.][297]

5) 평화적 생존권

헌법재판소는 헌재 2006. 2. 23. 2005헌마268 (미군기지 평택이전) 결정에서, "오늘날 전쟁과 테러 혹은 무력행위로부터 자유로워야 하는 것은 인간의 존엄과 가치를 실현하고 행복을 추구하기 위한 기본전제가 되는 것이므로, 달리 이를 보호하는 명시적 기본권이 없다면 헌법 제10조와 제37조 제1항으로부터 '평화적 생존권'이라는 이름으로 이를 보호하는 것이 필요하다. 그 기본내용은 '침략전쟁에 강제되지 않고 평화적 생존을 할 수 있도록 국가에 요청할 수 있는 권리'라고 볼 수 있을 것이다."라고 하여 평화적 생존권의 기본권성을 인정하였으나(전원일치),[298] 헌재 2009. 5. 28. 2007헌마369 (2007년 전시증원연습) 결정에서는

297) 다만, 지방자치단체의 장 선거에서 후보자 등록 마감시간까지 후보자 1인만이 등록한 경우 투표를 실시하지 않고 그 후보자를 당선인으로 결정하도록 하는 공직선거법(2010.1.25. 법률 제9974호로 개정된 것) 제191조 제3항 중 제188조 제2항의 '후보자등록 마감시각에 지역구국회의원 후보자가 1인'이 된 때에 관한 부분을 준용하는 것이 청구인의 선거권을 침해하는지 여부에 대하여는 재판관 8(합헌):1(위헌)의 의견으로 기각(합헌) 결정을 선고하였다.

298) 다만 헌법재판소는 "이 사건 조약들('대한민국과 미합중국 간의 미합중국 군대의 서울지역으로부터의 이전에 관한 협정'과 '대한민국과 미합중국 간의 미합중국 군대의 서울지역으로부터의 이전에 관한 협정의 이행을 위한 합의권고에 관한 합의서' 및 '2002년 3월 29

위 선례를 명시적으로 변경하면서, "청구인들이 평화적 생존권이란 이름으로 주장하고 있는 평화란 헌법의 이념 내지 목적으로서 추상적인 개념에 지나지 아니하고, 개인의 구체적 권리로서 국가에 대하여 침략전쟁에 강제되지 않고 평화적 생존을 할 수 있도록 요청할 수 있는 효력 등을 지닌 것이라고 볼 수 없다. 따라서 평화적 생존권은 헌법상 보장되는 기본권이라고 할 수 없다."고 하여 이를 부인하였다.[299]

6) 통일에 대한 기본권

청구인은 이 사건 법률조항[300]이 국민의 통일에 대한 기본권을 침해하여 헌법상의 통일관련 조항들에 위반된다고 주장하나, 앞서 본 헌법상의 여러 통일관련 조항들[301]은 국가의 통일의무를 선언한 것이기는 하지만 그로부터 국민 개개인의 통일에 대한 기본권, 특히 국가기관에 대하여 통일과 관련된 구체적인 행위를 요구하거나 일정한 행동을 할 수 있는 권리가 도출된다고 볼 수는 없다.[302]

7) 3.1정신

청구인들이 침해받았다고 주장하는 기본권 가운데 "헌법전문에 기재된 3.1정신"은 우리나라 헌법의 연혁적·이념적 기초로서 헌법이나 법률해석에서의 해석기준으로 작용한다고 할 수 있지만, 그에 기하여 곧바로 국민의 개별적 기본권성을 도출해 낼 수는 없다.[303]

8) 지방자치권

청구인들은 '신항'으로 명칭이 결정됨에 따라 경상남도와 진해시의 관할구역에 대한 자치권을 침해받았다고 주장하나, 지방자치권은 지방자치단체 자체에

일 서명된 대한민국과 미합중국 간의 연합토지관리계획협정에 관한 개정협정')은 미군기지의 이전을 위한 것이고, 그 내용만으로는 장차 우리나라가 침략적 전쟁에 휩싸이게 된다는 것을 인정하기 곤란하므로 이 사건에서 평화적 생존권의 침해가능성이 있다고 할 수 없다."고 하였다.

299) 이에 대하여 3인의 재판관은 반대의견에서 위 선례의 입장을 지지하며 기본권성을 인정하였다.

300) 남북교류협력에관한법률(1990.8.1. 법률 제4239호로 제정된 것) 제9조 제3항.

301) 평화통일의 사명을 천명한 헌법 전문이나, 평화통일원칙을 규정한 헌법 제4조, 대통령의 평화통일의무에 관하여 규정한 헌법 제66조 제3항의 규정, 그리고 기타 헌법상의 통일관련조항 등을 말함.

302) 헌재 2000. 7. 20. 98헌바63, 판례집 12-2, 52, 65.

303) 헌재 2001. 3. 21. 99헌마139등, 판례집 13-1, 676, 693.

부여된 것으로서 헌법에 의하여 보장된 개인의 주관적 공권으로 볼 수 없고, 이로써 그 구성원인 주민에게 달리 어떠한 기본권적인 권리가 보장되는 것으로 볼 수도 없다.[304)]

9) 납세자의 권리

헌법상 조세의 효율성과 타당한 사용에 대한 감시는 국회의 주요책무이자 권한으로 규정되어 있어(헌법 제54조, 제61조), 재정지출의 효율성 또는 타당성과 관련된 문제에 대한 국민의 관여는 선거를 통한 간접적이고 보충적인 것에 한정되며, 재정지출의 합리성과 타당성 판단은 재정분야의 전문성을 필요로 하는 정책판단의 영역으로서 사법적으로 심사하는 데에 어려움이 있을 수 있다. 게다가 재정지출에 대한 국민의 직접적 감시권을 기본권으로 인정하게 되면, 재정지출을 수반하는 정부의 모든 행위를 개별 국민이 헌법소원으로 다툴 수 있게 되는 문제가 발생할 수 있다. 따라서 청구인이 주상하는 '재정사용의 합법성과 타당성을 감시하는 납세자의 권리'를 헌법에 열거되지 않은 기본권으로 볼 수 없다.[305)]

10) 육아휴직신청권

헌법 제36조 제1항이 국가에게 자녀양육을 지원할 의무를 부과하고 있고, 이 사건 법률조항[306)]이 규정하고 있는 육아휴직제도의 헌법적 근거를 위 헌법조항에서 찾을 수 있다 하더라도, 그것만으로는 개인에게 국가에 대하여 육아휴직제도의 전면적 시행과 같은 적극적 급부를 요구할 수 있는 청구권을 부여하고 있다거나 국가에게 그에 관한 입법의무를 지우고 있다고는 할 수 없다. 즉, 육아휴직신청권은 헌법 제36조 제1항 등으로부터 개인에게 직접 주어지는 헌법적 차원의 권리라고 볼 수는 없고, 입법자가 입법의 목적, 수혜자의 상황, 국가예산, 전체적인 사회보장수준, 국민정서 등 여러 요소를 고려하여 제정하는 입법에 적용요건, 적용대상, 기간 등 구체적인 사항이 규정될 때 비로소 형성되는 법률상의 권리에 불과하다.[307)]

---

304) 헌재 2006. 8. 31. 2006헌마266, 공보 119, 1259, 1262, 판례집 미수록.

305) 헌재 2005. 11. 24. 2005헌마579등, 판례집 17-2, 481, 522. 同旨, 헌재 2006. 3. 30. 2005헌마598, 판례집 18-1상, 439, 447.

306) 남성 단기복무장교를 육아휴직 허용대상에서 제외하고 있는 구 군인사법(2004.1.20. 법률 제7269호로 개정되고, 2007.12.21. 법률 제8732호로 개정되기 전의 것) 제48조 제3항 본문 제4호 중 '육아휴직' 부분.

307) 헌재 2008. 10. 30. 2005헌마1156, 공보 145, 1516, 1520. 이에 대하여 재판관 2인은, "헌법

11) 국민참여재판을 받을 권리

연방헌법과 수정헌법 규정을 통하여 배심재판을 받을 권리를 헌법상 권리로 보장하고 있는 미국의 경우와 달리 우리 헌법에서는 그와 같은 명문규정이 없고, 단지 헌법 제27조 제1항에서 "모든 국민은 헌법과 법률이 정한 법관에 의하여 법률에 의한 재판을 받을 권리를 가진다."고 규정하고 있다. 위 규정은 "모든 국민은 헌법과 법률이 정한 자격과 절차에 의하여 임명되고(헌법 제101조 제3항, 제104조, 법원조직법 제41조 내지 제43조), 물적독립(헌법 제103조)과 인적독립(헌법 제106조, 법원조직법 제46조)이 보장된 법관에 의하여 합헌적인 법률이 정한 내용과 절차에 따라 재판을 받을 권리를 보장하는 것이고, 여기서 재판이라고 함은 구체적 사건에 관하여 사실의 확정과 그에 대한 법률의 해석적용을 보장한다는 것으로서 결국 법관이 사실을 확정하고 법률을 해석·적용하는 재판을 받을 권리를 보장한다는 것"을 의미한다(헌재 2002. 2. 28. 2001헌가18, 판례집 14-1, 98, 103-104 참조). 따라서 우리 헌법상 헌법과 법률이 정한 법관에 의한 재판을 받을 권리라 함은 직업법관에 의한 재판을 주된 내용으로 하는 것이므로 '국민참여재판을 받을 권리'가 헌법 제27조 제1항에서 규정한 재판을 받을 권리의 보호범위에 속한다고 볼 수 없다.[308]

12) 논리적이고 정제된 법률의 적용을 받을 권리

논리적이지 않고 정제되지 않은 법률조항이라고 하더라도 일반적인 법률해석방법에 따른 해석을 통하여 어느 정도의 비논리성이나 비정제성은 해소될 수도 있는 것이고, 이러한 해석을 통해서도 해소할 수 없는 비논리성이나 비정제성이 있는 법률조항이라면 명확성의 원칙 등 기존의 헌법상 원칙에 의하여 위헌선언이 가능할 것이므로, 이러한 법률조항의 적용을 배제하기 위하여 굳이 청구인들이 주장하는 기본권을 인정할 필요가 있다고 할 수 없다. 그리고 다른 법률

상 보장되는 기본권으로서의 양육권은 다수의견이 설시하고 있는 바와 같이 자유권적 기본권의 성격과 아울러 사회권적 기본권의 성격도 가지고 있고, 육아휴직제도는 양육권의 사회권적 기본권으로서의 측면을 법률로써 구체화한 것이다. 즉, 민간분야에서는 '남녀고용평등과 일·가정 양립 지원에 관한 법률'에서, 공직분야에서는 '국가공무원법 및 지방공무원법'에서, 그리고 군(軍)분야에서는 '군인사법'에서 양육권의 한 내용으로 육아휴직신청권을 부여한 것이므로, 이제 육아휴직신청권은 우리 헌법하에서 사회의 전 분야에서 수용되고 있는 헌법상 보장된 기본권으로서의 지위를 획득하였다고 할 것이다."라며 반대의견을 제시하였다.

308) 헌재 2009. 11. 26. 2008헌바12, 판례집 21-2하, 493, 503.

조항들과 어느 정도로 충돌될 때에 논리성이나 정제성을 부인할 수 있는지의 기준이 명확하지 아니할 뿐만 아니라, 단지 다른 법률조항과의 법률체계상 불합치가 있다고 하여 바로 위헌이라고 할 수는 없는 것이어서 이러한 이유만으로 일반국민이 당해 법률조항의 적용을 배제해 달라고 요구할 힘을 갖는다고 인정하기도 어려우므로, 이러한 권리가 구체적 권리로서 실효적으로 보호받으리라는 가능성도 긍정하기 쉽지 않다. 따라서 헌법 제37조 제1항에 의하여 기본권으로 인정되기 위한 요건을 갖추지 못한 '논리적이고 정제된 법률의 적용을 받을 권리'는 헌법상 보장되는 기본권이라고 할 수 없다.[309)]

13) 어업허가

어업허가제가 어업허가를 받은 어업자에게 일정 수준의 경제적 이윤을 보장하는 기능을 가진다고 하더라도, 그러한 경제적인 이익을 얻을 권리가 기본권으로 보장되는 것이라고 볼 수 없다. 또 이업허가제가 시행되고 허가를 받지 아니한 종류의 연안어업이 금지됨으로써, 허가를 받은 연안어업자가 얻을 수 있는 영업상 이익은 그 자신의 경제적 활동의 결과이고 법률상의 권리로서 보장되는 이익이 아니므로, 그러한 이익이 보장되지 아니한다고 하여 재산권이나 직업의 자유와 같은 기본권에 대한 침해의 문제가 발생한다고 볼 수도 없다.[310)] 따라서 이 사건 시행령조항[311)]이 위 청구인들의 기본권을 침해할 가능성이 있다고 보기 어렵다.[312)]

14) 형사소송법상 소송비용 보상청구권

이 사건 법률조항[313)]이 규정하고 있는 '소송비용'의 보상은 형사사법절차에

309) 헌재 2011. 8. 30. 2008헌마477, 공보 179, 1311, 1314.

310) 그런데 대법원은, "원고들은 허가어업자로서 면허어업권자와 달리 특정 해역을 배타적으로 지배할 수 있는 권리는 없다고 하더라도, 그 어업을 할 수 있는 지위는 재산적으로 보호받을 가치가 있는 것"이라고 판시하였다.{대법원 2012.01.12. 선고 2009다84608,84615, 84622,84639(병합) 판결}.

311) 연안개량안강망어업을 "총톤수 8톤 미만의 동력어선에 의하여 안강망류(주목망을 포함한다)를 사용하여 수산동물을 포획하는 어업"으로 규정한 수산업법 시행령(2010.4.20. 대통령령 제22127호로 개정된 것) 제25조 제1호.

312) 헌재 2011. 11. 24. 2010헌마397, 공보 182, 1884, 1887.

313) 무죄판결이 확정된 피고인에게 국선변호인 보수를 기준으로 비용보상을 하는 형사소송법(2007.6.1. 법률 제8496호로 개정된 것) 제194조의4 제1항 후문의 "변호인이었던 자에 대하여는 국선변호인에 관한 규정을 준용한다." 부분 중 보수에 관한 부분.

내재된 위험에 의해 발생되는 손해를 국가가 보상한다는 취지에서 비롯된 것이다. 그러나 구금되었음을 전제로 하는 헌법 제28조의 형사보상청구권과는 달리 소송비용의 보상을 청구할 수 있는 권리는 헌법적 차원의 권리라고 볼 수는 없고, 입법자가 입법의 목적, 국가의 경제적·사회적·정책적 사정들을 참작하여 제정하는 법률에 적용요건, 적용대상, 범위 등 구체적인 사항이 규정될 때 비로소 형성되는 법률상의 권리에 불과하다.[314]

15) 교수의 단과대학장 선출에 참여할 권리

단과대학은 대학을 구성하는 하나의 조직·기관일 뿐이고, 단과대학장은 '총장의 명을 받아' 단과대학의 교무를 통할하고 소속 교직원을 감독하는 지위를 갖는 자로서 그 지위와 권한 및 중요도에서 대학의 장과 구별된다. 그러므로 단과대학장의 지명권이 있는 대학의 장을 구성원들의 참여에 따라 자율적으로 선출한 이상, 하나의 보직에 불과한 단과대학장의 선출에 다시 한 번 대학교수들이 참여할 권리가 대학의 자율성에서 당연히 도출된다고 보기는 어렵다.[315]

(2) 기본권의 "침해"

기본권의 침해란 "공권력주체가 기본권규범에 의해서 보장된 기본권의 내용 내지 보호영역에 대해 가하는 제한"[316]이라거나, "공권력의 행사 또는 불행사로 인해서 자유의 제한, 의무의 부과, 권리 또는 법적 지위의 박탈이 생긴 경우"[317] 라고 정의할 수 있다.

---

314) 헌재 2012. 3. 29. 2011헌바19, 공보 186, 648, 650. [다만 헌법재판소는 "형사소송의 비용보상과 민사소송의 소송비용 산입에 있어서 피고인 또는 당사자가 실제로 지급한 변호인 또는 변호사보수 전액이 비용으로 인정되지는 않으므로, 양 제도는 모두 비용에 산입할 변호인 또는 변호사 보수를 산정하기 위해 일정한 기준이 필요하다. 이 사건 법률조항은 국선변호인 보수를 기준으로 이를 산정하는 데 비해, 민사소송에서는 당사자가 보수계약에 의하여 지급한 또는 지급할 보수액의 범위 내에서 각 심급단위로 소송목적의 값에 별표(별지 참조)의 일정한 비율을 곱하여 산정하므로(변호사보수의 소송비용산입에 관한 규칙 제3조 제1항) 그 기준을 달리하고 있어 차별취급이 존재한다."는 이유로 평등원칙 위배 여부를 심사한 끝에 합헌결정을 선고하였다(전원일치).]

315) 헌재 2014. 1. 28. 2011헌마239, 공보 208, 327, 329.

316) 실무제요(2008), 234면.

317) 헌재 1992. 11. 12. 91헌마192, 판례집 4, 813; 헌재 1993. 3. 11. 91헌마233, 판례집 5-1, 104; 헌재 1995. 7. 21. 94헌마191, 판례집 7-2, 195 등. 허영, 전게서(2014), 383면.

(가) 의의

1) 법 제68조 제1항 본문은 "공권력의 행사 또는 불행사로 인하여 헌법상 보장된 기본권을 침해받은 자는 … 헌법재판소에 헌법소원심판을 청구할 수 있다."고 규정하고 있는바, 이는 공권력의 행사 또는 불행사로 인하여 헌법상 보장된 자신의 기본권을 현재 직접적으로 침해당한 자만이 헌법소원심판을 청구할 수 있다는 뜻이므로, 공권력의 행사로 인하여 헌법소원을 청구하고자 하는 자의 법적 지위에 아무런 영향이 미치지 않는다면 애당초 기본권침해의 가능성이나 위험성이 없으므로 그 공권력의 행사를 대상으로 헌법소원을 청구하는 것은 허용되지 아니한다.[318]

즉, 법 제68조 제1항에 의한 헌법소원심판을 청구하기 위해서는 "공권력의 행사 또는 불행사로 인한 **기본권침해의 가능성**"이 있어야 한다. 따라서 헌법소원의 심판대상인 "공권력의 행사"는 국민의 권리와 의무에 대하여 직접적인 법률효과를 발생시켜야 하고 청구인의 법적 지위를 그에게 불리하게 변화시키기에 적합해야 한다. 공권력의 행사가 법률효과를 발생시키지 않는다면 청구인에게 어떠한 부담이 가해졌다고 평가할 수 없고, 따라서 청구인은 기본권의 침해를 주장할 수 없다.[319]

사례

⊙ 헌재 2011. 4. 28. 2010헌마602 : 이 사건 심판대상규칙[320]은 간행물을 판매하는 자로 하여금 판매가의 10퍼센트 이하의 범위 내에서 경제상의 이익을 제공할 수 있도록 허용하는 것이고, 판매가의 10퍼센트 이내의 경제상 이익을 제공할 것인지 여부도 판매업자의 자유에 맡겨져 있다. 따라서 이 사건 심판대상 규칙은 간행물 판매자의 영업의 자유를 제한하는 것이 아니라, 오히려 도서정가제의 적용으로 비롯되는 유통단계의 경쟁의 자유의 제한을 완화하고 간행물 판매자의 영업의 자유를 일부 회복시켜 보장하는 것이라고 할 수 있다. 이 사건 심판대상 규칙은 간행물을 판매하는 청구인의 자유를 제한하거나 의무를 부과하거나 기타 기본권을 침해하는 내용을 포

318) 헌재 1999. 5. 27. 97헌마368, 판례집 11-1, 667, 671; 헌재 1999. 6. 24. 97헌마315, 판례집 11-1, 802, 817; 헌재 2001. 9. 27. 2000헌마260, 판례집 13-2, 415, 419.

319) 헌재 2002. 3. 28. 2001헌마271, 공보 67, 322, 324, 판례집 미수록.

320) 간행물을 판매하는 자로 하여금 실제로 판매한 간행물 가격의 10퍼센트까지 소비자에게 경제상 이익을 제공할 수 있도록 규정한 '출판문화산업진흥법 시행규칙'(2010.6.21. 문화체육관광부령 제61호로 개정된 것) 제9조의2 제1항 중 '판매가의 10퍼센트 이하의 경제상의 이익을 제공할 수 있도록 허용하는 부분'

함하고 있지 않다.

⊙ 헌재 2016. 9. 29. 2013헌마821 : 이 사건 시행규칙조항[321]은 화재조사전담부서의 장이 소속 소방공무원 가운데 12주 이상의 전문교육을 이수한 자로서 국민안전처 장관이 실시하는 화재조사에 관한 시험에 합격한 자로 하여금 화재조사를 실시하게 하여야 한다고 규정하고 있는바, 이는 소방관서에 설치된 화재조사전담부서 내부에서 그 소속 공무원의 직무능력의 인증 등에 관하여 규정한 조직규범으로서 일반 국민을 수범자로 하지 아니하고, 따라서 이로 인하여 소속 공무원이 아닌 청구인의 헌법상 기본권이 침해될 가능성이 인정되지 아니한다.

---

2) 여기서 유의할 것은 적법요건으로서 법 제68조 제1항의 "헌법상 보장된 기본권을 침해받은 자"는 "헌법상 보장된 기본권을 침해받았다고 주장하는 자"로 해석하여야 하며, 헌법소원청구인은 자신의 기본권에 대한 공권력주체의 제한행위가 위헌적인 것임을 어느 정도 구체적으로 주장하여야 한다.

그러므로 소원청구인이 기본권침해의 가능성을 확인할 수 있을 정도의 구체적 주장을 하지 않고 막연한 주장만을 하는 경우에는 그 소원청구는 부적법한 것이 된다.[322] 예컨대, 청구인은 기본권침해의 원인이 되는 공권력의 행사가 무엇인지, 그로 인하여 청구인의 기본권이 어떻게 침해된다는 것인지에 대한 구체적이고 명확한 주장을 하지 않고 있을 뿐만 아니라, 헌법소원을 청구하게 된 경위, 청구의 취지와 원인을 알 수 없을 정도로 사리에 부합하지 않는 주장만을 하고 있을 뿐이라면 그 심판청구는 더 나아가 살필 필요 없이 부적법하다.[323]

3) 한편, 형벌·행정처분 등 금지위반 또는 의무불이행에 대한 제재는 금지 또는 의무규범의 실효성을 확보하기 위한 수단일 뿐이므로, 이러한 제재수단이 없다고 하여 그 법규범을 선언적이거나 권고적인 규정이라고 단정할 것은 아니다. 즉, 법규범의 성격이 행위의 금지 또는 의무이행을 요구하는 것이고, 그 금지 또는 이행을 강제할 간접적이고 사실적인 수단이 존재하는 경우에는 위 법

---

321) 화재조사전담부서의 장은 소속 소방공무원 가운데 화재조사에 관한 시험에 합격한 자로 하여금 화재조사를 실시하도록 하여야 한다고 규정한 소방기본법 시행규칙(2014.11.19. 총리령 제1105호로 개정된 것) 제12조 제3항 중 '소방공무원 가운데' 부분.

322) 헌재 2005. 2. 3. 2003헌마544등, 판례집 17-1, 133, 142-143; 헌재 2003. 12. 18. 2002헌바91등, 판례집 15-2하, 530, 546.

323) 헌재(제2지정재판부) 2007. 1. 16. 2006헌마1458, 공보·판례집 미수록.

규범은 구속력 있는 규범으로서 국민의 기본권을 제한하거나 침해할 가능성이 있다.[324)]

사례

⊙ 헌재 2006. 6. 29. 2005헌마165등 : 신문법 제3조 제3항은 청구인들과 같은 신문사업자로 하여금 동법이 정하는 바에 따라 편집인의 자율적인 편집을 보장하도록 규정하고 있다. 그런데, 이 조항이 편집인 또는 기자들에게 독점적으로 '편집권'이라는 법적 권리를 부여하였다거나 신문편집의 주체가 편집인 또는 기자들이라는 것을 명시한 것으로 볼 수 없을 뿐만 아니라, 이 조항 위반에 대한 제재규정도 없다. 그러므로 이 조항은 기본적으로 선언적인 규정으로서 이와 같은 조항 자체에 의하여서는 기본권침해의 가능성 내지 직접성을 인정할 수 없다(헌재 1998. 10. 15. 96헌바77, 판례집 10-2, 573, 585 참조).

⊙ 헌재 2008. 10. 30. 2006헌마1401등 : **행정지도**는 일반적으로 '행정주체가 소관 사무에 관하여 행정객체의 임의적 의사에 따른 협력을 기대하고 행정목적달성을 위해 행하는 비권력적인 사실행위'를 말하지만, 실제로는 행정지도의 주체인 국세청장이 세무조사 등 행정권을 행사할 수 있는 지위에 있다 보니, 행정객체인 청구인들로서는 사실상 그러한 행정지도에 따르지 않을 수 없게 된다. 결국 이 사건 법령조항[325)]에 따른 소득공제증빙서류 제출의무의 불이행에 대하여 명시적이고 직접적인 형사상 또는 행정상 제재수단은 없지만, 그 불이행에 대하여 앞서 본 바와 같은 간접적이고 사실적인 강제수단이 존재하는 점에 비추어 볼 때, 이 사건 법령조항은 청구인들의 기본권을 제한 또는 침해할 가능성이 있다.

(나) 평등권침해를 주장하는 경우

1) 평등권의 기능

평등권은 단순히 차별대우의 금지라는 소극적 의미만을 갖는 것이 아니고, 모든 생활영역에서 국민에게 기회균등을 보장해 주는 적극적 의미도 함께 포함하고 있다.[326)] 우리 헌법재판소도 "헌법은 그 전문에서 '정치·경제·사회·문화의 모든 영역에 있어서 각인의 기회를 균등히 하고' 라고 규정하고, 제11조 제1항에

---

324) 헌재 2008. 10. 30. 2006헌마1401등, 공보 145, 1566, 1572.

325) 소득세법 제165조 제1항 중 「조세특례제한법」을 제외한 부분과, 소득세법 제165조 제4항, 소득세법 시행령 제216조의3 제1항 제3호 본문, 제2항.

326) 허영, "평등권", 고시계, 1987.9, 77면.

'모든 국민은 법앞에 평등하다'고 규정하여 기회균등 또는 평등의 원칙을 선언하고 있다."고 판시함으로써,[327] 평등원칙(평등권)은 곧 기회의 균등을 보장하는 것으로 평가하고 있다.

따라서 헌법상 보장된 기본권이 아닌 단순한 법률상의 권리라도 이의 차별대우에 대하여는 평등권위반을 주장하여 헌법심사의 영역으로 포섭할 수 있다. 예컨대, 앞에서 본 바와 같이 주민투표권이 헌법상 기본권이 아닌 법률상의 권리에 해당한다 하더라도, 비교집단 상호간에 차별이 존재할 경우에 헌법상의 평등권 심사까지 배제되는 것은 아니다.[328]

2) 수혜적 법률과 기본권침해성

국민의 기본권을 제한하고 부담을 부과하는 소위 '침해적 법률'의 경우에는 규범의 수범자가 당사자로서 자신의 기본권침해를 주장하게 되지만, '수혜적 법률'의 경우에는 반대로 수혜범위에서 제외된 자가 그 법률에 의하여 평등권이 침해되었다고 주장하는 당사자에 해당되고, 당해 법률에 대한 위헌 또는 헌법불합치 결정에 따라 수혜집단과의 관계에서 평등권침해 상태가 회복될 가능성이 있다면 기본권 침해성이 인정된다.[329]

사례

⊙ 헌재 2012. 8. 23. 2010헌마328 : 이 사건 제대군인지원법 제16조 제3항은 "취업보호실시기관은 (…) 제대군인의 군 복무기간을 근무경력에 포함할 수 있다."고 하고, 공무원연금법 제23조 제3항은 "공무원으로 임용되기 전의 (…) 복무기간은 본인이 원하는 바에 따라 (…) 재직기간에 산입할 수 있다."고 규정하고 있는바, 위 조항들은 그 적용대상자에 대해 일정한 혜택을 부여하는 내용을 가진 것인 한편 그 혜택을 부여"할 수 있다"라는 형식을 취함으로써, 위 조항들로 말미암아 청구인의 기본권이 확정적으로 제한되는 결과가 발생하지는 아니한다. 그러나 군 복무기간이 공무원 재직기간으로 산입되는 혜택은 이 사건 심판대상조항들이 설정한 범위 내에서만 부여될 수 있는 것이므로 자신이 그 범위에서 제외된 점을 다투고 있는 청구인의 경우에는 이 사건 심판대상 조항들에 의한 기본권침해 가능성이 인정

---

327) 헌재 1989. 1. 25. 88헌가7, 판례집 1, 1, 2.

328) 헌재 2007. 6. 28. 2004헌마643, 공보 129, 755, 759.

329) 사례에 따라서는 후술(이 章의 4. 다. (2) (다)의 2))하는 바와 같이, 이 부분을 기본권침해의 "자기관련성"으로 판시하는 경우도 있다. 예컨대, 헌재 2013. 12. 26. 2010헌마789, 공보 207, 133, 136 참조.

된다.[330]

---

3) '진정' 입법부작위와 평등권침해 주장

헌법 제11조 제1항의 평등원칙은 입법자에게 헌법적으로 구체적인 입법의무를 부과하는 것은 아니며 입법자가 평등원칙에 반하는 입법을 하게 되면 이로써 피해를 입은 자는 당해 법률조항을 대상으로 평등원칙의 위반여부를 다툴 수 있다는 것이 우리 재판소의 판례이므로,[331] '진정'입법부작위 헌법소원에서 평등권침해 주장은 이유가 없어 부적법하다.[332]

(다) 헌법원리 내지 헌법원칙 위반을 주장하는 경우

기본권 침해의 가능성이 없이 단순히 일반 헌법규정이나 헌법원칙에 위반된다는 주장은 기본권침해에 대한 구제라는 헌법소원의 적법요건을 충족시키지 못한다.[333]

1) 입법절차의 하자

어떤 법률의 입법절차가 헌법이나 국회법에 위반된다고 하더라도, 그와 같은 사유만으로는 그 법률로 인하여 청구인들이 현재·직접적으로 기본권을 침해받은 것으로 볼 수는 없다. 따라서 청구인들은 법률의 실체적 내용으로 인하여 현재·직접적으로 기본권을 침해받은 경우에 헌법소원심판을 청구하거나, 그 법률이 구체적 소송사건에서 재판의 전제가 된 경우에 위헌여부심판의 제청신청을

---

330) 헌법재판소는 나아가, "이 사건 공무원연금법 제23조 제3항은 수권조항으로서 하위법령인 공무원연금법 시행령 제16조의2와 서로 불가분의 관계를 이루면서 전체적으로 하나의 규율 내용을 형성하고 있는 경우라고 할 수 있어, 수권조항과 시행령조항 모두에 대해 기본권 침해의 직접성을 인정할 수 있다 할 것이므로, 공무원연금법 제23조 제3항에 대한 심판청구는 **직접성** 요건을 충족한다."고 판시하였다.

331) 헌재 1996. 11. 28. 93헌마258, 판례집 8-2, 636, 644.

332) 헌재 2003. 5. 15. 2000헌마192등, 판례집 15-1, 551, 559-561; 헌재(제3지정재판부) 2006. 1. 17. 2005헌마1214, 공보 112, 216, 217, 판례집 미수록.

333) 헌재 2006. 2. 23. 2005헌마268, 판례집 18-1상, 298, 304. 同旨, 헌재 1995. 2. 23. 90헌마125, 판례집 7-1, 238, 243; 헌재 1998. 10. 29. 96헌마186, 판례집 10-2, 600, 606. 다만, **헌법의 기본원리**는 헌법의 이념적 기초인 동시에 헌법을 지배하는 지도원리로서 입법이나 정책결정의 방향을 제시하며 공무원을 비롯한 모든 국민·국가기관이 헌법을 존중하고 수호하도록 하는 지침이며, 구체적 기본권을 도출하는 근거로 될 수 없으나 기본권의 해석 및 기본권 제한입법의 합헌성 심사에 있어 해석기준의 하나로서 작용한다.(헌재 1996.4.25. 92헌바47 판례집 8-1, 370, 380)

하여 그 심판절차에서 입법절차에 하자가 있음을 이유로 그 법률이 위헌임을 주장하는 것은 별론으로 하고, 단순히 입법절차의 하자로 인하여 기본권을 현재·직접적으로 침해받았다고 주장하여 헌법소원심판을 청구할 수는 없다.[334)]

2) 국민주권주의 또는 법치주의

헌법소원심판 과정에서 공권력의 행사 또는 불행사가 위헌인지 여부를 판단함에 있어서 국민주권주의, 법치주의, 적법절차의 원리 등 헌법의 기본원리 위배여부를 그 기준으로 적용할 수는 있으나, 공권력의 행사 또는 불행사로 헌법의 기본원리가 훼손되었다고 하여 그 점만으로 국민의 기본권이 직접 현실적으로 침해된 것이라고 할 수는 없고 또한 공권력행사가 헌법의 기본원리에 위반된다는 주장만으로 헌법상 보장된 기본권의 주체가 아닌 자가 헌법소원을 청구할 수도 없는 것이므로, 설사 국회의장의 불법적인 의안처리행위로 헌법의 기본원리가 훼손되었다고 하더라도 그로 인하여 헌법상 보장된 구체적 기본권을 침해당한 바 없는 국회의원인 청구인들에게 헌법소원심판청구가 허용된다고 할 수는 없다.[335)]

3) 적법절차원칙 또는 권력분립원칙

모든 국가작용의 합리성과 정당성을 갖춘 적정한 것인지를 판단하기 위한 일반적인 헌법원칙의 하나인 적법절차원칙이나, 국회와 대통령의 권한의 분배로서 조약의 국회동의 및 대통령의 비준을 규정한 헌법 제60조 제1항과 제73조 또는 권력분립원칙이, 그 자체로 청구인들에게 어떠한 주관적인 권리를 보장한다고 보기는 어렵다. 따라서 위 주장 자체로 청구인들의 주관적인 권리가 침해된다고 볼 수 없다.[336)]

4) 포괄위임입법금지원칙

일반적인 헌법원칙의 하나인 포괄위임입법금지원칙을 규정한 헌법 제75조와 그 근거가 되는 의회입법원칙이나 법치주의가 그 자체로 청구인들에게 어떠한 주관적인 권리를 보장한다고 보기는 어렵고, 따라서 청구인들의 주관적인 권리가 침해된다고 볼 수 없다.[337)]

334) 헌재 1998. 8. 27. 97헌마8등, 판례집 10-2, 439, 442.
335) 헌재 1995. 2. 23. 90헌마125, 판례집 7-1, 238, 243.
336) 헌재 2004. 12. 16. 2002헌마579, 판례집 16-2하, 568, 576.

5) 신뢰보호의 원칙 등

청구인은 이 사건 심판대상규정[338]이 신뢰보호의 원칙, 소급효금지의 원칙, 위임입법금지의 원칙에 위반된다고 주장하나, 헌법소원에 있어서 헌법상의 원리나 헌법상 보장된 제도의 내용이 침해되었다는 사정만으로 바로 청구인의 기본권이 직접 현실적으로 침해된 것이라고 할 수 없다.[339]

6) 경제질서 조항

청구인들은 이 사건 법률조항[340]이 국가 또는 지방자치단체의 산림사업을 대행하게 하거나 또는 위탁함에 있어 산림조합에게 독점적 지위를 보장하고 민간기업인 청구인들의 영업활동을 제한하여 헌법 제119조와 제126조에 위반된다고 주장한다. 그러나 헌법 제119조 제1항은 대한민국의 경제질서에 관하여, 제2항은 경제에 관한 국가의 규제와 조정에 관하여 규정한 조항이고, 헌법 제126조는 사영기업의 국·공유화에 대한 제한을 규정한 조항으로서 경제질서에 관한 헌법상의 원리나 제도를 규정한 조항들인바, 법 제68조 제1항에 의한 헌법소원에 있어서 헌법상의 원리나 헌법상 보장된 제도의 내용이 침해되었다는 사정만으로 바로 청구인의 기본권이 직접 현실적으로 침해된 것이라고 할 수 없다.[341]

7) 교육의 자주성, 전문성, 정치적 중립성

청구인들은 심판대상조항[342]이 헌법 제31조 제4항 소정의 교육의 자주성·전문성·정치적 중립성에 반한다고 주장하는바, 청구인들의 위와 같은 주장은 심판대상조항이 교육제도가 추구하여야 할 정신이나 이념을 훼손하고 있다는 주장으

---

337) 헌재 2006. 8. 31. 2006헌마266, 공보 119, 1259, 1262, 판례집 미수록.

338) 공무원임용시험령(2004.12.30. 대통령령 제18617호로 개정된 것) 제42조 제1항 중 '시험요구일 현재'와 '승진임용이 제한되거나' 부분.

339) 헌재 2007. 6. 28. 2005헌마1179, 공보 129, 787, 790, 판례집 미수록.

340) '산림자원의 조성 및 관리에 관한 법률'(2005.8.4. 법률 제7678호로 제정된 것) 제23조 제1항.

341) 헌재 2008. 7. 31. 2006헌마400, 공보 142, 1126, 1132. 나아가 헌법재판소는, "헌법 제119조 소정의 경제질서는 독자적인 위헌심사의 기준이 된다기보다는 관련(경제적) 기본권에 대한 법치국가적 위헌심사기준, 즉 과잉금지원칙 내지는 비례의 원칙에 흡수되는 것"이라고 하였다.{헌재 2002.10.31. 99헌바76등 (의료기관강제지정제-직업의 자유), 판례집 14-2, 410, 428; 헌재 2006.12.28. 2004헌바67 (전교조교섭상대-결사의 자유), 판례집 18-2, 565, 575 참조}

342) 교육감을 주민의 선거에 따라 선출한다고 규정한 '지방교육자치에 관한 법률'(2010. 2.26. 법률 제10046호로 개정된 것) 제43조.

로서 기본권침해에 관한 주장이라고 볼 수 없다. 따라서 이 부분에 대한 주장과 관련하여서도 기본권침해가능성을 인정하기 어렵다.[343]

(라) 기본권침해가 없는 경우에도 인용결정을 한 사례

위에서 본 바와 같이 헌법소원심판은 원칙적으로 기본권침해가 있는 경우에 이를 구제하기 위한 절차이다. 즉, 헌법원칙은 객관적 규범으로서 주관적 공권인 기본권과 구별되므로, 헌법원칙의 위반은 기본권침해를 요구하는 법 제68조 제1항이 정한 헌법소원청구의 사유가 될 수 없다.[344] 그런데 헌법재판소의 결정례 중에는 청구인이 주장하는 기본권침해를 부인하면서도 객관적인 헌법원리의 침해를 이유로 인용결정을 한 사례가 있다.

1) 객관적 권한규범의 침해

헌법재판소는 1997. 12. 24. 선고한 96헌마172등 '재판소원금지' 사건에서, "법 제68조 제1항은 국민의 기본권(평등권 및 재판청구권)의 관점에서는 입법형성권의 헌법적 한계를 넘는 위헌적인 법률조항이라고 할 수 없다."고 하면서도, "법 제68조 제1항의 '법원의 재판'에 헌법재판소가 위헌으로 결정하여 그 효력을 상실한 법률을 적용함으로써 국민의 기본권을 침해하는 재판도 포함되는 것으로 해석하는 한도 내에서, 법 제68조 제1항은 헌법에 위반된다. (…) 따라서 법 제68조 제1항이 비록 청구인이 주장하는 기본권을 침해하지는 않지만, 헌법 제107조 및 제111조에 규정된 헌법재판소의 권한규범에 부분적으로 위반되는 위헌적인 규정이므로, 이 사건 헌법소원은 위에서 밝힌 이유에 따라 한정적으로 인용될 수 있는 것이다."라고 판시함으로써, 헌법상 기본권침해가 없는 경우에도 객관적 헌법규범의 침해나 헌법의 기본원리 또는 헌법상 보장된 제도의 본질이 훼손되었음을 주장하는 경우에도 그 헌법소원의 적법성을 인정할 수 있다는 입장을 보였다.[345] 그러나 이 결정에서는 청구인의 기본권침해가 인정된다고 보았어야 할

343) 헌재 2015. 11. 26. 2014헌마662, 판례집 27-2하, 382, 388.

344) 장석조, "헌법과 민사소송법", 민사소송, 한국민사소송법학회, 2005, 60면.

345) 다만 헌법재판소는, 동 사건의 또 다른 심판대상이었던 대법원판결은 헌법재판소가 이미 한정위헌결정을 선고함으로써 이미 부분적으로 그 효력이 상실된 법률조항(구 소득세법 제23조 제4항 단서 등)을 적용한 것으로서 위헌결정의 기속력에 반하는 재판임이 분명하므로 이에 대한 헌법소원은 허용되고, 또한 동 판결로 말미암아 청구인의 헌법상 보장된 기본권인 "재산권"이 침해되었다 하여 법 제75조 제3항에 따라 동 판결을 취소하였다.

것이다.[346)]

한편, 헌법재판소는 5년 후에 법 제75조 제7항, 대법원판결 및 법 제68조 제1항을 대상으로 한 비슷한 사례에서, "법 제75조 제7항은 '법 제68조 제2항의 규정에 의한 헌법소원이 인용된 경우에 당해 헌법소원과 관련된 소송사건이 이미 확정된 경우에는 당사자는 재심을 청구할 수 있다'고 규정함으로써 소송당사자가 재심을 청구할 권리를 부여하고 있다. 위 법규정이 '헌법소원이 인용된 경우' 소송당사자에게 재심을 허용하고 있고, 여기서 '인용된 경우'란 헌법재판소가 법원이 적용한 법률에 대하여 위헌성을 확인한 모든 경우에 해당함에도, 대법원이 이 사건 판결에서 위 법규정의 의미를 오해하여 '인용결정'에 한정위헌결정이 포함되지 않는 것으로 자의적으로 해석함으로써 재심사유를 부인한 것은 소송당사자의 '재판청구권을 침해'하는 것이다."라고 판시하였다.[347)] 이 결정의 태도가 옳다고 본다.

2) 신뢰보호원칙 및 평등원칙 위배

기존 특허청 경력공무원 중 일부에게만 구법규정을 적용하여 변리사자격이 부여되도록 규정한 변리사법(2000. 1. 28. 법률 제6225호로 개정된 것) 부칙 제3항이 청구인들의 직업선택의 자유를 침해하고 신뢰보호원칙 및 평등원칙에 위배된다고 주장하는 헌법소원에서, 헌법재판소는 위 조항에 대하여 신뢰보호원칙 및 평등원칙을 심사기준으로 판단한 끝에 동 원칙들에 위배된다는 이유로 헌법불합치결정을 선고하였다.[348)] 이 결정에서는 신뢰보호 위반을 주요한 위헌이유로 삼았는데, 직업선택의 자유 등 기본권침해를 동반하지 아니한 신뢰보호"원칙" 위반을 이유로 위헌판단을 하였다는 점에서 위 96헌마172등 사건과 같은 맥락이라고 할 것이다.

다만, 이 결정에서는 평등원칙 위반도 선언되었는데, 평등원칙은 "평등권"으로 치환될 수 있다는 점에서 위 96헌마172등 사건과는 조금 다른 면이 있다. 그러나 위 심판대상조항(변리사법조항)은 수혜조항이 아니라 기본권의 제한조항인 측면이 강했다는 점에서 "신뢰보호의 원칙을 위배하여 기본권(직업선택의 자유)을

346) 同旨, 정종섭(2010), 651면.

347) 헌재 2003. 4. 24. 2001헌마386, 판례집 15-1, 443, 464. 다만 이 사건은 청구인들의 심판청구 취하로 '심판절차종료선언'의 주문이 선고되었다.

348) 헌재 2001. 9. 27. 2000헌마208등, 판례집 13-2, 363.

침해하였다."는 판단구조로 가는 것이 옳았다고 본다.

그 후 헌법재판소는 헌재 2009. 9. 24. 2007헌마872 결정에서 "이 사건 부칙조항[349]은 그로 인하여 침해되는 신뢰이익의 보호가치, 침해의 방법과 정도, 실현하고자 하는 공익목적 등을 종합적으로 비교·형량할 때, 헌법상의 신뢰보호원칙을 위반하여 청구인이 부모의 분묘를 가꾸고 봉제사를 하고자 하는 행복추구권을 침해한다고 볼 수 없다."고 판시하였고, 헌재 2012. 4. 24. 2010헌마649 결정에서도 "이 사건 부칙조항[350]은 이 사건 개정규칙조항의 시행일을 2010. 1. 1.로 하고, 2010. 1. 1. 이후 시행되는 국가기술자격 검정에 응시하는 자부터 적용하도록 함으로써 청구인은 필기시험 면제의 혜택을 받지 못하게 되었다. 그러므로 청구인에 대한 필기시험 면제의 혜택을 2010년부터 배제하는 이 사건 부칙조항이 헌법상 신뢰보호원칙에 위배되어 청구인의 직업선택의 자유를 침해하는지 여부가 문제된다."고 판시하였으며, 헌재 2012. 11. 29. 2011헌마786등 결정에서도 "청구인들은 이 사건 심판대상 조항[351]으로 인하여 판사라는 공직의 취임에 제한을 받게 된다. 그런데 법원조직법이 종전에는 사법연수원 수료만으로 판사임용자격을 부여하였던 것을 판사임용에 단계적으로 3년, 5년, 7년, 10년 이상의 법조경력을 요하는 것으로 개정하면서, 이 사건 심판대상 조항에 청구인들과 같이 법 개정 당시 이미 사법연수원에 입소한 사람들에 대한 경과조치를 두지 아니한 것이 종전 규정에 대한 청구인들의 신뢰를 침해하는지가 문제된다. 따라서 이 사건의 쟁점은 이 사건 심판대상 조항이 신뢰보호원칙에 반하여 청구인들의 공무담임권을 침해하는지 여부이다."라고 판시하였다.[352]

---

349) 분묘의 설치기간을 제한하는 규정을 신설하면서 이를 당해 조항의 시행 후 최초로 설치되는 분묘부터 적용하도록 한 구 '장사 등에 관한 법률'(2000.1.12. 법률 제6158호로 전부 개정된 것) 부칙 제2조 중 제17조에 관한 부분.

350) 구 국가기술자격법 시행규칙(2008.11.26. 노동부령 제311호로 개정되고, 2010.12.13. 고용노동부령 제11호로 개정되기 전의 것) 부칙 제1조 제2항의 "별표 12의 개정규정" 부분과 같은 부칙 제2조.

351) 법원조직법(2011.7.18. 법률 제10861호) 부칙 제1조 단서 중 제42조 제2항에 관한 부분 및 제2조.

352) 〈주문〉 : "법원조직법(2011.7.18. 법률 제10861호) 부칙 제1조 단서 중 제42조 제2항에 관한 부분 및 제2조는 2011. 7. 18. 당시 사법연수생의 신분을 가지고 있었던 자가 사법연수원을 수료하는 해의 판사임용에 지원하는 경우에 적용되는 한 헌법에 위반된다."

(3) 기본권주체성 (청구인능력)

기본권의 주체가 될 수 있는 자, 즉 기본권능력이 있는 자만이 헌법소원을 청구할 수 있는 청구인이 될 수 있다.[353)]

(가) 자연인

1) 의의

대한민국 국적을 가진 모든 자연인은 기본권의 주체가 되며, 따라서 대한민국 국적을 가진 모든 국민이 헌법소원을 청구할 수 있다.[354)] 자연인은 원칙적으로 살아 있는 동안에 기본권주체이다. 다시 말하면 기본권능력은 출생으로 발생하고 사망으로 소멸한다. 즉, 기본권의 주체가 될 수 있는 '자(者)'라 함은 통상 "출생 후의 인간"을 가리킨다.[355)] 문제는 출생 이전 및 사망 이후에도 기본권능력을 가질 수 있는가 하는 점이다. 가령 민법상 제한된 권리를 갖는 태아, 더 나아가 배아(胚芽)[356)]도 헌법상 기본권의 주체가 될 수 있는지가 문제될 수 있다.

존엄한 인간존재와 그 근원으로서의 생명가치를 고려할 때, 출생 전 형성 중의 생명에 대해서는 일정한 예외적인 경우 기본권주체성이 긍정될 수 있다. 헌법재판소도 형성 중의 생명인 태아에 대하여 헌법상 생명권의 주체가 되며, 국가는 헌법 제10조에 따라 태아의 생명을 보호할 의무가 있음을 밝혔다.[357)]

다만, 헌법재판소는 2010. 5. 27. 선고한 2005헌마346 '생명윤리 및 안전에 관한 법률'(생명윤리법) 제13조 제1항 등에 대한 헌법소원 사건에서, "출생전 형성중의 생명에 대해서 헌법적 보호의 필요성이 크고 일정한 경우 그 기본권주체성이 긍정된다고 하더라도 어느 시점부터 기본권주체성이 인정되는지, 또 어떤 기본권에 대해 기본권주체성이 인정되는지는 생명의 근원에 대한 생물학적 인식

---

353) 따라서 헌법소원능력은 기본권능력과 일치한다. 허영, 전게서(2014), 350면.

354) 헌재 1994. 12. 29. 93헌마120, 판례집 6-2, 477, 480.

355) 헌재 2010. 5. 27. 2005헌마346, 공보 164, 1015, 1021.

356) 통상적으로 수정란으로부터 거의 모든 장기(臟器)가 형성되는 8주째 시기 이전은 **배아**(embryo)로, 그 이후는 **태아**(fetus)로 구분하여 부른다. 그리고 수정란으로부터 원시선이 형성되기까지는 하나의 개체로서의 인간으로 탄생할 수 있는지 여부가 확정되지 않기 때문에, 배아 중에서도 14일을 기준으로 그 이전을 **초기배아**(착상전배아, pre-embryo)로 부르고, 그 이후를 **초기배아후배아**(착상후배아, post-embryo)로 구분하기도 한다. 김태호, "생명윤리 및 안전에 관한 법률 제13조 제1항 등 위헌확인", 헌법재판소결정해설집(2010), 헌법재판소, 2011, 168면.

357) 헌재 2008. 7. 31. 2004헌바81, 판례집 20-2 상, 91, 101.

을 비롯한 자연과학·기술발전의 성과와 그에 터잡은 헌법의 해석으로부터 도출되는 규범적 요청을 고려하여 판단하여야 할 것이다."라고 하면서, "초기배아들에 해당하는 청구인 1, 2[358]의 경우 헌법상 기본권주체성을 인정할 수 있을 것인지에 대해 살피건대, 청구인 1, 2가 수정이 된 배아라는 점에서 형성중인 생명의 첫걸음을 떼었다고 볼 여지가 있기는 하나, ①아직 모체에 착상되거나 원시선이 나타나지 않은 이상 현재의 자연과학적 인식수준에서 독립된 인간과 배아 간의 개체적 연속성을 확정하기 어렵다고 봄이 일반적이라는 점, ②배아의 경우 현재의 과학기술 수준에서 모태 속에서 수용될 때 비로소 독립적인 인간으로의 성장가능성을 기대할 수 있다는 점, ③수정후 착상전의 배아가 인간으로 인식된다거나 그와 같이 취급하여야 할 필요성이 있다는 사회적 승인이 존재한다고 보기 어려운 점 등을 종합적으로 고려할 때, 초기배아에 대한 국가의 보호필요성이 있음[359]은 별론으로 하고, 청구인 1, 2의 기본권주체성을 인정하기 어렵다."고 판시하였다.[360]

2) 외국인의 기본권주체성[361]

외국국적 또는 무국적의 자연인은 자연권적 성질을 갖는 기본권들과 관련해서만 헌법소원을 제기할 수 있다. 헌법재판소는, "법 제68조 제1항 소정의 헌법소원은 기본권을 침해받은 자만이 청구할 수 있고, 여기서 기본권을 침해받은 자만이 헌법소원을 청구할 수 있다는 것은 곧 기본권의 주체라야만 헌법소원을 청구할 수 있고 기본권의 주체가 아닌 자는 헌법소원을 청구할 수 없다."고 한

358) 청구인 1, 2는 수정란 및 수정된 때부터 발생학적으로 모든 기관이 형성되는 시기까지의 분열된 세포군을 말하는 생명윤리법상의 '배아'(생명윤리법 제2조 제2호 참조)에 해당하며, 그 중에서도 수정 후 14일이 경과하여 원시선이 나타나기 전의 수정란 상태, 즉 일반적인 임신의 경우라면 수정란이 모체에 착상되어 원시선이 나타나는 그 시점의 배아 상태에 이르지 않은 배아, 즉 '초기배아'들이다.

359) 헌법재판소는 동 사건에서, "오늘날 생명공학 등의 발전과정에 비추어 인간의 존엄과 가치가 갖는 헌법적 가치질서로서의 성격을 고려할 때 인간으로 발전할 잠재성을 갖고 있는 초기배아라는 원시생명체에 대하여도 위와 같은 헌법적 가치가 소홀히 취급되지 않도록 노력해야 할 국가의 보호의무가 있음을 인정하지 않을 수 없다."고 하였다.

360) 이 결정에 대한 비판적 평석으로 방승주, "'생명윤리 및 안전에 관한 법률'의 헌법적 문제", 헌법학연구 제16권 제4호, 한국헌법학회, 2010.12, 67면 이하 참조.

361) 외국인의 기본권주체성 문제에 관한 부정설 및 긍정설에 대한 학설 및 판례(소수의견 포함)를 간략하게 정리한 것으로 김현철, "다문화사회와 헌법재판소", 연세법학 제26호, 연세법학회, 2015.12, 35-39면 참조.

다음, "'국민' 또는 '국민과 유사한 지위에 있는 외국인'[362]은 기본권의 주체가 될 수 있다."고 판시하였다.[363]

그런데 외국인에게는 모든 기본권이 무한정 인정될 수 있는 것이 아니라 '인간의 권리'의 범위 내에서만 인정되는 것이므로,[364] 먼저 해당 법률조항이 제한하고 있는 것이 어떤 기본권과 관련되는 것인지를 확정하고, 그 기본권이 권리성질상 외국인인 청구인에게 기본권주체성을 인정할 수 있는 것인지 살펴야 할 것이다.[365] 한편, 기본권 주체성의 인정 문제와 기본권 제한의 정도는 별개의 문제이므로 외국인에게 근로의 권리에 대한 기본권 주체성을 인정한다는 것이 곧바로 우리 국민과 동일한 수준의 보장을 한다는 것을 의미하는 것은 아니다(헌재 2011. 9. 29. 2009헌마351 참조).[366]

인정된 사례

◉ 헌재 2001. 11. 29. 99헌마494 : 청구인들이 침해되었다고 주장하는 인간의 존엄과 가치, 행복추구권은 대체로 '인간의 권리'로서 외국인도 주체가 될 수 있다고 보아야 하고, 평등권도 인간의 권리로서 참정권 등에 대한 성질상의 제한 및 상호주의에 따른 제한이 있을 뿐이다. 이 사건에서 청구인들이 주장하는 바는 대한민국 국민

362) '국민과 유사한 지위에 있는 외국인'에 대한 설명으로, "출입국관리법상의 영주허가를 받은 자를 포함하여 대한민국에 자신의 국적국보다 더 깊은 생활상의 밀접성을 가지지만 대한민국의 국적은 가지지 않은 자"라는 견해(김수연, "기본권주체로서의 외국인", 유럽헌법연구 제7호, 유럽헌법학회, 2010.6, 320면), "국적법상 우리 국민이 아닌 외국인이라도 우리나라에 입국하여 상당 기간 거주해 오면서 대한민국 국민과 같은 생활을 계속해 온 자(예컨대 귀화할 수 있는 실체적 요건을 갖추고 있는 경우)"라는 견해(헌재 2011.9.29. 2007헌마1083등 결정의 재판관 김종대의 각하의견(판례집 23-2상, 623, 657) 및 같은 취지의 재판관 송두환의 위헌의견(판례집 23-2상, 623, 652)) 등이 있다.

363) 헌재 1994. 12. 29. 93헌마120, 판례집 6-2, 477, 480.

364) 예컨대 외국인에게는 **참정권**이 인정되지 아니하므로 이러한 기본권에 관한 평등권 주장은 허용되지 아니한다. 또한 외국인에게는 **입국의 자유**가 인정되지 아니한다.(헌재 2014. 4.24. 2011헌마474등, 공보 211, 806, 809·810) 그런데 헌법재판소는 이 사건에서 "심판대상조항들은 국적에 따라 재외동포체류자격 부여시 단순노무행위 등 취업활동에 종사하지 않을 것임을 소명하는 서류의 제출여부를 달리 하고 있는바, 단순노무행위 등 취업활동에의 종사여부 및 국적에 따른 차별로서 헌법이 특별히 평등을 요구하고 있는 경우가 아니고, 외국인에게 입국의 자유가 허용되지 않는 이상 이 사건이 관련 기본권에 중대한 제한을 초래하는 경우라고 볼 수 없다."고 하여 본안판단(합리성심사)을 하였다.(위 공보 811 이하)

365) 헌재 2011. 9. 29. 2007헌마1083등, 공보 180, 1453, 1459.

366) 헌재 2016. 3. 31. 2014헌마367, 공보 234, 610, 615.

과의 관계가 아닌, 외국국적의 동포들 사이에 재외동포법의 수혜대상에서 차별하는 것이 평등권침해라는 것으로서 성질상 위와 같은 제한을 받는 것이 아니고 상호주의가 문제되는 것도 아니므로, 청구인들에게 기본권주체성을 인정함에 아무런 문제가 없다.[367]

◉ 헌재 2007. 8. 30. 2004헌마670 : 근로의 권리란 인간이 자신의 의사와 능력에 따라 근로관계를 형성하고 타인의 방해를 받음이 없이 근로관계를 계속 유지하며, 근로의 기회를 얻지 못한 경우에는 국가에 대하여 근로의 기회를 제공하여 줄 것을 요구할 수 있는 권리를 말하며, 이러한 근로의 권리는 생활의 기본적인 수요를 충족시킬 수 있는 생활수단을 확보해 주고 나아가 인격의 자유로운 발현과 인간의 존엄성을 보장해 주는 것으로서 사회권적 기본권의 성격이 강하므로,[368] 이에 대한 외국인의 기본권주체성을 전면적으로 인정하기는 어렵다. 그러나 근로의 권리가 "일할 자리에 관한 권리"만이 아니라 "일할 환경에 관한 권리"도 함께 내포하고 있는바, 후자(後者)는 인간의 존엄성에 대한 침해를 방어하기 위한 자유권적 기본권의 성격도 갖고 있어,[369] ①건강한 작업환경, ②일에 대한 정당한 보수, ③합리적인 근로조건[370]의 보장 등을 요구할 수 있는 권리 등을 포함한다고 할 것이므로 외국인 근로자라고 하여 이 부분에까지 기본권주체성을 부인할 수는 없다. 즉, 근로의 권리의 구체적인 내용에 따라, 국가에 대하여 고용증진을 위한 사회적·경제적 정책을 요구할 수 있는 권리[371]는 사회권적 기본권으로서 국민에 대하여만 인정해야 하지만, 자본주의 경제질서 하에서 근로자가 기본적 생활수단을 확보하고 인간의 존엄성을 보장받기 위하여 최소한의 근로조건을 요구할 수 있는 권리는 자유권적 기본권의 성격도 아울러 가지므로 이러한 경우 외국인 근로자에게도 그 기본권주체성을 인정함이 타당하다.[372]

---

367) 同旨, 헌재 2014. 4. 24. 2011헌마474등, 판례집 26-1하, 117, 124.

368) 헌재 1991. 7. 22. 89헌가106, 판례집 3, 387, 421; 헌재 2002. 11. 28. 2001헌바50, 판례집 14-2, 668, 678 참조.

369) 그러나 이에 대하여는, 근로의 권리를 사회적 기본권으로 분류하는 한 근로의 권리의 한 내용인 '일할 환경에 관한 권리'도 사회적 기본권으로 보아야 한다는 비판적인 견해가 있다. 전광석, "다문화사회와 사회적 기본권: 헌법적 접근을 위한 시론", 헌법학연구 제16권 제2호, 한국헌법학회, 2010.6, 129면; 정태호, "외국인의 기본권주체성 문제에 대한 비판적 고찰", 헌법실무연구 제13권, 박영사, 2012, 407면; 정광현, 외국인의 기본권주체성, 도서출판 심인, 2017.2, 20면.

370) 헌재 2016. 3. 31. 2014헌마367 : "근로조건은 임금과 그 지불방법, 취업시간과 휴식시간 등 근로계약에 의하여 근로자가 근로를 제공하고 임금을 수령하는 데 관한 조건들이고(헌재 2003.7.24. 2002헌바51 참조), 아래에서 보는 것처럼 이 사건 출국만기보험금은 퇴직금의 성질을 가지고 있어서 그 지급시기에 관한 것은 근로조건의 문제이므로 외국인인 청구인들에게도 기본권 주체성이 인정된다."

371) 헌재 2002. 11. 28. 2001헌바50, 판례집 14-2, 668, 678.

◉ 헌재 2011. 9. 29. 2007헌마1083등 : 직업의 자유 중 이 사건에서 문제되는[373] 직장선택의 자유는 인간의 존엄과 가치 및 행복추구권과도 밀접한 관련을 가지는 만큼 단순히 국민의 권리가 아닌 인간의 권리로 보아야 할 것이므로 권리의 성질상 **참정권, 사회권적 기본권, 입국의 자유** 등과 같이 외국인의 기본권주체성을 전면적으로 부정할[374] 수는 없고, 외국인도 제한적으로라도 직장선택의 자유를 향유할 수 있다고 보아야 한다.[375] (…) 위와 같은 직장선택의 자유라는 권리의 성질에 비추어 보면 (외국인인) 이 사건 청구인들에게 직장선택의 자유에 대한 기본권 주체성을 인정할 수 있다.[376]

◉ 헌재 2012. 8. 23. 2008헌마430 : 청구인들이 침해받았다고 주장하고 있는 신체의 자유, 주거의 자유, 변호인의 조력을 받을 권리,[377] 재판청구권 등은 성질상 인간의 권리에 해당한다고 볼 수 있으므로, 위 기본권들에 관하여는 청구인들의 기본권 주체성이 인정된다.

부인된 사례

◉ 헌재 2014. 4. 24. 2011헌마474등 : 청구인은 심판대상조항들[378]로 인하여 거주

---

372) 헌법재판소는 이 결정에서, "나아가 청구인들이 불법체류 중인 외국인들이라 하더라도, 불법체류라는 것은 관련 법령에 의하여 체류자격이 인정되지 않는다는 것일 뿐이므로, '인간의 권리'로서 외국인에게도 주체성이 인정되는 일정한 기본권에 관하여 불법체류 여부에 따라 그 인정여부가 달라지는 것은 아니다."라고 판시하였다.

373) 외국인근로자의 사업장 이동을 3회로 제한한 구 '외국인근로자의 고용 등에 관한 법률'(2003.8.16. 법률 제6967호로 제정되고, 2009.10.9. 법률 제9798호로 개정되기 전의 것) 제25조 제4항 및 외국인 근로자의 사업장 변경을 1회에 한하여 추가적으로 허용하는 동법시행령(2004.3.17. 대통령령 제18314호로 제정되고, 2010.4.7. 대통령령 제22114호로 개정되기 전의 것) 제30조 제2항.

374) 이와 같은 다수설·판례의 입장에 대하여는, '세계화'와 '다문화사회' 등으로 표상되는 시대상황의 변화를 제대로 반영하지 못한 채 '인간의 권리'와 '국민의 권리'라는 이분법에 갇혀 외국인의 기본권주체성을 지나치게 획일적으로 재단하는 것이 아닌지 경계하는 시각이 있다. 김지형, "외국인근로자의 헌법상 기본권 보장", 저스티스 제70호, 한국법학원, 2002. 12, 14-15면; 전광석, 전게논문(2010.6), 105-146면; 최유, "외국인의 사회권 주체성에 관한 작은 연구", 사회과학연구 제19권 제3호, 충남대학교, 2008, 115-138면; 정광현, 전게서(2017.2), 2면.

375) 헌재 2000. 8. 31. 97헌가12 판례집 12-2, 168, 183 참조.

376) 同旨, 헌재 2011. 9. 29. 2009헌마351 : "이 사건 심판대상조항은 외국인근로자의 사업장 변경허가기간을 신청일부터 2개월로 제한하고 있는바, 이는 사업장 변경 자체를 금지하거나 제한하는 것은 아니지만 그 변경과정에 있어서 새로운 사업장 모색기간, 즉 구직기간에 대한 일정한 제한을 둔 것이다. 그렇다면 이는 직업선택의 자유 중 직장선택의 자유를 제한하고 있다."

377) 同旨, 헌재 2018. 5. 31. 2014헌마436.

이전의 자유와 직업선택의 자유도 침해되었다고 주장하나, 이 사건에서 거주이전의 자유에 대한 주장은 입국의 자유의 침해를 주장하는 것에 다름 아니고, 직업선택의 자유에 대한 주장도 대한민국으로의 입국을 통한 직업선택의 자유의 실현을 주장하는 것에 다름 아니어서, 외국인에게 입국의 자유가 인정되지 아니하는 이상[379] 이들 기본권침해 주장에 대하여는 별도로 판단하지 아니한다.

◉ 헌재 2014. 8. 28. 2013헌마359 : 심판대상조항[380]이 제한하고 있는 직업의 자유는 국가자격제도 정책과 국가의 경제상황에 따라 법률에 의하여 제한할 수 있고 인류보편적인 성격을 지니고 있지 아니하므로 국민의 권리에 해당한다. 이와 같이 헌법에서 인정하는 직업의 자유는 원칙적으로 대한민국 국민에게 인정되는 기본권이지, 외국인에게 인정되는 기본권은 아니다. 국가정책에 따라 정부의 허가를 받은 외국인은 정부가 허가한 범위내에서 소득활동을 할 수 있는 것이므로, 외국인이 국내에서 누리는 직업의 자유는 법률 이전에 헌법에 의해서 부여된 기본권이라고 할 수는 없고, 법률에 따른 정부의 허가에 의해 비로소 발생하는 권리이다. 헌법재판소의 결정례 중에는 외국인이 대한민국 법률에 따른 허가를 받아 국내에서 일정한 직업을 수행함으로써 근로관계가 형성된 경우, 그 직업은 그 외국인의 생활의 기본적 수요를 충족시키는 방편이 되고 또한 개성신장의 바탕이 된다는 점에서 외국인은 그 근로관계를 계속 유지함에 있어서 국가의 방해를 받지 않고 자유로운 선택과 결정을 할 자유가 있고 그러한 범위에서 제한적으로 직업의 자유에 대한 기본권주체성을 인정할 수 있다고 하였다(헌재 2011. 9. 29. 2007헌마1083등 참조). 하지만 이는 이미 근로관계가 형성되어 있는 예외적인 경우에 제한적으로 인정한 것에 불과하다. 그러한 근로관계가 형성되기 전단계인 특정한 직업을 선택할 수 있는 권리는 국가정책에 따라 법률로써 외국인에게 제한적으로 허용되는 것이지 헌법상 기본권에서 유래되는 것은 아니다.

---

378) 중국국적동포가 재외동포 사증 발급을 신청할 경우, 일정한 첨부서류를 제출하도록 하는 출입국관리법 시행규칙(2007.12.31. 법무부령 제624호로 개정된 것) 제76조 제1항 제1호 별표 5 중 재외동포(F-4) 체류자격의 첨부서류 가운데 '연간납세증명서, 소득증명서류 등 체류기간 중 단순노무행위 등 영 제23조 제3항 각 호에서 규정한 취업활동에 종사하지 않을 것임을 소명하는 서류(법무부장관이 고시하는 불법체류가 많이 발생하는 국가의 외국국적동포에 한함)' 부분 및 "출입국관리법 시행규칙 별표 5 '사증발급신청 등 첨부서류'에 관한 고시"(2007.12.28. 법무부고시 제2007-150호) 중 '중국' 부분

379) 헌재 2011. 9. 29. 2009헌마351; 헌재 2011. 9. 29. 2007헌마1083등 참조.

380) 의료인의 면허된 의료행위 이외의 의료행위를 금지하고 처벌하는 의료법(2007.4.11. 법률 제8366호로 개정된 것) 제27조 제1항 본문 전단 부분 및 의료법(2009.1.30. 법률 제9386호로 개정된 것) 제87조 제1항 제2호 중 제27조 제1항 본문 전단에 관한 부분

(나) 법인

1) 사법인(私法人)과 기타 사적 결사(私的 結社)

가) 법인격이 있는 사법상의 사단이나 재단이 성질상 기본권주체가 될 수 있는 범위에서 청구인능력을 가진다는 점은 명백하다. 헌법재판소는 "우리 헌법은 법인의 기본권향유능력을 인정하는 명문의 규정을 두고 있지 않지만, 본래 자연인에게 적용되는 기본권규정이라도 언론·출판의 자유, 재산권의 보장 등과 같이 성질상 법인이 누릴 수 있는 기본권은 당연히 법인에게도 적용하여야 할 것으로 본다. 따라서 법인도 사단법인·재단법인 또는 영리법인·비영리법인을 가리지 아니하고 위 한계 내에서는 헌법상 보장된 기본권이 침해되었음을 이유로 헌법소원심판을 청구할 수 있다."고 하였다.[381] 그 밖에 헌법재판소는 거주이전의 자유,[382] 직업의 자유[383] 영역에서 법인의 기본권주체성을 인정하였다.

나) '권리능력 없는 단체'라 하더라도 그 구성원과 독립하여 집단적으로 기

381) 헌재 1991. 6. 3. 90헌마56, 판례집 3, 289, 295; 헌재 2006. 1. 26. 2005헌마424, 판례집 18-1상, 36, 45. 한편, 헌법재판소는 위헌법률심판 사건이기는 하지만 2012. 8. 23. 선고한 2009헌가27 결정에서, "법인도 법인의 목적과 사회적 기능에 비추어 볼 때 그 성질에 반하지 않는 범위 내에서 **인격권**의 한 내용인 사회적 신용이나 명예 등의 주체가 될 수 있고 법인이 이러한 사회적 신용이나 명예 유지 내지 법인격의 자유로운 발현을 위하여 의사결정이나 행동을 어떻게 할 것인지를 자율적으로 결정하는 것도 법인의 인격권의 한 내용을 이룬다고 할 것이다. 그렇다면 이 사건 심판대상조항은 방송사업자의 의사에 반한 사과행위를 강제함으로써 방송사업자의 인격권을 제한하는바, 이러한 제한이 그 목적과 방법 등에 있어서 헌법 제37조 제2항에 의한 헌법적 한계 내의 것인지 살펴본다."라고 판시하였다. 同旨, 헌재 2015. 7. 30. 2013헌가8, 공보 226, 1100, 1104.

382) 헌재 2000. 12. 14. 98헌바104 : "법인 등의 경제주체는 헌법 제14조에 의하여 보장되는 거주이전의 자유의 주체로서 기업활동의 근거지인 본점이나 사무소를 어디에 둘 것인지, 어디로 이전할 것인지 자유로이 결정할 수 있고, 한편 본점이나 사무소의 설치·이전은 통상적인 영업활동에 필수적으로 수반되는 것이므로 그 설치·이전의 자유는 헌법 제15조에 의하여 보장되는 직업의 자유의 내용에 포함되기도 한다. 이 법률조항은 수도권내의 과밀억제권역 안에서 본점이나 주된 사무소로 사용하기 위하여 취득하는 부동산에 대하여 중과세(5배)하는 것이므로 이로 인하여 거주이전의 자유와 직업의 자유(기업의 자유, 영업의 자유)가 일정하게 제약을 받게 된다." [전원일치 합헌]

383) 헌재 2002. 9. 19. 2000헌바84 : "법인도 성질상 법인이 누릴 수 있는 기본권의 주체가 되는데, 직업선택의 자유는 헌법상 법인에게도 인정되는 기본권이며(헌재 1991.6.3. 90헌마56, 판례집 3, 289, 295; 헌재 1996.3.28. 94헌바42, 판례집 8-1, 199, 206-207), 또한 법인의 설립은 그 자체가 간접적인 직업선택의 한 방법이기도 하다(헌재 1996.4.25. 92헌바47, 판례집 8-1, 370, 379-380; 헌재 2000.11.30. 99헌마190 판례집 12-2, 325, 342-343)." [2(단순위헌):4(헌법불합치):3(합헌)-헌법불합치(잠정적용)]

본권을 행사하는 경우라면 청구인능력을 인정하여야 할 것이다. 헌법재판소도, "법인아닌 사단·재단이라고 하더라도 대표자의 정함이 있고 독립된 사회적 조직체로서 활동하는 때에는 성질상 법인이 누릴 수 있는 기본권을 침해당하게 되면 그의 이름으로 헌법소원심판을 청구할 수 있다."고 하여 '사단법인 한국영화인협회'는 민법상의 비영리 사단법인으로서 성질상 법인이 누릴 수 있는 기본권에 관한 한 그 이름으로 헌법소원심판을 청구할 수 있다고 하였다.[384)]

헌법재판소는 또한 권리능력 없는 사단의 일종인 **정당**에 대해 헌법소원심판의 청구능력을 인정하였다.[385)] 그러나 등록된 정당에게만 관련되는 공직선거법상의 기탁금규정에 대하여 헌법소원을 제기한 후 등록이 취소된 경우 그 정당은 기본권을 향유할 수 있는 주체가 될 수 없다. 예컨대, 청구인 녹색사민당은 정당법상 등록된 정당이었으나 2004년 4월 실시된 총선거에 참여, 유효투표총수의 100분의 2 이상을 득표하지 못하여 2004. 4. 20. 정당법 제44조 제1항 제3호에 의하여 정당등록이 취소되었다. 그렇다면 청구인 녹색사민당은 더 이상 등록된 정당이 아니어서 기본권을 향유할 수 있는 주체가 될 수 없다고 할 것이고, 따라서 청구인 녹색사민당의 심판청구는 부적법하다고 하였다(전원일치).[386)]

다만, 정당법상 정당의 등록요건규정[387)]을 다투는 헌법소원을 제기한 후 등록이 취소된[388)] 경우에는 다른 판단을 하였다. 즉, 헌법재판소는 "청구인(사회당)은 등록이 취소된 이후에도 취소전 사회당의 명칭을 사용하면서 대외적인 정치활동을 계속하고 있고, 대내외 조직구성과 선거에 참여할 것을 전제로 하는 당헌과 대내적 최고의사결정기구로서 당대회와, 대표단 및 중앙위원회, 지역조직으로 시·도위원회를 두는 등 계속적인 조직을 구비하고 있는 사실 등에 비추어 보면, 청구인은 등록이 취소된 이후에도 '등록정당'에 준하는 '권리능력 없는 사

384) 헌재 1991. 6. 3. 90헌마56, 판례집 3, 289, 296.

385) 헌재 1991. 3. 11. 91헌마21, 판례집 3, 91, 98.

386) 헌재 2006. 2. 23. 2004헌마208, 공보 113, 362, 363, 판례집 미수록.

387) 정당의 등록요건으로 "5 이상의 시·도당과 각 시·도당 1,000명 이상의 당원"을 요구하는 구 정당법(2004.3.12. 법률 제7190호로 개정되고, 2005.8.4. 법률 제7683호로 전문 개정되기 전의 것) 제25조 및 제27조.

388) 청구인(사회당)은 2004. 3. 26. 헌법소원심판을 청구하였으나 같은 해 4. 15. 실시된 제17대 국회의원총선거에서 의석을 얻지 못하고, 유효득표총수의 100분의 2를 득표하지 못하였다는 이유로, 같은 해 4. 20. 당시의 정당법 제38조 제1항 제3호에 따라 정당등록이 취소되었다.

단'으로서의 실질을 유지하고 있다고 볼 수 있으므로, 헌법소원의 청구인능력을 인정할 수 있다."고 판시하였다(전원일치).[389]

한편, **노동조합**은 법인아닌 사단으로서 기본권능력이 인정되고 특히 헌법 제33조가 정하는 바에 따라 기본권주체성이 인정되므로 그 범위에서는 헌법소원을 청구할 수 있다.[390]

다) 위에서 말한 사법인이란 그 소재지를 국내에 두고 있는 내국사법인이다. 사법상의 법인은 국적이 없기 때문에 대신 소재지에 따라 내국(內國)사법인과 외국(外國)사법인으로 구분된다. 내국사법인이란 그 소재지, 즉 사실상 활동의 중심지를 국내에 두고 있는 사법인을 말한다. 외국사법인에 대해서는 일반적으로 기본권의 주체성을 부인하고 있다. 외국사법인의 기본권주체성의 문제는 국가간의 상호주의 원칙에 따라 해결되어야 할 문제이다. 그러나 재판절차와 관련된 기본권(재판청구권 등)은 외국사법인에게도 인정된다.[391]

2) 국가기관 및 공법인(公法人) 등

일반적으로 국가기관이나 그 일부에 의한 헌법소원심판청구는 허용되지 않는다. 즉, 헌법소원을 청구할 수 있는 자는 원칙으로 기본권의 주체로서의 국민에 한정되며, 국민의 기본권을 보호 내지 실현할 책임과 의무를 지는 국가기관이나 그 일부는 헌법소원을 청구할 수 없다.[392]

가) 공법인과 사법인의 구별

공법인과 사법인의 구별은 전통적인 것으로, "설립형식"을 강조하여 공법

---

389) 헌재 2006. 3. 30. 2004헌마246, 판례집 18-1상, 402, 410. 헌법재판소는 이어서, "또한, 정당설립의 자유는 그 성질상 등록된 정당에게만 인정되는 기본권이 아니라 청구인과 같이 등록정당은 아니지만 권리능력 없는 사단의 실체를 가지고 있는 정당에게도 인정되는 기본권이라고 할 수 있고, 비록 이 사건 법률조항이 위헌으로 결정되더라도 청구인이 종래의 등록정당으로서의 지위를 회복하지 못한다고 하더라도, 위 신○준(당대표)의 반복적인 시도에도 불구하고 청구인이 등록정당으로서의 지위를 갖추지 못한 것은 결국 이 사건 법률조항 및 같은 내용의 현행 정당법(제17조, 제18조)의 정당등록요건규정 때문이고, 장래에도 이 사건 법률조항과 같은 내용의 현행 정당법 규정에 따라 같은 내용의 기본권제한이 반복될 위험이 있다고 할 것이므로, 심판청구의 이익을 인정할 수 있다."고 판시하였다.

390) 노동조합에 대하여 헌법소원의 청구인적격을 인정한 사례로는 헌재 1999. 11. 25. 95헌마154 결정이 있다.

391) 한수웅, 전게서(2012), 389면.

392) 헌재 1994. 12. 29. 93헌마120, 판례집 6-2, 477, 480-481; 헌재 1995. 2. 23. 90헌마125, 판례집 7-1, 238, 242; 헌재 1995. 9. 28. 92헌마23등, 판례집 7-2, 343, 351.

인은 공법상 설립행위 또는 법률에 근거하고 사법인은 설립계약 등 법률행위에 근거한다고 하기도 하고, 그 "존립목적"을 강조하여 공법인은 국가적 목적 내지 공공목적을 위하여 존재하는 것인 반면 사법인은 그 구성원의 공동이익을 위하여 존재한다고 하여 구별해 왔다. 그런데 오늘날 사회복지국가의 등장으로 국가가 국민의 모든 생활영역에 간섭하고 활발한 경제활동을 하게 되자, 위와 같은 기준만으로는 구별이 어려운 중간적 영역의 법인도 많이 생겨나고 있다.393)

사례

◉ 헌재 2000. 6. 1. 99헌마553 : 축협중앙회 및 축협(지역별·업종별 축협)의 특성들에 의하면, 이들은 공법인적 성격과 사법인적 성격을 함께 구비하고 있는 중간적 성격의 단체인 것은 분명하나, 우선 '지역별·업종별 축협'은 그 존립목적 및 설립형식에서의 자주성에 비추어 볼 때, 오로지 국가의 목적을 위하여 존재하고 국가에 의하여 설립되는 공법인이라기보다는 사법인에 가깝다고 할 수 밖에 없을 것이다(헌재 1991. 3. 11. 90헌마28, 판례집 3, 63, 77; 헌재 1996. 4. 25. 92헌바47 판례집 8-1, 370, 378-379 참조). 그러나 '축협중앙회'는 지역별·업종별 축협과 비교할 때, 회원의 임의탈퇴나 임의해산이 불가능한 점 등 그 공법인성이 상대적으로 크다고 할 것이지만 이로써 축협중앙회를 공법인이라고 단정할 수는 없을 것이고, 이 역시 그 존립목적 및 설립형식에서의 자주적 성격에 비추어 사법인적 성격을 부인할 수 없다. 따라서 축협중앙회는 공법인성과 사법인성을 겸유한 특수한 법인으로서 기본권의 주체가 될 수 있다고는 할 것이지만, 위와 같이 두드러진 공법인적 특성이 축협중앙회가 가지는 기본권의 제약요소로 작용하는 것만은 이를 피할 수 없다.

나) 기본권주체성 원칙적 부인

법 제68조 제1항이 "공권력의 행사 또는 불행사로 인하여 기본권을 침해받은 자는 헌법소원의 심판을 청구할 수 있다."고 규정한 것은 기본권의 주체라야만 헌법소원을 청구할 수 있고, 기본권의 주체가 아닌 자는 헌법소원을 청구할 수 없다는 것을 의미한다 할 것인데, 기본권의 보장에 관한 각 헌법규정의 해석상 국민(또는 국민과 유사한 지위에 있는 외국인과 사법인)만이 기본권의 주

393) 이에 관하여는 함인선, "공법인·사법인의 구별에 관한 管見", 헌법논총 제11집, 헌법재판소, 2000, 387면 이하 참조.

체라 할 것이고, 국가나 국가기관 또는 국가조직의 일부나 공법인은 기본권의 수범자(Adressat)이지 기본권의 주체로서 그 소지자(Träger)가 아니고, 오히려 국민의 기본권을 보호 내지 실현해야 할 책임과 의무를 지니고 있는 지위에 있을 뿐이다.[394]

그러므로 국회의 노동위원회는 국가기관인 국회의 일부조직이므로 기본권의 주체가 될 수 없고,[395] 국회의원이 입법권 등을 행사하는 공권력주체인 국회라는 국가기관의 구성원인 지위에서 국회의장의 의안처리행위로 인하여 그들의 권한이 침해되고 헌법의 기본원리가 훼손되었음을 이유로 하여 제기하는 헌법소원은 현행 법제도상 허용될 수 없다.[396]

뿐만 아니라, 공법인인 지방자치단체의 장[397]이나 의결기관인 서울특별시의회[398] 또는 그 구성원인 지방의회의원[399]은 기본권의 주체가 될 수 없고, 따라서 헌법소원을 제기할 수 있는 능력이 없다. '경상남도의회 신항만대책특별위원회'의 경우도 공권력의 주체로서 그 자체로 기본권의 주체가 될 수 없다.[400]

농지개량조합은 그 설립 자체가 강제되지는 않는다는 점 등 사법인적 성격도 없지 않으나, 그 존립목적, 조직과 재산의 형성 및 그 활동전반에 나타나는 매우 짙은 공적인 성격을 고려하건대 이를 공익적 목적을 위하여 설립되어 활동하는 공법인이라고 봄이 상당하다 할 것이고,[401] 따라서 헌법소원의 <u>청구인</u>

394) 헌재 1994. 12. 29. 93헌마120, 판례집 6-2, 477, 480. 同旨, 대법원 2016. 12. 27. 선고 2014도15290 판결 : "형법이 명예훼손죄 또는 모욕죄를 처벌함으로써 보호하고자 하는 사람의 가치에 대한 평가인 외부적 명예는 개인적 법익으로서, <u>국민의 기본권을 보호 내지 실현해야 할 책임과 의무를 지고 있는 공권력의 행사자인 국가나 지방자치단체는 기본권의 수범자일 뿐 기본권의 주체가 아니고</u>, 그 정책결정이나 업무수행과 관련된 사항은 항상 국민의 광범위한 감시와 비판의 대상이 되어야 하며 이러한 감시와 비판은 그에 대한 표현의 자유가 충분히 보장될 때에 비로소 정상적으로 수행될 수 있으므로, <u>국가나 지방자치단체는 국민에 대한 관계에서 형벌의 수단을 통해 보호되는 외부적 명예의 주체가 될 수는 없고, 따라서 명예훼손죄나 모욕죄의 피해자가 될 수 없다</u>."

395) 헌재 1994. 12. 29. 93헌마120, 판례집 6-2, 477, 480.

396) 헌재 1995. 2. 23. 90헌마125, 판례집 7-1, 238, 243.

397) 헌재 1997. 12. 24. 96헌마365, 공보·판례집 미수록; 헌재 1996. 8. 29. 96헌마50, 공보·판례집 미수록.

398) 헌재 1998. 3. 26. 96헌마345, 판례집 10-1, 295, 300.

399) 헌재 1996. 8. 29. 93헌마61, 공보·판례집 미수록.

400) 헌재 2006. 8. 31. 2006헌마266, 공보 119, 1259, 1262, 판례집 미수록.

401) 대법원 1977. 7. 26. 선고 76다3022 판결; 대법원 1985. 4. 9. 선고 83누399 판결; 대법원 1992. 9. 14. 선고 92다19347 판결; 대법원 1995. 6. 9. 선고 94누10870 판결; 대법원 1999.

능력을 갖추었다고 보기 어렵다.[402)]

다) 기본권주체성 예외적 인정

그러나 국가기관의 직무를 담당하는 자연인이 제기한 헌법소원이 언제나 부적법하다고 볼 수는 없다. 만일 심판대상 조항이나 공권력 작용이 넓은 의미의 국가 조직영역 내에서 공적 과제를 수행하는 주체의 권한 내지 직무영역을 제약하는 성격이 강한 경우에는 그 기본권주체성이 부정될 것이지만, 그것이 일반 국민으로서 국가에 대하여 가지는 헌법상의 기본권을 제약하는 성격이 강한 경우에는 기본권주체성을 인정할 수 있다.[403)] 결국 개인의 지위를 겸하는 국가기관이 기본권의 주체로서 헌법소원의 청구적격을 가지는지 여부는, ①심판대상조항이 규율하는 기본권의 성격, ②국가기관으로서의 직무와 제한되는 기본권 간의 밀접성과 관련성, ③직무상 행위와 사적인 행위 간의 구별가능성 등을 종합적으로 고려하여 결정되어야 할 것이다.[404)]

또한, 공법인이나 이에 준하는 지위를 가진 자라 하더라도 공무를 수행하거나 고권적 행위를 하는 경우가 아닌 사경제 주체로서 활동하는 경우나 조직법상 국가로부터 독립한 고유업무를 수행하는 경우, 그리고 다른 공권력 주체와의 관계에서 지배복종관계가 성립되어 일반 사인처럼 그 지배하에 있는 경우 등에는 기본권 주체가 될 수 있다. 이러한 경우에는 이들이 기본권을 보호해야 하는 국가적 기능을 담당하고 있다고 볼 수 없기 때문이다.[405)]

그러므로 공권력의 주체라 할지라도 국·공립대학이나 공영방송국과 같이 국가에 대해 독립성을 가지고 있는 독자적인 기구로서 해당 기본권 영역에서 개인들의 기본권실현에도 이바지하는 경우에는 예외적으로 기본권주체가 될 수 있으며, 따라서 헌법소원을 제기할 수 있다. 헌법재판소는 1992. 10. 1. 선고한 92헌마68등 결정에서 영조물인 국립서울대학교에게 '학문의 자유' 및 '대학의 자치'와 관련한 기본권주체성을 인정하였다.[406)]

---

12. 28. 선고 99다8834 판결 각 참조.

402) 헌재 1991. 3. 11. 90헌마28 판례집 3, 63, 82; 헌재(제1지정재판부) 1999. 8. 25. 99헌마454, 공보·판례집 미수록; 헌재 2000. 11. 30. 99헌마190, 판례집 12-2, 325, 338-340.

403) 헌재 1995. 3. 23. 95헌마53, 판례집 7-1, 463; 헌재 1998. 4. 30. 97헌마100, 판례집 10-1, 480; 헌재 2006. 7. 27. 2003헌마758등, 판례집 18-2, 190 참조.

404) 헌재 2008. 1. 17. 2007헌마700, 공보 136, 217, 226-227.

405) 헌재 2013. 9. 26. 2012헌마271, 공보 204, 1398, 1400.

인정된 사례

⊙ 헌재 2008. 1. 17. 2007헌마700 : 대통령도 국민의 한사람으로서 제한적으로나마 기본권의 주체가 될 수 있는바, 대통령은 소속정당을 위하여 정당활동을 할 수 있는 사인으로서의 지위와 국민 모두에 대한 봉사자로서 공익실현의 의무가 있는 헌법기관으로서의 지위를 동시에 갖는데, 최소한 전자의 지위와 관련하여는 기본권주체성을 갖는다고 할 수 있다.

⊙ 헌재 2009. 3. 26. 2007헌마843 : 공직자가 국가기관의 지위에서 순수한 직무상의 권한행사와 관련하여 기본권침해를 주장하는 경우에는 기본권의 주체성을 인정하기 어렵다 할 것이나, 그 외의 사적인 영역에 있어서는 기본권의 주체가 될 수 있는 것이다. 청구인은 선출직 공무원인 하남시장으로서 이 사건 법률조항[407])으로 인하여 공무담임권 등이 침해된다고 주장하여, 순수하게 직무상의 권한행사와 관련된 것이라기보다는 공직의 상실이라는 개인적인 불이익과 연관된 공무담임권을 다투고 있으므로, 이 사건에서 청구인에게는 기본권의 주체성이 인정된다.

⊙ 헌재 2015. 12. 23. 2014헌마1149 : 대학의 자율권의 보호영역에는 대학시설의 관리·운영만이 아니라 학사관리 등 전반적인 것으로 연구와 교육의 내용, 그 방법과 대상, 교과과정의 편성, 학생의 선발, 학생의 전형도 포함된다(헌재 1992. 10. 1. 92헌마68등 참조). 그런데 이 사건 모집정지는 강원대학교 법학전문대학원의 2015학년도 및 2016학년도 신입생 모집정원 40명 중 각 1명의 모집을 정지하도록 하고 있으므로, 국립대학교인 청구인(강원대학교)의 학생선발에 관한 대학의 자율권을 제한한다.

(다) 기타

사례

◉ 헌재 2016. 10. 27. 2014헌마1037 : 청구인 대학교는 사립학교법 및 고등교육법을 근거로 설립된 교육을 위한 시설에 불과하여 민법상 권리능력이나 민사소송법상 당사자능력이 없고, 헌법소원심판을 제기할 청구인능력이 있다고 할 수도 없다(헌

406) "(헌법 제31조 제4항이 규정하는) 교육의 자주성이나 대학의 자율성은 헌법 제22조 제1항이 보장하고 있는 학문의 자유의 확실한 보장수단으로 꼭 필요한 것으로서 이는 대학에게 부여된 헌법상의 기본권이다. 따라서 국립대학인 서울대학교는 다른 국가기관 내지 행정기관과는 달리 공권력의 행사자의 지위와 함께 기본권의 주체라는 점도 중요하게 다루어져야 한다."(판례집 4, 659, 670)

407) 주민소환법 제7조 제1항 제2호 중 시장에 대한 부분, 제8조, 제9조 제1항, 제21조 제1항 및 제22조 제1항.

재 1993. 7. 29. 89헌마123; 헌재 2013. 8. 29. 2013헌마165 참조). 따라서 청구인 대학교의 심판청구는 청구인능력이 없는 자가 제기한 것으로서 부적법하다.

나. 법적 관련성

헌법재판소는 그 확립된 판례를 통해, 소원청구인은 원칙적으로 "자신의" 기본권이, "현재" 그리고 "직접" 침해당한 경우라야 헌법소원을 제기할 수 있다고 하고 있다.[408]

(1) 자기관련성

(가) 원칙

공권력작용은 일정한 상대방을 전제로 그들을 향하여 이루어지게 되는데, 헌법소원심판절차에서 자기관련성이 입증되려면, 즉 어떤 공권력작용이 청구인의 기본권을 침해한다고 판단하기 위해서는 적어도 청구인이 그 공권력작용의 상대방이라는 점이 인정되어야 한다.[409] 기본권침해의 자기관련성 요건은 헌법소원제도가 민중소송의 형태로 흐르는 것을 차단하기 위한 방편으로 도입된 것이다.[410] 그런데, 헌법재판소는 일반법원과는 달리 일반법률의 해석이나 사실인정의 문제를 다루는 기관이 아니라 사실문제에 깊이 관여할 수 없는 헌법해석기관이며, 헌법소원의 기능이 주관적 기본권보장과 객관적 헌법보장 기능을 함께 가지고 있으므로, 권리귀속에 대한 소명만으로써 자기관련성을 구비한 여부를 판단할 수 있다.[411]

사례

◉ 헌재 2015. 4. 30. 2012헌마38 : 담배사업법에 따른 담배의 제조 및 판매는 비흡연자들이 간접흡연을 하게 되는 데 있어 간접적이고 2차적인 원인이 된 것에 불과하

408) 적법요건으로 "법적 관련성"을 언급하고 있는 판례로 헌재 1995. 2. 23. 91헌마204, 판례집 7-1, 267, 272 참조.

409) 김경제, "신행정수도건설을위한특별조치법 위헌결정의 헌법적 문제점", 헌법학연구 제11권 제1호, 한국헌법학회, 2005.3, 525-526면.

410) 헌재 1994. 6. 30. 91헌마162, 판례집 6-1, 672, 677; 헌재 2006. 4. 27. 2004헌마562, 판례집 18-1상, 574, 583; 헌재 2006. 12. 28. 2004헌마229, 공보 123, 74, 76, 판례집 미수록.

411) 헌재 1994. 12. 29. 89헌마2, 판례집 6-2, 395, 407.

다. 이처럼 담배의 제조 및 판매와 비흡연자의 관계는 간접적이고 사실적인 이해관계를 형성할 뿐, 직접적 혹은 법적인 이해관계를 형성하지는 못한다. 따라서 (비흡연자인) 청구인 甲, 乙의 심판청구는 담배의 제조 및 판매에 관하여 규율하는 담배사업법에 대해 기본권침해의 자기관련성을 인정할 수 없다.

(나) 제3자의 자기관련성

1) 제3자가 자신의 이름으로 타인의 이익을 위하여 헌법소원을 제기할 수 있는지가 문제된다. 예컨대, 단체와 그 구성원을 서로 별개의 독립된 권리주체로 인정하고 있는 현행의 우리나라 법제 아래에서는 원칙적으로 헌법상 기본권을 직접 침해당한 권리주체만이 헌법소원심판절차에 따라 권리구제를 청구할 수 있는 것이고, 비록 단체의 구성원이 기본권의 침해를 당했다고 하더라도 단체가 구성원의 권리구제를 위하여 그를 대신하여 헌법소원심판을 청구하는 것은 허용될 수 없어 부적법하다.[412)]

또한, 일반 국민인 청구인이 소위 'BBK특검법'이 특정인을 대상으로 하는 법률로서 동인의 평등권과 인간 및 대통령 당선자로서의 존엄과 가치 등 불가침의 기본적 인권을 지나치게 침해한다고 주장한 사례에서, "헌법소원의 청구인은 공권력작용에 대하여 자신이 스스로 법적으로 관련되어야 한다. 그리고 법률에 의한 기본권침해의 경우에 어떠한 경우에 제3자(청구인)의 자기관련성을 인정할 수 있는가의 문제는 무엇보다도 ①입법의 목적 및 실질적인 규율대상, ②법규정에서의 제한이나 금지가 제3자에게 미치는 효과나 진지성의 정도 및 ③규범의 직접적인 수규자에 의한 헌법소원 제기의 기대가능성 등을 종합적으로 고려하여 판단하여야 한다.[413)] 그런데 위 특검법이 청구인을 그 규율대상으로 하는 것이 아님은 앞에서 본 바와 같고, 실제로 위 특검법의 시행으로 인하여 기본권을 침해받는 자가 있다면 대통령 당선자를 포함하여 그 사람이 직접 헌법소원의

---

412) 헌재 1991. 6. 3. 90헌마56, 판례집 3, 289, 297; 헌재 1994. 2. 24. 93헌마33, 판례집 6-1, 124, 127; 헌재 1995. 7. 21. 92헌마177등, 판례집 7-2, 112, 118; 헌재 2002. 6. 27. 2000헌마642등, 판례집 14-1, 644, 652; 헌재 2002. 8. 29. 2002헌마4, 판례집 14-2, 233, 238; 헌재 2002. 10. 31. 2002헌마20, 판례집 14-2, 554, 560.

413) 헌재 1997. 9. 25. 96헌마133, 판례집 9-2, 410, 416; 헌재 2000. 6. 29. 99헌마289, 판례집 12-1, 913, 934; 헌재 2011. 10. 25. 2010헌마661, 판례집 23-2하, 101, 117; 헌재 2016. 11. 24. 2016헌마299, 공보 242, 1930, 1932.

제기 등 법적 수단을 강구할 수 있는 것이므로, 제3자인 청구인에게 자기관련성을 인정할 만한 사정이 있다고 할 수 없다."고 판시하였다.[414]

사례

⊙ 헌재 2012. 5. 31. 2009헌마705등 : '국가공무원 복무규정' 및 '지방공무원 복무규정'은 해당 공무원의 복무에 관한 사항을 규정함을 목적으로 하는데(제1조), 그 내용은 공무원의 직무수행에 있어서의 각종 의무와 권리 및 권한 등에 관한 것으로서 이때 그 규율의 대상은 개별적 공무원임이 명백하다. 따라서 이 사건 규정들의 직접적인 수범자는 공무원 개인이지 청구인 공무원노동조합총연맹과 같은 공무원단체는 아니다. 가사 이 사건 규정들[415]이 공무원이 '단체의 명의를 사용하여' 행하는 행위 등을 제한하는 결과 위 공무원노동조합총연맹의 기본권이 제한된다 하더라도 이는 공무원 개개인의 기본권이 제한됨으로써 파생되는 간접적이고 부수적인 결과일 뿐이다. 따라서, 청구인 공무원노동조합총연맹의 이 사건 규정들에 대한 심판청구는 자기관련성이 없어 부적법하다.

⊙ 헌재 2013. 10. 24. 2011헌마871 : 이 사건 고시[416]는 토지 등의 감정평가에 대한 타당성 조사업무의 수탁기관으로 기존에 지정되었던 (한국)감정평가협회 외에 한국감정원을 추가로 지정하고, 표준공시지가 및 표준주택가격의 조사·평가에 따른 부대업무 등의 수탁기관을 감정평가협회에서 한국감정원으로 변경하는 내용이므로, 이 사건 고시의 직접적인 적용을 받는 자는 감정평가협회와 한국감정원이고, 감정평가협회의 회원에 불과한 청구인들은 이 사건 고시의 수규자가 아닌 제3자에 불과하다. (…) 이 사건 고시에 의하여 감정평가협회가 기존에 독점적으로 위탁받아 수행한 업무를 한국감정원과 같이 위탁받아 수행하거나 일부 업무에서는 위탁기관에서 배제되었다고 하더라도 그로 인하여 감정평가협회가 존속될 수 없다거나 협회의 업무 자체가 공동화되지 않을 뿐만 아니라, 협회의 회원인 청구인들이 감정평가사로서의 고유

414) 헌재 2007. 12. 27. 2007헌마1446, 공보 135, 123, 125.

415) 공무원에 대하여 국가 또는 지방자치단체의 정책에 대한 반대·방해 행위를 금지한 구 '국가공무원 복무규정'(2009.11.30. 대통령령 제21861호로 개정되고, 2011.7.4. 대통령령 제23010호로 개정되기 전의 것) 제3조 제2항 및 구 '지방공무원 복무규정'(2009.11.30. 대통령령 제21862호로 개정되고, 2010.7.15. 대통령령 제22275호로 개정되기 전의 것) 제1조의2 제2항, 그리고 공무원에 대하여 직무수행 중 정치적 주장을 표시·상징하는 복장 등 착용행위를 금지한 '국가공무원 복무규정' 제8조의2 제2항 및 '지방공무원 복무규정' 제1조의3 제2항.

416) 국토해양부장관의 위탁업무 수행기관으로 한국감정평가협회 외에 한국감정원을 추가로 지정하는 내용의 국토해양부고시 제2011-579호 및 일부 업무에 대하여는 수탁기관을 한국감정평가협회에서 한국감정원으로 변경하는 내용의 국토해양부고시 제2011-639호.

한 업무 수행을 할 수 없다거나 하기 어려운 사정이 발생하는 것도 아니므로 청구인들의 감정평가사로서의 법적 지위 및 권리의무에는 전혀 변동이 없다. 따라서 청구인들이 이 사건 고시로 인하여 입는 불이익은 감정평가협회의 위탁업무 범위가 변경됨에 따라 발생한 간접적이고 사실적인 불이익에 해당할 뿐, 법적인 불이익이라고 할 수 없으므로 청구인들에게 이 사건 고시로 인한 기본권 침해의 자기관련성은 인정되지 않는다.

---

2) 헌법재판소는 소위 '의료보험통합사건'에서, "국민건강보험법 부칙 제6조 및 제7조의 직접적인 수규자는 법인이나, 직장의료보험조합은 공법인으로서 기본권의 주체가 될 수 없을 뿐만 아니라 법규정의 실질적인 규율대상이 수규자인 법인의 지위와 아울러 제3자인 조합원들의 법적 지위라고 볼 수 있으며, 법규정이 내포하는 불이익이 수규자의 범위를 넘어 제3자인 조합원들에게도 유사한 정도의 불이익을 가져온다는 의미에서 거의 동일한 효과를 가지고 있으므로 법의 목적 및 실질적인 규율대상, 법규정에서의 제한이나 금지가 제3자에게 미치는 효과나 진지성의 정도, 규범의 수규자에 의한 헌법소원의 제기가능성 등을 종합적으로 고려하여 판단할 때 조합원들의 자기관련성을 인정할 수 있다."고 하였다.[417]

사례

⊙ 헌재 2012. 5. 31. 2010헌마88 : 이 사건 법률조항[418]의 문언상 직접적인 수범자는 '정보통신서비스 제공자'이고 정보게재자인 청구인은 제3자에 해당하나, 사생활이나 명예 등 자기의 권리가 침해되었다고 주장하는 자로부터 침해사실의 소명과 더불어 그 정보의 삭제 등을 요청받으면 정보통신서비스 제공자는 지체 없이 임시조치를 하도록 규정하고 있는 이상, 위 임시조치로 청구인이 게재한 정보는 접근이 차단되는 불이익을 받게 되었으므로, 이 사건 법률조항의 입법목적, 실질적인 규율대상, 제한이나 금지가 제3자에게 미치는 효과나 진지성의 정도를 종합적으로 고려할 때, 이

---

417) 헌재 2000. 6. 29. 99헌마289, 판례집 12-1, 913, 934.

418) 정보통신망을 통하여 일반에게 공개된 정보로 말미암아 사생활 침해나 명예훼손 등 타인의 권리가 침해된 경우, 그 침해를 받은 자가 삭제요청을 하면 정보통신서비스 제공자는 권리의 침해여부를 판단하기 어렵거나 이해당사자 간에 다툼이 예상되는 경우에는 30일 이내에서 해당정보에 대한 접근을 임시적으로 차단하는 조치를 하여야 한다고 규정하고 있는 '정보통신망 이용촉진 및 정보보호 등에 관한 법률'(2008.6.13. 법률 제9119호로 개정된 것) 제44조의2 제2항 중 '임시조치'에 관한 부분 및 제4항.

사건 법률조항으로 인한 기본권침해와 관련하여 청구인의 자기관련성을 인정할 수 있다.

⊙ 헌재 2013. 5. 30. 2009헌마514 : 교육부장관의 이 사건 인가처분은 학교법인 이화학당에 대한 것으로서 청구인들은 이 사건 인가처분의 직접적인 상대방이 아니다. 그런데 '법학전문대학원의 설치·운영에 관한 법률'은 일반대학의 입학정원과 달리 국민에 대한 법률서비스의 원활한 제공 및 법조인의 수급상황 등 제반사정을 고려하여 교육부장관이 법학전문대학원의 총 입학정원을 정하도록 하는 이른바 '총정원주의'를 규정하고 있다(제7조 제1항). 이와 같이 전체 법학전문대학원의 총 입학정원이 한정되어 있는 상태에서 이 사건 인가처분이 여성만이 진학할 수 있는 여자대학에 법학전문대학원 설치를 인가한 것은, 결국 청구인들과 같은 남성들이 진학할 수 있는 법학전문대학원의 정원이 여성에 비하여 적어지는 결과를 초래하여 청구인들의 직업선택의 자유, 평등권을[419] 침해할 가능성이 있으므로, 이 사건 인가처분의 직접적인 상대방이 아닌 제3자인 청구인들에게도 기본권 침해의 자기관련성이 인정된다.

---

(2) 현재성

헌법소원의 청구인은 공권력작용과 현재 관련이 있어야 하며, 장래 어느 때인가 관련될 수 있을 것이라는 것만으로는 헌법소원을 제기하기에 족하지 않다. 즉, 청구인이 현재 기본권을 침해당한 경우이어야 한다. 일반국민을 수범자로 하는, 추상적이고 일반적인 성격을 지닌 법률에 대하여 모든 국민 개개인에게 어느 시점에서나 헌법소원심판을 청구할 수 있게 하는 것은 민중소송을 인정하는 것에 다름 아니어서 우리의 헌법재판제도상 허용될 수 없는 것이다. 그러므로 그러한 법률에 대한 헌법소원심판청구가 적법하기 위하여는 청구인에게 당해 법률에 해당되는 사유가 발생함으로써 그 법률이 청구인의 기본권을 명백히 구체

---

419) 그러나 헌법재판소는 본안판단의 '제한되는 기본권'에서는, "청구인은 평등권 및 균등하게 교육받을 권리의 침해도 주장하고 있으나, 이 사건 인가처분은 남성에 대한 차별이나 여성에 대한 적극적 평등실현의 목적으로 이루어진 것이 아니며, 이 사건 인가처분으로 인하여 청구인은 이화여자대학교 법학전문대학원에 입학하는 것이 제한될 뿐이지 그 이외의 법학전문대학원에 입학하는 것이 제한되는 것은 아니고, 결국 그로 인한 불이익은 남성이 여성에 비하여 전체 법학전문대학원에 입학할 가능성이 줄어든다는 것이어서, 이에 대한 판단은 청구인의 직업선택의 자유가 침해되는지 여부에 대한 판단과 중복된다. 따라서 이 사건에서는 청구인의 직업선택의 자유의 침해여부를 중심으로 판단하기로 한다."고 판시하였다.

적으로 현실 침해하였거나 침해가 확실히 예상되는 경우에 한정된다.[420)]

즉, 기본권침해가 장래에 발생하더라도 그 침해가 틀림없을 것으로 현재 확실히 예측된다면 기본권구제의 실효성을 위하여 침해의 현재성을 인정한다.[421)] 따라서 예컨대, 심판대상조항에 의한 기본권침해가 형사사건의 상고심에서 원심대로 형이 확정되어야 현실적으로 발생하는 것이더라도, 여러 사정에 비추어 법률심인 상고심에서 원심판결이 번복될 가능성이 객관적으로 많지 않을 것으로 보이는 이상 기본권구제의 실효성을 위하여 침해의 현재성을 인성할 수 있고,[422)] 청구인에 대한 증권거래법위반죄의 유죄판결이 미확정의 상태에 있어 기본권의 제한이 아직 현실화된 것은 아니지만 형사재판절차가 현재 계속중에 있어 기본권제한의 가능성이 구체적으로 현출된 단계에 있는 경우에는 신속한 기본권구제를 위하여 현재 기본권이 침해되고 있는 경우와 마찬가지로 헌법소원이 허용된다.[423)]

인정된 사례

⊙ 헌재 2007. 5. 31. 2003헌마422 : 이 사건 제1법률[424)]은 군법무관들을 해당 위원의 자격에서 원칙적으로 배제하고 있는데, 군법무관들도 각종 위원회의 위원직을 수행할 수 있는 법률적 소양과 나름대로의 경험을 지니고 있는 점, 군법무관도 판사·검사·변호사와 동일한 시험을 통해 선발되었고 그 업무도 유사한 점, 대부분의 위원

420) 헌재 1994. 6. 30. 91헌마162, 판례집 6-1, 672, 677.

421) 헌재 1992. 10. 1. 92헌마68등, 판례집 4, 659, 669; 헌재 1996. 8. 29. 95헌마108, 판례집 8-2, 167, 175.

422) 헌재 1995. 11. 30. 94헌마97, 판례집 7-2, 677, 688. 심판대상은 공직선거및선거부정방지법 제59조, 제254조 제2항 제4호, 제112조 제2항 제3호 및 정치자금에관한법률 제3조 제8호.

423) 헌재 2001. 3. 21. 99헌마150, 공보 55, 376, 378. 심판대상은 증권거래법(1997.12.13. 법률 제5423호로 개정된 것) 제33조 제2항 제3호 중 "이 법 또는 이에 상당하는 외국의 법령 기타 대통령령이 정하는 금융관련법령에 의하여 벌금 이상의 실형을 선고받고 그 집행이 종료(집행이 종료된 것으로 보는 경우를 포함한다)되거나 면제된 후 5년을 경과하지 아니한 자" 부분.

424) 구 국가공무원법 제8조(중앙인사위원회) 제2항 및 제10조(소청심사위원회) 제1항, '국민고충처리위원회의 설치 및 운영에 관한 법률' 제7조(국민고충처리위원회) 제2항, '공익사업을 위한 토지 등의 취득 및 보상에 관한 법률' 제52조(중앙토지수용위원회) 제4항, 구 지방자치법 제140조의2(지방자치단체중앙분쟁조정위원회) 제5항, 구 산업재해보상보험법 제91조(산업재해보상보험심사위원회) 제4항, 구 환경분쟁조정법(중앙조정위원회) 제8조 제1항.

직이 해당 기관의 선정에 의하여 결정되고 여하한 신청권도 인정되지 않는 점, 청구인들에게 입법청원 외에 이 사건 제1법률을 다툴 수 있는 다른 법적 구제수단도 없는 점, 군법무관으로 근무한 기간과 판사·검사·변호사로 근무한 기간의 합산문제가 개입될 수 있는 점 등을 고려할 때, 이 사건에서는 장래 청구인들의 권리침해 가능성이 현재로서 확실히 예상된다고 보아 청구인들에게 현재성을 인정함이 상당하다.

⊙ 헌재 2010. 4. 29. 2008헌마438 : 청구인은 지난 제17대 대통령선거 당시 부재자신고를 해 실제로 부재자투표를 하였고, 지난 제18대 국회의원선거에서는 부재자투표를 하고자 하였으나 사전투표의 불이익을 피하려고 부득이 선거일에 주민등록지의 투표소에 직접 가 투표하였다는 것이므로, 앞으로 다가올 선거에서도 부재자신고를 마치고 부재자투표를 할 가능성은 충분히 있다. 그러므로 이 사건의 경우 청구인이 비록 장래의 선거에 관해 아직 부재자투표 여부가 확정되지 않았다 하더라도 주기적으로 반복되는 선거의 특성과 기본권구제의 실효성 측면을 고려할 때, 기본권침해의 현재성을 갖춘 것으로 보아야 할 것이다.

부인된 사례

⊙ 헌재 2007. 5. 31. 2003헌마422 : 청구인들은 심판청구이래 현재까지 이 사건 명령·규칙[425]상의 공무원으로 특별채용되기 위하여 어떠한 준비나 지원을 한 사실이 없고, 청구인들 중 일부는 군법무관으로 근무하다가 전역하여 판사·변호사 등으로 재직중인바, 그렇다면 이 사건 명령·규칙으로 인한 권리침해의 우려는 단순히 장래 잠재적으로 나타날 수도 있는 불확실한 미래에 대한 것에 불과하고, 그 침해가 틀림없을 것으로 현재 확실히 예측되지도 않으므로 기본권침해의 현재성이 인정되지 않는다. 따라서 이 사건 명령·규칙에 대한 심판청구는 부적법하다.

⊙ 헌재 2009. 11. 26. 2008헌마691[426] : 청구인이 화재진압작업 중 부상을 입어

---

425) 국가정보원직원법 시행령 제4조 제3항 별표3, '공무원임용 및 시험 시행규칙' 제6조 제2항 별표5, 법원공무원규칙 제19조 제1항 제3호 별표5의2, 구 헌법재판소공무원규칙 제14조 제1항 제3호 별표4.

426) [사건개요] : 청구인은 2001. 3. 8.부터 현재까지 소방공무원으로 재직하고 있는바, 재직 중이던 2008. 1. 12.경 울산군 온산읍 ○○초등학교 급식소 화재현장에서 진화작업 중 안면부 열상을 당하여 공상승인을 받았고, 2008. 6. 9. 국가유공자 공상공무원 7급으로 등록되어 퇴직 후 보훈급여금을 수령할 수 있다. 한편 청구인은 위와 같은 부상으로 인하여 2008. 8. 22. 울산대학교 병원에서 안면부 반흔 7.5cm로 폐질확정되어 공무원연금법의 관련조항에 따라 퇴직 후 장해연금을 수령할 수 있게 되었다. 청구인은 2008. 11. 18. 국가유공자 7급(공상공무원) 보훈급여 및 공무원연금법상 장애연금수급 예정자로서 퇴직 후 장래의 연금지급에서 군인연금법의 경우 '국가유공자 등 예우 및 지원에 관한 법률'에 의한 보훈급여를 병급받는데 반하여, 위 보훈급여를 공제하고 있는 공무원연금법 제33조 제1항이 평등권을 침해하여 위헌이라는 이유로 이 사건 헌법소원심판을 청구하였다.

2008. 8. 22. 울산대학교 병원에서 안면부 반흔 7.5cm로 '폐질'이 확정된 사실은 인정된다. 그러나 (…) 심판대상 법조항[427]의 위헌여부를 다투기 위해서는 기본적으로 동법상 장해연금의 수급자이거나 장해연금의 수급이 확실히 예측될 것이 요구되는데, 동법 제51조는 "공무원이 공무상 질병 또는 부상으로 인하여 폐질상태로 되어 퇴직한 때, 또는 퇴직 후에 그 질병 또는 부상으로 인하여 폐질상태로 된 때" 장해연금 또는 장해보상금을 지급한다고 규정하고 있는바, 아직 재직중인 청구인의 경우 심판대상 법조항으로 인해 청구인의 기본권이 현재 침해당한다거나 장래 확실히 침해가 예측되는 것으로 보기는 어렵다. 따라서 이 사건 심판청구에서 구체적인 기본권침해가 존재하는 때는 현실적으로 퇴직 후 수급절차를 종료한 때로 보아야 하기 때문에, 이 사건 심판청구는 현재성을 결여하여 부적법하다.

---

(3) 직접성

(가) 의의

헌법소원의 청구인은 공권력작용으로 인하여 직접적으로 기본권이 침해되어야 한다. 이 직접성의 요건은 법령에 대한 헌법소원(법령소원)에서는 특히 중요한 의미를 가진다. 즉, 법령 자체가 헌법소원의 대상이 될 수 있으려면 그 법령에 의하여 구체적인 **집행행위**(Vollzugsakt)를 기다리지 아니하고 직접·현재·자기의 기본권을 침해받아야 하는 것을 요건으로 하고, 여기서 말하는 기본권침해의 직접성이란 집행행위에 의하지 아니하고 법령 그 자체에 의하여 자유의 제한, 의무의 부과, 권리 또는 법적 지위의 박탈이 생긴 경우를 뜻한다.[428]

(나) 집행행위의 의미

1) 법률에 대한 헌법소원의 직접성 요건에서 말하는 '집행행위'는 "아직 청구인의 권리관계를 변동시킬 수 있는 가능성만을 가진 법률에 근거하여, 청구인의 법률관계를 구체적으로 변동시키는 행위"라고 말할 수 있다. 그러므로 법규범이 법률효과를 발생시키기 위한 요건으로서 별개의 국가권력행사(법규범을 집행한다는 의미에서 집행행위라고 불리운다)를 요건으로 정하고 있는 경우와 그러하지 아니한 경우를 구분하여, 후자의 경우에만 직접성을 인정하게 되는 것이

---

427) 공무원연금법 제33조 제1항(1982.12.28. 법률 제3586호로 개정된 것) 중 '국가유공자 등 예우 및 지원에 관한 법률'에 의한 보훈급여금을 제외하지 않은 부분.

428) 헌재 1992. 11. 12. 91헌마192, 판례집 4, 813, 823 참조.

다. 후자의 경우에는 집행행위를 요건으로 하지 아니하므로, 집행행위의 유무에 관계없이 일정한 사실관계만 확정되면 법률에 의하여 바로 청구인의 법률관계에 변동을 가져오기 때문이다.429)

법령에 대한 헌법소원에 있어서 '기본권침해의 직접성'을 요구하는 이유는, 법령은 일반적으로 구체적인 집행행위를 매개로 하여 비로소 기본권을 침해하게 되므로 기본권의 침해를 받은 개인은 먼저 일반쟁송의 방법으로430) 집행행위를 대상으로 하여 기본권침해에 대한 구제절차를 밟는 것이 헌법소원의 성격상 요청되기 때문이다. 특히, 법령에 근거한 구체적인 집행행위가 **재량행위**인 경우에는 법령은 집행기관에게 기본권침해의 가능성만을 부여할 뿐 법령 스스로가 기본권의 침해행위를 규정하고 행정청이 이에 따르도록 구속하는 것이 아니고, 이 때의 기본권침해는 집행기관의 의사에 따른 집행행위, 즉 재량권의 행사에 의하여 비로소 이루어지고 현실화되므로 이러한 경우에는 법령에 의한 기본권침해의 직접성이 인정될 여지가 없다.431)

부인된 사례

⊙ 헌재 2012. 2. 23. 2009헌마333 : 이 사건 법률조항432)은 "소장은 수용자가 주고받는 서신에 법령에 따라 금지된 물품이 들어 있는지 확인할 수 있다."고 규정하고 있다. 이 규정에 의하면 수용자의 서신에 금지물품이 들어 있는지 확인할 것인지 여부는 교도소장의 재량에 좌우되는 것이므로, 교도소장의 금지물품 확인이라는 구체적인 집행행위가 있을 때 비로소 수용자인 청구인의 권리에 영향을 미치게 된다. 그리고 이 사건 법률조항은 교도소장이 수용자의 서신에 금지물품이 들어 있는지 여부를 확인하는 구체적인 방법으로 수용자가 주고받는 서신을 봉함하지 않은 상태로 제출하도록 규정하고 있지도 아니하다. 따라서 이 사건 법률조항은 청구인의 기본권을 직접 침해한다고 할 수 없으므로 이에 대한 심판청구는 부적법하다.433)

---

429) 황도수, 헌법재판실무연구, 지구촌, 2003, 86-87면.

430) 다만 여기에서 말하는 구제절차로서의 쟁송이란, 보충성 요건에서 말하는 구제절차가 대부분 일반법원에서의 그것인 것과는 달리, 후술하는 '위임입법'의 경우의 하위법령에 대한 헌법소원과 같이, 헌법재판소에서 다툴 수 있는 경우도 포함한다.

431) 헌재 1998. 4. 30. 97헌마141, 판례집 10-1, 496, 503-504; 헌재 2011. 5. 26. 2010헌마365, 공보 176, 846, 849.

432) '형의 집행 및 수용자의 처우에 관한 법률'(2007.12.21. 법률 제8728호로 개정된 것) 제43조 제3항.

433) 헌법재판소는 이 사건에서 수용자가 밖으로 내보내는 모든 서신을 봉함하지 않은 상태로 교정시설에 제출하도록 규정하고 있는 '형의 집행 및 수용자의 처우에 관한 법률 시행

⊙ 헌재 2014. 3. 27. 2011헌마577 : 이 사건 시행령조항[434]에 의하여 부과되는 부가가치세는 형식상 신고납부 방식에 의한 조세에 해당하지만, 부과징수 방식에 의한 조세와 마찬가지로 종국적으로 과세처분이라는 집행행위를 통하여 비로소 기본권침해가 현실화되는 것이다. 그러므로 이 사건 시행령조항에 대한 심판청구는 기본권침해의 직접성이 없는 법령조항을 그 대상으로 한 것이어서 부적법하다.

---

2) 이와 같이 집행행위가 매개된 경우에 직접성 요건을 부인하는 이유는, "집행행위가 매개된 경우에는 집행행위를 소송대상으로 삼아 권리구제절차를 밟을 수 있고, 이 경우 집행행위의 근거가 된 법규범의 효력여부가 문제되면 선결문제로 삼아 심사할 수 있으므로" 법규범 자체를 소송대상으로 삼을 필요가 없기 때문이다. 다시 말하면, 구체적인 집행행위가 존재하는 경우 그 집행행위를 대상으로 한 구제절차에서 문제된 해당 법률의 적용과 관련하여 전제된 사안의 사실적·법률적 관계를 심사하면서 해당 법률의 위헌여부심판의 필요성 등을 법원에서 판단할 필요가 있으므로, 집행행위의 근거가 되는 법률을 직접 헌법소원심판의 대상으로 삼아서는 아니 된다는 것이다.[435]

한편 독일에서는, 법규범이 집행행위의 가능성은 예정하고 있으나 집행행위의 매개가 법률효과의 발생에 필연적인 것, 즉 법률사실로서 규정한 것이 아니라 예외적으로 법률효과를 받는 국민이 집행행위가 있을 것을 요구할 경우에만 집행행위가 있을 수 있도록 규정한 경우는 직접성 여부를 판단하는 기준으로서의 집행행위라고 볼 수 없다고 보아 이러한 경우에는 직접성을 인정한다.[436] 그리하여, 연방헌법재판소는 "광고를 목적으로 자동차를 주행하거나 주차시키는 것은 금지된다."고 규정하고 있던 도로교통법 시행령 제33조 제1항에 대한 헌법소원 사건에서, 동 시행령 제42조 제2항에서 동 시행령의 모든 규정에 관하여 개별적으로 또는 일반적으로 특정 신청인에 대하여 예외(허가)가 인정될 수 있었음에도 불구

령'(2008.10.29. 대통령령 21095호로 개정된 것) 제65조 제1항이 청구인의 **통신비밀의 자유**를 침해한다는 이유로 위헌결정을 선고하였다.

434) 미용목적의 성형수술을 부가가치세 부과대상으로 규정하고 있는 구 부가가치세법 시행령(2010.12.30. 대통령령 제22578호로 개정되고, 2013.2.15. 대통령령 제24359호로 개정되기 전의 것) 제29조 제1호 단서.

435) 헌재 1992. 4. 14. 90헌마82, 판례집 4, 194, 202; 헌재 2006. 4. 27. 2004헌마562, 공보 115, 661, 664.

436) BVerfGE 31, 314 [323]. 박일환, "법규범에 대한 헌법소원과 제소요건", 인권과정의, 1991. 2, 46면의 註 5.

하고, "위 제42조 제2항에 따른 예외적인 허가(Ausnahmegenehmigung)를 신청한 후 그 결정을 기다릴 것을 청구인에게 요구할 수는 없다."고 판시하였다.[437] 즉, "야기되어진 행정행위"는 법률의 집행에 필요한 행정행위라고 볼 수 없다는 것이다.[438] 우리 헌법재판소에서도 아래와 같은 유사한 취지의 판례가 있다.

사례

⊙ 헌재 2004. 12. 16. 2002헌마478 : 행형법 시행령 제145조 제2항 단서에 의할 때 소장이 교화 또는 처우상 특히 필요하다고 인정하는 때에는 접견·서신수발 또는 도서열람을 허가할 수 있으며, 피청구인(안양교도소장)이 접견신청에 대한 허부(許否)의 의사표시를 함에 있어서 재량권이 있음이 인정되나, 위와 같은 접견·서신수발 금지의 통지를 받은 가족이나 금치처분을 받은 수형자 본인 혹은 제3자가 접견신청을 하는 것은 예외적인 경우이고 그 외에는 금치처분을 받은 수형자에게 접견·서신수발이 금지된다고 보는 것이 일반적이므로, 제도적으로 금치처분을 받은 자에 대해서는 별도의 집행행위 없이 행형법 시행령 제145조 제2항에 의하여 접견·서신수발이 금지되는 것으로 보는 것이 타당하다. 따라서 행형법 시행령 제145조 제2항 중 접견·서신수발 부분은 기본권침해의 직접성이 인정된다.

3) 요컨대, 집행행위의 필요없이 어떤 법령 자체에 의하여 국민에게 자유의 제한, 의무의 부과, 권리 또는 법적 지위의 박탈이 생긴 경우에는 직접성 요건을 충족하는 것이 된다. 즉, 직접성 여부의 판단은 청구인에게 내려진 규범명령이 입법자의 의지에 의한 것인가, 법집행자의 의지에 의한 것인가가 일응의 기준이 된다고 하겠다.[439]

(다) 구체적으로 문제되는 영역

1) 위임입법[440]

가) 위임입법이란 법률 또는 상위명령에서 구체적으로 범위를 정하여 위임

---

437) BVerfGE 40, 371.

438) BVerfGE 31, 314. 황도수, 전게서(2003), 89, 117-118면.

439) 박종보, "법령에 대한 헌법소원", 박사학위논문, 서울대학교대학원, 1994.2, 140면.

440) 위임된 입법권에 의하여 이루어지는 행정입법은 '**위임입법**'으로, 입법자가 행정부에 자신의 입법권을 위임하는 것은 '**입법위임**'으로, 입법권을 위임하는 법률은 '위임법률' 또는 '수권법률'로 각 명확하게 구분하여 명칭해야 할 것이라는 견해로 한수웅, 헌법학, 법문사,

받은 사항에 관하여 법규로서의 성질을 가지는 일반적·추상적 규범을 정립하는 것을 의미하는바, 형식적 의미의 법률(국회입법)에는 속하지 않지만 실질적으로는 행정에 의한 입법으로서 법률과 같은 성질을 갖는 법규의 정립이기 때문에 권력분립주의 내지 법치주의 원리에 비추어 그 요건이 엄격할 수밖에 없으므로, 법규적 효력을 가지는 행정입법의 제정에는 반드시 구체적이며 명확한 법률의 위임을 요한다(헌법 제75조).[441]

그런데, 직접성 요건에서 말하는 집행행위에는 입법행위도 포함되므로 법률규정이 그 규정의 구체화를 위하여 하위규범의 시행을 예정하고 있는 경우에는 당해 법률의 직접성은 부인된다.[442]

사례

⊙ 헌재 2011. 11. 24. 2009헌마415 : 이 사건 법률조항[443]은 단순히 "의료수가기준과 그 계산방법 등에 관하여는 보건복지가족부장관이 정한다."라고 규정함으로써 보건복지가족부장관에게 하위규범인 고시를 제정·시행할 권한을 부여하고 있다. 즉, 이 사건 법률조항은 보건복지가족부장관의 고시라는 구체적인 하위규범의 시행을 예정하고 있을 뿐, 그 자체로 청구인에 대하여 자유의 제한, 의무의 부과, 권리 또는 법적 지위의 박탈이라는 법적 효과를 발생시키지 않고 있다. 결국 이 사건 법률조항이 직접적으로 청구인의 기본권을 침해하고 있다고 볼 수 없으므로, 이 사건 법률조항에 관한 심판청구는 직접성을 결여하여 부적법하다.

⊙ 헌재 2018. 2. 22. 2017헌마438 : 청구인은 담배제조업을 하기 위하여 허가를 받아야 한다는 부분에 대해서는 다투지 아니하고 다만 그 허가기준이 지나치게 높아 허가조항[444]이 헌법에 위반된다고 주장하고 있다. 그런데 허가조항은 담배제조업 허가기준을 대통령령으로 정하도록 하는 위임규정으로서 하위규범의 시행을 예정하고 있으므로, 이 조항에 대해서는 직접성이 인정되지 아니한다.

2012, 1206면.

441) 헌재 1993. 5. 13. 92헌마80, 판례집 5-1, 365, 379.

442) 헌재 1996. 2. 29. 94헌마213, 판례집 8-1, 147, 154; 헌재 2002. 12. 18. 2001헌마111, 판례집 14-2, 872, 878; 헌재 2003. 9. 25. 2001헌마93등, 판례집 15-2상, 319, 351; 헌재 2004. 9. 23. 2003헌마231등, 판례집 16-2상, 586, 597.

443) 구 의료급여법(2008.2.29. 법률 제8852호로 개정되고, 2010.1.18. 법률 제9932호로 개정되기 전의 것) 제7조 제2항 후문.

444) 담배제조업의 허가기준을 대통령령에 위임한다고 규정한 담배사업법(2014.1.21. 법률 제12269호로 개정된 것) 제11조 제1항.

나) 그러나 법률이 하위규범에 위임하고 있는 규정을 직접 대상으로 한 헌법소원에서도 직접성을 인정하는 경우가 있다.

사례

⊙ 헌재 2001. 4. 26. 2000헌마122 : 이 사건 조항[445]은 종래의 조합장에 대한 예우사항을 공사의 **정관**에 위임하고 있는바, 이 사건 조항은 아래의 점에서 직접성을 인정할 수 있다. 첫째, 청구인들은 이 사건에서 단순히 청구인들이 합당한 예우를 받지 못했다는 것만 다투는 것이 아니라, 이 사건 조항의 규정형식 자체를 문제삼고 있다. 즉, 직업선택의 자유 등 기본권의 제한에 관한 규정은 일반적인 위임입법보다도 더 엄격한 형식에 의하여야 할 것임에도 불구하고, 행정규칙도 아닌 농림부 산하기관에 불과한 농업기반공사의 정관에 위임한 것은 위헌이라는 것이다. 이러한 주장은 이 사건 조항을 직접 다툴 때만 성립될 수 있는 것이다. 둘째, 정관에 기본권 관련 사항을 위임할 수 있는지는, 일반적 위임입법 문제와는 달리 특수한 헌법적 성격을 가진다. 만일 국회가 법률로써만, 혹은 구체적인 위임입법(법규명령) 형식으로만 정하여야 할 경우에도 정관에 위임시킨다면 이는 국회가 자신의 의무를 회피하는 것이 되는 중대한 헌법문제로서, 이 사건 조항을 직접 다툴 때에만 그 해명이 이루어질 수 있는 것이다.

⊙ 헌재 2012. 11. 29. 2011헌마827 : 이 사건 법률조항[446]의 경우 고등학교의 입학방법 및 절차 전부를 대통령령에 위임함으로써, 하위규정에 그 규정의 구체화를 위임하고 있어 직접성 요건의 충족여부가 문제되는바, 청구인들은 이 사건 법률조항의 의회유보의 원칙 위반 또는 포괄위임입법금지의 원칙 위반여부를 다투고 있는데, 의회유보의 원칙 위반 등의 문제는 위 법률조항에 의하여 시원적으로 발생하는 것이어서 결국 위 법률조항의 위헌성 여부가 적법한 심판대상인 이 사건 시행령조항[447]에 영향을 미치게 되므로 그 위헌성을 심사할 수 있다고 보아야 할 것이다(헌재 2007. 3. 29. 2005헌마985, 판례집 19-1, 287, 298 참조).

---

445) '농업기반공사 및 농지관리기금법' 부칙 제6조 단서.

446) 초·중등교육법(2012.3.21. 법률 제11384호로 개정된 것) 제47조(입학자격 등) ②그 밖에 고등학교의 입학방법과 절차 등에 필요한 사항은 대통령령으로 정한다.

447) 초·중등교육법 시행령(2011.3.18. 대통령령 제22712호로 개정된 것) 제84조(후기학교의 신입생 선발 및 배정방법) ②제77조 제2항에 따라 시·도 조례로 정하는 지역의 후기학교 주간부 신입생은 고등학교 학교군별로 추첨에 의하여 교육감이 각 고등학교에 배정하되, 제81조 제5항의 규정에 의하여 2 이상의 학교를 선택하여 지원한 경우에는 그 입학지원자 중에서 추첨에 의하여 당해 학교정원의 전부 또는 일부를 배정할 수 있다.

다) 또한 어떤 법률규정이 하위법령에 그 규정의 구체화를 위하여 내용의 일부를 위임하고 있는 경우라 하더라도 "①수권조항과 시행령조항이 서로 불가분의 관계를 이루면서 전체적으로 하나의 규율내용을 형성하고 있고, ②수권조항과 시행령조항을 서로 분리하여서는 규율내용의 전체를 파악하기 어려운 경우"에는 수권조항과 시행령조항 모두에 대해 불가분의 일체로서 기본권침해의 직접성을 인정할 수 있다.[448]

사례

⊙ 헌재 2008. 6. 26. 2005헌마506 : 방송법 제32조 제2항은 "위원회는 제1항의 규정에 불구하고 대통령령이 정하는 방송광고에 대하여는 방송되기 전에 그 내용을 심의하여 방송여부를 심의·의결할 수 있다."고 규정하고 있어, 마치 이 사건 규정들[449]에 의한 기본권침해는 방송위원회의 심의·의결이라는 집행행위를 매개로 하여서만 발생하는 것처럼 보이나, 제3항은 "방송사업자는 제2항의 규정에 의한 방송광고에 대해서 위원회의 심의·의결의 내용과 다르게 방송하거나 심의·의결을 받지 않은 방송광고를 방송하여서는 아니 된다."고 규정함으로써 방송광고를 하고자 하는 자는 누구든지 사전에 심의를 거치도록 의무화하고 있고, '방송심의에 관한 규정' 제59조가 이를 확인하고 있으며, 방송법시행령 제21조의2는 사전심의를 받아야 하는 방송광고의 종류를 나열함으로써 사전심의 대상을 구체화하고 있다. 즉, 이 사건 규정들은 서로 불가분적으로 결합하여 그 자체에서 텔레비전 방송광고의 사전심의라는 의무를 부과하고 있는 것이다. 그렇다면 이 사건 규정들은 집행행위 이전에 이미 국민의 권리관계를 직접 확정적으로 정하고 있다고 할 것이고, 따라서 이 사건 규정들의 권리침해의 직접성은 인정된다.

⊙ 헌재 2009. 9. 24. 2007헌마949 : 이 사건 법률조항[450]은 총포와 아주 비슷하게 보이는 모의총포의 소지 등을 금지하면서 모의총포의 범위에 관한 구체적 기준을 하위법령인 대통령령에서 정하도록 위임하고 있다. 모의총포 소지 등의 금지의무는 이

448) 헌재 2002. 6. 27. 99헌마480, 판례집 14-1, 616, 625 ; 헌재 2004. 1. 29. 2001헌마894, 판례집 16-1, 114, 126; 헌재 2004. 12. 16. 2003헌마226등, 판례집 16-2하, 580, 588; 헌재 2008. 6. 26. 2005헌마506, 공보 141, 911, 913.

449) 방송법(2004.3.22. 법률 7213호로 개정되고, 2008.2.29. 법률 제8867호로 개정되기 전의 것) 제32조 제2항, 제3항과 방송법시행령(2004.9.17. 대통령령 18548호로 개정된 것) 제21조의2 본문 중 '텔레비전방송광고' 부분 및 '방송심의에 관한 규정'(2000.8.28. 방송위원회규칙 제22호로 제정된 것) 제59조.

450) '총포·도검·화약류 등 단속법'(2003.7.29. 법률 제6948호로 개정된 것) 제73조 제1호 중 제11조 제1항 본문의 "소지"에 한 부분.

사건 법률조항 자체에서 나온다. 대통령령인 법 시행령 제13조, 별표 5의2('이 사건 시행령조항')는 모의총포의 구체적 범위에 관한 기준을 정할 뿐, 소지를 금하는 의무부과 등 기본권제한에 관한 사항을 규정하고 있지는 않다. 따라서 모의총포 소지에 관련한 기본권제한은 이 사건 법률조항과 이 사건 시행령조항이 함께 적용될 때 비로소 구체화될 수 있으므로, 이 사건 법률조항과 이 사건 시행령조항은 서로 불가분의 관계를 이루면서 전체적으로 하나의 규율내용을 형성하고 있고 서로 분리하여서는 규율내용의 전체를 파악하기 어려운 경우에 해당한다. 그렇다면, 이 사건 법률조항은 이 사건 시행령조항과 불가분의 일체로서 기본권침해의 직접성을 갖추었다.

---

2) 재판규범

가) 집행행위에는 입법행위와 행정행위가 포함됨은 물론 사법작용인 재판도 포함될 수 있다. 그러나 다른 한편에서는, 형법상의 법률조항은 엄밀한 의미에서 법률 그 자체에 의하여 국민의 신체의 자유를 제한하는 것이 아니라 넓은 의미의 재량행위의 하나인 형법조항의 적용행위(법관의 양형)라는 구체적인 집행행위를 통하여 비로소 국민의 기본권이 제한되는 것이지만, 국민에게 그 합헌성이 의심되는 형법조항에 대하여 위반행위를 우선 범하고 그 적용·집행행위인 법원의 판결을 기다려 헌법소원심판을 청구할 것을 요구할 수는 없으므로, 이러한 경우 집행행위가 재량행위임에도 불구하고 법령에 대한 헌법소원심판청구의 적법성을 인정할 수 있다고 한 판례도 있다.[451]

예컨대, 국민에게 일정한 행위의무 또는 행위금지의무를 부과하는 법규정을 정한 후 이를 위반할 경우 제재수단으로서 형벌 또는 행정벌 등을 부과할 것을 같은 조문에서 정한 경우에, 그 형벌이나 행정벌의 부과를 위 직접성에서 말하는 집행행위라고는 할 수 없다.[452] 국민은 별도의 집행행위를 기다릴 필요없이

---

451) 헌재 1996. 2. 29. 94헌마213, 판례집 8-1, 147, 154. 그러나 이 선례는 법률규정이 그 규정의 구체화를 위하여 하위규범의 시행을 예정하고 있다는 이유로, 직접성 결여로 각하되었다. ["다만 직권으로 살피건대, 위에서 말하는 집행행위에는 입법행위도 포함되므로 법률규정이 그 규정의 구체화를 위하여 하위규범의 시행을 예정하고 있는 경우에는 당해 법률규정의 직접성은 부인되는바, 이 사건 심판대상 규정 중 풍속영업법 제2조 제6호는 '기타 선량한 풍속을 해하거나 청소년의 건전한 육성을 저해할 우려가 있는 영업'의 구체적 내용을 대통령령으로 정하도록 규정하고 있어 그 자체로 직접 노래연습장업자의 기본권을 침해하고 있지 않으므로 직접성의 요건이 흠결되어 부적법하다."]

452) 독일에서도 형벌법규에 대하여 사전에 위반행위를 하도록 요구하거나 질서위반을 범하도록 요구하는 것은 일반적으로 기대가능성이 없는 것으로 인정한다.(BVerfGE 46, 246 [256];

제재의 근거가 되는 법률의 시행 자체로 행위의무 또는 행위금지의무를 직접 부담하는 것이기 때문이다. 다시 말하면 설령 형벌의 부과를 구체적인 집행행위라고 보더라도, 이러한 법규범을 다투기 위하여 국민이 이 법규범을 실제로 위반하여 재판을 통한 형벌이나 벌금부과를 받게 되는 위험을 감수할 것을 국민에게 요구할 수 없기 때문이다.

사례

⊙ 헌재 1998. 3. 26. 97헌마194 : 청구인은 현재 보석판매 및 그에 따른 보석감정 등을 업으로 하고 있는 사람으로서 1996. 12. 30. 관세법 제186조가 법률 제5194호로 개정되면서, 관세법 제179조(밀수출입죄) 또는 제180조(부정수출입죄) 제1항 제2호·제3호 및 제2항에 해당되는 물품(밀수[출]입 또는 부정수[출]입된 물품)을 감정한 행위에 대해서도 형사처벌을 하도록 규정하자, 위 법률조항이 죄형법정주의원칙에 위배되고, 청구인의 직업선택권 및 평등권을 침해한다고 주장하면서 이 사건 헌법소원심판을 청구하였다. (…) 위 법률조항[453]을 청구인이 위반하여 처벌받는 구체적인 집행행위가 없다고 하더라도 기본권 침해의 직접성은 인정된다.

⊙ 헌재 2007. 7. 26. 2003헌마377 : 법률이 직접 국민에게 행위의무 또는 금지의무를 부과한 후 그 위반행위에 대한 제재로서 형벌, 행정벌 등을 부과할 것을 정한 경우에 국민은 별도의 집행행위를 기다릴 필요없이 제재의 근거가 되는 법률의 시행 자체로 행위의무 또는 금지의무를 직접 부담하며(헌재 1996. 2. 29. 94헌마213, 판례집 8-1, 147, 154 참조), 국민에게 그 합헌성이 의심되는 형벌조항에 대하여 위반행위를 우선 범하고 그 적용·집행행위인 법원의 판결을 기다려 헌법소원심판을 청구할 것을 요구할 수는 없다(헌재 1998. 3. 26. 97헌마194, 판례집 10-1, 302, 312-313 참조). 따라서 이 사건 법률조항들[454]의 기본권침해의 직접성도 역시 인정된다.

나) 그러나 벌칙·과태료 조항의 전제가 되는 구성요건조항이 별도로 규정되어 있는 경우에, 벌칙·과태료 조항에 대하여는 청구인들이 그 법정형이 체계정당성에 어긋난다거나 과다하다는 등 그 자체가 위헌임을 주장하지 않는 한 직접

77, 84 [100]) 박종보, 전게논문(1994.2), 153면.

453) 구성요건과 벌칙이 함께 규정된 경우임.

454) 문화재의 은닉을 처벌하도록 규정한 구 문화재보호법(2002.12.30. 법률 제6840호로 개정되고, 2007.4.11. 법률 제8346호로 개정되기 전의 것) 제81조 제4항, 문화재보호법(2007.4.11. 법률 제8346호로 개정된 것) 제103조 제4항 및 도굴 등이 된 문화재의 보유·보관을 처벌하도록 규정한 위 구 문화재보호법 제82조 제4항, 법 제104조 제4항.

성을 인정할 수 없다.[455] 이러한 원리는 행정제재 조항의 경우에도 마찬가지로 적용된다.[456]

사례

⊙ 헌재 2009. 10. 29. 2007헌마1359 : 이 사건 심판대상조항들 중 경비업법 제28조 제4항 제2호는 그 전제인 행위금지조항(제15조 제3항)이 따로 있고 이를 위반하는 경우에 벌칙을 부과하는 벌칙조항인데, 청구인은 위 벌칙조항의 법정형이 체계정당성에 어긋난다거나 과다하다는 등 그 자체의 고유한 위헌성을 다투는 것이 아니라 전제되는 행위금지조항이 위헌이어서 그 제재조항도 당연히 위헌이라는 취지로 주장하는 것이므로, 위 벌칙조항은 기본권침해의 직접성이 인정되지 아니한다.

⊙ 헌재 2013. 6. 27. 2011헌마315등 : 이 사건 과태료조항[457]은 그 전제인 의무부과조항(이 사건 금연구역조항)이 따로 있고 이를 위반하는 경우에 과태료를 부과하는 제재조항으로서, 청구인들이 과태료라는 제재가 체계정당성에 어긋난다거나 과다하다는 등 그 자체의 고유한 위헌성을 다투는 것이 아니며, 다만 전제되는 의무부과조항이 위헌이어서 그 제재조항도 당연히 위헌이라는 취지로 주장하는 것에 불과하다. 따라서 이 사건 과태료조항은 기본권침해의 직접성을 인정할 수 없다.

다) 한편 헌법재판소는 헌재 2016. 11. 24. 2013헌마403[458] 결정에서 형벌조항에 대한 직접성 판단에서 단계별 접근을 하였다. 즉, "형벌조항의 경우 국민이 ① 그 '형벌조항을 위반하기 전'이라면 그 형벌조항을 실제로 위반하여 재판을

455) 헌재 2008. 11. 27. 2007헌마860, 판례집 20-2하, 447, 457-458 ; 헌재 2006. 6. 29. 2005헌마165등, 판례집 18-1하, 337, 382; 헌재 2014. 4. 24. 2011헌마659등, 공보 211, 830, 834; 헌재 2014. 5. 29. 2010헌마606, 공보 212, 976, 979. 헌법재판소는 이러한 경우 심판대상에서 제외하기도 한다. 헌재 2015. 4. 30. 2013헌마81 : "청구인들은 위와 같은 의무위반에 대한 벌칙과 과태료를 정하고 있는 구 가축전염병예방법 제57조 제3호의2 및 제3호의3, 제60조 제1항 제5호의2에 대하여도 위헌확인을 구하고 있으나, 법정형이나 과태료가 체계정당성에 어긋난다거나 과다하다는 등 위 조항들 자체의 독자적 위헌성에 대하여는 아무런 주장도 하지 아니하므로 위 조항들은 심판대상에서 제외하기로 한다."

456) 헌재 2016. 5. 26. 2015헌마248 : "청구인들은 행정제재조항의 고유한 위헌성을 다투는 것이 아니라 전제되는 중개보수 한도조항이 위헌이어서 행정제재조항도 당연히 위헌이라고 주장하는 것에 불과하므로, 행정제재조항은 기본권 침해의 직접성이 인정되지 아니한다."

457) PC방 전체를 금연구역으로 지정할 의무를 위반한 경우 과태료를 부과하도록 규정한 국민건강증진법(2011.6.7. 법률 제10781호로 개정된 것) 제34조 제1항 제2호 중 제9조 제4항 제23호의 인터넷컴퓨터게임시설제공업소 부분.

458) 기소일 2013.5.20. 심판청구일 2013.6.5.

통한 형벌의 부과를 받게 되는 위험을 감수할 것을 국민에게 요구할 수 없다는 점에서(헌재 1998. 3. 26. 97헌마194; 헌재 2007. 7. 26. 2003헌마377 참조), ② 그 '형벌조항을 위반하였으나 기소되기 전'이라면 재판과정에서 그 형벌조항의 위헌여부에 관한 판단을 구할 수 없다는 점에서(헌재 2009. 9. 24. 2007헌마949[459]; 헌재 2011. 12. 29. 2007헌마1001등[460] 참조) 각 구제절차가 없거나 있다고 하더라도 권리구제의 기대가능성이 없는 경우에 해당한다고 볼 여지가 있지만, ③ 그 '형벌조항을 위반하여 기소된 후'에는 재판과정에서 그 형벌조항이 법률인 경우에는 위헌법률심판제청신청을 통하여 헌법재판소에 그 위헌여부에 관한 판단을 구할 수 있고(법 제41조, 제68조 제2항), 명령·규칙인 경우에는 곧바로 법원에 그 위헌여부에 관한 판단을 구할 수 있다는 점에서(헌법 제107조 제2항) '구제절차가 없거나 있다고 하더라도 권리구제의 기대가능성이 없는 경우'에 해당한다고 볼 수가 없다(헌재 1997. 6. 26. 96헌마148; 헌재 2013. 7. 25. 2012헌마182 참조)"고 보았다.[461]

---

459) [사건개요] : 청구인들은 2007. 3.경부터 2007. 6.경까지 사이에 인터넷쇼핑몰 등을 통하여 취미로 모조총포를 구입하여 소지하였는바, 2007. 6.경부터 2007. 8.경까지 사이에 사법경찰관으로부터 '총포·도검·화약류 등 단속법'이 금지한 모의총포의 소지혐의로 경찰관서로의 출석요구를 받았다. 이에 청구인들은 2007. 8. 23. 자신들에세 적용된 위 법 제11조 제1항이 헌법상 포괄위임입법금지의 원칙 및 죄형법정주의의 명확성원칙에 위반하여 청구인들의 신체의 자유, 행복추구권을 침해한다고 주장하면서 위 법률조항의 위헌확인을 구하는 이 사건 헌법소원심판을 청구하였다.

460) [사건개요] : 청구인은 대학생으로, 2010. 6. 2. 실시예정이던 지방선거에 한나라당 서울시장후보로 출마하려던 원희룡, 오세훈 등에 관련된 글들을 자신의 블로그에 게재한 것이 공직선거법 제93조 제1항에 위반된다는 이유로 2010. 3. 17. 서울 남대문경찰서 사이버수사대로부터 출석통보를 받는 등 수사를 받게 되자, 위 법률조항이 헌법 제24조의 선거권, 헌법 제21조의 언론 출판의 자유 등을 침해한다고 주장하며 2010. 3. 19. 이 사건 헌법소원심판을 청구하였다.

461) 재판관 5인의 다수의견(각하). [이에 대하여는 특히 위 ③ 부분 판시와 관련하여, "청구인이 기소된 이상, 재판과정에서 곧바로 법원에 이 사건 시행령조항('특정범죄 가중처벌 등에 관한 법률' 제4조 제2항에 따른 정부관리기업체의 간부직원의 범위에 '농협중앙회의 과장대리급 이상의 직원'을 포함시킨 구 '특정범죄 가중처벌 등에 관한 법률 시행령' 제3조 제1호 관련 부분)에 대한 위헌심사를 구할 수 있었다고 하더라도, 그러한 절차가 존재한다는 사정만으로 이 사건 시행령조항이 그 자체로 직접 기본권 제한 효과를 발생시킨다는 점이 달라지지는 않는다. 헌법재판소는 일찍이 명령·규칙에 대한 헌법소원을 인정해 오고 있고, 특히 심판대상이 형벌조항인 경우에는 그 위헌성이 확인될 경우 당해사건에서만 무죄를 선고하는 데 그칠 것이 아니라 일반 국민의 기본권 침해상태를 제거해 줄 필요성이 크다고 할 것이므로, 법원에 의한 위헌심사가 가능하다는 이유만으로 이 사건 시행령조항에 대하여 직접성을 인정할 필요가 없다는 다수의견에는 찬성할 수 없다."는 재판관 4인의 반대의견이 있다.]

이에 따라 헌재(제1지정재판부) 2017. 1. 10. 2016헌마1117 사건,[462] 헌재(제1지정재판부) 2017. 6. 13. 2017헌마616 사건,[463] 헌재(제3지정재판부) 2017. 8. 1. 2017헌마824 사건,[464] 헌재(제3지정재판부) 2018. 2. 27. 2018헌마102 사건[465]에서 각 직접성 결여를 이유로 각하결정을 하였다.

3) 수권(授權)의 근거규정

법규범이 규범수규자의 법적 지위를 약화시키는 또는 사실상 그의 기본권을 침해하는 공권력작용을 작동시키기 위한 수권에 불과한 경우에는 그 법규범의 직접성은 인정되지 않는다.[466]

사례

⊙ 헌재 2006. 11. 30. 2004헌마431등 : 이 사건 시행규칙조항[467]은 이 사건 시행령 조항[468]이 규정하고 있는 의무를 위반한 경우에, 문화관광부장관 또는 시장·군수·구청장이 등록취소·영업정지 등의 행정처분을 내리는 기준에 관한 규정일 뿐이다. 청구인들이 주장하는 바와 같은 기본권침해의 법률효과는 위 시행규칙조항 자체에 의하여 직접 발생되는 것이 아니라, 문화관광부장관 또는 시장·군수·구청장이 구체적인 집행행위인 영업정지 등의 행정처분을 한 때에 비로소 발생하게 된다. 더욱이 시행규칙 [별표 3] 1. 일반기준 마.에서 "위반의 정도가 경미하거나 모범 유통관련업자로 지정된 경우 그 밖의 특별한 사유가 있다고 인정되는 경우"에는 영업정지처분을 감경할 수 있다고 규정하고 있어, 이 사건 시행규칙조항 자체만으로는 아직 청구인들이 행정처분을 받을 것인지 여부 및 행정처분의 내용을 확정할 수 없다는 점에서 직접적인 기본권의 침해가 없음이 더욱 분명하다. 따라서 이 부분 심판청구는 기본권침해의 직접성이 없는 법령조항을 그 대상으로 한 것이어서 부적법하다.

462) 기소일 2016. 11. 15. 심판청구일 2016. 12. 20.

463) 항소심판결일 2017. 4. 13. 심판청구일 2017. 6. 1.

464) 항소심판결확정일 2016. 6. 9. 심판청구일 2017. 7. 24.

465) 상고심판결일 2013. 9. 12. 심판청구일 2018. 1. 30.

466) 박종보, 전게논문(1994.2), 143면.

467) '음반·비디오물 및 게임물에 관한 법률 시행규칙'(2001.11.16. 문화관광부령 제57호로 전문개정된 것) 제9조 제1항 중 [별표 3]의 2. 마. (8). (마) 중 "노래연습장업자가 영업장 안에 주류의 보관 또는 반입을 묵인하거나" 부분.

468) 구 '음반·비디오물 및 게임물에 관한 법률 시행령'(2001.10.20. 대통령령 제17395호로 전문개정되고, 2006.10.26. 대통령령 제19714호로 폐지되기 전의 것) 제14조 중 [별표 4]의 5. 중 "노래연습장업자는 영업장 안에 주류를 보관하거나 고객이 주류를 반입하는 행위를 묵인하여서는 아니되며" 부분.

4) 수혜적 법률

국민의 기본권을 제한하고 부담을 부과하는 소위 '침해적 법률'의 경우에는 규범의 수범자가 당사자로서 자신의 기본권침해를 주장하게 되지만, '수혜적 법률'의 경우에는 반대로 수혜범위에서 제외된 자가 그 법률에 의하여 평등권이 침해되었다고 주장하는 당사자에 해당되고, 당해 법률에 대한 위헌 또는 헌법불합치 결정에 따라 수혜집단과의 관계에서 평등권침해 상태가 회복될 가능성이 있다면 기본권침해성이 인정된다.469) 이와 같이 수혜적 법률의 경우에는 기본권침해의 자기관련성 요건과 직접성 요건이 중첩되는 영역이라 할 수 있다.

사례

⊙ 헌재 2002. 12. 18. 2001헌마546 : '국가유공자 등 예우 및 지원에 관한 법률' 제16조의3 제1항 단서는 청구인과 같이 1998. 1. 1. 이후 유족 중 1인이 연금을 받은 사실이 있는 전몰군경의 자녀를 이 사건 수당의 지급대상에서 제외하는 것으로서, 이와 같이 수혜대상에서 제외된 6·25전몰군경 자녀의 기본권을 직접 침해한다고 볼 수 있으므로 이 사건 심판청구는 적법하다.

5) 일의적(一義的)이고 명백한 규정이나 집행행위가 있는 경우

헌법재판소는 종전에, 법규범이 집행행위를 예정하고 있더라도 법규범의 내용이 집행행위 이전에 이미 국민의 권리관계를 직접 변동시키거나 국민의 법적 지위를 결정적으로 정하는 것이어서 국민의 권리관계가 집행행위의 유무나 내용에 의하여 좌우될 수 없을 정도로 확정된 상태라면, 그 법규범의 권리침해의 직접성이 인정된다고 하였다.470)

인정된 사례

⊙ 헌재 2008. 12. 26. 2007헌마1387 : 이 사건 조항들471)은 관할 구청장의 갱신허

469) 헌재 2001. 11. 29. 99헌마494, 판례집 13-2, 714, 723. 同旨, 헌재 2003. 6. 26. 2002헌마312, 판례집 15-1, 765, 770 참조.

470) 헌재 1997. 7. 16. 97헌마38, 판례집 9-2, 94, 104; 헌재 2004. 8. 26. 2003헌마337, 판례집 16-2상, 334, 343; 헌재 2004. 9. 23. 2004헌마192, 판례집 16-2상, 604, 611; 헌재 2007. 12. 27. 2004헌마1021, 공보 115, 695, 702.

471) 서울특별시 보도상 영업시설물 운영자 중 '자산가액 2억원 미만인 자로서 제소전화해조서를 제출한 자'에 대하여만 1년의 범위 안에서 2회에 한하여 도로점용허가를 갱신하도록

가처분 내지 갱신허가거부처분이라는 집행행위가 예정되어 있으나, 자산가액이 2억원 이상인 자들이나 제소전화해조서를 제출하지 아니한 자에 대하여는 갱신허가신청이 거부될 것이고, 자산가액이 2억원 미만인 자들에 대하여는 제소전화해조서를 제출한 경우에 한하여 1년의 범위 안에서 2회에 한하여 갱신허가될 것이라는 점이 이미 이 사건 조항들 자체에 의하여 일의적이고 명백하게 정해져 있다. 따라서 집행행위 이전에 국민의 법적 지위를 결정적으로 정하는 것이라고 볼 수 있으므로 권리침해의 직접성이 인정된다. [6(기각):2(각하)[472] - 기각]

그런데 독일에서는 한 때 법률의 집행에 있어서 집행행위에 재량영역이 있는가를 직접성 여부를 판단하기 위한 기준으로 인정한 경우가 있었으나,[473] 최근에는 일의적으로 명백한 법률규정일지라도 법규범이 집행행위를 법률사실로서 규정하고 있는 한 그 법규범의 직접성은 부인된다고 함으로써,[474] 집행행위의 재량성 여부는 직접성 판단의 원칙적인 기준으로서는 포기한 것으로 이해되고 있다.[475]

이와 같은 입장에 있는 우리 헌법재판소 판례로 헌재 2006. 4. 27. 2004헌마562 결정이 있다. 이 사건에서 헌법재판소는, "우리 헌법 제8조 소정의 '정당의 특권과 자유'의 주체가 될 수 있는 정당은 정당법 소정의 요건을 구비하여 중앙선거관리위원회에 등록함으로써 성립되고 정당법 소정의 등록취소사유에 해당되는 경우 중앙선거관리위원회의 등록취소에 의하여 비로소 소멸하게 된다. 그렇다면 이 사건 등록취소규정(구 정당법 제38조 제1항 제3호)에 의하여 곧바로 청구외 사회당이 소멸하여 그 결과 청구인[476] 주장의 기본권이 침해되는 것이 아니라, 위 규정 소

한 구 '서울특별시 보도상영업시설물 관리 등에 관한 조례'(2007.11.1. 조례 제4581호로 개정되고, 2008.7.30. 조례 제4660호로 개정되기 전의 것) 제3조 제2항 후문, 제4항, 제4조 제3호, '서울특별시 보도상영업시설물 관리 등에 관한 조례'(2007.11.1. 조례 제4581호로 개정된 것) 제3조 제6항.

472) "이 사건 조항들은 구체적 집행행위(갱신허가처분 내지 거부처분)가 예정되어 있고 집행행위가 매개되어야만 비로소 청구인들의 권리의무에 영향을 미치게 된다. 특히 이 사건 조례 제3조 제2항 후문의 경우 자산가액 2억원 미만인지를 판단함에 있어 자산의 항목과 부채비율 등 다양한 요소가 고려되고 있으므로 갱신허가거부처분이 있기 전에 위 조항

473) BVerfGE 43, 291 [386].

474) BVerfGE 58, 104; 72, 39 [44].

475) 다만, 법규범이 예정하고 있는 집행행위의 내용이 국민에게 수익적인 경우에는 법규범 자체가 수혜적 권리를 취득할 수 있는 기회를 일정한 국민으로부터 박탈하는 결과를 가져오기 때문에, 이러한 경우에는 직접성을 인정한다. 황도수, 전게서(2003), 94-96면.

정의 등록취소사유에 해당되는지 여부에 대한 중앙선거관리위원회의 심사 및 그에 이은 등록취소라는 집행행위에 의하여 비로소 정당이 소멸하게 된다고 할 것이다. 그리고 중앙선거관리위원회의 이 사건 사회당에 대한 등록취소처분이 행정소송의 대상이 됨은 명백하다고 할 것이고, 그 정당등록취소처분의 취소소송절차에서 위 규정에 의한 등록취소사유(예컨대 소정의 득표율에 미달되었는지 여부)에 대한 사실관계 확정과 더불어 얼마든지 위 규정에 대한 위헌여부의 제청을 구할 수 있는 것이며, 그 외 달리 그러한 절차경유가 곤란하거나 부당하다고 볼 사정 또는 그러한 절차의 경유가 실효성이 없다고 볼 사정은 찾아보기 어렵다. 따라서 이 사건 등록취소규정은 기본권침해의 직접성을 결여하고 있으므로 그에 대한 위헌확인 청구는 부적법하다."고 판시하였다.[477)]

또한 헌법재판소는 2013. 7. 25. 선고한 2012헌마934 결정에서, "법령의 규정에 따라 구체적인 집행행위가 필요적으로 예정되어 있는 경우에도 그 집행행위를 대상으로 행정소송 등 구제절차를 먼저 거치지 않은 상태에서 헌법소원심판을 허용한다면, 설령 그 근거 법령에 대하여 위헌결정이 있더라도 이미 집행행위가 확정되어 당연히 무효로 되거나 취소될 수 없는 경우가 발생할 수 있다. 이 경우 헌법소원심판을 청구한 사람은 오히려 권리구제를 받지 못하게 된다.

476) 청구외 사회당은 정당법에 의하여 등록된 정당으로 활동하다 2004. 4. 15. 제17대 국회의원선거에 참여하여 30,180표(유효투표총수의 0.3%)를 득표하였고, 이에 따라 중앙선거관리위원회는 같은 달 20. 위 사회당에 대하여 구 정당법 제38조 제1항 제3호에 의하여 정당등록취소처분을 하였다. 이에 위 사회당의 등록취소 전 그 정당의 대표였던 청구인은 2004. 7. 14. 이 사건 헌법소원심판을 청구하였다.

477) 이에 대하여는, "이 사건 등록취소규정에의 해당여부는 국회의원총선거의 개표결과 및 그 투표수와 득표수의 단순한 산술적인 계산결과에 대한 기계적인 검토에 불과하여 중앙선거관리위원회의 어떠한 실질적인 심사도 개입될 여지가 없으므로, 이 사건 등록취소규정이 국민의 권리관계를 집행행위의 유무나 내용에 의해 좌우될 수 없을 정도로 확정하고 있다고 할 것이어서 권리침해의 직접성이 인정되고, 행정소송이 가능하다고 보아 그 절차의 경유를 요구하는 것은 우회적인 경로를 강요하는 것 밖에 되지 않으며, 이 사건 등록취소규정에 대하여 이와 같은 이유에서 직접성을 인정하는 이상 정당등록취소를 요건으로 하고 있는 이 사건 명칭사용금지규정의 경우에도 같은 이유로 직접성을 인정할 수 있다."는 재판관 3인의 반대의견이 있다. 그 후 헌법재판소는 헌재 2014. 1. 28. 2012헌마431 등 결정에서 직접성 등 적법요건에 대한 판단을 하지 않은 채 본안판단을 한 끝에, 국회의원선거에 참여하여 의석을 얻지 못하고 유효투표총수의 100분의 2 이상을 득표하지 못한 정당에 대해 그 등록을 취소하도록 한 정당법(2005.8.4. 법률 제7683호로 개정된 것) 제44조 제1항 제3호('정당등록취소조항')은 과잉금지원칙에 위배하여 청구인들(진보신당, 녹색당, 청년당 등)의 정당설립의 자유를 침해한다는 이유로 위헌결정을 선고하였다. [재판관 전원일치]

그러므로 법령에서 특정한 집행행위를 필요적으로 하도록 일의적으로 요구하고 있다는 사정만으로 그 법령 자체가 당연히 헌법소원의 대상이 된다고 볼 수는 없다."고 판시하였다.

부인된 사례

⊙ 헌재 2013. 11. 28. 2011헌마520 : '특정 7개국'(중국, 베트남, 필리핀, 캄보디아, 몽골, 우즈베키스탄, 태국) 국적의 배우자인 청구인이 이 사건 프로그램을 이수하여야 하는지 여부는 이 사건 심판대상조항[478]에 의하여 바로 확정되는 것이 아니라, 행정청이 청구인의 경우는 운영사항의 면제사유에 해당하지 않는다고 보아 청구인에게 이 사건 프로그램을 이수한 후 이 사건 프로그램을 이수하였다는 증명서를 첨부하거나 초청장에 이 사건 프로그램 이수번호를 기재하도록 요구하는 때 또는 이 사건 프로그램을 이수하였다는 증명서를 첨부하지도 않고 초청장에 이 사건 프로그램 이수번호를 기재하지도 않았다는 이유로 사증발급을 거부하는 처분을 하는 때에 비로소 확정된다고 할 것이다. 따라서 이 사건 심판대상조항에 대해 기본권침해의 직접성이 인정되지 아니한다. [7(각하):2(위헌)[479])-각하]

⊙ 헌재 2014. 2. 27. 2012헌마904 : 청구인이 주장하는 기본권 침해는 심판대상조항[480]에 의하여 직접 발생하는 것이 아니라 경찰서장의 소지허가취소라는 구체적인

---

478) 외국인의 결혼동거목적 사증발급 신청 시 한국인 배우자인 초청인이 국제결혼 안내프로그램을 이수하였다는 증명서를 첨부하거나 초청장에 국제결혼 안내프로그램 이수번호를 기재하여야 한다는 '출입국관리법 시행규칙'(2011.3.7. 법무부령 제733호로 개정된 것) 제9조의4 제2항 및 국제결혼 안내프로그램('이 사건 프로그램') 이수대상자를 구체적으로 정하고 있는 '국제결혼 안내 프로그램 이수 대상 및 운영사항'(2011.3.7. 법무부고시 제2011-88호) 중 이수대상자에 관한 부분.

479) "면제대상자에 해당하지 않는 청구인이 이 사건 심판대상조항에 따르지 않는 경우 결혼동거목적 사증이 발급될 수 없다는 권리관계는 이 사건 심판대상조항에 의해 이미 확정된 것이므로, 기본권침해의 직접성이 인정"되며, "이 사건 심판대상조항이 이 사건 프로그램의 이수대상으로 특정 7개국 국적의 외국인과 혼인한 한국인을 규정하고 있는바, 특정 7개국은 출입국행정, 국제결혼 등 제반여건에 대하여 각기 다른 사정을 가지고 있는 나라들로 각 국가마다 합리적인 선정이유가 있어야 할 것이지만 그러한 이유를 찾아볼 수 없으므로, 이 사건 심판대상조항이 특정 7개국 국적의 외국인과 혼인한 한국인에게 이 사건 프로그램 이수를 의무화하는 것은 청구인의 평등권과 혼인의 자유, 가족결합권을 침해하여 위헌"이라는 의견임.

480) 금고 이상의 실형을 선고받고 그 집행이 종료된 날부터 3년이 지나지 아니한 경우 전자충격기의 소지허가를 필요적으로 취소하도록 규정한 '총포·도검·화약류 등 단속법'(2003. 7. 29. 법률 제6948호로 개정된 것) 제46조 제1항 전문 제1호 중 '금고 이상의 실형을 선고받고 그 집행이 종료된 날로부터 3년이 지나지 아니한 사람'의 '전자충격기' 소지허가취소에 관한 부분.

집행행위가 있을 때 비로소 현실적으로 나타난다. 즉, 심판대상조항에도 불구하고 소지허가가 실제로 취소되기 전까지는 전자충격기를 소지하고 있던 청구인의 권리관계나 법적 지위에는 아무런 변동이 없다. 청구인은 소지허가취소처분을 받을 경우 행정소송 등을 제기할 수 있고, 이러한 절차 또는 그 절차상 심판대상조항에 대한 위헌법률심판제청신청 등을 통하여 권리구제를 받을 수 있는데, 이와 같은 절차를 밟도록 하는 것이 청구인에게 불필요한 우회절차를 강요하는 것이라고 볼 수도 없다. 결국, 청구인이 주장하는 기본권 침해는 심판대상조항에 의해서가 아니라 심판대상조항에 따른 소지허가취소처분에 따라 비로소 발생한다고 보아야 한다. 따라서 심판대상조항을 직접 대상으로 하는 이 사건 헌법소원심판은 직접성 요건을 갖추지 못하였다. [전원일치 각하]

그러나 그 후 헌재 2014. 3. 27. 2012헌마606 결정에서는, 다시 "다만 법규범의 내용이 일의적이고 명백한 것이어서 집행행위 이전에 이미 국민의 권리관계를 직접 변동시키거나 법적 지위가 그 집행행위의 유무나 내용에 의하여 좌우될 수 없을 정도로 확정된 상태인 경우(헌재 2005.12.22. 2004헌마142 참조), 또는 집행행위를 대상으로 하는 구제절차가 없거나, 구제절차가 있다고 하더라도 권리구제의 기대가능성이 없고 기본권침해를 당한 청구인에세 불필요힌 우회절차를 강요하는 것밖에 되지 않는 경우(헌재 1999.11.25. 98헌마55 참조)에는 구체적인 집행행위가 예정되어 있더라도 당해 법령 등을 직접 헌법소원심판의 대상으로 삼을 수 있다."고 판시하여 종전의 입장으로 돌아가고 있다.[481)]

6) 정의규정

일반적으로 정의규정이나 선언규정과 같은 법률조항은 그 자체로서는 통상 청구인에 대한 자유의 제한, 의무의 부과, 권리 또는 법적 지위의 박탈을 가져오지 않으므로 기본권 침해의 직접성 요건을 충족하지 못하는 것이 보통이다(헌재 1998. 10. 15. 96헌바77; 헌재 2004. 9. 23. 2002헌마563; 헌재 2006. 6. 29. 2005헌마165등; 헌재 2014. 8. 28. 2011헌마28등; 헌재 2014. 9. 25. 2012헌마741 등 참조). 그러나 헌법재판

---

481) 同旨, 헌재 2016. 6. 25. 2013헌마128, 공보 225, 1040, 1043 - 다만 이 결정에는 직접성을 부인하는 재판관 1인의 반대의견이 있다.

자체만으로는 청구인들에게 어떠한 기본권침해적인 요소도 발생한다고 보기 어렵다. 또한 갱신허가거부처분에 대하여는 행정심판이나 행정소송 등 별도의 구제절차가 마련되어 있고 이러한 구제절차가 권리구제의 기대가능성이 없다거나 불필요한 우회절차를 강요하는 것이라고 볼 수 없으므로 직접성의 예외를 인정할 여지도 없다."는 의견임.

소는 정의조항이 기본권 제한과 밀접하게 연관되어 있는 경우 등에는 예외적으로 직접성을 인정하여 왔고, 특히 특정한 집단에 일정한 혜택을 부여하는 법률의 적용대상에서 제외(배제)됨으로써 그 혜택을 누릴 수 없게 된 청구인이 그 법률에 의하여 평등권이 침해되었다고 주장하는 경우에는 그 수혜집단의 범위를 정한 정의규정에 대하여도 직접성을 폭 넓게 인정하여 그 위헌성 여부를 직접 판단하여 왔다(헌재 1994. 6. 30. 91헌마161; 헌재 2001. 11. 29. 99헌마494; 헌재 2004. 9. 23. 2004헌마192; 헌재 2004. 12. 16. 2003헌마226등; 헌재 2005. 11. 24. 2004헌마536; 헌재 2005. 12. 22. 2005헌마119; 헌재 2006. 5. 25. 2005헌마715 등 참조).[482]

(마) 직접성 요건의 예외

1) 구체적 집행행위가 존재한 경우라고 하여 언제나 반드시 법률자체에 대한 헌법소원심판청구의 적법성이 부정되는 것은 아니다. 즉, 집행행위가 존재하는 경우라도 그 집행행위를 대상으로 하는 구제절차가 없거나 구제절차가 있다고 하더라도 권리구제의 기대가능성이 없고, 다만 기본권침해를 당한 청구인에게 불필요한 우회절차를 강요하는 것밖에 되지 않는 경우에는 당해 법률을 직접 헌법소원의 대상으로 삼을 수 있다.[483]

사례

⊙ 헌재 2006. 4. 27. 2005헌마1047등 : 청구인들 소속 대학에서는 총장 후보자 선출에 대하여 이미 직접선거의 방식을 채택하고 있고 그 선출방식에 대하여 대학별로 새로운 결정을 하라는 취지는 아니므로 직접선거와 관련된 조항들은 모두 직접성이 인정되며, 다만 교육공무원법 제24조 제6항[484]의 경우에는 대통령이 대학의 장을

482) 헌재 2016. 7. 28. 2015헌마236등, 공보 238, 1252, 1278. 재판관 김창종의 정의조항 반대의견에 대한 보충의견.

483) 헌재 1992. 4. 14. 90헌마82, 판례집 4, 194, 203; 헌재 1997. 8. 21. 96헌마48, 판례집 9-2, 295, 303.

484) 교육공무원법(2005.5.31. 법률 제7537호로 개정된 것) 제24조(대학의 장의 임용) ①대학(공립대학을 제외한다. 이하 제27조까지 같다)의 장은 당해 대학의 추천을 받아 교육인적자원부장관의 제청으로 대통령이 임용한다. 새로이 설립되는 대학의 장을 임용하거나 대학의 장의 명칭변경으로 인하여 학장으로 재직 중인 자를 당해 대학의 총장으로, 총장으로 재직 중인 자를 당해 대학의 학장으로 그 임기 중에 임용하는 경우에는 교육인적자원부장관의 제청으로 대통령이 임용한다. ⑥제1항의 규정에도 불구하고 대학의 장 임기만료 후 3월 이내에 해당 대학이 대학의 장 후보자를 추천하지 아니하는 경우 해당 대학의 장은 교육인적자원부장관의 제청으로 대통령이 임용한다.

임용하는 구체적인 집행행위를 통해서 기본권이 제약되는 측면이 있으나 대학구성원들이 이를 직접 다툴 수 있는 방법이 명확하지 아니하고, 따라서 이는 구제절차가 없거나 권리구제의 기대가능성이 없는 경우로 보아 직접성을 인정할 수 있다. [전원일치 기각]

그러나 헌법재판소는, 어떤 행정입법에 대하여 합헌으로 판단한 대법원 판례가 형성되어 있다는 이유로 동 행정입법에 따른 행정처분에 대하여 행정소송을 밟지 않고 직접 동 행정입법에 대하여 제기한 헌법소원에 대하여는 직접성 요건이 충족되지 않는다고 하였다.

즉 헌법재판소는 1998. 5. 28. 선고한 96헌마151 결정에서, 청구인이 '상속세법 시행령 부칙 제2항을 합헌으로 판단하는 대법원의 판례가 형성되어 있기 때문에 동 조항에 따른 부과처분에 대하여 행정소송절차를 밟는다고 하더라도 기각될 것이 뻔한 이 사건과 같은 경우에는 곧바로 처분의 근거인 법령에 대하여 위헌여부의 헌법소원을 제기할 수 있는 것'이라고 주장한데 대하여, "이 사건과 같이 위 조항에 따른 구체적인 집행행위가 존재하고 그 집행행위에 의하여 비로소 기본권의 침해가 현실적으로 발생하는 경우에는 헌법재판소가 명령의 위헌성 여부를 판단할 수 있는 경우에 해당하지 아니하므로, 위 조항에 대하여는 직접성 요건의 예외를 인정할 여지가 없다."고 판시하였다.

살피건대, 독일에서는 재판소원이 가능하기 때문에 어떤 행정입법에 대한 일반법원의 판례가 형성되어 있다 하더라도 최종적으로 그 행정입법을 적용한 법원의 재판에 대하여 헌법소원을 제기하여 그 절차에서 당해 행정입법의 위헌여부를 판단받을 수 있다. 그러나 우리나라는 일반적으로 재판소원이 금지되어 있고, '법률'과는 달리 법원의 소송절차에서 '행정입법'에 대한 위헌제청도 불가능하기 때문에 이와 같은 경우에 헌법재판소에 그 사건을 가져올 수 있는 방법이 없고(법 제41조 제1항, 제68조 제2항 참조), 일반법원의 구제절차를 통하여는 구제의 기대가능성이 없다고 할 것이다. 따라서 어떤 행정입법에 대하여 합헌으로 판단한 대법원 판례가 형성되어 있는 경우에는 법률의 경우와는 달리 직접성을 인정하는 것이 바람직하다고 할 것이다.[485]

---

485) "기록에 의하면, 청구인들이 임차한 건물이 있는 곳은 각 준주거지역·일반주거지역·준공업지역으로 지정되어 있음을 인정할 수 있다. 그렇다면, 청구인들이 단란주점 건축허가를

2) 당해 법령 자체는 직접성 요건을 충족하지 아니하나 직접성 요건을 충족하는 관련규정과 그 내용상 서로 내적인 연관관계에 있는 경우에는 직접성 요건을 결여하는 당해 법령도 그 관련규정과 함께 본안판단을 할 필요성이 있는 경우가 있다.

사례

⊙ 헌재 2007. 3. 29. 2005헌마985등 : 공직선거법 제22조 제1항[486]은 시·도의회의 의원정수(議員定數)를 규정하고 있을 뿐 주민들이 거주하는 개별적인 지역선거구를 직접 획정[487]하고 있지는 않으므로, 청구인들의 기본권을 직접 침해할 가능성은 없다. 그러나 동법 제22조 제1항은 자치구·시·군의 인구규모를 고려하지 않은 채 행정구역 혹은 국회의원지역선거구를 기준으로 하여 일률적으로 시·도의원 정수를 2인으로 배분하고 있는바, 이 사건 선거구구역표 부분에서 나타나는 인구편차에 의한 투표가치의 불평등의 문제는 이 법률조항에 의해 시원적(始原的)으로 발생된다고 볼

신청하였다고 하더라도 관할행정청은 도시계획법 시행령 제51조 제1항 제3호 내지 제6호 및 제13호에 따라 재량의 여지없이 당연히 그 건축허가를 불허하게 될 것이고, 위 시행령조항 자체에 대하여는 위헌여부심판 제청신청도 인정되지 아니하므로, 위 시행령조항을 직접 헌법소원심판의 대상으로 삼을 수 있다."고 한 헌재 2002. 8. 29. 2000헌마556 결정(판례집 14-2, 185, 195) 참조.

486) "지역구 시·도의원 정수는 그 관할구역 안의 자치구·시·군(하나의 자치구·시·군이 2 이상의 국회의원지역선거구로 된 경우에는 국회의원지역선거구를 말하며, 행정구역의 변경으로 국회의원지역선거구와 행정구역이 합치되지 아니하게 된 때에는 행정구역을 말한다)마다 2인으로 한다." [현행법 제22조(시·도의회의 의원정수) ①시·도별 지역구시·도의원의 총 정수는 그 관할구역 안의 자치구·시·군(하나의 자치구·시·군이 2 이상의 국회의원지역구로 된 경우에는 국회의원지역구를 말하며, 행정구역의 변경으로 국회의원지역구와 행정구역이 합치되지 아니하게 된 때에는 행정구역을 말한다)수의 2배수로 하되, 인구·행정구역·지세·교통, 그 밖의 조건을 고려하여 100분의 14의 범위에서 조정할 수 있다. 다만, 자치구·시·군의 지역구 시·도의원 정수는 최소 1명으로 한다. 〈개정 2014.2.13., 2016.3.3.〉]

487) 개별적인 지역선거구의 획정은 동법 제26조(지방의회의원선거구의 획정)에서 규정하고 있다. [현행법 제26조 ①**시·도의회의원**지역선거구(이하 "市·道議員地域區"라 한다)는 인구·행정구역·지세·교통 그 밖의 조건을 고려하여 자치구·시·군(하나의 自治區·市·郡이 2 이상의 國會議員地域區로 된 경우에는 國會議員地域區를 말하며, 行政區域의 변경으로 國會議員地域區와 行政區域이 合致되지 아니하게 된 때에는 行政區域을 말한다)을 구역으로 하거나 분할하여 이를 획정하되, 하나의 시·도의원지역구에서 선출할 지역구시·도의원정수는 1명으로 하며, 그 시·도의원지역구의 명칭과 관할구역은 별표 2와 같이 한다. 〈개정 1995.4.1., 2010.1.25.〉 ②**자치구·시·군의원**지역구는 인구·행정구역·지세·교통 그 밖의 조건을 고려하여 획정하되, 하나의 자치구·시·군의원지역구에서 선출할 지역구자치구·시·군의원정수는 2인 이상 4인 이하로 하며, 그 자치구·시·군의원지역구의 명칭·구역 및 의원정수는 시·도조례로 정한다. 〈개정 2005.8.4.〉 (이하 생략)]

수 있다. 그렇다면 동법 제22조 제1항은 비록 기본권침해의 직접성이 결여되어 있다고 하더라도, 그 위헌성 여부가 적법하게 심판대상이 되어 있는 이 사건 선거구구역표 부분에 영향을 미치게 되므로 직권으로 그 위헌성을 심사할 수 있다. [7(헌법불합치):2(합헌)-헌법불합치(잠정적용)]

다. 보충성

(1) 의의

헌법소원은 다른 법률에 구제절차가 있는 경우에는 그 절차를 모두 거친 후에 심판청구를 하여야 한다(법 제68조 제1항 단서). 이를 헌법소원의 보충성이라고 하며, 주로 **처분소원**에서 문제가 된다. 법 제68조 제1항 단서의 뜻은 헌법소원이 그 본질상 헌법상 보장된 기본권침해에 대한 예비적이고 보충적인 최후의 구제수단이므로, 공권력작용으로 말미암아 기본권의 침해가 있는 경우에는 먼저 다른 법률이 정한 절차에 따라 침해된 기본권의 구제를 받기 위한 모든 수단을 다하였음에도 불구하고 그 구제를 받지 못한 경우에 비로소 헌법소원심판을 청구할 수 있다는 것을 밝힌 것이다.[488]

다만, 먼저 헌법소원을 제기하고 나서 뒤에 종국결정 전에 권리구제절차를 거쳤을 때에는 사전에 구제절차를 거치지 않은 하자가 치유될 수 있다.[489] 그러나, 여기서 말하는 권리구제절차는 공권력의 행사 또는 불행사를 직접 대상으로 하여 그 효력을 다툴 수 있는 권리구제절차를 의미하는 것이지, 사후적·보충적 구제수단인 손해배상청구나 손실보상청구를 의미하는 것이 아니다.[490]

(2) "적법한" 구제절차

보충성에서 말하는 "다른 법률에 따른 구제절차를 거친 후"란 다른 법률에 따른 구제절차를 '적법하게' 거친 경우를 말한다. 따라서, 양도소득세 등 부과처분의 취소를 구하는 행정소송이 적법한 행정심판을 거치지 아니한 것이라는 이유로 각하된 경우, 그 헌법소원심판청구는 다른 법률에 의한 적법한 구제절차를

488) 헌재 1993. 12. 23. 92헌마247, 판례집 5-2, 682, 692.
489) 헌재 1996. 3. 28. 95헌마211, 판례집 8-1, 273, 278.
490) 헌재 1989. 4. 17. 88헌마3, 판례집 1, 31, 34-35.

거쳤다고 볼 수 없어 부적법하다.[491]

또한 청구인이 국민고충처리위원회나 정부합동민원실 등에 제출한 진정은 법 제68조 제1항 단서 소정의 다른 법률에 따른 구제절차에 해당하지 않는다.[492] 마찬가지로 과세처분의 취소를 구하는 행정소송을 제기하였다가 그 소송을 취하하였거나 취하간주된 경우 그 과세처분의 취소를 구하는 헌법소원심판청구는 다른 법률에 의한 적법한 구제절차를 거쳤다고 볼 수 없어 부적법하다.[493]

(3) 보충성과 재판소원금지

이러한 보충성의 요건은 재판에 대한 헌법소원을 금지하는 법 제68조 제1항의 규정과 함께 행정작용에 대한 헌법소원을 크게 제한하게 되어, 현행 헌법이 공권력행사로 인한 기본권침해에 대한 구제절차로서 헌법소원제도를 새로 마련한 의의를 충분히 살릴 수 없게 하였다. 왜냐하면 행정소송의 대상에 관하여 개괄주의를 취하는 현행 행정소송법의 체제에 의하면, 행정처분에 대하여 이의가 있는 경우에는 거의 언제나 행정소송을 제기할 수 있으므로 이 보충성 요건 때문에 바로 헌법소원을 제기할 수 없고, 만일 행정소송을 제기하였다면 재판소원금지규정(법 제68조 제1항) 때문에 헌법소원이 허용되지 않기 때문이다.

따라서 행정작용에 의한 기본권침해를 이유로 헌법소원이 허용되는 경우는, 검사의 불기소처분 중 재정신청의 대상이 되지 아니하는 경우, 행정입법이 구체적 집행행위를 거치지 않고 기본권을 직접 침해하는 경우, 헌법상 유래하는 작위의무위반의 행정(입법)부작위 등 원칙적으로 행정소송의 제기가 불가능하거나 판례상 행정소송의 적법요건이 부인되어 구제수단이 없는 경우로 사실상 국한될 수 있다.[494]

그리하여 헌법재판소의 소수의견에서, '보충성의 원칙'이 적용되는 경우는 문면상 법 제68조 제1항 본문의 헌법소원심판을 청구할 수 있는 경우일 뿐이고, 헌법소원심판을 청구할 수 없는 경우는 '보충성의 원칙'이 적용될 여지가 없다는

491) 헌재 1994. 6. 30. 90헌마107, 판례집 6-1, 645, 650.

492) 헌재 1997. 9. 25. 96헌마159, 판례집 9-2, 421, 428.

493) 헌재 1999. 9. 16. 98헌마265 : "이 사건 과세처분 중 파기환송된 부분은 그 취소를 구하는 행정소송이 부산고등법원에 계속중 취하간주됨으로써, 다른 법률에 의한 적법한 구제절차를 거쳤다고 볼 수 없어 부적법하다."

494) 실무제요(2008), 256면.

의견이 개진되었다. 즉, "법 제68조 제1항 본문에 적시된 바와 같이 '… 법원의 재판을 제외하고는 헌법재판소에 헌법소원심판을 청구할 수 있다'고 규정함으로써 애당초 법원의 재판에 대하여는 헌법소원심판을 청구할 수 없도록 규정하고 있다. 따라서, 단서의 '보충성의 원칙'은 법원의 재판, 법원의 재판관할하에 있는 사건에 대해서는 적용될 여지가 없다. 그런데도 행정소송법상 취소소송 등에 의하여 권리구제가 가능하므로 그러한 소송을 한 연후에 헌법재판소에 다시 오라는 취지의 '보충성의 원칙'을 적용하여 청구인의 주장이 부적법하다고 하는 것은 우리의 '보충성의 원칙'을 잘못 이해한 데서 오는 것일 뿐이다. 위와 같은 소송을 한 연후에 헌법재판소에 오면, 헌법재판소는 그것이 법원의 재판이라 하여 법 제68조 제1항 본문에 의하여 헌법소원심판을 청구할 수 없다고 각하할 것이 명백하므로, '보충성의 원칙'은 적용될 여지가 없는 것이다. 따라서, 이 경우 헌법재판소로서는 그것이 '법원의 관장사항'이라는 사유 이외에 '보충성의 원칙'을 적용하여 부적법하다고 할 것은 아니라는" 것이다.[495]

(4) 다른 법률의 구제절차의 예

(가) 검사 또는 군검찰관의 불기소처분에 대한 헌법소원의 경우

개정된 형사소송법(2007. 6. 1. 법률 제8496호로 개정되어 2008. 1. 1.부터 시행된 것) 제260조 제1항에 의하면, 고소권자로서 고소를 한 자(형법 제123조부터 제125조까지의 죄에 대하여는 고발을 한 자를 포함한다)는 검사로부터 공소를 제기하지 아니한다는 통지를 받은 때에는 그 검사소속의 지방검찰청 소재지를 관할하는 고등법원에 그 당부에 관한 재정을 신청할 수 있고, 같은 법 부칙 제5조 제1항에 의하면 위 재정신청에 관한 규정은 2008. 1. 1. 이후 최초로 불기소처분된 사건에 대하여 적용하되, 위 법 시행 당시 고등검찰청 또는 대검찰청에 항고 또는 재항고가 계속 중인 사건에 대하여도 적용된다.[496]

사례

⊙ 헌재 2008. 11. 27. 2008헌마399 : 범죄피해자는 그가 고소를 제기한 바 없었

495) 헌재 2001. 10. 25. 2001헌마113, 판례집 13-2, 554, 563, 재판관 김영일, 재판관 권성의 별개의견.

496) 헌재(제1지정재판부) 2008. 7. 8. 2008헌마479, 공보 142, 990; 헌재(제3지정재판부) 2010. 3. 2. 2010헌마49, 공보 162, 658, 659.

어도 검사의 불기소처분에 대하여 헌법소원심판을 청구할 자격이 있고, 그는 고소인이 아니므로 불기소처분에 대하여 검찰청법에 정한 항고, 재항고의 제기에 의한 구제를 받을 방법이 없으므로[497] 곧바로 헌법소원심판을 청구할 수 있다.[498] 청구인은 "고소권자로서 고소한 자"에 해당하지 않아 형사소송법 제260조 제1항 소정의 재정신청 절차를 취할 수도 없다. 따라서 이 사건 심판청구 중 불기소처분의 취소를 구하는 부분은 보충성 요건을 갖춘 것으로 봄이 상당하다.

(나) 기타 행정권의 작용에 대한 헌법소원의 경우

1) 법 제68조 제1항에 따르면 헌법소원심판은 다른 법률에 구제절차가 있는 경우에는 그 구제절차를 모두 거친 후가 아니면 청구할 수 없다. 따라서 예컨대, 정보공개거부처분에 대하여는 '공공기관의 정보공개에 관한 법률' 제17조, 제18조[499]에 따른 행정심판 및 행정소송이라는 구제절차가 마련되어 있으므로 그 구제절차를 거친 뒤에 헌법소원심판을 청구하여야 한다.[500]

사례

⊙ 헌재 2009. 12. 29. 2008헌마617 : 구 행형법[501] 제18조의3 제1항의 규정에 의하면 전화통화는 교도소장의 허가사항으로 되어 있으므로, 청구인이 신청한 국제전화통화를 불허한 피청구인의 처분도 행정처분이라 할 것이고, 따라서 이 처분에 대하여 헌법소원심판청구를 하기 위해서는 먼저 헌법재판소법 제68조 제1항 단서 규정에 따라 행정심판과 행정소송 등 권리구제절차를 거쳐야 할 것인데, 일건기록을 살펴보아도 청구인이 그와 같은 권리구제절차를 거쳤음을 인정할 자료가 없고 이러한 구제절차를 거쳤을 경우 권리구제가 이루어질 가능성이 거의 없다거나 위 절차이행의 기대가능성이 없다고 볼 수도 없으므로, 이 부분에 대한 심판청구는 부적법하다.

⊙ 헌재 2015. 5. 28. 2013헌마671등 : 이 사건 법외노조통보 조항은 교원노조가 시정요구에 따라 30일 이내에 스스로 위법사유를 시정하지 않으면 법외노조통보를

497) 제10조(항고 및 재항고) ①검사의 불기소처분에 불복하는 고소인이나 고발인은 그 검사가 속한 지방검찰청 또는 지청을 거쳐 서면으로 관할 고등검찰청 검사장에게 항고할 수 있다. (이하 생략)

498) 헌재 1992. 1. 28. 90헌마227, 판례집 4, 40, 44 ; 헌재 1992. 7. 23. 91헌마142, 판례집 4, 527, 531.

499) 2013. 8. 6. 전문개정된 현행법은 제19조(행정심판), 제20조(행정소송).

500) 헌재 2000. 12. 14. 2000헌마797, 공보 52, 51, 52.

501) 2007. 12. 21. 법률 제8728호 '형의 집행 및 수용자의 처우에 관한 법률'로 전부 개정되기 전의 것.

받게 된다고 정하고 있다. 따라서 이 사건 시정요구[502]로 인하여 청구인 전교조는 해직교원을 조합원에서 배제하고 관련규약을 시정할 의무를 지게 되므로, 이 사건 시정요구는 청구인 전교조의 권리·의무에 변동을 일으키는 행정행위에 해당한다. 그런데 청구인 전교조는 이 사건 시정요구에 대하여 다른 불복절차를 거치지 아니하고 곧바로 헌법소원심판을 청구하였으므로, 이 사건 시정요구에 대한 헌법소원은 보충성 요건을 결하였다.

---

2) 종전의 대법원 판례에 비추어 소송에서 패소할 것이 예견된다는 점만으로는 전심절차로 권리가 구제될 가능성이 거의 없어 전심절차 이행의 기대가능성이 없는 경우에 해당한다고 볼 수 없다.[503]

사례

⊙ 헌재 1999. 12. 23. 97헌마136 : 청구인은 대법원이 이 사건 분합격처분에 대한 원심판결을 파기환송함으로써 그 사건이 다시 원심인 대전고등법원(97구1790)에 계속중인 상태에서 이 사건 헌법소원심판을 청구하였으며, 위 법원에서는 1998. 4. 3. 청구를 기각하였고, 청구인이 상고함으로써 위 사건은 현재 대법원(98두8254)에 계속중에 있으므로, 청구인은 다른 법률에 의한 구제절차를 모두 거치지 아니하였다. 청구인은 이미 대법원에서 청구인의 청구를 인용한 원심판결을 파기환송하였으므로 법원의 절차를 통한 권리구제의 가능성은 거의 없다고 주장하나, 이러한 사정만으로는 보충성의 예외가 인정되는 경우에 해당한다고 볼 수 없다.

---

3) 수사기관의 체포에 대하여는 "체포적부심사"라는 구제절차를 거쳐야 한다.

사례

⊙ 헌재 2010. 9. 30. 2008헌마628 : 헌법 제12조 제6항은 "누구든지 체포 … 를 당한 때에는 적부의 심사를 법원에 청구할 권리를 가진다."고 명시하고 있고, 이에 따라 형

---

502) 피청구인 고용노동부장관은 2013. 9. 23. 청구인 전교조에 대하여, 해고된 교원도 전교조의 조합원 자격을 유지한다고 정한 전교조 규약 부칙 조항을 '교원의 노동조합 설립 및 운영 등에 관한 법률' 제2조에 맞게 시정하고 교직에서 해고된 청구인 송○재 등 9인의 전교조 가입·활동을 금지하도록 하면서, 30일 안에 이에 응하지 아니하는 경우 청구인 전교조를 위 법률에 의한 노동조합으로 보지 아니함을 통보할 예정이라는 내용의 시정요구를 하였다.

503) 헌재 1998. 10. 29. 97헌마285, 판례집 10-2, 615, 619; 헌재 2010. 4. 29. 2003헌마283, 공보 163, 888, 891.

사소송법 제214조의2 제1항은 "체포 … 된 피의자 또는 그 변호인, 법정대리인, 배우자, 직계친족, 형제자매나 가족, 동거인 또는 고용주는 관할법원에 체포 … 의 적부심사를 청구할 수 있다."고 규정함으로써, 부당한 체포에 대한 구제절차로서 체포적부심사를 규정하고 있다. 이와 같이, 체포에 대하여는 헌법과 형사소송법이 정한 체포적부심사라는 구제절차가 존재함에도 불구하고 청구인들은 위 체포적부심사절차를 거치지 않고 이 사건 헌법소원심판을 청구하였으므로, 이 사건 심판청구는 법률이 정한 구제절차를 거치지 않고 제기된 것으로서 보충성의 원칙에 반하여 부적법하다.

4) 어떤 공권력행사에 대하여 형사고소가 가능하다면 보충성 요건을 충족하지 못한다.

사례

⊙ 헌재 2014. 3. 27. 2012헌마652 : 보도자료 배포행위는 수사기관이 공판청구 전에 피의사실을 대외적으로 알리는 것으로서 형법 제126조의 피의사실공표죄에 해당하는지가 문제된다. 만약 피청구인(○○경찰서 사법경찰관)의 행위가 피의사실공표죄에 해당하는 범죄행위라면, 수사기관을 상대로 고소하여 행위자를 처벌받게 하거나 처리결과에 따라 검찰청법에 따른 항고를 거쳐 재정신청을 할 수 있으므로, 위와 같은 권리구제절차를 거치지 아니한 채 곧바로 제기한 이 부분 심판청구는 보충성 요건을 갖추지 못하였다.

5) 한편, 2007. 12. 21. 법률 제8724호로 제정된 '인신보호법' 제3조(구제청구)는 "피수용자[504]에 대한 수용이 위법하게 개시되거나 적법하게 수용된 후 그 사유가 소멸되었음에도 불구하고 계속 수용되어 있는 때에는 피수용자, 그 법정대리인, 후견인, 배우자, 직계혈족, 형제자매, 동거인, 고용주 또는 수용시설 종사자는 이 법으로 정하는 바에 따라 법원에 구제를 청구할 수 있다. 다만, 다른 법률에 구제절차가 있는 경우에는 상당한 기간 내에 그 법률에 따른 구제를 받을 수 없음이 명백하여야 한다."라고 규정하고 있으므로, 이러한 경우도 법 제68조 제1항 단서 소정의 '다른 법률에 구제절차가 있는 경우'라고 할 것이다.

504) 여기에서 '피수용자'란 자유로운 의사에 반하여 국가, 지방자치단체, 공법인 또는 개인, 민간단체 등이 운영하는 의료시설·복지시설·수용시설·보호시설에 수용·보호 또는 감금되어 있는 자를 말한다. 다만, 형사절차에 따라 체포·구속된 자, 수형자 및 「출입국관리법」에 따라 보호된 자는 제외한다.(동법 제2조 제1항)

(다) 사법행정작용에 대한 헌법소원의 경우

집행관의 강제집행방법이나 집행절차에 관하여 이의가 있는 경우에 (구)민사소송법 제504조 소정의 집행방법에 관한 이의신청을 한 후 집행법원의 재판을 거치지 아니한 채 제기한 헌법소원심판청구는 부적법하고,[505] (구)민사소송법 제209조는 법원사무관 등의 처분에 대한 이의는 그 법원사무관 등의 소속법원이 결정으로 재판한다고 규정하고 있으므로, 접수담당자의 소속법원에 접수처분에 대한 이의신청의 구제절차를 거치지 아니한 채 제기한 헌법소원심판청구는 부적법하다.[506]

(5) 보충성의 예외

이상과 같은 보충성에도 불구하고 일정한 경우 예외가 인정되는바, 법에는 명문의 규정이 없으나 우리 헌법재판소에서는 일정한 경우 보충성의 예외를 인정하고 있다.

(가) 법률상 구제절차가 없는 경우

1) 법령자체에 의한 직접적인 기본권침해가 문제될 때에는 그 법령자체의 효력을 직접 다투는 것을 소송물로 하여 일반법원에 소송을 제기하는 길이 없어,[507] 구제절차가 있는 경우가 아니므로 바로 헌법소원을 청구할 수 있다.[508]

이에 대하여 대법원은 조례가 집행행위의 개입없이 그 자체로서 직접 국민의 구체적인 권리의무나 법적 이익에 영향을 미치는 등의 법률상 효과를 발생하는 경우 그 조례는 항고소송의 대상이 되는 행정처분에 해당한다고 판시한 바 있다.[509]

그러나, 헌법재판소는 헌재 2009. 10. 29. 2008헌마454 '부산광역시 학원의 설립·운영 및 과외교습에 관한 조례' 제9조 위헌확인 사건에서, "이 사건 조항은

---

505) 헌재 1989. 10. 7. 89헌마203, 판례집 1, 307, 308.

506) 헌재 1991. 11. 25. 89헌마235, 판례집 1, 593, 597.

507) 대법원 1994. 4. 26.자 93부32 결정 참조.

508) 헌재 1996. 10. 4. 94헌마68등, 공보 18, 590, 592.

509) 대법원 1996. 9. 20. 선고 95누8003 판결. 또한, 대법원의 입장에 따르면 행정규칙(보건복지부고시)도 항고소송의 대상이 되는 행정처분에 해당할 수 있다는 점에 대하여는 전술한 이 章 3. 나. (3) (다) 참조.

학교교과 교습학원 및 교습소의 교습시간을 제한하고 있을 뿐이므로, 비록 그로 인하여 학원운영자 등이 교습시간을 제한받는다고 하여도 위 조항을 그 상대방과 적용사건이 특정되는 처분적 조례로서 항고소송의 대상이 된다고 볼 수 있을지는 의문이다. 그렇다면 이 사건 조항에 대한 소송을 일반법원에 제기하더라도 이 사건 조항이 항고소송의 대상이 되는 행정처분에 해당하는지 여부가 객관적으로 불확실하고 이 사건 조항에 대하여 법원에서 항고소송의 대상으로 인정받은 적도 없는바, 청구인들에게 항고소송에 의한 권리구제절차를 거치도록 요구하거나 기대할 수 없으므로 보충성의 예외를 인정하여 헌법소원을 허용함이 상당하다."고 판시하였다.[510]

사례

⊙ 헌재 2012. 5. 31. 2010헌마139등 : 이 사건 응시제한[511]에 대하여는 그 자체의 효력을 직접 다투는 것을 소송물로 하여 일반법원에 소송을 제기하는 길이 없어 다른 법률에 구제절차가 있는 경우에 해당하지 않으므로 보충성 요건에 위배되지 않는다. 피청구인(전라남도 교육감)은 청구인 장○형의 경우 재응시 거부처분 취소소송을 법원에 제기한 바 있음을 들어 보충성 요건에 부합하지 않는다고 주장하나, 위 취소소송의 소송물은 이 사건 응시제한이 아니라 구체적인 원서접수 거부행위이고, 위 취소소송이 이 사건 응시제한 자체를 소송물로 하는 구제절차라고는 볼 수 없으므로 위 주장은 이유 없다.

⊙ 헌재 2015. 12. 23. 2014헌마1149 : 법인화되지 않은 국립대학은 영조물에 불과하고, 그 총장은 국립대학의 대표자일 뿐이어서 행정소송의 당사자능력이 인정되지 않는다는 것이 법원의 확립된 판례이므로(대법원 2010. 3. 11. 선고 2009두23129 판결; 대법원 2007. 9. 20. 선고 2005두6935 판결 등 참조), 설사 청구인이 이 사건 모집정지에 대하여 행정소송을 제기한다고 할지라도 부적법 각하될 가능성이 많아 행정소송에 의하여 권리구제를 받을 가능성이 없는 경우에 해당되고, 따라서 보충성의 예외를 인정함이 상당하다

2) 입법부작위에 대한 행정소송의 적법여부에 관하여 대법원은, "행정소송

510) 同旨, 헌재 2009. 10. 29. 2008헌마635 ('서울특별시 학원의 설립 · 운영 및 과외교습에 관한 조례' 제5조 제1항 전문 위헌확인), 공보 157, 2083, 2087.

511) 고졸검정고시 또는 고입검정고시에 합격했던 자는 해당 검정고시에 다시 응시할 수 없도록 응시자격을 제한한 전라남도 교육청 공고 제2010-67호(2010.2.1.) 및 제2010-155호(2010.6.2.) 중 해당 검정고시 합격자 응시자격 제한 부분.

은 구체적 사건에 대한 법률상 분쟁을 법에 의하여 해결함으로써 법적 안정을 기하자는 것이므로 부작위위법확인소송의 대상이 될 수 있는 것은 구체적 권리의무에 관한 분쟁이어야 하고, 추상적인 법령에 관하여 제정의 여부 등은 그 자체로서 국민의 구체적인 권리의무에 직접적 변동을 초래하는 것이 아니어서 행정소송의 대상이 될 수 없다."고 판시하고 있으므로,[512] (행정)입법부작위에 대한 헌법소원심판청구는 보충성의 예외에 해당한다.[513]

3) 범죄피해자는 그가 고소를 제기한 바 없었어도 검사의 불기소처분에 대하여 헌법소원심판을 청구할 자격이 있고, 그는 고소인이 아니므로 불기소처분에 대하여 검찰청법에 정한 항고·재항고의 제기에 의한 구제를 받을 방법이 없으므로 곧바로 헌법소원심판을 청구할 수 있다.[514] 따라서 이러한 피해자는 개정된 형사소송법(2007. 6. 1. 법률 제8496호로 개정되어 2008. 1. 1.부터 시행된 것) 하에서도 헌법재판소에 그 불기소처분의 취소를 구하는 헌법소원심판을 청구할 수 있다.[515] 또한 형사피의자로 입건되었던 자가 기소유예처분을 받고서 스스로 무고함을 주장하여 헌법소원심판청구를 하는 경우에는 법률상 구제절차가 없는 경우에 해당하므로 헌법재판소에 직접 제소하는 것이 가능하다.[516] 고소사건을 고소사건으로 수리하지 아니하고 진정사건으로 수리하여 공람종결처분한 경우에도 헌법재판소에 직접 헌법소원을 제기할 수 있다.[517]

(나) 사전에 구제절차를 거칠 것을 기대하기가 곤란한 경우

청구인이 그의 불이익으로 돌릴 수 없는 정당한 이유 있는 착오로 전심절차를 밟지 않은 경우, 전심절차로 권리가 구제될 가능성이 거의 없거나 권리구제절차가 허용되는지 여부가 객관적으로 불확실하여 전심절차 이행의 기대가능성이 없을 때에는 보충성의 예외로 바로 헌법소원을 제기할 수 있다.[518]

---

512) 대법원 1992. 5. 8. 선고 91누11261 판결.

513) 헌재 1998. 7. 16. 96헌마246, 공보 29, 673, 678; 헌재 2002. 7. 18. 2000헌마707, 공보 71, 653, 656.

514) 헌재 1992. 1. 28. 90헌마227, 판례집 4, 40, 44; 헌재 1992. 7. 23. 91헌마142, 판례집 4, 527, 531; 헌재 1995. 5. 25. 94헌마185, 판례집 7-1, 811, 815; 헌재 1998. 8. 27. 97헌마79, 판례집 10-2, 444, 453; 헌재 1998. 10. 29. 98헌마292.

515) 헌재 2010. 6. 24. 2008헌마716, 공보 165, 1178, 1180-1181.

516) 헌재 1992. 11. 12. 91헌마146, 판례집 4, 802, 806.

517) 헌재 1999. 1. 28. 98헌마85, 판례집 11-1, 73 이하.

사례

⊙ 헌재 2011. 6. 30. 2009헌마406 : 이 사건 통행제지행위[519]는 직접 상대방의 신체 또는 재산에 실력을 가하여 행정상 필요한 상태를 실현하는 행정상의 즉시강제로서 권력적 사실행위에 해당하므로 행정쟁송의 대상이 된다. 그러나 청구인들의 통행이 제지된 다음날 피청구인이 서울광장을 둘러싸고 있던 경찰버스들을 철수시키고 통행제지행위를 중지함에 따라, 청구인들이 행정쟁송을 제기하더라도 소의 이익이 부정될 가능성이 높아 그 절차에 의한 권리구제의 가능성이 거의 없다고 보여지는바, 이러한 경우에도 사전구제절차의 이행을 요구하는 것은 불필요한 우회절차를 강요하는 셈이 되는 것이므로, 청구인들이 행정쟁송 절차를 거치지 아니하고 바로 이 사건 심판청구를 제기하였다고 하더라도 이는 보충성의 예외로서 허용된다.

⊙ 헌재 2015. 11. 26. 2014헌마145 : 이 사건 승인처분[520]은 초·중등교육법 제6조, 같은 법 시행령 제82조 제6항에 기한 것으로서, 행정소송법상 처분에 해당하므로 행정소송의 대상이 된다. 또한 행정소송법상 당해 행정처분의 직접 상대방이 아닌 제3자라 하더라도 당해 행정처분의 취소를 구할 법률상의 이익이 있는 경우에는 원고적격이 인정된다. 다만 법원이 청구인들에게 이 사건 승인처분의 취소를 구할 법률상 이익을 인정할지 여부가 확실치 아니하고, 이 사건 심판청구 당시에는 이미 이 사건 입학전형요강에 의한 입학전형이 실시된 이후여서 이 사건 승인처분의 취소를 다툴 "소의 이익"이 부정될 여지가 있으므로, 청구인들에게 다른 법률상의 권리구제 절차가 허용된다고 단정할 수 없다. 따라서 이 사건 심판청구는 보충성원칙의 예외에 해당한다.

⊙ 헌재 2018. 5. 31. 2014헌마346 : 송환대기실의 설치·운영에 관하여 피청구인[521]의 권한을 정하는 법령상의 근거가 없다. 피청구인은 이와 같이 자신에게 송환대기실에 수용된 사람의 변호인 접견을 허가할 권한이나 의무가 없다는 이유를 들어 변호인 접견신청을 거부하였다. 따라서 청구인이 피청구인을 상대로 이 사건 변호인 접견신청 거부의 취소를 구하는 행정심판이나 행정소송을 제기한다 하더라도 이 사건 변호인 접견신청 거부가 구체적 사실에 관한 "법집행"이 아니어서 행정소송법상 "처분"에 해당되지 않는다는 이유로 각하될 가능성이 크다. 따라서 이 사건 심판청구

518) 헌재 1995. 12. 28. 91헌마80, 판례집 7-2, 851, 865.

519) 피청구인(경찰청장)이 2009. 6. 3. 서울광장을 경찰버스들로 둘러싸 청구인들의 서울광장 통행을 제지한 행위.

520) 피청구인(충청남도 교육감)이 2013. 9. 13. 충남○○고의 '2014학년도 충남○○고등학교 신입생 입학전형요강'을 승인한 행위

521) 인천공항출입국·외국인청장

는 행정심판이나 행정소송이라는 권리구제절차가 허용되는지 여부가 객관적으로 불확실하여 전심절차이행의 기대가능성이 없는 경우에 해당한다. 이 사건 심판청구는 보충성의 예외가 인정된다.

라. 청구기간

(1) 의의

헌법소원의 심판은 그 사유가 있음을 안 날부터 90일 이내에, 그 사유가 있은 날부터 1년 이내에 청구하여야 한다. 다만, 다른 법률에 따른 구제절차를 거친 헌법소원의 심판은 그 최종결정을 통지받은 날부터 30일 이내에 청구하여야 한다(법 제69조 제1항). 이와 같이 청구기간제도를 둔 것은 소정의 청구기간 이후에는 문제의 공권력작용을 더 이상 다툴 수 없도록 하므로써, 권리관계를 신속히 확정하여 법적안정성을 확보하기 위해서이다.[522]

법이 이와 같이 청구기간을 제한하여 그 제소를 막는 것은 국민의 재판을 받을 권리를 제한한다고 볼 측면이 없지는 않다. 그러나 공권력의 행사로 인하여 기본권을 침해받은 경우에 제기하는 헌법소원의 심판에서는, 공권력의 행사로 인한 법률관계가 직접 공익과 밀접하게 관련되어 있어서 이를 오랫동안 불확정 상태에 둘 수 없고, 따라서 이로 인한 법률관계를 조속히 안정시키기 위하여 헌법소원심판을 되도록 빠른 기간 내에 제기하도록 할 필요가 있다. 따라서 법 제69조 제1항이 공권력의 작용에 대한 헌법소원심판청구에 관한 청구기간을 정하고 있는 것은 이러한 필요에 응한 것으로, 그 정당성과 합리성을 인정할 수 있다.[523]

사례

⊙ 헌재 2001. 9. 27. 2001헌마152 : 청구기간 자체가 지나치게 단기간이거나 기산점을 불합리하게 책정하여, 권리구제를 요구하는 국민의 재판청구권의 행사를 현저히 곤란하게 하거나 사실상 불가능하게 하여 권리구제의 기회를 극단적으로 제한한다면, 그것은 재판청구권의 본질을 침해하는 것이 되어 허용할 수 없을 것이다. 이와 같은 청구기간제도의 입법목적에 비추어 볼 때, (구)법 제69조 제1항이 공권력의 행

---

522) 헌재 2001. 12. 20. 2001헌마39, 공보 64, 79, 82, 판례집 미수록. 다만, 이 부분은 재판관 2인의 반대의견 중의 판시내용이다.

523) 헌재 2007. 11. 29. 2005헌바12, 공보 134, 1306, 1310-1311.

사로 인하여 기본권을 침해받은 경우의 헌법소원심판의 청구기간을 '그 사유가 있은 날로부터 180일'이라고 규정한 것은, 비록 헌법소원심판을 청구할 것인지 여부를 고려하기 위한 충분한 숙려기간을 보장한 것이라고 할 수는 없다고 하더라도, 이로 인하여 헌법소원심판을 통해 기본권구제를 받고자 하는 국민의 헌법재판청구권의 행사가 현저히 곤란하게 되거나 사실상 불가능하게 되어 기본권구제의 기회가 극단적으로 제한되는 것은 아니므로, 이 조항 부분을 가리켜 국민의 재판청구권을 침해하는 것이라고 말할 수는 없다. 그렇다면 (구)법 제69조 제1항 중 '그 사유가 있은 날로부터 180일'이라는 부분이 헌법소원심판의 청구기간을 지나치게 짧게 규정함으로써 재판청구권을 침해한 것이라는 청구인의 주장은 이유없다.

⊙ 헌재 2007. 10. 25. 2006헌마904 : 이 사건 법률조항[524]은 헌법소원심판의 청구인이 자신의 기본권이 침해된 사실을 안 날부터 기산하여 90일 이내로 제한하는 것이므로, 헌법소원심판을 통해 기본권의 구제를 받고자 하는 국민의 헌법재판청구권 행사를 현저히 곤란하게 하거나 사실상 불가능하게 할 정도로 과도하게 제한하는 것이라고 볼 수 없다. 공권력의 행사로 인하여 자신의 기본권이 침해된 사실을 알고 있는 국민의 기본권을 구제하는 절차와 공권력행사에 의한 공익실현의 법적안정성을 아울러 보장할 수 있도록 균형있게 조정하고 있다고 할 수 있다. 따라서 이 사건 법률조항이 헌법소원심판의 청구기간을 지나치게 짧게 규정함으로써 국민의 재판청구권을 침해하거나 국가의 기본권보장의무를 외면하는 것이라고 보기 어렵다.[525]

---

(2) 청구취지변경 및 국선대리인선임신청과 청구기간의 기산점

(가) 청구취지 변경

헌법소원심판청구에 대한 청구취지변경이 이루어진 경우 청구기간의 준수여부는, 법 제40조 제1항 및 민사소송법 제265조(구법 제238조)에 의하여 추가 또는 변경된 청구서가 제출된 시점을 기준으로 판단하여야 한다.[526] 청구취지 등 정정서를 낸 경우도 마찬가지이다.[527]

---

524) 헌법재판소법(2003.3.12. 법률 제6861호로 개정된 것) 제69조 제1항 본문 중 헌법소원심판의 청구기간을 '그 사유가 있음을 안 날부터 90일 이내'로 제한한 부분.

525) 同旨, 헌재 2011. 10. 25. 2011헌마175, 공보 181, 1686, 1689. 한편, 청구기간을 제한하고 있는 동 조항의 위헌확인을 구하는 사건에서 바로 그 조항에 근거하여 청구기간이 지났음을 이유로 각하결정을 한 사례로 헌재 2013. 2. 28. 2011헌마666, 공보 197, 414 이하 참조.

526) 헌재 1998. 5. 28. 96헌마151, 판례집 10-1, 695, 703.

527) 헌재 2004. 4. 29. 2003헌마641, 공보 92, 543, 548, 판례집 미수록.

(나) 국선대리인 선임신청

헌법소원심판을 청구하고자 하는 자가 변호사를 대리인으로 선임할 자력이 없어 헌법재판소에 국선대리인을 선임하여 줄 것을 신청하는 경우에는, 법 제69조에 의한 청구기간은 국선대리인의 선임신청이 있는 날을 기준으로 정한다(법 제70조 제1항 후문). 실제로 청구인이 1996. 7. 26. 국선대리인 선임신청을 하였고(96헌사105), 헌법재판소에서는 1996. 8. 23. 변호사 박○환을 국선대리인으로 선임하여 위 국선대리인은 그 해 10. 1. 헌법소원심판청구서를 제출한 사건에서, 헌법재판소는 "법 제70조 제1항에 의하면 헌법소원을 청구하려는 자는 일정한 경우 헌법재판소에 국선대리인을 선임하여 줄 것을 신청할 수 있고, 이 경우 헌법소원심판청구기간은 국선대리인의 선임신청이 있는 날을 기준으로 정하도록 하고 있는 바, 이는 국선대리인선임신청이 인용되어 헌법소원심판청구가 제기된 경우에는 국선대리인선임신청일을 헌법소원심판청구시로 한다는 뜻이므로 이 사건 헌법소원심판의 청구기간 준수여부는 1996. 7. 26.을 기준으로 정하여야 한다."고 판시하였다.[528]

다만, 국선대리인이 헌법소원심판청구를 한 경우 청구기간은 심판청구일이 아니라 국선대리인의 선임신청이 있는 날을 기준으로 정하는 것이지만, 헌법소원심판청구에 대한 청구취지 변경이 이루어진 경우 청구기간의 준수여부는 앞에서 본 바와 같이 법 제40조 제1항 및 민사소송법 제265조에 의하여 변경된 청구서가 제출된 시점을 기준으로 판단하여야 한다.[529]

심판청구서를 제출하기 전에 먼저 국선대리인선임신청을 한 경우에, 헌법재판소가 국선대리인을 선정하지 아니한다는 결정을 한 때에는, 신청인이 선임신청을 한 날부터 위 결정통지를 받은 날까지의 기간은 위 청구기간에 산입하지 아니한다(법 제70조 제4항). 그리고, 대리인의 선임없이 심판청구서가 먼저 제출되거나 국선대리인신청서와 함께 제출된 경우에는 청구기간은 심판청구서가 접수된 날을 기준으로 정한다.[530]

---

528) 헌재 1998. 7. 16. 96헌마268, 공보 682, 688. 同旨, 헌재 1998. 8. 27. 96헌마398, 공보 29, 711, 713; 헌재 2000. 6. 29. 98헌마36, 판례집 12-1, 869, 877.

529) 헌재 2018. 5. 31. 2017헌마167, 공보 260, 940, 942.

530) 실무제요(2008), 278면.

(3) 유형

(가) 다른 법률에 따른 구제절차를 거친 경우

다른 법률에 따른 구제절차를 거친 경우에 헌법소원의 심판은 그 최종결정을 통지받은 날부터 30일 이내에 청구하여야 한다(법 제69조 제1항 단서).[531]

(나) 다른 법률에 따른 구제절차가 없는 경우

다른 법률에 따른 구제절차가 없거나 보충성 요건에 대한 예외가 인정되어 다른 법률에 따른 구제절차를 거칠 필요가 없는 경우에는 그 사유가 있음을 안 날부터 90일 이내에, 그 사유가 있은 날부터 1년 이내에 청구하여야 한다(법 제69조 본문). 그러므로 이 경우에는 헌법소원청구의 사유, 즉 기본권침해가 있음을 안 날부터 90일이 지났거나 또는 그 사유가 있은 날부터 1년이 지났으면(즉, 둘 중 어느 하나의 기간이 지났으면) 그 심판청구는 부적법하다.[532]

여기서 그 사유가 **'있은 날'**이라 함은 공권력의 행사에 의해서 기본권침해가 발생한 날을 말한다. 그 사유가 있음을 **'안 날'**은 적어도 공권력의 행사에 의한 기본권침해의 사실관계를 특정할 수 있을 정도로 현실적으로 인식하여 심판청구가 가능해진 경우를 뜻하며,[533] 헌법소원청구기간의 기산점인 "사유가 있음을 안 날"이라 함은 '법령의 제정 등 공권력행사에 의한 기본권침해의 사실관계를 안 날'을 뜻하는 것이지 법률적으로 평가하여 그 위헌성 때문에 헌법소원의 대상이 됨을 안 날을 뜻하는 것은 아니라 할 것이므로, 헌법소원의 대상이 됨을 안 날은 '청구기간을 도과한 헌법소원을 허용할 정당한 사유'의 평가자료로 참작됨은 별론으로 하고 청구기간의 기산점과는 무관한 사항이다.[534]

청구인이 형사피해자이지만 고소인이나 고발인이 아니어서 검사의 불기소처분에 대하여 다른 법률에 구제절차가 인정되어 있지 아니한 경우나, 형사피의자로 입건되어 기소유예처분이나 공소권없음처분을 받은 자는 법률상 구제절차가 없는 경우이므로, 헌법소원심판청구를 헌법재판소에 직접 제소하려면 그 불기소

---

531) 헌재 1992. 7. 23. 92헌마103, 판례집 4, 554, 558.

532) 실무제요(2008), 267면.

533) 헌재 1993. 7. 29. 89헌마31, 판례집 5-2, 87, 109; 헌재 2002. 10. 31. 2002헌마520, 판례집 14-2, 574, 579; 헌재 2005. 9. 29. 2004헌마804, 공보 108, 1054, 1055.

534) 헌재 1993. 11. 25. 89헌마36, 판례집 5-2, 418, 425.

처분이 있은 사실을 안 날부터 90일 이내에, 늦어도 검사가 불기소처분을 한 날부터 1년 이내에 헌법소원심판을 청구하여야 한다.[535)]

(다) 부적법한 구제절차를 거친 경우 법 제69조 제1항 본문과 단서의 관계

헌법재판소는 행정청의 거부행위에 대하여 행정소송을 제기하였으나 행정소송의 대상이 되는 처분이 아니라는 이유로 각하판결을 받은 후 헌법소원을 제기하는 경우, 청구기간의 기산점은 원래의 거부행위가 있었던 날이라고 하여 법 제69조 제1항 본문을 적용하였다.

사례

⊙ 헌재 2003. 9. 25. 2002헌마789 : 행정청이 지목변경신청을 거부(반려)하는 행위는 행정소송의 대상이 되는 행정처분이 아니라는 것이 법원의 일관된 판례이며(대법원 1989. 11. 28. 선고 89누3700 판결 등),[536)] 헌법재판소도 수차에 걸쳐 그러한 점을 선언한 바 있다. 따라서 그러한 행위는 법원의 재판관할에 속하지 아니하는 것이 명백하므로(헌재 2001. 1. 18. 99헌마703, 판례집 13-1, 139, 144-145), 이에 대하여 행정소송을 제기한 것은 법 제69조 제1항 단서가 말하는 '다른 법률에 의한 구제절차'를 거친 것이라고 보기는 어렵고, 청구인이 지목변경거부행위에 대하여 행정소송을 거쳤다고 하더라도 이는 구제절차가 될 수 없는 무익한 절차를 거친 것에 불과하다. 그렇다면 이 사건에서 청구기간의 산정은 법 제69조 제1항 단서가 아니라 본문의 규정에 의하여야 할 것이다.[537)]

---

535) 헌재 1995. 3. 23. 94헌마254, 공보 9, 249, 251. 同旨, 헌재 1993. 7. 29. 92헌마217 : "기소유예처분의 결과통지를 받아 그 처분이 있은 사실을 알았을 경우에는 그 날부터 90일 이내에 헌법소원심판을 청구하여야 한다."

536) 한편 앞에서 본 바와 같이[이 章 3. 다. (1) (나) 1) 다) 참조], 그 후 대법원 전원합의체는 2004. 4. 22. 선고한 2003두9015 사건에서, "지목은 토지소유권을 제대로 행사하기 위한 전제요건으로서 토지소유자의 실체적 권리관계에 밀접하게 관련되어 있으므로 지적공부 소관청의 지목변경신청 반려행위는 국민의 권리관계에 영향을 미치는 것으로서 항고소송의 대상이 되는 행정처분에 해당한다."고 판결하면서, 이와 달리 지목변경신청에 대한 반려(거부)행위를 항고소송의 대상이 되는 행정처분으로 볼 수 없다고 판시한 대법원 판결들을 모두 변경하였다.

537) 이에 대하여는, 청구인의 행정소송제기는 적법한 구제절차의 경유로 보아야 하고 따라서 법 제69조 제1항 단서가 적용되어야 한다는 재판관 4인의 반대의견이 있다.

(라) 부작위에 대한 헌법소원의 경우

공권력의 불행사로 인한 기본권침해는 그 불행사가 계속되는 한 기본권침해의 부작위가 계속된다. 그러므로 가령 입법권의 불행사, 즉 진정입법부작위에 대한 헌법소원심판은 그 불행사가 계속되는 한 기간의 제약없이 적법하게 청구할 수 있다.[538] 행정입법부작위나 행정부작위의 경우에도 마찬가지이다.[539]

그러나 부진정입법부작위, 즉 결함이 있는 입법권의 행사에 대하여 재판상 다툴 경우에는 입법부작위 위헌확인의 심판청구가 아니라 그 불완전한 입법규정 자체가 헌법위반이라는 적극적인 헌법소원을 제기하여야 할 것이고, 이 때에는 법 제69조 제1항 소정의 청구기간의 적용을 받는다.[540]

(마) 계속적인 공권력행사와 청구기간

예컨대, (주민등록증을 발급받을 당시 자신들이 주민등록증발급신청서에 날인함으로써 만들어진 열 손가락의 지문정보에 대한) 경찰청장의 보관 등 행위는 위와 같이 각 보관 또는 전산화한 날 이후 청구인의 헌법소원심판 청구시점까지 계속되고 있었다고 할 것이므로, 이와 같이 계속되는 권력적 사실행위를 대상으로 하는 이 부분 심판청구의 경우 청구기간 도과의 문제는 발생하지 아니한다.[541]

(4) 법령에 대한 헌법소원의 청구기간

(가) 의의

법령은 한번 제정되어 시행되면 입법자가 스스로 그 법률을 개폐하기 전, 또는 헌법재판소에 의해 그 위헌성이 확인되기 전에는 계속하여 효력을 갖게 된다. 이러한 사정에 비추어 볼 때, 법 제69조 제1항 본문의 청구기간을 법령에 대한 헌법소원에 문자 그대로 적용하는 경우에는 법령으로 인한 기본권침해를 그에 대한 헌법소원을 통하여 구제받을 수 있는 가능성은 현저히 축소되고, 결과적으로 헌법소원을 통한 기본권구제의 실효성이 현저하게 저하되게 된다. 그리하여 헌법재판소는 법령에 대한 헌법소원의 청구기간을 해석을 통해 <u>법령의 시행과</u>

---

538) 헌재 1994. 12. 29. 89헌마2, 판례집 6-2, 395, 408.

539) 헌재 1998. 7. 16. 96헌마246, 판례집 10-2, 283, 298-299; 헌재 2002. 7. 18. 2000헌마707, 공보 71, 653, 656.

540) 헌재 1996. 10. 31. 94헌마204, 공보 18, 648.

541) 헌재 2005. 5. 26. 99헌마513등, 공보 105, 666, 671.

동시에 기본권을 침해받는 경우와 법령이 시행된 뒤 비로소 기본권을 침해받게 된 경우로 나누어 각각 기산함으로써, 결과적으로 법령에 대한 헌법소원의 청구기간을 확장하고 있다.[542]

즉, 법령에 대한 헌법소원의 청구기간은 그 법령의 시행과 동시에 기본권의 침해를 받게 되는 경우에는 그 법령이 시행된 사실을 안 날부터 90일 이내에, 법령이 시행된 날부터 1년 이내에 헌법소원을 청구하여야 하고,[543] 법령이 시행된 뒤에 비로소 그 법령에 해당되는 사유가 발생하여 기본권의 침해를 받게 되는 경우에는 그 사유가 발생하였음을 안 날부터 90일 이내에,[544] 그 사유가 발생한 날[545]부터 1년 이내에[546] 헌법소원을 청구하여야 한다.[547] 이는 법규로서의 성질을 가지는 행정규칙에 대한 헌법소원의 경우에도 같다. 그리고 위 90일의 기간과 1년의 기간을 모두 준수하여야 적법한 청구가 되는 것이고 그 중 어느 하나라도 경과하면 부적법한 청구가 된다.[548]

한편 헌법재판소는, 법령의 시행 후 어느 시점에 청구인의 기본권이 구체적으로 침해받거나 그 침해가 확실히 예상되었다고 볼 수 있는지, 즉 청구인이 그러한 점을 언제 알게 되었는지에 관하여 기록상 이를 인정할 명백한 자료가 없는 경우 권리구제 및 헌법질서의 유지라는 헌법소원의 기능에 비추어 가능한 한 청구인에게 유리한 해석을 함이 타당하다고 한다.[549]

---

542) 실무제요(2008), 268-269면.

543) 예컨대, 헌재 1992. 4. 28. 91헌마62, 판례집 4, 277, 280; 헌재 1996. 11. 28. 95헌마280, 판례집 8-2, 647, 652; 헌재 1999. 4. 29. 96헌마352등, 판례집 11-1, 477, 496; 헌재 2001. 8. 30. 2000헌마819, 공보 60, 893, 895, 판례집 미수록.

544) 예컨대, 헌재 1995. 2. 23. 92헌마282, 공보 9, 181, 182; 헌재 1996. 8. 29. 94헌마113, 판례집 8-2, 141, 153; 헌재 2001. 1. 18. 2000헌마66, 판례집 13-1, 151, 160; 헌재 2002. 3. 28. 2000헌마725, 판례집 14-1, 228, 232.

545) 여기서 청구기간 산정의 기산점이 되는 '법령에 해당하는 사유가 발생한 날'이란 '법령의 규율을 구체적이고 현실적으로 적용받게 된 날'을 가리킨다.(헌재 2004.4.29. 2003헌마484, 판례집 16-1, 574, 583; 헌재 2012.10.25. 2011헌마307, 공보 193, 1754, 1760).

546) 예컨대, 헌재 1993. 11. 25. 92헌마87, 판례집 5-2, 468, 475; 헌재 1998. 7. 16. 95헌바19등, 판례집 10-2, 89, 101.

547) 독일의 연방헌법재판소법 제93조 제3항은 "헌법소원이 법률에 대하여 또는 권리구제절차가 없는 기타의 고권행위(高權行爲)에 대하여 청구되는 경우, 헌법소원은 법률 시행후 또는 고권행위의 발령후 1년 이내에 청구하여야 한다."고 규정하고 있다.

548) 헌재 2004. 4. 29. 2004헌마93, 공보 92, 554, 556-557, 판례집 미수록.

549) 헌재 2001. 6. 28. 2000헌마111, 판례집 13-1, 1418, 1424.

사례

⊙ 헌재 2012. 6. 27. 2010헌마716 : 기록상 청구인들이 이 사건 헌법소원심판청구 이전에 이 사건 고시조항으로 인해 A형 혈우병과 관련해 '유전자 재조합제제'의 요양급여를 받지 못하는 등 이 사건 고시조항에 의한 기본권침해 사유의 발생을 알았다거나 그 시점을 달리 특정할 만한 자료는 발견되지 아니하므로, 이 사건 헌법소원심판청구가 청구인들이 기본권침해의 사유가 발생하였음을 안 날부터 90일이 경과한 후에 이루어진 것이라고 단정할 수 없다.

(나) 법령소원에 청구기간이 적용되는 이유

헌법재판소는 법령에 대한 헌법소원에도 법 제69조 제1항의 청구기간제도가 적용되는 이유를 다음과 같이 논증하였다. 즉, 법규정립행위(입법행위)는 그것이 국회입법이든 행정입법이든 막론하고 일종의 법률행위이므로 그 행위의 속성상 행위자체는 한 번에 끝나는 것이고, 그러한 입법행위의 결과인 권리침해상태가 계속될 수 있을 뿐이므로,[550] 기본권침해행위는 한 번에 끝났음에도 불구하고 그 결과가 계속 남아 있다고 하여 청구기간의 제한을 배제한다는 것은 법적안정성의 확보를 위한 청구기간의 설정취지에 반하는 것으로서 부당하다는 것이다.[551]

사례

⊙ 헌재 2011. 7. 28. 2010헌마432 : 헌법재판소법 제69조 제1항의 "그 사유가 있음을 안 날"은 공권력의 행사에 의하여 기본권이 침해되었다는 사실관계를 안 날을 뜻한다. 청구인은 제1회 공판기일에 자신에 대한 재판절차에 배심원이 참여하지 않

---

550) 헌재 1992. 6. 26. 91헌마25, 판례집 4, 444, 450.

551) 헌재 1996. 8. 29. 92헌마137, 판례집 8-2, 127, 137. 그런데 이에 대하여 제4기 재판부에 들어 반대의견이 제기되었다. 즉, 헌재 2007. 10. 4. 2006헌마648 결정에서 조대현·김종대 재판관은, "기본권을 침해하는 사유가 공권력에 기한 처분행위 또는 권력적 사실행위인 경우와 같이 공권력행사로 인한 기본권침해가 1회적인 경우에는 그러한 기본권 침해행위가 있은 날을 기준으로 청구기간을 따져야 하지만, 기본권을 침해하는 사유가 공권력의 불행사나 법규의 내용인 경우와 같이 그로 인한 기본권침해가 계속적인 경우에는 '기본권침해사유'도 계속적으로 생기므로 계속적인 기본권침해사유가 종료된 때로부터 청구기간을 기산하여야 한다. 후자의 경우에 기본권침해사유가 처음 생긴 때로부터 헌법소원 청구기간을 기산하면, 기본권침해가 계속되고 있음에도 불구하고 헌법소원 청구기간이 도과해 버리는 경우가 생겨서 헌법소원제도의 근본목적을 도외시하는 결과로 된다."는 것이다. 同旨, 헌재 2012. 11. 29. 2011헌마140 결정의 재판관 송두환의 반대의견 참조.

는다는 것을 알았을 것이므로, 국민참여재판의 대상사건에 사기죄가 포함되지 않는다는 것도 알았다고 보아야 한다. 그렇다면 청구인은 제1회 공판기일인 2009. 12. 2. 이 사건 재판참여법 조항[552]에 의하여 기본권침해 사유가 발생하였음을 알았다 할 것이고, 그로부터 90일이 경과된 2010. 5. 28. 이 사건 심판청구를 위하여 국선대리인 선임신청을 하였으므로, 이 사건 재판참여법 조항에 대한 심판청구 또한 청구기간을 도과한 것으로서 부적법하다.

(다) 현재성요건과 청구기간과의 관계

헌법재판소는 초기에 상황성숙의 시점이 마치 청구기간의 기산점이 되는 것으로 보는 듯한 결정을 내린 바 있다. 즉, "법률에 대한 헌법소원의 제소기간은 그 법률의 공포와 동시에 기본권침해를 당한 자는 그 법률이 공포된 사실을 안 날부터 (구법상) 60일 이내에, 아니면 법률이 공포된 날부터 180일 이내에, 그렇지 아니하고 법률공포후 그 법률에 해당되는 사유가 발생하여 비로소 기본권의 침해를 받게 된 자는 그 사유가 발생하였음을 안 날부터 60일 이내에, 아니면 그 사유가 발생한 날부터 180일 이내에 헌법소원을 제기하여야 할 것이며, '사유가 발생한 날'은 당해 법률이 청구인의 기본권을 명백히 구체적으로 현실 침해하였거나 그 침해가 확실히 예상되는 등 실체적 제요건이 성숙하여 헌법판단에 적합하게 된 때를 말한다."고 판시하였다.[553] 그러나 이러한 판례에 의하면 청구기간의 기산점이 앞당겨지므로써 청구기간이 단축되는 부작용이 발생한다.[554]

헌법재판소는 이와 같은 오해를 불식시키기 위하여 상황성숙이론과 청구기간의 기산점을 분리시키는 방향으로 그 판례를 변경하였다. 즉 헌법재판소는, "법령에 대한 헌법소원의 청구기간도 기본권을 침해받은 때로부터 기산하여야 할 것이지 기본권을 침해받기도 전에 그 침해가 확실히 예상되는 등 실체적 제요건이 성숙하여 헌법판단에 적합하게 된 때로부터 기산할 것은 아니므로", 종전에 이와 견해를 달리하여 법령에 대한 헌법소원의 청구기간의 기산점에 관하여 기본권의 침해가 확실히 예상되는 때로부터도 청구기간을 기산한다는 취지로 판시한 헌법재판소의 의견을 변경하였다.[555]

---

552) 구 '국민의 형사재판 참여에 관한 법률'(2007.6.1. 법률 제8495호로 제정되고, 2010.4.15. 법률 제10258호로 개정되기 전의 것) 제5조 제1항.

553) 헌재 1990. 6. 25. 89헌마220, 판례집 2, 200, 204.

554) 실무제요(2008), 270-271면.

청구기간의 기산점을 판단함에 있어서, 일반인을 수범자로 하는 금지규정과 형벌규정을 둔 법이 시행되는 경우 법시행과 동시에 모든 사람에 대하여 바로 법률에 해당하는 사유가 발생하였다고 볼 것은 아니며, 심판청구인에 대한 구체적·현실적인 침해사유가 있어야 비로소 법률에 해당하는 사유가 발생하였다고 할 것이다. 다만, 기본권보장의 실효성을 높이기 위해서 구체적 기본권의 침해가 있기 전이라도 그 침해가 확실히 예상될 때에는 미리 헌법소원을 청구할 수 있다고 본다. 즉, 현재성이 인정될 수 있다.556)

(라) 개정된 법령이 이전의 규정과 비교하여 실질내용에 변화가 없는 경우

심판대상 법령조항들이 이전의 규정과 비교하여 실질내용에 변화가 없다면 청구기간의 기산점은 이전 법령의 시행 시이다.

사례

⊙ 헌재 2007. 2. 22. 2003헌마428등 : '자원의 절약과 재활용 촉진에 관한 법률'(법률 제4714호) 제15조와 동법 시행령(대통령령 제14492호) 제12조에 따른 동법 시행규칙(1995. 2. 6. 환경부령 제3호) 제3조의2 및 [별표 1]의 제2호에 의하면 '1회용품 사용자' 적용 대상 사업장으로 객실과 객석의 면적이 33㎡(10평) 이상인 식품접객업소와 집단급식소가 적시되어 있어 객실과 객석의 면적이 33㎡(10평) 이하인 식품접객업소의 경우에는 적용의 예외였다가 1999. 2. 22. 개정된 시행규칙(환경부령 제69호)에 따라 객실과 객석의 면적이 33㎡ 이하인 식품접객업소에도 적용되는 것으로 확대되었으나 여전히 식품접객업소에서 음식물을 배달하거나 고객이 음식물을 가져가는 경우에는 그 적용의 예외로 삼고 있었고, 이후 이 사건 시행규칙(2002. 12. 30. 환경부령 제135호)의 개정에 따라 식품접객업소에서 음식물을 배달하거나 고객이 음식물을 가져가는 경우에도 1회용 합성수지 도시락 용기의 사용을 규제하기에 이른 것이어서 <u>그 규제의 실질에 변화가 없다고 할 수 없으므로 청구기간의 기산점이 이전의 시행규칙 시행시기로 소급한다고 할 수는 없고</u>, 그 기산점을 이 사건 시행규칙 시행일인 2003. 7. 1.로 보아야 하므로 그로부터 1년 이내에 제기된 이 사건 헌법소원심판은 그 청구기간이 모두 준수되었다.

⊙ 헌재 2016. 11. 24. 2015헌마1191등 : '공무원수당 등에 관한 규정'이 2015. 1. 12. 개정될 때 제7조의2 제8항이 신설되면서 부칙 제3조는 이 조항 시행 이후 성과상여

555) 헌재 1996. 3. 28. 93헌마198, 판례집 8-1, 241, 251.

556) 헌재 2000. 4. 27. 98헌가16등, 판례집 12-1, 427, 443. 이 부분은 병합된 98헌마429 사건의 판시내용이다.

금을 거짓이나 그 밖의 부정한 방법으로 지급받는 사람부터 적용한다고 규정하였다. 그 뒤 '공무원수당 등에 관한 규정'이 2016. 1. 8. 개정되면서 제7조의2 제8항은 내용의 변화 없이 조문 위치만 제10항으로 변경되었다. 이와 같이 심판대상조항이 자구만 수정되었을 뿐 이전 조항과 비교하여 실질적 내용에 변화가 없어 청구인이 기본권을 침해당하고 있다고 주장하는 내용에 전혀 영향을 주지 않는다면, 법령조항이 일부 개정되었다고 하더라도 청구기간의 기산은 이전 법령을 기준으로 한다(헌재 2014. 1. 28. 2012헌마654 참조). 따라서 이 사건에서는 국가공무원 조항이 신설된 2015. 1. 12. 이후 최초로 성과상여금을 지급받은 때부터 청구기간이 기산된다.[557]

(마) 법령시행의 유예의 문제 : 경과규정

법령의 시행과 동시에 그 법령에 의해서 기본권을 침해받았을 경우 청구기간의 기산점은 법령의 시행시점이다. 그러므로 법률의 시행에 유예기간이 있는 경우는 주의를 요한다. 즉, '의료기관의 개설자에 대하여는 의약품도매상의 허가를 하지 아니한다'고 규정한 약사법 제37조 제4항 제4호에 대한 헌법소원사건에서 헌법재판소는, "동법은 공포후 6월이 경과한 1992. 7. 1.부터 시행되어 (동법 부칙 제1조) 의료기관의 개설자인 청구인은 의약품도매상의 허가를 받을 수 없게 되었고, 종전의 허가에 의하여도 부칙 제3조에 의하여 동법 시행일로부터 1년이 되는 1993. 6. 30.까지만 의약품도매상을 할 수 있고 그 이후부터 영업을 할 수 없도록 기간을 제한받은 것이므로, 청구인은 개정 약사법 시행일에 부칙 제3조에 의한 유예기간과 관계없이 기본권의 침해를 받은 것으로 보아야 한다."고 판시하였다.[558]

그런데 제3기 재판부에 들어 2003. 1. 30. 선고한 2002헌마516 사건에서, 법령에 영업의 자유를 제한하는 규정을 신설하고 경과조치로서 유예기간을 둔 경우

---

557) 同旨, 헌재 2016. 12. 29. 2015헌마315 : "이 사건 도서벽지 근무 평정요령과 이 사건 농어촌 근무 평정요령 중 합산상한점에 관한 부분은 2013. 12. 31. 기준 평정업무 처리요령에 처음으로 도입되어 이 사건 평정업무 처리요령에서도 그대로 유지되었으므로, 청구기간의 기산은 2013. 12. 31. 기준 평정업무 처리요령을 기준으로 판단하여야 한다."

558) 헌재 1996. 3. 28. 93헌마198, 판례집 8-1, 241, 251. 同旨, 헌재 1996. 12. 26. 96헌마295, 공보 19, 183, 판례집 미수록 (위 법률조항이 실제로 시행된 시점이 청구기간의 기산일이라는 취지에서 본안판단을 해야 한다는 재판관 4인의 반대의견이 있음); 헌재 1999. 7. 22. 98헌마480등, 공보 37, 715, 718, 판례집 미수록 (이 결정에서도 법률조항이 실제로 시행된 시점이 청구기간의 기산일이라는 재판관 2인의 반대의견이 있음).

의 기본권침해 시점에 대하여, 재판관 5인은 "청구인은 경과규정이 시행된 이후에도 계속 영업을 할 수 있는 것이고 실제로 영업을 금지당하는 것은 경과규정에 의한 기간이 도과한 이후부터인 것이다. 경과규정이 시행된 시점을 청구기간의 기산점으로 파악한다면, 청구인의 경우 종래와 마찬가지로 계속 영업을 한다는 점에서는 현실적으로 어떠한 변화도 없는 상태에서, 즉 구체적으로 기본권침해가 발생하기 전에 헌법소원을 청구할 것을 요구하게 되는 것이다. 법치국가의 발전과 더불어 '법의 홍수' 속에서 살고 있는 오늘의 상황에서 일반국민은 자신과 관련되는 어떠한 법규정이 제정·개정·폐지되는지 사실상 조감하기 어렵고, 대부분의 경우 유예기간이 종료될 무렵에야 관계기관으로부터 통보를 받는 등 자신의 기본권을 제한하는 법규정에 대하여 적시에 대처하기 어렵다는 것이 엄연한 현실이므로, 이러한 관점에서 보더라도 유예기간을 두고 있는 법령에 있어서 그의 시행을 안 날부터 (구법상) 60일 이내에, 법령이 시행된 날부터 180일 이내에 헌법소원을 청구한다는 것은 일반국민으로부터 기대하기 어려운 것이다. 또한 국민의 기본권보장이라는 헌법소원의 본질에 비추어 보더라도, 헌법재판소가 굳이 청구기간의 기산점을 앞당겨서 헌법소원의 청구인으로 하여금 본안판단을 받을 기회를 박탈하기보다는, 법적안정성을 해하지 않는 범위 내에서 청구기간에 관한 규정을 국민의 기본권보장을 강화하는 방향으로 해석함으로써 본안판단의 기회를 폭넓게 인정하는 것이 보다 바람직하다."고 하였으나, 판례변경에 필요한 정족수(6인)에 미치지 못하였다.

한편 제4기 재판부인 2011. 3. 31. 선고한 2010헌마45 사건에서는, 이와 같은 유예기간을 둔 경우 (유예기간의 종료시점이 아닌) 동 법률조항의 시행시점이 청구기간의 기산점이 된다는 의견이 재판관 6인의 찬성을 얻었고,[559] 제5기 재판부인 2013. 11. 28. 선고한 2011헌마372 사건 및 2014. 5. 29. 선고한 2013헌마100 사건, 그리고 2015. 11. 26. 선고한 2013헌마391 사건에서는 재판관 5인의 찬성을 얻었다.

(바) 정년규정과 청구기간

헌법재판소는 공무원 정년기간의 경우도 동 법률의 시행으로 청구기간이 기산된다고 보고 있다.

559) 同旨, 헌재 2011. 5. 26. 2009헌마285, 공보 176, 823, 826, 829-830.

사례

⊙ 헌재 2002. 1. 31. 2000헌마274 : 5급 상당의 비상계획 업무를 담당하는 별정직 공무원의 근무상한연령은 별정직공무원인사규정의 1997. 12. 31. 개정으로 인하여 종래 61세이던 것이 55세로 단축되었다. 따라서 청구인들 중 1997. 12. 31. 이전부터 일반직 5급 상당으로서 비상계획업무를 담당하여 온 사람들의 경우에는 그 개정규정의 시행일(1997. 12. 31.)부터 위 규정에 대한 헌법소원 청구기간이 기산되고, 1997. 12. 31. 이후에 비로소 현재의 신분을 취득하게 된 사람들의 경우에는 그 신분을 취득한 날부터 위 규정에 대한 헌법소원 청구기간이 기산된다.[560]

⊙ 헌재 2008. 10. 30. 2006헌마217 : 기능직 공무원의 정년은 1998. 2. 24. 개정된 위 법률조항[561]에 의하여 종래 최장 61세이던 것이 최장 57세로 단축되었다. 청구인은 1998. 2. 24. 이전부터 기능직 공무원으로 근무하였으므로 1998. 2. 24. 위 법률조항의 시행과 동시에 정년이 단축되었으므로, 그 날부터 위 법률조항에 대한 헌법소원 청구기간이 기산된다고 할 것이다. 그런데, 청구인은 위 법률조항의 시행일로부터 이미 1년을 경과하였음이 명백한 2005. 10. 27. 국선대리인선임신청을 하였다. 따라서 이 부분 헌법소원심판청구는 청구기간을 도과한 청구로서 부적법하다.[562]

(6) 청구기간의 경과와 정당한 사유

법 제40조 제1항에 의하면 행정소송법이 헌법소원심판에 준용되는 것이므로, 정당한 사유가 있는 경우 제소기간을 경과한 행정소송을 허용하는 행정소송법 제20조 제2항 단서가 헌법소원심판에도 준용된다고 할 것이고, 따라서 '정당

560) 同旨, 헌재 2003. 2. 27. 2002헌마350, 공보 78, 273, 274-275.

561) 구 국가공무원법 제74조 제1항 제3호 중 "기타 직렬 공무원"에 관한 부분.

562) 이에 대하여 재판관 3인은 "공무원의 정년은 법률의 개정으로 연장 또는 단축될 수 있는 것이고, 정년에 이르기 전에 정년이 다른 직류나 직급으로 변경될 수도 있으며, 공무원이 구체적으로 정년에 임박하여 그 규정의 위헌성에 대하여 검토하는 것이 보통이라고 할 것이다. 따라서 공무원으로 임용된 때 또는 정년규정 시행일로부터 청구기간을 기산하면, 정년규정에 의하여 기본권이 침해될 위험이 생기지도 아니한 때부터 정년규정에 의한 기본권 침해를 구제받기 위한 헌법소원심판을 청구하도록 강요하는 셈이 되고, 정작 정년규정에 의하여 정년퇴직을 하게 된 때에는 그 위헌성을 다툴 기회를 부여하지 않게 된다. 이는 기본권침해를 구제하고자 하는 헌법소원제도의 근본목적을 도외시하는 결과로 된다. 청구인으로서는 정년에 이르러 당연퇴직이라는 효과가 발생하였을 때 비로소 공무담임권 등의 기본권제한을 받게 되므로, 그로 인한 기본권침해를 주장하는 이 사건 헌법소원의 청구기간은 정년규정의 시행일(1998.2.24.)이 아니라 정년에 이르러 당연퇴직의 효과가 발생한 날(2005.12.31.)을 기준으로 삼아야 한다."는 반대의견을 제시하였다.

한 사유'가 있는 경우에는 청구기간의 경과에 불구하고 헌법소원심판청구는 적법하다고 해석하여야 할 것이다. 여기의 "정당한 사유"라 함은 청구기간경과의 원인 등 여러가지 사정을 종합하여 지연된 심판청구를 허용하는 것이 사회통념상으로 보아 상당한 경우를 뜻한다.[563] 그런데 구 행정소송법 제20조[564] 제2항에서는 행정심판을 거치지 아니하는 경우 처분이 있음을 안 날로부터 180일이 도과한 경우나 처분이 있은 날로부터 1년이 도과한 경우 모두 정당한 사유가 있으면 취소소송을 제기할 수 있도록 규정하고 있었으나, 신 행정소송법 제20조[565] 제2항의 규정에 의하면 처분이 있은 날로부터 1년이 도과한 경우에만 정당한 사유가 있으면 취소소송을 제기할 수 있다. 이에 따라 헌법재판소는, "기본권의 침해를 받은 자가 어떤 경위로든 기본권 침해사유가 있었음을 알았거나 쉽게 알 수 있는 등 (구)헌법재판소법 제69조 제1항의 '그 사유가 있음을 안 날로부터 60일'이라는 청구기간 내에 심판청구가 가능하였다는 사정이 있는 경우에는 그 때로부터 60일 이내에 헌법소원을 청구하여야 하고, 이 경우 그 청구기간을 지키지 못하였음에 정당한 사유가 있는지 여부는 문제가 되지 아니한다."고 판시하였다.[566]

563) 헌재 1993. 7. 29. 89헌마31, 판례집 5-2, 87, 111. 따라서, 일반적으로 천재 그 밖에 피할 수 없는 사정과 같은 객관적 불능의 사유와 이에 준하는 사유뿐만 아니라 일반적 주의를 다하여도 그 기간을 준수할 수 없는 사유를 포함한다(헌재 2001. 12. 20. 2001헌마39 참조).(헌재 2015.10.21. 2014헌마456, 공보 229, 1695, 1697)

564) 구 행정소송법(1984.12.15. 법률 제3754호로 전문개정되고, 1994.7.27. 법률 제4770호로 개정되기 전의 것) 제20조(제소기간) ①행정심판의 재결을 거쳐 제기하는 사건에 대한 소는 그 재결서의 정본의 송달을 받은 날로부터 60일 이내에 제기하여야 한다. ②행정심판을 제기하지 아니하거나 그 재결을 거치지 아니하는 사건에 대한 소는 처분이 있음을 안 날로부터 **180일**을, 처분이 있은 날로부터 **1년**을 경과하면 이를 제기하지 못한다. 다만, 정당한 사유가 있는 경우에는 그러하지 아니하다. ③제1항의 규정에 의한 기간은 불변기간으로 한다.

565) 행정소송법(1994.7.27. 법률 제4770호로 개정된 것. 시행일은 1998.3.1.) 제20조(제소기간) ①취소소송은 처분등이 있음을 안 날부터 90일이내에 제기하여야 한다. 다만, 제18조 제1항 단서에 규정한 경우와 그 밖에 행정심판청구를 할 수 있는 경우 또는 행정청이 행정심판청구를 할 수 있다고 잘못 알린 경우에 행정심판청구가 있은 때의 기간은 재결서의 정본을 송달받은 날부터 기산한다. ②취소소송은 처분등이 있은 날부터 **1년**(제1항 단서의 경우는 재결이 있은 날부터 1년)을 경과하면 이를 제기하지 못한다. 다만, 정당한 사유가 있는 때에는 그러하지 아니하다. ③제1항의 규정에 의한 기간은 불변기간으로 한다.

566) 헌재 2001. 7. 17. 2001헌마335, 공보·판례집 미수록.

부인된 사례

⊙ 헌재 2000. 4. 27. 99헌마76 : 청구인들은 특수부대의 활동을 공개하지 아니하기로 한 서약과 사회상황, 국방부 등 관련기관에 대한 탄원을 근거로 하여 청구기간 도과에는 정당한 사유가 있다고 하나, 청구인들이 국방부 등에 탄원서를 제출한 1993. 7.경부터는 헌법소원심판청구가 가능한 것으로 보이고, 그 밖에 청구기간의 도과에 정당한 사유가 있다고 볼 만한 다른 사정은 발견되지 아니한다.

인정된 사례

⊙ 헌재 2001. 12. 20. 2001헌마39 : 검사가 청구인에 대하여 기소유예처분을 함에 있어 그 처분사실을 통지하지 아니하고, 별도의 고지절차도 취하지 아니하였을 뿐만 아니라 사전에 청구인을 소환하여 조사하지도 않았고 반성문이나 서약서조차 징구하지 아니하였다면, 비록 피의자라 하더라도 그 불기소처분이 있음을 쉽게 알 수 있는 처지에 있다고는 할 수 없으므로, 피의자였던 청구인은 불기소처분이 있음을 알지 못하는 데에 과실이나 책임이 있다고 할 수 없으므로, 청구인이 불기소처분사실을 알았거나 쉽게 알 수 있어서 심판청구기간 내에 심판청구가 가능하였다는 특별한 사정이 없는 한 정당한 사유가 있는 때에 해당한다고 보아야 할 것이다.[567)]

(7) 청구기간경과와 헌법적 해명

헌법재판소의 소수의견 중에서는, 청구기간이 경과한 사례에서도 헌법적 해명이 필요한 경우 적법한 것으로 받아들여 본안판단을 해야 한다는 의견을 피력한 것이 있다. 즉, "(1980. 11. 12.자) 언론통폐합조치에 대한 헌법소원의 청구기간은 다수의견이 밝힌 바와 같이 비록 도과되었지만, 헌법질서를 유지·수호하는데 기여하는 헌법소원의 객관적 기능의 관점에서 볼 때, 이 문제는 개인적으로는 인간의 존엄성의 본질을 구성하고 국가적으로는 민주주의의 초석이 되는 언론의 자유와 직결되므로 반드시 헌법적 해명이 필요하고, 따라서 이 헌법소원을 적법한 것으로 받아들여 본안에 대한 판단이 선명(宣明)되어야 한다."고 한 사례가 그것이다.[568)]

567) 이 결정 후인 2003. 3. 12. 국회는 법률 제6861호로 법을 개정하여 제68조 제1항의 헌법소원은 그 사유가 있음을 안 날로부터 90일 이내에, 그 사유가 있은 날로부터 1년 이내에 청구할 수 있도록 하였고, 제68조 제2항의 헌법소원은 위헌제청신청 기각결정을 통지받은 날로부터 30일 이내에 청구할 수 있도록 규정하였다.

(8) 기타 청구기간이 문제되는 경우

교도소 또는 구치소에 구속된 자에 대한 송달은 그 소장에게 송달하면 구속된 자에게 전달된 여부와 관계없이 효력이 생기므로(법 제40조, (구)민사소송법 제169조),[569] 청구기간의 기산점은 교도소장 또는 구치소장에게 송달된 날짜이다.[570] 또한, 헌법소원의 제기기간은 헌법이나 법에 특별한 규정이 없는 이상 일반원칙인 도달주의에 따라 헌법재판소에 심판청구서가 접수된 날부터 기산하여야 하는 것이고 예외적으로 법률에 특별한 규정이 있는 경우에 인정되는 발신주의에 따라 심판청구서의 발송일을 기준으로 할 것은 아니다.[571] 그러므로 청구인이 심판청구서를 발송한 시점을 기준으로 하면 청구기간 내라 하더라도 동 심판청구서가 헌법재판소에 도달한 시점에는 이미 청구기간이 경과한 경우라면 부적법한 청구이다.[572] 한편 헌법재판소는, 매년 행해지는 시험에 따른 공고에 있어서 이전의 시험에 응시하였다가 불합격한 자라 하더라도 당해 시험의 공고를 대상으로 헌법소원을 청구하는 경우에, 청구기간의 기산점을 이전 시험의 공고 내지는 동 시험 불합격시를 기준으로 할 수 없다고 하였다.

사례

⊙ 헌재 2004. 3. 25. 2001헌마882 :이 사건 가산점 항목[573]과 같은 내용의 공고들이 해마다 전국의 시·도교육청에서 반복적으로 행해지고 있다 하더라도 그것들은 각각 당해 연도에 당해 시·도교육청이 실시하는 시험에 대해서만 효력을 가지는 것이

---

568) 헌재 2003. 3. 27. 2001헌마116, 판례집 15-1, 298, 308. 재판관 윤영철, 재판관 권성의 반대의견.

569) 대법원 1995. 1. 12. 선고 94도2687 판결.

570) 헌재(제1지정재판부) 2001. 11. 6. 2001헌마732, 공보·판례집 미수록.

571) 헌재 1990. 5. 21. 90헌마78, 판례집 2, 129, 130.

572) 헌재(제3지정재판부) 1990. 4. 10. 90헌마50; 헌재(제1지정재판부) 2000. 10. 11. 2000헌마614, 각 공보·판례집 미수록.

573) 피청구인(대전광역시 교육감)이 2001. 11. 10. 공고한 '2002학년도 대전광역시 공립중등학교 교사임용후보자 선정 경쟁시험 시행요강' 중 "제1차 시험에서 대전, 충남 지역 소재 사범계대학 졸업자 및 2002년 2월 졸업예정자로 교원경력이 없는 자와 한국교원대학교 졸업자 및 2002년 2월 졸업예정자 중 교원경력이 없는 자로서 현 대전광역시 관내 고등학교를 졸업하고 교육감의 추천을 받아 입학한 자에게 각 제1차 시험 배점의 5%에 해당하는 가산점을 주도록 한 제8항 가호, 나호와 부전공 교사자격증 소지자 또는 복수전공 교사자격증 소지자에게 제1차 시험 배점의 3 내지 5%에 해당하는 가산점을 주도록 한 제8항 마호" 부분.

고, 이 사건 가산점 항목의 공고는 그와 별개의 것이다. 그러므로 이 사건 가산점 항목이 공고되기 이전인 2000. 11. 18. 경기도 교육감에 의해 이 사건 가산점 항목과 유사한 내용의 시험공고가 행해지고 같은 해 12. 17. 청구인이 그 시험에 응시하였다가 불합격한 사실이 있다고 하더라도, 그 무렵을 청구기간의 기산점으로 할 수 없는바, 이와 상반되는 해석하에 이 사건 헌법소원이 청구기간을 도과한 것이라고 하는 교육인적자원부장관의 주장은 이유 없다.

마. 권리보호이익

헌법소원제도는 국민의 기본권침해를 구제해 주는 제도이므로 그 제도의 목적상 권리보호의 이익이 있는 경우에 비로소 이를 제기할 수 있다. 즉, 권리보호의 이익이 없는 헌법소원심판청구는 부적법하여 각하를 면할 수 없다.[574] 권리보호이익이 인정되려면 헌법소원심판청구를 인용하면 청구인의 기본권침해가 구제되는 경우라야 한다.

그러므로 기본권의 침해를 받은 자가 그 구제를 받기 위한 헌법소원심판을 청구한 뒤 기본권침해의 원인이 된 공권력의 행사가 취소되거나 새로운 공권력의 행사 등 사정변경으로 말미암아 기본권 침해행위가 배제되어 청구인이 더 이상 기본권을 침해받고 있지 아니하게 된 때에는, 달리 불분명한 헌법문제의 해명이나 침해반복의 위험 등을 이유로 한 심판의 이익이 있다 할 특별한 사정이 없는 한 그 헌법소원심판청구는 더 이상 권리보호의 이익이 없게 되어 부적법하다.[575] 법제의 변동으로 말미암아 이러한 심판의 이익을 인정할 필요가 소멸 내지 제거된 경우에도 심판청구는 부적법하게 된다.[576]

권리보호이익 내지 소의 이익은, '국가적·공익적 입장'에서는 무익한 소송제도의 이용을 통제하는 원리이고, '당사자의 입장'에서는 소송제도를 이용할 정당한 이익 또는 필요성을 말하는 것으로, "이익 없으면 소 없다."라는 법언(法諺)이 지적하듯이 소송제도에 필연적으로 내재하는 요청이다. 이에 의하여 법원은 본안판결을 필요로 하는 사건에만 그 노력을 집중할 수 있게 되고, 또 불필요한 소송에 응소하지 않으면 안 되는 상대방의 불이익을 배제할 수

574) 헌재 1997. 1. 16. 90헌마110, 판례집 9-1, 90, 107.
575) 헌재 1993. 11. 25. 92헌마169, 판례집 5-2, 489, 493.
576) 헌재 1994. 7. 29. 91헌마137, 판례집 6-2, 122, 134.

있게 되는 것이다. 따라서 권리보호이익이라는 헌법소원심판의 적법요건은 법 제40조 제1항에 의하여 준용되는 민사소송법 내지 행정소송법 규정들에 대한 해석상 인정되는 일반적인 소송원리이지, 법 제68조 제1항 소정의 "기본권의 침해를 받은"이라는 부분의 해석에서 직접 도출되는 것은 아니라고 할 것이다.[577)]

사례

⊙ 헌재 2008. 5. 29. 2006헌마1001 : 법 제75조·제47조에 의하면, 헌법소원사건에서 형벌에 관한 법률 또는 법률조항이 위헌으로 결정된 경우 그 위헌법률에 근거한 유죄의 확정판결에 대하여 재심을 청구할 수 있지만, 비형벌법규에 대하여는 법 제68조 제2항에 의한 헌법소원에서 위헌으로 결정된 경우에만 관련된 소송사건에 대해 재심을 청구할 수 있을 뿐, 법 제68조 제1항에 의한 헌법소원에서는 재심사유가 되지 않는다. 이 사건에서 청구인이 위헌이라고 주장하는 이 사건 법률조항[578)]은 민사집행절차에서 항고이유서 제출의무를 규정한 것으로서 형벌에 관한 법률조항이라고 볼 수 없음은 명백하고, 청구인이 불복한 민사집행절차(서울서부지방법원 2005타경13192)는 2006. 10. 18. 배당기일이 진행되어 배당까지 마쳤으며, 청구인의 재항고 각하결정 또한 확정되었다. 따라서 청구인이 법 제68조 제1항에 의하여 제기한 이 사건 헌법소원이 인용된다고 하더라도 청구인은 더 이상 재심청구를 할 수 없으므로 권리보호이익이 없다.[579)]

⊙ 헌재 2012. 3. 29. 2010헌마475 : 피청구인(경북북부제2교도소장)은, 이 사건 각 출정제한행위[580)]는 이미 종료되었고 현재 모든 교정기관에서 대부분 변론기일에의 출정을 허용하여 주므로 이 사건 심판청구에 대한 권리보호이익이 없다는 취지로 주장하나, 이 사건 심판청구는 '출정비용납부 또는 상계동의의 거부를 이유로 한 출정제한'을 다투고 있어 일반적인 출정제한과 구별되므로 권리보호이익이 있다. [6(인

577) 헌재 2001. 9. 27. 2001헌마152, 판례집 13-2, 447, 454.

578) 민사집행법(2002.1.26. 법률 제6627호로 제정된 것) 제15조 제3항.

579) 同旨, 헌재 2013. 10. 24. 2012헌마701 : "이처럼 청구인에 대한 강제집행이 완료되고, 청구인이 제기한 강제집행정지신청 및 청구이의의 소가 모두 청구인의 패소로 확정된 이상, 설령 청구인이 헌법재판소법 제68조 제1항에 따라 제기한 이 사건 헌법소원이 인용된다고 하더라도 청구인은 헌법재판소법 제75조 및 제47조에 따라서 비형벌법규인 심판대상조항(민사집행법 제46조 제1항 및 제2항 중 '청구에 관한 이의의 소'에 관한 부분)과 관련한 확정판결에 대하여 재심을 청구하여 권리를 구제받을 수 없다. 따라서 이 사건 심판청구의 권리보호이익은 인정되지 아니한다."

580) 피청구인이 출정비용납부거부 또는 상계동의거부를 이유로 청구인의 행정소송 변론기일인 2010. 2. 26., 2010. 3. 26., 2010. 4. 20.에 청구인의 출정을 각 제한한 행위.

용):1(기각):1(각하)-인용(위헌확인)]

---

(1) 공소시효와 권리보호이익

기소유예처분을 받은 피의자가 검사의 피의사실의 인정에 불복하고 자기의 무고함을 주장하여 헌법소원을 제기한 경우, 그 피의사실에 대한 공소시효가 완성된 때에는 헌법재판소가 이를 인용하여 그 처분을 취소하더라도 검사로서는 '공소권없음'의 처분을 할 것으로 보이나, 기소유예처분이 그 피의자에 대하여 피의사실을 인정하는 것과는 달리 '공소권없음'의 처분은 범죄혐의의 유무에 관한 실체적 판단을 하는 것이 아니고 단지 공소권이 없다는 형식적 판단을 하는 것으로서 기소유예처분보다는 피의자에게 유리한 것으로서, 비록 그 범행에 관한 공소시효가 이미 완성되었다고 하더라도 그 사실만으로 피의자가 제기한 헌법소원이 권리보호의 이익이 없다고 할 수 없다.[581]

부인된 사례

⊙ 헌재 2004. 3. 25. 2003헌마404 : '독점규제 및 공정거래에 관한 법률' 위반행위에 대한 공정거래위원회의 시정조치나 과징금 등 부과의 시효는 "동법의 규정에 위반하는 행위가 종료된 날로부터 5년"이다(동법 제49조 제4항). 그런데 청구인이 다투는 청구외 회사의 1998. 8.의 거래거절행위 등 동법 위반행위는 2003. 8.경 그 시효가 지났다. 따라서 헌법재판소가 설사 이 부분 심판청구를 인용한다고 하더라도 공정거래위원회로서는 시정조치나 과징금 등을 부과할 수 없게 되었고, 또 동법상 공정거래위원회의 고발의 대상이 되는 범죄(3년 이하의 징역 또는 2억원 이하의 벌금)의 공소시효도 이미 경과되었다고 보여지므로, 공정거래위원회의 고발을 기대할 수도 없다. 그렇다면 이 부분 심판청구는 권리보호의 이익이 없는 것으로서 부적법하다고 봄이 상당하다.

---

(2) 심판청구후 사정변경으로 권리보호이익이 없어진 경우

(가) 의의

헌법소원이 비록 적법하게 제기되었더라도 권리보호이익은 헌법재판소의 결

581) 헌재 1997. 5. 29. 95헌마188, 공보 22, 441, 443; 헌재 2003. 2. 27. 2002헌마309, 판례집 15-1, 242, 245; 헌재 2012. 7. 26. 2011헌마214, 공보 190, 1470, 1472.

정 당시에도 존재해야 하므로, 헌법소원심판청구 당시 권리보호이익이 인정되더라도 심판계속중에 사실관계 또는 법률관계의 변동으로 말미암아 청구인이 주장하는 기본권의 침해가 종료된 경우에는 원칙적으로 권리보호이익이 없다.[582] 그리고 이와 같은 변동은 헌법재판소의 위헌결정(헌법불합치결정 포함)으로 인하여 법령이 효력을 상실한 경우도 포함한다.[583]

(나) 법령의 개정 및 폐지

부인된 사례

⊙ 헌재 2011. 8. 30. 2008헌마302 : 이 사건 법률조항[584]은 이 사건 심판청구 이후인 2010. 1. 25. 법률 제9974호로 개정되어 더 이상 적용되지 않게 되었으므로, 이에 의한 기본권침해의 행위가 앞으로도 반복될 위험이 있다 할 수 없고, 개정된 내용에 있어서도 독자적으로 명함을 배부하거나 지지를 호소할 수 있는 사람은 예비후보자의 배우자와 직계존·비속으로 확대하였으나, 배우자나 직계존·비속을 대신하여 명함을 배부할 사람을 정하여 신고할 수 있도록 하는 내용은 규정하지 않는 등 이 사건 법률조항과 개정된 조항은 명함을 교부하거나 지지를 호소할 수 있는 사람의 범위 및 배우자가 없는 경우 대체조항의 유무 등에 차이가 있어, 이 사건 법률조항에 대한 위헌여부의 판단이 개정된 조항에 그대로 적용될 수도 없으므로, 이에 대한 위헌여부의 해명이 헌법적으로 중요한 의미를 지니는 경우라고 볼 수 없고, 따라서 청구인의 이 사건 심판청구는 권리보호의 이익이 인정되지 아니한다.

인정된 사례

⊙ 헌재 2010. 3. 25. 2007헌마1191 : 청구인들이 이 사건 헌법소원심판을 청구한 후 구 소득세법 제160조의5 제1항은 2007. 12. 31., 제3항은 2008. 12. 28.에 각 일부 개정되었으므로 이 사건 심판청구에 대한 주관적 권리보호이익이 소멸된 것이 아닌지 검토할 필요가 있다. 그러나 이 사건 법률조항들[585]에 추가되거나 개정된 내용은

582) 헌재 1997. 3. 27. 93헌마251, 판례집 9-1, 366, 370.

583) 헌재 2006. 6. 29. 2005헌마44, 공보 117, 943, 946.

584) 구 공직선거법(2005.8.4. 법률 제7681호로 개정되고 2010.1.25. 법률 제9974호로 개정되기 전의 것) 제60조의3 제2항 중 '예비후보자의 배우자(배우자 대신 예비후보자가 그의 직계존·비속 중에서 신고한 1인을 포함한다)' 부분.

585) 구 소득세법 제160조의5 제1항(2006.12.30. 법률 제8144호로 개정되고, 2007.12.31. 법률 제8825호로 개정되기 전의 것) 및 제3항 본문(2006.12.30. 법률 제8144호로 개정되고, 2008.

그 의무를 일부 완화한 것에 불과하여, 동종의 기본권침해의 위험성이 상존하므로 주관적 권리보호이익이 소멸된 것으로는 보기 어렵다. [전원일치 기각]

(다) 처분행위의 변경 등 사정변경

헌법재판소는, 청구인이 여러 차례에 걸쳐 국가보훈처 공적심사위원회의 서훈심사기준을 공개할 것을 요구하였음에도 피청구인(국가보훈처장)이 이를 거부함으로써 청구인의 알권리를 침해하였다며 청구된 헌법소원 사건에서, 심판청구 후에 피청구인이 구두설명과 민원회신을 통하여 공적심사위원회가 내부적 심사기준으로 삼고 있는 독립유공자에 대한 공적심사의 구체적 기준을 청구인에게 모두 알려주었다면, 청구인이 주장하는 기본권의 침해가 종료됨으로써 청구인이 헌법소원을 통하여 달성하고자 하는 주관적 목적은 이미 달성되었으므로, 그 침해의 원인이 된 공권력의 행사(청구인 주장의 거부처분)를 취소할 실익이 없어진 것이라고 하였다.[586)]

사례

⊙ 헌재 2007. 5. 31. 2006헌마1141[587)] : 기록에 의하면, 춘천교도소는 이 사건 심판청구 이후인 2006. 11. 10. 법무부훈령인 '수용자 자비부담 물품의 공급에 관한 규칙' 제11조 제2항에 의하여 청구인의 고장난 면도기를 새 전기면도기로 교환하여 준 사실이 인정된다. 따라서 청구인으로서는 면도기의 하자에 대한 원상회복을 받았고 소비자로서 입은 피해를 구제받았다고 할 수 있다. 따라서 청구인이 헌법소원을 통하여 달성하고자 하는 주관적인 목적은 이미 달성되었다고 할 것이므로, 이 사건 헌

12.28. 법률 제9270호로 개정되기 전의 것).

586) 헌재 1997. 4. 24. 92헌마47, 판례집 9-1, 449, 453. [전원일치 각하]

587) [사건개요] : 청구인은 2006. 2. 15. 부터 2007. 3. 3. 까지 춘천교도소에 수감되어 있었는데, 2006. 2. 경 위 교도소에서 건전지를 사용하는 면도기를 구입하여 5개월 가량 사용하다가 작동하지 않게 되자, 그 피해의 구제를 위하여 한국소비자보호원에 구 소비자보호법 제39조 제1항에 의한 피해구제를 청구하였다. 한국소비자보호원에서는 구 소비자보호법 제28조 제2항 제1호(이 사건 법률조항)의 규정을 들어 위 청구를 거부하였다. 춘천교도소는 법무부훈령 제460호에 따라 청구인의 면도기를 새 면도기로 교환하여 주었다. 청구인은 "국가 또는 지방자치단체의 물품 또는 용역의 제공으로 인하여 발생한 피해"의 구제를 한국소비자보호원의 업무에서 제외하고 있는 구 소비자보호법 제28조 제2항 제1호가 청구인의 평등권과 소비자보호기본권을 침해한다고 주장하면서 2006. 10. 9. 위 법률조항에 대한 위헌선언을 구하는 이 사건 헌법소원심판청구를 하였다.

법소원심판청구는 권리보호이익이 인정되지 않는다. [전원일치 각하][588]

---

(3) 권리보호이익과 헌법적 해명의 필요성

(가) 의의

헌법소원은 주관적 권리구제뿐만 아니라 객관적인 헌법질서의 보장의 기능도 겸하고 있으므로, 가사 청구인의 주관적 권리구제에는 도움이 되지 않는다 하더라도 같은 유형의 침해행위가 앞으로도 반복될 위험이 있고, 헌법질서의 수호·유지를 위하여 그에 대한 헌법적 해명이 긴요한 사항[589][590]에 대하여는 **심판의 이익**을 인정한다.[591] 헌법소원에 있어서의 권리보호이익은 일반법원의 소송사건에서처럼 주관적 권리를 기준으로 엄격하게 해석해서는 안되기 때문이다. 다만, 여기에서 말하는 반복적 침해의 위험성이란 단순히 추상적이거나 이론적인 가능성이 아니라 구체적인 것이어야 한다.[592]

그리하여 헌법재판소는, 청구인이 헌법소원심판을 청구한 이후 심판대상 법률조항이 개정된 경우에 개정전의 조문인 심판대상 법률조항에 대하여 위헌여부를 심판할 권리보호이익이 있는지가 문제된 사건에서, "이 사건 법률조항[593]의

---

588) 이 결정에는 "이 사건 법률조항이 소비자기본법(2006.9.27. 법률 제7988호로 전부 개정된 것) 제35조 제2항 제1호로 개정되면서 '다만 대통령령으로 정하는 물품 등에 관하여는 그러하지 아니하다.'는 내용의 단서가 신설되어 시행령을 통한 입법적 개선이 예상되므로 침해행위의 반복위험성이 있다고 단정하기 어렵고, 구 한국소비자보호원의 업무범위를 정함에 있어서 입법자의 입법재량이 인정되므로 이 사안이 헌법질서의 수호·유지를 위하여 헌법적 해명이 긴요한 때에 해당한다고 보기 어렵다."는 재판관 1인의 별개의견이 있다.

589) 행정청이 적용 법률을 해석함에 있어 기본권에 미치는 효력을 간과하거나 오해함으로써 법 규정을 위헌적으로 해석·적용한 경우에는 헌법적 해명의 필요성이 인정된다. 그러나 '행정청의 행위가 법률이 정한 바에 부합하는가'라는 위법성을 문제 삼고 있는 경우에는 헌법적 해명의 필요성이 인정되지 않는다. 이와 같이 위법성이 문제되는 경우에는 설사 유사한 침해행위가 앞으로도 반복될 위험이 있다고 하더라도 공권력 행사의 위헌여부를 확인할 실익이 없어 심판청구의 이익이 부인된다(헌재 2003.2.27. 2002헌마106; 헌재 2016.10.27. 2014헌마626 등 참조).(헌재 2017.7.27. 2016헌마53, 공보 250, 808, 810)

590) '반복될 위험성'과 '헌법적 해명의 중대성'을 따로 판단한 사례로 헌재 2012. 12. 27. 2011헌마351, 공보 195, 212, 215-216 참조.

591) 헌재 1997. 11. 27. 94헌마60, 판례집 9-2, 675, 688; 헌재 2006. 6. 29. 2004헌마826, 공보 117, 938, 941. 그리하여 '권리보호이익'도 없고 '심판(청구)의 이익'도 없다고 판단한 사례로 헌재 2015. 7. 30. 2012헌마610, 판례집 27-2상, 293 이하.

592) 헌재 1996. 11. 28. 92헌마108, 판례집 8-2, 588, 596.

위헌여부에 관하여는 아직 그 해명이 이루어진 바 없고, 개정된 조항에도 이 사건 법률조항과 유사한 내용이 규정되어 있어 동종의 기본권침해의 위험이 상존하며, 이 사건 법률조항의 위헌여부는 궁극적으로 개정된 조항의 재개정 여부에 영향을 미칠 수 있다. 그렇다면 이 사건 법률조항의 위헌여부에 관한 헌법적 해명은 중대한 의미를 지니고 있다고 할 것이므로 권리보호이익을 인정할 수 있다."고 하였다.[594]

인정된 사례

⊙ 헌재 2010. 4. 29. 2009헌마399 : 이 사건에서 적성시험 시행공고에 의해 실시된 2010학년도 적성시험은 2009. 8. 23.에 시행되어 2009. 9. 24.에 이미 성적까지 통지되었는바, 적성시험 시행공고에 대한 이 사건 심판청구가 인용되더라도 청구인이 이미 종료된 2010학년도 적성시험에 응시하는 것은 불가능하므로 주관적 권리보호의 이익은 소멸되었다고 할 것이다. 그러나 법학적성시험은 매년 반복하여 시행되고 (법학전문대학원법 시행령 제16조 제3항), 2008년부터 현재까지 총 두 차례 실시된 적성시험의 시행일이 모두 일요일이었던 점에 비추어 앞으로도 매년 일요일에 시행될 가능성이 높다고 할 것이므로, 법학전문대학원에 진학하고자 하는 청구인은 앞으로도 자신이 믿는 종교의 교리에 의해 적성시험에 응시하지 못할 가능성이 높다. 이처럼 청구인의 기본권침해가 반복될 위험이 있는 이상, 권리보호이익은 인정된다. [전원일치 기각]

⊙ 헌재 2013. 10. 24. 2012헌마311 : 비록 비례대표국회의원후보자의 연설·대담을 제한하고 있는 이 사건 법률조항[595]의 위헌성에 관해서 헌법재판소가 이미 한 차례 판단한 바 있으나(헌재 2006. 7. 27. 2004헌마217, 판례집 18-2, 212), 그로부터 상당한 시간이 흘렀을 뿐만 아니라 앞으로 반복적으로 실시될 국회의원선거에서 정당과 비례대표국회의원후보자들이 이 사건 법률조항에 대하여 동일한 기본권 침해를 주장하며 헌법적 의문을 제기할 가능성이 큰 점, 후보자등록 후 선거운동기간이 종료할 때까지의 기간이 20일도 채 되지 않아 청구인의 권리보호이익이 인정되는 기간

593) 지방의회의원선거법(1988.4.6. 법률 제4005호로 제정, 1990.12.31. 법률 제4311호로 전문개정, 1994.3.16. 법률 제4739호 '공직선거 및 선거부정방지법'의 시행으로 폐지) 제36조 제1항 중 기초의회의원 후보자가 되려는 자에게 기탁금 200만원을 기탁하도록 한 부분.

594) 헌재 1995. 5. 25. 91헌마44, 판례집 7-1, 687, 694. [6(기각):3(인용)-기각] 同旨, 헌재 1995. 5. 25. 91헌마67, 판례집 7-1, 722, 736; 헌재 2003. 5. 15. 2001헌마565, 공보 81, 489, 493, 판례집 15-1, 568, 575.

595) 공직선거법(2010.1.25. 법률 제9974호로 개정된 것) 제79조 제1항 및 공직선거법(2004.3.12. 법률 7189호로 개정된 것) 제101조 중 선거운동기간 중 공개장소에서 비례대표국회의원후보자의 연설·대담을 금지하는 부분.

안에 헌법재판소가 심리를 종결한다는 것이 사실상 어렵다는 점 등을 고려하면, 이 사건 법률조항의 위헌성에 관한 판단은 헌법질서의 수호·유지를 위하여 긴요한 사항으로 헌법적 해명이 중대한 의미를 지닌다고 할 것이다. 따라서 이 사건 법률조항에 대한 심판청구의 이익을 인정할 수 있다. [전원일치 기각]

부인된 사례

⊙ 헌재 2013. 9. 26. 2011헌마398 : 우리 재판소는, 이 사건 접견제한행위[596]의 근거조항인 형집행법 시행령 제58조 제4항에 대한 헌법소원사건(헌재 2013. 8. 29. 2011헌마122 결정)에서, 형집행법 시행령 제58조 제4항은 변호사로부터 효율적인 재판준비 도움을 받는 것을 방해하여 수용자의 재판청구권을 침해하므로 헌법에 위반됨을 선언하고, 다만 법적안정성을 위하여 2014. 7. 31.까지 개선입법을 명함으로써 간접적으로 접촉차단시설이 설치된 장소에서의 변호사 접견행위에 대한 헌법적 해명을 이미 한 바가 있다. 따라서 이 부분 심판청구는 주관적 권리보호의 이익이 없고 예외적으로 심판의 이익을 인정할 사안도 아니라고 할 것이므로 부적법하다.

⊙ 헌재 2015. 2. 26. 2013헌마574등 : 청구인들이 제기한 상고에 대한 판결들은 이미 확정되었고, 이 사건 심판대상 조항들(상고심절차에 관한 특례법(2009. 11. 2. 법률 제9816호로 개정된 것) 제4조 제1항, 제3항, 제5조 제1항 중 제4조에 관한 부분)이 위헌으로 선언된다 하더라도 청구인들이 확정된 위 판결들에 대하여 재심을 구하는 등으로 권리구제를 받을 수 없으므로, 청구인들의 심판청구는 주관적 권리보호이익을 인정하기 어렵다. (…) 그런데 헌법재판소는 심리불속행 상고기각 판결과 판결이유 기재의 생략을 규정한 이 사건 심판대상 조항들에 대하여 수회에 걸쳐 합헌으로 판시한 바 있으므로(헌재 1997. 10. 30. 97헌바37등; 헌재 2012. 11. 29. 2012헌마388; 헌재 2012. 11. 29. 2012헌마664 등 참조), 이 사건 심판대상 조항들은 이미 헌법적 해명이 이루어져 예외적으로 심판이익을 인정할 수도 없다.

(나) 헌법적 해명의 필요성을 인정하고 인용결정한 사례

침해행위가 이미 종료하여 이를 취소할 여지가 없기 때문에 헌법소원이 주관적 권리구제에 별 도움이 안되는 경우라도 심판청구의 이익을 인정하여 이미 종료한 침해행위가 위헌이었음을 선언한(**위헌확인결정**) 예로는 헌재 1992. 1. 28. 91헌

596) 피청구인(○○교도소장)이 청구인과 변호사 김○훈의 접견에 있어서, 2011. 4. 20. 및 같은 해 7. 19. 각 변호인 접견실에서의 접견을 불허하고, 접촉차단시설이 설치된 일반접견실에서의 접견만을 허용한 행위.

마111 (미결수용자의 변호인접견중 수사관참여) 결정, 헌재 1992. 4. 14. 90헌마82 (국가보안법사범의 구속기간연장) 결정, 헌재 1995. 7. 21. 92헌마144 (미결수에 대한 서신검열행위) 결정, 헌재 1997. 11. 27. 94헌마60 (제1회공판기일전 수사기록 열람등사거부행위) 결정, 헌재 1998. 8. 27. 96헌마398 (수형자에 대한 서신검열행위) 결정, 헌재 1999. 5. 27. 97헌마137등 (미결수용자에 대한 수의착용) 결정, 헌재 2001. 7. 19. 2000헌마546 (유치장내 화장실) 결정, 헌재 2001. 8. 30. 99헌마496 (수감자 증인소환) 결정, 헌재 2002. 7. 18. 2000헌마327 (신체과잉수색행위) 결정, 헌재 2002. 7. 18. 2000헌마707 (평균임금 결정·고시 부작위) 결정, 헌재 2003. 3. 27. 2000헌마474 (고소장·피의자신문조서 비공개) 결정, 헌재 2003. 11. 27. 2002헌마193 (군사법경찰관의 구속기간연장) 결정, 헌재 2003. 12. 18. 2001헌마163 (수형자 계구사용행위) 결정, 헌재 2004. 3. 25. 2001헌마882 (교사임용후보자 경쟁시험시행요강) 결정, 헌재 2004. 9. 23. 2000헌마138 (피의자신문시 변호인참여권) 결정, 헌재 2004. 12. 16. 2002헌마478 (금치기간중 운동금지처분) 결정, 헌재 2005. 5. 26. 2001헌마728 (검사조사실 계구사용) 결정, 헌재 2005. 5. 26. 2004헌마49 (검사조사실 계구사용) 결정, 헌재 2012. 2. 23. 2009헌마333 (수용자의 미봉함 서신제출) 결정, 헌재 2013. 9. 26. 2011헌마398 (수형자와 변호인의 접견내용 녹취) 결정, 헌재 2017. 11. 30. 2016헌마503 (검찰수사관의 변호인 후방착석요구행위) 결정; 헌재 2018. 5. 31. 2014헌마346 (변호인접견 불허처분) 결정; 헌재 2018. 5. 31. 2015헌마476 (물포 발포행위) 결정 등이 있다.

또한 헌재 2007. 3. 23. 2005헌마985등 사건에서는, "청구인들은 2006. 5. 31. 실시예정이었던 도의원 선거와 관련하여 해당 선거구에서의 헌법상 허용된 인구편차기준을 초과한 투표가치의 불평등을 시정하려는 목적으로 이 사건 심판청구를 하였으나 이미 위 선거가 종료되었으므로, 위 법률조항 및 이 사건 선거구구역표 부분에 의한 주관적인 기본권의 침해상태는 종료되었다고 볼 수 있다. 그러나 (…) 이 사건 심판청구는 해당 선거구에서의 헌법상 허용된 인구편차기준을 초과하여 국민들의 평등권과 선거권을 침해하는지 여부를 가리는 헌법적으로 해명할 필요가 있는 중요한 사안일 뿐만 아니라 앞으로도 계속 반복될 수 있는 성질의 것"이라는 이유로 본안에 나아가 판단한 끝에 해당 법률조항[597]에 대

597) 공직선거법 제22조 제1항 및 제26조 제1항에 의한 [별표 2] 「시·도의회의원지역선거구구역표」(2005.8.4. 법률 제7681호로 개정된 것) 중 경기도의회의원 선거구들 부분(2006.3.2. 법률 제7850호로 개정된 것 포함)과 전라북도의회의원 선거구들 부분.

하여 **헌법불합치결정**(및 잠정적용명령)을 하였다.

(다) 헌법적 해명의 필요성을 인정하였으나 기각결정된 사례

헌법재판소는 헌법적 해명의 필요성을 인정하여 본안판단을 한 후 심판청구를 기각하기도 한다. 그러한 사례로는 헌재 1995. 5. 25. 92헌마269등 결정, 헌재 1997. 6. 26. 96헌마89 결정, 헌재 1998. 5. 28. 97헌마362등 결정, 헌재 1998. 10. 29. 97헌마17 결정, 헌재 1998. 10. 29. 98헌마4 결정, 헌재 2001. 6. 28. 2000헌마111 결정, 헌재 2001. 9. 27. 2000헌마159 결정, 헌재 2002. 4. 25. 98헌마425등 결정, 헌재 2003. 12. 18. 2001헌마754 결정, 헌재 2004. 3. 25. 2001헌마710 결정, 헌재 2004. 3. 25. 2002헌마411 결정, 헌재 2004. 4. 29. 2002헌마467 결정, 헌재 2004. 10. 28. 2002헌마328 결정, 헌재 2004. 12. 16. 2002헌마333등 결정, 헌재 2004. 12. 16. 2004헌마376 결정, 헌재 2006. 6. 29. 2004헌마826 결정, 헌재 2007. 3. 23. 2004헌마207 결정, 헌재 2010. 4. 29. 2008헌마622, 헌재 2010. 4. 29. 2009헌마399 결정, 헌재 2011. 9. 29. 20헌마413 결정, 헌재 2011. 12. 29. 2010헌마285 결정, 헌재 2012. 2. 23. 2009헌마318 결정, 헌재 2012. 7. 26. 2011헌마232 결정, 헌재 2013. 11. 28. 2012헌마568 등이 있다.

바. 일사부재리

(1) 의의

헌법재판소는 이미 심판을 거친 동일한 사건에 대하여는 다시 심판할 수 없다(法 제39조). 헌법재판소가 이미 행한 결정에 대해서는 자기기속력 때문에 이를 취소·변경할 수 없으며 이는 법적안정성을 위하여 불가피한 일이기 때문이다.[598]

그러므로 헌법소원심판청구가 부적법하다고 하여 헌법재판소가 각하결정을 하였을 경우에는, 그 각하결정에서 판시한 요건의 흠결을 보정할 수 있는 때에 한하여 그 요건의 흠결을 보정하여 다시 심판청구를 하는 것은 모르되, 그러한 요건의 흠결을 보완하지 아니한 채로 동일한 내용의 심판청구를 되풀이하는 것은 허용될 수 없다.[599] 또한 헌법재판소의 결정에 대하여는 불복신청이 허용될 수

---

598) 헌재 1989. 7. 24. 89헌마141, 판례집 1, 155, 156.

599) 헌재 1995. 2. 23. 94헌마105, 판례집 7-1, 282, 286.

없을 뿐 아니라, 즉시항고는 헌법재판소법상 인정되지 아니한다.[600]

헌법재판에 있어서 이러한 일사부재리 규정을 두고 있는 이유는 법적 분쟁을 조기에 종결시켜 법적 안정상태를 조속히 회복하고, 동일 분쟁에 대해 반복적으로 소송이 제기되는 것을 미연에 방지하여 소송경제를 이루기 위함이다. 헌법재판은 일반법원의 재판과는 달리, 사실판단이나 그에 대한 법령적용을 주된 임무로 하는 것이 아니라 헌법의 해석을 주된 임무로 하고 있고,[601] 그 결정의 효력은 당사자만이 아니라 국가기관은 물론, 일반 국민들에 대해서도 미치기 때문에 헌법재판에 있어 반복적인 소제기의 제한은 중요한 의미를 갖게 된다. 만약 헌법재판소가 어떤 특정사건에 대해 결정을 선고한다고 하더라도 후에 불복할 수 있어 그 결정이 확정적인 효력을 가지지 못하게 된다면, 문제가 된 법령 등은 계속적인 동일소송의 제기로 인해 그 시행여부가 불투명해질 것이고, 당사자가 계속적인 소송제기를 멈추지 않는 한 법적 불안정 상태는 지속될 것이다. 따라서 법적안정성의 조기확보나 소송경제를 위해 일사부재리제도를 두는 것은 지나친 재판청구권의 제약이라고 할 수 없다.[602]

(2) 일사부재리에 해당하지 않는 경우

변호사인 대리인의 선임이 없어 각하된 경우 또는 다른 법률에 따른 구제절차를 거치지 아니하여 각하된 경우에, 국선대리인의 선임[603] 또는 구제절차의 경료 등 그 흠결을 보정하여 다시 청구한 경우에는 일사부재리가 적용되지 않는다.[604]

사례

⊙ 헌재 1997. 8. 21. 96헌마48 : 법무부장관 및 서울지방검찰청 검사장은, 이 사건은 헌법재판소가 1992. 4. 14. 결정을 선고한 90헌마82 사건과 동일한 사건이므로 일사부재리의 원칙(헌법재판소법 제39조)에 따라 각하되어야 한다고 주장한다. 살피건대, 이 사건 심판대상 법률조항은 국가보안법 제19조 중 같은 법 제8조의 죄에 관한

600) 헌재 1990. 10. 12. 90헌마170, 판례집 2, 363, 364.
601) 헌재 1995. 1. 20. 93헌아1, 판례집 7-1, 113, 120.
602) 헌재 2007. 6. 28. 2006헌마1482, 공보 129, 793, 795.
603) 헌재 2003. 9. 25. 2002헌아36, 공보·판례집 미수록.
604) 실무제요(2008), 288면.

부분이고 위 90헌마82사건의 심판대상 법률조항은 국가보안법 제19조 중 제3조 내지 제10조의 각 죄에 관한 부분이므로 서로 중복되기는 하나, 90헌마82 사건에서 위헌으로 결정한 법률조항은 국가보안법 제7조 및 제10조의 각 죄에 관한 것이고 같은 법 제8조의 죄에 대하여는 위헌판단을 한 바 없으며 또한 두 사건들의 청구인들이 동일하지 아니하므로 두 사건이 동일한 사건이라고 할 수 없다. 따라서 이 사건 심판청구를 동일한 사건의 중복청구로 보아 헌법재판소법 제39조의 일사부재리에 위반된다는 위 주장은 받아들일 수 없다.

(3) 일사부재리에 해당하는 경우

사례

⊙ 헌재(제3지정재판부) 2001. 8. 21. 2001헌마519 : 청구인은 2001. 7. 3. 헌법재판소에 이 사건과 내용을 같이하는 헌법소원심판(2001헌마460)을 이미 청구하였고, 이에 대하여 헌법재판소가 같은 달 24. 기본권침해의 직접성이 없는 법령조항을 대상으로 하여 부적법하다는 이유로 심판청구를 각하하는 결정을 선고하였음은 당 재판소에 현저한 사실이다. 그렇다면 이 사건 심판청구는 이미 심판을 거친 동일한 사건에 대한 심판청구로서 부적법하다.

⊙ 헌재 2010. 7. 29. 2008헌마664등 : 청구인들은 모두 2006헌마1098·1116·1117 사건[605]의 청구인 또는 공동심판참가인이었던 자들인바, 위 사건에 대하여 헌법재판소는 2008. 10. 30. 기각결정을 하였다. 그렇다면 위 청구인들의 이 사건 자격조항[606]에 대한 심판청구는 이미 위 2006헌마1098등 사건에서 심판을 거친 동일한 사건에 대하여 다시 심판청구를 한 것이므로, 헌법재판소법 제39조의 일사부재리 원칙에 위배되어 부적법하다.

605) 구 의료법(2006.9.27. 법률 제8007호로 개정되고 2007.4.11. 법률 제8366호로 전부 개정되기 전의 것) 제61조 제1항 중 "「장애인복지법」에 따른 시각장애인 중" 부분 및 의료법(2007.4.11. 법률 제8366호로 전부 개정된 것) 제82조 제1항 중 "「장애인복지법」에 따른 시각장애인 중" 부분에 대한 헌법소원.

606) 의료법(2007.4.11. 법률 제8366호로 전부 개정된 것) 제82조 제1항 중 "「장애인복지법」에 따른 시각장애인 중" 부분.

5. 종국결정

가. 의의

재판부가 심리를 마친 때에는 종국결정을 한다. 종국결정은 종국심리에 관여한 재판관의 과반수의 찬성으로 하는데, 다만 헌법소원에 대한 인용결정을 하는 경우와 종전에 헌법재판소가 판시한 헌법 또는 법률의 해석적용에 관한 의견을 변경하는 경우에는 재판관 6인 이상의 찬성이 있어야 한다(법 제23조 제2항).

따라서 인용(위헌)의견이 재판관 5인이라 하더라도 나머지 재판관이 기각 또는 각하의견을 낸 경우에는 "기각" 주문이 법정의견이 된다. 예컨대 인용의견 5인, 기각의견 4인인 경우에 기각주문을 낸 예로는 헌재 1999. 1. 28. 98헌마85 결정, 헌재 2000. 12. 14. 2000헌마659 결정 등이 있고, 인용의견이 5인이고 각하의견이 4인인 경우 기각주문을 낸 예로는 헌재 2000. 2. 24. 97헌마13등 결정이 있다.

종국결정에는 ①심판청구가 부적법한 경우에 하는 각하결정, ②심판청구가 이유없는 경우에 하는 기각결정, ③심판청구가 이유있는 경우에 하는 인용결정(변형위헌결정 포함), 그리고 ④심판절차종료선언의 4가지가 있다.

법 제68조 제1항의 법령소원이 이유없는 경우에는 "(청구인의) 심판청구를 기각한다."라는 주문을 내고 있다.

나. 인용결정

(1) 개요

(가) 침해된 기본권과 침해의 원인이 된 공권력의 행사 또는 불행사의 특정

법 제68조 제1항에 따른 통상의 처분(또는 부작위)소원에 대하여 헌법재판소가 인용결정을 하는 때에는 인용결정서의 주문에서 "침해된 기본권"과 "침해의 원인이 된 공권력의 행사 또는 불행사"를 특정하여야 한다(법 제75조 제2항).[607]

---

607) 이에 대하여, "헌법소원심판청구인의 입장에서는 자신의 권리를 침해하는 공권력조치의 제거에 주안을 두고 있으므로, 주문에서 침해된 기본권을 특정하는 것은 굳이 필요하지 않을 것이다. 그럼에도 불구하고 그와 같은 형식의 주문을 입법자가 요구하고 있는 것은 다분히 일반적 기속력을 갖는 헌법재판소결정의 일반적 의미가 결정주문 자체만으로도 확인될 수 있어야 한다는 생각을 근거로 하는 것이다." 라는 견해로 정태호, 전게논문(1996.

그러나 법령소원을 인용하는 경우에는 주문에 침해된 기본권을 표시하지 않는데,[608] 그 이유는 **법령**에 대한 헌법소원은 청구인의 침해된 기본권구제의 면도 있으나 객관적인 헌법질서의 확립이라는 성질이 더 부각되어야 할 것이고, 법 제75조 제2항의 취지가 동조 제3항 내지 제5항과의 관계에서 볼 때 입법권, 즉 법률에 의한 기본권침해의 경우에 부합하는 규정이라고 보여지지 않고, 오히려 동조 제6항이 헌법소원을 인용하여 법률의 위헌을 선고할 경우에는 법 제45조, 제47조의 규정을 준용하도록 하고 있어서 구태여 주문에 침해된 기본권을 표시할 필요까지는 없다고 해석되기 때문이다.[609]

이에 대하여는 제4기 재판부에 이르러, "법 제68조 제1항에 따른 헌법소원 심판은 개인의 침해된 기본권을 구제하기 위한 것이므로, 그 심판에서 청구인의 기본권이 공권력에 의하여 침해되었는지 여부를 확인하여 주문에서 밝혀야 하고(법 제75조 제2항), 이러한 법리는 기본권침해의 원인이 공권적 처분이든 법령 자체이든 마찬가지로 적용된다. 따라서 어느 법률조항이 청구인의 기본권을 침해한다고 인정한 경우에는 주된 주문으로 그 법률조항이 청구인의 기본권을 침해한다고 선언하여야 한다."는 반대의견이 있었다.[610]

(나) 부수적 규범통제

법 제75조 제5항은 법 제68조 제1항에 의한 헌법소원을 인용하는 경우에 "헌법재판소는 공권력의 행사 또는 불행사가 위헌인 법률 또는 법률의 조항에 기인한 것이라고 인정될 때에는 인용결정에서 해당 법률 또는 법률의 조항이 위헌임을 선고할 수 있다."고 하여, 소위 '부수적 규범통제'를 규정하고 있다.[611] 따

---

6), 318면.

608) 이는 법령의 부작위에 대한 심판청구를 인용(위헌확인)하는 경우도 마찬가지이다. 그런데 헌법재판소의 초기 결정 중에는 법령(시행규칙)에 대한 헌법소원에서 침해된 기본권을 주문에 기재한 사례가 있다. 헌재 1993. 5. 13. 92헌마80 결정의 〈주문〉 : "체육시설의설치·이용에관한법률시행규칙(1989.7.12. 체육부령 제13호, 개정 1992.2.27. 문화체육부령 제20호) 제5조의 체육시설업의 시설, 설비, 안전관리 및 위생기준(별표1)에 수록되어 있는 '2. 안전관리 및 위생기준(체육시설업자의 준수사항)'의 '(2) 개별기준' 중 '자. 당구장업'란 3)에 기재된 '출입문에 18세 미만자의 출입을 금지하는 내용의 표시를 하여야 한다.'는 규정은 평등권과 직업선택의 자유를 침해한 것이므로 헌법에 위배된다."

609) 헌재 1991. 3. 11. 91헌마21, 판례집 3, 91, 115.

610) 헌재 2010. 9. 2. 2010헌마418, 공보 167, 1539, 1558, 조대현 재판관의 반대의견.

611) 헌재 2008. 12. 26. 2007헌마193등, 판례집 20-2하, 810, 815; 헌재 2015. 2. 26. 2013헌마789, 판례집 27-1상, 221, 223-224 참조.

라서 행정청 행위의 위헌성이 위헌적인 법률에 기인한다고 판단된다면, 헌법재판소는 행정청 행위의 근거가 되는 법률조항의 위헌성을 확인함으로써 이를 적용한 행정청 행위의 위헌성을 확인할 수 있다.[612)]

헌법재판소가 법 제75조 제5항에 따라 위헌선언을 한 예로는, 피청구인의 공권력행사가 위헌임을 확인하면서 동 공권력행사의 근거규정인 '행형법(1980. 12. 22. 법률 제3289호) 제62조의 준용규정 중 같은 법 제18조 제3항을 미결수용자의 변호인접견에도 준용하도록 한 부분'은 헌법에 위반된다고(위헌) 선언한 사례,[613)] 구 행형법(1995. 1. 5. 법률 제4936호로 개정되기 전의 것) 제62조의 준용규정 중 동법 제18조 제3항 및 같은 동법 시행령 제62조를, "미결수용자와 그 변호인 또는 변호인이 되려는 자 사이의 서신으로서 그 서신에 마약 등 소지금지품이 포함되어 있거나 그 내용에 도주·증거인멸·수용시설의 규율과 질서의 파괴 기타 형벌법령에 저촉되는 내용이 기재되어 있다고 의심할 만한 합리적인 이유가 없는 경우에도 준용하는 것"은 헌법에 위반된다고(한정위헌) 선언한 사례,[614)] 심판대상인 기소유예처분의 기본권 침해여부를 판단하기 위하여 그 기소유예처분의 근거가 되는 법령의 위헌여부를 판단한 사례[615)] 등이 있다.

---

612) 헌재 2018. 4. 26. 2016헌마46 : "앞서 본 바와 같이 피청구인(방송통신심의위원회)의 이 사건 의견제시{피청구인이 방송사업자인 청구인(주식회사 문화방송)에 대하여 한, '청구인의 보도가 심의규정을 위반한 것으로 판단되며, 향후 관련 규정을 준수할 것'을 내용으로 하는 '의견제시'}가 헌법소원의 대상이 되는 공권력의 행사에 해당하지 아니하여 그에 대한 심판청구가 부적법한 이상, 본안에 나아가 헌법재판소법 제75조 제5항에 의하여 이 사건 의견제시의 근거가 된 이 사건 법률조항{구 방송법(2009.7.31. 법률 제9786호로 개정되고, 2015.12.22. 법률 제13580호로 개정되기 전의 것) 제100조 제1항 단서 중 '제33조의 심의규정 위반을 이유로 한 방송사업자에 대한 의견제시'에 관한 부분}에 대한 위헌여부를 판단할 수는 없다."

613) 헌재 1992. 1. 28. 91헌마111, 판례집 4, 51, 54. [청구인이 1991. 6. 14. 17시부터 그날 18시경까지 국가안전기획부 면회실에서, 그의 변호인과 접견할 때 피청구인(국가안전기획부장) 소속직원(수사관)이 참여하여 대화내용을 듣거나 기록한 것은 헌법 제12조 제4항이 규정한 <u>변호인의 조력을 받을 권리</u>를 침해한 것이라며 그 위헌확인을 청구한 사건임]

614) 헌재 1995. 7. 21. 92헌마144, 판례집 7-2, 94, 97. [청구인 박○옥(변호사)이 1992. 5. 26. 청구인 이○호에게 발송한 서신 및 청구인 이○호가 같은 해 6. 2. 청구인 박○옥에게 보내기 위하여 발송의뢰한 서신을 피청구인(진주교도소장)이 각 검열한 행위는 청구인들의 <u>통신의 비밀</u>을 침해받지 아니할 권리, 청구인 이○호의 <u>변호인의 조력을 받을 권리</u>를 침해한 것이라며 그 위헌확인을 청구한 사례임]

615) 헌재 2015. 2. 26. 2013헌마789 : "구 정신보건법(2008.3.21. 법률 제8939호로 개정되고, 2015.1.28. 법률 제13110호로 개정되기 전의 것) 제58조는 개인 영업주가 종업원 등의 위반행위와 관련하여 선임·감독상의 주의의무를 다하여 아무런 잘못이 없는 경우까지 영업

(2) 인용결정의 효력

헌법소원의 인용결정은 모든 국가기관과 지방자치단체를 기속한다(법 제75조 제1항). 헌법재판소가 공권력의 불행사에 대한 헌법소원을 인용하는 결정을 한 때에는 피청구인은 결정취지에 따라 새로운 처분을 하여야 한다(법 제75조 제4항). (법 제68조 제2항에 따른 헌법소원 및) 법 제68조 제1항에 따른 법령소원을 인용하는 경우, 그리고 법 제75조 제5항의 규정에 따른 부수적 규범통제의 경우에는 단순위헌결정 뿐만 아니라 헌법불합치, 한정위헌, 한정합헌 등 이른바 "변형위헌결정"의 다양한 유형이 있다. 인용결정의 기속력에 관하여는 이 책 제2장 5. 나. (2) 이하 참조.

(3) 인용결정의 유형

권리구제형 헌법소원에서 법령에 대하여 인용결정을 하는 경우에는 위헌법률심판 제청사건이나 규범통제형 헌법소원 사건에서 법률에 대하여 위헌결정(변형위헌결정 포함)을 하는 경우와 같다. 권리구제형 헌법소원에서 그 밖의 인용결정으로는 다음과 같은 유형이 있다.

(가) 공권력행사 취소 결정

헌법재판소가 공권력행사를 취소한 예로는 검사의 불기소처분에 대하여 "(…) 사건에 관하여 피청구인이 (…)에 대하여 한 불기소처분은 청구인의 **평등권 및 재판절차진술권**을 침해한 것이므로 이를 취소한다."고 한 경우가 가장 많고, 그 밖에 "피청구인이 청구인의 (…) 수사기록에 대한 복사신청에 대하여 이를 거부한 행위는 청구인의 '**알 권리**'를 침해한 것이므로 이를 취소한다."고 한 것[616]이 있다.

또한, "피청구인이 1997. 9. 12. 서울 강서구 공항동 978 전 3,896㎡ 및 같은 동 1292 전 770㎡에 관한 지적공부상의 지목을 '전'에서 '대'로 정정하여 달라는 청구인의 신청을 반려한 처분은 청구인의 **재산권**을 침해한 것이므로 이를 취소한다."고 한 것,[617] "피청구인(방송위원회)이 2004. 3. 9. 청구인 주식회사 문화

주에게 형벌을 부과하게 하므로, 헌법상 법치국가원리 및 죄형법정주의로부터 도출되는 책임주의원칙에 위반되는 것으로서 헌법에 위반되고, 이에 근거한 피청구인의 기소유예 처분은 청구인의 평등권과 행복추구권을 침해하였다." [전원일치 인용]

616) 헌재 1991. 5. 13. 90헌마133, 판례집 3, 234, 235.

617) 헌재 1999. 6. 24. 97헌마315, 판례집 11-1, 802, 810.

방송에게 한 '경고 및 관계자 경고'는 동 청구인의 **방송의 자유**를 침해한 것이므로 이를 취소한다."고 한 것[618] 등이 있다.

(나) 공권력불행사 위헌확인 결정

1) 헌법재판소가 공권력의 불행사가 위헌임을 확인한 예로는 "임야조사서 또는 토지조사부의 열람·복사신청이 있었음에도 이에 불응한 부작위는 청구인의 **'알 권리'**를 침해한 것이므로 위헌임을 확인한다."고 한 예가 있다.[619]

2) 입법부작위에 대하여 위헌임을 확인한 예로는 "재조선군사령부군정청법령 제75호 조선철도의통일(1946. 5. 7.제정)을 폐지한 조선철도의통일폐지법령(1961.12.30. 법률제922호)이 시행되기 전에 같은 군정청법령 제2조에 의하여 수용된 조선철도주식회사, 경남철도주식회사 및 경춘철도주식회사 재산의 재산관계권리자로서 같은 법령 제3조에 따라 같은 군정청 운수부장에게 보상청구서면을 제출하여 위 수용으로 인한 보상청구권을 포기하지 않은 것으로 확정된 자 또는 그 보상청구권을 승계취득한 자에 대하여 위 수용으로 인한 손실보상금을 지급하는 절차에 관한 법률을 제정하지 아니하는 입법부작위는 위헌임을 확인한다."고 한 것이 있다.[620]

3) 행정입법부작위에 대하여 위헌임을 확인한 예로는 ① "피청구인(보건복지부장관)이 의료법과 전문의의수련및자격인정등에관한규정의 위임에 따라 치과전문의자격시험제도를 실시할 수 있는 절차를 마련하지 아니하는 입법부작위는 위헌임을 확인한다."고 한 결정,[621] ② "피청구인(노동부장관)이 산업재해보상보험법 제4조 제2호 단서와 근로기준법 시행령 제4조의 위임에 의하여 평균임금을 정하여 고시하지 아니하는 행정입법 부작위는 위헌임을 확인한다."고 한 결정,[622] ③ "피청구인(대통령)이 구 군법무관임용법 제5조 제3항 및 군법무관임용등에관한법률 제6조의 위임에 따라 군법무관의 봉급과 그 밖의 보수를 법관 및 검사의 예에 준하여 지급하도록 하는 대통령령을 제정하지 아니하는 입법부작위는 위헌임을

---

618) 헌재 2007. 11. 29. 2004헌마290, 공보 134, 1341, 1342.
619) 헌재 1989. 9. 4. 88헌마22, 판례집 1, 176, 179.
620) 헌재 1994. 12. 29. 89헌마2, 판례집 6-2, 395, 398.
621) 헌재 1998. 7. 16. 96헌마246, 판례집 10-2, 283, 288.
622) 헌재 2002. 7. 18. 2000헌마707, 판례집 14-2, 65.

확인한다."고 한 결정[623] 등이 있다.

4) 조례입법부작위에 대하여 위헌임을 확인한 예로는, "피청구인들[624]이 지방공무원법 제58조 제2항의 위임에 따라 사실상 노무에 종사하는 공무원의 범위를 정하는 조례를 제정하지 아니한 것은 위헌임을 확인한다."고 한 결정[625]이 있다.

(다) 공권력행사 위헌확인 결정

헌법재판소는 당해사건에 대한 헌법재판이 헌법질서의 수호·유지를 위하여 긴요한 사항이어서 헌법적으로 그 해명이 중요한 의미를 지니고 있는 경우에, 이미 종료된 기본권침해행위가 위헌이었음을 선언적 의미에서 확인할 수 있다. 그 예로는 다음과 같다.

사례

① 헌재 1992. 1. 28. 91헌마111 : "피의자의 변호인 접견시 수사관이 참여하여 대화내용을 듣거나 기록한 것은 헌법 제12조 제4항이 규정한 변호인의 조력을 받을 권리를 침해한 것으로서 위헌임을 확인한다."

② 헌재 1993. 7. 29. 89헌마31 : "피청구인[626]이 대통령에 보고하여 그 지시를 받아 1985. 2. 7. 청구인 경영의 국제그룹을 해체키로 기본방침을 정하고 같은 달 11. 그 인수업체를 정하는 한편, 이의 실행을 위하여 제일은행장 등에 지시하여 같은 달 13.부터 국제그룹계열사에 대한 은행자금관리에 착수하게 하고 청구인으로부터 처분위임장 등 계열사의 처분권을 위임받게 하며, 피청구인이 만든 보도자료에 의거하여 같은 달 21. 제일은행의 이름으로 해체를 언론에 발표하게 하는 등 국제그룹해체를 위하여 한 일련의 공권력의 행사는 청구인의 기업활동의 자유와 평등권을 침해한 것이므로 위헌임을 확인한다."

③ 헌재 1995. 7. 21. 92헌마144 : "청구인 ○○○이 1992. 5. 26. 청구인 ×××에게 발송한 서신 및 청구인 ×××가 같은 해 6. 2. 청구인 ○○○에게 보내기 위하여 발송의뢰한 서신을 피청구인[627]이 각 검열한 행위는 청구인들의 통신의 비밀을 침해받지 아니할 권리, 청구인 ×××의 변호인의 조력을 받을 권리를 침해한 것으로서 위헌임을

623) 헌재 2004. 2. 26. 2001헌마718, 판례집 16-1, 313.

624) 1. 서울특별시(대표자 교육감 공정택), 2. 인천광역시(대표자 교육감 나근형), 3. 경기도(대표자 교육감 김상곤), 4. 전라북도(대표자 교육감 최규호)

625) 헌재 2009. 7. 30. 2006헌마358, 판례집 21-2상, 292.

626) 재무부장관

627) 진주교도소장

확인한다."

④ 헌재 1999. 5. 27. 97헌마137등 : "피청구인 성동구치소장이 청구인 ○○○을 1997. 3. 28.부터 같은 해 5. 8.까지 성동구치소에, 피청구인 영등포구치소장이 청구인 ×××을 1997. 11. 12.부터 1998. 2. 5.까지 영등포구치소에 각 수용하는 동안 재소자용 의류를 입게 하여 수사 또는 재판을 받게 한 행위는, 무죄추정의 원칙에 반하고 청구인들의 인격권, 행복추구권,[628] 공정한 재판을 받을 권리를 침해한 것으로 위헌임을 확인한다."

⑤ 헌재 2001. 7. 19. 2000헌마546 : "청구인들이 2000. 6. 18. 09:00경부터 같은 달 20. 02:00경까지 서울 영등포구 당산동 3가 2의 11 소재 영등포경찰서 유치장에 수용되어 있는 동안, 차폐시설이 불충분하여 사용과정에서 신체부위가 다른 유치인들 및 경찰관들에게 관찰될 수 있고 냄새가 유출되는 실내화장실을 사용하도록 강제한 피청구인[629]의 행위는, 헌법 제10조에 의하여 보장되는 청구인들의 인격권을 침해한 것으로 위헌임을 확인한다."

⑥ 헌재 2001. 8. 30. 99헌마496 : "청구인에 대한 특정범죄가중처벌등에관한법률위반 피고사건에서 검찰측 증인으로 채택된 청구외 이○○을 피청구인[630]이 별지 소환목록(1) 기재와 같이 전후 145회에 걸쳐 소환한 것은 청구인의 공정한 재판을 받을 권리를 침해한 것으로서 위헌임을 확인한다."

⑦ 헌재 2004. 9. 23. 2000헌마138 : "피청구인[631]이 2000. 2. 16. 청구인들에 대한 피의자신문시 변호인들이 참여하여 조력할 수 있도록 해 달라는 청구인들의 요청을 거부한 행위는 청구인들의 변호인의 조력을 받을 권리를 침해한 것으로서 위헌임을 확인한다."[632][633]

---

628) 다만 헌법재판소는 이후에, 헌법 제10조의 행복추구권은 다른 개별적 기본권이 적용되지 않는 경우에 한하여 보충적으로 적용되는 기본권이라고 보고 있다.(헌재 2002.8.29. 2000헌가5등, 판례집 14-2, 106, 123; 헌재 2006.3.30. 2005헌마598, 공보 114, 576; 헌재 2007.3.29. 2005헌마985, 판례집 19-1, 287, 300)

629) 영등포경찰서장

630) 서울지방검찰청 검사

631) 서울중앙지방검찰청 검사

632) 이 사건 결정 전인 2003년에 대법원은 소위 '송두율 교수 사건'에서, "형사소송법에 구금된 피의자에 대한 조사과정에서 변호인이 참석할 수 있다는 명문규정이 아직은 없지만 누구든지 체포 또는 구속을 당했을 때에는 즉시 변호인의 조력을 받을 권리를 가진다고 선언한 헌법규정(제12조 제4항)에 비춰 피의자신문 단계에서도 변호인의 참여를 요구할 수 있고, 그러한 경우 수사기관은 이를 거절할 수 없는 것으로 보아야 한다."고 하면서도, "다만 피의자신문을 방해하거나 수사기밀을 누설하는 등의 염려가 있다고 의심할 만한 상당한 이유가 있는 경우에는 변호인의 참여를 제한할 수 있다."고 판시하였다(대법원 2003.11.11.자 2003모402 결정). 이와 같은 후반부 판시에 대하여는, "진술거부권과 변호인의 조력을 받을 권리에 따라 변호인의 피의자신문참여권이 '인정'되는 데에는 구체적인 법조

⑧ 헌재 2005. 5. 26. 2001헌마728 : “청구인이 2001. 9. 28., 같은 달 29., 같은 해 10. 4. 및 같은 달 5. 서울지방검찰청 동부지청 308호 검사조사실에서 조사를 받는 동안 피청구인[634] 소속 계호교도관이 포승으로 청구인의 팔과 상반신을 묶고 양손에 수갑을 채운 상태에서 피의자조사를 받게 한 것은 청구인의 신체의 자유를 침해한 행위로서 위헌임을 확인한다.”

⑨ 헌재 2005. 5. 26. 2004헌마49 : “2003. 10. 24.경부터 같은 해 11. 6.까지 사이에 수회에 걸쳐 청구인이 서울지방검찰청 검사 조사실에서 피의자 신문을 받는 동안 수갑과 포승으로 계속 청구인의 신체를 결박해 둔 피청구인[635]의 행위는 청구인의 신체의 자유를 침해한 것으로서 위헌임을 확인한다.”

⑩ 헌재 2011. 6. 30. 2009헌마406 : “피청구인[636]이 2009. 6. 3. 서울특별시 서울광장을 경찰버스들로 둘러싸 청구인들의 통행을 제지한 행위는 청구인들의 일반적 행동자유권을 침해한 것으로서 위헌임을 확인한다.”

⑪ 헌재 2012. 3. 29. 2010헌마475 : “피청구인[637]이 출정비용납부거부 또는 상계동의거부를 이유로 청구인의 행정소송 변론기일인 2010. 2. 26., 2010. 3. 26., 2010. 4. 20.에 청구인의 출정을 각 제한한 행위는 청구인의 재판청구권을 침해한 것으로서 위헌임을 확인한다.”

⑫ 헌재 2012. 12. 27. 2011헌마351 : “피청구인[638]이 2010. 12. 20. 청구인으로부터

문이 마련되어 있지 않아도 그만이지만, 이 권리를 ‘제한’할 때에는 반드시 법률의 규정을 필요로 한다는 점에서 문제가 있다는 비판으로 김두식, 「헌법의 풍경」, 교양인, 2008, 268면 참조.

633) 이 결정 후 2007. 6. 1. 법률 제8496호로 개정된 형사소송법은 제243조의2(변호인의 참여 등)를 신설하였는데, 동 조항은 “①검사 또는 사법경찰관은 피의자 또는 그 변호인·법정대리인·배우자·직계친족·형제자매의 신청에 따라 변호인을 피의자와 접견하게 하거나 정당한 사유가 없는 한 피의자에 대한 신문에 참여하게 하여야 한다. ②신문에 참여하고자 하는 변호인이 2인 이상인 때에는 피의자가 신문에 참여할 변호인 1인을 지정한다. 지정이 없는 경우에는 검사 또는 사법경찰관이 이를 지정할 수 있다. ③신문에 참여한 변호인은 신문 후 의견을 진술할 수 있다. 다만, 신문 중이라도 부당한 신문방법에 대하여 이의를 제기할 수 있고, 검사 또는 사법경찰관의 승인을 얻어 의견을 진술할 수 있다. ④제3항에 따른 변호인의 의견이 기재된 피의자신문조서는 변호인에게 열람하게 한 후 변호인으로 하여금 그 조서에 기명날인 또는 서명하게 하여야 한다. ⑤검사 또는 사법경찰관은 변호인의 신문참여 및 그 제한에 관한 사항을 피의자신문조서에 기재하여야 한다.”고 규정하였다.

634) 성동구치소장

635) 서울구치소장

636) 경찰청장

637) 경북북부제2교도소장

638) 경기부천원미경찰서 사법경찰관

압수하여 보관하고 있던 플라스틱 생수병 1개, 과도 1개, 책가방 1개, 일회용라이터 1개를 폐기한 행위는 적법절차의 원칙에 반하고[639] 청구인의 공정한 재판을 받을 권리를 침해한 것으로서 위헌임을 확인한다."

⑬ 헌재 2015. 12. 23. 2014헌마1149 : "피청구인[640]이 강원대학교 법학전문대학원에 대하여, 2015학년도 신입생 1명의 모집을 정지하도록 한 행위는 청구인의 대학의 자율권을 침해하므로 위헌임을 확인하고, 2016학년도 신입생 1명의 모집을 정지하도록 한 행위는 청구인의 대학의 자율권을 침해하므로 이를 취소한다."

⑭ 헌재 2016. 12. 29. 2013헌마142 : "피청구인[641]이 청구인을 2012. 12. 8. 16:00경부터 2012. 12. 18. 13:00경까지 ○○구치소 13동 하층 14실에 수용한 행위는 청구인의 인간의 존엄과 가치를 침해한 것으로 위헌임을 확인한다."

⑮ 헌재 2017. 12. 28. 2016헌마649 : "피청구인들[642]이 '2017학년도 신입생 수시모집 입시요강'에서 [별지3] 목록 기재와 같이 지원자격을 정함으로써 검정고시로 고등학교 졸업학력을 취득한 사람들의 수시모집 지원을 제한하는 것은 청구인들의 교육을 받을 권리를 침해한 것으로 위헌임을 확인한다."

⑯ 헌재 2018. 5. 31. 2015헌마476 : "피청구인[643]이 2015. 5. 1. 22:13경부터 23:20경까지 사이에 최루액을 물에 혼합한 용액을 살수차를 이용하여 청구인들에게 살수한 행위는 위헌임을 확인한다."[644]

---

639) 그런데 '적법절차원칙'은 헌법재판소법 제75조 제2항 소정의 인용결정서의 주문에 특정해야 할 '기본권'이 아니므로 잘못된 표현이라고 할 것이다. 나아가 "적법절차원칙은 법률이 정한 형식적 절차와 실체적 내용이 모두 합리성과 정당성을 갖춘 적정한 것이어야 한다는 실질적 의미를 지니고 있는 것으로서, 특히 형사소송절차와 관련하여서는 형사소송절차의 전반을 기본권보장의 측면에서 규율하여야 한다는 기본원리를 천명하고 있다고 볼 것이어서, 결국 포괄적·절차적 기본권으로 파악되고 있는 재판을 받을 권리의 보호영역과 사실상 중복되므로, 심판대상 법률조항이 공정한 재판을 받을 권리를 침해하는 것인지 여부를 판단하는 이상 적법절차원칙 위반여부에 대해서는 따로 판단하지 아니한다."고 판시한 헌재 2013. 8. 29. 2011헌바253등 결정 참조.

640) 교육부장관

641) ○구치소장

642) 1. 서울교육대학교 총장, 2. 경인교육대학교 총장, 3. 춘천교육대학교 총장, 4. 청주교육대학교 총장, 5. 공주교육대학교 총장, 6. 전주교육대학교 총장 직무대리, 7. 광주교육대학교 총장, 8. 대구교육대학교 총장, 9. 진주교육대학교 총장, 10. 부산교육대학교 총장, 11. 한국교원대학교 총장

643) 서울종로경찰서장

644) 이 결정의 주문에는 법 제75조 제2항의 "침해된 기본권"에 관한 언급이 누락되어 있다.

다. 심판절차종료선언

전술한 각하결정, 기각결정, 인용결정 이외에 특별한 결정유형으로 심판절차종료선언이 있다. 본안판단에 들어가지 않는 점에서는 각하결정과 같지만 각하결정과는 다른 성격의 결정인 심판절차종료선언은, 청구인의 사망 또는 심판청구의 취하 등으로·절차관계의 종료를 명백히 확인하는 의미에서 하는 결정이다.[645]

(1) 청구인의 사망

청구인의 사망으로 인한 심판절차종료선언의 예는 1992. 11. 12. 선고한 90헌마33 결정이 있는바, 동 결정의 주문은 "이 사건 심판절차는 1990. 12. 4. 청구인의 사망으로 종료되었다."였고, 동 결정이유로는 "직권으로 살피건대, 청구인은 당 재판소에 헌법소원심판절차가 계속중인 1990. 12. 27. 사망하였음이 기록첨부의 호적등본의 기재에 의하여 명백하다. (…) 원래 고용계약상의 노무공급의무는 일신전속적인 것이고(민법 제657조), 노무자가 사망하면 고용관계는 종료될 권리관계라고 할 것인바, 그렇다면 이 사건 검사의 불기소처분 때문에 침해되었다 할 고용계약상의 지위는 노무자인 청구인의 사망에 의하여 종료되고 상속인에게 승계될 것이 아니다. 그러므로 그에 관련된 이 사건 심판절차 또한 수계될 성질이 못되고, 이 사건은 청구인이 사망함과 동시에 당연히 그 심판절차가 종료되었다."는 것이다.

기타 헌재 1999. 11. 25. 99헌마431 결정, 헌재 2015. 4. 30. 2012헌마38 결정 참조.

(2) 심판청구의 취하

심판청구의 취하로 인한 심판절차종료선언의 주문은 "이 사건 헌법소원심판절차는 청구인들의 심판청구의 취하로 1995. 12. 14. 종료되었다." 등으로 표시한다.[646] 동 결정이유에 의하면 "청구인들이 1995. 11. 29. 서면으로 이 사건 헌법소원심판청구를 모두 취하하였고, 이미 본안에 관한 답변서를 제출한 피청구인에게 취하의 서면이 그 날 송달되었는 바, 피청구인이 그 날로부터 2주일 내에

645) 실무제요(2008), 310면.

646) 同旨, 헌재 2003. 4. 24. 2001헌마386, 판례집 15-1, 443, 448. [〈주문〉 : "이 사건 헌법소원심판절차는 청구인들의 심판청구의 취하로 2003. 2. 11. 종료되었다."]

이의를 하지 아니하였음이 분명하므로 (구)민사소송법 제239조(신민사소송법 제266조)에 따라 피청구인이 청구인들의 심판청구의 취하에 동의한 것으로 본다. 그렇다면 이 사건 헌법소원심판절차는 청구인들의 심판청구의 취하로 1995. 12. 14. 종료되었음이 명백하므로, 헌법재판소로서는 이 사건 헌법소원심판청구가 적법한 것인지 여부와 이유가 있는 것인지 여부에 대하여 판단할 수 없게 되었다."는 것이다.[647)]

한편, 청구인은 피청구인(청송제2교도소장)이 청구인의 종교집회 참가요청에 대하여 한 불허행위에 대하여 사과를 할 것이니 헌법소원 심판청구를 취하하여 달라고 거짓말을 하여 이에 속은 청구인이 헌법소원 심판청구를 취하(2005. 1. 26.)하였으나 이는 사기에 의한 의사표시로서 취소한다는 주장을 하면서 위 헌법소원심판청구 취하의 효력을 다툰 사안에서, "그러나, 헌법소원 심판청구의 취하는 청구인이 제기한 심판청구를 철회하여 심판절차의 계속을 소멸시키는 청구인의 우리 재판소에 대한 소송행위이고 소송행위는 일반 사법상의 행위와는 달리 내심의 의사보다 그 표시를 기준으로 하여 그 효력유무를 판정할 수밖에 없는 것인바, 청구인의 주장대로 청구인이 피청구인의 기망에 의하여 이 사건 헌법소원 심판청구를 취하하였다고 가정하더라도 이를 무효라고 할 수도 없고 청구인이 이를 임의로 취소할 수도 없다 할 것이므로(대법원 1983. 4. 12. 선고 80다3251 판결; 대법원 1997. 6. 27. 선고 97다6124 판결; 대법원 1997. 10. 24. 선고 95다11740 판결 등 참조), 청구인의 위 주장은 받아들일 수 없다."고 판시하였다.[648)]

라. 기타

(1) 사정판결 사례

행정소송에서 원고의 청구가 이유 있다고 인정되는 경우에도, 즉 '처분등'이

647) 헌재 1995. 12. 15. 95헌마221등, 판례집 7-2, 697, 702·747. 다만 이 결정에는, "헌법소원제도는 본질상 청구인 개인의 주관적인 권리구제 뿐만 아니라 객관적인 헌법질서를 수호·유지하는 기능도 함께 가지고 있는 것이므로, 헌법소원사건에 대한 심판이 청구인의 권리구제에는 도움이 되지 않는다 하더라도 헌법질서의 수호·유지를 위하여 중요한 의미가 있는 경우에는 예외적으로 청구인이 심판청구를 취하하여도 심판절차는 종료되지 않는다고 보아야 한다."는 재판관 4인의 반대의견이 있었다. 위 2001헌마386 결정에도 재판관 2인의 반대의견이 있다.

648) 헌재 2005. 3. 31. 2004헌마911, 공보 103, 544, 545. [〈주문〉 : "이 사건 헌법소원심판절차는 청구인의 심판청구 취하로 2005. 2. 15. 종료되었다."]

위법한 경우에 처분등을 취소하는 것이 현저히 공공복리에 적합하지 아니하다고 인정되는 때에는 법원은 원고의 청구를 기각할 수 있다(행정소송법 제28조 제1항 본문). 이에 따라 원고의 청구를 기각하는 판결을 사정판결(事情判決)이라고 한다.[649]

헌법재판소는 인천광역시 계양구 중 유독 계양1동만을 분리하여 강화군 선거구에 편입시킨 것은 위헌이라며 위 '계양구·강화군 을선거구란'에 대하여 제기된 헌법소원인 헌재 1998. 11. 26. 96헌마54 결정에서 (재판관 6:3의 의견으로), 위 선거구란에 대하여 특별한 사정이 없는 한 입법재량의 범위를 일탈한 것으로서 위헌적 요소를 지닌 선거구획정으로 보아야 한다고 하면서도, 입법 당시 제15대 국회의원선거가 임박한 상태에서의 시간부족, 위 선거구란의 한시적 성격 등 특수한 사정을 고려하여 합헌(기각)결정을 선고하였다.[650]

(2) 입법촉구 사례

종국결정의 유형에 관한 문제는 아니나, 헌법재판소가 권리구제형 헌법소원 사건에서 법률조항에 대하여 합헌결정(주문은 기각)을 하면서도 입법자에게 입법의 촉구 내지 권고를 하는 경우가 있다.

즉, 선전벽보 등에 비정규학력의 게재를 금지하는 공직선거법 제64조 제1항 및 제250조 제1항에 대한 헌재 2009. 11. 26. 2008헌마114 사건에서 헌법재판소는 청구기각결정을 선고하면서, "입법자로서는 단순히 '정규교육'과 '비정규교육'을 양분하고, 정규학력의 최종학력과 이수내역에 관한 내용만을 학력으로 기재할 수 있게 하는 데서 나아가 정규교육과 비정규교육의 실질을 보다 구체적이고 명료하게 표시할 수 있는 여지가 있는지 살피고, 비정규교육의 경우에 학력이 아닌 경력사항으로서 별도로 표시하되, 그 실질을 보다 구체적으로 표시할 수 있는 선전벽보 이외의 다른 홍보매체에 표시할 수 있도록 하거나, 허위의 비정규학력 표시에 대한 규제를 강화하는 등의 방안을 통하여 유권자의 알권리와 후보자의 선거운동의 자유를 충분히 보장하도록 숙고하여야 할 것이다."라는 '입법자

---

649) 홍정선, 전게서(2010), 963면.

650) 〈재판관 3인의 반대의견〉: "다같이 인천광역시의 관할구역 안에 있다는 것 외에는 연관성이 거의 없는 계양구의 일부를, 그것도 계양구 11개동 중 1개동으로서 계양구 전체 인구수의 4.74%에 불과한 인구수의 계양1동만을 분할하고 이를 강화군에 합쳐 하나의 선거구로 한 것은 헌법상 입법자에게 부여된 재량권의 한계를 벗어나 계양구 주민의 투표가치의 평등을 심각하게 훼손하는 것으로서 헌법에 위반된다."

에 대한 권고'를 하였다.

또한 헌법재판소는 헌재 2014. 7. 24. 2013헌마423등 사건에서도, 형법상 강제추행죄로 유죄판결이 확정된 자는 신상정보 등록대상자가 되도록 규정한 구 '성폭력범죄의 처벌 등에 관한 특례법' 제32조 제1항 중 '제2조 제1항 제3호 가운데 형법 제298조(강제추행)의 범죄로 유죄판결이 확정된 자는 신상 정보 등록대상자가 된다' 부분(이 사건 법률조항)이 청구인들의 개인정보자기결정권을 침해하지 않는다는 이유로 (재판관 7:2의 의견으로) 기각결정을 선고하면서, "이 사건 법률조항의 입법목적과 대상자의 연령·직업·재범의 위험성 등 행위자의 특성, 당해 범행의 종류·동기·범행과정·결과 및 죄의 경중 등 범행의 특성, 신상정보 등록으로 인하여 대상자가 입는 불이익의 정도와 예상되는 부작용, 그로 인해 달성할 수 있는 성폭력범죄의 예방 효과 및 성폭력범죄로부터의 피해자 보호 효과 등을 종합적으로 고려할 때, 신상정보를 반드시 등록할 필요가 없는 특별한 사정이 있다고 인정되는 경우가 예외적으로 존재할 가능성을 배제하기 어렵다. 그러므로 입법자로서는 정보주체의 기본권을 보호하면서도 성폭력범죄의 예방이라는 입법목적에 맞는 구체적 타당성 있는 결론을 이끌어 내기 위한 방안으로서, 예컨대 법원이 신상정보 등록을 할 필요가 없다고 인정되는 특별한 사정이 있는지 여부를 판단할 수 있도록 하거나 이미 마쳐진 신상정보 등록에 관하여도 당사자가 불복할 수 있는 절차를 마련하는 등의 입법보완조치를 취하는 것이 바람직하다."라는 '입법자에 대한 권고'를 하였다.

제6장 權限爭議審判

1. 개관

가. 권한쟁의심판제도의 의의

권한쟁의심판은 국가기관 상호간 또는 국가기관과 지방자치단체 간 그리고 지방자치단체 상호간에 헌법과 법률에 의한 권한과 의무의 유무와 범위에 관하여 다툼이 발생한 경우에 헌법소송을 통하여 이를 유권적으로 심판함으로써(헌법 제111조 제1항 제4호, 법 제2조 제4호), 각 기관에게 주어진 권한을 보호함과 동시에 객관적 권한질서의 유지를 통해서 국가기능의 수행을 원활히 하고, 국가기관 및 지방자치단체라는 수평적 및 수직적 권력 상호간의 견제와 균형을 유지시켜 헌법이 정한 권능질서의 규범적 효력을 보호하기 위한 제도이다.[1]

권한쟁의제도의 원형인 독일의 기관쟁의(Organstreitverfahren)[2] 또는 기관소송(Organklage)[3]은 원래 **정부**와 **의회** 간의 다툼을 중립적 헌법수호자인 헌법재판소가 헌법상 권력분립제도의 취지에 따라 해결하는 장치를 의미하였다. 이러한 의미에서 기관소송은 최고 국가기관 간의 의견차이로 다툼이 발생한 경우, 헌법해석을 통하여 분쟁을 해결함으로써 정치적 평화에 기여하고 정치적 통일을 확보하는 데 그 제도적 의의가 있었다. 그러나, 의회와 정부가 다수당에 의해 통합되는 **정당국가적 경향**이 나타남에 따라 의회의 정부에 대한 통제기능이 약화되고 권력의 통제와 견제의 메커니즘이 여당과 야당의 구도로 변하게 되자, 권한쟁의제도는 정치과정에서 소수파가 다수파의 월권적 행위를 헌법적 원리에 의해 통제할 수 있는 장치로서의 기능도 갖게 되었다.[4]

---

1) 헌재 2011. 8. 30. 2011헌라1, 공보 179, 1237, 1239.

2) BVerfGE 1, 208 [211].

3) BVerfGE 103, 164 [169]; 104, 310 [311].

또한, 권한쟁의심판의 본안결정은 국가기관 또는 지방자치단체의 권한행사가 헌법이나 관련법률에 위반되는지에 관한 판단이 되고, 따라서 권한쟁의심판은 실질적으로 권한행사의 합헌성 내지 적법성 통제기능을 수행한다.[5]

나. 권한쟁의심판제도의 특징

우리 헌법상 권한쟁의심판제도는 다음과 같은 특징을 갖는다.[6]

첫째, 헌법재판소가 관장하는 권한쟁의심판에는 국가기관간의 권한분쟁인 이른바 기관소송의 유형뿐만 아니라, 상이한 법주체인 국가기관과 지방자치단체간 및 지방자치단체 상호간의 권한분쟁도 포함된다.[7]

둘째, 권한쟁의의 대상이 되는 법적 분쟁은 헌법상의 분쟁뿐만 아니라 법률상의 공법적인 분쟁도 포함하는 것으로 규정하고 있다(법 제61조 제2항).[8] 이 점에서 현행 법상의 권한쟁의제도는 독일의 기관소송과 달리 스페인이나 이탈리아의 권한쟁의제도와 유사하다고 할 수 있다.

셋째, 법은 '권한의 유무[9] 및 범위에 관하여 다툼이 있을 때'(제61조 제1항)[10] 및 '헌법 및 법률에 의하여 부여받은 권한이 침해되었을 때'(제61조 제2항) 권한쟁의 심판청구

4) 헌법재판실무제요, 헌법재판소, 2008, 323-324면.

5) 김하열, "권한분쟁에 관한 헌법재판소와 법원의 관할", 헌법실무연구 제4권, 박영사, 2003, 452면.

6) 실무제요(2008), 324-325면.

7) 이와 같이 상이한 성격과 기능을 가진 여러 유형의 소송이 혼재되어 있기 때문에 권한쟁의의 개념과 기능, 본질을 단일한 기준으로 일괄적으로 파악하기 어렵다는 견해로 김하열, 전게논문(2003), 454면.

8) 헌법 제111조 제1항 제4호가 권한쟁의심판의 당사자에 지방자치단체도 포함시키고, 법 제61조 제2항이 법률상의 권한도 포함시킴으로써 권한쟁의를 법률상의 권한에 관한 분쟁으로 확장시킨 것에 대하여, 헌법재판인 권한쟁의심판제도의 취지에 맞지 않고 기관소송의 기능을 현저히 축소시킨다는 비판이 있다. 김상태, "권한쟁의심판과 기관소송의 관계정립 방안", 한양법학 제22집, 한양대학교 법학연구소, 2008.2, 169-172면; 명재진, "권한쟁의심판제도의 문제점", 헌법논총 제18집, 헌법재판소, 2007, 197-198면; 장영수, 헌법학, 홍문사, 2010, 1283면; 정태호, "국가기관 상호간의 권한쟁의제도와 정당", 정당과 헌법질서 (심천계희열박사 화갑기념논문집), 박영사, 1995, 415-417면.

9) 2011. 4. 5. 법률 제10546호로 개정되기 전의 법은 "권한의 **존부**"라고 규정하였다. 따라서 헌법재판소의 판례를 인용할 때에는 권한의 "존부"라는 표현을 그대로 사용한다.

10) 여기에서 '권한의 존부 및 범위에 관한 다툼'이란 "권한의 존부, 범위 및 행사에 관한 모든 다툼"을 포괄하는 것으로 이해하는 견해로 김하열, 전게논문(2003), 450-452면 참조.

가 허용되는 것으로 규정하고 있지만, 객관소송에서 주장되는 권한침해는 소송을 위해 주관적인 것으로 의제된 권한이라고 이해된다. 즉, 권한쟁의심판에서의 '권한'(Kompetenz)이란 한편에서 보면 적극적 권능으로서의 능력을 의미하나, 그 반면에서 보면 직무상 의무의 범위를 의미하게 된다.

넷째, 이러한 권한쟁의에 관한 심판을 헌법재판소의 원칙적 관할로 하고 있다는 점이다(헌법 제111조 제1항 제4호, 법 제62조, 행정소송법 제3조 제4호).[11] 이는 헌법개정자가 공법상의 권한분쟁에 관한 한 신설되는 헌법재판소에 심판사항을 집중하여 헌법과 법률상의 권한질서를 수호하는 책임과 권한을 부여한 것이라고 할 수 있다.[12]

2. 종류와 당사자

가. 국가기관 상호간의 권한쟁의

(1) 의의

법 제62조 제1항 제1호는 국가기관간의 권한쟁의를 "국회, 정부, 법원 및 중앙선거관리위원회 상호간의 권한쟁의"로 규정하고 있다. 이것은 본래의 의미에서 '기관소송'의 유형에 해당하는 것인데, ①국가의 기능을 상이한 기관에 분장시켜 기능을 배분함으로써 생길 수 있는 기관간의 부조화를 해소하여 국가의 행위능력과 기능질서를 확보하는 측면과 함께, ②국가권력의 견제와 균형에 의해 기본권을 보장한다는 헌법상 권력분립원칙을 실현하는 의미를 갖는다.

(2) 당사자능력에 관한 문제

법 제62조 제1항 제1호는 권한쟁의의 당사자가 될 수 있는 국가기관으로서 "국회, 정부, 법원 및 중앙선거관리위원회"만이 규정되어 있다. 이 규정이 한정적 열거인가 예시적인 열거인가에 관하여 논란이 있었는데, 헌법재판소는 1995. 2.

---

11) 행정소송법 제3조(행정소송의 종류) 행정소송은 다음의 네 가지로 구분한다. (1. 내지 3. : 생략) 4. 기관소송: 국가 또는 공공단체의 기관상호간에 있어서의 권한의 존부 또는 그 행사에 관한 다툼이 있을 때에 이에 대하여 제기하는 소송. 다만, 헌법재판소법 제2조의 규정에 의하여 헌법재판소의 관장사항으로 되는 소송은 제외한다.

12) 김하열, 전게논문(2003), 454면.

23. 선고한 90헌라1 국회의원과 국회의장간의 권한쟁의사건에서, "여기서 열거되지 아니한 기관이나 또는 열거된 국가기관 내의 각급기관은 비록 그들이 공권적 처분을 할 수 있는 지위에 있을지라도 권한쟁의심판의 대상이 되지 않는다고 볼 수밖에 없다."라고 판시하여, 당사자능력의 범위를 엄격하게 축소하였다(전원일치).

그러나 헌법재판소는 1997. 7. 16. 선고한 96헌라2 국회의원과 국회의장간의 권한쟁의사건에서 법 제62조 제1항 제1호를 한정적, 열거적인 조항이 아니라 예시적인 조항으로 해석하는 것이 헌법에 합치된다고 판시함으로써 종전의 입장을 변경하고 당사자의 범위를 크게 확대하였다(6:3). 이 결정에서 헌법재판소는, "권한쟁의심판에 있어서 당사자가 될 수 있는 국가기관이란 '국가의사 형성에 참여하여 국법질서에 대하여 일정한 권한을 누리는 헌법상의 지위와 조직'이라고 할 수 있다. 헌법 제111조 제1항 제4호 소정의 '국가기관'에 해당하는지 아닌지를 판별함에 있어서는 ①그 국가기관이 헌법에 의하여 설치되고 헌법과 법률에 의하여 독자적인 권한을 부여받고 있는지 여부, ②헌법에 의하여 설치된 국가기관 상호간의 권한쟁의를 해결할 수 있는 적당한 기관이나 방법이 있는지 여부 등을 종합적으로 고려하여" 판단해야 한다고 하여 그 기준을 제시하고 있다. 위 결정에 의하면 여기서 국가기관은 그 설립이 헌법에 근거하는 것이어야 하고, 그 기관은 공권력을 담당·행사하는 지위를 가져야 할 것이다. 그리고 국회나 정부와 같이 일체적 권한을 행사하는 **전체기관**뿐만 아니라, 그 **부분기관**이라 할지라도 상대 당사자와의 관계에서 독자적인 지위를 인정해 줄 필요가 있는 경우에는 당사자능력이 인정될 수 있다.[13] 다만, 보조기관에 불과하거나 독자적 지위가 인정될 수 없는 경우에는 당사자능력이 부인된다.[14]

---

13) 헌재 2000. 2. 24. 99헌라1 : "**국회의장**과 **국회의원**간에 그들의 권한의 존부 또는 범위에 관하여 분쟁이 생길 수 있고, 이와 같은 분쟁은 단순히 국회의 구성원인 국회의원과 국회의장간의 국가기관 내부문제가 아니라 헌법상 별개의 국가기관 사이에 각자 그들의 권한의 존부 또는 범위를 둘러싼 분쟁인 것이다. 이 분쟁은 권한쟁의심판 이외에 이를 해결할 수 있는 다른 수단이 없으므로, 국회의원과 국회의장은 헌법 제111조 제1항 제4호 소정의 권한쟁의심판의 당사자가 될 수 있다고 해석하는 것은 헌법재판소가 당사자적격을 부정하였던 과거의 선례(헌재 1995.2.23. 90헌라1)를 변경하면서 새로 채택한 견해이고(헌재 1997.7.16. 96헌라2; 헌재 1998.7.14. 98헌라3), 이를 다시 변경할 필요를 느끼지 아니한다."

14) 헌재 2017. 5. 25. 2016헌라2 : "('국가기관으로서의 국민'의 지위를 주장하는 청구인이 피청구인 대법원장을 상대로 자신의 권한이 침해당하였음을 다투고 있는 사안에서) 헌법재판소가 권한쟁의심판을 청구할 수 있는 국가기관의 종류와 범위에 관해 확립한 기준에 비추어

위 기준에 의한다면 우선 국가기관인 국회,[15] 국회의장(헌법 제48조),[16][17] 국회의원(헌법 제41조 제1항), 국회의 각 위원회 위원장(헌법 제62조),[18] 국회 원내교섭단체(헌법 제41조, 제8조)[19] 등이 독립한 헌법기관으로서 당사자능력을 가질 수 있을 것이다. 헌법재판소는 중앙선거관리위원회 뿐만 아니라 **각급 선거관리위원회**에도 당사자능력을 인정하

볼 때, '국민'인 청구인은 그 자체로는 헌법에 의하여 설치되고 헌법과 법률에 의하여 독자적인 권한을 부여받은 기관이라고 할 수 없으므로, '국민'인 청구인은 권한쟁의심판의 당사자가 되는 '국가기관'이 아니다."

15) 헌재 2008. 6. 26. 2005헌라7 : "법 제62조 제1항 제2호는 국가기관과 지방자치단체 간의 권한쟁의심판에 대한 국가기관측 당사자로 '정부'만을 규정하고 있지만, 이 규정의 '정부'는 예시적인 것이므로 **대통령**이나 **행정각부의 장** 등과 같은 정부의 부분기관뿐 아니라 **국회**도 국가기관과 지방자치단체 간 권한쟁의심판의 당사자가 될 수 있다(헌재 2003.10.30. 2002헌라1; 헌재 2005.12.22. 2004헌라3 참조). 따라서 피청구인 국회는 당사자능력이 인정된다."

16) 헌재 2009. 10. 29. 2009헌라8등 : "피청구인 **국회의장**은 헌법 제48조에 따라 국회에서 선출되는 헌법상의 국가기관으로서 헌법과 법률에 의하여 국회를 대표하고 의사를 정리하며, 질서를 유지하고 사무를 감독할 지위에 있고, 이러한 지위에서 의안의 상정, 의안의 가결선포 등의 권한(국회법 제10조, 제110조, 제113조 등 참조)을 갖는 주체이므로 피청구인 적격이 인정된다(헌재 1997.7.16. 96헌라2). 이와 달리, 피청구인 **국회부의장**은 국회의장의 위임에 따라 그 직무를 대리하여 법률안 가결선포행위를 할 수 있을 뿐(국회법 제12조 제1항 참조), 법률안 가결선포행위에 따른 법적 책임을 지는 주체가 될 수 없으므로 권한쟁의심판청구의 피청구인 적격이 인정되지 아니한다."

17) 헌재 2010. 12. 28. 2008헌라7등 : "다만, 상임위원회는 그 소관에 속하는 의안·청원 등을 심사하므로, 국회의장이 안건을 위원회에 회부함으로써 상임위원회에 심사권이 부여되는 것이 아니고 심사권 자체는 법률상 부여된 위원회의 고유한 권한으로 볼 수 있다(국회법 제36조, 제37조 참조). 따라서 국회 상임위원회 위원장이 위원회를 대표해서 의안을 심사하는 권한이 국회의장으로부터 위임된 것임을 전제로 한 국회의장에 대한 심판청구는 피청구인 적격이 없는 자를 상대로 한 청구로서 부적법하다." [〈주문〉: "1. 청구인들의 피청구인 **국회의장**에 대한 심판청구를 모두 각하한다. 2. 피청구인 **국회 외교통상통일위원회 위원장**이 2008. 12. 18. 14:00경 국회 본청 401호 외교통상통일위원회 회의실 출입문을 폐쇄한 상태로 위 회의실에서 제279회 국회임시회 제2차 외교통상통일위원회 전체회의를 개의하여 '대한민국과 미합중국 간의 자유무역협정' 비준동의안을 상정한 행위 및 위 비준동의안을 법안심사소위원회로 회부한 행위는 청구인들의 위 비준동의안 심의권을 침해한 것이다. 3. 청구인들의 피청구인 국회 외교통상통일위원회 위원장에 대한 위 비준동의안 상정행위 및 법안심사소위원회로의 회부행위에 관한 무효확인청구를 모두 기각한다."

18) 헌재 2010. 12. 28, 2008헌라7등 : "피청구인 '국회 외교통상통일위원회 위원장'은 외통위 의사절차의 주재자로서 질서유지권(국회법 제49조 제1항, 제145조), 의사정리권(국회법 제49조 제1항, 제2항, 제52조, 제53조 제4항 등)의 귀속주체이므로 이 사건 심판청구의 피청구인 적격이 인정된다."

19) 교섭단체 자체는 아니나 교섭단체대표의원을 상대로 국회의원이 헌법재판소에 1992. 8. 13. 92헌라1호로 제기한 권한쟁의 사건이 있었으나 이 사건은 1994. 12. 8. 청구인측의 취하로 종결되었다.

였다.[20)]

반면에 헌법상 국가에게 부여된 임무 또는 의무를 수행하고 그 독립성이 보장된 국가기관이라고 하더라도 오로지 법률에 설치근거를 둔 국가기관이라면 국회의 입법행위에 의하여 존폐 및 권한범위가 결정될 수 있으므로, 이러한 국가기관은 '헌법에 의하여 설치되고 헌법과 법률에 의하여 독자적인 권한을 부여받은 국가기관'이라고 할 수 없다. 따라서, **국가인권위원회**의 경우 동 위원회가 수행하는 업무의 헌법적 중요성, 기관의 독립성 등을 고려한다고 하더라도, 국회가 제정한 국가인권위원회법에 의하여 비로소 설립된 동 위원회는 국회의 위 법률 개정행위에 의하여 존폐 및 권한범위 등이 좌우되므로, 헌법 제111조 제1항 제4호 소정의 헌법에 의하여 설치된 국가기관에 해당한다고 할 수 없다.[21)] 마찬가

20) 헌재 2008. 6. 26. 2005헌라7 : "우리 헌법은 제114조 제1항에서 '선거와 국민투표의 공정한 관리 및 정당에 관한 사무를 처리하기 위하여 선거관리위원회를 둔다'고 하면서, 제2항에서 제5항까지 중앙선거관리위원회에 대해 규정하고 있는 외에 제6항에서 '각급 선거관리위원회의 조직·직무범위 기타 필요한 사항은 법률로 정한다'고 규정하여 각급 선거관리위원회의 헌법적 근거규정을 마련하고 있다. 또한 헌법 제115조 제1항은 '각급 선거관리위원회는 선거인명부의 작성 등 선거사무와 국민투표사무에 관하여 관계 행정기관에 필요한 지시를 할 수 있다'고 규정하고 있으며, 제2항은 '제1항의 지시를 받은 당해 행정기관은 이에 응하여야 한다'고 규정하고, 제116조 제1항은 '선거운동은 각급 선거관리위원회의 관리하에 법률이 정하는 범위 안에서 하되 균등한 기회가 보장되어야 한다'고 규정하여 각급 선거관리위원회의 직무 등을 정하고 있다. 우리 헌법은 중앙선거관리위원회와 각급 선거관리위원회를 통치구조의 당위적인 기구로 전제하고, 각급 선거관리위원회의 조직, 직무범위 기타 필요한 사항을 법률로 정하도록 하고 있는 것이다. 그리고 위 헌법규정에 따라 제정된 선거관리위원회법은 각각 9인 또는 7인의 위원으로 구성되는 네 종류의 선거관리위원회를 두고 있고, 공직선거법 제13조 제1항 제3호에 의하면, 이 사건 구·시·군 선거관리위원회는 지역선거구 국회의원 선거, 지역선거구 시·도의회의원 선거, 지역선거구 자치구·시·군 의회의원 선거, 비례대표선거구 자치구·시·군 의회의원 선거 및 자치구의 구청장·시장·군수 선거의 선거구선거사무를 담당한다. 그렇다면 중앙선거관리위원회 외에 각급 구·시·군 선거관리위원회도 헌법에 의하여 설치된 기관으로서 헌법과 법률에 의하여 독자적인 권한을 부여받은 기관에 해당하고, 따라서 피청구인 강남구선거관리위원회도 당사자능력이 인정된다."

21) 헌재 2010. 10. 28. 2009헌라6, 공보 169, 1821, 1823. 이에 대하여 재판관 3인은, "헌법 제111조 제1항 제4호는 '국가기관'이라는 용어를 사용하고 있을 뿐, '헌법기관'이라 표현하고 있지 않다. 또한, 헌법재판소법 제61조 제2항은 '헌법 또는 법률에 의하여 부여받은 권한'을 침해받았거나 침해받을 현저한 위험이 있을 경우 권한쟁의심판청구를 할 수 있다고 규정하여 '법률상 부여된 권한'의 침해도 권한쟁의심판의 청구사유가 될 수 있음을 명언하고 있다. 위 규정들을 살펴보건대, 권한쟁의심판청구를 할 수 있는 국가기관을 '헌법에 의하여 설치된 국가기관'으로 한정하는 것은 전혀 근거가 없을 뿐만 아니라 오히려 규정의 문언에 반하는 것"이라고 하면서, "①권한쟁의심판에 관한 헌법 및 헌법재판소법의 관련 규정, ②

지로 **국민권익위원회** 역시 '헌법에 의하여 설치되고 헌법과 법률에 의하여 독자적인 권한을 부여받고 있는' 국가기관이 아니라 국회가 제정한 '부패방지 및 국민권익위원회의 설치와 운영에 관한 법률'에 의하여 비로소 설립되었기 때문에 동 위원회를 상대로 권한쟁의심판을 청구할 수 없다.[22]

국가기관인 정부로서는 전체로서의 정부뿐만 아니라 그 부분기관으로서 대통령(헌법 제66조), 국무총리(헌법 제86조), 국무회의(헌법 제88조) 및 국무위원(헌법 제87조), 행정각부의 장(헌법 제94조)[23] 등이 독립한 헌법기관으로서 당사자능력을 가질 수 있다. 권한쟁의심판

권한쟁의심판과 기관소송의 관계, ③청구인의 헌법적 위상 및 독립성, 기타 ④구제가능성 등을 종합하면, 이 사건 권한쟁의심판청구 사건에서 청구인(국가인권위원회)의 당사자능력은 인정되어야 한다."는 취지의 반대의견을 제시하였다.

22) 대법원 2013. 7. 25. 선고 2011두1214 (불이익처분원상회복등요구처분취소) 판결. 이 판결에서 대법원은, '부패방지 및 국민권익위원회의 설치와 운영에 관한 법률'에서 권익위원회의 조치요구(제62조)에 관하여는 기관소송을 허용하지 않고 있고 (위와 같이) 권한쟁의심판도 불가능한 점을 감안하면, 경기도선거관리위원회위원장이 국민권익위원회의 조치요구를 다툴 별다른 방법이 없어 경기도선거관리위원회위원장으로서는 항고소송을 제기하는 것이 유효·적절한 수단이라고 할 것이므로, 비록 경기도선거관리위원회위원장이 국가기관이라고 하더라도 항고소송을 제기할 원고적격을 가진다고 판시하였다[원고승소]. 법률신문, 2013.8.19.자, 5면 기사 참조. {이 판결에 대한 긍정적인 평석으로 김범진, "**국가기관**도 항고소송의 당사자 될 수 있나 - 대법원 2013. 7. 25. 선고 2011두1214 판결 -", 법률신문, 2013. 0.24.자, 13면: 「대상판결은 법인격이 인정되지 않는 국가기관에 대해 항고소송의 당사자능력 및 원고적격을 인정한 최초의 판례라는 점에서 매우 중요한 의미를 갖는다.」 한편 비판적인 평석으로 정남철, "항고소송에 있어서 국가기관의 당사자능력 및 원고적격: 특히 대법원 2013.7.25. 선고 2011두1214 판결의 평석을 겸하여", 저스티스 통권 제140호, 2014. 2, 334면 이하: 「①원고를 국가기관으로 볼 것이 아니라 공무원(자연인)으로서의 甲의 원고적격을 인정하면 족하고, ②권익위원회의 위 조치요구도 국가 내부의 행위로서 행정처분으로 보기 어렵다.」 위 대법원 2011두1214 판결의 후속판례로 대법원 2018.8.1. 선고 2014두35379 판결 (국가기관인 소방청장의 원고적격 인정, 피고는 국민권익위원회위원장)과 이에 대한 비판적 평석으로 정남철, "항고소송에 있어서 국가기관의 원고적격에 관한 비판적 고찰: 대법원 2018.8.1. 선고 2014두35379 판결", 법률신문, 2018.10.22.자, 11면 참조}. [기존의 판결 가운데 **국가**에 대해 항고소송의 원고적격을 인정한 사례는 있었다. 서울행정법원 2009구합6391, 대법원에서 심리불속행기각]

23) 헌재 2008. 3. 27. 2006헌라1 : "**해양수산부장관**은 헌법과 정부조직법에 의하여 행정 각부를 구성하는 국가기관으로서 독자적인 권한을 부여받고 있으므로 권한쟁의심판의 **당사자능력**이 인정되고, 한편 항만에 관한 사무를 관장하는 권한을 가지고 있고(구 정부조직법 제44조 제1항, 구 항만법 제22조), 항만구역 내외의 항만시설을 지정·고시할 수 있으며(구 항만법 제2조 제6호), 그 소속 중앙항만정책심의회에서 항만구역의 지정 및 조정에 관한 사항 등을 심의하게 할 수 있는 등(구 항만법 제4조 제1항 제2,3호) 이 사건 명칭결정 권한에 관하여 적절한 관련성을 가지고 있으므로 이 사건 권한쟁의심판의 **당사자적격**도 인정된다. 반면, 피청구인 **부산지방해양수산청장**은 해양수산부장관의 명을 받아 소관사무를 통할하고 소속공무원을 지휘·감독하는 자로서(해양수산부와 그 소속기관 직제 제46조 제2

에 있어서 심판자가 되는 **헌법재판소**는 자신이 관련된 분쟁을 스스로 결정할 수 없다는 절차적 정의의 원칙상 권한쟁의의 당사자가 될 수 없다.[24]

그 밖에 행정부에 소속되나 직무상 독립성이 보장되는 **감사원**(헌법 제97조)의 경우에, 국회로의 회계감사권 이전문제에서 드러난 바와 같이 감사원의 권한조정을 둘러싼 분쟁이 발생하였을 때 감사원에게도 당사자능력을 인정하여야 한다는 견해[25]와 이를 부인하는 견해[26]가 있는바, 헌법재판소는 2008. 5. 29. 선고한 2005헌라3 결정에서 **감사원**의 당사자(피청구인) 능력을 인정하는 전제하에 본안판단을 하였다(주문은 기각, 6:3).[27]

한편, **정당**에 대하여 학설은 정당의 당사자능력을 인정하는 견해[28]와 이에 대하여 소극적인 견해[29]가 대립하고 있다. 독일 연방헌법재판소는 설립 초기부터 정당국가 이론의 영향을 받아 정당이 헌법적 기능과 역할을 수행하는 범위 내에서 그의 권한쟁의 당사자능력을 인정하여 왔다.[30] 다만, 독일에서도 정

항), 지방에서의 해양수산부장관의 일부 사무를 관장할 뿐(위 직제 제44조) 항만에 관한 독자적인 권한을 가지고 있지 못하므로, 항만구역의 명칭결정에 관한 이 사건 권한쟁의심판의 당사자가 될 수 없다. 나아가 피청구인 부산지방해양수산청장 명의의 이 사건 고시는 해양수산부장관이 중앙항만정책심의회의 심의를 거쳐 결정한 사항을 구 항만법 제71조의 위임에 따라 외부에 알린 것에 불과하다. 그러므로 피청구인 부산지방해양수산청장은 이 사건 명칭결정에 관하여 아무런 권한이 없을 뿐 아니라 그 과정에서 어떠한 권한을 행사한 바도 없으므로 이 사건 권한쟁의심판사건에서 피청구인으로서의 적격을 갖추지 못하였다."

24) 헌재 1995. 2. 23. 90헌라1, 판례집 7-1, 140, 148.

25) 김하열, 전게논문(2003), 446면.

26) 정태호, "국가기관 상호간의 권한쟁의제도와 정당", 정당과 헌법질서 (심천계희열박사 화갑기념논문집), 박영사, 1995, 423-424면.

27) 다만, 감사의 대상이 되지 않았던 지방자치단체의 심판청구는 재판관 전원일치의 의견으로 각하되었다.

28) 정태호, 전게논문(1995), 440-443면. 同人은 정당의 헌법적 지위를 충분히 방어할 수 있는 수단으로서 헌법소원제도는 제한적임을 지적하면서, 권한쟁의심판은 국가기관의 모든 처분과 부작위를 폭넓게 대상으로 삼을 수 있고 보충성원칙이 적용되지 않으므로, 법원에서 다루기에 부적절한 정치적 성격의 분쟁을 곧바로 헌법재판소에서 다룰 수 있는 장점이 있다고 한다.

29) 김하열, 전게논문(2003), 447면. 同人은 독일기본법 제93조 제1항 제1호가 권한쟁의심판의 당사자로서 "연방최고기관과 … 기타의 관여자(anderer Beteiligter)"라고 규정함으로써 비국가적인 제도에 당사자의 지위를 부여할 실정법적 실마리를 제공하고 있음에 반하여, 우리 헌법 제111조 제1항 제4호는 단순히 "국가기관"이라고만 규정하고 있어 정당의 당사자능력을 인정할 수 있는 실정법적 가능성이 그만큼 미약하다고 한다.

30) 독일에서 1976년 연방의회 선거를 앞두고 연방정부가 그동안 정부의 업적을 대대적으로 홍보하자 야당이었던 기독교민주당은 그것이 집권당을 위한 선거운동이 되므로 선거에서

당은 적극적 당사자(청구인)로서 권한쟁의를 제기할 수 있을 뿐, 권한쟁의의 상대방(피청구인)이 될 수는 없다.[31]

(3) 제3자 소송담당의 문제

'제3자 소송담당'이란, 권리주체가 아닌 제3자가 자신의 이름으로 권리주체를 위하여 소송을 수행할 수 있는 권능이다. 권리는 원칙적으로 권리주체가 주장하여 소송수행을 하도록 하는 것이 자기책임의 원칙에 부합하므로, '제3자 소송담당'은 예외적으로 법률의 규정이 있는 경우에만 인정된다.[32] 이에 대하여 학설은 제3자 소송담당을 인정해야 한다고 주장한다.[33]

법 제61조 제1항은 "국가기관 상호간, 국가기관과 지방자치단체간 및 지방자치단체 상호간에 권한의 유무 또는 범위에 관하여 다툼이 있을 때에는 해당 국가기관 또는 지방자치단체는 헌법재판소에 권한쟁의심판을 청구할 수 있다."고 규정하고, 제2항은 "제1항의 심판청구는 피청구인의 처분 또는 부작위가 헌법 또는 법률에 의하여 부여받은 청구인의 권한을 침해하였거나 침해할 현저한 위험이 있는 경우에만 할 수 있다."고 규정함으로써 권한쟁의심판의 청구인은 청구인의 권한침해만을 주장할 수 있도록 하고 있다. 즉, 국가기관의 부분기관이 자신의 이름으로 소속기관의 권한을 주장할 수 있는 '제3자 소송담당'의 가능성을 명

의 기회균등을 위반하였다고 주장하면서 기관쟁의(권한쟁의)를 제기하였는데, 연방헌법재판소는 연방정부가 각종 매체를 통해 선거운동에 참여한 행위와 그를 위해 연방의 예산을 사용한 것은 선거에서 있어서 기회균등의 원칙을 위반한 것이라고 판시하였다.(BVerfGE 44, 125)

31) 실무제요(2008), 328면.

32) 헌재 2007. 7. 26. 2005헌라8, 판례집 19-2, 26, 33. 이에 반하여, "국회의 교섭단체, 또는 그에 준하는 정도의 실체를 갖춘 의원 집단에게는 제3자 소송담당의 방식으로 권한쟁의심판을 제기할 수 있는 지위를 인정하여야 할 것"이라는 의견이 있다.(헌재 2007.7.26. 2005헌라8 결정의 재판관 송두환의 반대의견 및 헌재 2008.1.17. 2005헌라10 결정의 재판관 송두환의 별개의견) 따라서 청구인들이 국회 교섭단체 내지 그에 준하는 실체를 갖춘 의원 집단이 아니라면 위 반대의견에 의하더라도 청구인적격을 인정할 수 없다.(헌재 2016.4.28. 2015헌라5, 공보 235, 712, 715)

33) 허영, 헌법소송법론, 박영사, 2014, 317-318면; 정종섭, 헌법소송법, 박영사, 2010, 503-504면; 김하열, 헌법소송법, 박영사, 2016, 635면; 한수웅 집필부분, 주석 헌법재판소법, 헌법재판소 헌법재판연구원, 2015, 832면; 정태호, "국가기관 상호간의 권한쟁의심판절차에서의 국회의원의 당사자능력과 제3자 소송담당 - 헌재 2007.07.26. 2005헌라8 결정에 대한 평석을 겸하여", 경희법학 제42권 제2호, 2009.6, 585면 이하. 反對, 이성환, "권한쟁의심판에서의 당사자능력과 당사자적격", 공법연구 제33집 제2호, 2005.2, 211면.

시적으로 규정하고 있지 않다.[34)]

이에 반해 권한쟁의심판에 있어 '제3자 소송담당'을 허용하고 있는 독일은 연방헌법재판소법(제64조 제1항)[35)]에 부분기관이 소속된 기관을 위하여 권한쟁의심판을 청구할 수 있도록 명문의 규정을 두고 있다. 그 결과, 예컨대 연방의회의 야당 교섭단체는[36)] 연방정부를 상대로 연방의회의 권한침해를 이유로 권한쟁의를 청구할 수 있다.[37)]

권한쟁의심판에 있어서의 '제3자 소송담당'은, 정부와 국회가 원내 다수정당에 의해 주도되는 오늘날의 정당국가적 권력분립구조하에서 정부에 의한 국회의 권한침해가 이루어지더라도 다수정당이 이를 묵인할 위험성이 있어, 소수정당으로 하여금 권한쟁의심판을 통하여 침해된 국회의 권한을 회복시킬 수 있도록 이를 인정할 필요성이 대두되기도 하지만(긍정적인 면), 국회의 의사가 다수결에 의하여 결정되었음에도 다수결의 결과에 반대하는 소수의 국회의원에게 권한쟁의 심판을 청구할 수 있게 하는 것은 다수결의 원리와 의회주의의 본질에 어긋날 뿐만 아니라, 국가기관이 기관 내부에서 민주적인 방법으로 토론과 대화에 의하여 기관의 의사를 결정하려는 노력 대신 모든 문제를 사법적 수단에 의해 해결

34) 헌재 2016. 4. 28. 2015헌라5 : "또한 권한쟁의심판절차에 헌법재판의 성질에 반하지 아니하는 한도에서 준용하도록 하고 있는 민사소송에 관한 법령 및 행정소송법에서도 '제3자 소송담당'을 인정할 수 있는 근거가 없다. (…) 명문의 근거규정이 없음에도 국회의 권한침해를 주장하는 권한쟁의심판에서 그 구성원인 국회의원의 '제3자 소송담당'을 인정하게 되면, 국회가 아닌 다른 국가기관과 지방자치단체 사이의 권한쟁의심판에서도 역시 '제3자 소송담당'을 인정할 수밖에 없을 터인데, 소속정당을 기준으로 교섭단체 등을 구성하는 국회와 달리, 다른 국가기관, 지방자치단체가 당사자가 되는 권한쟁의심판에서 권한의 유무 또는 범위에 관한 다툼은 국회와는 다른 양상으로 발생할 수 있고, 이 경우 어떠한 요건과 기준으로 기관 또는 단체의 부분기관 또는 구성원에게 '제3자 소송담당'을 인정할 수 있을지에 대해서 면밀한 검토가 필요하다는 점에서도 국회의원에게만 제3자 소송담당을 인정하기는 어려우며, 이 문제는 입법자가 헌법재판소법에 제3자 소송담당을 명시적으로 인정하는 입법을 통하여 해결할 수밖에 없다고 판단된다." [전원일치 각하]

35) 연방헌법재판소법 제64조(청구의 적법성) ①청구인이 피청구인의 처분 또는 부작위가 기본법에 의하여 부여된 청구인 또는 그가 속한 기관의 권리와 의무를 침해하였다거나 직접 위태롭게 하였다고 주장하는 경우에 한하여 청구를 할 수 있다.

36) 상임위원회도 가능하다(BVerfGE 2, 143). 김하열, 헌법소송법, 박영사, 2016, 571면.

37) BVerfGE 100, 266 [268f.]; 90, 286 [336]. 그러나 **연방의회 의원**은 독립한 헌법기관으로서의 지위를 갖기 때문에 자신의 헌법상 권한침해를 주장하는 권한쟁의를 청구할 수는 있지만, 연방의회의 권한침해를 이유로 하는 제3자 소송담당은 할 수 없다. BVerfGE 90, 286 [342ff.]; 94, 351 [369]; 99, 19 [29]. 허영, 전게서(2014), 318면.

하려는 방향으로 남용될 우려도 있다(부정적인 면).[38]

사례

⊙ 헌재 2007. 7. 26. 2005헌라8 : 권한쟁의심판에 있어 '제3자 소송담당'을 허용하는 법률의 규정이 없는 현행법 체계하에서 국회의 구성원인 청구인들은 국회의 조약에 대한 체결·비준 동의권의 침해를 주장하는 권한쟁의심판을 청구할 수 없다 할 것이므로, 청구인들의 이 부분 심판청구는 청구인적격이 없어 부적법하다.[39]

(4) 헌법재판소의 사례

국가기관간의 권한쟁의에 관한 우리 헌법재판소의 결정으로는 지금까지 국회의원이 국회의장을 상대로 제기한 사례가 가장 많고,[40] 그 밖에 국회의원이 국회 상임위원회(외교통상통일위원회) 위원장을 상대로 제기한 사례,[41] 국회의원이 대통령을 상대로 제기한 사례,[42] 국회의원이 법원의 재판부(서울남부지방법원 제51민사부)를 상대로 한 사례[43] 등이 있다.

38) 헌재 2007. 7. 26. 2005헌라8, 판례집 19-2, 26, 33-34.

39) 同旨, 헌재 2008. 1. 17. 2005헌라10 - 야당 소속 국회의원들이 '예산 외에 국가의 부담이 될 계약'(BTL사업)의 체결에 있어 국회 동의권의 침해를 주장한 사례; 헌재 2015, 11. 26. 2013헌라3 - 야당(민주당) 소속 국회의원들이 'WTO 정부조달협정 개정의정서'의 채택에 대하여 국회 동의권 침해를 주장한 사례.

40) 헌재 1995. 2. 23. 90헌라1, 판례집 7-1, 140; 헌재 1997. 7. 16. 96헌라2, 판례집 9-2, 154; 헌재 1998. 7. 14. 98헌라3, 판례집 10-2, 74; 헌재 2000. 2. 24. 99헌라1, 판례집 12-1, 115; 헌재 2000. 2. 24. 99헌라2, 공보·판례집 미수록; 헌재 2003. 10. 30. 2002헌라1, 판례집 15-2하, 17; 헌재 2006. 2. 23. 2005헌라6, 공보 113, 287; 헌재 2009. 10. 29. 2009헌라8등, 공보 157, 1873; 헌재 2011. 8. 30. 2009헌라7, 공보 179, 1225.

41) 헌재 2010. 12. 28. 2008헌라7등, 공보 171, 79.

42) 헌재 1998. 7. 14. 98헌라1, 판례집 10-2, 1; 헌재 1998. 7. 14. 98헌라2, 판례집 10-2, 39; 2011. 8. 30. 2011헌라2, 공보 179, 1246

43) 헌재 2010. 7. 29. 2010헌라1 (국회의원의 전교조 가입현황 홈페이지 게시·공개에 대한 가처분재판 및 간접강제재판) : "특정 정보를 인터넷 홈페이지에 게시하거나 언론에 알리는 것과 같은 행위는 헌법과 법률이 특별히 국회의원에게 부여한 국회의원의 독자적인 권능이라고 할 수 없고 국회의원 이외의 다른 국가기관은 물론 일반 개인들도 누구든지 할 수 있는 행위로서, 그러한 행위가 제한된다고 해서 국회의원의 권한이 침해될 가능성은 없다. 청구인은 이 사건 가처분재판과 이 사건 간접강제재판으로 인해 입법에 관한 국회의원의 권한과 국정감사 또는 조사에 관한 국회의원의 권한이 침해되었다는 취지로 주장하나, 이 사건 가처분재판이나 이 사건 간접강제재판에도 불구하고 청구인으로서는 얼마든지 법률안을 만들어 국회에 제출할 수 있고 국회에 제출된 법률안을 심의하고 표결할 수 있어 입

나. 국가기관과 지방자치단체간의 권한쟁의

(1) 의의

헌법은 권한쟁의의 한 종류로서 국가기관과 지방자치단체간의 권한분쟁을 들고 있는데, 이것은 ①상호 독립된 법인격체로서 국가(의 기관)와 지방자치단체간의 수직적 권력분립관계에서 헌법상 제도적으로 보장되는 지방자치권을 보호한다는 측면 이외에, ②통일적 국가사무 수행에 있어서 국가기관과 지방자치단체간의 권한의 분배에 관한 다툼을 조정하는 의미를 갖는다. 법 제62조 제1항 제2호는 국가기관과 지방자치단체간의 권한쟁의를 "가. 정부와 특별시·광역시·특별자치시·도 또는 특별자치도 간의 권한쟁의, 나. 정부와 시·군 또는 지방자치단체인 구 간의 권한쟁의"로 규정하고 있다.

(2) 당사자능력의 문제

법은 국가기관과 지방자치단체간의 권한쟁의에서 일방 당사자가 되는 '국가기관'을 '정부'라고만 규정하고 있는데, 여기서 '정부'가 무엇을 의미하는가, 또는 여타 국가기관은 당사자가 될 수 없는가 하는 문제가 제기된다.

헌법재판소의 위 96헌라2 결정과 같이 당사자가 될 수 있는 국가기관을 '정부'로 표기한 것은 예시적인 것에 불과하다는 입장에 따른다면, 행정부 및 그 부분기관과 국회, 법원 등 여타 국가기관도 여기서의 당사자가 될 수 있다고 해석하여야 할 것이다. 예컨대 헌재 1999. 7. 22. 98헌라4 사건에서는 헌법재판소가 직권으로 '국가기관'인 재결청으로서의 "경기도지사"를 피청구인으로 확정하여 인용결정까지 하였다.

(3) 지방자치단체의 권한인지의 문제

법 제61조 제1항은 "국가기관 상호간, 국가기관과 지방자치단체간 및 지방자치단체 상호간에 권한의 유무 또는 범위에 관하여 다툼이 있을 때에는 해당 국

법에 관한 국회의원의 권한인 법률안 제출권이나 심의·표결권이 침해될 가능성이 없으며, 이 사건 가처분재판과 이 사건 간접강제재판은 국정감사 또는 조사와 관련된 국회의원의 권한에 대해서도 아무런 제한을 가하지 않고 있어, 국정감사 또는 조사와 관련된 국회의원으로서의 권한이 침해될 가능성 또한 없다. 따라서 이 사건 권한쟁의심판청구는 청구인의 권한을 침해할 가능성이 없어 부적법하다."

가기관 또는 지방자치단체는 헌법재판소에 권한쟁의심판을 청구할 수 있다."라고 규정하고 있고, 같은 조 제2항은 "제1항의 심판청구는 피청구인의 처분 또는 부작위가 헌법 또는 법률에 의하여 부여받은 청구인의 권한을 침해하였거나 침해할 현저한 위험이 있는 경우에만 할 수 있다."라고 규정하고 있다. 따라서 지방자치단체인 청구인이 국가기관인 피청구인을 상대로 권한쟁의심판을 청구하려면 ①청구인과 피청구인 상호간에 권한의 유무 또는 범위에 관하여 다툼이 있어야 하고, ②피청구인의 처분 또는 부작위가 헌법 또는 법률에 의하여 부여받은 청구인의 권한을 침해하였거나 침해할 현저한 위험이 있는 경우이어야 한다.

사례

⊙ 헌재 2012. 7. 26. 2010헌라3 : 헌법은 제117조 제1항에서 "지방자치단체는 주민의 복리에 관한 사무를 처리한다."라고 함으로써 지방자치단체의 사무를 포괄적으로 규정하고 있고, 제118조에서 "기타 지방자치단체의 조직과 운영에 관한 사항은 법률로 정한다."라고 규정하고 있으며, 그에 따라 지방자치단체의 종류와 조직 및 운영에 관한 사항과 국가와 지방자치단체 사이의 기본적인 관계를 규율하기 위해 제정된 지방자치법은 제9조에서 지방자치단체의 교육관련 사무범위에 관하여 규정하고 있는바, 위 규정에 의하면, '유아원·유치원·초등학교·중학교·고등학교 및 이에 준하는 각종 학교의 설치·운영·지도'에 대해서는 이를 지방자치단체의 교육에 관한 자치사무[44]로 정하면서도, '대학의 설치·운영·지도'에 관한 사항은 자치사무로 정하고 있지 아니하다(지방자치법 제9조 제1항, 제2항 제5호 가목). 위 각 법령규정의 내용을 종합하면, 청구인(경기도)의 학교 설치, 운영 및 지도에 관한 사무는 지역적 특성에 따라 달리 다루어야 할 필요성이 있는 사무로서 유아원부터 고등학교 및 이에 준하는 학교에 관한 사무에 한하여 이를 **자치사무**로 보아야 할 것이고, 대학의 설립 및 대학생정원 증원 등 운영에 관한 사무는 국가적 이익에 관한 것으로서 전국적인 통일을 기할 필요성이 있는 **국가사무**로 보아야 할 것이다. 그렇다면 사립대학의 신설이나 학생정원 증원은 국가사무이고 지방자치단체의 사무가 아니므로, 이 사건 수도권 사립대학 정원규제는 청구인의 권한을 침해하거나 침해할 현저한 위험이 있다고 할 수 없다. [전원일치 각하]

44) 헌재 2017. 12. 28. 2017헌라2 : "자치사무는 지역의 이익에 관한 사무로 지역적 특성에 따라 달리 다루어야 할 필요성이 있는 사무임에 반하여(지방자치법 제9조 제2항 참조), 국가사무는 국가적 이익에 관한 사무로 국가의 존립에 필요하거나 전국적인 통일을 기할 필요성이 있는 사무 등을 일컫는다(지방자치법 제11조 참조)."

(4) 헌법재판소의 사례

국가기관과 지방자치단체간의 권한쟁의의 사례로는 '포항시'(당사자표시변경전: 영일군)가 "대한민국 정부"를 상대로 제기한 사건,[45] '시흥시'가 "대한민국 정부"를 상대로 제기한 사건,[46] '서울특별시 강남구'가 "대통령"을 상대로 제기한 사건,[47] '서울특별시 강남구'가 "행정자치부장관"을 상대로 제기한 사건,[48] '서울특별시'가 "행정안전부장관"을 상대로 제기한 사건,[49] '아산시'가 "건설교통부장관"을 상대로 제기한 사건,[50] '경상남도'가 "국토해양부장관"을 상대로 제기한 사건,[51] '서울특별시 은평구'가 "기획재정부장관"을 상대로 제기한 사건,[52] '성남시'가 국가기관인 재결청으로서의 "경기도지사"를 상대로 제기한 사건,[53] '서울특별시'가 "국회"를 상대로 제기한 사건,[54] '서울특별시 강남구'가 "국회"를 상대로 제기한 사건,[55] '서울특별시 강남구' 등이 "강남구 선거관리위원회"를 상대로 제기한 사건,[56] '교육과학기술부장관'이 "서울특별시(교육감)"를 상대로 제기한 사건[57] 등이 있다.

---

45) 헌재 1998. 6. 25. 94헌라1, 판례집 10-1, 739.

46) 헌재 1998. 8. 27. 96헌라1, 판례집 10-2, 364.

47) 헌재 2002. 10. 31. 2001헌라1, 판례집 14-2, 362.

48) 헌재 2001. 10. 25. 2000헌라3, 판례집 13-2, 465.

49) 헌재 2009. 5. 28. 2006헌라6, 공보 152, 1050.

50) 헌재 2006. 3. 30. 2003헌라2, 공보 114, 523, 판례집 미수록. [청구인이 주장하는 "영토고권"은 헌법 또는 법률상 지방자치단체에 부여된 권한(자치권)이 아니라는 이유로 각하되었음]

51) 헌재 2011. 8. 30. 2011헌라1 (소위 '4대강 살리기' 사건), 공보 179, 1237. ['4대강 살리기' 사업은 **국가사무**이기 때문에, 국토해양부장관이 낙동강 사업의 시행권을 회수한 행위가 청구인의 권한을 침해하였거나 침해할 현저한 위험이 없다는 이유로 각하결정됨]

52) 헌재 2010. 12. 28. 2009헌라2, 공보 171, 101.

53) 헌재 1999. 7. 22. 98헌라4, 판례집 11-2, 51.

54) 헌재 2005. 12. 23. 2004헌라3, 판례집 17-2, 650.

55) 헌재 2006. 5. 25. 2005헌라4, 공보 116, 768 (청구기간 경과로 각하되었음); 그 밖에 헌재 2008. 6. 26. 2005헌라7, 공보 141, 884; 헌재 2010. 10. 28, 2007헌라4, 공보 169, 1816 참조.

56) 헌재 2008. 6. 26. 2005헌라7, 공보 141, 884. [〈판시사항〉 : 1. 피청구인 강남구선거관리위원회의 청구인 서울특별시 강남구에 대한 지방자치단체 선거관리경비 산출 통보행위가 권한쟁의심판의 대상이 되는 처분에 해당하는지 여부(소극), 2. 피청구인 국회가 2005. 8. 4. 법률 제7681호로 공직선거법 제122조의2를 개정하여 지방선거비용을 해당지방자치단체에게 부담시킨 행위가 지방자치단체인 청구인들의 지방자치권을 침해하는 것인지 여부(소극)]

57) 헌재 2013. 9. 26. 2012헌라1, 판례집 25-2상, 652. [〈판시사항〉 : 1. 교육·학예에 관한 시·도의회의 의결사항에 대하여 서울특별시교육감이 재의요구를 하였다가 철회한 것이, 교육부

다. 지방자치단체 상호간의 권한쟁의

(1) 의의

법 제62조 제1항 제3호는 지방자치단체 상호간의 권한쟁의심판으로 특별시·광역시·특별자치시·도 또는 특별자치도 상호간의 권한쟁의심판, 시·군 또는 자치구 상호간의 권한쟁의심판, 특별시·광역시·특별자치시·도 또는 특별자치도와 시·군 또는 자치구 간의 권한쟁의심판을 규정하고 있다. 이것은 공권력을 담당·행사하는 공법인인 지방자치단체 상호간의 법적 분쟁으로서 각 지방자치단체간에 관할의 유무 및 범위에 관한 다툼이 헌법재판소에 의해 관장됨을 의미한다.

지방자치단체 상호간의 권한쟁의에서 당사자는 특별시·광역시·특별자치시·도 또는 특별자치도와 시·군·자치구이며, 각 지방자치단체장이 대표한다(지방자치법 제101조). 따라서 지방자치단체의 장은 - 국가위임사무[58]를 처리하는 국가기관의 지위가 아닌 한 - 원칙적으로 권한쟁의 심판청구의 당사자가 될 수 없다.[59]

다만, 법 제62조 제2항은 "권한쟁의가 '지방교육자치에 관한 법률' 제2조의 규정에 의한 교육·학예에 관한 지방자치단체의 사무에 관한 것인 때에는 교육감이 제1항 제2호 및 제3호의 당사자가 된다."고 규정하고 있는데, 이는 교육감이 이들 지방자치단체를 대표한다는 의미로 새겨야 할 것이다.[60] 뿐만 아니라 '지방교

장관의 재의요구 요청권한을 침해하는지 여부(소극), 2. 서울특별시교육감이 조례안 재의요구를 철회하자, 조례안을 이송받고 20일이 경과한 이후 교육부장관이 조례안 재의요구 요청을 한 경우, 서울특별시교육감이 재의요구를 하지 않은 부작위, 서울특별시교육감이 조례를 공포한 행위가 교육부장관의 재의요구 요청권한을 침해하는지 여부(소극)]

58) 국가사무나 광역지방자치단체의 사무가 법령에 의하여 그 관리나 집행이 지방자치단체의 장에게 위임된 사무를 '기관위임사무'라 하는데(지방자치법 제103조 참조), 국가사무로서 지방자치단체의 장에게 위임된 기관위임사무는 지방자치단체의 집행기관에 의해 행해지지만 그 사무의 성질은 '국가사무'이고, 그 사무를 집행하는 지방자치단체의 집행기관은 기관위임사무를 수행함에 있어 지방자치단체의 기관이 아니라 국가기관의 지위를 갖는 것으로 취급된다는 것이 현재의 통설적 법해석이며, 헌법재판소 및 대법원 판례의 입장도 동일하다(헌재 2004.9.23. 2000헌라2, 판례집 16-2상, 404, 418; 대법원 2001.11.27. 선고 2001추57 판결 등 참조).(헌재 2011.8.30. 2011헌라1, 공보 179, 1237, 1241-1242) 同旨, 헌재 2011. 9. 29. 2009헌라3, 공보 180, 1404, 1407.

59) 헌재 2006. 8. 31. 2003헌라1, 공보 119, 1231, 1235.

60) 참고로 헌법소원에 있어서도 헌법재판소는, "헌법 제117조 제1항은 '지방자치단체는 (…) 법령의 범위 안에서 자치에 관한 규정을 제정할 수 있다'고 규정하고 있고, 지방자치법 제22조도 '지방자치단체는 법령의 범위 안에서 그 사무에 관하여 조례를 제정할 수 있다'고 규정함으로써 조례제정의 주체를 지방자치단체로 규정하고 있다. 따라서 이 사건 조례를

육자치에 관한 법률'은 교육감을 명시적으로 시·도의 교육·학예에 관한 사무의 '집행기관'으로 규정하고 있으므로(제18조 제1항), 교육감을 지방자치단체 그 자체라거나 지방자치단체와 독립한 권리주체로 볼 수 없다. 따라서 교육감과 지방자치단체 상호간의 권한쟁의심판은 '서로 상이한 권리주체간'의 권한쟁의심판청구로 볼 수 없다.[61]

(2) 지방자치단체 기관 상호간의 권한쟁의의 인정여부

헌법 제111조 제1항 제4호는 지방자치단체 상호간의 권한쟁의에 관한 심판을 헌법재판소가 관장하도록 규정하고 있고, 법 제62조 제1항 제3호는 이를 구체화하여 헌법재판소가 관장하는 지방자치단체 상호간의 권한쟁의심판의 종류를, ①특별시·광역시·특별자치시·도 또는 특별자치도 상호간의 권한쟁의심판, ②시·군 또는 자치구 상호간의 권한쟁의심판, ③특별시·광역시·특별자치시·도 또는 특별자치도와 시·군 또는 자치구 간의 권한쟁의심판 등으로 규정하고 있으므로, 헌법재판소가 담당하는 지방자치단체 상호간의 권한쟁의심판의 종류는 헌법 및 법에 의하여 명확하게 규정되어 있다. 또한 헌법 및 법은 명시적으로 지방자치단체 '상호간'의 권한쟁의에 관한 심판을 헌법재판소가 관장하는 것으로 규정하고 있는바, 위 규정의 '상호간'은 "서로 상이한 권리주체간"을 의미한다고 할 것이다.

제정하지 아니한 부작위의 위헌확인을 구하는 헌법소원심판청구의 피청구인은 지방자치단체라고 봄이 상당하다. 한편, 지방공무원법 제58조 제2항의 위임에 따라 지방자치단체가 '사실상 노무에 종사하는 공무원의 범위'를 정하는 조례를 제정하는 일은 해당 지방자치단체의 지방공무원 전체를 대상으로 하는 것이지만, 이 사건 청구인들은 모두 시·도 교육청 소속 지방공무원이고 이 사건 부작위도 청구인들의 근로3권을 침해하는 것인지 여부에 한하여 심판대상으로 되는 것이므로, 이 사건 심판청구에 관해서는 각 시·도의 교육감이 대표자로 된다."고 판시하였다.(헌재 2009.7.30. 2006헌마358, 공보 154, 1524, 1526)

61) 헌재 2016. 6. 30. 2014헌라1. 헌법재판소는 이 결정에서, "나아가 헌법은 '국가기관'과는 달리 '지방자치단체'의 경우에는 그 종류를 법률로 정하도록 규정하고 있으며(헌법 제117조 제2항), 지방자치법은 지방자치단체의 종류를 특별시, 광역시, 특별자치시, 도, 특별자치도와 시, 군, 구로 정하고 있고(지방자치법 제2조 제1항), 헌법재판소법은 이를 감안하여 권한쟁의심판의 종류를 정하고 있다. 즉, 지방자치법은 헌법의 위임을 받아 지방자치단체의 종류를 규정하고 있으므로, 지방자치단체 상호간의 권한쟁의심판을 규정하는 헌법재판소법 제62조 제1항 제3호를 예시적으로 해석할 필요성 및 법적 근거가 없다. 따라서 시·도의 교육·학예에 관한 집행기관인 교육감과 해당 지방자치단체 사이의 내부적 분쟁과 관련된 심판청구는 헌법재판소가 관장하는 권한쟁의심판에 속하지 아니한다."고 판시하였다.

위와 같은 규정에 비추어 보면, 예컨대 지방자치단체의 의결기관인 지방의회를 구성하는 지방의회 의원과 그 지방의회의 대표자인 지방의회 의장 간의 권한쟁의심판이나,[62] 지방자치단체의 의결기관인 지방의회와 지방자치단체의 집행기관인 지방자치단체장 간의 내부적 분쟁은 헌법 및 법에 의하여 헌법재판소가 관장하는 지방자치단체 상호간의 권한쟁의심판의 범위에 속한다고 볼 수 없다.[63]

이와 같이 국가의 기관이 권한쟁의심판의 당사자가 될 수 있는 것과는 달리 지방자치단체의 기관, 예컨대 지방자치단체의 장[64]이나 지방의회는 권한쟁의심판의 당사자가 될 수 없다.[65] 그러므로 지방자치법 제107조(지방의회의 의결에 대한 재의요구와 제소) 제3항, 동법 제172조(지방의회 의결의 재의와 제소) 제3항, 제4항의 소송이나 '지방교육자치에 관한 법률' 제28조(시·도의회 등의 의결에 대한 재의와 제소) 제3항의 소송에서는 지방자치단체와는 별개인 지방자치단체의 기관인 지방의회가 한쪽 당사자가 되는 것이므로 권한쟁의로 볼 수 없다.[66]

(3) 권한쟁의심판으로서의 적격성 문제

우리 헌법과 법이 지방자치단체 상호간의 권한분쟁을 헌법재판소의 관할로 규정한 것에 대하여는, 지방자치단체 상호간의 권한분쟁을 권한쟁의심판의 대상에서 제외하거나 그 중 헌법적 관련을 갖는 분쟁에 한하여 이를 헌법재판소의 관할로 하고 그 밖의 경우에는 법원이 관장하도록 하는 것이 타당하다는 견해[67]

---

62) 헌재 2010. 4. 29. 2009헌라11, 공보 163, 810, 812. 이에 대하여 재판관 2인은 "법 제62조 제1항 제3호가 지방의회 의원과 지방의회 또는 그 기관 사이의 권한쟁의를 헌법재판소의 심판대상으로 규정하지 않았다고 하더라도, 그러한 규정은 헌법재판소의 권한쟁의 심판사항을 한정적으로 제한하는 것이 아니고, 지방의회의 의결절차도 법률을 위반하지 않도록 통제하여 적법성을 확보할 필요가 있는 이상, **지방의회 의원**도 **지방의회**나 위원회의 의결절차가 위법하게 자신의 심의·표결권을 침해하는 경우에는 지방의회나 **위원회** 또는 그 **의장**을 상대로 권한쟁의심판을 청구할 수 있다고 봄이 상당하다."는 반대의견을 개진하였다.

63) 헌재 2018. 7. 26. 2018헌라1, 공보 262, 1236, 1237.

64) 헌재 2006. 8. 31. 2003헌라1, 공보 119, 1231, 1234-1235.

65) 반대견해로 정종섭, 전게서(2010), 495-496면.

66) 김하열, 전게논문(2003), 461·462면 참조.

67) 홍준형, "지방자치분쟁의 사법적 해결", 공법학의 현대적 지평 (심천계희열박사 기념논문집), 박영사, 1995, 840면. 같은 취지로 홍기태, 헌법실무연구회 제39회 발표회(2003.7.11) 지정토론문, 헌법실무연구 제4권, 박영사, 2003, 471면: "입법론으로 볼 때 법률적인 다툼이 중심이 되는 지방자치단체간의 권한분쟁까지 권한쟁의의 관할에 포함시키는데 대하여

와, 제2공화국헌법에서 '국가기관간의 권한쟁의'만을 규정하였던 역사적 사실을 알고서도 헌법개정자가 이에 더하여 '국가기관과 지방자치단체간' 및 '지방자치단체 상호간'의 권한쟁의까지 헌법재판소의 관장사항으로 삼은 것은 지방자치단체의 독립성과 권한을 보장하고, 지방자치단체 상호간의 법적 평화를 유지하는 것이 국가공동체 전체에 대하여 헌법적 중요성을 가지는 것으로 가치판단을 내린 것으로서, 지방자치시대의 본격적 도래를 앞에 두고 지방자치단체를 둘러싼 권한법적 문제를 '헌법적 사안'으로 선택하여 헌법재판소의 관장사항으로 맡긴 것이라는 견해[68]가 있다.

(4) 헌법재판소의 사례

지방자치단체 상호간의 권한쟁의의 사례로는 '충청남도 당진군'이 "평택시"를 상대로 제기한 사건,[69] '서울특별시 강남구'가 "서울특별시"를 상대로 제기한 사건,[70] '광양시'가 "순천시"를 상대로 제기한 사건,[71] '부산광역시 상서구'가 "진해시"를 상대로 제기한 사건[72] 등이 있다.

3. 헌법재판소의 권한쟁의심판권과 법원의 행정재판관할권

헌법재판소의 권한쟁의심판권과 일반법원의 행정재판관할권의 관계에 있어서 문제되는 것으로는, 첫째, 기관소송에 대한 관할권의 분배 문제, 둘째, 지방자치단체가 국가기관의 감독작용에 대하여 불복하는 경우에 대법원의 지방자치법상 재판관할권과 헌법재판소의 권한쟁의 심판권간의 충돌여부 문제, 그리고 셋째, 행정심판에 대한 권한쟁의심판청구의 허용여부 문제가 있다.[73]

는 쉽게 동의하기 어렵다."

68) 김하열, 전게논문(2003), 442면. 같은 취지로 최승원, "권한쟁의심판과 기관소송", 법학논집 제4권 제4호, 이화여자대학교 법학연구소, 2000, 121면.

69) 헌재 2004. 9. 23. 2000헌라2, 판례집 16-2상, 404.

70) 헌재 2004. 9. 23. 2003헌라3, 판례집 16-2상, 469

71) 헌재 2006. 8. 31. 2003헌라1, 공보 119, 1231.

72) 헌재 2006. 8. 31. 2004헌라2, 공보 119, 1250.

73) 실무제요(2008), 333면.

가. 권한쟁의심판과 기관소송

행정소송법 제3조 제4호는 "국가 또는 공공단체의 기관 상호간에 있어서의 권한의 존부[74] 또는 그 행사에 다툼이 있을 때" 이에 대하여 제기하는 기관소송에 관하여 행정법원의 관할을 인정하고 있다. 그러나, 헌법과 법상 국가기관 상호간의 권한쟁의는 헌법재판소가 관할하게 되어 있고 헌법재판소의 관장사항으로 되는 것은 행정법원의 기관소송의 대상에서 제외되기 때문에(행정소송법 제3조 제4호 단서), 법 제61조 제1항에 의한 국가기관 상호간의 권한쟁의심판과 행정소송법 제3조 제4호상의 기관소송과는 관할구분의 문제가 발생하지 않는다.

따라서 행정소송법 제3조 제4호에 의거한 기관소송은 공공단체의 기관 상호간의 권한분쟁의 경우에만 인정된다.[75] 행정소송법 제45조는 법률이 정한 경우에 법률에 정한 자에 한하여 기관소송을 제기할 수 있도록 규정하고 있는바(기관소송 법정주의), 현행법에 의하면 공공단체인 "지방자치단체 내"에서 지방자치단체의 장과 지방의회 사이의 기관소송(지방자치법 제107조 제3항 및 제172조 제3항) 및 교육감과 시·도의회 사이의 기관소송('지방교육자치에 관한 법률' 제28조 제3항)[76]이 인정되고 있다[77].

---

74) 행정소송법은 여전히 "권한의 **존부**"라는 표현을 쓰고 있다.

75) 단일의 법주체 내부에서 문제되는 기관소송에도 두 기관 사이(지방자치단체의 장과 지방의회 사이)의 기관소송과, 하나의 기관과 그 기관의 구성자 사이(지방의회와 지방의회의원)의 기관소송으로 나눌 수 있다. 전자를 '기관상호간' 기관소송, 후자를 '기관내부적' 기관소송으로 부른다. 홍정선, 전게서(2010), 1032면.

76) 제28조(시·도의회 등의 의결에 대한 재의와 제소) ①교육감은 교육·학예에 관한 시·도의회의 의결이 법령에 위반되거나 공익을 현저히 저해한다고 판단될 때에는 그 의결사항을 이송받은 날부터 20일 이내에 이유를 붙여 재의를 요구할 수 있다. 교육감이 교육부장관으로부터 재의요구를 하도록 요청받은 경우에는 시·도의회에 재의를 요구하여야 한다. ②제1항의 규정에 따른 재의요구가 있을 때에는 재의요구를 받은 시·도의회는 재의에 붙이고 시·도의회 재적의원 과반수의 출석과 시·도의회 출석의원 3분의 2이상의 찬성으로 전과 같은 의결을 하면 그 의결사항은 확정된다. ③제2항의 규정에 따라 재의결된 사항이 법령에 위반된다고 판단될 때에는 교육감은 재의결된 날부터 20일 이내에 대법원에 제소할 수 있다. ④교육부장관은 재의결된 사항이 법령에 위반된다고 판단됨에도 해당교육감이 소를 제기하지 않은 때에는 해당교육감에게 제소를 지시하거나 직접 제소할 수 있다. ⑤제4항의 규정에 따른 제소의 지시는 제3항의 기간이 경과한 날부터 7일 이내에 하고, 해당교육감은 제소 지시를 받은 날부터 7일 이내에 제소하여야 한다. ⑥교육부장관은 제5항의 기간이 경과한 날부터 7일 이내에 직접 제소할 수 있다. ⑦제3항 및 제4항의 규정에 따라 재의결된 사항을 대법원에 제소한 경우 제소를 한 교육부장관 또는 교육감은 그 의결의 집행을 정지하게 하는 집행정지결정을 신청할 수 있다.

77) 한편, "지방자치법이 규정하고 있는 ①지방자치단체장이 행정안전부장관의 결정에 대하여

나. 권한쟁의심판과 지방자치법상 행정소송

(1) 지방자치법 제169조의 소송

지방자치법 제169조(위법·부당한 명령·처분의 시정)에 따르면, 지방자치단체의 사무에 관한 그 장의 명령이나 처분[78]이 법령에 위반되거나[79] 현저히 부당하여 공익을 해친다고 인정되면 시·도에 대하여는 주무부장관이, 시·군 및 자치구에 대하여는 시·도지사가 기간을 정하여 서면으로 시정할 것을 명하고, 그 기간에 이행하지 아니하면 이를 **취소**하거나 **정지**할 수 있는데(이 경우 자치사무에 관한 명령이나 처분에 대하여는 법령을 위반하는 것에 한한다. 제1항), 지방자치단체의 장은 제1항에 따른 자치사무에 관한 명령이나 처분의 취소 또는 정지에 대하여 이의가 있으면 그 취소처분 또는 정지처분을 통보받은 날부터 15일 이내에 대법원에 소(訴)를 제기할 수 있다(제2항).[80] 이 소송은 지방자치단체가 국가의 하위 내부기관이 아닌 독자적인 공법인의 지위에서 국가를 상대로 제기하는 것이므로 기관소송[81]이라고 할 수 없고, 항고소송의 성질을 가진다고 봄이 타당하다.[82]

제기하는 이의소송(지방자치법 제4조 제8항), ②지방자치단체장 또는 주무장관이 지방의회를 상대로 제기하는 소송(지방자치법 제107조, 제172조), ③지방자치단체장에 대한 직무명령에 대한 이의소송(지방자치법 제169조 제2항) 및 '지방교육자치에 관한 법률'이 규정하고 있는 ④교육감(교육감이 제소하지 아니할 경우 교육부장관)이 시·도의회를 상대로 제기하는 소송(지방교육자치에 관한 법률 제28조)"을 모두 기관소송으로 보는 견해도 있다. (헌재 2010.10.28. 2009헌라6, 공보 169, 1821, 1824, 재판관 조대현, 재판관 김종대, 재판관 송두환의 의견)

78) 여기에서 명령은 일반적·추상적 법규정립행위로서 규칙을 의미하고, 처분은 구체적인 행위로서 행정행위를 의미한다. 이철환, 행정구제법, 전남대학교출판부, 2016.8, 428면.

79) 대법원 2007. 3. 22. 선고 2005추62 전원합의체 판결 : "(구)지방자치법 제157조 제1항 전문 및 후문의 '자치사무에 관한 명령이나 처분이 법령에 위반되는 경우'라 함은 동 조항의 '명령이나 처분이 현저히 부당해 공익을 해치는 경우' 즉 합목적성을 결하는 경우와 대비되는 개념으로, 여기에는 시·군·구 장의 사무의 집행이 명시적인 법령의 규정을 구체적으로 위반한 경우뿐만 아니라 '그러한 사무의 집행이 재량권을 일탈·남용해 위법하게 되는 경우'를 포함한다."

80) 대법원 2014. 2. 27. 선고 2012추183 판결 : "지방자치법 제169조 제2항은 자치사무에 관한 명령이나 처분의 취소 또는 정지에 대하여서만 소를 제기할 수 있다고 규정하고, 주무부장관이 지방자치법 제169조 제1항에 따라 시·도에 대하여 행한 **시정명령**에 관하여도 대법원에 소를 제기할 수 있다는 규정을 두고 있지 않으므로, 이러한 시정명령의 취소를 구하는 소송은 허용되지 않는다고 보아야 한다."

81) 기관소송설을 취하는 견해로 백윤기, "권한쟁의심판과 기관소송", 헌법문제와 재판(상), 사법연수원, 1996, 710면; 김도창, 일반행정법론(하), 청운사, 1993, 132면.

사례

⊙ 헌재 2011. 8. 30. 2011헌라1 : 지방자치단체는 관할구역의 '자치사무'와 '법령에 따라 지방자치단체에 속하는 사무'를 처리한다(지방자치법 제9조 제1항). 여기서 '**자치사무**'란 당해 지방자치단체의 존립을 위한 사무 및 주민의 복리를 증진시키기 위한 사무 등과 같은 자치단체의 본래적 사무를 말하고, '법령에 따라 지방자치단체에 속하는 사무'란 보통 **단체위임사무**를 말한다. **자치사무**는 법령의 범위 안에서 그 처리여부와 방법을 지방자치단체가 자기책임 아래 결정할 수 있는 사무로서 지방자치권의 최소한의 본질적 사항이므로(헌재 2009. 5. 28. 2006헌라6, 판례집 21-1하, 418, 429), 이에 대한 국가의 감독권도 적법성 여부에만 한정될 정도로(지방자치법 제169조 제1항 후문 참조) 자율성이 주어져 있다. [전원일치 각하][83)]

그러나, 지방자치법 제169조 제1항에 의거하여 국가가 내린 자치사무에 관한 처분의 취소 또는 정지 등 감독처분이 지방자치단체의 자치권한을 침해하고 있다고 판단되는 경우에 지방자치단체는 대법원에 제소하는 것과는 별도로, 헌법재판소에 권한쟁의심판을 청구할 수 있다. 따라서 이 경우에는 대법원과 헌법재판소의 판단 사이에 충돌이 발생할 가능성이 있다.[84)]

특히, 이 경우 국가의 지방자치사무에 관한 감독처분 자체가 대부분 지방자치단체의 지방자치권을 침해할 소지가 있으므로, 이러한 다툼은 국가와 지방자치단체간의 전형적인 법적 분쟁으로서 헌법 제111조 제1항 제4호 및 법 제62조 제1항 제2호에 의하여 헌법재판소의 권한쟁의 심판대상에 해당한다고 할 수 있다. 따라서 지방자치법 제169조 제2항은 헌법 제111조 제1항 제4호에 의한 헌법재판소의 권한쟁의심판관할권을 침해하게 되므로 위헌이라는 논란이 있다.[85)]

---

82) 학설도 항고소송설이 통설이다. 이기우, "기관소송", 고시계, 1992.11, 57면; 이주영, "민중소송·기관소송", 행정소송에 관한 제문제(하) (재판자료 제68집), 법원행정처, 1995, 96면; 유지태/신봉기, "국가기관과 지방자치단체간의 권한쟁의", 헌법재판연구 제9권, 헌법재판소, 1997, 273면; 박윤흔, 행정법강의(하), 박영사, 1998, 185면; 홍정선, 신지방자치법, 박영사, 2009, 648면.

83) 〈주문〉 : "이 사건 심판청구를 각하한다."

84) 앞에서 본 바와 같이 대법원 판례에 따르면 **시정명령**에 대하여는 대법원에 소를 제기할 수 없으므로, 이 부분에 있어서는 관할의 충돌이 있을 수 없다. 이와 같은 시정명령에 대하여 제기된 권한쟁의심판에 대하여는 후술하는 헌재 2011. 8. 30. 2010헌라4 결정 참조.

85) 위헌의 의심이 있다는 견해로 김하열, 전게논문(2003), 460면. 한편, 이 조항을 삭제함으로써 자연스럽게 이러한 권한분쟁이 헌법재판소의 권한쟁의심판의 대상으로 되도록 하는 것이 필요하다는 견해로 유지태, 전게서(2004), 721면. 반면에 헌법재판소의 권한쟁의심판권

(2) 지방자치법 제170조의 소송

지방자치법 제170조의 규정에 의하면, 지방자치단체의 장이 법령의 규정에 의하여 그 의무에 속하는 국가위임사무 또는 시·도위임사무의 관리 및 집행[86]을 명백히 해태하고 있다고 인정되는 때에는 광역지방자치단체에 대하여는 주무부장관이, 기초자치단체에 대하여는 시·도지사가 기간을 정하여 서면으로 그 이행할 사항을 명령할 수 있다(제1항).[87] 이 경우 지방자치단체의 장은 제1항의 이행명령에 이의가 있는 때에는 이행명령서를 접수한 날부터 15일 이내에 대법원에 소를 제기할 수 있다(제3항). 이러한 제소는 지방자치단체가 국가의 하위 내부기관의 지위에서 국가기관을 상대로 제기하는 것이므로 기관소송의 성격을 가진다는 견해[88]와 기관소송은 '동일한 법주체 내의 기관 상호간의 소송'이므로 지방자치법이 특별히 인정한 특수한 소송이라는 견해(특수소송설)가 있다.[89] 그러나, 이 경우에도 상하 국가기관간에는 명령·지휘감독의 위계체계가 형성되어 있어 적절한 감독권행사로 권한분쟁을 해결할 수 있다는 점에서 '국가기관 상호간의 권한쟁의'의 대상으로 볼 수는 없다고 할 것이다.[90]

사례

⊙ 헌재 2013. 12. 26. 2012헌라3등[91] : 국가공무원법 등 관계법령에 의하면

의 관할을 부인하는 견해로 홍기태, "권한쟁의심판", 법원도서관, 헌법재판제도의 이해 (재판자료 제92집), 2001, 650-651면. 그 밖에 또다른 의견으로, 동 조항을 삭제하고 모든 국가의 감독권행사(승인·인가·명령·지시·취소·정지)를 항고소송의 대상으로 하여 지방자치단체의 자치권을 보호하기 위한 제도로 활성화시키는 것이 바람직하다는 견해도 있다. 정하중, 헌법실무연구회 제39회 발표회(2003.7.11) 지정토론문, 헌법실무연구 제4권, 박영사, 2003, 467면.

86) 이와 같이 직무이행명령의 대상은 '위임사무의 관리와 집행'이다. 위임사무에 단체위임사무까지 포함된다는 견해도 있으나, 기관위임사무만을 의미한다는 것이 통설 및 판례(대법원 2013.6.27. 선고 2009추206 판결)의 입장이다. 이철환, 전게서(2016.8), 433면.

87) 앞에서 본 **시정명령**이 지방자치단체장의 위법한 적극적인 행위를 대상으로 하는데 반하여, **직무이행명령**은 위법한 부작위를 대상으로 한다. 이철환, 전게서(2016.8), 433면.

88) 박균성, 행정법강의, 박영사, 2015, 1042면.

89) 정하중, 행정법개론, 법문사, 2015, 1032면; 정형근, 행정법, 피앤씨미디어, 2013, 624면; 홍정선, 행정법특강, 박영사, 2013, 1018면; 이철환, 전게서(2016.8), 434면.

90) 김하열, 전게논문(2003), 461면. 권한쟁의심판의 대상이 된다는 견해로 류지태·박종수(신론), 922면.

91) [사건개요(2012헌라3)] : 피청구인(교육부장관)은 2012. 11. 22. 전라북도교육감이 감사결과 조치사항(징계의결요구의 신청)을 이행하지 않는다는 이유로 지방자치법 제170조에 따라

교육감 소속 교육장 등은 모두 국가공무원이고, 그 임용권자는 대통령 내지 교육부장관인 점, 국가공무원의 임용 등 신분에 관한 사항이 해당 지방자치단체의 특성을 반영하여 각기 다르게 처리된다면 국가공무원이라는 본래의 신분적 의미는 상당 부분 몰각될 수 있는 점 등에 비추어 보면, 국가공무원인 교육장 등에 대한 징계사무는 국가사무라고 보아야 한다. 또한 구 교육공무원법령 등에 따라 교육감 소속 장학관 등의 임용권은 대통령 내지 교육부장관으로부터 교육감에게 위임되어 있고, 교육공무원법상 '임용'은 직위해제·정직·해임·파면까지 포함하고 있는 점 등에 비추어 보면, 교육감 소속 교육장 등에 대한 징계의결요구 내지 그 신청사무 또한 징계사무의 일부로서 대통령, 교육부장관으로부터 교육감에게 위임된 국가위임사무이다. 그렇다면 국가사무인 교육장 등에 대한 징계사무에 관하여 지방자치단체가 청구한 이 사건 권한쟁의심판청구는, 지방자치단체의 권한에 속하지 아니하는 사무에 관한 심판청구로서 청구인들의 권한이 침해되거나 침해될 현저한 위험이 있다고 볼 수 없으므로 부적법하다.[92] 나아가 청구인들의 주장을 지방자치법 제170조 제1항에 따른 피청구인의 직무이행명령이 부당하다는 취지로 볼 경우에도, 이는 지방자치법 제170조 제3항에 따라 이의소송으로 다툴 사항이지, 헌법과 법률이 설정한 객관적 권한질서를 유지하기 위한 법적 수단으로서 권한쟁의심판이 대상으로 하는 '권한의 존부 또는 범위'에 관한 다툼으로 볼 수 없다.

---

(3) 지방자치법 제4조의 소송

2009. 4. 1. 법률 제9577호로 개정된 지방자치법(2013. 3. 23. 법률 제11690호로 개정, 타법 개정) 제4조(지방자치단체의 명칭과 구역) 제1항의 규정에 의하면, 지방자치단체의 명칭과 구역을 바꾸거나 지방자치단체를 폐지하거나 설치하거나 나누거나 합칠 때에는 법률로 정하지만(다만, 지방자치단체의 관할구역 경계변경과 漢字명칭의 변경은 대통령령으로 정한다), 제3항의 규정에 의하면 "공유수면 관리 및 매립에 관한 법률에 따른 매립지"(제1호), "측량·수로조사 및 지적에 관한 법률 제2조 제19

'교육장, 시·도교육청 교육국장 및 그 하급자'에 대하여 2012. 11. 27.까지 징계의결요구를 신청하도록 하는 내용의 **직무이행명령**을 하였다. 그런데 전라북도교육감이 위 명령을 이행하지 아니하자 피청구인은 직접 2012. 12. 5. 전라북도교육감 소속 교육장 등에 대하여 특별징계위원회에 징계의결요구를 하였다. 이에 청구인(전라북도)은 피청구인의 위와 같은 징계의결요구가 '지방교육자치에 관한 법률'과 교육공무원법에 따라 부여받은 소속 공무원 징계에 관한 전라북도교육감의 최종적인 판단권한과 징계의결요구의 기초가 되는 신청권한을 침해하였다고 주장하면서 2012. 12. 14. 이 사건 권한쟁의심판을 청구하였다.

92) 헌재 2008. 3. 27. 2006헌라1, 판례집 20-1상, 332, 352; 헌재 2006. 3. 30. 2003헌라2, 공보 114, 523, 525 등 참조.

호의 지적공부에 등록이 누락되어 있는 토지"(제2호)의 지역이 속할 지방자치단체는 제4항부터 제7항까지의 규정에 따라 안전행정부장관이 결정한다고 정하고 있으며, 제8항의 규정에 의하면 관계 지방자치단체의 장은 제3항부터 제7항까지의 규정에 따른 안전행정부장관의 결정에 이의가 있으면 그 결과를 통보받은 날부터 15일 이내에 대법원에 소송을 제기할 수 있다.[93] 따라서 이 경우 헌법재판소의 권한쟁의심판과 관할의 충돌이 있을 수 있다. 한편, 이와 같은 '**매립지**'와 '**지적공부 누락토지**' 이외의 "영해구역이나 어장에 대한 지방자치단체 간의 해상경계 분쟁"은 종전과 같이 헌법재판소의 권한쟁의심판의 관할로 남아 있다.[94]

위와 같은 관할 재판기관 변경 후 첫 사건이 2010. 12. 1. 대법원(특별1부)에 접수된 2010추73 (새만금방조제 일부구간 귀속 지방자치단체 결정 취소)[95] 사건이다.[96] 이에 대하여는, "법률심인 대법원이 사실심 법원이 할 일인 현장검증까지 해야 하는 것은 제도적으로 문제이며, 지방자치법 제4조 제8항이 행정법원이 아닌 대법원 단심제로 규정한 것은 법체계상 잘못된 입법"이라는 비판이 있다.[97]

---

93) 위와 같은 지방자치법의 개정은 종전에 공유수면 매립지의 관할분쟁은 헌법재판소의 권한쟁의심판으로 해결되어 왔는데, 사실관계 심리가 필요한 관할분쟁을 헌법재판기관이 심판하는 것은 문제가 있다는 지적에 따른 것이라고 한다. 법률신문, 2013.4.22.자, 15면 사설 참조.

94) 헌법재판소는 2015. 7. 30. 선고한 2010헌라2 (홍성군과 태안군 등 간의 권한쟁의) 결정에서, "국가기본도상의 해상경계선은 국토지리정보원이 국가기본도상 도서 등의 소속을 명시할 필요가 있는 경우 해당 행정구역과 관련하여 표시한 선으로서, 여러 도서 사이의 적당한 위치에 각 소속이 인지될 수 있도록 실지측량 없이 표시한 것에 불과하다."는 이유로, 이 해상경계선을 공유수면에 대한 불문법상 행정구역의 경계로 인정해 온 종전의 결정(헌재 2004.9.23. 2000헌라2; 헌재 2006.8.31. 2003헌라1 등)을 변경하였다.

95) [사건개요] : 농림수산식품부장관은 2009년 12월 (당시) 행정안전부장관에게 새만금방조제 공사가 완료된 지역의 매립지가 속할 지방자치단체가 어디인지 결정해 달라고 신청했고, 행정안전부장관은 2011년 11월 새만금방조제 구간 중 제3호 방조제(다기능부지 포함)와 제4호 방조제 구간에 대해 귀속 지자체를 군산시로 결정했다. 그러자 김제시장 등은 "행정안전부 결정은 관계 지방의회의 의견을 듣지 않고 이루어졌고, 새만금매립지 전체가 일괄 결정돼야 하는데 일부 구간만 우선 결정된 점 등이 공정하지 못하다."며 소송을 제기하였다. 법률신문, 2013.11.18.자, 5면 기사 참조.

96) 원고는 "1. 김제시, 2. 김제시장, 3. 부안군, 4. 부안군수"이고, 피고는 (당시) "행정안전부장관"이다. 대법원(특별1부)은 2012. 10. 25. 변론기일을 열었고, 2013. 4. 29. 현장검증을 실시하였다. 대법원 재판부가 선거소송의 증거보전을 위한 검증 외에 사건의 심리를 위해 현장검증을 하는 것은 사법사상 처음이라고 한다. 법률신문, 2013.4.22.자, 15면 사설 참조.

97) "안전행정부장관이 결정처분을 하기 전에 지방자치법 제149조의 '지방자치단체 중앙분쟁조정위원회'의 심의·의결을 거친다고 하더라도, 이 위원회가 준사법기관의 성격을 가지고 있는 것도 아니고 위원회의 의결 자체에 대해 불복하는 것도 아니다. 엄연히 피고가 처분청

이 사건은 2013. 11. 14. 원고패소 판결이 선고되었다.[98]

다. 행정심판에 대한 권한쟁의심판

하급 지방자치단체를 상대방으로 하여 사인이 제기한 행정심판에서 상급 지방자치단체나 국가기관이 재결청으로서 재결을 한 경우, 행정심판의 재결은 (구) 행정심판법 제37조 제1항에 의거 처분행정청을 구속하고,[99] 처분행정청은 재결의 취지에 따른 처분의무를 부담하게 되므로 이에 불복하여 재결취소소송을 제기할 수 없다. 그러나, 이러한 재결청의 재결이 위법하여 지방자치단체의 자치권 또는 기타 권한을 침해하는 경우에는 권한쟁의심판을 청구할 수 있다는 견해도 있을 수 있다.

한편 헌법재판소의 사례 중, 지방자치단체인 '성남시'의 고유사무에 관한 국가기관으로서의 재결청인 '경기도지사'의 (구)행정심판법 제37조 제2항[100]에 근거한 직접처분이 권한쟁의심판의 대상이 됨을 인정하고, "피청구인(경기도지사)이 행한 두 차례의 인용재결에서 재결의 주문에 포함된 것은 골프연습장에 관한 것뿐으로서, 이 사건 진입도로에 관한 판단은 포함되어 있지 아니함이 명백하고 재결의 기속력의 객관적 범위는 그 재결의 주문에 포함된 법률적 판단에 한정되는 것인바, 청구인(성남시)은 인용재결의 내용에 포함되지 아니한 이 사건 진입도로에 대한 도시계획사업시행자 지정처분을 할 의무는 없으므로, 피청구인이 이 사건 진입도로에 대하여까지 청구인의 불이행을 이유로 행정심판법 제37조

인 안전행정부장관인 이상, 다른 행정소송과 달리 예외를 인정해야 할 합리적 이유를 찾을 수 없다. 일반 행정소송과 동일하게 행정법원이 관할하도록 개정하여야 한다. 사실심의 사실심리에 근거한 판단의 위법여부만 대법원이 심판하도록 하여야 한다." 이 견해는 위 영해구역이나 어장에 대한 지방자치단체 간의 해상경계 분쟁도 마찬가지로 안전행정부장관이 결정하고 그 불복소송은 행정법원이 관할하도록 법을 개정하여야 한다고 주장한다. 위 법률신문(2013.4.22.자) 사설 참조.

98) 〈주문〉 : "원고 김제시, 부안군의 소를 각 각하한다. 원고 김제시장, 부안군수의 청구를 각 기각한다. 소송비용은 원고들이 부담한다."

99) 대법원 2003. 4. 25. 선고 2002두3201 판결 : "행정심판법 제37조가 정하고 있는 재결은 당해 처분에 관하여 재결주문 및 그 전제가 된 요건사실의 인정과 판단에 대하여 처분청을 기속하므로, 당해 처분에 관하여 위법한 것으로 재결에서 판단된 사유와 기본적 사실관계에 있어 동일성이 인정되는 사유를 내세워 다시 동일한 내용의 처분을 하는 것은 허용되지 않는다."

100) 2009. 1. 25. 법률 제9968호로 전부개정된 행정심판법 제50조 참조.

제2항에 의하여 도시계획사업시행자 지정처분을 한 것은, 인용재결의 범위를 넘어 청구인의 권한을 침해한 것으로서 그 처분에 중대하고 명백한 흠이 있어 무효"라고 판시한 예[101]가 있다.

4. 심판청구 및 심판절차

가. 심판청구의 절차

(1) 심판청구서의 제출

권한쟁의심판청구서는 헌법재판소에 직접 지참하여 제출하거나, 우송의 방법으로 제출할 수도 있다(법 제26조 제1항). 다만, 후자의 경우에는 청구기간을 계산함에 있어 실제로 헌법재판소에 도달된 날짜를 기준으로 한다.[102] 한편 2009. 12. 29. 법률 제9839호로 개정된 법은 제5장[전자정보처리조직을 통한 심판절차의 수행]을 신설하여 2010. 3. 1.부터는 '전자문서'를 정보통신망을 이용하여 전자정보처리조직을 통하여 제출 및 송달할 수 있게 하였다(제76조 내지 제78조 및 부칙 참조).

(2) 심판청구서의 기재사항

헌법재판소에 권한쟁의심판을 청구할 때는 심판청구서에 다음과 같은 필요적 사항을 기재하여야 한다(법 제64조).[103]

(가) 청구인 및 심판수행자 또는 대리인의 표시

청구인의 표시란 청구인의 직함[104] 등의 기재를 의미한다. 심판수행자 또는 대리인의 표시란 법 제25조 제2항에 의거하여 선임된 변호사인 대리인의 성명의 기재를 뜻하며, 변호사의 자격이 있는 소속직원이 심판을 수행하는 경우 그 성명의 기재를 의미한다. 이 때 대리인의 선임을 증명하는 위임장을 첨부하

101) 헌재 1999. 7. 22. 98라4, 판례집 11-2, 51 이하.
102) 헌재 1990. 5. 21. 90헌마78, 판례집 2, 129, 130 참조.
103) 실무제요(2008), 337-339면.
104) 예를 들어 "행정자치부장관" 등. 합의제 기관인 경우에는 예컨대 "강남구선거관리위원회" 등. 청구인이 지방자치단체인 경우에는 그 대표자의 직함과 성명도 기재한다. 예컨대 "서울특별시 (줄을 바꾸어) 대표자 시장 박○순" 등.

여야 한다.

(나) 피청구인의 표시

권한쟁의심판청구의 상대방인 피청구인의 명칭(지방자치단체인 경우에는 그 대표자의 직함과 성명 포함) 등을 표시하여야 한다. 이 부분은 위 (가)항과 같다.

(다) 심판대상이 되는 피청구인의 처분 또는 부작위

피청구인의 처분에 해당되는 법규나 행정작용의 내용, 일자 등을 특정하여 기재하여야 한다. 피청구인의 부작위에는 입법부작위, 행정부작위, 그리고 사법부작위 등이 있는 바, 동 부작위의 내용을 기재하여야 한다.

(라) 청구취지

청구인이 권한쟁의심판청구에 의하여 달성하려는 목적이 무엇인가를 분명히 하기 위한 '청구취지'를 기재해야 한다. 청구취지는 권한쟁의의 소송물인 심판대상을 특정하는 의미를 가진다.

1) 권한의 유무 또는 범위 확인

피청구인의 처분 또는 부작위에 의하여 청구인의 권한이 침해될 현저한 위험이 있는 경우에는 특정한 권한의 유무 또는 범위 자체의 확인만이 청구취지가 될 것이다(법 제66조 제1항). 헌법재판소에 의하면, 피청구인의 처분 또는 부작위에 의하여 청구인 자신의 권한이 침해되었다고 주장하는 경우에는, 청구인에게 권한이 존재하는지 여부와 그 권한의 범위확인 및 청구인의 권한이 침해되었는지 여부가 청구취지가 된다고 한다.[105]

2) 처분의 취소 또는 무효확인, 부작위의 위헌확인 또는 위법확인

청구인이 권한의 침해가 있었다고 주장하며 법 제66조 제2항에 의거하여 청구인의 권한을 이미 침해한 피청구인의 처분을 취소하거나 그 무효를 확인해 주도록 청구하는 경우에는 우선 "처분의 취소" 또는 "처분의 무효확인"이 청구취지가 된다. 그리고 피청구인의 '부작위'를 심판대상으로 하는 경우에는 "부작위 위헌확인" 또는 "부작위 위법확인"을 청구취지로 하는 것이 타당하다고 할 것이다.

---

105) 헌재 1997. 7. 16. 96헌라2, 판례집 9-2, 154, 158-159.

(마) 청구이유

'청구이유'에서는 청구기관과 피청구기관의 권한분배를 다루는 헌법 및 법령의 규정을 들어 권한의 소재 및 범위를 설명하고, 문제되는 권한의 유무 또는 범위에 관한 다툼이 발생하게 된 경위와 피청구인의 처분 또는 부작위에 의해서 헌법 및 법률에 의하여 청구인에게 부여된 특정한 권한이 침해받았거나 침해받을 현저한 위험이 있다는 이유와 함께, 피청구인의 처분 등이 헌법이나 법률에 위배되어 취소 또는 무효확인 등을 구하는 이유를 기재한다.

(바) 그 밖에 필요한 사항

그 밖에 필요한 사항에는 청구기간의 준수여부 등을 기재한다. 권한쟁의심판청구서에는 필요한 증거서류 또는 참고자료를 첨부할 수 있다(법 제26조 제2항).

나. 적법요건

(1) 의의

권한쟁의 사건의 적법요건으로는 ①당사자능력(당사자 적격),[106] ②피청구인의 처분 또는 부작위의 존재, ③권한의 침해 또는 현저한 침해위험의 가능성, ④청구기간, ⑤권리보호이익(심판의 이익) 등이 요구된다. 이하에서는 위에서 본 당사자능력 또는 당사자적격 이외의 요건들을 살펴본다.

(2) 피청구인의 처분 또는 부작위의 존재

권한쟁의심판을 청구하려면 피청구인의 '처분 또는 부작위'에 의하여 청구인의 권한이 침해되어야 한다(법 제61조 제2항). 그러므로 피청구인의 처분 또는 부작위가 존재하지 아니한 경우에는 권한다툼에 대한 구체적인 사건성숙성이 아직 성립하지 않았으므로, 권한쟁의심판청구는 원칙적으로 허용되지 않는다.[107]

---

106) **당사자적격**은 특정의 권한쟁의 사건에서 정당한 당사자로서 심판을 수행하고 본안결정을 받기에 적합한 자격을 말하므로, 당사자능력을 가지는 것을 전제로 구체적인 사안에서 누가 청구인(또는 피청구인)이 될 것인가의 문제이다. 전술한 "제3자 소송담당"은 당사자적격의 대표적인 문제이다.

107) 헌재 2004. 9. 23. 2000헌라2, 공보 97, 969, 976.

(가) 처분의 개념

1) 법 제61조 제2항에 따라 권한쟁의심판을 청구하려면, 피청구인의 처분 또는 부작위가 존재하여야 한다. 여기서의 처분은 입법행위와 같은 법률의 제정과 관련된 권한의 유무 및 행사상의 다툼, 행정처분은 물론 행정입법의 제정과 같은 모든 행정작용 그리고 법원의 재판 및 사법행정작용 등을 포함하는 넓은 의미의 공권력처분을 의미하는 것으로 보아야 할 것이다.

권한쟁의심판의 '처분'을 이와 같이 이해하는 경우, 독일연방헌법재판소[108]와 같이 법률에 대한 권한쟁의심판도 허용된다고 볼 여지도 있으나, 우리 헌법재판소는 권한쟁의심판과 위헌법률심판은 원칙적으로 구분되어야 한다는 점에서, 법률에 대한 권한쟁의심판은 '법률 그 자체'가 아니라, '법률의 제정과 관련된 행위'[109] 내지 '법률의 제정행위'[110]를 그 심판대상으로 해야 할 것이라고 하였다.[111]

2) 그런데, 헌법재판소는 2004. 9. 23. 선고한 2003헌라3 결정에서 "이 사건의 심판대상은, 첫째, 개정 시설설치촉진조례 및 개정 주민지원기금조례가 ①폐기물관리법 제4조에 의하여 부여된 청구인의 '관할구역 안의 폐기물의 배출 및 처리상황을 파악하여 폐기물이 적정하게 처리될 수 있도록 폐기물처리시설을 설치·운영할 권한', ②폐기물관리법 제5조의2 제1항, 서울특별시강남구폐기물조례 제27조에 의한 청구인의 '반입수수료를 감안하여 종량제폐기물 규격봉투가격을 결정할 권한' 및 ③지방재정법에 의하여 청구인에게 부여된 '예산편성권한'을 침해하는지 여부이고, 둘째, 위와 같은 권한침해로 인하여 위 개정 조례들이 무효로 되는지 여부이다."라고 함으로써,[112] '조례 제정행위'가 아니라 '조례 자체'가 심판대상인 것처럼 판시하였다.

그러나 2010. 6. 24. 선고한 2005헌라9 결정에서는, "청구인들[113]은 이 사건

---

108) BVerfGE 1, 208 [220]; 4, 144 [148].

109) 예를 들어 국회의장의 법률안 가결선포행위.(헌재 1997.7.16. 96헌라2, 판례집 9-2, 154)

110) 헌재 2005. 12. 22. 2004헌라3, 판례집 17-2, 650, 654. 헌법재판소는, 국회가 지방교육재정교부금법을 개정하여 지방자치단체인 청구인(서울특별시)의 예산편성권을 침해하였다고 청구한 사건에서, 이와 같은 국회의 법률제정행위를 심판대상으로 인정하였다.

111) 헌재 2006. 5. 25. 2005헌라4, 판례집 18-1하, 28, 35.

112) 同旨, 헌재 2006. 8. 31. 2004헌라2 : "적법요건으로서의 '처분'에는 개별적 행위뿐만 아니라 규범을 제정하는 행위도 포함되며, 입법영역에서는 법률의 제정행위 및 법률자체를, 행정영역에서는 법규명령 및 모든 개별적인 행정적 행위를 포함한다."

시행령 부분[114] 자체가 위헌·위법이라고 주장하나 권한쟁의심판과 위헌법률심판은 원칙적으로 구분되어야 한다는 점에서, 법령에 대한 권한쟁의심판은 '법령 그 자체'가 아니라 '법령의 제·개정행위'를 그 심판대상으로 해야 할 것이므로, 이 사건 시행령 부분에 대한 심판청구 역시 그 심판의 대상은 이 사건 시행령 부분 개정행위의 자치권한 침해여부 및 무효여부로 봄이 상당하다."고 판시하였다.

3) 개별적 행정행위 역시 '처분'의 개념에 포함된다.

헌법재판소는 2008. 5. 29. 선고한 2005헌라3 결정에서, "피청구인(감사원)은 이 사건 감사[115]가 처분에 해당하지 아니하여 권한쟁의심판의 청구대상적격을 갖추지 못하였다고 주장하나, 이 사건 감사는 청구인들의 법적 지위에 구체적으로 영향을 미칠 가능성이 있는 법적 중요성 있는 행위라고 보이므로 권한쟁의심판의 대상이 되는 처분에 해당한다."고 판시하였다.[116]

---

113) 1. 경상남도 2. 경상남도 진해시.

114) 항만법 시행령 제2조 [별표 1] 지정항만의 명칭·위치 및 구역(제2조 관련) 중 부산항의 위치 및 해상구역 부분.

115) 피청구인은 2005. 4. 18.자 보도자료를 통하여 "일부 자치단체장들의 독단적·전횡적 행정운영, 선거를 의식한 선심성·과시성 행사와 부당한 기부협찬 요구, 지방공무원들의 줄서기, 인허가 업무 등 자치행정의 고질적 병폐를 근본적으로 시정하기 위해 5월부터 감사반을 지방에 상주시켜 내년 5월 지방선거까지 1년간 직무감찰활동을 강화하고, 대대적인 감사인력을 투입하여 전국 250개 지방자치단체를 대상으로 예산집행실태 등에 대한 일제점검을 실시할 예정"이라고 밝힌 후, 2005. 6. 13.부터 2005. 8. 30.까지 청구인들을 상대로 감사를 실시하였고, 감사결과 일부 지방공무원에 대하여 주의처분을 내리고 검찰수사를 요청하거나 고발·징계를 요구하였다.

116) 헌법재판소는 이 결정에서, "감사원법은 지방자치단체의 위임사무나 자치사무의 구별 없이 합법성 감사뿐만 아니라 합목적성 감사도 허용하고 있는 것으로 보이므로, 감사원의 지방자치단체에 대한 이 사건 감사는 법률상 권한 없이 이루어진 것이 아니며, 지방자치단체의 자치사무에 대한 합목적성 감사의 근거가 되는 감사원법 제24조 제1항 제2호 등 관련규정 자체가 (지방자치단체인) 청구인들의 지방자치권의 본질을 침해하여 위헌이라고 볼 수도 없다."고 판시하였다. 이에 대하여 재판관 3인은 "감사원이 지방자치단체의 **자치사무**에 대하여까지 **합목적성 감사**까지 하게 된다면 지방자치단체는 자치사무에 대한 자율적 정책결정을 하기 어렵고, 독립성과 자율성을 크게 제약받아 중앙정부의 하부행정기관으로 전락할 우려가 다분히 있게 되어 지방자치제도의 본질적 내용을 침해하게 될 것이다. 따라서 이 사건 관련규정, 특히 감사원법 제24조 제1항 제2호 소정의 '지방자치단체의 사무에 대한 감찰' 부분을 해석함에 있어 지방자치단체의 사무 중 자치사무에 대한 합목적성 감찰까지 포함된다고 해석하는 한 그 범위 내에서는 위헌이다. 결국 이 사건 감사 중 청구인들의 자치사무에 대하여 합목적성 감찰을 한 부분이 있는지를 가려내어, 이 부분은 한정위헌으로 해석되는 이 사건 관련규정을 근거로 한 것이어서 무효이고, 따라서 위 청구인들의 자치권을 침해하였다고 할 것이므로 위 청구인들의 이 부분에 관한

한편 여기서 '처분'이란 법적 중요성을 지닌 것에 한하므로, 청구인의 법적 지위에 구체적으로 영향을 미칠 가능성이 없는 행위는 '처분'이라 할 수 없어 이를 대상으로 하는 권한쟁의심판청구는 허용되지 않는다.117) 따라서 단순한 업무협조 요청이나 견해의 표명, 상호 협력 차원에서 조언·권고한 것은 법적 구속력이 없으므로 권한쟁의심판의 대상이 되는 '처분'이라 할 수 없다.118)

사례

⊙ 헌재 2008. 3. 27. 2006헌라4 : 이 사건 공동성명119)은 한국과 미합중국이 서로 상대방의 입장을 존중한다는 내용만 담고 있을 뿐 구체적인 법적 권리·의무를 창설하는 내용을 전혀 포함하고 있지 아니하므로, 이 사건 공동성명은 조약에 해당된다고 볼 수 없다. 그 내용이 헌법 제60조 제1항의 조약에 해당되는지 여부를 따질 필요도 없이, 이 사건 공동성명에 대하여 국회가 동의권을 가진다거나 국회의원인 청구인이 심의·표결권120)을 가진다고 볼 수 없다. 이 사건 공동선언이 조약임을 전제로 청구인의 조약체결비준에 대한 동의권 및 심의·표결권이 침해되었음을 주장하는 이 사건 심판청구는 심판의 대상이 부존재하여 부적법하다.

⊙ 헌재 2011. 8. 30. 2010헌라4121) : 청구인은 피청구인의 이 사건 각 시정명령으

청구는 인용하여야 한다."는 반대의견을 제시하였다.

117) 헌재 2005. 12. 22. 2004헌라3, 공보 111, 80, 83.

118) 헌재 2006. 3. 30. 2005헌라1; 헌재 2018. 7. 26. 2015헌라4, 공보 262, 1230, 1233.

119) 피청구인 대통령이 피청구인 외교통상부장관에게 위임하여 2006. 1. 19.경 워싱턴에서 미합중국 국무장관(콘돌리자 라이스)과 발표한 '동맹 동반자 관계를 위한 전략대화 출범에 관한 공동성명'

120) 국회의원의 법률안 심의·표결권은 국민에 의하여 선출된 국가기관으로서 국회의원이 그 본질적인 임무인 입법에 관한 직무를 수행하기 위하여 보유하는 권한으로서의 성격을 갖고 있으므로 국회의원의 개별적인 의사에 따라 이를 포기할 수 있는 것이 아니다.(헌재 2009.10.29. 2009헌라8등, 공보 157, 1873, 1882)

121) [사건개요] : (1) 2010. 6. 7. 당시의 전라북도교육감은 학교법인 ○○학원 산하의 ○○고등학교와 학교법인 □□학원 산하의 △△고등학교를 자율형 사립고등학교로 지정·고시하고, 2010. 6. 24. 위 학교들의 2011학년도 신입생 입학전형 모집요강을 승인하였다. (2) 그런데 2010. 7. 1. 새로 취임한 교육감은 2010. 8. 9. 법정부담금의 납부가 불확실하고, 고교평준화 정책에 부정적인 영향을 미치며, 불평등 교육을 심화시킨다는 이유로 전임자가 한 위 자율형 사립고등학교 지정·고시 처분을 취소하고('이 사건 각 취소처분'), 2010. 8. 10. 위 2011학년도 신입생 입학전형 모집요강 승인 또한 취소하였다. (3) 그러자 피청구인(교육과학기술부장관)은 2010. 8. 23. 전라북도교육감에 대하여 이 사건 각 취소처분은 재량권을 현저히 일탈·남용한 것이므로 2010. 9. 7.까지 이를 취소하라는 취지의 시정명령을 하였으나, 이에 응하지 않자 2010. 9. 12. 시정기한을 2010. 10. 6.까지로 하여 다시 같은 내용의 시정명령을 하였다('이 사건 각 **시정명령**'). (4)이에 청구인(전라북도)은 피청구인이

로 이 사건 각 취소처분이 취소·정지될 위험을 부담하게 되어, 그 권한행사에 진지한 장애가 초래되거나 법적 지위가 불리하게 되는 등 부정적인 영향을 받게 되었으므로, 이 사건 각 시정명령은 권한쟁의심판의 대상이 되는 처분에 해당한다.[122]

(나) 부작위의 개념

부작위는 관련 국가기관이 특정한 행위를 해야 할 헌법상 또는 법률상의 의무가 존재함에도 불구하고 이를 이행하지 아니하는 경우에 이를 인정할 수 있는데,[123] 법적으로 문제되는 부작위만이 이에 해당된다.

사례

⊙ 헌재 1998. 7. 14. 98헌라3 : (표결이 적법하게 진행되어 정상적으로 종결된 것인지 불분명하고, 이에 관한 여·야의 합의조차 무산된 경우에 국회의장에게 개표절차를 진행하여 표결결과를 선포하여야 할 작위의무가 있는지 여부에 대하여) (…) 그렇다면 피청구인(국회의장)에게 (김종필 국무총리 후보자) 임명동의안에 대한 투표에 관하여 개표절차를 진행하여 표결결과를 선포하여야 할 작위의무가 있다고 할 수 없고, 그러한 작위의무가 인정되지 않는 이상 피청구인의 부작위에 의한 권한침해를 다투는 권한쟁의심판은 허용되지 않으므로 이 사건 심판청구는 부적법하다.

⊙ 헌재 2006. 8. 31. 2004헌라2 : 청구인(부산광역시 강서구)의 주장과 같이 이 사건 도로들, 제방, 섬들에 대한 관할권한이 청구인에게 귀속된다면, 피청구인(진해시)은 지방자치법 제5조에 의하여 청구인에게 그 사무와 재산을 승계할 의무를 부담하게 되므로 이를 이행하지 않고 있는 이 사건 부작위는 부작위요건을 충족한다. (…) 이 사건 도로들, 제방, 섬들은 청구인의 관할구역으로 변경되었으므로, 피청구인은 지방자치법 제5조에 따라 새로 그 지역을 관할하게 된 지방자치단체인 청구인에게 그 사무와 재산을 인계할 의무(법률상 작위의무)가 있다. 지방자치법 제5조 소정의 의무는 관할구역 변경으로 인한 행정의 공백이나 혼란을 제거하고 행정의 안정성과 지속성을 유지함으로써 주민을 위한 행정에 소홀하지 않도록 하는데 그 목적이 있는 것이다. 따라서, 피청구인이 청구인에게 현재까지 위 토지들에 대한 사무와 재산을

전라북도교육감에 대하여 한 이 사건 각 시정명령은 헌법상 지방자치단체의 자치권, 헌법상 자주적·전문적 교육을 실현하기 위한 교육감의 권한, '지방교육자치에 관한 법률'이 정한 교육감의 사무집행 권한, 초·중등교육법에 의한 자율형 사립고등학교 지정권한을 침해하는 것으로 무효라며 2010. 9. 13. 이 사건 권한쟁의심판을 청구하였다.

122) 이 사건의 결과(각하)는 이 章의 4. 나. (5) 참조.

123) 헌재 1998. 7. 14. 98헌라3, 판례집 10-2, 74, 81; 헌재 2006. 8. 31. 2004헌라2, 판례집 18-2, 356, 364, 1252; 헌재 2010. 11. 25. 2009헌라12, 공보 170, 2038, 2043.

인계하지 않고 있는 이 사건 부작위는 지방자치법 제5조를 위반한 위법이 있고, 이러한 위법한 부작위는 위 토지들을 관할구역으로 하는 청구인의 자치권한을 침해하는 것이다.[124)]

(다) "장래처분"의 문제

피청구인이 아직 행사하지 아니한 장래처분이 법 제61조 제2항에서 규정하는 처분에 포함되는지 여부가 문제된다. 피청구인의 장래처분에 의해서 청구인의 권한침해가 예상되는 경우에 청구인은 원칙적으로 이러한 장래처분이 행사되기를 기다린 이후에 이에 대한 권한쟁의심판청구를 통해서 침해된 권한의 구제를 받을 수 있으므로, 피청구인의 장래처분을 대상으로 하는 심판청구는 원칙적으로 허용되지 아니한다. 그러나 피청구인의 장래처분이 확실하게 예정되어 있고, 피청구인의 장래처분에 의해서 청구인의 권한이 침해될 위험성이 있어서 청구인의 권한을 사전에 보호해 주어야 할 필요성이 매우 큰 예외적인 경우에는 피청구인의 장래처분에 대해서도 권한쟁의심판을 청구할 수 있다고 할 것이다. 왜냐하면 권한의 유무와 범위에 대한 다툼이 이미 발생한 경우에는 피청구인의 장래처분이 내려지기를 기다렸다가 권한쟁의심판을 청구하게 하는 것보다는, 사전에 권한쟁의심판을 청구하여 권한쟁의심판을 통하여 권한다툼을 사전에 해결하는 것이 권한쟁의심판제도의 목적에 더 부합되기 때문이다. 그렇다면 피청구인의 장래처분도 위와 같은 예외적인 경우에는 법 제61조 제2항에서 규정하는 피청구인의 처분으로 인정된다.

---

124) 〈주문〉 : "1. 진해시 용원동 1307 도로 32,094.3㎡ 중 별지도면 표시 1 내지 6, 1의 각 점을 순차로 연결한 선 안쪽 '가' 부분 3,323.1㎡(서울특별시광진구등9개자치구설치및특별시·광역시·도간관할구역변경등에관한법률(1994.12.22 및 법률 제4802호로 제정된 것) 제8조 제1항에 규정된 진해시 용원동 1142의 3 도로 1,983.8㎡, 1143의 1 구거 50.4㎡, 1145의 2 도로 1,288.9㎡가 1999. 8. 31. 환지된 부분), 같은 동 1145 도로 1,432.3㎡, 같은 동 1146 제방 117.9㎡, 같은 동 산222 임야 1,289㎡ 및 같은 동 산223 임야 198㎡는 청구인(부산광역시 강서구)의 관할구역에 속함을 확인한다. 2. 피청구인(진해시)이 위 각 토지에 관하여 지방자치법 제5조에 의한 사무와 재산의 인계를 청구인에게 행하지 아니하는 부작위는 위법함을 확인한다. 3. 피청구인이 2004. 3. 10. 진해시 용원동 1307 도로에 대한 점용을 이유로 청구외 박○원, 황○규, 김○균, 이○화, 유○옥에게 행한 각 점용료부과처분은 이를 취소한다."에 관하여 지방자치법 제5조에 의한 사무와 재산의 인계를 청구인에게 행하지 아니하는 부작위는 위법함을 확인한다."

사례

⊙ 헌재 2008. 12. 26. 2005헌라11 : 이 사건에 있어 피청구인 완도군이 이 사건 섬(동경 126° 38′, 북위 33° 55′에 위치한 섬)에 대한 관할권한을 행사하는 처분은 아직 행하여지지 않고 있으나, 피청구인 완도군수가 1979. 2. 2. 이 사건 섬을 임야대장에 등록한 바 있어 피청구인 완도군이 이 사건 섬에 대한 관할권한을 행사할 위험성을 배제할 수 없는 것이므로, 청구인(폐지된 북제주군의 수계인 제주특별자치도)으로서는 피청구인 완도군을 상대로 그 장래처분에 대하여 권한쟁의심판을 청구할 필요가 있다고 할 것이고, 위와 같이 장래처분에 의한 권한침해의 위험성이 발생하는 경우에는 장래처분이 내려지지 않은 상태로서 청구기간의 제한이 없다.[125)]

⊙ 헌재 2010. 6. 24. 2005헌라9등 : 이 사건 각 등록부지의 토지대장 등록 경위 및 이를 계기로 청구인들[126)]과 위 피청구인들[127)]이 각 상대방에 대하여 이 사건 권한쟁의심판을 청구한 경위 등 당사자 사이의 분쟁경과에 비추어 보면, 청구인들과 위 피청구인들은 자신의 관할로 지적등록된 등록부지를 포함한 이 사건 계쟁지역 전부에 대하여 도시계획의 수립이나 지방세(재산세·도시계획세·공동시설세 등) 부과 등 관할 지방자치단체로서의 행정권한을 언제든지 행사할 가능성이 있다고 보이므로, 이 사건 계쟁지역에 대한 쌍방의 장래처분 및 그로 인하여 상대방의 자치권한이 침해될 현저한 위험성이 존재한다.[128)]

(3) 권한의 침해 또는 현저한 침해위험의 가능성

(가) 의의

권한쟁의심판을 청구하려면, 피청구인의 처분 또는 부작위로 인해 청구인의

125) 〈주문〉 : "1. 청구인의 피청구인 완도군수에 대한 심판청구를 각하한다. 2. 동경 126° 38', 북위 33° 55'에 위치한 섬에 대한 관할권한이 청구인에게 있음을 확인한다."

126) 1. 경상남도, 2. 경상남도 진해시

127) 1. 부산광역시, 2. 부신광역시 강서구

128) 〈주문〉 : "1. 청구인 겸 피청구인 경상남도, 경상남도 진해시의 피청구인 대통령에 대한 심판청구를 각하한다. 2. 부산 신항만 내 북쪽 컨테이너부두 13선석 및 그 배후부지로 조성된 공유수면 매립지 5,200,180.3㎡ 중 [별지] 도면 표시 가, 나, 다, 라, 마, 바, 사의 각 점을 순차 연결한 선의 왼쪽(북서쪽) 부분에 대한 관할권한은 청구인 겸 피청구인 경상남도, 경상남도 진해시에 있고, 위 선의 오른쪽(남동쪽) 부분에 대한 관할권한은 피청구인 겸 청구인 부산광역시, 부산광역시 강서구에 있음을 확인한다. 3. 청구인 겸 피청구인 경상남도, 경상남도 진해시의 피청구인 겸 청구인 부산광역시, 부산광역시 강서구에 대한 나머지 심판청구와 피청구인 겸 청구인 부산광역시, 부산광역시 강서구의 청구인 겸 피청구인 경상남도, 경상남도 진해시에 대한 나머지 심판청구를 모두 기각한다."

권한이 침해되었거나 현저한 침해의 위험성이 존재하여야 한다. 여기서 '권한의 침해'란 피청구인의 처분 또는 부작위로 인한 청구인의 권한침해가 **과거**에 발생하였거나 **현재**까지 지속되는 경우를 의미하며, '현저한 침해의 위험성'이란 아직 침해라고는 할 수 없으나 침해될 개연성이 상당히 높은 상황을 의미한다. 권한쟁의심판청구의 적법요건 단계에서 요구되는 권한침해의 요건은, 청구인의 권한이 구체적으로 관련되어 이에 대한 침해가능성이 존재할 경우 충족되는 것으로 볼 수 있다.[129] 권한의 침해가 실제로 존재하고 위헌 내지 위법한지의 여부는 본안의 결정에서 판단되어야 할 것이다.

인정된 사례

⊙ 헌재 2008. 6. 26. 2005헌라7 : 지방선거의 선거비용을 국가가 부담하여야 하는 것임에도 불구하고 피청구인 국회가 이 사건 법률(공직선거법) 개정을 통해 지방선거의 선거경비를 청구인들[130]과 같은 지방자치단체에 부담시킨 것이라면, 이는 청구인들과 같은 지방자치단체의 **자치재정권**을 침해할 개연성이 높다고 할 것이다. 따라서 이 사건 심판청구 중 피청구인 국회의 이 사건 법률 개정행위는 권한침해 가능성 요건을 충족시키고 있다.[131]

⊙ 헌재 2011. 9. 29. 2009헌라3 : 기록에 의하면, 제9공구 매립지의 매립공사가 완료된 후 청구인(인천광역시 중구)과 피청구인 연수구 사이에 이 사건 계쟁지역의 관할을 둘러싸고 첨예한 이해관계의 대립이 있어 왔고, 이 사건 계쟁지역이 피청구인 연수구의 토지로 신규등록이 되자 청구인이 인천광역시장, 연수구청장 등에게 관할조정을 요구하는 공문을 보내는 등 이의를 제기하였으나 피청구인 연수구는 이 사건 계쟁지역에 대하여 자신에게 관할권이 있음을 일관되게 주장하여 종국에는 이 사건 심판청구가 제기되기에 이른 사실을 알 수 있는바, 이와 같은 분쟁의 경위에 비추어 보면, 피청구인 연수구는 자신의 관할구역으로 지적등록된 이 사건 계쟁지역에 대하여 지방세 부과 등의 행정권한을 언제든지 행사할 가능성이 있다고 보이고, 이로 인

129) 헌재 2006. 5. 25. 2005헌라4, 판례집 18-1하, 28, 35-36; 헌재 2009. 11. 26. 2008헌라3, 공보 158, 2135, 2137; 헌재 2009. 11. 26. 2008헌라4, 공보 158, 2139, 2142.

130) "서울특별시 강남구 등 13인([별지 1] 기재와 같다)"

131) 〈주문〉 : "청구인들의 피청구인 대한민국국회에 대한 심판청구를 기각하고, 청구인 서울특별시 강남구의 피청구인 강남구선거관리위원회에 대한 심판청구를 각하한다." [피청구인 강남구선거관리위원회가 2006년 지방선거를 앞두고 강남구의회가 다음해 예산을 편성할 때 지방선거에 소요되는 비용을 산입하도록 예상되는 비용을 미리 통보한 행위는 청구인 서울특별시 강남구의 법적 지위에 어떤 변화도 가져온다고 볼 수 없으므로 권한쟁의 심판의 대상이 되는 처분에 해당한다고 볼 수 없다.]

하여 헌법 제117조 제1항 및 지방자치법 제9조에 의하여 부여받은 청구인의 자치권한이 침해될 현저한 위험성이 존재한다.[132)]

부인된 사례

⊙ 헌재 2007. 7. 26. 2005헌라8 : 국회의 동의권이 침해되었다고 하여 동시에 국회의원의 심의·표결권이 침해된다고 할 수 없고, 또 국회의원의 심의·표결권은 국회의 내내직인 관계에서 행사되고 침해될 수 있을 뿐 다른 국가기관과의 대외적인 관계에서는 침해될 수 없는 것이므로, 국회의원들 상호간 또는 국회의원과 국회의장 사이와 같이 국회 내부적으로만 직접적인 법적 연관성을 발생시킬 수 있을 뿐이고, 대통령 등 국회 이외의 국가기관과 사이에서는 권한침해의 직접적인 법적 효과를 발생시키지 아니한다. 따라서 피청구인 대통령이 국회의 동의 없이 조약을 체결·비준하였다 하더라도, 국회의 체결·비준 동의권이 침해될 수는 있어도 국회의원인 청구인들의 심의·표결권이 침해될 가능성은 없다고 할 것이므로, 청구인들의 이 부분 심판청구 역시 부적법하다.[133)]

⊙ 헌재 2013. 9. 26. 2012헌라1 : 서울특별시교육감 권한대행이 이 사건 조례안(2011. 12. 19. 서울특별시 학생인권 조례안)에 대하여 2012. 1. 9.에 한 재의요구는

132) 〈주문〉 : "1. 청구인의 피청구인 인천광역시에 대한 심판청구를 각하한다. 2. 청구인의 피청구인 인천광역시 연수구에 대한 심판청구를 기각한다." [청구인의 피청구인 인천광역시에 대한 심판청구의 본질은 **국가사무**인 이 사건 계쟁지역의 지번부여 및 토지등록 사무에 관한 권한의 존부 및 범위에 관한 다툼이라고 할 것이고, 청구인과 피청구인 인천광역시 사이에 청구인의 지방자치권에 대한 실질적이며 직접적인 다툼이 있는 경우라고 볼 수 없으므로, 이 부분 심판청구는 지방자치단체인 청구인이 자신의 권한에 속하지 아니하는 국가사무에 관하여 다투고 있다고 봄이 상당하다. 또한 이 사건 계쟁지역의 지번부여 및 토지등록에 관한 사무는 인천광역시장이 피청구인 인천광역시의 집행기관으로서가 아니라 국가기관으로서 담당하는 사무이므로 피청구인 인천광역시는 인천광역시장의 토지등록 처분에 대하여 법적 책임을 지는 자에 해당하지도 아니한다. 따라서 이 사건 심판청구는 청구인의 권한에 속하지 아니하는 사무 또는 피청구인적격을 갖추지 못한 자를 상대로 한 권한쟁의심판청구로서 부적법하다.]

133) 同旨, 헌재 2008. 1. 17. 2005헌라10 - "정부가 국회의 동의 없이 예산외에 국가의 부담이 될 계약을 체결하였다 하더라도, 국회의 동의권이 침해될 수는 있어도 국회의원인 청구인들 자신의 심의·표결권이 침해될 가능성은 없다. 따라서 청구인들의 이 부분 심판청구는 부적법하다."; 헌재 2010. 7. 29. 2010헌라1 - "국정감사권과 국정조사권은 국회의 권한이고 국회의원의 권한이라 할 수 없으므로, 국회의원인 청구인으로서는 국정감사권 또는 국정조사권 자체에 관한 침해를 들어 권한쟁의심판을 청구할 수 없다." 이에 대하여 헌재 2007. 10. 25. 2006헌라5 결정에서 이공현 재판관은 별개의견에서 "국회의원이 다른 국가기관에 의해 심의·표결권한을 행사하지 못하도록 방해받는 경우에 적법하게 권한쟁의심판을 청구할 수 있어야 한다."는 의견을 제시하였다.(판례집 19-2, 436, 443-444)

서울특별시교육감의 독자적인 재의요구 권한에 근거한 것이다. 교육감의 재의요구 권한은 교육·학예에 관한 지방자치단체의 장인 교육감과 지방의회 사이의 상호 견제와 균형을 위한 것이며, 청구인(교육과학기술부장관)의 재의요구 요청권한은 국가와 지방자치단체 사이의 권한통제 또는 국가의 지도·감독을 위한 것으로, 교육·학예에 관한 시·도의회의 의결사항에 대한 교육감의 재의요구 권한과 청구인의 재의요구 요청권한은 중복하여 행사될 수 있는 별개의 독립된 권한이다. 서울특별시교육감은 청구인이 이 사건 조례안에 대한 재의요구 요청권한을 행사하지 않은 상태에서 이 사건 조례안에 대한 재의요구를 철회하였다. (…) 이 사건에서도 서울특별시교육감은 청구인의 요청에 따라 재의요구를 한 것이 아니고, 자신의 독자적인 권한으로 재의요구를 한 것이므로 이를 철회할 권한이 있다고 보아야 한다. 따라서 피청구인(서울특별시)이 2012. 1. 20. 이 사건 조례안 재의요구를 철회한 행위가 헌법과 '지방교육자치에 관한 법률'에 따른 청구인의 재의요구 요청권한을 침해하였거나 침해할 현저한 위험이 있다고 볼 수 없다.[134]

(나) 소극적 권한쟁의의 경우

1) 법 제61조 제2항은 청구인의 권한이 "침해되었거나 현저한 침해위험이 있어야" 한다고 규정하고 있다. 이에 따라 권한쟁의심판은 권한의 유무 또는 범위에 관하여 다툼이 있기만 하면 언제든지 청구할 수 있는 것이 아니라, 일정한 청구요건을 갖춘 경우에만 비로소 청구할 수 있다.[135] 이것은 적극적 권한쟁의만을 허용하는 독일법에서 적극적 권한쟁의를 상정하여 정해진 요건이고, 소극적 권한쟁의를 명문상 허용하는 오스트리아나 스페인에서는 구체적인 권한침해를 요건으로 하지 않는다.[136]

2) 우리 법상 소극적 권한쟁의를 인정할 수 있는지에 대하여는 논란이 있는데,[137] 만일 이를 인정하는 경우에는 이 요건을 완화하여 해석함을 요한다. 즉,

---

134) 다만, 헌법재판소는 이 사건에서 (재판관 전원일치의 의견으로) 청구인의 심판청구를 "기각"하는 결정을 선고하였다.

135) 헌재 2004. 9. 23. 2000헌라2, 공보 97, 969, 975.

136) 오스트리아(헌법재판소법 제50조 제1항)나 스페인(헌법재판소법 제68조 제1항, 제3항)은 국민의 신청에 대하여 국가기관이나 지방자치단체가 서로 상대방에게 처분권한이 있고 자신에게는 없음을 이유로 거부할 때에, 그 국민이 헌법재판소에 권한쟁의심판을 청구할 수 있도록 하는 제도를 두고 있다. 김하열, 전게논문(2003), 453-454면.

137) 이를 인정해야 한다는 견해로 전광석, 한국헌법론, 집현재, 2016, 834-835면. 한편, 소극적 권한쟁의는 지방자치단체에 의한 항고소송 등의 제기가 불가능한 경우이면서 권한의 존

객관적 권한질서의 침해 또는 그 우려가 있으면 이 요건은 충족하는 것으로 볼 수 있다.

사례

⊙ 헌재 1998. 6. 25. 94헌라1 : 이 사건 분쟁의 본질은 이 사건 어업면허의 유효기간연장의 불허가 처분으로 인한 어업권자에 대한 손실보상금채무를 처분을 행한 청구인(포항시)이 부담할 것인가, 그렇지 않고 그 기간연장에 동의하지 아니한 피청구인(대한민국 정부)이 구 수산업법 제81조 제2항 소정의 불허가 처분의 수익자나 동법 시행령 제64조 제1항 소정의 불허가 처분을 요청한 행정관청으로서 부담할 것인가의 문제로서, 결국 이와 같은 다툼은 청구인이 주장하는 바와 같이 유효기간연장의 불허가 처분으로 인한 손실보상금 지급권한의 존부 및 범위 자체에 관한 청구인과 피청구인 사이의 직접적인 다툼이 아니라(손실보상금 지급권한이 처분을 행한 행정관청인 청구인에게 있음은 구 수산업법 제81조 제1항에 의하여 명백하다), 그 손실보상금 채무를 둘러싸고 어업권자와 청구인, 어업권자와 피청구인 사이의 단순한 채권채무관계의 분쟁에 불과한 것으로 보인다. 그리고 가사 피청구인이 이 사건 불허가 처분으로 인한 손실보상금채무의 채무자로서 그 채무를 이행하지 않고 있다고 하더라도 피청구인이 그 채무를 이행하지 않는 것과 청구인이 그 채무를 이행하는 것과는 법률상 전혀 별개의 문제로 직접적인 관련이 있다고 할 수 없으므로, 청구인이 주장하는 피청구인의 부작위인 채무불이행이 헌법 또는 법률에 의하여 부여받은 청구인의 권한을 침해하였거나 침해할 현저한 위험이 있는 경우에 해당한다고 할 수도 없어 (…) 이 사건 심판청구는 권한쟁의 심판을 청구할 수 있는 요건을 갖추지 못한 것으로서 부적법하다.[138)]

⊙ 헌재 2010. 12. 28. 2009헌라2[139)] : 국유지에 대한 관리권한이 수임관청인 청구인(서울특별시 은평구)에게 있음은 법률상 명백하다. 그리고 이 사건 분쟁의 본질은 국유지를 관리하면서 발생한 비용의 최종 부담자가 직접 관리행위를 한 청구인인지 아니면 그 권한을 위임한 피청구인(기획재정부장관)인지의 문제인데, 이와 같은 문제는 주관적인 권리·의무에 관한 다툼, 즉 관리비용 부담을 둘러싼 청구인과 피청

부에 대한 결정이 자치권 등에 직접적인 영향을 미칠 때에 한하여 매우 제한적으로 인정할 수 있을 것이라는 견해로 홍기태, 전게토론문(2003.7.11), 474면.

138) 이 결정에 대한 비판적 분석으로 김남철, "국가와 지방자치단체의 권한쟁의 - 헌재결 1998. 6.25. 94헌라1을 중심으로", 헌법판례연구[1], 박영사, 1999, 315면 이하 참조.

139) [사건개요] : 지방자치단체인 청구인(서울특별시 은평구)이 **기관위임사무**를 수행하면서 지출한 경비에 대하여 기획재정부장관인 피청구인에게 예산배정요청을 하였으나 피청구인이 이를 거부하자, 청구인은 피청구인이 이 사건 공사비 상당의 예산배정 요청을 거부함으로써 청구인의 자치권한을 침해하였다고 주장하며 이 사건 권한쟁의심판을 청구하였다.

구인 사이의 단순한 채권채무관계에 관한 다툼에 불과하다. 따라서 이 사건 심판청구는 이 사건 토지에 대한 관리권한이나 자치재정권 등 권한의 존부 또는 범위에 관한 다툼이라고 할 수 없다. 또한, 기관위임사무에 관한 경비는 이를 위임한 국가가 부담하고 그 소요되는 경비 전부를 당해 지방자치단체에 교부하여야 하므로(지방재정법 제21조 제2항, 지방자치법 제141조 단서), 청구인이 자신의 비용으로 기관위임사무인 이 사건 공사를 하였다면 국가는 청구인에게 그 비용상당의 교부금을 지급할 의무가 있고, 청구인은 공법상의 비용상환청구소송 등 소정의 권리구제절차를 통하여 국가로부터 이를 보전받을 수 있으므로, 청구인이 그 비용을 최종적으로 부담하게 되는 것도 아니다. 따라서 이 사건 거부처분으로 말미암아 청구인의 자치재정권 등 헌법 또는 법률이 부여한 청구인의 권한이 침해될 가능성도 인정되지 아니한다. 결국, 이 사건 권한쟁의심판청구는 권한쟁의심판을 청구할 수 있는 요건을 갖추지 못한 것으로서 부적법하다.

한편 헌재 1998. 8. 27. 96헌라1 사건은, 청구인(시흥시)은 '시화공단의 일부 공공시설의 관리권자가 피청구인(대한민국 정부)임에도 불구하고 피청구인이 위 공공시설을 관리하지 아니함으로 인하여 청구인의 권한을 침해하고 있다'며 심판청구하였는데, 헌법재판소는 "이 사건 공공시설의 관리권자는 일반 행정구역의 공공시설에 적용되는 관련 법규를 적용하여 결정하여야 할 것이므로, 청구인은 도로법, 하천법, 하수도법, 수도법 등에 따라 이 사건 공공시설을 관리하여야 할 것이다. 그렇다면 청구인이 이 사건 공공시설의 관리권자이므로 피청구인이 이 사건 공공시설을 관리하지 아니하고 있다고 하여 청구인의 권한이 침해되거나 침해될 위험이 있다고 할 수 없을 것이다."라고 하여 심판청구를 **기각**하였다.[140]

(4) 청구기간

권한쟁의심판의 청구는 그 사유가 있음을 '안 날'부터 60일 이내, 그 사유가 '있은 날'부터 180일 이내에 하여야 한다(법 제63조 제1항).[141] 이 청구기간은 불변기간이다(법 제63조 제2항). 법률제정의 경우 청구기간은 법률이 공포된 때부터 기산된다. 그러나 본래의 청구기간 내에 관계법률이 청구인에게 관련되지 않았다면, 청구인이 동

140) 이를 소극적 권한쟁의로 보는 견해로, 전광석, 전게서(2016), 835면.

141) 이 조항은 '무효확인' 청구에도 적용된다. 헌재 2015. 7. 30. 2010헌라2 : "태안양식 제192호, 제193호의 어업면허처분일은 2003. 4. 23.이어서, 그 무효확인을 구하는 이 부분 심판청구는 그 처분일로부터 180일이 훨씬 지나 청구되었음이 기록상 명백하다."

법률과 관련을 갖게 된 때로부터 청구기간은 기산된다.[142)]

처분의 경우에는 처분행위가 있는 때 권한침해 행위는 종료하고 그 위법상태가 계속될 수 있음에 비하여, 부작위의 경우에는 부작위가 계속되는 한 권한침해가 계속된다. 따라서 부작위에 대한 권한쟁의심판은 그 부작위가 계속되는 한 기간의 제약없이 적법하게 청구할 수 있다고 보아야 할 것이다.[143)]

이 기간은 불변기간이기 때문에 헌법재판소는 이를 늘이거나 줄일 수 없으나(민사소송법 제172조 제1항), 주소 또는 거소가 멀리 떨어진 곳에 있는 사람을 위하여 부가기간(附加期間)을 정할 수 있다(민사소송법 제172조 제2항). 청구인이 그 책임을 질 수 없는 사유로 말미암아 불변기간을 지킬 수 없었던 경우에는 그 사유가 없어진 날부터 2주 이내에 게을리한 소송행위를 보완할 수 있다(민사소송법 제173조). 불변기간의 준수여부는 헌법재판소의 직권조사사항에 해당된다.[144)]

권한쟁의심판청구에 대한 청구취지 변경이 이루어진 경우 청구기간의 준수여부는 헌법재판소법 제40조 제1항에 의하여 준용되는 민사소송법 제265조(구법 제238조)에 의하여 추가(또는 변경)된 청구서가 제출된 시점을 기준으로 판단하여야 한다.[145)] 법 제40조 제1항, 행정소송법 제20조[146)] 제2항 단서에 의하면 권한쟁의심판은 그 청구기간(사유가 있은 날로부터 180일)이 경과되더라도 이에 관하여 정당한 사유가 있는 때에는 이를 청구할 수 있고, 여기에 '정당한 사유'라 함은 청구기간이 경과된 원인 등 여러 가지 사정을 종합하여 지연된 심판청구를 허용하는 것이 사회통념상으로 보아 상당한 경우를 뜻한다.[147)]

---

142) 헌재 1996. 8. 29. 94헌마113, 판례집 8-2, 141, 153; 헌재 1993. 11. 25. 92헌마87, 판례집 5-2, 468, 475 참조.

143) 헌재 1994. 12. 29. 89헌마2, 판례집 6-2, 395, 408 참조.

144) 실무제요(2008), 347면.

145) 헌재 2010. 12. 28, 2008헌라7등, 공보 171, 79, 82

146) 행정소송법 제20조(제소기간) ①취소소송은 처분등이 있음을 안 날부터 90일이내에 제기하여야 한다. 다만, 제18조 제1항 단서에 규정한 경우와 그 밖에 행정심판청구를 할 수 있는 경우 또는 행정청이 행정심판청구를 할 수 있다고 잘못 알린 경우에 행정심판청구가 있은 때의 기간은 재결서의 정본을 송달받은 날부터 기산한다. ②취소소송은 처분등이 있은 날부터 1년(제1항 단서의 경우는 재결이 있은 날부터 1년)을 경과하면 이를 제기하지 못한다. 다만, 정당한 사유가 있는 때에는 그러하지 아니하다. ③제1항의 규정에 의한 기간은 불변기간으로 한다.

147) 헌재 2007. 3. 29. 2006헌라7, 공보 126, 276, 278. 이 사건은, "이 사건 처분(2006.7.6. 건설교통부 고시 제2006-244호 중 부산광역시 동래구가 소유·관리하는 안락동 475 도로 중 2,301.8㎡를 사업시행자인 대한주택공사에 무상으로 귀속시키는 내용)이 확정적으로 고

(5) 권리보호이익(심판의 이익)과 헌법적 해명의 필요성

헌법재판소는 헌법소원심판과 마찬가지로 권한쟁의심판도 주관적 권리구제뿐만 아니라 객관적인 헌법질서 보장의 기능도 겸하고 있으므로, 청구인에 대한 권한침해 상태가 이미 종료하여 이를 취소할 여지가 없어졌다 하더라도 같은 유형의 침해행위가 앞으로도 반복될 위험이 있고, 헌법질서의 수호·유지를 위하여 그에 대한 헌법적 해명이 긴요한 사항에 대하여는 심판청구의 이익을 인정할 수 있다고 보고 있다.

사례

⊙ 헌재 2009. 5. 28. 2006헌라6 : 이 사건 합동감사는 2006. 9. 29. 이미 끝났으므로 권한침해 상태가 종료되었다고 볼 수 있어, 심판계속중의 사정변경으로 권한침해 상태가 이미 종료한 지금에 이르러서는 이 사건 심판청구가 인용된다 하더라도 청구인의 주관적 권리구제에는 도움이 되지 아니하여 원칙적으로 심판의 이익이 없다고 할 것이나, 헌법소원심판과 마찬가지로 권한쟁의심판도 주관적 권리구제뿐만 아니라 객관적인 헌법질서 보장의 기능도 겸하고 있으므로, 청구인에 대한 권한침해 상태가 이미 종료하여 이를 취소할 여지가 없어졌다 하더라도 같은 유형의 침해행위가 앞으로도 반복될 위험이 있고 중앙행정기관의 장의 자치단체에 대한 **자치사무** 감사권의 존부, 감사범위, 감사의 방법 등에 관하여는 헌법적 해명이 긴요하다고 할 것이므로 예외적으로 심판청구의 이익을 인정할 수 있다.[148)]

⊙ 헌재 2011. 8. 30. 2010헌라4 : 피청구인(교육과학기술부장관)의 이 사건 각 시정명령으로 청구인(전라북도)의 권한행사에 진지한 장애가 초래되거나 법적 지위가 불리하게 되었다고 볼 수는 있으나, 앞서 본 바와 같이 각 학교법인이 제기한 이 사건 각 취소처분의 취소 등을 구하는 소에서 전라북도교육감이 한 이 사건 각 취소처분의 취소를 명하는 판결이 확정되었으므로,[149)] 이로써 이 사건 각 취소처분의 효력이 소멸되었고, 따라서 이를 시정대상으로 하던 이 사건 각 시정명령 또한 그 효력을

시된 후 청구인이 주장하는 바와 같이 피청구인(건설교통부장관)에게 일방적으로 그 사업계획 승인의 내용을 변경해 줄 것을 요청하였다는 것만으로는 권한쟁의심판 청구가 지연될 만큼의 상당한 사정이 있었다고 볼 수 없으므로, 이 사건 심판에 있어 그 청구기간이 경과된 것에 대하여 청구인에게 정당한 사유가 있었다고도 할 수 없다."는 이유로 각하되었다.

148) 〈주문〉 : "피청구인(행정안전부장관)이 2006. 9. 14.부터 2006. 9. 29.까지 청구인(서울특별시)의 [별지] 목록 기재의 자치사무에 대하여 실시한 정부합동감사는 헌법 및 지방자치법에 의하여 부여된 청구인의 지방자치권을 침해한 것이다."

149) 광주고등법원(전주) 2011. 1. 24. 선고 2010누1632 판결.

상실하였다고 보아야 한다. 그렇다면, 청구인은 더 이상 이 사건 각 시정명령에 따를 법적인 의무, 즉 이 사건 각 취소처분을 시정할 의무나 각 시정명령에 불응할 경우 이 사건 각 취소처분이 취소·정지될 위험을 부담하지 않게 되었으므로, 이 사건 심판청구는 청구인에 대한 권한침해의 상태가 이미 종료된 경우에 해당하여 권리보호의 이익을 인정할 수 없다.[150]

다. 변론 및 소송참가

(1) 변론

권한쟁의는 청구인과 피청구인이 대립하는 대심적 구조를 취하게 되고, 그 심리에는 민사소송법이 원칙적으로 준용된다. 당사자처분권주의가 원칙적으로 적용되어 청구인이 주장한 사유 이외에는 판단할 필요가 없으나, 객관소송의 특성 때문에 심판청구가 취하되거나 권한침해의 처분 등이 피청구인에 의해 취소된 경우에도 제소의 반복가능성, 헌법적 해명의 필요성이 있는 경우에는 심판의 이익이 있는 것으로 취급해야 할 경우가 있다.

헌법재판소는 권한쟁의사선을 심리하기 위해 구두변론을 거쳐야 한다(법 제30조 제1항). 재판부가 변론을 열 때에는 기일을 정하고 당사자와 관계인을 소환하여야 한다(법 제30조 제3항).

부적법한 권한쟁의심판청구로서 그 흠결을 보정할 수 없는 경우에는 민사소송법 제219조(변론없이 하는 소의 각하)의 규정을 준용하여 변론 없이 결정으로 심판청구를 각하할 수 있다(법 제40조). 헌법재판소가 변론 없이 각하한 사례로는 헌재 2009. 11. 26. 2008헌라3 결정, 헌재 2009. 11. 26. 2008헌라4 결정, 헌재 2010. 7. 29. 2010헌라1 결정, 헌재 2010. 12. 28. 2009헌라2 결정, 헌재 2011. 8. 30. 2010헌라4 결정, 헌재 2011. 8. 30. 2011헌라1 결정 등이 있다.

(2) 소송참가

(가) 의의

권한쟁의심판은 외형적으로 청구인과 피청구인 간의 대심적 소송으로서의

150) 〈주문〉 : "이 사건 심판청구를 각하한다."

형식을 취하지만, 그에 대한 헌법재판소의 결정은 그 절차 당사자간의 권한관계뿐만 아니라 헌법상 권한질서 전반에 영향을 미칠 수 있고, 모든 국가기관 및 지방자치단체를 기속하는 효력을 갖게 되므로, 이해관계 있는 다른 국가기관이나 지방자치단체가 그 절차에 참여할 기회를 마련해 줄 필요가 있다.

이 소송참가제도는 국가의 전반적 권한질서에 영향을 줄 수 있는 사건을 다룸에 있어서 당사자 국가기관만의 제한된 시각에 국한되어 처리될 우려를 없애는 데 그 의의가 있다. 당사자들은 잘못된 전제를 내세워 쟁의를 시작할 수 있고, 그들의 주장만을 듣는다면 전체적 권한질서에 중요한 논점을 간과할 우려가 있기 때문이다. 이 경우 헌법재판소의 권한쟁의심판절차에 참가할 수 있는 자는 그 결과에 의해 권한관계의 획정에 영향을 받게 될 국가기관 또는 지방자치단체가 될 것이나, 현행법상 헌법재판소의 권한쟁의심판에 소송참가할 수 있는 여부 및 그 구체적 절차에 관하여는 행정소송법과 민사소송법을 준용하여 처리되어야 할 것이다(법 제40조 1항, 행정소송법 제17조).

(나) 절차 및 효력

헌법재판소는 다른 국가기관 또는 공법인을 소송에 참가시킬 필요가 있다고 인정할 때에는 당사자의 신청 또는 직권에 의해 결정으로써 그 제3자를 권한쟁의심판에 참가시킬 수 있다(행정소송법 제17조 제1항). 헌법재판소는 권한쟁의사건이 접수된 경우 이러한 소송참가의 기회를 부여하기 위해 참가할 이익이 있다고 판단되는 국가기관이나 지방자치단체에게 권한쟁의심판이 제기된 사실을 알려야 할 것이다.[151]

헌법재판소가 참가의 허부에 관한 결정을 하고자 할 때에는 당사자의 의견을 들어야 한다(행정소송법 제17조 제2항). 헌법재판소의 결정에 의해 권한쟁의심판에 참가한 자는 심판에 관하여 공격·방어·이의 그 밖의 모든 소송행위를 할 수 있다. 다만, 참가할 때의 소송의 진행정도에 따라 할 수 없는 소송행위는 그러하지 아니하다. 참가인의 소송행위가 피참가인의 소송행위에 어긋나는 경우에는 그 참가인의 소송행위는 효력을 가지지 아니한다(행정소송법 제17조 제3항, 민사소송법 제76조). 헌법재판소의 권한쟁의심판의 결정은 소송 참가여하를 불문하고 모든 국가기관과 지방자치단체를 기속한다(법 제67조).

151) 실무제요(2008), 348면.

라. 가처분

(1) 의의

법 제65조에 따라 헌법재판소는 권한쟁의심판의 청구를 받은 때에 직권 또는 청구인의 신청에 의하여 종국결정의 선고시까지 심판대상이 된 피청구기관의 처분의 효력을 정지하는 결정을 할 수 있다.

(2) 요건

이 가처분결정을 함에 있어서는 행정소송법과 민사소송법 소정의 가처분에 관계되는 규정이 준용되므로(법 제40조), 권한쟁의심판에서의 가처분결정은 피청구기관의 처분 등이나 그 집행 또는 절차의 속행으로 인하여 생길 회복하기 어려운 손해를 예방할 필요가 있거나 기타 공공복리상의 중대한 사유가 있어야 하고 그 처분의 효력을 정지시켜야 할 긴급한 필요가 있는 경우 등이 그 요건이 된다(행정소송법 제23조 제2항·제3항, 민사집행법 제300조 제2항 참조).

헌법재판소가 직권 또는 청구인의 신청에 따라 심판대상이 된 피청구기관의 처분의 효력을 정지하는 가처분신청은 본안사건이 부적법하거나 이유 없음이 명백하지 않는 한, 가처분을 인용한 뒤 종국결정에서 청구가 기각되었을 때 발생하게 될 불이익과 가처분을 기각한 뒤 청구가 인용되었을 때 발생하게 될 불이익에 대한 비교형량을 하는 것이 가장 중요한 요건이 될 수밖에 없고, 이 비교형량의 결과 후자의 불이익이 전자의 불이익보다 큰 때에 한하여 가처분결정을 허용할 수 있다.[152]

인용 사례

⊙ 헌재 1999. 3. 25. 98헌사98 : 피신청인(경기도지사)의 이 사건 진입도로에 관한 도시계획입안과 지정·인가처분의 효력을 정지시키는 가처분결정을 하였다가 피신청인의 위 입안행위와 지정·인가처분 등이 신청인(성남시)의 권한을 침해하지 아니한 것으로 종국결정을 하였을 경우에는, 처분의 상대방인 장○○에게는 공사지연으로 인한 손해가 발생하고 또 골프연습장의 완공이 지연되어 이를 이용하려는 잠재적 수요자의 불편이 예상된다는 점 외에 다른 불이익은 없어 보인다. 이에 반하여 가처분신청을 기각하였다가 종국결정에서 피신청인의 위 입안행위와 지정·인가처분 등이

152) 헌재 1999. 3. 25. 98헌사98, 판례집 11-1, 264, 270.

신청인의 권한을 침해한 것으로 인정되는 경우에는 피신청인의 직접처분에 따른 장○○의 공사진행으로 교통불편을 초래하고 공공공지를 훼손함과 동시에 이의 원상회복을 위한 비용이 소요되는 등의 불이익이 생기게 된다. 이 사건 가처분신청을 인용한 뒤 종국결정이 기각되었을 경우의 불이익과 이 가처분신청을 기각한 뒤 결정이 인용되었을 경우의 불이익을 비교형량하고, 또 처분의 상대방인 장○○는 아직 골프연습장 공사를 착수하지 않고 있는 사정을 헤아려 보면 신청인의 이 가처분 신청은 허용함이 상당하다.153)

5. 종국결정

가. 심판정족수

헌법재판소는 권한쟁의심판사건을 9인의 재판관으로 구성되는 재판부(법 제22조 제1항)에서 재판관 7인 이상의 출석으로 심리하며(법 제23조 제1항), 재판부는 종국심리에 관여한 재판관의 과반수의 찬성으로 권한쟁의심판사건에 관한 결정을 한다(법 제23조 제2항).

나. 결정의 내용 및 결정주문

(1) 개요

심리결과 헌법재판소는 심판의 대상이 된 국가기관 또는 지방자치단체의 권한의 유무 또는 범위에 관하여 판단하고(법 제66조 제1항), 나아가 피청구인의 처분이 이미 청구인의 권한을 침해한 경우에는 이를 취소하거나 그 무효를 확인할 수 있으며(법 제66조 제2항), 피청구인의 부작위에 대하여 인용결정을 할 때에는 위법확인 또는 위헌확인의 주문을 낸다. 헌법재판소가 한 사건에서 권한의 유무 또는 범위 확인 주문, 피청구기관의 처분의 취소, 부작위의 위법확인 주문을 내린 사례로는 헌재

153) 〈주문〉 : "피신청인이 1998. 4. 16. 경기도고시 제1998-142호로 행한 성남도시계획시설(서현근린공원내 골프연습장·도시계획도로)에 대한 도시계획사업시행자지정 및 실시계획인가처분 중, 동 공원구역외의 도시계획도로(등급 : 소로, 류별 : 3, 번호 : 200, 폭원 : 6m, 기능 : 골프연습장 진입도로, 연장 : 21m, 면적 : 149㎡, 기점 및 종점 : 성남시 분당구 이매동 128의 11 일원)에 대한 도시계획사업시행자지정 및 실시계획인가처분과 그 선행절차로서 행한 도시계획입안의 효력은 헌법재판소 98헌라4 권한의심판청구사건에 대한 종국결정의 선고시까지 이를 정지한다."

2006. 8. 31. 2004헌라2 결정이 있다.[154]

(2) 권한의 유무 또는 범위 확인

법 제66조 제1항에 의해 헌법재판소는 심판의 대상이 된 국가기관 또는 지방자치단체의 권한의 유무 또는 범위에 관하여 판단한다. 여기서 헌법재판소는 관련된 헌법 또는 법률을 해석하여 관련 기관에 권한이 존재하는지 여부와 그 권한의 범위를 확정한다. 피청구인의 행위가 헌법이나 법률에 위반된 경우에 비로소 그로 인하여 청구인의 권한이 침해될 수 있기 때문에, 법 제66조 제1항에 의한 이러한 결정주문은 피청구인의 행위가 청구인의 권한을 침해했다는 확인과 함께 그 전제로서 피청구인의 행위가 헌법이나 법률에 위반된다는 것을 확인하는 이중적 의미의 '확인결정'이다.

(가) 권한의 유무 확인

예컨대 2004. 9. 23. 선고한 2000헌라2 당진군과 평택시 간의 사건은 평택항 제방의 관리권한이 서로 자신들에게 있다는 두 지방자치단체간의 '권한의 유무'에 관한 권한쟁의이다.

인용례

⊙ 헌재 2004. 9. 23. 2000헌라2 : "별지도면 표시 '가, 나, 다, 라, 마, 바, 사, 아, 자, 차, 카, 타, 가' 각 점을 순차적으로 연결한 선내 부분에 해당하는 면적 32,834.8㎡의 제방에 대한 관할권한은 청구인(당진군)에게 있음을 확인한다."

⊙ 헌재 2006. 8. 31. 2003헌라1 : "2. 전라남도 광양시, 순천시 및 여수시 소재 율촌 제1지방산업단지 매립지 중 현대하이스코 주식회사가 전라남도로부터 분양받은 산업

---

154) 〈주문〉 : "1. 진해시 용원동 1307 도로 32,094.3㎡ 중 별지도면 표시 1 내지 6, 1의 각 점을 순차로 연결한 선 안쪽 '가' 부분 3,323.1㎡{서울특별시광진구등9개자치구설치및특별시·광역시·도간관할구역변경등에관한법률(1994.12.22 및 법률 제4802호로 제정된 것) 제8조 제1항에 규정된 진해시 용원동 1142의 3 도로 1,983.8㎡, 1143의 1 구거 50.4㎡, 1145의 2 도로 1,288.9㎡가 1999. 8. 31. 환지된 부분}, 같은 동 1145 도로 1,432.3㎡, 같은 동 1146 제방 117.9㎡, 같은 동 산222 임야 1,289㎡ 및 같은 동 산223 임야 198㎡는 청구인(부산광역시 강서구)의 관할구역에 속함을 확인한다. 2. 피청구인(진해시)이 위 각 토지에 관하여 지방자치법 제5조에 의한 사무와 재산의 인계를 청구인에게 행하지 아니하는 부작위는 위법함을 확인한다. 3. 피청구인이 2004. 3. 10. 진해시 용원동 1307 도로에 대한 점용을 이유로 청구외 박○원, 황○규, 김○균, 이○화, 유○옥에게 행한 각 점용료부과처분은 이를 취소한다."

단지 446,283㎡(135,000평)와 위 산업단지 블럭 1-1 구역의 공장 연면적 231,192.92㎡, 사무실등 연면적 10,171.85㎡ 중 제1별지 도면 표시 가, 나, 다, 라, 마, 바, 사, 아, 자의 각 점을 순차 연결한 선의 오른쪽(동쪽) 부분에 대한 관할권한은 청구인 광양시에게 있음을 확인한다."

⊙ 헌재 2009. 7. 30. 2005헌라2 : "[별지] '인천-충남간 해상 광업지적 내 행정경계구역도' 표시 "A, B, C, A"의 각 점을 순차적으로 연결한 선내 부분 해역에 대한 관할권한은 청구인(옹진군)에게 있음을 확인한다."

(나) 권한의 범위확인

법 제61조 제1항의 규정에 의하면 헌법재판소는 권한쟁의를 통하여 권한의 '유무'뿐만 아니라 그 범위에 관한 다툼에 대하여도 심판한다. 다만, 헌법재판소는 입법권한 또는 합목적적 재량으로 새로운 경계를 창설할 권한은 없기 때문에 관습법을 포함한 기존의 법령에 의거하여 지방자치단체의 관할구역을 획정할 수 밖에 없다고 한다.155)

사례

⊙ 헌재 2009. 5. 28. 2006헌라6 : "피청구인(행정안전부장관)이 2006. 9. 14.부터 2006. 9. 29.까지 청구인(서울특별시)의 [별지] 목록 기재의 자치사무에 대하여 실시한 정부합동감사는 헌법 및 지방자치법에 의하여 부여된 청구인의 지방자치권을 침해한 것이다."

⊙ 헌재 2009. 10. 29. 2009헌라8등 : "2. 피청구인 국회의장이 2009. 7. 22. 15:35경 개의된 제283회 국회임시회 제2차 본회의에서 '신문 등의 자유와 기능보장에 관한 법률 전부 개정법률안'의 가결을 선포한 행위 및 '방송법 일부개정법률안'의 가결을 선포한 행위는 청구인들의 법률안 심의·표결권을 침해한 것이다."

⊙ 헌재 2010. 6. 24. 2005헌라9등 : "2. 부산 신항만 내 북쪽 컨테이너부두 13선석 및 그 배후부지로 조성된 공유수면 매립지 5,200,180.3㎡ 중 [별지] 도면 표시 가, 나, 다, 라, 마, 바, 사의 각 점을 순차 연결한 선의 왼쪽(북서쪽) 부분에 대한 관할권한은

155) 헌재 2010. 6. 24. 2005헌라9, 공보 165, 1086, 1100. 다만, 헌법재판소는 앞에서도 보았듯이 2015. 7. 30. 선고한 2010헌라2 (홍성군과 태안군 등 간의 권한쟁의) 결정에서, "국가기본도상의 해상경계선은 국토지리정보원이 국가기본도상 도서 등의 소속을 명시할 필요가 있는 경우 해당 행정구역과 관련하여 표시한 선으로서, 여러 도서 사이의 적당한 위치에 각 소속이 인지될 수 있도록 실지측량 없이 표시한 것에 불과하다."는 이유로, 이 해상경계선을 공유수면에 대한 불문법상 행정구역에 경계로 인정해 온 종전의 결정(헌재 2004. 9.23. 2000헌라2; 헌재 2006.8.31. 2003헌라1 등)을 변경하였다.

청구인 겸 피청구인 경상남도, 경상남도 진해시에 있고, 위 선의 오른쪽(남동쪽) 부분에 대한 관할권한은 피청구인 겸 청구인 부산광역시, 부산광역시 강서구에 있음을 확인한다."

---

(3) 처분의 취소 또는 무효확인, 부작위의 위헌확인 또는 위법확인

헌법재판소는 권한의 유무 또는 범위를 확정한 이후에 피청구기관의 처분 또는 부작위가 청구인의 권한을 침해하였을 때에는 피청구인의 처분을 취소하는 설정 또는 처분의 무효를 확인하는 결정을 내릴 수 있고, 헌법재판소가 부작위에 대한 심판청구를 인용하는 결정을 한 때에는 피청구인은 결정취지에 따른 처분을 하여야 한다(법 제66조 제2항).

'권한의 유무 및 범위'에 관하여는 법 제66조 제1항에 의하여 헌법재판소가 필요적으로 판단해야 하지만, 동조 제2항은 헌법재판소에게 재량을 부여하고 있으므로, 재판부의 재량에 따라 제2항에 의한 주문이 필요하다고 판단되면 제1항의 주문에 '부가적으로' 처분의 취소나 무효확인을 할 수 있다.[156] 그러나 부작위의 경우에는 부작위의 위헌 또는 위법을 확인하는 문안을 취할 수밖에 없을 것이다.

이러한 취소 또는 무효확인결정은 청구인의 신청 또는 헌법재판소의 식권으로 내릴 수 있다. 부작위의 경우에는 "피청구인이 (…)를 청구인에게 행하지 아니하는 부작위는 위법(또는 위헌)임을 확인한다." 라는 결정주문을 내게 될 것이다.

인용례

⊙ 헌재 1999. 7. 22. 98헌라4 : "1. 피청구인(경기도지사)이 1998. 4. 16. 경기도고시 제1998-142호로 행한 성남도시계획시설(서현근린공원내 골프연습장·도시계획도로)에 대한 도시계획사업시행자지정 및 실시계획인가처분 중, 동 공원구역외의 도시계획도로(등급: 소로, 류별: 3, 번호: 200, 폭원: 6m, 기능: 골프연습장 진입도로, 연장: 21m, 면적: 149㎡, 기점 및 종점: 성남시 분당구 이매동 128의 11 일원)에 대한 도시계획사업시행자지정처분은 도시계획법 제23조 제5항에 의한 청구인(성남시)의 권한을 침해한 것이다. 2. 피청구인의 위 처분은 무효임을 확인한다."

⊙ 헌재 2006. 8. 31. 2004헌라2 : "2. 피청구인(진해시)이 위 각 토지에 관하여 지방자치법 제5조에 의한 사무와 재산의 인계를 청구인에게 행하지 아니하는 부작위는

---

156) 다만, 실무상으로는 청구인들이 권한침해의 확인뿐만 아니라 처분의 취소 또는 무효확인을 청구하는 것이 통례이다.

위법함을 확인한다. 3. 피청구인이 2004. 3. 10. 진해시 용원동 1307 도로에 대한 점용을 이유로 청구외 박○원, 황○규, 김○균, 이○화, 유○옥에게 행한 각 점용료부과처분은 이를 취소한다."

---

(4) 기타

(가) 기각결정

청구인의 청구를 기각하는 경우에는 "청구인의 청구를 기각한다."라는 결정주문을 낸다.[157]

기각례

⊙ 헌재 2009. 10. 29. 2009헌라8등 : "4. 청구인들의 피청구인 국회의장에 대한 '신문 등의 자유와 기능보장에 관한 법률 전부 개정법률안', '방송법 일부개정법률안', '인터넷멀티미디어 방송사업법 일부개정법률안' 및 '금융지주회사법 일부개정법률안'의 각 가결선포행위에 관한 무효확인 청구를 모두 기각한다."

[위 내용 중 '신문법안' 가결선포행위(청구인들의 심의·표결권 침해에 대하여 7:2로 인용)의 경우 기각의견 6인, 인용의견 3인이었고, '방송법안' 가결선포행위(청구인들의 심의·표결권 침해에 대하여 6:3으로 인용)의 경우 기각의견 7인, 인용의견 2인이었다. 한편 인터넷멀티미디어법안 및 금융지주회사법안 가결선포행위의 경우 청구인들의 심의·표결권 침해여부에 대하여 기각의견 5인, 인용의견 4인이었기 때문에 무효확인 청구에 대하여는 판단하지 않았다.]

⊙ 헌재 2010. 11. 25. 2009헌라12 : "청구인들의 이 사건 심판청구를 모두 기각한다."

[이 사건은 피청구인(국회의장)의 법률안 가결선포행위가 국회의원인 청구인들의 법률안 심의·표결권을 침해한다는 확인결정(위 헌재 2009. 10. 29. 2009헌라8등) 이후, 위 권한침해 확인결정의 기속력에 따라 피청구인이 청구인들에게 위 법률안에 대하여 심의·표결권을 행사할 수 있는 조치를 취하여야 함에도, 피청구인이 아무런 조치를 취하지 않고 있는 부작위가 청구인들의 위 법률안 심의·표결권을 침해하는 것이라며 제기한 사건인데, 헌법재판소는 재판관 4인은 각하의견을, 1인은 기각의견을, 4인은 인용의견을 각 제시하였으나 어느 의견도 독자적으로는 법 제23조 제2항이 정한 권한쟁의심판의 심판정족수를 충족하지 못한다는 이유로 기각결정을 선고하였다.]

(나) 심판절차종료선언

헌법재판소는 권한쟁의심판의 청구인이 심판청구를 **취하**하거나 **사망**한 경우,

---

157) 헌재 1997. 7. 16. 96헌라2, 판례집 9-2, 154, 158 참조.

그리고 그 **직의 상실**로 인하여 청구인능력을 상실한 경우에 전술한 헌법소원의 경우와 같이 (구)민사소송법 제239조의 규정에 따라 심판절차가 종료되었다는 선언을 하였다.

사례

⊙ 헌재 2001. 6. 28. 2000헌라1 : 법 제40조 제1항은 "헌법재판소의 심판절차에 관하여는 이 법에 특별한 규정이 있는 경우를 제외하고는 민사소송에 관한 법령의 규정을 준용한다. 이 경우 탄핵심판의 경우에는 형사소송에 관한 법령을, 권한쟁의심판 및 헌법소원심판의 경우에는 행정소송법을 함께 준용한다."고 규정하고, 같은 조 제2항은 "제1항 후단의 경우에 형사소송에 관한 법령 또는 행정소송법이 민사소송에 관한 법령과 저촉될 때에는 민사소송에 관한 법령은 준용하지 아니한다."고 규정하고 있다. 그런데 법이나 행정소송법에 권한쟁의심판청구의 취하와 이에 대한 피청구인의 동의나 그 효력에 관하여 특별한 규정이 없으므로, 소의 취하에 관한 민사소송법 제239조(개정 민사소송법 제266조)는 이 사건과 같은 권한쟁의심판절차에 준용된다고 보아야 한다.

[**주문** : "이 사건 권한쟁의심판절차는 청구인들의 심판청구의 취하로 2001. 5. 8. 종료되었다."]

⊙ 헌재 2010. 11. 25. 2009헌라12 : 직권으로 살피건대, 청구인 이○삼은 헌법재판소에 이 사건 권한쟁의심판절차가 계속중이던 2010. 1. 20. 사망하였음이 당 재판소에 현저하다. (…) 그런데 위 청구인은 법률안 심의·표결권의 주체인 국가기관으로서의 국회의원 자격으로 이 사건 권한쟁의심판을 청구한 것인바, <u>국회의원의 법률안 심의·표결권은 성질상 일신전속적인 것으로 당사자가 사망한 경우 승계되거나 상속될 수 있는 것이 아니다</u>. 따라서 그에 관련된 이 사건 권한쟁의심판절차 또한 수계될 수 있는 성질의 것이 아니므로, 위 청구인의 이 사건 심판청구는 위 청구인의 사망과 동시에 당연히 그 심판절차가 종료되었다고 할 것이다.

[**주문** : "1. 청구인 이○삼의 이 사건 권한쟁의심판절차는 2010. 1. 20. 위 청구인의 사망으로 종료되었다."]

⊙ 헌재 2016. 4. 28. 2015헌라5 : 직권으로 살피건대, 청구인 박○은이 헌법재판소에 이 사건 권한쟁의심판절차가 계속 중이던 2015. 12. 24. 징역 6월에 집행유예 1년 등의 형이 확정됨으로써 국회의원직을 상실하였음은 당 재판소에 현저한 사실이다. 위 청구인은 입법권의 주체인 국회의 구성원으로서, 또한 법률안 심의·표결권의 주체인 국회의원 자격으로서 이 사건 권한쟁의심판을 청구한 것인바, 국회의원의 국회에 대한 소송수행권(이는 아래에서 보는 바와 같이 인정되지 아니한다) 및 국회의원의 법률안 심의·표결권은 성질상 일신전속적인 것으로서 국회의원직을 상실한 경우 승계되거나 상속될 수 있는 것이 아니다. (…) 따라서 청구인 박○은의 이 사건 권한쟁의심판절차는 2015. 12. 24. 위 청구인의 국회의원직 상실로 종료되었으므로, 이를 명

확하게 하기 위하여 심판절차종료를 선언한다.

[**주문** : "1. 청구인 박O은의 이 사건 권한쟁의심판절차는 2015. 12. 24. 위 청구인의 국회의원직 상실로 종료되었다."]

다. 결정의 효력

헌법재판소의 권한쟁의심판의 결정은 모든 국가기관과 지방자치단체를 기속한다(법 제67조 제1항). 그러므로 국가기관이나 지방자치단체는 헌법재판소가 법 제66조 제2항에 의거한 처분의 취소 또는 무효확인 결정이나, 부작위 위법확인 또는 위헌확인 결정을 내린 경우에는 관련된 처분이나 부작위를 결정내용에 맞추어 시정하여야 한다. 다만, 권한침해의 확인결정만 내린 경우에는 논란이 있다.[158]

다른 국가기관이나 지방자치단체도 헌법재판소의 결정을 준수하고 집행하여야 한다. 그러나 국가기관 또는 지방자치단체의 처분을 취소하는 결정은 그 처분의 상대방에 대하여 이미 생긴 효력에는 영향을 미치지 아니한다(법 제67조 제2항). 이 조항은 처분의 유효성을 믿은 제3자의 법적 지위를 보호하기 위하여 법적안정성의 관점에서 처분의 상대방인 제3자에 대한 관계에서는 취소결정의 '소급효'를 제한하기 위한 것이다. 즉, 청구인·피청구인·제3자의 3각관계가 형성된 경우에 청구인과 피청구인 간의 권한분쟁으로 인하여 선의의 제3자에게 피해를 끼치게 할 수 없다는 고려를 반영한 것이다. 그러므로 처분의 상대방이 청구인이어서 제3자의 법적 지위에 대한 영향이 있을 수 없는 경우에는 이 조항이 적용되지 않는다.[156]

158) 앞에서 본 바와 같이 헌법재판소는, 피청구인(국회의장)의 법률안 가결선포행위가 국회의원인 청구인들의 법률안 심의·표결권을 침해한다는 확인결정(헌재 2009.10.29. 2009헌라8 등) 이후 위 권한침해 확인결정의 기속력에 따라 피청구인이 청구인들에게 위 법률안에 대하여 심의·표결권을 행사할 수 있는 조치를 취하여야 함에도 피청구인이 아무런 조치를 취하지 않고 있는 부작위가 청구인들의 위 법률안 심의·표결권을 침해하는 것이라며 제기한 권한쟁의 사건에서, 재판관 4인은 각하의견을, 1인은 기각의견을, 4인은 인용의견을 각 제시하였는바, 어느 의견도 독자적으로는 법 제23조 제2항이 정한 권한쟁의심판의 심판정족수를 충족하지 못한다는 이유로 기각결정을 선고하였다.(헌재 2010.11.25. 2009헌라12)

156) 한수웅 집필부분, 주석 헌법재판소법, 헌법재판소 헌법재판연구원, 2015, 947-948면. 同旨, 김하열, 전게서(2016), 660면.

제7장 彈劾審判

1. 개관

가. 탄핵심판절차의 의의, 목적 및 기능

탄핵심판이란 일반적인 사법절차나 징계절차에 따라 소추하거나 징계하기가 곤란한 행정부의 고위직 공무원이나 법관 등과 같이 신분이 보장된 공무원이 직무상 중대한 비위를 범한 경우에 이를 의회가 소추하여 처벌하거나 파면하는 절차로서,[1] 고위직공직자에 의한 헌법침해로부터 헌법을 보호하기 위한 헌법재판제도이다.[2] 즉, 탄핵심판제도는 대통령을 비롯한 고위직공직자를 대상으로 그 법적인 책임을 헌법이 정하는 특별한 소추절차에 따라 추궁함으로써 헌법을 보호하는 제도이다.

역사적으로 탄핵심판제도는 권력분립원리를 실현함에 있어서 의회가 행정부와 사법부를 견제하고 통제하기 위한 수단으로 발전된 것이다.[3] 그러나 오늘날 우리나라의 탄핵제도는 국회의 통제기능적 측면보다 헌법재판소에 의한 헌법보호제도의 기능이 더 강조되고 있다.[4]

현행헌법상 탄핵심판의 대상이 되는 공직자 중 국무총리·국무위원·행정각부의 장의 경우에는 국회에서 해임 '의결'의 대상이 아니라 해임 '건의'의 대상이 되는 것에 지나지 않으므로(제63조), 탄핵심판제도에 의해 그 법적 책임을 물을 수 있

---

1) 헌재 1996. 2. 29. 93헌마186, 판례집 8-1, 111, 118.

2) 일반적인 탄핵제도의 연혁(입법례)과 모델유형에 대한 유익한 소개로 정종섭, "탄핵심판에 있어 헌법재판소의 탄핵여부결정권", 헌법실무연구 제6권, 박영사, 2005.12, 189면 이하 참조.

3) 탄핵제도의 기원과 영국, 미국, 독일, 프랑스, 일본 등 각국의 탄핵제도에 대한 유용한 설명은 김하열, "탄핵심판에 관한 연구", 박사학위논문, 고려대학교 대학원, 2005.12, 8-46면 참조.

4) 이승우외, 탄핵심판제도에 관한 연구 (헌법재판연구 제12권), 헌법재판소, 2001, 7·145면.

다는 점에서 탄핵심판제도는 현실적인 의미도 가지고 있다.[5)]

탄핵심판절차의 목적과 기능에 대하여 헌법재판소는, "헌법 제65조는 행정부와 사법부의 고위공직자에 의한 헌법위반이나 법률위반에 대하여 탄핵소추의 가능성을 규정함으로써, 그들에 의한 헌법위반을 경고하고 사전에 방지하는 기능을 하며, 국민에 의하여 국가권력을 위임받은 국가기관이 그 권한을 남용하여 헌법이나 법률에 위반하는 경우에는 다시 그 권한을 박탈하는 기능을 한다. 즉, 공직자가 직무수행에 있어서 헌법에 위반한 경우 그에 대한 법적 책임을 추궁함으로써 헌법의 규범력을 확보하고자 하는 것이다."라고 판시하였다.[6)]

학설 중에는 탄핵의 기본이념은 주권자의 의사인 헌법과 법률에 반하는 위헌·위법행위를 한 행정부(대통령 포함)와 사법부의 공직자를 문책해 파면함으로써 주권자의 의사를 공고히 하는 데 있으며, 따라서 탄핵의 궁극적 기준은 의회의 의지가 아니라 주권자의 의사이며, 주권자의 의사는 시시각각 조사되는 여론의 동향이 아니라 적법한 절차를 거쳐 입법화된 헌법과 법률이고, 이러한 의미에서 탄핵은 심각하게 침해된 헌법과 법률을 올바르게 세우는 데 그 의의가 있다는 견해[7)]가 있다.[8)]

또한 정당제도가 발달된 오늘날, 여당이 원내 과반의 다수당인 경우에는 역사적 유물로서 장식적 의미를 가지는 데 불과하다고 할 수 있으나, 군소정당의 난립이나 야당이 국회의 다수의석을 차지한 경우에는 매우 무섭고 강력한 무기가 된다는 점에서, 정치적으로는 국회가 가지는 통제권이라기보다는 "야당의 무기"라는 평가를 하기도 한다.[9)]

나. 우리나라 탄핵심판제도의 연혁

탄핵심판제도는 1948년 제헌헌법 이래로 계속 존속되어 온 제도이다.[10)] 정

5) 헌법재판실무제요, 헌법재판소, 2008, 354면.

6) 헌재 2004. 5. 14. 2004헌나1, 판례집 16-1, 609, 632.

7) 조지형, "탄핵, 감시권력인가 정치적 무기인가", 책세상, 2004, 13-14면.

8) 탄핵제도를 민주주의원리, 법치주의원리, 그리고 사법권의 독립 등 헌법원리와 관련하여 설명하고 있는 견해로 김하열, 전게논문(2005.12), 62-70면 참조.

9) 송기춘, "우리 헌법상 대통령 탄핵제도에 관한 소고", 공법연구 제32집 제5호, 한국공법학회, 2004.6, 414-415면.

10) 왕조시대의 탄핵제도를 비롯한 우리나라의 탄핵제도의 역사 및 변천에 대하여는 김하열,

치적 상황의 변화에 따라, 그리고 이에 따른 여러 차례의 헌법개정으로 말미암아 탄핵의 대상, 소추기관 및 심판기관이 변천을 겪게 되었지만 탄핵의 사유는 동일하게 유지되었다. 탄핵제도에 관한 규범으로는 헌법 제65조(국회의 탄핵소추권), 그리고 법 제111조 제1항 제3호(헌법재판소의 탄핵심판권)와 이를 구체화한 국회법 제130조 내지 134조(탄핵소추절차), 법 제48조 내지 제54조(탄핵심판절차)가 있다. 현행헌법은 탄핵심판에 관해서 소추기관과 심판기관을 나누어서 국회에게는 '소추권'을, 그리고 헌법재판소에는 그 '심판권'을 맡기고 있다.[11]

이와 같이 우리 헌법이 탄핵권을 소추권과 심판권으로 나누어 전자를 국회에 주고 후자를 헌법재판소에 주고 있는 것은, 의회사법(議會司法)의 개념으로 탄핵제도가 의회를 중심으로 발전하였다는 연혁적인 이유와 탄핵의 대상이 갖는 고도의 정치성을 고려한 현실적 이유, 그리고 실질적으로 사법작용에 해당하는 탄핵심판을 독립적인 기관인 헌법재판소가 담당하는 것이 바람직하다는 이론적인 이유에서 정당화되고 있다.[12]

현행헌법상 탄핵심판제도는 형사처벌적 성질의 것이 아니고 징계적 제재의 성질을 가지는 것이다. 다만, 탄핵심판절차는 고유한 목적과 기능, 성격을 지닌 헌법절차라고 보아야 할 것이다. 독일에서도 연방헌법재판소의 탄핵절차를 형사절차와 외양상 일정한 유사성을 지니고 있지만 전적으로 헌법적 성격을 갖는 절차라고 한다.[13]

우리 헌정사의 탄핵사건으로는 1985년 10월 18일 신민당소속 국회의원 102명이 발의한 당시의 대법원장(유태흥)에 대한 탄핵소추결의안이 있었는데, 이 결의안은 같은 달 21일 국회 본회의에서 부결되었다. 한편, 1994년 12월 19일에는 당시의 검찰총장(김도언)에 대한 탄핵소추안이 국회 본회의에서 부결되었다. 그 외에도 1998년 이후 검찰총장 및 대검차장에 대한 탄핵소추안이 여러 차례 발의된 적이 있었다.[14]

전게논문(2005.12), 46-61면 참조.

11) 이와 같은 유형을 정종섭 교수는 탄핵제도의 모델 중 '민주주의'와 '법치주의'의 결합모델, 그 중에서도 "균형모델"로 소개하고 있다. 정종섭, 전게논문(2005.12), 204·207면.

12) 헌법재판연구 제12권(2001), 144면.

13) K. Schlaich, (정태호 번역), *Das Bundesverfassungsgericht,* 독일연방헌법재판소, 헌법재판소, 1999, 233면; 김하열, 전게논문(2005.12), 182면.

14) 이와 같이 외국의 예와는 달리 검찰의 고위공무원에 대한 탄핵시도가 많았던 것은, 우리나라의 경우 검찰권행사에 대한 통제장치가 제대로 갖추어지지 않았기 때문인 것으로 볼 수

그리고 드디어 2004. 3. 12. 국회에서 노무현 대통령에 대한 탄핵소추의결이 이루어져 같은 해 5. 14. 헌법재판소의 판단(기각결정)을 받기에 이르렀다.[15] 이 사건은 우리 헌정사상 최초의 탄핵심판 사건이다. 두 번째로는 2016. 12. 9. 국회에서 탄핵소추의결이 이루어져 2017. 3. 10. 헌법재판소에서 인용결정(파면결정)이 내려진 박근혜 대통령 탄핵사건이다.[16]

2. 탄핵의 대상과 사유

가. 탄핵의 대상이 되는 공직자

현행헌법 제65조 제1항과 법 제48조는 탄핵의 대상이 되는 공직자로서 대통령,[17] 국무총리, 국무위원, 행정각부의 장, 헌법재판소 재판관,[18] 법관,[19] 중앙선거관리위원회 위원, 감사원장, 감사위원 기타 법률이 정하는 공무원을 들고 있다. 헌법재판소 재판관이 탄핵대상이 되는 경우에는 재판관 3인 이상을 동시에 소추할 수 없다(법 제23조 제1항, 제50조). '기타 법률이 정하는 공무원'에 어떤 공무원이 속하는지에 관해 여러 견해가 있으나, 현행법상 검찰청법 제37조[20]의 검사의 신분보장규정에 의거하여 검사를 탄핵대상으로 예상할 수 있으며, 그 밖에 경찰청장(경찰법 제11조 제6항),[21] 각급 선거관리위원회 위원(선거관리위원회법 제9조 제2호)[22]이 여기에 속한다고 볼 수 있다.

15) 헌재 2004. 5. 14. 2004헌나1, 판례집 16-1, 609 이하.

16) 헌재 2017. 3. 10. 2016헌나1, 공보 245, 367 이하.

17) 대통령 권한대행의 경우에도 탄핵소추의 대상이 된다는 의견으로 정종섭, 헌법소송법, 박영사, 2010, 418면; 송기춘, 전게논문(2004.6), 416면.

18) 독일은 연방헌법재판소 재판관을 탄핵의 대상에서 제외하는 대신, 재판관의 직에 근무할 수 없는 중대한 의무위반행위 등의 특정한 사유가 있을 때 연방헌법재판소 전원합의체(Plenum)의 결정으로 절차를 개시하여 재판관 3분의 2의 찬성으로 재판관 파면의 권한을 연방대통령에게 수권할 수 있도록 하고 있다. 김하열, 전게논문(2005.12), 111면.

19) 군사법원법상의 군판사는 군사법원의 "재판관"일 뿐, 탄핵대상인 "법관"이라고 할 수 없다는 견해로 김하열, 전게논문(2005.12), 110면 참조.

20) 검찰청법 제37조(신분보장) 검사는 **탄핵**이나 금고 이상의 형을 선고받은 경우를 제외하고는 파면되지 아니하며, 징계처분이나 적격심사에 의하지 아니하고는 해임·면직·정직·감봉·견책 또는 퇴직의 처분을 받지 아니한다.

21) 경찰법 제11조(경찰청장) ⑥경찰청장이 그 직무집행에 있어서 헌법이나 법률을 위배한 때에는 국회는 **탄핵**소추를 의결할 수 있다.

있을 것이다.

나. 탄핵의 사유

헌법 제65조 제1항과 법 제48조는 탄핵의 사유를 탄핵의 대상이 되는 공직자에 따라 달리 규정하지 않고, "그 직무집행에 있어서 헌법이나 법률을 위배한 때"라고 하여 이를 포괄적으로 규정하고 있다. 그리하여 특히 우리 헌법상 대통령에 대한 탄핵사유는 세계 어느 나라보다도 그 요건이 폭넓게 규정되어 있다.[23]

헌법은 탄핵소추 사유를 '헌법이나 법률을 위배한 경우'라고 명시하고 헌법재판소가 탄핵심판을 관장하게 함으로써 탄핵절차를 정치적 심판절차가 아닌 규범적 심판절차로 규정하고 있다. 탄핵제도는 누구도 법 위에 있지 않다는 법의 지배 원리를 구현하고 헌법을 수호하기 위한 제도이다. 국민에 의하여 직접 선출된 대통령을 파면하는 경우 상당한 정치적 혼란이 발생할 수 있지만 이는 국가공동체가 자유민주적 기본질서를 지키기 위하여 불가피하게 치러야 하는 민주주의의 비용이다.[24]

(1) 직무집행의 의미

여기서 직무란 법제상 소관직무의 고유업무 및 통념상 이와 관련된 업무를 말한다. 따라서 직무상의 행위란, 법령·조례 또는 행정관행·관례에 의하여 그 지위의 성질상 필요로 하거나 수반되는 모든 행위나 활동을 의미한다.[25] 즉, 순수한 직무행위 그 자체만을 뜻하는 것은 아니고 직무행위의 외형을 갖춘 행위까지

22) 선거관리위원회법 제9조(위원의 해임사유) 각급선거관리위원회의 위원은 다음 각호의 1에 해당할 때가 아니면 해임·해촉 또는 파면되지 아니한다.
2. **탄핵**결정으로 파면된 때

23) 송기춘, 전게논문(2004.6), 429면.

24) 헌재 2017. 3. 10. 2016헌나1, 공보 245, 367, 376.

25) 이에 따라 대통령의 직무상 행위는 법령에 근거한 행위뿐만 아니라, '대통령의 지위에서 국정수행과 관련하여 행하는 모든 행위'를 포괄하는 개념으로서, 예컨대 각종 단체·산업현장 등 방문행위, 준공식·공식만찬 등 각종 행사에 참석하는 행위, 대통령이 국민의 이해를 구하고 국가정책을 효율적으로 수행하기 위하여 방송에 출연하여 정부의 정책을 설명하는 행위, 기자회견에 응하는 행위 등을 모두 포함한다.(헌재 2004.5.14. 2004헌나1, 판례집 16-1, 609, 633)

도 포함한다. 결과적으로 직무집행과 관계가 없는 행위는 탄핵의 대상이 될 수 없다.

따라서 직무취임 전이나 퇴직 후의 행위는 탄핵의 사유가 되지 아니한다. 헌법재판소도, "헌법 제65조 제1항은 '대통령 (…)이 그 직무집행에 있어서'라고 하여, 탄핵사유의 요건을 '직무'집행으로 한정하고 있으므로, 위 규정의 해석상 대통령의 직위를 보유하고 있는 상태에서 범한 법위반 행위만이 소추사유가 될 수 있다고 보아야 한다. 따라서 당선후 취임시까지의 기간에 이루어진 대통령의 행위도 소추사유가 될 수 없다. 비록 이 시기 동안 '대통령직 인수에 관한 법률'에 따라 법적 신분이 '대통령당선자'[26]로 인정되어, 대통령직의 인수에 필요한 준비작업을 할 수 있는 권한을 가지게 되나 이러한 대통령당선자의 지위와 권한은 대통령의 직무와는 근본적인 차이가 있고,[27] 이 시기 동안의 불법정치자금 수수 등의 위법행위는 형사소추의 대상이 되므로,[28] 헌법상 탄핵사유에 대한 해석을 달리할 근거가 없다."고 하였다.[29]

탄핵소추절차가 개시된 이후에 탄핵소추를 면탈하게 하기 위하여 임명권자가 피소추자를 전직(轉職)시킨 경우에는, 전직 이전의 행위는 현직중의 행위로 볼 것이다. 이 경우 탄핵결정을 받게 되면 현직에서 파면된다.[30]

(2) '헌법이나 법률을 위배한 때'의 의미

여기서 "헌법"이라 함은 형식적 의미의 헌법뿐만 아니라 헌법적 관행도 포함한다. 따라서 헌법상의 명문규정은 물론이고, 합리적 해석에 의하여 파악할 수

---

26) '대통령직 인수에 관한 법률'은 "대통령당선인"으로 부르고 있다.

27) 이에 대하여 권영성 교수는 대통령 당선전의 행위는 탄핵소추의 사유가 되지 아니하나, 대통령당선자는 당선자결정과 동시에 '대통령직 인수에 관한 법률'의 규정에 따라 갖가지 헌법적 권한을 행사하고 헌법적 보호와 예우를 받게 되므로, 당선자신분을 취득한 이후에 행하는 행위는 '직무집행과 관련된 것'으로 간주되어 탄핵소추의 사유가 될 수 있다고 한다. 권영성, 헌법학원론, 법문사, 2010, 916면. 나아가 대통령의 임기 개시 전이라도 그것이 대통령이 되기 위한 당내경선, 대통령선거과정, 또는 대통령직 인수과정에서의 위헌 또는 위법행위라면 '직무부수행위'로서 직무집행에 속하는 것으로 판단해야 할 것이라는 견해로 송기춘, 전게논문(2004.6), 421면 참조.

28) 헌법 제84조는 "대통령은 내란 또는 외환의 죄를 범한 경우를 제외하고는 재직중 형사상의 소추를 받지 아니한다."고 규정하고 있다.

29) 헌재 2004. 5. 14. 2004헌나1, 판례집 16-1, 609, 651-652.

30) 실무제요(2008), 356면.

있는 헌법상의 기본원칙뿐만 아니라 판례나 관행에 의하여 확립된 불문헌법도 이에 해당한다.[31]

헌법재판소는 노무현 대통령에 대한 탄핵사건에서 헌법 제66조 제2항(헌법수호 책무), 제69조(취임선서에 의한 의무)에 규정된 대통령의 "헌법을 준수하고 수호해야 할 의무"도 법적 탄핵사유로 인정하였다.[32] 이에 대하여는, 헌법 제66조나 제69조를 대통령에 대한 무제한한 탄핵의 근거로 삼는다면, 이는 동 조항과 같은 포괄적 탄핵근거조항의 적용을 받지 않는 다른 탄핵대상자에 비하여 대통령을 탄핵에 보다 취약하게 만드는 것으로서 형평에 맞지 않을 뿐만 아니라 대통령의 지위, 대통령 탄핵에 있어 가중정족수를 요구하는 우리 헌법의 취지에도 반한다는 견해가 있다.[33]

"법률"도 형식적 의미의 법률뿐만 아니라 법률과 동등한 효력을 가지는 국제조약, 일반적으로 승인된 국제법규 그리고 긴급명령, 긴급재정경제명령 등도 포함된다. 헌법이나 법률을 위배한 때에 국한되기 때문에,[34] 위법차원이 아닌 부당한 정책결정행위나 정치적 무능력으로 야기되는 행위 등은 탄핵의 사유가 되지 아니한다.[35]

---

31) 실무제요(2008), 356면.

32) 헌재 2004. 5. 14. 2004헌나1, 판례집 16-1, 609, 646-647. [그런데 박근혜 대통령 탄핵사건에서는 헌법 제69조 중 '대통령으로서의 직책을 성실히 수행할' 의무 위배여부는 탄핵심판의 대상이 될 수 없다고 하였다. 헌재 2017. 3. 10. 2016헌나1 : "대통령의 '직책을 성실히 수행할 의무'는 헌법적 의무에 해당하지만, '헌법을 수호해야 할 의무'와는 달리 규범적으로 그 이행이 관철될 수 있는 성격의 의무가 아니므로 원칙적으로 사법적 판단의 대상이 되기는 어렵다. 대통령이 임기 중 성실하게 직책을 수행하였는지 여부는 다음 선거에서 국민의 심판의 대상이 될 수 있다. 그러나 대통령 단임제를 채택한 현행 헌법 하에서 대통령은 법적으로뿐만 아니라 정치적으로도 국민에 대하여 직접적으로는 책임을 질 방법이 없고, 다만 대통령의 성실한 직책수행 여부가 간접적으로 그가 소속된 정당에 대하여 정치적 반사이익 또는 불이익을 가져다 줄 수 있을 뿐이다."]

33) 김하열, 전게논문(2005.12), 144-145면.

34) 다만, 헌법재판소는 국회가 탄핵소추의결서에서 그 위반을 주장하는 '법규정의 판단'에 관하여 원칙적으로 구속을 받지 않으므로, 청구인이 그 위반을 주장한 법규정 외에 다른 관련 법규정에 근거하여 탄핵의 원인이 된 사실관계를 판단할 수 있다. 또한, 헌법재판소는 소추사유의 판단에 있어서 국회의 탄핵소추의결서에서 분류된 소추사유의 체계에 의하여 구속을 받지 않으므로, 소추사유를 어떠한 연관관계에서 법적으로 고려할 것인가의 문제는 전적으로 헌법재판소의 판단에 달려 있다.(헌재 2004.5.14. 2004헌나1, 판례집 16-1, 609, 625; 헌재 2017.3.10. 2016헌나1, 공보 245, 367, 374)

35) 헌재 2004. 5. 14. 2004헌나1, 판례집 16-1, 609, 654.

헌법과 법률을 "위배"하였다 함은 주로 직무집행에 있어서 헌법과 법률상의 권한을 유월하거나 작위·부작위의무를 이행하지 않는 것을 의미한다. 헌법이나 법률을 위반한 행위를 명시적으로 예시한 입법례도 있으나,[36] 우리 헌법은 이를 구체적으로 적시하지 않고 단지 포괄적으로 규정해 둠으로써 해석론에 맡겨 두고 있다.[37]

3. 탄핵의 소추

가. 탄핵소추의 발의

(1) 국회재적의원 3분의 1 이상 또는 과반수의 발의

탄핵소추는 국회재적의원 3분의 1 이상의 발의로 한다. 다만, 대통령에 대한 탄핵소추 발의만은 국회재적의원 과반수의 발의가 있어야 한다(헌법 제65조 제2항). 탄핵소추의 발의에는 피소추자의 성명·직위와 탄핵소추의 사유, 증거 기타 조사상 참고가 될 만한 자료를 제시하여야 한다(국회법 제130조 제3항). 탄핵소추의 발의가 있은 때에는 국회의장은 발의된 후 처음 개의하는 본회의에 보고하고 본회의는 의결로 법제사법위원회에 회부하여 조사하게 할 수 있다(국회법 제130조 제1항). 법제사법위원회가 탄핵소추의 발의를 회부받았을 때에는 지체없이 조사·보고하여야 하고, 그 조사에 있어서는 '국정감사 및 조사에 관한 법률'이 규정하는 조사의 방법 및 조사상의 주의의무규정이 준용된다(국회법 제131조 제1항, 제2항). 조사를 받는 국가기관은 그 조사를 신속히

---

36) 예컨대 미국의 경우, 연방헌법 제2조 제4항 제1절에서 "대통령, 부통령 및 미연방의 모든 공무원은 반역죄, 수뢰죄 기타의 중대한 범죄와 비행(treason, bribery, or other high crimes and misdemeanors)에 의해 탄핵되어 유죄판정을 받는 경우에는 파면된다."고 규정하고 있다.

37) 이러한 현행 (헌)법의 태도에 대하여는 "현재의 제도를 평가하자면, 우선 현행 제도는 탄핵제도가 제 기능을 발휘할 수 없을 만큼 억제된 형태를 띠고 있다. 파면의 실체적 요건인 위법행위에 '직무관련성'을 추가하는 것은 비교법적으로 찾아보기 어렵다. 직무관련성의 추가로 인하여 탄핵의 사유는 현저하게 축소되어 있고, 국정운영은 그만큼 왜곡된다. 헌법재판소는 이런 직무관련성이 가지는 제도왜곡의 위험을 인정하고 직무관련성을 덜 엄격하게 해석하고 있으나 직무관련성이라는 요소가 탄핵제도를 왜곡하기는 마찬가지다. 직무관련성을 폐지하고, 탄핵사유가 되는 불법행위를 구체적으로 적시하는 것이 타당하다."고 비판하는 견해가 있다. 정종섭, 전게논문(2005.12), 212-213면.

완료시키기 위하여 충분한 협조를 하여야 한다(국회법 제132조).

탄핵소추 발의요건과 관련하여 이와 같은 현행 (헌)법의 태도에 대하여는, 우리 헌법은 대통령을 국회의 견제 또는 야당의 정치적 공세로부터 가능한 보호하려는 태도라고 보아 긍정적으로 평가하는 견해가 있는가 하면,[38] "탄핵대상자에 따라 탄핵소추에서 난이도를 달리 하는 것이 타당한가 하는 점도 검토할 필요가 있다. 난이도를 달리 하는 경우에도 현행 제도와 같이 대통령에 대한 탄핵을 매우 어렵게 하는 것이 대통령제에서의 대통령에 대한 권력통제로 타당한 것인지에 대해서도 재검토할 필요가 있다. 탄핵대상자에 따른 개별화의 작업은 직무의 계속수행 여부의 판단에서 이루어지는데, 굳이 탄핵소추의 단계에서 진입장벽을 굳게 설치할 필요가 있는가 하는 문제이다. 미합중국의 경우에는 탄핵대상자에 관하여 구별을 두지 않는 점을 음미할 필요가 있다. 의원내각제에서는 내각불신임제도가 있지만 대통령제에서는 이러한 효과적인 통제장치가 없고 이를 대신하는 것이 그나마 탄핵제도임을 고려하면 탄핵제도는 활성화하는 것이 필요하다."는 비판적인 견해[39]가 있다.

(2) 적법절차의 적용여부

헌법재판소는 노무현 대통령에 대한 탄핵심판 사건에서, 「국회가 탄핵소추를 하기 전에 소추사유에 관하여 충분한 조사를 하는 것이 바람직하나, ①국회법 제130조 제1항에 의하면 "탄핵소추의 발의가 있은 때에는 (…) 본회의는 의결로 법제사법위원회에 회부하여 조사하게 할 수 있다."고 하여, 조사의 여부를 국회의 재량으로 규정하고 있으므로 이 사건에서 국회가 별도의 조사를 하지 않았다 하더라도 헌법이나 법률을 위반하였다고 할 수 없고, 한편 ②국회의 탄핵소추절차는 국회와 대통령이라는 헌법기관 사이의 문제이고 국회의 탄핵소추의결에 의하여 사인으로서의 대통령의 기본권이 침해되는 것이 아니라 국가기관으로서의 대통령의 권한행사가 정지되는 것이어서, 국가기관이 국민과의 관계에서 공권력을 행사함에 있어서 준수해야 할 법원칙으로서 형성된 적법절차의 원칙을 국가기관에 대하여 헌법을 수호하고자 하는 탄핵소추절차에는 직접 적용할 수 없다고 할 것이고, ③그 외 달리 탄핵소추절차와 관련하여 피소추인에게 의견진

38) 헌법재판연구 제12권(2001), 157면.
39) 정종섭, 전게논문(2005.12), 213면.

술의 기회를 부여할 것을 요청하는 명문의 규정도 없다.」는 이유로,[40] "피청구인[41]에게 혐의사실을 정식으로 고지하지도 않았고 의견제출의 기회도 부여하지 않았으므로 적법절차원칙에 위반된다."는 피청구인의 주장을 배척하였다.[42]

이에 대하여는, 헌법재판소가 적법절차원칙을 국가공권력과 국민과의 관계에서 요구되는 절차인 것으로 제한적으로 보고 있는 점에서 심각한 문제점이 있다는 비판이 있다. 즉, 적법절차원칙은 '형사절차적 적법성의 보장원리'에서 출발하였지만 오늘날에는 모든 국가작용, 즉 '입법절차적 적법성의 보장원리'는 물론이고 '행정절차적 적법성의 보장원리'로까지 발전한 것으로서, 여기에서 입법절차는 협의의 법률제정 절차만을 의미하는 것이 아니라 국회의 모든 의결절차를 의미하기 때문이라는 것이다.[43]

또한 이러한 입장은 적법절차원칙이 "형사절차상의 제한된 범위 내에서만 적용되는 것이 아니라, 국가작용으로서 기본권제한과 관련되든 아니든 모든 입법작용 및 행정작용에도 광범위하게 적용된다."고 한 헌법재판소의 기존 판례들[44]과 저촉될 뿐만 아니라, 탄핵절차든 징계절차든 공직자가 직무상 위법행위로 피혐의자의 신분이 될 경우 그는 국가기관 담당자로서의 지위와 개인의

---

40) 참고로, 행정절차법은 "국회 또는 지방의회의 의결을 거치거나 동의 또는 승인을 얻어 행하는 사항"에 대하여는 적용되지 않는다.(동법 제3조 제2항 제1호)

41) '대통령 노무현' (헌재 2004.5.14. 2004헌나1, 판례집 16-1, 609, 620)

42) 헌재 2004. 5. 14. 2004헌나1, 판례집 16-1, 609, 629·631·632. 同旨, 헌재 2017. 3. 10. 2016헌나1, 공보 245, 367, 375. 한편, 헌법재판소는 헌재 2008. 1. 17. 2007헌마700 [중앙선거관리위원회 위원장(피청구인)이 청구인(노무현)에게 한 2007. 6. 7.자 '대통령의 선거중립의무 준수요청 조치'와 2007. 6. 18.자 '대통령의 선거중립의무 준수 재촉구 조치'(이 사건 조치)에 대한 헌법소원] 사건에서, "각급 선거관리위원회의 의결을 거쳐 행하는 사항에 대하여는 원칙적으로 행정절차에 관한 규정이 적용되지 않는바(행정절차법 제3조 제2항 제4호), 이는 권력분립의 원리와 선거관리위원회 의결절차의 합리성을 고려한 것으로 보인다. 또한 선거운동의 특성상 선거법 위반행위인지 여부와 그에 대한 조치는 가능하면 신속하게 결정되어야 할 뿐 아니라, 선거관리위원회법 제14조의2의 조치가 위반행위자에 대하여 종국적 법률효과를 발생시키는 것도 아니므로, 위반행위자에게 의견진술의 기회를 보장하는 것이 반드시 필요하거나 적절하다고 보기는 어렵다. 이와 같이 선거관리의 특성, 이 사건 조치가 규율하는 행위의 성격, 이 사건 조치의 제재효과 및 기본권침해의 정도 등을 종합하여 볼 때, 청구인에게 이 사건 조치 전에 의견진술의 기회를 부여하지 않은 것이 적법절차원칙에 어긋나서 청구인의 기본권을 침해한다고 볼 수 없다."고 판시하였다.

43) 이승우, "대통령 노무현에 대한 탄핵심판결정의 평석", 헌법판례연구[6], 박영사, 2004, 269면.

44) 헌재 1992. 12. 24. 92헌가8, 판례집 4, 853, 877; 헌재 1998. 5. 28. 96헌바4, 판례집 10-1, 610, 617-618; 헌재 2001. 11. 29. 2001헌바41, 판례집 13-2, 699, 703-704.

지위를 겸유하고 있다는 점을 간과한 것이고, 같은 논리라면 징계절차에 회부된 법관이나 검사, 그 밖의 모든 공무원들에 대하여 적법절차적 보장이 전혀 불필요하다는 것이 되는데 이는 법치주의원리에 비추어 용납될 수 없다는 비판[45]이 있다.

(3) 탄핵사유의 시효 및 일사부재리

현행법은 단핵사유의 시효에 관하여는 규정하고 있지 않으므로, 국회는 탄핵대상자가 공직에 있는 한 언제든지 탄핵소추를 발의할 수 있다고 할 것이다.[46] 이에 대하여는, 장기간 복무가 예정된 법관이나 검사의 경우 아무리 오래전에 저지른 법위반행위에 대하여도 탄핵소추가 발동될 수 있다고 하는 것은 이들의 신분안정성을 위해서나, 오래된 사실관계에 대한 조사와 판단의 어려움이라는 시효제도의 관점에서 볼 때, 적정한 기간으로 시효를 설정하는 것이 타당할 것이라는 견해[47]가 있다.

한편, 이미 헌법재판소에서 탄핵심판을 받은 사건은 일사부재리 원칙에 의하여(법 제39조) 국회에서 다시 소추발의의 대상이 될 수 없다.

나. 탄핵소추의 의결

(1) 국회재적의원 과반수 또는 3분의 2 이상 찬성

탄핵소추의 의결은 국회재적의원 과반수의 찬성이 있어야 한다. 다만, 대통령에 대한 탄핵소추 의결만은 국회재적의원 3분의 2 이상의 찬성이 있어야 한다(헌법 제65조 제2항). 국회 본회의가 조사를 위하여 법제사법위원회에 회부하기로 의결하지 아니한 때에는 본회의에 보고된 때로부터 24시간 이후 72시간 이내에 탄핵소추의 여부를 무기명투표로 표결한다. 이 기간내에 표결하지 아니한 때에는 그 탄핵소추안은 폐기된 것으로 본다(국회법 제130조 제2항). 본회의의 탄핵소추의 의결은 피소추자의 성명·직위 및 탄핵소추의 사유를 표시한 문서(소추의결서)[48]로 하여

45) 김하열, 전게논문(2005.12), 162면.

46) 독일의 경우, 탄핵소추는 소추권 있는 기관이 탄핵소추의 기초가 되는 사실을 안 때로부터 3월 이내에 제기해야 한다.(연방헌법재판소법 제50조)

47) 김하열, 전게논문(2005.12), 165면.

야 한다(국회법 제133조).

헌법재판소는 노무현 대통령에 대한 탄핵심판 사건에서, '국회의 탄핵소추의결 과정에서 질의 및 토론절차를 생략하였으므로 부적법한 심판청구'라는 피청구인의 주장에 대하여, "국회법 제93조는[49] '본회의는 안건을 심의함에 있어서 질의·토론을 거쳐 표결할 것'을 규정하고 있으므로 탄핵소추의 중대성에 비추어 국회내의 충분한 질의와 토론을 거치는 것이 바람직하다. 그러나 법제사법위원회에 회부되지 않은 탄핵소추안에 대하여 '본회의에 보고된 때로부터 24시간 이후 72시간 이내에 탄핵소추의 여부를 무기명투표로 표결한다'고 규정하고 있는 국회법 제130조 제2항을 탄핵소추에 관한 특별규정인 것으로 보아, '탄핵소추의 경우에는 질의와 토론 없이 표결할 것을 규정한 것'으로 해석할 여지가 있기 때문에, 국회의 자율권과 법해석을 존중한다면 이러한 법해석이 자의적이거나 잘못되었다고 볼 수 없다."고 판시하였다.[50]

이에 대하여는, 국회법 제130조는 탄핵소추안을 법제사법위원회에 회부하여 조사하게 할 것인가의 특칙, 즉 위원회중심주의를 규정한 국회법 제81조 제1항[51]에 대한 특칙일 뿐, 질의·토론에 관한 제93조의 특칙이 아니며, 대통령 등에 대한 탄핵소추안은 국가적으로 대단히 중요한 안건인데, 이러한 안건에 관하여 법제사법위원회에 의한 조사와 보고절차를 생략하고서 다시 질의와 토론마저 생략한 채 표결한다는 것은, 국회 의사결정의 정당성을 담보할 수 있는 최

---

48) 헌재 2017. 3. 10. 2016헌나1 : "소추의결서에는 피청구인이 방어권을 행사할 수 있고 헌법재판소가 심판대상을 확정할 수 있을 정도로 사실관계를 구체적으로 기재하면 된다. (…) 탄핵소추사유도 그 대상 사실을 다른 사실과 명백하게 구분할 수 있을 정도의 구체적 사정이 기재되면 충분하다."

49) 제93조(안건심의) 본회의는 안건을 심의함에 있어서 그 안건을 심사한 위원장의 심사보고를 듣고 질의·토론을 거쳐 표결한다. 다만, 위원회의 심사를 거치지 아니한 안건에 대하여는 제안자가 그 취지를 설명하여야 하고, 위원회의 심사를 거친 안건에 대하여는 의결로 질의와 토론 또는 그 중의 하나를 생략할 수 있다.

50) 헌재 2004. 5. 14. 2004헌나1, 판례집 16-1, 609, 630-631. 그러나, 앞에서 본 유태흥 대법원장(1985년) 및 김도언 검찰총장(1994년)에 대한 탄핵소추 당시에는 모두 법제사법위원회에 회부하기 위한 동의안이 제출되었으며, 이 회부동의안의 처리를 위한 찬반토론이 진행된 바 있다.

51) 제81조(상임위원회 회부) ①의장은 의안이 발의 또는 제출된 때에는 이를 인쇄하거나 전산망에 입력하는 방법으로 의원에게 배부하고 본회의에 보고하며, 소관상임위원회에 회부하여 그 심사가 끝난 후 본회의에 부의한다. 다만, 폐회 또는 휴회 등으로 본회의에 보고할 수 없을 때에는 이를 생략하고 회부할 수 있다.

소한의 요건마저 흠결하게 되므로 질의와 토론은 생략할 수 없다는 비판[52)]이 있었다.

한편 헌법재판소는 박근혜 대통령에 대한 탄핵심판 사건에서는, "피청구인은, 이 사건 소추의결은 아무런 토론 없이 진행되었으므로 부적법하다고 주장한다. 탄핵소추의 중대성에 비추어 소추의결을 하기 전에 충분한 찬반토론을 거치는 것이 바람직하다. 그러나 국회법에 탄핵소추안에 대하여 표결 전에 반드시 토론을 거쳐야 한다는 명문 규정은 없다. 또 본회의에 상정된 안건에 대하여 토론하고자 하는 의원은 국회법 제106조에 따라 미리 찬성 또는 반대의 뜻을 의장에게 통지하고 얼마든지 토론할 수 있는데, 이 사건 소추의결 당시 토론을 희망한 의원이 없었기 때문에 탄핵소추안에 대한 제안설명만 듣고 토론 없이 표결이 이루어졌을 뿐, 의장이 토론을 희망하는 의원이 있었는데도 고의로 토론을 못하게 하거나 방해한 사실은 없다. 따라서 피청구인의 이 부분 주장도 받아들일 수 없다."고 판시하였다.[53)]

(2) 의결방법

헌법재판소에 따르면, 탄핵소추의결은 개별 사유별로 이루어지는 것이 국회의원들의 표결권을 제대로 보장하기 위해서 바람직하나 우리 국회법상 이에 대한 명문규정이 없으며, 다만 국회법 제110조[54)]는 국회의장에게 표결할 안건의 제목을 선포하도록 규정하고 있을 뿐이고 이 조항에 따르면 탄핵소추안의 안건의 제목을 어떻게 잡는가에 따라 표결범위가 달라질 수 있으므로, 여러 소추사유들을 하나의 안건으로 표결할 것인지 여부는 기본적으로 표결할 안건의 제목 설정권을 가진 국회의장에게 달려 있다.[55)] 또한 헌법재판소는 사법기관으로서 원칙적으로 탄핵소추기관인 국회의 탄핵소추의결서에 기재된 소추사유에 의하여 구속을 받는다. 따라서 헌법재판소는 탄핵소추의결서에 기재되지 아니한 소추사유를 판단의 대상으로 삼을 수 없다.[56)]

---

52) 김하열, 전게논문(2005.12), 172면.

53) 헌재 2017. 3. 10. 2016헌나1, 공보 245, 367, 375.

54) 제110조(표결의 선포) ①표결할 때에는 의장이 표결할 안건의 제목을 의장석에서 선포하여야 한다. ②의장이 표결을 선포한 때에는 누구든지 그 안건에 관하여 발언할 수 없다.

55) 헌재 2004. 5. 14. 2004헌나1, 판례집 16-1, 609, 631.

56) 헌재 2004. 5. 14. 2004헌나1, 판례집 16-1, 609, 625.

탄핵소추의 의결이 있는 때에는, 국회의장은 지체없이 소추의결서의 정본을 소추위원인 법제사법위원장에게 송달하고 그 등본을 헌법재판소·피소추자와 그 소속기관의 장에게 송달한다(국회법 제134조 제1항).

(3) 재량행위

헌법 제65조 제1항은 "대통령 (…)이 그 직무집행에 있어서 헌법이나 법률을 위배한 때에는 국회는 탄핵의 소추를 의결할 수 있다."고 규정함으로써 명문규정상 국회의 탄핵소추의결이 국회의 재량행위임을 밝히고 있고, 헌법해석상으로도 국정통제를 위하여 헌법상 국회에게 인정된 다양한 권한 중 어떠한 것을 행사하는 것이 적절한 것인가에 대한 판단권은 오로지 국회에 있다고 보아야 할 것이다.[57)]

다. 탄핵소추의 효과

(1) 권한행사의 정지

국회에서 탄핵소추가 의결되어 소추의결서가 송달된 때에는 피소추자는 헌법재판소의 심판이 있을 때까지 그 권한행사가 정지된다(헌법 제65조 제3항, 법 제50조, 국회법 제134조 제2항).[58)] 따라서 권한행사정지의 시점은 국회의 탄핵소추의결의 시점이 아니라 소추의결서가 피소추자에게 송달된 때이다. 그러나 권한행사정지의 효력이 종료하는 시점은 헌법재판소의 탄핵심판에 대한 종국결정의 송달시가 아니라 선고시로 보아야 할 것이다. 권한행사가 정지된 상태에서 임명권자는 피소추자의 사직원을 접수하거나 해임할 수 없다(국회법 제134조 제2항). 이에 위반한 사직원의 접수 또는 해임은 무효이다. 탄핵심판결정의 효과는 파면에 있는데, 사직원의 접수 또는 해임은 파면의 법적 효과에 이르지 않기 때문이다.[59)]

57) 헌재 1996. 2. 29. 93헌마186, 판례집 8-1, 111, 118.

58) 미국의 경우 탄핵소추가 되었다 하더라도 피소추자의 직무행사가 정지되지 않는다. 이는 탄핵 역시 일종의 기소라고 할 수 있고, 아직 유죄가 확정되지도 않았는데 직무행사를 정지시키는 것은 무죄추정의 원칙에 어긋난다는 것이 그 이유라고 한다. 조지형, 전게서(2004), 43면.

59) 실무제요(2008), 359면.

(2) 문제점

탄핵소추의결로 말미암아 권한행사가 자동적으로 정지하는 입법례는 드물다. 특히 대통령제 국가에서 탄핵소추의 의결로 당연하게 대통령의 권한행사를 정지하는 것은 문제가 있다는 견해가 있다. 왜냐하면 정치적 충동이나 다수의 횡포로 인하여 대통령에 대한 탄핵소추안이 일단 의결되면, 헌법과 법률에 의하여 권한대행자가 있다 하더라도 탄핵소추를 둘러싸고 전개되어 온 정쟁으로 말미암은 국성의 혼란이 즉시 회복되기가 쉽지 아니할 것이기 때문이다.[60] 입법론으로는 독일과 같이 독립된 탄핵심판기관인 헌법재판소로 하여금 재량으로 직무집행정지의 가처분 여부를 판단하도록 하거나,[61] 미국이나 프랑스의 경우와 같이 무죄추정의 원칙을 적용하여 직무정지가 이루어지지 않도록 하는 것도 고려해 볼 만하다는 견해[62]도 있다.

4. 심판절차

가. 탄핵심판의 개시

(1) 소추위원

우리나라의 경우 국회 법제사법위원회의 위원장이 당연직 소추위원이 된다(국회법 제134조, 법 제49조).[63] 그러므로 법제사법위원회 위원장이 개인적으로 탄핵소추를 반대하거나 같은 당 소속의 공직자가 탄핵심판의 대상자(피청구인)인 경우에는 탄핵심판이 파행으로 흐를 가능성이 크다. 이와 같이 법제사법위원회 위원장이 당연히 소추위원이 되는 것은 탄핵제도의 취지로 볼 때 합리성이 결여된 것이라는

---

60) 다만, 권한행사가 정지되는 경우 헌법재판소가 탄핵심판절차를 신속히 진행해야 하는 요인이 될 수는 있을 것이다.

61) 연방헌법재판소는 탄핵소추 후 가처분으로써 연방대통령의 직무집행을 정지시킬 수 있다(기본법 제61조 제2항, 연방헌법재판소법 제53조). 이와 같이 연방헌법재판소는 탄핵의 대상이 되고 있는 대통령의 권한행사에 대하여 탄핵소추의 사유를 참작해서 직무집행의 정지여부를 자신의 재량으로 판단할 수 있다.

62) 헌법재판연구 제12권(2001), 172-173면.

63) 미국의 경우는 하원의원 가운데서 소추위원을 임명한다. 소추위원은 하원 본회의의 표결을 통해 지명하거나 결의안을 채택하거나 또는 하원의장이 지명함으로써 결정된다.

견해[64)]가 있다.

소추위원은 변호사를 대리인으로 선임하여 탄핵심판을 수행하게 할 수 있다(심판규칙 제57조). 소추위원인 국회법제사법위원회의 위원장이 그 자격을 잃은 때에는 탄핵심판절차는 중단된다. 이 경우 새로 국회법제사법위원회의 위원장이 된 사람이 탄핵심판절차를 수계하여야 한다. 그러나 소추위원의 대리인이 있는 경우에는 탄핵심판절차는 중단되지 아니한다(심판규칙 제58조).

(2) 심판의 청구

탄핵심판은 국회법제사법위원회 위원장이 소추위원, 즉 청구인[65)] 자격으로 소추의결서의 정본을 헌법재판소에 제출함으로써 개시된다(法 제49조). 즉, 소추의결서의 정본이 탄핵심판청구서로 갈음되는 것이다. 현행법에는 소추의결서를 작성한 후 언제까지 헌법재판소에 제출하여야 하는가에 관한 명문의 규정이 없다. 그러나 권한행사 정지기간을 최소화하고 탄핵을 둘러싼 정치적 불안정을 신속히 해결하기 위하여 지체없이 제출하도록 하여야 할 것이다.[66)]

우리 헌법재판소에 청구된 최초의 탄핵심판사건은 2004. 3. 12. 접수되어 같은 해 5. 14. 선고된 "2004헌나1 대통령(노무현) 탄핵" 사건이다.[67)] 헌법재판소가 소추의결서를 접수한 때에는 지체없이 그 등본을 피소추자에게 송달한다(法 제27조). 송달을 받은 피소추자는 피청구인 자격으로 헌법재판소에 답변서를 제출할 수 있다(法 제29조).

국회가 탄핵심판을 청구한 뒤 별도의 의결절차 없이 소추사유를 추가하거나 기존의 소추사유와 동일성이 인정되지 않는 정도로 소추사유를 변경하는 것은 허용되지 아니한다.[68)] 심판의 대상은 "대통령이 직무집행에 있어서 헌법이나

---

64) 조지형, 전게서(2004), 42면.

65) 탄핵심판청구서 및 결정문에 당사자로 "청구인 국회 (줄을 바꾸어) 소추위원 국회 법제사법위원회 위원장"으로 표시한다.(헌재 2004.5.14. 2004헌나1, 판례집 16-1, 609, 620; 헌재 2017.3.10. 2016헌나1, 공보 245, 367, 370 참조)

66) 참고로, 독일의 경우 탄핵소추장을 작성한 지 1월내에 연방헌법재판소에 발송하도록 하고 있다.{연방헌법재판소법 제49조 제2항(연방대통령), 제58조 제1항(연방법관)}

67) 두 번째 탄핵심판사건은 2016. 12. 9. 접수되어 2017. 3. 10. 선고된 "2016헌나1 대통령(박근혜) 탄핵" 사건이다.

68) "따라서 청구인이 2017. 2. 1. 제출한 준비서면 등에서 주장한 소추사유 중 소추의결서에

법률에 위반했는지의 여부 및 대통령에 대한 파면결정을 선고할 것인지의 여부" 이다.[69]

(3) 국회의 임기만료의 경우

탄핵소추의결을 한 국회가 임기만료된 경우에 탄핵심판절차는 영향을 받는다고 볼 것인가? 이에 대하여 우리 헌법과 법은 명문규정을 두고 있지 않다. 탄핵제도가 식무십행에 있어서 위헌·위법행위를 한 자를 공직에서 추방함으로써 헌법질서를 수호하는 것을 기능으로 하기 때문에, 국회가 임기만료로 해산하더라도 탄핵심판절차는 계속 진행되어야 할 것이다.[70] 이때의 소추위원은 새로이 구성된 국회의 법제사법위원회 위원장이 될 것이다.[71]

나. 탄핵심판의 절차

(1) 구두변론 및 증거조사

탄핵사건의 심판은 구두변론에 의한다(법 제30조 제1항). 당사자는, 소추위원인 국회 법제사법위원회 위원장이 청구인이 되고 피소추자가 피청구인이 된다. 소추위원은 심판의 변론에서 피청구인을 신문할 수 있다(법 제49조 제2항). 재판부가 변론을 열 때에는 기일을 정하여 당사자와 관계인을 소환하여야 한다(법 제30조 제3항). 당사자가 변론기일에 출석하지 아니하면 다시 기일을 정하여야 한다. 다시 정한 기일에도 당사자가 출석하지 아니하면 그의 출석없이 심리할 수 있다(법 제52조 제1항, 제2항).

재판부는 탄핵사건의 심리를 위하여 필요하다고 인정하는 경우에는 직권 또는 당사자의 신청에 의하여 증거조사를 할 수 있다(법 제31조). 또한 재판부는 결정으로 다른 국가기관 또는 공공단체의 기관에 심판에 필요한 사실을 조회하거나, 기록의 송부나 자료의 제출을 요구할 수 있다(법 제32조).[72]

기재되지 아니한 소추사유를 추가하거나 변경한 것으로 볼 여지가 있는 부분은 이 사건 판단 범위에서 제외한다."(헌재 2017.3.10. 2016헌나1, 공보 245, 367, 375)

69) 헌재 2004. 5. 14. 2004헌나1, 판례집 16-1, 609, 625; 헌재 2017. 3. 10. 2016헌나1, 공보 245, 367, 373.

70) 독일연방헌법재판소법(제51조)은 "절차의 개시와 진행은 연방대통령의 사직, 퇴직 또는 연방의회의 해산 또는 임기만료에 의하여 방해받지 아니한다."고 규정하고 있다.

71) 헌법재판연구 제12권(2001), 160면.

(2) 심판절차의 정지 등

피청구인에 대한 탄핵심판청구와 동일한 사유로 형사소송이 진행되고 있는 경우에는 재판부는 심판절차를 정지할 수 있다(법 제51조). 심판절차의 정지기간 및 재개시기 등에 관한 규정이 없으나 이것은 재판부의 재량사항으로 볼 수 있다.[73)]

탄핵심판절차에는 법에 특별한 규정이 있는 경우를 제외하고는 헌법재판의 성질에 반하지 아니하는 한도에서 민사소송에 관한 법령과 형사소송에 관한 법령이 준용된다. 단, 형사소송에 관한 법령이 민사소송에 관한 법령에 저촉될 때에는 민사소송에 관한 법령은 준용되지 아니한다(법 제40조).

(3) 탄핵심판청구의 철회가능 여부

국회가 탄핵심판절차가 개시된 이후에 자신의 의결로 탄핵의 소추를 철회할 수 있다고 볼 것인가? 독일[74)]과는 달리, 우리는 이를 명문으로 규정하고 있지 않기 때문에 해석상 논란이 있을 수 있는데, 탄핵은 기본적으로 정치적 범죄를 다루는 절치적 절차이기 때문에 헌법이 금지하고 있지 않는 한 탄핵의 철회는 가능하다고 할 것이다.[75)] 즉, 제1심판결의 선고 전까지 공소를 취소할 수 있다는 형사소송법 제255조를 준용해서 헌법재판소의 결정선고 이전까지 국회는 탄핵소추를 철회할 수 있다고 할 것이다(법 제40조 제1항, 형사소송법 제255조). 이때의 의결정족수를 얼마로 볼 것인가가 문제된다. 독일의 경우, 대통령에 대하여는 연방의회 재적의원

---

72) 헌재 2017. 3. 10. 2016헌나1 : "헌법재판소는 헌법재판소법과 헌법재판소심판규칙, 그리고 탄핵심판의 성질에 반하지 아니하는 한도에서 형사소송에 관한 법령을 준용하여 이 사건 심판절차를 진행하였다. 이 사건이 접수되어 2017. 2. 27. 변론이 종결될 때까지 헌법재판소는 3차례의 변론준비기일과 17차례의 변론기일을 진행하면서 변론을 듣고 증거조사를 실시하였다. (서증과 증인신문 부분 생략) 그 밖에 직권에 의한 1건, 청구인의 신청에 의한 1건, 피청구인의 신청에 의한 17건 등 모두 19건의 사실조회를 하여 70개 기관과 기업으로부터 답변을 받았다. 이 결정은 이와 같이 적법하게 조사된 증거를 종합하여 인정되는 사실을 기초로 한 것이다."

73) 실무제요(2008), 362면.

74) 독일연방헌법재판소법 제52조(소추의 취하) ①판결의 선고가 있을 때까지 소추기관의 의결로 그 탄핵의 소추를 철회할 수 있다. 이러한 의결은 연방의회 재적의원 과반수의 찬성 또는 연방참사원 투표의 과반수를 요한다. ②소추기관의 의장은 소추기관의 의결의 정본을 연방헌법재판소에 발송함으로써 탄핵소추를 철회할 수 있다. ③탄핵소추의 철회는 연방대통령이 1월 이내에 이의를 제기하면 효력을 상실한다.

75) 조지형, 전게서(2004), 11면.

과반수의 찬성 또는 연방참사원 투표의 과반수를 요구하고 있다. 이는 탄핵소추의결을 좌절시키는데 필요한 연방의회 재적의원 또는 연방참사원 표수의 3분의 1보다는 가중된 수치이다.[76]

우리의 경우 탄핵소추를 철회하려면 탄핵소추의결을 좌절시키는데 필요한 정족수 이상의 정족수가 최소한으로 요구되고 따라서 대통령의 경우에 과반수의 의결이 필요하다는 견해[77]와, 탄핵심판청구 철회안을 발의함에 필요한 정족수는 피소추자를 소추발의함에 필요한 정족수와 동일한 정족수가 적용된다는 견해,[78] 그리고 헌법 제49조는 헌법 또는 법률에 특별한 규정이 없는 한 재적의원 과반수의 출석과 출석의원 과반수의 찬성으로 의결하도록 하고 있으며, 탄핵심판청구의 철회에 관하여 특별한 규정이 없으므로 이 헌법규정에 따라야 한다는 견해[79]로 나뉘어 있다.

5. 종국결정

가. 탄핵결정과 주문형식

헌법재판소는 재판관 6인 이상의 찬성으로 탄핵의 결정을 할 수 있다(헌법 제113조 제1항, 법 제23조 제2항 제1호). 탄핵심판청구가 이유있는 때에는 헌법재판소는 피청구인을 당해 공직에서 파면하는 결정을 선고한다.[80] 탄핵심판청구가 이유없을 때는 기각결정을 한다.[81] 또한 피청구인이 결정선고 전에 당해 공직에서 파면된 때에는 심판청구를 기각하여야 한다(법 제53조 제1항, 제2항).

76) 그 이유는 이미 탄핵재판절차가 개시되어서 이 절차가 연방헌법재판소에 의하여 주관되고 있기 때문이라고 한다. 한편, 법관에 대하여는 별도의 규정을 두고 있지 않으나 연방의회의 통상적인 의결방식에 따라(독일기본법 제42조 제2항 제1문) 역시 투표자 과반수의 찬성을 요한다고 한다.

77) 헌법재판연구 제12권(2001), 161면.

78) 김하열, 전게논문(2005.12), 207면.

79) 조홍석, "탄핵결정의 법리적 음미", 공법학연구 제5권 제2호, 한국비교공법학회, 2004.5, 175면.

80) 〈인용례〉 : "피청구인 대통령 박근혜를 파면한다."(헌재 2017.3.10. 2016헌나1)

81) 〈기각례〉 : "이 사건 심판청구를 기각한다."(헌재 2004.5.14. 2004헌나1)

나. "탄핵심판청구가 이유있는 때"의 해석

헌법은 제65조 제4항에서 "탄핵결정은 공직으로부터 파면함에 그친다."고 규정하고, 법은 제53조 제1항에서 "탄핵심판청구가 이유 있는 때에는 헌법재판소는 피청구인을 당해 공직에서 파면하는 결정을 선고한다."고 규정하고 있는데, 여기서 '탄핵심판청구가 이유 있는 때'를 어떻게 해석할 것인지의 문제가 발생한다.

이에 대하여 헌법재판소는, "법 제53조 제1항은 헌법 제65조 제1항의 탄핵사유가 인정되는 모든 경우에 자동적으로 파면결정을 하도록 규정하고 있는 것으로 문리적으로 해석할 수 있으나, 이러한 해석에 의하면 피청구인의 법위반 행위가 확인되는 경우 법위반의 경중을 가리지 아니하고 헌법재판소가 파면결정을 해야 하는바, 직무행위로 인한 모든 사소한 법위반을 이유로 파면을 해야 한다면 이는 피청구인의 책임에 상응하는 헌법적 징벌의 요청, 즉 법익형량의 원칙에 위반된다. 따라서 법 제53조 제1항의 '탄핵심판청구가 이유 있는 때'란 모든 법위반의 경우가 아니라, 단지 공직자의 파면을 정당화할 정도로 '중대한' 법위반의 경우를 말한다."고 하였다.[82] 예컨대 대통령의 경우 헌법재판소는, "대통령은 국가의 원수이자 행정부의 수반이라는 막중한 지위에 있고(헌법 제66조), 국민의 선거에 의하여 선출되어 직접적인 민주적 정당성을 부여받은 대의기관이라는 점에서(헌법 제67조), 다른 탄핵대상 공무원과는 그 정치적 기능과 비중에 있어서 본질적인 차이가 있으며, 이러한 차이는 '파면의 효과'에 있어서도 근본적인 차이로 나타난다. 대통령에 대한 파면결정은 국민이 선거를 통하여 대통령에게 부여한 '민주적 정당성'을 임기 중 다시 박탈하는 효과를 가지며, 직무수행의 단절로 인한 국가적 손실과 국정공백은 물론이고 국론의 분열현상, 즉 대통령을 지지하는 국민과 그렇지 않은 국민간의 분열과 반목으로 인한 정치적 혼란을 가져올 수 있다. 따라서 대통령의 경우, 국민의 선거에 의하여 부여받은 '직접적 민주적 정당성' 및

---

82) 헌재 2004. 5. 14. 2004헌나1, 판례집 16-1, 609, 654. 이에 대하여 찬성하는 견해로 허영, "노무현 대통령에 대한 탄핵심판", 헌법판례연구[6], 박영사, 2004, 255면; 이승우, 전게논문(2004), 288면; 정종섭, 전게논문(2005.12), 209면. 한편, 헌법위반과 법률위반을 나누어 후자의 경우는 중대한 위반행위가 필요하지만, 헌법에 위반되는 것은 이미 그 자체 중대한 것이기 때문에 헌법위반이라고 판단한다면 그것이 중대한 것인지 여부는 고려할 필요가 없다는 견해도 있다. 송기춘, 전게논문(2004.6), 429면.

'직무수행의 계속성에 관한 공익'의 관점이 파면결정을 함에 있어서 중요한 요소로서 고려되어야 하며, 대통령에 대한 파면효과가 이와 같이 중대하다면 파면결정을 정당화하는 사유도 이에 상응하는 중대성을 가져야 한다. 그 결과, 대통령을 제외한 다른 공직자의 경우에는 파면결정으로 인한 효과가 일반적으로 적기 때문에 상대적으로 경미한 법위반 행위에 의해서도 파면이 정당화될 가능성이 큰 반면, 대통령의 경우에는 파면결정의 효과가 지대하기 때문에 파면결정을 하기 위해서는 이를 압도할 수 있는 중대한 법위반이 존재해야 한다."고 판시하였다.[83]

이에 따라 노무현 대통령 탄핵사건에서는 "결국, 대통령의 법위반이 헌법질서에 미치는 효과를 종합하여 본다면, 대통령의 구체적인 법위반행위에 있어서 헌법질서에 역행하고자 하는 적극적인 의사를 인정할 수 없으므로, 자유민주적 기본질서에 대한 위협으로 평가될 수 없다. 따라서 파면결정을 통하여 헌법을 수호하고 손상된 헌법질서를 다시 회복하는 것이 요청될 정도로, 대통령의 법위반행위가 헌법수호의 관점에서 중대한 의미를 가진다고 볼 수 없고, 또한 대통령에게 부여한 국민의 신임을 임기 중 다시 박탈해야 할 정도로 국민의 신임을 저버린 경우에 해당한다고도 볼 수 없으므로, 대통령에 대한 파면결정을 정당화하는 사유가 존재하지 않는다."[84]고 하여 심판청구를 기각하였으나, 박근혜 대통령 탄핵사건에서는 "이상과 같은 사정을 종합하여 보면, 피청구인의 이 사건 헌법과 법률 위배행위는 국민의 신임을 배반한 행위로서 헌법수호의 관점에서 용납될 수 없는 중대한 법 위배행위라고 보아야 한다. 그렇다면 피청구인의 법 위배행위가 헌법질서에 미치게 된 부정적 영향과 파급효과가 중대하므로, 국민으로부터 직접 민주적 정당성을 부여받은 피청구인을 파면함으로써 얻는 헌법수호의 이익이 대통령 파면에 따르는 국가적 손실을 압도할 정도로 크다고 인정된다."[85]고 하여 심판청구를 인용하였다.

다. 탄핵결정의 효력

탄핵심판결정의 효력발생시점에 관하여는 명문의 규정이 없으나, 탄핵심판에 관하여 별도의 이의절차가 있을 수 없으므로 결정선고시부터 발생한다고 보

83) 헌재 2004. 5. 14. 2004헌나1, 판례집 16-1, 609, 655.
84) 헌재 2004. 5. 14. 2004헌나1, 판례집 16-1, 609, 658.
85) 헌재 2017. 3. 10. 2016헌나1, 공보 245, 367, 390.

아야 할 것이다. 단심으로 이루어지는 탄핵심판은 결정선고시가 바로 결정확정시라고 할 것이다. 헌법재판소의 탄핵결정은 다음과 같은 효력을 가진다.[86]

(1) 공직의 파면

피청구인은 탄핵결정의 선고에 의하여 그 공직에서 파면된다. 그러나 이에 의하여 민사상이나 형사상의 책임이 면제되는 것은 아니다(헌법 제65조 제4항, 법 제54조 제1항). 이러한 절차에는 일사부재리의 원칙이 적용되지 않는다. 우리의 탄핵심판은 기본적으로 형사처벌을 위한 절차가 아니라 징계적 제재를 위한 재판이기 때문이다. 이러한 징계적 절차로서의 탄핵제도는 미국의 유형을 따르고 있다. 영국의 탄핵재판은 형사처벌의 절차에 해당한다.[87]

(2) 다른 공직 등 취임금지

탄핵결정에 의하여 파면된 사람은 결정선고가 있은 날부터 5년이 지나지 아니하면 공무원이 될 수 없다(법 제54조 제2항). 공직취임제한 규정은 종전 1980년 헌법 하에서의 헌법위원회법 제31조보다 기간과 범위 면에서 더욱 강화되었는데, 취임금지기간은 종전 3년에서 5년으로, 취임할 수 없는 공무원의 범위도 탄핵의 대상이 되는 공무원을 포함한 모든 공무원으로 확대되었다.

이러한 공직취임제한 규정에 대하여는, 헌법 제65조 제4항이 탄핵결정은 공직으로부터 파면함에 그친다고 규정하고 있음에 비추어 볼 때 국민의 기본적 권리인 공무담임권을 박탈하는 것으로서 위헌이라는 견해[88]가 있으나, 이 규정에서 '그친다'의 의미는 "형사처벌이 아닌 공직 상실로서의 파면에 그친다."는 의미로 보아야 하며 파면에 부수하는 통상의 또는 특별한 불이익을 일체 가할 수 없다는 의미는 아니라고 할 것이다.[89]

한편, 헌법재판소의 탄핵결정으로 파면된 자는 변호사(5년),[90] 임명공증인(5

86) 실무제요(2008), 363면.

87) 조지형, 전게서(2004), 49면.

88) 조지형, 전게서(2004), 50면.

89) 김하열, 전게논문(2005.12), 220면.

90) 변호사법 제5조(변호사의 결격사유) 다음 각 호의 어느 하나에 해당하는 자는 변호사가 될 수 없다.

4. **탄핵**이나 징계처분에 의하여 파면되거나 이 법에 따라 제명된 후 5년이 지나지 아니한 자

년),[91] 공인회계사(5년),[92] 세무사(3년),[93] 변리사(무제한)[94] 등 특정 전문직업의 보유에 있어 일정 기간 제한을 받는다.

(3) 대통령의 사면 허용여부

탄핵결정을 받은 자에 대하여는 대통령의 사면권 행사가 제한된다고 보아야 할 것이다. 즉, 위법한 행위를 하여 공무를 수행하는 데 적합하지 않다고 하여 공무원의 지위와 공무수행에서 척출(斥黜)하고 일정한 기간 공무원이 될 자격을 인정하지 않는 탄핵심판제도의 객관적 성격과 기능을 고려할 때, 이러한 사면은 허용되지 않는다고 할 것이다. 사면법에도 사면 또는 복권의 대상자에 탄핵심판으로 파면된 자를 규정하고 있지 않다(동법 제3조).[95]

참고로, 미국헌법은 제2조 제2항에서 "대통령은 탄핵의 경우를 제외하고 미합중국에 대해 저질러진 범법행위에 대하여 (…) 사면할 권리를 갖는다."라고 하여 탄핵결정을 받은 자에 대하여 사면할 수 없음을 분명히 하고 있다.

---

91) 공증인법 제13조(임명공증인의 결격사유) 다음 각 호의 어느 하나에 해당하는 사람은 임명공증인이 될 수 없다.
7. **탄핵**이나 징계에 의하여 파면 또는 면직처분을 받거나 「변호사법」에 따라 제명된 날부터 5년이 지나지 아니한 사람

92) 공인회계사법 제4조(결격사유) 다음 각호의 1에 해당하는 자는 공인회계사가 될 수 없다.
6. **탄핵** 또는 징계처분에 의하여 파면 또는 해임되거나 이 법 또는 「세무사법」에 의한 징계에 의하여 제명 또는 등록취소된 후 5년이 경과되지 아니한 자

93) 세무사법 제4조(세무사의 결격사유) 다음 각 호의 어느 하나에 해당하는 자는 제6조에 따른 등록을 할 수 없다.
4. **탄핵**이나 징계처분으로 그 직에서 파면되거나 해임된 자로서 3년이 지나지 아니한 자

94) 변리사법 제4조(결격사유) 다음 각호의 어느 하나에 해당하는 사람은 변리사가 되지 못한다.
5. 다음 각목의 어느 하나에 해당하는 사람
가. 탄핵 또는 징계처분에 따라 파면 또는 해임된 사람

95) 정종섭, 전게서(2010), 418면. 同旨, 정연주, 헌법소송론, 법영사, 2015, 214면; 허영, 헌법소송법론, 박영사, 2014, 279면

제8장 政黨解散審判

1. 개관

가. 정당해산심판제도의 성격

정당해산심판제도는 헌법재판소의 심판을 통하여 정당을 해산하는 제도로서 강제해산의 일종이라고 할 수 있다. 헌법 제8조 제4항은 민주주의에 필수적인 기능을 하는 정당의 중요성을 인정하는 전제 아래, 그러한 정당이 오히려 민주주의를 파괴하는 도구로 활용되는 것을 방지하기 위해 정당해산제도를 두면서도 동시에 헌법재판에 의해서만 정당의 해산이 가능하도록 하고 있다. 즉, 정당해산제도는 정당에 대하여 일반 결사와 달리 엄격한 요건과 절차에 의해서만 해산되도록 한다는 정당보호라는 의미와, 정당이 정당활동의 자유라는 미명으로 헌법을 공격하여 파괴하는 것을 방지한다는 헌법보호라는 의미를 가진다. 따라서 정당해산제도는 정당존립의 특권을 보장함(정당의 보호)과 동시에, 정당활동의 자유에 관한 한계를 설정한다(헌법의 보호)는 이중적 성격을 가진다.[1)]

나. 헌법보호와 정당보호

(1) 헌법보호의 관점 : 방어적 민주주의[2)]

일반적으로 정당해산제도는 헌법적대적인 정당들에 대해서도 완전한 정치적 자유를 보장했던 19세기의 자유주의적 낙관주의에서 벗어나 "자유의 적에게는

---

1) 헌재 2014. 2. 27. 2014헌마7, 판례집 26-1상, 310, 315. [청구인: 통합진보당, 심판대상: 헌법재판소법(2011.4.5. 법률 제10546호로 개정된 것) 제40조 제1항 전문 중 '정당해산심판의 절차'에 관한 부분('준용조항')과 정당해산심판의 가처분에 관한 규정인 같은 법 제57조('가처분조항')가 청구인의 기본권을 침해하는지 여부. 결론: 전원일치 기각]

2) '독일에서의 방어적 민주주의의 형성과 도입, 그리고 제도화'에 대한 설명으로 이종수, "우

자유가 없다."[3]는 투쟁적·방어적 민주주의에 기초하고 있다. 방어적 민주주의이론이란 '자유주의적 낙관주의'에 기초했던 바이마르공화국과 동 헌법의 몰락원인이 되었던 '상대주의적 민주주의'를 극복하고, 민주주의를 단순히 형식원리로 이해하는 것으로부터 벗어나 이를 헌법의 실질적 이념 내지 가치에 구속시킴으로써 이러한 이념과 가치가 전도되는 것을 방지하기 위한 이론으로서, 특히 독일의 연방헌법재판소가 기본법 제21조 제2항[4]의 위헌정당해산 규정[5] 등을 기초로 하여 발전시킨 이론이다.[6]

예컨대, 독일연방헌법재판소는 1956년 8월 17일의 독일공산당(KPD, Kommunitische Partei Deutschlands) 해산결정에서, "인간의 존엄성을 방어하고 보장해야 하는 자유민주적 기본질서는 이러한 전체주의적 정당들에 대해 더 이상 중립적인 입장을 취할 수 없다. '자유의 적에게는 무조건적인 자유가 보장될 수 없다'는 자유민주적 기본질서에 제기되는 요구를 해결하기 위해 어떠한 법적 수단을 강구할 것인가는 헌법정책적인 문제이다. 바이마르헌법은 해결책을 포기하고 중립성을 유지하여 그 결과 '전체주의적' 정당들 중 가장 공격적인 정당에게 죽임을 당했다. (…) 기본법 제21조 제2항은 (…) 자유민주적 국가질서의 경계선상의 문제를 해결하려는 의식적인 헌정적 의지의 표현이며, 특수한 역사적 상황에서 정당에 대한 국가의 중립성을 더 이상 순수하게 실현할 수 없다고 믿게 된 헌법제정자의 경험의 결과이고, 이러한 의미에서 '투쟁적 민주주의'에 대한 고백이다." 라고 판시하였다.[7]

우리나라의 위헌정당해산제도도 우리 헌법이 민주주의의 성격을 방어적인 것으로 이해하고 민주주의 그 자체를 투쟁의 대상으로 삼는 민주주의의 적들에

리 헌법상 '방어적 민주주의'의 수용 부인론", 법과사회 48호, 2015.4, 220-232면 참조.

3) 프랑스혁명 당시 생 쥐스트(Saint Just)가 내건 명제라고 한다. 권영성, 헌법학원론, 법문사, 2010, 82면.

4) 독일기본법 제21조(정당) ②그 목적이나 추종자의 행태에 있어 자유민주적 기본질서를 침해 또는 폐제(廢除)하려 하거나 또는 독일연방공화국의 존립을 위태롭게 하려고 하는 정당은 위헌이다. 위헌성의 문제에 관하여는 연방헌법재판소가 결정한다.

5) 그 밖에 제18조의 기본권실효 규정, 제9조 제2항의 결사금지 규정 등도 방어적 민주주의의 표현으로 간주되고 있다.

6) 최희수, "위헌정당해산제도에 관한 연구", 정당과 헌법질서 (심천계희열박사 화갑기념논문집), 박영사, 1995, 445면.

7) 이성환외, 정당해산심판제도에 관한 연구 (헌법재판연구 제15권), 헌법재판소, 2004, 59면에서 재인용.

게 더 이상 관용을 베풀 수 없다는 방어적 민주주의를 채택하고 있음을 보여주는 조항으로 이해되고 있다.[8] 우리 헌법재판소도 정당의 해산에 관한 헌법 제8조 제4항은 민주주의를 파괴하려는 세력으로부터 민주주의를 보호하려는 소위 '방어적 민주주의'의 한 요소라고 하였다.[9][10]

(2) 정당보호의 관점

그러나 바이마르공화국은 헌법의 가치중립적인 태도나 민주주의를 방어하려는 헌법적 수단이 부족해서 붕괴된 것이 아니라, 민주주의를 수호하려는 세력과 의지가 너무 미약했기 때문에 실패했다[11]는 것이 증명되고 있다. 이러한 새로운 인식은 정당해산제도가 현실적으로 민주주의에 위협을 가하는 급진세력을 통제하는 데 커다란 실효성이 없었던 기본법 하에서의 경험과 함께, 방어적 민주주의론과 정당해산제도가 지니는 의미를 상대화하는 경향으로 나타나고 있다. 이러한 상대화가 정당해산제도의 무용론으로까지는 이르고 있지 않지만, 정당해산제도는 헌법보장의 최후수단으로서 신중하게 활용되어야 한다는 데에 전반적인 합의가 이루어지고 있다.[12]

위헌정당해산제도는 정당의 자유에 대한 근본적인 제한이다. 또한 정당해산이 오용되는 경우에는 정치적으로 불편한 경쟁자를 비정치적인 방법을 동원하여

---

8) 최희수, 전게논문(1995), 445면.

9) 헌재 1999. 12. 23. 99헌마135 : "정당의 해산에 관한 위 헌법규정(제8조 제4항)은 민주주의를 파괴하려는 세력으로부터 민주주의를 보호하려는 소위 '방어적 민주주의'의 한 요소이고, 다른 한편으로는 헌법 스스로가 정당의 정치적 성격을 이유로 하는 정당금지의 요건을 엄격하게 정함으로써 되도록 민주적 정치과정의 개방성을 최대한으로 보장하려는 것이다."

10) 반면에, 우리 헌법상 정당해산제도는 존재하지만 '방어적 민주주의'가 법적으로 수용 내지 계수된 것은 아니며, 이는 독일 학계의 표현대로 기껏해야 '방어적 민주주의의 모방'에 불과하다는 견해로, 이종수, 전게논문(2015.4), 217면 이하 참조. 그 밖에 우리 헌법이 방어적 민주주의를 수용했다고 전제하더라도 과거에 방어적 민주주의론에 근거했던 독일연방헌법재판소의 정당해산결정에서 확인된 법리를 그대로 받아들이는 데에 일정한 한계가 있다는 견해로 이성환외, 전게연구(2004), 146-148면; 송석윤, "정당해산제도의 딜레마", 세계헌법연구 제16권 제3호, 세계헌법학회, 2010.12, 84면 이하; 김종철, "민주공화국과 정당해산제도 - 통합진보당 해산심판청구를 소재로 -", 공법학연구 제15권 제1호, 2014.2, 41면 참조.

11) 바이마르공화국이 단명할 수밖에 없었던 데에는 그 밖에 제1차대전의 패전과 강화조약에 따른 부담, 세계적 공황에 따른 경제적 혼란 등의 외적 요인도 지적될 수 있다. 최희수, 전게논문(1995), 450면의 註 21.

12) 이성환외, 전게연구(2004), 62면.

배제하는 것을 의미한다. 이는 민주헌정국가에서 정부는 예외없이 정당을 배경으로 하는 '정당정부'라는 점을 생각하면 분명해진다. 그러므로 우리 헌법이 정당해산의 권한을 헌법재판소에게만 독점적으로 부여하여 정치가 아닌 법적인 기준으로 판단하게 하는 것은 정당해산제도가 오·남용되는 것을 방지하기 위함이라고 보아야 한다. 우리나라의 정당해산제도는 행정부가 해산결정을 내리고 헌법재판소가 그 합헌성을 사후적으로 판단하는 형식을 지니고 있지 않다. 헌법재판소 자신이 결정하고 이 결정에 의해 비로소 효력이 발생한다. 다시 말하면, 헌법재판소가 내리는 정당해산결정이 없이는 정당의 활동에 대한 불리한 조치가 행해질 수 없다는 것이다. 이렇게 볼 때에 정당해산제도는 정당이 지니는 "특권"으로서의 의미를 지닌다.[13] 정당해산제도가 도입된 배경에는 민주주의를 파괴하려는 정당으로부터 민주주의를 보호하려는 관점이 있었지만, 정당해산의 요건을 해석하고 구체적인 절차를 진행함에 있어서는 정당보호의 관점이 우선되어야 할 것이다.[14]

헌법재판소도 "우리의 경우 이 제도는 발생사적 측면에서 정당을 보호하기 위한 수단으로서의 성격이 부각된다. 정당해산심판의 제소권자가 정부인 점을 고려하면 피소되는 정당은 사실상 야당이 될 것이므로, 이 제도는 정당 중에서도 특히 정부를 비판하는 역할을 하는 야당을 보호하는 데에 실질적인 의미가 있다. 비록 오늘날 우리 사회의 민주주의가 예전에 비해 성숙한 수준에 이른 것은 사실이라 하더라도, 정치적 입지가 불안한 소수파나 반대파의 우려를 해소해 주는 것이 민주주의 발전에 기초가 된다는 헌법개정[15] 당시의 판단은 지금도 마찬가지로 존중되어야 한다."고 판시하였다.[16]

---

13) 정당특권은 이를 **절차적 특권**(Verfahrensprivileg)과 **실질적 특권**(materielles Privileg)으로 나눌 수 있다. 전자는 정당이 다른 사법상의 사단과는 달리 정부의 행정처분에 의해서 해산될 수 없고 그 해산에는 반드시 헌법재판소의 결정이 있어야 되는 해산절차상의 특권을 말하고, 후자는 다른 사법상의 사단과는 달리 정당의 해산은 '민주적 기본질서에 위배되는 경우'에 국한되도록 그 해산사유를 특별히 엄격하게 규정함으로써 정당에게 그 활동상의 특권을 인정하는 것을 말한다. 허영, 헌법이론과 헌법, 박영사, 2013, 279면.

14) 이성환외, 전게연구(2004), 87면.

15) 1960. 6. 15. 제3차 헌법개정을 말함.

16) 헌재 2014. 12. 19. 2013헌다1 (통합진보당해산), 판례집 26-2하, 1, 19.

(3) 양자의 관계에 관한 헌법재판소의 태도

헌법재판소는 통합진보당 해산사건(헌재 2014. 12. 19. 2013헌다1)[17]에서, "정당해산심판제도의 본질은 그 목적이나 활동이 민주적 기본질서에 위배되는 정당을 국민의 정치적 의사 형성과정에서 미리 배제함으로써 국민을 보호하고 헌법을 수호하기 위한 것이므로, 어떠한 정당을 엄격한 요건 아래 위헌정당으로 판단하여 해산을 명하는 것은 헌법을 수호한다는 방어적 민주주의 관점에서 비롯되는 것"이라고 함으로써 **헌법보호**의 관점을 우선하는 입장인 것으로 판단된다.[18]

다. 우리나라 위헌정당해산제도의 연혁

제헌헌법은 정당에 대해 아무런 규정을 두지 않음으로써 일반결사와 동일하게 취급하였다.[19] 이에 따라 1956년에 창당된 민주적 혁신정당인 '진보당'이 1958년 2월 25일 당시 공보실에 의해 등록취소됨으로써 행정청의 직권에 의해

---

17) 이 사건 결정에 대한 평석으로 김종현, "통합진보당 해산결정의 몇 가지 쟁점에 관한 연구 - 결정서에 대한 비판적 독해를 중심으로 -", 헌법학연구 제21권 제3호, 한국헌법학회, 2015.9, 363면 이하; 김현철, "정당해산심판의 목적 및 해산사유 - 헌재 2014. 12. 19. 2013헌다1 결정에 대한 평석을 겸하여 -", 헌법학연구 제22권 제2호, 한국헌법학회, 2016.6, 361면 이하; 송기춘, "피음사둔(詖淫邪遁)의 통합진보당 해산결정문", 민주법학 제57호, 2015.3, 269면 이하; 이덕연, "판단의 정오(正誤)가 아니라 '수사(rhetoric)'로 본 통합진보당 해산결정", 헌법재판연구 제2권 제1호, 헌법재판소헌법재판연구원, 2015.6, 65면 이하; 이종수, 전게논문(2015.4), 217면 이하; 임지봉, "헌법재판소의 통합진보당 해산결정에 대한 분석과 평가", 법학논총 제33호, 숭실대학교 법학연구소, 2015.1, 369면 이하; 장영수, "통합진보당 해산결정의 주요 쟁점", 법조 제702호(64권 제3호), 법조협회, 2015.3; 109면 이하; 정만희, "국회의원의 정당기속과 자유위임", 헌법재판연구 제2권 제1호, 헌법재판소 헌법재판연구원, 2015.6, 117면 이하; 한상익/김진영, "통합진보당 해산에 대한 이론적 접근", 동북아연구 제30권 2호, 2015, 63면 이하; 한상희, "통합진보당 해산, 이래서 문제다", 시민과세계 제26호, 2015, 74면 이하.

18) 판례집 26-2하, 1, 113. 이에 비하여 김이수 재판관은 반대의견에서 "정당해산제도는 비록 그 필요성이 인정된다고 하더라도 최대한 최후적이고 보충적인 용도로 활용되어야 하므로 정당해산 여부는 원칙적으로 정치적 공론의 장에 맡기는 것이 적절하다. (…) 그렇다면 정당해산결정은 자율적이고 민주적인 정치적 과정 속에서 해당 정당의 위험성이 해소되지 않을 뿐만 아니라, 그 정당으로 인한 위험성이 우리 사회의 민주주의에 급박하고 중대한 위협으로 부상할 때에만 최후적이고 보충적으로 선고되어야 한다."는 의견을 제시하여 **정당보호**의 관점에 입각한 것으로 보인다.(위 판례집 232)

19) 다만, 1948. 10. 2. 제정되어 1951. 3. 15. 개정된 국회법(제16조의2)에 규정된 '교섭단체'는 사실상 정당의 존재를 전제로 한 것이었다.

강제해산되었다.[20] 그 후 자유당정권의 붕괴와 함께 성립한 1960년 제2공화국헌법에서 최초로 도입된 정당조항(제13조 제2항)[21]과 함께 규정된 위헌정당해산제도는 현재까지 계속 유지되어 왔으나, 심판기관과 관련하여 많은 변천을 겪어 왔다.[22]

현행헌법(제8조 제4항)은 "정당의 목적이나 활동이 민주적 기본질서에 위배될 때에는 정부는 헌법재판소에 그 해산심판을 청구할 수 있고, 정당은 헌법재판소의 결정에 의하여 해산된다."고 하여 위헌정당해산제도를 규정하고 있다. 이와 같은 우리 헌법의 정당해산제도는, 우리 헌법에 전제되어 있던 민주주의의 방어적 성격을 헌법상의 명문규정으로 재확인함과 동시에 그 요건을 분명하게 규정함으로써, 방어적 민주주의의 남용을 막고자 방어의 한계를 획정한 것이라고 할 것이다.[23]

한편, 정당해산의 종류에는 이와 같이 헌법재판소의 심판에 의하여 강제해산되는 경우와(헌법 제111조 제1항 제3호, 법 제4장 제3절), 그 밖에 정당이 그 대의기관의 결의로써 자진해산하는 경우(정당법 제45조)가 있다.

2. 정당해산심판의 대상정당

정당해산심판의 대상이 되는 정당은 정당법 제17조 및 제18조[24]의 요건을

---

20) 그 후 대법원은 당수인 조봉암에 대한 간첩죄는 인정하였지만, 진보당의 강령 및 정책자체는 합헌이라고 판시하였다(대법원 1959.2.27. 선고 4291형상559 판결). 즉 대법원은, "진보당의 강령·정책(혁신정치의 실현, 수탈없는 경제체제의 확립, 평화통일의 실현)은 헌법의 전문, 제5조, 제8조, 제18조, 제84조의 각 규정에 비추어 볼 때 위헌이라 할 수 없고, 평화통일에 관한 주장 역시 헌법 제13조의 언론자유의 한계를 이탈하지 아니하는 한 위헌이라 할 수 없다."고 하였다. 권영성, 전게서(2010), 194면의 脚註 3에서 재인용. 한편, 대법원 전원재판부는 조봉암의 자녀들이 제기한 재심청구(2008재도11) 사건에 대하여 2010. 10. 29. 재심개시결정을 하고, 이어서 2011. 1. 20. 원심판결과 제1심판결 중 조봉암에 대한 유죄부분을 각 파기하고 간첩죄에 대하여 무죄 판결을 선고하였다.

21) "정당은 법률이 정하는 바에 의하여 국가의 보호를 받는다. 단, 정당의 목적이나 활동이 헌법의 민주적 기본질서에 위배될 때에는 정부가 대통령의 승인을 얻어 소추하고 헌법재판소의 판결로써 그 정당의 해산을 명한다."

22) 이에 대하여는 정종섭, 헌법소송법, 박영사, 2014, 460면 참조.

23) 최희수, 전게논문(1995), 453면.

24) 제17조(법정시·도당수) 정당은 5 이상의 시·도당을 가져야 한다.
제18조(시·도당의 법정당원수) ①시·도당은 1천인 이상의 당원을 가져야 한다. ②제1항의 규정에 의한 법정당원수에 해당하는 수의 당원은 당해 시·도당의 관할구역 안에 주소를 두

구비하고[25] 중앙당이 중앙선거관리위원회에 등록을 필한 기성정당(旣成政黨)이 원칙이다. 그 밖에 다음의 경우가 문제될 수 있다.

가. 정당등록 직전의 조직

정당법에 따라 정당의 창당활동이 진행되어 중앙당과 법정 시·도당을 창당하고 정당법에 따른 등록절차만을 남겨 둔 상태의 조직도, 그 조직의 목적이나 활동이 민주적 기본질서에 위배되는 때에는 정당해산심판의 대상이 된다고 본다. 그 이유로는 그와 같은 조직은 "사실상 정당에 준하는 지위"에 있다고 하거나,[26] 그와 같은 조직은 등록 이외의 창당절차를 모두 마침으로써 헌법이 요구하는 정당의 개념표지들을 모두 충족하였고 따라서 등록과는 무관하게 이미 헌법적 의미의 정당의 지위를 획득하는 것이기 때문[27]이라고 한다.

나. 창당준비위원회

정당법 제7조[28]에 따른 신고가 있고 실질적으로 제17조 및 제18조의 요건을 구비하였으나 등록만을 필하지 아니한 이른바 "등록중의 정당(창당준비위원회)"도 여기의 정당에 속한다. 창당준비위원회라는 정치적 결사의 주관적 목적과

어야 한다.

25) 정당의 등록요건으로 "5 이상의 시·도당과 각 시·도당 1,000명 이상의 당원"을 요구하는 구 정당법(2004.3.12. 법률 제7190호로 개정되고, 2005.8.4. 법률 제7683호로 전문 개정되기 전의 것) 제25조 및 제27조가 청구인의 정당설립의 자유를 침해하여 위헌인지를 다투는 헌법소원사건에서 헌법재판소는 전원일치의 의견으로 기각결정을 선고하였다.(헌재 2006.3.30. 2004헌마246, 판례집 18-1상, 402 이하)

26) 정종섭, 전게서(2014), 477면; 장명봉, "헌법재판소의 위헌정당해산심판", 헌법재판의 이론과 실제 (금랑김철수교수 화갑기념논문집), 박영사, 1993, 587면.

27) 이성환외, 전게연구(2004), 124면. 다만 동 견해는 정당법상의 등록제도와 등록요건이 정당설립의 자유를 침해하여 위헌이라는 입장이며, 헌법적 의미의 정당개념을 전제로 할 때에만 창당과정의 정치적 결사(아래 창당준비위원회 포함)도 정당해산심판절차의 제소대상이 된다는 것을 무리 없이 논증할 수 있다고 한다.

28) 제7조(신고) ①중앙당창당준비위원회를 결성한 때에는 그 대표자는 중앙선거관리위원회에 다음 각 호의 사항을 신고하여야 한다. 1. 발기의 취지, 2. 정당의 명칭(가칭), 3. 사무소의 소재지, 4. 발기인과 그 대표자의 성명·주소, 5. 회인(會印) 및 그 대표자 직인의 인영, 6. 중앙선거관리위원회규칙으로 정하는 사항.

객관적 사정을 종합적으로 평가·고려할 때 정당에게 부여된 헌법적 과제 이행의 진지성을 확인할 수 있다면, 창당준비위원회는 현행 정당법의 의미로는 창당의 준비기구에 불과하지만 헌법적 차원에서는 이미 정당의 지위를 갖고 있는 정당으로 보아야 한다. 따라서 그와 같은 진지성이 있는 창당준비위원회는 정당해산심판절차에 의해서만 해산시킬 수 있다고 할 것이다.[29]

다. 방계조직 등

한편 정당으로부터 법적으로 독립되어 있는 '방계조직'이나 정당을 위해 암암리에 활동하는 '위장조직'은 여기의 정당에 속하지 아니하고 일반결사에 불과하므로, 개별법규에 근거하여 등록 내지 허가대상으로 되어 있는 때에는 행정처분의 대상이 된다(행정절차법 제2조 제2호 및 제2장, 민법 제77조, 사립학교법 제34조 등). 그러나, 정당의 조직의 일부를 구성하는 '부분조직'이나 정당의 부분으로서 특수한 과제를 담당하는 '특별조직'은 정당과 운명을 같이 한다. 시·도당 등 정당의 일부에 대해서만 해산결정을 내릴 수 있는가 하는 문제가 있으나, 독일과 같이 명문의 규정(연방헌법재판소법 제46조 제2항·제3항)[30]이 없는 우리로서는 인정하기 어려울 것이다.[31]

---

29) 이성환외, 전게연구(2004), 126면. 정종섭, 전게서(2014), 478면. 반면에 부정하는 견해로, 신평, 헌법재판법, 법문사, 2011, 508면 : "창당준비위원회는 정당으로 이행하기까지 다양한 조직의 구성력을 가지게 되나 전반적으로 보아 그 실체가 충분히 응집되었다고 할 수 없으므로 정당해산심판청구의 피청구인으로 된다고는 할 수 없다."

30) 제46조(정당의 위헌여부에 대한 재판) ①신청이 이유있는 것으로 밝혀진 경우에 연방헌법재판소는 정당이 위헌임을 확인한다. ②이 확인은 정당의 법적 또는 조직적으로 독립한 부분에 한정시킬 수 있다. ③이 확인에는 정당 또는 정당의 독립한 부분의 해산 및 그 대체조직의 결성금지를 부가하여야 한다. 그 밖에 이 경우 연방헌법재판소는 정당 또는 정당의 독립한 부분의 재산을 공익목적을 위하여 연방이나 지방(支邦)을 위해 몰수를 선고할 수 있다.

31) 최희수, 전게논문(1995), 469-470면. 同旨, 허영, 헌법소송법론, 박영사, 2014, 296면; 김하열, 헌법소송법, 박영사, 2016, 729면. 반면에, 중앙당과는 별개로 특정 시·도당 등 부분조직의 독자적인 활동이 민주적 기본질서에 위배될 경우 이 특정 부분조직에 대한 독립적인 해산심판청구의 가능성을 굳이 배제할 필요는 없다는 견해로 정연주, 헌법소송론, 법영사, 2015, 219면. 같은 취지로 이성환외, 전게연구(2004), 259면. 신평, 전게서(2011), 507면.

3. 심판청구 및 심판절차

가. 심판청구의 주체와 청구행위의 법적 성격

정부는 정당의 목적이나 활동이 민주적 기본질서에 위배될 때에는 국무회의의 심의를 거쳐 헌법재판소에 그 해산심판을 청구할 수 있다(헌법 제8조 제4항, 법 제55조). 현행 헌법은 청구권자를 정부로 국한시키고 있다.[32] 여기서 정부라 함은 입법부·사법부와 대등한 지위에 있는 "행정부"의 개념으로 사용된다. 정부의 정당해산심판의 청구는 국무회의의 필요적 심의사항이다(헌법 제89조 제14호).[33] 국무회의의 심의를 거치지 않은 정당해산심판의 청구는 부적법하다.[34]

정부의 청구권행사가 기속행위이냐(기속행위설) 자유재량행위이냐(자유재량행위설 또는 정치적 재량설)에 대해서 학설이 나누어지고 있다.[35] 독일의 판례[36]와

32) 반면에 독일에서는 연방정부 외에 연방의회(Bundestag)와 연방참사원(Bundesrat)도 심판청구를 할 수 있고, 주(Land)정부는 그 주의 영역 안에서만 조직을 갖는 정당에 대해서 심판청구할 수 있다(연방헌법재판소법 제43조 참조).

33) 정부가 심판청구를 취하할 때에도 국무회의의 심의를 거쳐야 할 것이다. 정연주, 전게서(2015), 233면; 김하열, 전게서(2016), 740면.

34) 헌법재판소는 2014. 12. 19. 선고된 2013헌다1 (통합진보당해산) 사건에서 "이 사건 기록에 의하면, 대통령이 직무상 해외 순방 중이던 2013. 11. 5. 국무총리가 주재한 국무회의에서 피청구인에 대한 정당해산심판청구서 제출안이 의결되었고, 위 의안에 대하여는 차관회의의 사전심의를 거치지 않은 사실이 인정된다. 정부조직법 제12조에 의하면, 대통령은 국무회의의 의장으로서 회의를 소집하고 이를 주재하지만 대통령이 사고로 직무를 수행할 수 없는 경우에는 국무총리가 그 직무를 대행한다. 대통령이 해외순방 중인 경우는 일시적으로 직무를 수행할 수 없는 경우로서 '사고'에 해당된다고 할 것이므로(직무대리규정 제2조 제4호 참조), 위 국무회의의 의결이 위법하다고 볼 수 없다. 또한 국무회의 규정 제5조 제1항에 의하면 국무회의에 제출되는 의안은 긴급한 의안이 아닌 한 차관회의의 심의를 거쳐야 한다고 규정하고 있으나, 의안의 긴급성에 관한 판단에는 원칙적으로 정부의 재량이 있다고 할 것이고, 피청구인 소속 국회의원 등이 연루된 내란관련 사건이 발생한 상황에서 제출된 피청구인 해산심판청구에 대한 의안이 긴급한 의안에 해당한다고 본 정부의 판단에 재량의 일탈이나 남용의 위법이 있다고 단정하기 어렵다."고 하였는바(판례집 26-2하, 1, 15), 이 청구의 적법성 여부와는 별개로 위 밑줄친 부분의 판단에는 의문이 있다.

35) 그 밖에 '기속재량행위설'이 있다. 이는 정당해산심판청구권의 행사는 기본적으로 정부의 재량에 속하지만, 정당해산심판제도가 가지는 헌법보호의 기능에 비추어 볼 때, 헌법을 보호하기 위해서는 위헌정당을 방치하는 것이 위험하다고 객관적으로 판단되는 경우에는 재량의 여지는 소멸되고, 정부에게는 해당 정당에 대한 해산심판을 헌법재판소에 청구하여야 하는 법적 의무가 발생한다고 보는 입장이다. 신평, 전게서(2011), 507면; 정종섭, 전게서(2014), 470-472면.

다수설에 의하면 정부가 위헌정당의 해산심판을 청구하는 것은 정치적 재량에 속하는 일로서 정부의 기속적인 의무는 아니라고 한다.[37] 이에 의하면 청구여부, 청구시기 등의 결정은 정부의 정치적 판단에 달려 있다.

나. 청구절차

국무회의가 위헌정당해산심판의 청구를 의결하면 법무부장관이 정부를 대표해서 정당해산의 심판청구서를 헌법재판소에 제출해야 한다(법 제25조 제1항). 우리 헌법재판소에 청구된 최초의 정당해산심판사건은 2013. 11. 5. 접수되어 2014. 12. 19. 선고된 "2013헌다1 통합진보당 해산"이다.[38]

심판청구서에는 해산을 요구하는 정당의 표시, 청구이유를 명시하여야 한다(법 제56조). 또한 정당해산심판의 청구서에는 정당해산의 제소에 관하여 국무회의의 심의를 거쳤음을 증명하는 서류를 붙여야 하고, 중앙당등록대장 등본 등 피청구인이 정당해산심판의 대상이 되는 정당임을 증명할 수 있는 자료를 붙여야 한다(심판규칙 제65조). 정당해산심판에도 일사부재리의 원칙이 적용되기 때문에(법 제39조), 헌법재판소의 정당해산여부의 결정 후에 정부는 동일한 정당을 동일한 사유로 재차 제소할 수 없다.

다. 청구의 통지 및 가처분

헌법재판소가 정당해산심판의 청구를 받은 때에는 그 청구서의 등본을 피청구인(정당)에게 송달하여야 한다(법 제27조). 송달받은 피청구인은 헌법재판소에 답변서를 제출할 수 있다(법 제29조).

헌법재판소는 정당해산심판의 청구를 받은 때에는 직권 또는 청구인의 신청에 의하여 종국결정의 선고 시까지 피청구인의 활동을 정지하는 결정을 할 수 있다(법 제57조).[39] 정당해산심판의 **청구**가 있는 때와 **가처분결정**을 한 때에는 헌법재

36) BVerfGE 5, 85 [113]; 12, 296 [305]; 13, 123 [126]; 17, 155 [166]; 40, 287 [291].

37) 이성환외, 전게연구(2004), 169면; 김하열, 전게서(2016), 737면.

38) 한편, 같은 날 2013헌사907호로 "정당활동정지 가처분신청"도 접수되었는데, 위 본안에 대한 결정선고(통합진보당 해산)와 함께 이 신청사건은 기각되었다.

39) 그런데 법 제57조는 "정당해산심판의 청구를 받은 때에는"이라고 규정하여 가처분신청이

판소장은 그 사실을 국회와 중앙선거관리위원회에 통지하여야 한다(법 제58조).

사례

⊙ 헌재 2014. 2. 27. 2014헌마7 : 가처분조항(법 제57조)은 정당해산심판이 갖는 헌법보호라는 측면에 비추어 그 필요성이 인정되므로 입법목적의 정당성 및 수단의 적절성이 인정된다. 또한 가처분신청이 인용되려면 인용요건이 충족되어야 하고, 그 인용범위도 종국결정의 실효성을 확보하고 헌법질서를 보호하기 위해 필요한 범위 내로 한정되며, 인용 시 종국결정 선고 시까지만 정당의 활동을 정지시키므로 기본권 제한범위가 광범위하다고 볼 수 없다. 나아가 가처분과 동등하거나 유사한 효과가 있는 보다 덜 침해적인 사후적 수단이 존재한다고 볼 수도 없으므로 침해최소성의 요건도 충족한다. 아울러 정당해산심판의 실효성 확보 및 헌법질서의 유지 및 수호라는 공익은 정당해산심판의 종국결정 시까지 잠정적으로 제한되는 정당활동의 자유에 비하여 결코 작다고 볼 수 없으므로 법익균형성 요건도 충족하였다. 따라서 **가처분조항**은 정당활동의 자유를 침해한다고 볼 수 없다. [전원일치 기각]

라. 정당해산심판의 심리

정당해산심판의 심리는 구두변론에 의한다(법 제30조 제1항). 당사자로서의 대석구조는 정부가 청구인이 되고 제소된 정당이 피청구인이 된다. 재판부가 변론을 열 때에는 기일을 정하여 당사자와 관계인을 소환하여야 한다(법 제30조 제3항). 변론과 그 준비 및 기일지정의 경우 등에 관하여는 민사소송법의 관련규정이 준용된다(법 제40조). 재판부는 정당해산심판의 심리를 위하여 필요하다고 인정하는 경우에는 직권 또는 당사자의 신청에 의하여 증거조사를 할 수 있다(법 제31조). 또한 재판부는 다른 국가기관 또는 공공단체의 기관에 심판에 필요한 사실을 조회하거나, 기록의 송부나 자료의 제출을 요구할 수 있다(법 제32조).

정당해산의 심리과정에 있어서는 법에 특별한 규정이 있는 경우를 제외하고 민사소송에 관한 법령이 준용된다(법 제40조). 그러나 이에 대하여는, "정당의 목적과 활동이 민주적 기본질서에 위배된다는 정부의 주장을 증명하기 위한 증거자료를 확보하기 위해서는 정당의 주요조직, 당간부나 당원, 추종자들에 대한 강제적인

있더라도 본안심판 계속 전에는 가처분결정을 할 수 없다는 해석론상의 한계가 있으므로 입법개선이 필요하다는 견해로 김하열, 전게서(2016), 743면.

압수·수색이 필요할 경우가 많을 것이다. 해산대상 정당이 자신에게 불리한 증거자료를 은폐하거나 파기할 가능성이 높기 때문이다. 그러나 법이나 민사소송 관련 법령 모두 이에 대한 충분한 대책을 갖고 있지 않다."면서, "이처럼 정당해산심판절차와 민사소송절차 사이에 유사성이 많지 않음에도 법 제40조가 형사소송 관련 법령이 아닌 민사소송 관련 법령을 정당해산심판절차에 준용하도록 한 것은 입법상의 오류라고 보아야 하고, 따라서 정당해산절차에는 민사소송 관련 법령이 아닌 형사소송법을 준용하도록 법 제40조를 개정하여, 형사소송법상의 증거확보를 위한 강제수단을 활용할 수 있도록 하는 것이 바람직하다."는 견해[40]가 있다.[41]

사례

⊙ 헌재 2014. 2. 27. 2014헌마7 : 준용조항(법 제40조 제1항 전문 중 '정당해산심판의 절차'에 관한 부분)은 헌법재판에서의 불충분한 절차진행규정을 보완하고, 원활한 심판절차진행을 도모하기 위한 조항으로, 그 절차보완적 기능에 비추어 볼 때, 소송절차 일반에 준용되는 절차법으로서의 민사소송에 관한 법령을 준용하도록 한 것이 현저히 불합리하다고 볼 수 없다. 또한 '헌법재판의 성질에 반하지 아니하는 한도'에서 민사소송에 관한 법령을 준용하도록 규정하여 정당해산심판의 고유한 성질에 반하지 않도록 적용범위를 한정하고 있는바, 여기서 '헌법재판의 성질에 반하지 않는' 경우란 다른 절차법의 준용이 헌법재판의 고유한 성질을 훼손하지 않는 경우로 해석할 수 있고, 이는 헌법재판소가 당해 헌법재판이 갖는 고유의 성질, 헌법재판과 일반재판의 목적 및 성격의 차이, 준용절차와 대상의 성격 등을 종합적으로 고려하여 구체적·개별적으로 판단할 수 있다. 따라서 **준용조항**은 청구인의 공정한 재판을 받을 권리를 침해한다고 볼 수 없다. [전원일치 기각][42]

---

40) 이성환외, 전게연구(2004), 159면. 정당해산절차에 민사소송에 관한 법령을 준용하도록 한 것은 중대한 입법적 오류라는 견해로 정태호, "'정당해산심판'에 민사소송법령 준용?", 법률신문, 2014.1.23.자, 14면 기고문(목요일언) 참조.

41) 한편, 헌법재판소가 2011. 4. 5. 전문개정된 법 제10조의2(입법의견의 제출) 규정에 따라 2013년 6월 국회에 제출한 헌법재판소법 개정의견서 제40조 제1항은 "헌법재판소의 심판절차에 관하여는 이 법에 특별한 규정이 있는 경우를 제외하고는 헌법재판의 성질에 반하지 아니하는 한도에서 민사소송에 관한 법령을 준용한다. 이 경우 탄핵심판 및 정당해산심판의 경우에는 형사소송에 관한 법령을, 권한쟁의심판 및 헌법소원심판의 경우에는 「행정소송법」을, 함께 준용한다."고 규정하고 있다.

42) 다만 김이수 재판관은 별개의견에서, "정당해산심판의 청구인인 정부가 증거로 제출하는

4. 정당해산의 사유

정당의 목적이나 활동이 민주적 기본질서에 위배될 때에는 정부는 국무회의의 심의를 거쳐 헌법재판소에 정당해산심판을 청구할 수 있다(法 第55조).[43]

가. 정당의 "목적이나 활동"의 의미

헌법 제8조 제4항은 "정당의 목적이나 활동이 민주적 기본질서에 위배"되는 것을 정당해산심판의 실체적 요건으로 하고 있다. 헌법 제8조의 문언은 '정당의 목적이나 활동'이라고 규정하고 있어서 정당의 목적[44]과 활동[45] 중 어느 하나

수사서류는 대부분 공문서라는 점, 이에 대한 진정성립 추정 시 사실상의 입증책임을 정당에게 부담시키는 결과가 되어 정당의 방어권 행사에 상당한 지장을 초래할 수 있는 점 등에 비추어 보면, 적어도 민사소송법상 공문서의 진정성립에 관한 규정은 정당해산심판절차에 준용될 수 없는 것으로 보아야 할 것이다. 따라서 정당해산심판의 증거조사절차 중 서증조사 절차에 있어서는 민사소송법 제356조의 공문서의 진정성립 추정에 관한 규정 대신 형사소송법 제310조의2 이하에 규정된 전문증거의 증거능력 제한에 관한 규정을 준용함으로써 증거능력의 인정범위를 제한함이 상당하고, 또한 위법수집증거와 임의성이 의심되는 자백의 증거능력을 배제한 형사소송법 제308조의2, 제309조 및 범죄사실의 인정은 합리적인 의심이 없는 정도의 증명에 이르러야 한다는 형사소송법 제307조 제2항의 규정을 준용함이 상당하다."는 의견을 제시하였다.

43) 한편, 세계 헌법재판기관의 회의체인 베니스위원회가 2009년 채택한 '정당해산 관련 지침'에 따르면 "첫째, 어떤 국가도 국내입법에만 근거를 둔 제한을 부과할 수 없다. 둘째, (정당해산심판은) 예외적인 조치로서 그 행사에는 극도의 자제가 요청되며, 민주적 헌법질서의 전복을 목적으로 한 폭력의 사용 또는 사용의 주장이 있어야 한다. 셋째, 정당 구성원의 개별행위에 대한 책임을 정당 전체에 대해 물을 수 없다. 넷째, 비례성의 원칙에 따라 결정되어야 하고, 보다 덜 과격한 조치로 위험을 예방할 수 있는 경우에는 정당해산결정을 내려서는 안 된다. 다섯째, 현실적 위협이 존재한다는 충분한 증거에 근거를 두고 사법적 판단을 거쳐 결정되어야 한다." 정연주, 전게서(2015), 221면에서 재인용.

44) 정당의 목적이란, 어떤 정당이 추구하는 정치적 방향이나 지향점 혹은 현실 속에서 구현하고자 하는 정치적 계획 등을 통칭한다. 이는 주로 정당의 공식적인 강령이나 당헌의 내용을 통해 드러나겠지만, 그 밖에 정당대표나 주요 당직자 및 정당관계자(국회의원 등)의 공식적 발언, 정당의 기관지나 선전자료와 같은 간행물, 정당의 의사결정과정에서 일정한 영향력을 가지거나 정당의 이념으로부터 영향을 받은 당원들의 행위 등도 정당의 목적을 파악하는 데에 도움이 될 수 있다. 그런데 헌법재판소는 "만약 정당의 진정한 목적이 숨겨진 상태라면 공식 강령은 이른바 허울이나 장식에 불과할 것이고, 이 경우에는 강령 이외의 자료를 통해 진정한 목적을 파악해야 한다."고 하였다.(헌재 2014.12.19. 2013헌다1, 판례집 26-2하, 1, 21)

45) 정당의 활동이란, 정당 기관의 행위나 주요 정당관계자, 당원 등의 행위로서 그 정당에게

만 민주적 기본질서에 위배되는 경우에는 해산의 요건을 충족시키는 것인지의 여부가 문제될 수 있다. 그러나 민주적 기본질서에 위배되는 목적인가의 여부만을 판단함에 있어서 단지 주관적인 의도에 그치지 않고 목적을 추구하는 객관적인 강도(强度)를 감안할 수밖에 없다. 정당의 목적과 활동은 상호 연관되어 있어서 정당의 요건을 판단함에 있어 현실적으로 분리되기는 어렵다고 보인다.[46] 정당의 목적은 정당소속원의 활동에 반영되고 이들의 활동은 정당의 목표설정으로 귀결되기 때문이다.[47]

베니스위원회는 2009년에 채택한 위 정당해산 관련 지침에서, "정당의 금지나 강제해산은 정당이 민주적 헌정질서를 전복하기 위한 정치적 수단으로 폭력의 행사를 옹호하거나 폭력을 사용하는 경우에만 정당화될 수 있다."고 규정하여, 정당의 금지나 해산에 관한 규정은 엄격하게 해석되고 극도로 제한적으로 활용되어야 한다고 선언하였다.[48] 그런데 우리 헌법재판소는 "동 조항의 규정형식에 비추어 볼 때, 정당의 목적이나 활동 중 어느 하나라도 민주적 기본질서에 위배된다면 정당해산의 사유가 될 수 있다고 해석된다."고 판시하였다.[49]

나. "민주적 기본질서"의 의미

헌법이 정하는 "민주적 기본질서의 위배"라는 정당해산사유는 엄격하게 해석해야 한다. 그렇지 않은 경우에는 위헌정당해산제도가 야당탄압의 수단으로 악

귀속시킬 수 있는 활동 일반을 의미한다. 구체적으로 살펴보면, 당대표의 활동, 대의기구인 당대회와 중앙위원회의 활동, 집행기구인 최고위원회의 활동, 원내기구인 원내의원총회와 원내대표의 활동 등 정당 기관의 활동은 정당 자신의 활동이므로 원칙적으로 정당의 활동으로 볼 수 있고, 정당의 최고위원 등 주요 당직자의 공개된 정치활동은 일반적으로 그 지위에 기하여 한 것으로 볼 수 있으므로 원칙적으로 정당에 귀속시킬 수 있을 것이다.(헌재 2014.12.19. 2013헌다1, 판례집 26-2하, 1, 21)

46) 同旨, 정연주, 전게서(2015), 222면; 김하열, 전게서(2016), 729면. 독일의 경우에도 기본법 제21조 제2항이 "목적이나 추종자의 행태"라고 택일적인 표현을 하고 있지만, 연방헌법재판소는 정당의 목적과 추종자의 행태 사이에는 상호연관이 있다고 보았다.(BVerfGE 2, 1 [22]; 5, 85 [144])

47) 이성환외, 전게연구(2004), 134면.

48) 송석윤, "정당해산심판의 실체적 요건 - 정당해산심판제도의 좌표와 관련하여 -", 서울대학교 법학, 제51권 제1호, 2010, 39면.

49) 헌재 2014. 12. 19. 2013헌다1, 판례집 26-2하, 1, 22. 같은 취지로 정종섭, 전게서(2014), 482-483면 : "정당의 목적 자체가 민주적 기본질서에 위배되면 현실에서 구체적인 위험이 없어도 해산의 사유가 된다."

용될 위험이 있고, 자유민주주의를 지키기 위한 제도가 오히려 자유민주주의를 파괴하는 제도로 역기능할 가능성이 있기 때문이다. 강제해산의 사유가 엄격하게 제한되어 있는 것은 국민의 정치적 의사형성에 참여하는 것을 목적으로 하는 정당의 특수한 성격에 비추어 정당을 일반결사와는 달리 그 존립을 헌법적으로 보호하려는 것이다.

헌법이 정당에 대하여 일반결사와는 다른 특별한 보호와 규제를 하고 있는 이유는, 정당이 국민의 이익을 위하여 책임 있는 정치적 주장이나 정책을 추진하고 공직선거의 후보자를 추천 또는 지지함으로써 국민의 정치적 의사형성에 참여함을 목적으로 하여 조직된 단체이고 또 그러한 목적수행에 필요한 조직을 갖추고 있기 때문인 것으로 이해되고(정당법 제1조, 제2조), 반대로 일반결사에 대하여 정당의 경우와 같은 헌법상의 보호와 규제가 없는 것은 그러한 단체는 각기 고유의 설립목적이 따로 있고 국민의 정치적 의사형성에 참여함을 직접 목적으로 하여 조직된 것이 아니며, 또 그러한 의사형성에 참여하는데 필요한 조직도 갖추고 있지 않기 때문인 것으로 이해된다.[50]

민주적 기본질서의 의미에 대해서는 '자유민주적 기본질서'의 의미로 파악하는 견해가 다수설이다.[51] 그 밖에 '자유민주적 기본질서와 사회민주적 기본질서의 총합개념으로서의 민주주의적 기본원리'를 의미한다는 견해[52]가 있다.

헌법재판소는, "우리 헌법은 정당에 대하여도 민주적 기본질서를 해하지 않는 범위 내에서의 정당활동을 보장하고 있다. 즉, 헌법 제8조 제2항 및 제4항에 '정당은 그 목적·조직과 활동이 민주적이어야 하며', '정당의 목적이나 활동이 민주적 기본질서에 위배될 때에는 (…) 헌법재판소의 심판에 의하여 해산된다'고 명시하고 있다. 따라서 어떠한 정당이 외형상 민주적 기본질서를 추구한다고 하더라도, 그 구체적인 강령 및 활동이 폭력적 지배를 추구함으로써 자유민주적 기본질서를 위반하는 경우 우리 헌법질서에서는 용인될 수 없는 것이다."라고 판

50) 헌재 1995. 5. 25. 95헌마105, 판례집 7-1, 826, 842.

51) 계희열, 헌법학(상), 박영사, 2005, 297-298면; 권영성, 전게서(2010), 195-196면. 그리고 사회민주주의는 이미 자유민주주의의 개념 속에 포함되기 때문에, 여기에서의 민주적 기본질서는 자유민주적 기본질서로 보아야 한다는 홍성방, 헌법학(상), 박영사, 2010, 114-116면 및 성낙인, 헌법학, 법문사, 2015, 144면도 같은 입장이라고 할 수 있다.

52) 김철수, 헌법학신론, 박영사, 2008, 160면; 이준일, 헌법학강의, 홍문사, 2007, 1182면도 같은 취지.

시하여 '민주적 기본질서'를 '자유민주적 기본질서'로 이해하였다.[53]

그리고 자유민주적 기본질서의 내용(요소)에 대하여, 1990년 선고한 국가보안법 제7조 위헌제청 사건에서는 "기본적 인권의 존중, 권력분립, 의회제도, 복수정당제도, 선거제도, 사유재산과 시장경제를 골간으로 한 경제질서[54] 및 사법권의 독립 등"을 말한다고 하였으나,[55] 2004년 선고한 노무현 대통령 탄핵 사건에서는 "자유민주적 기본질서의 본질적 내용은 **법치국가원리**의 기본요소인 '기본적 인권의 존중, 권력분립, 사법권의 독립'과 **민주주의원리**의 기본요소인 '의회제도, 복수정당제도, 선거제도' 등으로 구성되어 있다."고 판시하였다.[56]

한편, 위 통합진보당 해산사건에서는 "입헌적 민주주의의 원리, 민주사회에 있어서의 정당의 기능, 정당해산심판제도의 의의 등을 종합해 볼 때, 우리 헌법 제8조 제4항이 의미하는 민주적 기본질서는, 개인의 자율적 이성을 신뢰하고 모든 정치적 견해들이 각각 상대적 진리성과 합리성을 지닌다고 전제하는 다원적 세계관에 입각한 것으로서, 모든 폭력적·자의적 지배를 배제하고, 다수를 존중하면서도 소수를 배려하는 민주적 의사결정과 자유·평등을 기본원리로 하여 구성되고 운영되는 정치적 질서를" 말한다고 하면서, 현행헌법상 민주적 기본질서의 주요한 요소로는 국민주권의 원리, 기본적 인권의 존중, 권력분립제도, 복수

53) 헌재 2001. 9. 27. 2000헌마238등, 판례집 13-2, 383, 401.

54) 이와 같이 헌법재판소는 자유민주적 기본질서의 내용으로 '사유재산과 시장경제를 골간으로 한 경제질서'를 포함시키고 있는데, 이에 대하여는 "독일 판례가 자유민주적 기본질서의 개념을 정치적 요소에 한정한 것과 달리, 한국 판례는 거기에 덧붙여 경제적 요소를 포함시키고 있는 것으로서, 이 점은 제4조의 통일조항과 제8조의 정당조항의 해석과 관련하여 매우 중요한 의미를 지니는 차이점이라고 보는 긍정적 입장(양건, 헌법강의, 법문사, 2009, 110면)이 있는 반면에, "19세기의 자유주의국가나 20세기 전반의 사회복지국가에서와는 달리 국가가 급변하는 현실 속에서 국민경제에 대한 무한책임을 져야 하는 상황에서 입법권과 행정권이 책임을 수행하려면 헌법이 인정하는 광범위한 재량권을 행사할 수 밖에 없다. 이러한 현실에도 불구하고 헌법재판소가 헌법의 최고원리인 민주적 기본질서의 내용에 경제질서를 포함시키는 것은 자신의 헌법해석권을 책임질 수 없는 영역으로까지 확대시키고 있다는 우려를 야기할 수 있다."는 부정적 입장{이성환외, 전게연구(2004), 151면}도 있다. 그 밖에, 독일과의 비교법제의 측면에서뿐 아니라 입법사의 측면에서도 이 개념에 경제질서를 포함시키는 것은 올바른 헌법해석이 아니라는 견해로 한상희, "위헌정당해산심판제도, 그 의미와 문제점: 통합진보당 사건과 관련하여", 민주법학 제54호, 2014.3, 405면의 각주 74.

55) 헌재 1990. 4. 2. 89헌가113, 판례집 2, 49, 64. 同旨, 헌재 1994. 4. 28. 89헌마221, 판례집 6-1, 239, 259-260 참조.

56) 헌재 2004. 5. 14. 2004헌나1, 판례집 16-1, 609, 656.

정당제도 등이라고 하였다.57)

또한 헌법재판소에 따르면, 헌법 제8조 제4항의 민주적 기본질서 개념은 정당해산결정의 가능성과 긴밀히 결부되어 있다. 이 민주적 기본질서의 외연이 확장될수록 정당해산결정의 가능성은 확대되고, 이와 동시에 정당활동의 자유는 축소될 것이다. 민주사회에서 정당의 자유가 지니는 중대한 함의나 정당해산심판제도의 남용가능성 등을 감안한다면, 헌법 제8조 제4항의 민주적 기본질서는 최대한 엄격하고 협소한 의미로 이해해야 한다.58) 오늘날 정당은 자유민주주의 이념을 추구하는 정당에서부터 공산주의 이념을 추구하는 정당에 이르기까지 그 이념적 지향점이 매우 다양하므로, 어떤 정당이 특정 이념을 표방한다 하더라도 그 정당의 목적이나 활동이 앞서 본 민주적 기본질서의 내용들을 침해하는 것이 아닌 한 그 특정 이념의 표방 그 자체만으로 곧바로 위헌적인 정당으로 볼 수는 없다. 정당해산 여부를 결정하는 문제는 결국 그 정당이 표방하는 정치적 이념이 무엇인지가 아니라 그 정당의 목적이나 활동이 민주적 기본질서에 위배되는지 여부에 달려있기 때문이다.59)

다. 민주적 기본질서의 "위배"의 의미

이 때의 '위배'의 의미에 대해서 '침해 또는 폐제(廢除)로 나아가는 행위'의 객관적 요건만으로 충족되느냐 아니면 침해 또는 폐제의 '의도'의 주관적 요건까지를 갖추어야 충족되느냐에 대해서 견해가 나뉠 수 있지만, 정부의 해산제소권을 가능규정(재량규정)으로 파악하는 점 및 헌법재판소의 정당해산심판에 관한 결정독점권 등을 종합적으로 고려해 볼 때, 구체적인 상황에 따른 판단의 문제이지 획일적으로 말할 수 없다.

첫째로, 정당의 "목적"이 민주적 기본질서에 위배되는 경우란, 정당의 공식적인 강령(기본정책)이나 당헌의 내용은 물론 그 밖에 당수 및 당간부의 연설, 당기

57) 헌재 2014. 12. 19. 2013헌다1, 판례집 26-2하, 1, 22-23.

58) 그런데 이 부분 표현은 오해의 소지가 있다. '민주적 기본질서'의 개념을 최대한 엄격하고 협소한 의미로 이해해야 한다면, 예컨대 민주적 기본질서를 좁은 의미의 '자유민주주의적 기본질서'로 이해할 소지가 있고 그렇다면 사회민주주의를 주장하는 정당도 민주적 기본질서에 위배될 가능성이 있기 때문이다. 따라서 이 부분은 "민주적 기본질서의 위배" 개념을 최대한 엄격하고 협소한 의미로 이해해야 한다는 의미로 새겨야 할 것이다.

59) 헌재 2014. 12. 19. 2013헌다1, 판례집 26-2하, 1, 23.

관지, 당의 출판물 및 선전자료, 기타 당원의 활동으로 보아 그 정당의 전체적 성격이 민주적 기본질서에 위배된 경우도 포함한다. 또한 정당이 '위헌성의 인식'을 할 것을 필요로 하지도 아니한다.

둘째로, 정당의 "활동"이 민주적 기본질서에 위배되는 경우란, 정당 명의의 활동뿐만 아니라 그 구성원의 활동, 즉 당수와 당간부의 활동과 평당원의 활동을 포함한다. 다만, 평당원(平黨員)의 활동은 개인적인 동기에 의한 활동이 아니라 당명(黨命)에 의한 활동인 경우에만 정당의 활동으로 간주된다. 즉, 당원이 당의 이름으로 활동하고 그 효과가 당에 귀속할 때, 당원의 활동은 당 자체의 활동으로 간주된다.[60)]

헌법재판소는 통합진보당 해산사건에서, "헌법 제8조 제4항에서 말하는 민주적 기본질서의 위배란, 민주적 기본질서에 대한 단순한 위반이나 저촉을 의미하는 것이 아니라, 민주사회의 불가결한 요소인 정당의 존립을 제약해야 할 만큼 그 정당의 목적이나 활동이 우리 사회의 민주적 기본질서에 대하여 실질적인 해악을 끼칠 수 있는 구체적 위험성을 초래하는 경우를 가리킨다."고 판시하였다.[61)]

라. 비례원칙

일반적으로 비례원칙은 헌법재판소가 법률이나 기타 공권력 행사의 위헌여부를 판단할 때 사용하는 위헌심사 척도의 하나이다. 그러나 정당해산심판제도에서는 헌법재판소의 정당해산결정이 정당의 자유를 침해할 수 있는 국가권력에 해당하므로 헌법재판소가 정당해산결정을 내리기 위해서는 그 해산결정이 비례

---

60) 실무제요(2008), 370-371면 참조. 이에 반하여 당원의 활동은 당명에 의한 활동만 아니라 정당활동인 한 개인적 활동도 포함되고, 추종자들의 공식적 정당활동도 포함된다는 견해로 계희열, 전게서(2005), 300면; 정종섭, 전게서(2014), 478-479면.

61) 헌재 2014. 12. 19. 2013헌다1, 판례집 26-2하, 1, 24. 한편 독일연방헌법재판소는 독일공산당(KPD)에 대한 위헌판결에서, "정당이 이러한 자유민주주적 기본질서의 최고의 원리를 인정하지 않거나 그러한 원리 대신에 다른 원리를 내세운다고 해서 바로 위헌정당이 되는 것은 아니고, 정당이 이러한 기본질서에 대하여 적극적으로 투쟁적·공격적 태도를 취하면서 이러한 기본질서의 기능을 계획적으로 침해하고 결국에는 이러한 기본질서를 제거(폐제)하고자 할 때에만 위헌정당으로 결정할 수 있다. (…) 고의로, 지속적으로 그리고 계획적으로 이러한 기본가치와 기본질서를 비방하고 모욕하는 정당은 바로 이러한 기본질서의 침해와 제거(폐제)를 의도하는 것이다."라고 판시하였다. BVerfGE, 5, 85, 141·389. 정연주, 전게서(2015), 225-226면에서 재인용.

원칙에 부합하는지를 숙고해야 하는바, 이 경우의 비례원칙 준수여부는 그것이 통상적으로 기능하는 위헌심사의 척도가 아니라 헌법재판소의 정당해산결정이 충족해야 할 일종의 헌법적 요건 혹은 헌법적 정당화 사유에 해당한다. 이와 같이 강제적 정당해산은 우리 헌법상 핵심적인 정치적 기본권인 정당활동의 자유에 대한 근본적 제한이므로 헌법재판소는 이에 관한 결정을 할 때 헌법 제37조 제2항이 규정하고 있는 비례원칙을 준수해야만 한다.

따라서 헌법 제37조 제2항의 내용, 침익적 국가권력의 행사에 수반되는 법치국가적 한계, 나아가 정당해산심판제도의 최후수단적 성격이나 보충적 성격을 감안한다면, 헌법 제8조 제4항의 명문규정상 요건이 구비된 경우에도 해당 정당의 위헌적 문제성을 해결할 수 있는 다른 대안적 수단이 없고, 정당해산결정을 통하여 얻을 수 있는 사회적 이익이 정당해산결정으로 인해 초래되는 정당의 정당활동자유 제한으로 인한 불이익과 민주주의 사회에 대한 중대한 제약이라는 사회적 불이익을 초과할 수 있을 정도로 큰 경우에 한하여 정당해산결정이 헌법적으로 정당화될 수 있다.[62]

한편 이에 대하여는, 정당해산사유인 '민주적 기본질서' 위배여부를 인정하려면 이에 대해 '실질적인 해악을 끼칠 수 있는 구체적 위험성'이 필요하다고 보았다면, 여기에서 이미 비례원칙에 의한 심사가 행해졌다고 할 것이므로 추가로 비례성원칙 준수여부를 심사하는 것이 과연 필요한지, 수사적 중복에 그치는 것이 아닌지 의문이라는 견해가 있다.[63]

62) 헌재 2014. 12. 19. 2013헌다1, 판례집 26-2하, 1, 24-25. 이 결정에서 헌법재판소는 비례원칙의 내용으로서 "첫째, 피청구인의 목적과 활동에 내포된 위헌적 성격의 중대성, 둘째, 대한민국이 처해 있는 특수한 상황의 고려, 셋째, 피해의 최소성 즉 다른 대안적 수단이 존재하는지, 넷째, 해산결정을 해야 할 사회적 필요성(법익형량)"을 기준으로 판단한 끝에 피청구인(통합진보당)에 대한 해산결정은 민주적 기본질서에 가해지는 위험성을 실효적으로 제거하기 위한 부득이한 해법으로서 헌법 제8조 제4항에 의하여 정당화되므로 비례의 원칙에 어긋나지 않는다고 판시하였다.(위 판례집 108-112면 참조) 이에 대하여 김이수 재판관은 반대의견에서, 피청구인 통합진보당에 대한 정당해산심판청구는 헌법 제8조 제4항이 요구하는 정당해산의 요건을 충족하지 못하였으므로 기각하여야 한다고 주장하였다.

63) 김하열, 전게서(2016), 733-734면.

5. 종국결정

가. 정당해산심판의 결정과 주문형식

헌법재판소에서 정당해산의 결정을 할 때에는, 재판관 6인 이상의 찬성이 있어야 한다(헌법 제113조 제1항, 법 제23조 제2항 제1호). 정당해산심판청구가 이유있는 때에는 헌법재판소는 피청구정당의 해산을 명하는 결정을 선고한다(법 제59조). 예컨대 통합진보당 사건에서의 주문은 "1. 피청구인 통합진보당을 해산한다. 2. 피청구인 소속 국회의원 김○희, 김○연, 오○윤, 이○규, 이○기는 의원직을 상실한다."였다. 독일에서는 결정주문에서 해산결정에 앞서 위헌확인을 하며, 역시 정당해산결정시 그 주문에서 그 소속정당 의원의 자격상실결정도 함께 하였다.[64)]

정당해산심판청구가 이유없을 때는 기각결정을 한다. 피청구정당이 결정선고 전에 자진해산하는 경우(정당법 제45조)에는[65)] 심판절차종료선언을 해야 한다는 견해[66)]와, 정당해산심판청구 후에는 피청구인 정당은 해산결의를 할 수 없고 이를

---

64) 독일연방헌법재판소는 사회주의제국당(SRP, Sozialistische Reichspartei) 해산판결(BVerfGE 2, 1. 1951.11.29. 제소되어 1952.10.23. 판결선고)과 독일공산당(KPD) 해산판결(BVerfGE 5, 85. 1951.11.22. 제소되어 1956.8.17. 판결선고)의 두 개의 정당해산 판결을 남겼는데, 그 중 대표적인 사회주의제국당 해산판결의 주문은 다음과 같다.{이성환외, 전게연구(2004), 46면}

「Ⅰ. ①사회주의제국당은 위헌이다. ②사회주의제국당은 해산된다. ③사회주의제국당을 위한 대체조직을 창설하거나 현존의 기구를 대체조직으로 존속시키는 것은 금지된다. ④사회주의제국당의 공천으로 선출되었거나 판결선고 당시에 사회주의제국당에 소속하는 의원의 **연방의회·주의회** 의원직은 보충됨이 없이 그리고 보상없이 상실된다. 당해 의회의 의원수의 법정 정수는 상실된 의원직의 수만큼 감소된다. 의회에 의한 의결의 효력은 이로써 영향을 받지 아니한다. ⑤사회주의제국당의 재산은 독일연방공화국의 공익목적을 위하여 몰수된다.

Ⅱ. 각주의 내무부장관에게 주문 Ⅰ.의 ②와 ③을 집행할 권한을 위임한다. 그 범위 안에서 그들에게는 모든 경찰기관을 직접 지휘할 권한이 부여된다. 재산을 몰수할 권한은 연방내무부장관에게 이양하며 동 내무부장관은 각주 내무부장관의 협력을 구할 수 있다.

Ⅲ. 본 판결이나 본 판결의 집행과 관련된 제반조치에 대한 고의적인 위반행위는 연방헌법재판소법 제47조, 제42조에 따라 6월 이상의 자유형에 처한다.」

65) 이를 허용해야 한다는 견해로 허영, 전게서(2014), 292면; 정종섭, 전게서(2014), 473-474면; 신평, 전게서(2011), 507-508면; 정연주, 전게서(2015), 220면 : "정당해산제도의 기능은 해당 정당에 대한 과거회고적인 제재나 징벌보다는 정당해산을 통한 미래지향적인 헌법질서 수호라고 할 수 있기 때문이다."

66) 신평, 전게서(2011), 508면; 정종섭, 전게서(2014), 485면.

하였더라도 그 결의는 무효라는 견해[67]가 있다.

헌법재판소는 정당해산의 실체적 요건, 즉 피청구인 정당의 목적이나 활동이 민주적 기본질서에 위배됨이 명백한 경우 반드시 해산결정을 해야 하는가? 정부의 위헌정당해산 심판청구는 원칙적으로 정치적 재량권의 행사이므로 정부는 정당의 위헌성이 분명한 경우에도 해산심판을 청구하지 않을 수 있다고 할 것이나, 헌법재판소의 판단범위는 정당해산을 위한 법적 요건이 구비되었는가를 심사하는데 그치고 정치적 상황이나 예견되는 결과를 고려하여 정당해산이 정치적으로 적절한지에 대한 판단에까지 미치는 것은 아니라고 할 것이다.[68]

한편, 법은 정당해산심판의 결정에 대해 기속력을 인정하는 규정을 두고 있지 않다. 따라서 정당해산심판의 결정(해산결정을 포함)에는 기속력이 없다. 기속력을 헌법재판이 지니는 헌법수호의 객관적 과제를 보장하기 위하여 소송당사자에게 미치는 실질적 확정력을 모든 국가기관에까지 그 구속력을 확장한 것이라고 이해한다면, 정당해산심판절차는 헌법질서의 객관적·합일적 확정을 1차적 목적으로 하는 것이 아니라 특정 정당에 대한 정부의 해산요구에 대한 개별적 판단을 위한 절차이므로, 다른 국가기관에 대해서까지 그 구속력을 확장할 것이 필연적으로 요구되지 않는다.[69]

나. 해산결정의 효력

헌법재판소의 해산결정의 효력은 이를 세 가지로 나눌 수 있다.

(1) 정당해산의 창설적 효력

정당은 헌법재판소의 해산결정에 의해서 자동적으로 해산된다. 정당해산의 효력발생시점은 해산결정의 선고시점이다. 정당해산결정은 그 결정에 의하여 비로소 정당해산의 효과가 발생하는 창설적 효력[70]을 갖기 때문이다. 독일연방헌

67) 김하열, 전게서(2016), 739면 : “그럼에도 불구하고 피청구인 정당이 사실상 해산결의를 하거나 잔여재산 처분 등 해산에 필요하거나 수반되는 행위나 절차를 하거나 하려 할 때에는 법 제57조에 따라 직권 또는 정부의 신청에 의해 그러한 행위·활동이나 그효력을 정지시키는 등의 가처분을 함으로써 추후 해산결정의 실효성을 담보해야 한다.”

68) 최희수, 전게논문(1995), 467면.

69) 김하열, 전게서(2016), 746-747면.

70) 허영, 전게서(2014), 296면. 이를 “형성적” 효력으로 부르기도 한다. 이덕연, “헌재의 정당해산

법재판소는 1961년 3월 21일 구 형법 제90a조[71]에 대한 위헌결정[72] 이래로 순수한 창설적 효력을 취하고 있다.[73] 이에 따르면, 일반적으로 허용되는 방법으로 활동하는 당간부와 추종자의 당공식적 활동은 정당규정의 보호를 받으며 헌법재판소의 위헌결정이 있기까지는 일응 적법한 것으로 간주되어야 한다. 왜냐하면, 이러한 활동들에 대해 형법상의 책임을 지우는 것은 정당의 행위능력을 박탈할 뿐만 아니라 정당에게 허용된 헌법적 관용을 공동화시키기 때문이다.[74]

중앙선거관리위원회가 헌법재판소의 통지를 받고 정당법(제47조)에 따라 그 정당의 등록을 말소하고 공고하는 행위는 단순한 선언적·확인적 효력밖에는 갖지 못한다.[75] 해산결정이 확정된 정당은 그 때부터 불법결사가 되기 때문에 행정청이 행정처분으로 그 정당의 존립과 활동을 금지할 수 있다.[76]

한편, 해산된 정당의 잔여재산은 대통령령이 정하는 바에 따라 국고에 귀속한다(정당법 제48조 제2항). 이는 해산된 정당의 물적 기반을 박탈함으로써 정당해산의 실효성을 높이기 위한 것이라고 볼 수 있다.[77] 독일의 경우에는 연방헌법재판소가 정당 또는 정당의 독립기관의 재산을 공익목적에 사용하는 몰수를 선고할 수 있도록 규정하여(연방헌법재판소법 제 46조 제3항),[78] 몰수의 필요성이 없는 경우 몰수를 명하지 않을 수도 있다. 우리도 정당조직을 해산시킴으로써 민주적 기본질서의 수호나 방어가 충분하다고 판단될 경우 굳이 정당재산을 몰수할 필요는 없다고 할 것이므로, 강행규정으로 되어 있는 정당법 제48조 제2항을 임의규정으로 개정하는 것이 입법론적으로 요청된다고 하겠다.[79]

결정시 소속 국회의원의 지위상실 여부의 문제", 법률신문, 2015.10.15.자, 12면.

71) 이 조항은 헌법적대적 정당의 설립과 지원에 대한 처벌규정으로서, 연방헌법재판소의 해산결정이 단순히 형사소추요건으로서의 의미만을 갖는 것으로 규정하고 있었다.

72) BVerfGE 12, 296.

73) BVerfGE 13, 46 [52]; 13, 123 [126]; 17, 155 [166].

74) 최희수, 전게논문(1995), 468면. 同旨, 김하열, 전게서(2016), 747-748면.

75) 허영, 전게서(2014), 296면.

76) 권영성, 전게서(2010), 1164면.

77) 따라서 '잔여재산'은 자산이 부채를 초과하는 경우에 한하여 국고에 귀속된다고 보아야 할 것이다. 同旨, 신평, 전게서(2011), 519-520면.

78) 第46조(정당의 위헌여부에 대한 재판) ③이 확인에는 정당의 법적 또는 조직적으로 독립한 부분의 해산 및 그 대체조직의 결성금지를 부가하여야 한다. 그 밖에 이 경우 연방헌법재판소는 정당 또는 정당의 독립한 부분의 재산을 공익목적을 위하여 연방이나 지방(支邦)을 위해 몰수를 선고할 수 있다.

(2) 대체정당의 창설금지

해산된 정당과 유사한 목적을 가진 이른바 '대체정당'의 창설이 금지된다(정당법 제40조). 따라서 해산된 정당의 대표자 및 간부는 해산된 정당의 강령 또는 기본정책과 동일하거나 유사한 정당을 설립할 수 없고, 해산된 정당의 명칭과 동일한 명칭은 다시는 정당의 이름으로 사용하지 못하게 된다(정당법 제41조 제2항). 이는 정당의 해산과 집행이 단지 정당의 조직만을 해체시킬 뿐이고 정당의 이념까지 제거하지는 못하므로, 해산된 정당과 동일한 또는 유사한 목적을 가진 조직이 새롭게 만들어질 가능성에 대비하기 위한 것이다.[80] 한편, 헌법재판소의 결정에 의하여 해산된 정당의 목적을 달성하기 위한 집회나 시위는 절대적인 집회금지 사유에 해당한다('집회 및 시위에 관한 법률' 제5조 제1항 제1호).

해산된 정당의 대체정당 내지 일반결사 형태의 대체조직으로 확인될 경우 다시 헌법재판소의 위헌정당해산심판으로 해산되는 것이 아니다.[81] 그러나 '사회단체 신고에 관한 법률'이 폐지되어(1997. 3. 7.), 개별규정이 없는 경우 일반결사에 대한 해산의 근거가 없어지게 되어 입법적 불비를 야기하고 있다.[82] 이에 대하여 현행법상으로는 대체정당인지를 판정하고 행정적 조치를 취하는 것은 중앙선거관리위원회의 권한이라고 할 것이라는 견해가 있다.[83]

독일의 경우 정당법 제33조가 이를 입법적으로 해결하고 있다. 즉, 정당해산 전에 존재했던 '구 정당'이나 정당해산 후 창설된 '신 정당'으로서 의회에 의석을 가지고 있는 정당의 경우에는 원칙적으로 연방헌법재판소가 대체조직 여부를 확인하도록 하고,[84] 그 밖의 경우(정당해산 후 창당된 정당으로서 의회에 의석을 갖고 있지 아니한 정당이나 정당의 성격을 결여한 결사)에는 결사법에 따라 행정기관이 이를 행한다.[85]

---

79) 최희수, 전게논문(1995), 471면.

80) 최희수, 전게논문(1995), 470면.

81) 실무제요(2008), 244면.

82) 그리하여 실질적으로 대체정당인지 여부를 판단할 기관이 없으므로, 대체정당인 경우에는 또다시 정부가 위헌정당해산심판을 청구하여야 한다고 해석할 수밖에 없다는 견해로 이성환외, 전게연구(2004), 263면.

83) 김하열, 전게서(2016), 749면.

84) 이 경우 연방헌법재판소는 통상의 해산절차보다 간단한 절차를 통해 집행조치인 **해산명령**을 한다.

85) 최희수, 전게논문(1995), 470면.

(3) 의원신분의 유지여부

해산된 정당 소속의원의 의원자격상실 여부에 대하여는, 국회의원의 자격을 상실한다는 견해와 국회의원의 자격은 그대로 유지되고 무소속의원으로 남는다는 견해가 있다.

후자의 견해(유지설)는, 정당에 대한 해산결정에 의해 소속의원의 의원직을 당연히 상실케 하는 것은 대의제도의 정신에 반하는 것이라거나,[86] 우리 헌법상 무소속후보자 금지규정이 없고 현행 공직선거법상 무소속후보를 인정하고 있으므로 국회의원의 자격은 그대로 유지되고 무소속의원으로 남는다거나,[87] 국민에 의하여 선출된 전국민의 대표자인 국회의원의 지위를 해산된 정당에 소속되어 있다는 이유로 박탈하는 것은 대의제원리와 불가분적으로 결합되어 있는 자유위임의 원칙에 저촉된다는[88] 것이다.[89]

이에 대하여 전자의 견해(상실설)는, 자유위임관계에 바탕을 두는 대의민주주의 정신이 정당국가의 원리보다 우선하는 효력이 있다고 보는 경우에도 위헌정당해산제도에 내포되고 있는 투쟁적·방어적 민주주의의 취지를 살리려고 하는 한 의원직 자동상실의 결과는 불가피한 것이라거나,[90] 현대의 정당국가적 경향에 비추어 볼 때 위헌정당해산의 경우 의원자격을 상실한다고 보는 것이 헌법정신에 합치하는 것[91]이라고 한다.

그 밖의 견해(절충설)로 비례대표 의원만 자격상실된다는 견해,[92] 정당해산으로 소속의원 모두가 의원직을 상실하는 것이 아니라 의원 개개인의 활동을 중심으로 위헌적 정당활동에 참여하지 않은 의원의 경우에는 선별적으로 의원직을

---

86) 독일의 Maunz. 허영, 전게서(2013), 281-282면에서 재인용.

87) 김철수, 전게서(2008), 186면; 김문현, "국회의원의 정당대표성", 고시계, 1992. 5, 46면.

88) 정태호 집필부분, 주석헌법재판소법, 헌법재판소 헌법재판연구원, 2015, 797면.

89) 그 밖에 공직선거법 제192조 제4항의 해석상 비례대표 국회의원은 소속 정당이 해산되더라도 자격을 유지하므로, 지역구 국회의원의 경우에도 자격이 유지된다는 견해로 신평, 전게서(2011), 520면.

90) 홍성방, 헌법학(하), 박영사, 2010, 346면; 권영성, 전게서(2010), 1165면; 한수웅, 헌법학, 법문사, 2012, 1464-1465면; 허영, 전게서(2013), 282면.

91) 정만희, 헌법과 통치구조, 법문사, 2003, 503면.

92) 구병삭, 신헌법원론, 박영사, 1996, 242·1223면; 이한태, "위헌정당해산제도에 관한 소고 - 통합진보당 사건을 중심으로 -", 법학연구 제25권 제2호, 충남대학교 법학연구소, 2014.9, 137면.

유지하도록 해야 한다는 견해[93] 등이 있다.

우리나라의 제3공화국헌법은 제38조에서 "국회의원은 소속정당이 해산된 때에는 그 자격이 상실된다."고 명시하였지만, 현재 명문의 규정이 없는 상황에서는 문제가 된다. 독일연방헌법재판소는 1952년 10월 23일 사회주의제국당(SRP)에 대한 위헌판결에서 "정당의 위헌성이 확인되면 당해 정당 소속의원의 연방의회·주의회 의원직은 상실된다. 의원직 상실로 이미 행한 의회에서의 의결의 효력에는 영향이 없다."고 판시한 바 있다. 독일에서는 위 판결 선고후 개정된 연방선거법에서 위헌정당해산시 의원직을 상실한다는 명문규정(동법 제46조, 제47조)을 두었다.[94] 그러나 유럽인권재판소의 판례는, 유럽인권협약에 의하면 정당해산의 효과를 자동적으로 의원직을 상실시키는 것은 비례의 원칙에 부합하지 않아 허용되지 않는다는 입장이라고 한다.[95]

우리 헌법재판소는 통합진보당 해산사건에서, 헌법재판소의 해산결정으로 위헌정당이 해산되는 경우에 그 정당소속 국회의원이 그 의원직을 유지하는지 상실하는지에 대하여 헌법이나 법률에 명문의 규정이 없지만 정당해산심판제도의 본질적 효력에 따라, 그리고 정당해산결정의 취지와 목적을 실효적으로 확보하기 위하여, 피청구인 소속 국회의원들에 대하여 모두 그 의원직을 상실시켜야 한다고 판시하였다.[96]

---

93) 최희수, 전게논문(1995), 473면. 이와 관련하여 터키 헌법재판소는 1998년에 이슬람근본주의를 표방한 '복지당'을 해산하는 결정을 하면서도 동 정당 소속 157명의 국회의원 중 해산사유에 대하여 책임이 있는 5인의 의원직만을 박탈하였다고 한다. 송석윤, 전게논문(2010. 12), 76면.

94) 이성환외, 전게연구(2004), 267면.

95) 정태호, 전게주석(2015), 798면의 각주 27.

96) 헌재 2014. 12. 19. 2013헌다1, 판례집 26-2하, 1, 113-114 참조. 이에 대해 찬성하는 견해로 이덕연, 전게기고문(2015.10.15), 12면. 반면 비판적인 입장으로 정태호, 전게주석(2015), 797-798면 : "헌법보호를 위해서 해산된 정당에 소속된 의원직의 박탈이 요청된다고 하더라도 개별 의원들에 대한 징계절차를 통해서 책임있는 의원을 가려내거나 형사절차를 통하여 위법행위를 한 의원을 처벌함으로써 억울한 희생자가 발생하는 것을 방지할 수 있고 또 헌법재판소가 판례를 통해 헌법적 원리로 인정해 온 자기책임의 원리에 부합하며, 유럽인권재판소의 정당해산 관련 판례나 베니스위원회의 정당해산지침이 요구하는 비례의 원칙에도 부합한다." 한편, 정연주 교수는 헌법재판소의 위와 같은 의원직 상실결정은 법률유보원칙 위반일 뿐만 아니라 평등원칙마저 위반한 대단히 잘못된 것이라고 비판한다. 정연주, 전게서(2015), 241-245면 참조.

다. 결정서의 송달과 결정의 집행

(1) 결정서의 송달 및 통지

정당해산심판에서 종국결정이 선고되면 서기(참여사무관등)는 지체없이 결정서 정본을 작성하여 당사자에게 송달하여야 한다(법 제36조 제4항). 헌법재판소가 정당의 **해산**을 명하는 결정을 한 때에는, 그 결정서를 피청구인(정당) 외에 국회, 정부[97] 및 중앙선거관리위원회에도 송달하여야 한다(법 제58조 제2항). 아울러 헌법재판소가 심판청구를 **각하** 또는 **기각**하는 결정을 선고하여[98] 심판이 종료한 때에도 헌법재판소장은 그 사실을 국회와 중앙선거관리위원회에 통지하여야 한다(법 제58조 제1항).[99]

(2) 결정의 집행

정당의 해산을 명하는 헌법재판소의 결정은 중앙선거관리위원회가 정당법에 따라 집행한다(법 제60조). 헌법재판소 결정의 집행을 확보하기 위해 독일의 경우, 연방헌법재판소에 의해 위헌으로 선언된 정당 및 해산된 정당의 대체조직임이 확인된 정당의 조직적 결합을 수괴 또는 배후조종자로서 유지한 자 또는 여기의 구성원으로 활동한 자, 그 조직적 결합을 원조한 자를 형법상 처벌하고 있다(독일 형법 제84조 제1항 제2항). 나아가 연방헌법재판소의 정당해산관련 본안판결이나 본안판결의 집행중에 내려진 집행조치에 위반한 자도 처벌하고 있다(동조 제3항). 또한 연방헌법재판소에 의해 위헌으로 선언된 정당 또는 그러한 정당의 대체조직임이 확인된 정당이나 단체의 선전물의 반포나 표지사용을 금지하고 있다(동법 제86조, 제86a조).[100]

---

97) 정당해산을 명하는 결정서를 정부에 송달할 경우에는 법무부장관에게 송달하여야 한다(심판규칙 제66조 제2항).

98) 심판청구가 **취하**된 경우도 마찬가지일 것이다.

99) 실무상으로는 청구인(정부) 및 피청구인(정당)에게도 당연히 그 결정정본을 송달하게 될 것이다.

100) 실무제요(2008), 373면.

사항색인

ㄱ

ㅅ

기타

저자

김현철

[약력]

서울대학교 (법학사)
연세대학교 (법학석사, 법학박사)
법원행정고등고시 합격 (제7기)
헌법재판소 헌법연구관, 부장연구관
미국 Santa Clara Law School 및 UNLV Law School Visiting Scholar
전남대학교 법학전문대학원 교수 (현)

[저서]

미국헌법상 평등보호와 한국헌법재판소의 위헌심사기준 (2012)
형벌규정에 대한 위헌결정의 시적 효력에 관한 연구 (공저, 2013)
로스쿨 공법실무 (공저, 초판 2015, 제2판 2016)
헌법불합치결정의 기속력과 개선입법의 구제범위에 대한 연구 (공저, 2017)

判例
憲法訴訟法
[第5판]

인쇄 | 2019년 1월 15일
발행 | 2019년 1월 20일

저자 | 김현철
발행 | 정병석
발행처 | 전남대학교출판문화원

등록 | 1981. 5. 21. 제53호
주소 | 61186 광주광역시 북구 용봉로 77
전화 | (062) 530-0571~2, **마케팅부** 530-0573
팩스 | (062) 530-0579
홈페이지 | http://www.cnup.co.kr
이메일 | cnup0571@hanmail.net

값 30,000원

ISBN 978-89-6849-590-8 (93360)

이 도서의 국립중앙도서관 출판예정도서목록(CIP)은 서지정보유통지원시스템 홈페이지(http://seoji.nl.go.kr)와 국가자료공동목록시스템(http://www.nl.go.kr/kolisnet)에서 이용하실 수 있습니다.
(CIP제어번호 : CIP2019001370)